21世纪法学应用型规划教材

行政法与行政诉讼法

Administrative Law and
Administrative Litigation Law

林鸿潮 著

图书在版编目(CIP)数据

行政法与行政诉讼法/林鸿潮著. —北京:北京大学出版社,2015.8
(21世纪法学应用型规划教材)
ISBN 978-7-301-26090-6

Ⅰ. ①行… Ⅱ. ①林… Ⅲ. ①行政法—中国—高等学校—教材 ②行政诉讼法—中国—高等学校—教材 Ⅳ. ①D922.1 ②D925.3

中国版本图书馆CIP数据核字(2015)第167807号

书　　　　名	行政法与行政诉讼法
著作责任者	林鸿潮　著
责 任 编 辑	王　晶
标 准 书 号	ISBN 978-7-301-26090-6
出 版 发 行	北京大学出版社
地　　　　址	北京市海淀区成府路205号　100871
网　　　　址	http://www.pup.cn
电 子 信 箱	law@pup.pku.edu.cn
新 浪 微 博	@北京大学出版社　@北大出版社法律图书
电　　　　话	邮购部62752015　发行部62750672　编辑部62752027
印 刷 者	北京溢漾印刷有限公司
经 销 者	新华书店
	787毫米×1092毫米　16开本　28.75印张　596千字
	2015年8月第1版　2015年8月第1次印刷
定　　　　价	59.00元

未经许可,不得以任何方式复制或抄袭本书之部分或全部内容。
版权所有,侵权必究
举报电话: 010-62752024　电子信箱: fd@pup.pku.edu.cn
图书如有印装质量问题,请与出版部联系,电话: 010-62756370

作者简介

林鸿潮,男,汉族,广东揭阳人,1979年生。中国政法大学法治政府研究院副教授,硕士生导师,应急法研究中心执行主任,法学博士。兼任北京市行政复议委员会非常任委员、中国人民大学中国行政法研究所研究员。

作者长期从事行政法学与公共应急管理的交叉研究,在这一领域,曾先后主持国家社科基金项目、教育部人文社科项目、司法部国家法治与法学理论研究项目、北京市哲学社会科学规划项目、全国博士后基金一等资助项目,参加国家自然科学基金重大研究计划项目、国家社会科学基金重大项目、教育部哲学社会科学研究重大课题攻关项目、国家防灾减灾战略研究项目等课题的工作。近年来,先后参与《突发事件应对法》《防震减灾法》(修正案)《北京市实施〈中华人民共和国突发事件应对法〉办法》《安全生产应急管理条例》等应急立法的起草或论证工作。

在《中国法学》《教育研究》《中国行政管理》《法学家》《法商研究》《法学》《社会主义研究》等刊物上发表文章60余篇,其中有多篇文章被《中国人民大学书报复印资料》转载;出版个人专著2部,主编、合著、参编各种教材20多部。

作者从2004年开始从事国家司法考试培训"行政法与行政诉讼法"课程的教学,从2009年开始在中国政法大学从事本科生、硕士研究生行政法与行政诉讼法课程的教学,曾先后主讲"行政法与行政诉讼法""行政诉讼法""行政法与行政诉讼法案例研习""应急法专题"等课程。

CONTENTS 目录

行政法与行政诉讼法

<< **第一章 行政法概述** / 001
  第一节 行政 / 001
  第二节 行政法 / 007

<< **第二章 行政法的基本原则** / 017
  第一节 基本原则的功能 / 017
  第二节 基本原则的内容 / 019

<< **第三章 行政主体** / 036
  第一节 行政主体的概念和判断 / 036
  第二节 行政主体的类型 / 040
  第三节 行政授权与行政委托 / 044

<< **第四章 公务员** / 055
  第一节 公务员概述 / 056
  第二节 公务员职务的取得 / 057
  第三节 公务员职务的履行 / 059
  第四节 公务员职务的丧失 / 065
  第五节 纠纷解决机制 / 067

<< **第五章 行政行为** / 076
  第一节 行政行为的概念和特征 / 077
  第二节 行政行为的分类 / 079
  第三节 行政行为的成立、效力与合法 / 083

<< **第六章 行政立法** / 095
  第一节 行政立法的制定 / 096
  第二节 各种立法的效力等级 / 102

第三节 对行政立法的监督 / 103
第四节 立法的冲突与适用规则 / 106

第七章 行政许可 / 116
第一节 行政许可概述 / 117
第二节 行政许可的设定 / 120
第三节 行政许可的实施 / 123
第四节 行政许可的监督检查 / 131

第八章 行政处罚 / 142
第一节 行政处罚概述 / 142
第二节 行政处罚的设定 / 143
第三节 行政处罚的实施 / 146
第四节 行政处罚的执行 / 155

第九章 行政强制 / 163
第一节 行政强制概述 / 164
第二节 行政强制措施 / 167
第三节 行政机关的强制执行 / 172
第四节 法院的非诉执行 / 177

第十章 行政程序 / 187
第一节 行政程序概述 / 188
第二节 一般行政程序 / 191
第三节 行政听证 / 200

第十一章 政府信息公开 / 210
第一节 公开的体制 / 211
第二节 公开的范围 / 213
第三节 公开的方式和场所 / 215
第四节 公开的程序 / 219
第五节 监督与救济 / 222

第十二章 行政诉讼的受案范围 / 231
第一节 行政诉讼概述 / 232
第二节 概括性受案标准 / 234
第三节 肯定列举的案件 / 235

第四节 否定列举的案件 / 241

第十三章 行政诉讼的管辖 / 254
第一节 级别管辖 / 255
第二节 地域管辖 / 257
第三节 裁定管辖 / 266
第四节 管辖异议制度 / 267

第十四章 行政诉讼的参加人 / 274
第一节 行政诉讼的原告 / 274
第二节 行政诉讼的被告 / 284
第三节 行政诉讼的其他参加人 / 291

第十五章 行政诉讼的程序 / 299
第一节 行政诉讼的起诉 / 300
第二节 行政诉讼的立案 / 304
第三节 行政诉讼的应诉 / 306
第四节 行政诉讼的审理 / 307
第五节 行政诉讼的撤诉 / 312
第六节 行政诉讼中对其他争议的处理 / 315

第十六章 行政诉讼的证据规则 / 326
第一节 行政诉讼证据概述 / 326
第二节 行政诉讼的举证 / 328
第三节 证据的调取和保全 / 335
第四节 行政诉讼的质证 / 337
第五节 行政诉讼的认证 / 338

第十七章 行政诉讼的裁判与执行 / 346
第一节 行政诉讼裁判的依据 / 347
第二节 行政诉讼的判决 / 349
第三节 行政诉讼的裁定、决定和其他问题 / 360
第四节 行政诉讼中的执行制度 / 361

第十八章 行政复议 / 371
第一节 行政复议的受案范围 / 372
第二节 行政复议的管辖(复议机关) / 374

第三节　行政复议的参加人　/ 377
第四节　行政复议的程序　/ 379
第五节　行政复议的证据规则与法律适用　/ 382
第六节　行政复议的结案与执行　/ 384
第七节　行政复议与行政诉讼的衔接关系　/ 391

第十九章　行政赔偿　/ 403

第一节　国家赔偿的构成要件　/ 404
第二节　国家赔偿的归责原则　/ 408
第三节　行政赔偿的范围　/ 412
第四节　行政赔偿请求人　/ 412
第五节　行政赔偿义务机关　/ 413
第六节　行政赔偿程序　/ 415
第七节　国家赔偿的方式和计算　/ 419

第二十章　司法赔偿　/ 431

第一节　司法赔偿的范围　/ 432
第二节　司法赔偿的请求人与义务机关　/ 437
第三节　司法赔偿程序　/ 441
第四节　赔偿方式和标准的不足和完善　/ 444

第一章

行政法概述

思维导图

```
          ┌ 行政 ┌ 概念
          │      └ 特征
          │ 行政法概念和体系
概述 ─────┤ 任务
          │ 法律渊源
          └ 和相邻领域的关系
```

相对于民法、刑法等学科来说，行政法是一个新兴的学科。而且，这个学科的体系还远远没有定型，甚至可能永远没有定型的那一天。因为，行政活动的活跃性、多样性、复杂性使得这个领域的新问题和新范式层出不穷，行政法需要在不断回应这些问题的过程中发展和改变自己，这使得行政法学科的知识体系一直呈现比较开放的状态。可以说，每一个时代的行政法都具有不同的特质，行政法的基本范畴在不同的时代背景下含义也不尽相同。因此，把握好这些基本范畴在当下的内涵，对于我们理解行政法的整个体系框架，对于分析每一个具体的行政法律制度和法律现象，都具有基础性的意义。

第一节 行 政

行政法是调整行政活动的法律，因此，学习行政法首先应当比较准确地把握"行政"这个概念和特征，并懂得将这个概念和其他相关的概念、现象相区别。

一、行政的概念

"行政"对应的是英文中的"administration"一词，从字面含义上来看就是"管理"。在某些情境下，"行政"和"管理"两个词还可能被相互替换或者结合使用。例如，与行政法学密切相关的行政学也常常被称为行政管理学或公共管理学,这里的"管理"或"行政管理"对应的也是"administration"一词。所以说,"行政"最核心的含义就是"管理"。但是,"管理"这个词的含义是十分宽泛的,人类社会在不同层次上都存在着所谓"管理"的问题,甚至一个单独的、孤立的人也存在着对自我管理的问题。如果我们简单地将"行政"和"管理"等同起来,就不可能准确地揭示其在行政法学科视野下的内涵。

首先,我们应当认识到,行政法上所讲的"行政"是一种公共行政,也就是特指以实现一定范围内的公共利益为目标、对公共事务实施的管理。与此相对应的概念是"私行政",即一定的组织——包括家庭、企业、团体等——为了更好地追求、实现自身的利益而对其内部事务实施的管理。也就是说,公共部门和私人部门都存在着行政管理的问题,但只有前者才可能属于行政法调整的范围,行政法学才将其加以研究;后者则可能属于企业管理、工商管理的范畴。这一点决定了,政府等行政组织不应当具有独立于公共利益之外的自身利益,更不能为了追求这样的利益而实施行政管理活动。但是,这里有一点是值得讨论的。政府等行政组织除了对公共事务实行管理之外,也需要像任何组织一样,对自身的内部事务——例如人事、财务、物资等实施管理,否则就不可能维持其自身的运转。那么,这种公共部门对自身事务的内部管理,到底是否属于是行政法上所定义的"行政"呢?我们认为,答案还是肯定的。公共部门和其他任何组织一样,都需要一定的人员、资金、场所、设备等来维持自身的存在和运行,也就需要对这些人、财、物实施管理。因此,从表面上看,这些管理活动的直接目标并不是公共利益,而是组织自身的利益,似乎属于私行政的范畴。但从根本上看,公共部门对内部事务实施的这些管理活动,是为了保证其能够有效、甚至高效地履行对外的职责,而其对外职责显然具有公共性,因此这些管理活动的最终指向还是公共利益。另一方面,公共部门人、财、物的形成最终来源于公共资金,主要是税收。可以说,公共部门内部管理的任何一个环节都离不开公共资金的使用和流动,所以,这种内部管理活动的物质基础具有明显的公共性,需要通过法律进行规范和调整。此外,通过开放、公平的竞争获得进入公共机构担任公职的机会,是公民的一项重要权利。而出于保证公职人员清廉的需要,其履行职责的过程还要接受各种方式的监督,其中包含公职人员的某些个人事项。因此,公共部门中的人事管理和私人部门的明显不同之处在于应当具有相当程度的开放性和透明度,并置于法律的约束之下。总之,基于上述原因,公共部门的内部管理活动显然不同于一般组织内部的私行政,而仍然是属于公共行政的范畴,也要受到行政法的调整。也正因如此,我们才建立起了公务员制度、预算管理制度、公共资金审计制度、公产公物管理制度等,作为这一领域的法律规范。

其次,我们这里所讲的"行政"还具有十分明显的国家意志属性。公共行政主要是通过国家机构来完成的,国家的行政机构就是政府。因此,公共行政主要是国家行政、政府行政。这里有两个问题需要辨析。第一个问题,是非政府组织实施行政管理的情况。包括我国在内的大多数国家,行政主体都是二元化的,除了国家行政机关之外,还有一部分政府之外的组织——包括企业、事业单位、社会团体、自治团体等——被法律、法规授予一定范围内的行政管理权。这种做法的好处在于能够缩小政府规模、减少治理层级、降低行政成本,以及减少行政管理过程中与被管理者的冲突,等等。但无论如何,这些组织的行政管理权都不是其自身的功能中所本来具备的,而是基于法律、法规的授权,也就是仍然体现了国家的意志。换言之,只不过是国家行政权运行的另外一种形式而已。除此以外,还有大量的企事业单位、社会组织和个人接受了政府的委托,代理政府从事众多的行政管理事务,或者由政府向其购买公共服务,这体现了政府行政管理手段的多样化,有利于进一步降低行政成本并增加管理的灵活性。但在法律上,这些接受委托的组织和个人都只是政府在某项事务中的代理人,在法律上承受其行为权利义务后果的主体仍然是作为委托者的政府机构。总之,授权行政和委托行政都只是国家行政权行使方式的延伸。第二个问题,是国家行政与社会自治管理之间的关系。在新公共管理思潮的影响下,国家开始退出部分社会公共事务的管理,取而代之的是大量具有非营利性质的社会组织进入这些领域扮演治理者的角色,这种公共事务的自治化在近几十年来总体上呈现不断扩大的趋势,在我国也有相应的表现。很显然,这些社会组织所实施的管理活动也属于公共行政的范畴,但其实施管理的基础并不是国家权力,而是一定范围内团体成员对规则的自愿同意和遵守,因此不属于国家行政的范畴。在现阶段,行政法基本上还没有对这种社会行政加以调整,行政法学也还没有将其作为一个单独的问题来研究,现有的研究主要也集中在国家行政和社会行政的关系上。因此,现在行政法上讲的"行政"主要还是国家行政,还有以国家权力为依托的授权行政。

再次,现代国家的"行政"主要是一种从属性、执行性的行政。现代民主制是一种间接民主,就是人民通过选举产生立法机关——议会、人民代表大会等,立法机关制定法律之后交给行政机关来执行,这类似于一种"传送带"的机制。因此,行政机关的活动必须受到法律的约束,行政机关的意志应当从属于立法机关的意志。由此,行政法确立了其根本的原则,就是"依法行政"。可以说,现代行政法的大部分内容就是为了解决行政与立法的关系而发展起来的。当然,20世纪以来行政权在国家权力体系中的不断扩张,以及行政"疆域"在社会生活中的迅速扩大,使得行政对立法的这种从属性出现了一定的变化,这主要表现在两个方面。一方面,大量委托立法的出现使得行政机关分享了一部分立法权。随着现代经济社会活动以及相应的国家任务的日益复杂化,在一切问题上由立法机关事先制定好规则再由行政机关执行的模式已经不太行得通。立法机关不可能及时又细致地提供足够的规范对人们的行为加以调整,只能将一部分立法任务交给行政机关去完成,这主要是一些实施性的或者实验性的立法。这就是所谓的委托立法,在我国则通常称为授权立法。但是,行政机关所行使的这种立法权还是受到很多限制的:实施性的立法局限在对上位法的细化和执行,本质上是行政机关为了更好地执行议会立法而进行的一种解释;实验性的立法则通常受到立法机关较为严格的监督,并必须在一定条件和期限下上升为议会的立法。因此,总的来说,行政机关在各种情况下行使的这些制定规则的权力,相对于立法机关来说还是具有从属性的。另一个方面,就是公众参与在当代的勃兴使行政活动具有了某些直接民主的色彩。公众在重大行政决策和其他行政活动中的意见表达,以及行政机关对这些民意的吸收,使得行政活动在一定程度上具有了直接的民意基础,行政机关的决策因为源于和公众达成的共识从而具有了正当性,这似乎绕开了立法机关,增强了行政相对于立法的独立性。但我们必须看到,公众参与对行政决策的作用只是补充性的,行政机关只能在遵循既有法律规定的前提下才能对参与者的意见加以考虑和吸收,参与者的意见并不能成为行政机关突破法律规定的理由,更不可能直接替代法律成为行政的依据。因此,公众参与的出现和发展并没有改变行政对于立法的从属性,从整体上看,现代国家的行政就是对立法的执行,"行政"一词有时候可以和"执行"划上等号。

最后,这里所说的行政还是一种以公权力的运用为内容的管理活动。如前所述,公共行政主要是国家行政,其背后以国家公权力作为依托。但是,并非行政组织的所有活动都需要运用这些公权力。通常认为,行政组织在没有运用公权力的情况下从事某种活动,其身份还是一个民事主体,也就是民法上所说的机关法人,其从事的这些活动也就属于民事活动,而不是行政活动。一个经常被使用的例子,就是行政组织对外购买物资,如办公用品、家具、交通工具、食品等情况。因为购买这些物资是为了满足行政组织自身运行的需要,不是直接在履行某种行政职责,这种需求和其他组织相比并没有什么特殊之处,行政组织不可能、也不应该对交易的另外一方行使什么公权力,因此这只能是一种民事行为。但也有观点认为,即使是这样的购买行为也包含着公权力运用的因素。因为,行政组织采购物资的资金来源于税收等公共收入,对公共资金的使用必须加以严格控制,既要保证纳税人的钱不被滥用,还要保证这些钱在正确的用途上能够发挥最大的效益,就是要尽可能用最少的钱购买足够多的东西、产生足够好的效果。为了达到这一目的,法律对行政组织在交易过程中的活动必须给予一定约束,同时又需要赋予行政组织以一定的权力。在这种情况下,行政组织对外购买产品或服务的行为就具有了某种权力色彩,不能再被看作纯粹的民事交易了。政府采购制度正是由此而诞生的一种公、私混合的法律制度,作为采购方的行政组织在合同的缔约过程中拥有和行使多项公权力。因此,政府采购合同并不是单纯的民事合同,政府采购行为也不是单纯的民事活动。尽管如此,我们仍然不能认为行政组织实施的所有活动都属于行政的范畴,例如,那些没有纳入政府采购范围的小额采购就还是一种简单的民事活动。总之,行政法上所定义的"行政"指的是以公权力的行使为内在要素的公共管理活动,因此,才有必要通过法律来对这种权力的行使加以控制和规范。

由此可见,行政法上所定义的"行政",指的是国家行政机关、法律和法规授权的组织以及他们所委托的组织和个人,按照法律的规定,运用国家公权力,以实现公共利益为目标,对一定范围内的公共事务实施管理的活动。

二、行政的特征

基于上面对"行政"这个概念的分析,我们可以总结出行政的一些特征,并根据这些特征作为行政与其他社会活动相区别的标准。

第一,主体上的特征。行政活动的实施主体归根到底是两类,一类是国家行政机关,也就是政府;另一类是法律、法规、规章授权的组织。当然,这两类主体还可以委托其他的组织或者个人实施行政活动,但从法律上讲,受委托的组织和个人并不是这些行政活动的真正实施者,它们只是委托者的代理人,这些活动的法律后果全部都要由委托者来承担。总之,这些活动仍然应当被看作是委托者的行为。

第二,内容上的特征。行政的内容必然表现为行政权力的行使和行政职责的承担,由于对行政组织的权利义务配置强调权责的一致性,因此,权力的行使和职责的承担可以被看作是同一个过程。无论是对内还是对外实施管理,行政活动的过程必然直接或间接地包含着对权力的运用和对职责的履行。离开了这样的内容,我们就不能将其称之为行政。

第三,方式上的特征。行政权的运行方式具有执行性和积极性两个方面的特点。执行性这一点,是行政权相对于立法权来说的,这一点在前面已经进行过分析。总的来说,就是行政权的运行主要不是制定规则,而是为了执行规则。即使在一定情况下,行政机关制定了部分规则,其目的也仅仅是为了更好地理解和执行上位规则,或者为上位规则的制定积累经验。总之,就是行政权对于立法权来说具有很强的从属性。至于积极性这一点,是行政权相对于司法权来说的。尽管司法活动作为解决纠纷、定分止争的一种手段,在广义上也属于对社会公共事务的管理。但是,司法活动具有不告不理、严守中立的特征,这一点与行政权大不相同。行政权的行使主要体现为国家对经济社会生活的一种主动管理和组织,在现代国家从"守夜人"角色转变为福利国家之后,行政权的积极性表现得更为淋漓尽致,"看得见的手"几乎无处不在。尽管在具体的方式上,行政活动存在着依职权启动的行为和依申请启动的行为,后者以行政许可最为典型。但是,即使是依申请的行政行为,这个申请事项的设定本身就已经体现了国家对个人自由的干预。因此,行政相对于司法的主动性、积极性特征是毋庸置疑的。

▶ 例 1-1

"城管公司"的出现

2007年,一种新型的城管形式——城市管理公司在湖北省武汉市出现。这家城管公司诞生的背景是:武汉东西湖区的国营吴家山农场在快速的城市化进程中被纳入城区范围,但由于编制和经费限制,城管的步伐一时无法跟上这片新兴城区,国营吴家山农场城市管理服务公司便应运而生。"城管公司"的负责人称,公司是吴家山农场、长青街道办事处的二级单位,没有工商登记手续。但公司办公楼外却挂有"东西湖区城管局长青城管所""东西湖区城管执法局长青街执法中队"两块牌子。实际上,在这个执法中队里,除了极少数人拥有武汉市政府核发的行政执法证,其余人员就是城管公司的职员。这家公司共有三百多人,分派在保洁、市政、物业等分公司及执法中队里。2007年,这个物业公司下属的"控违专班"在街道上撬掉一些乱停乱靠车辆的牌照,并对车主进行罚款,引起了当地媒体的声讨。

分析:这个例子提出了一个很有意思的问题,就是行政机关能不能设立企业来承担一部分行政管理任务。如果设立了这样的企业,如例子中的城管公司,那么,这些企业所实施的行为还属不属于行政管理活动?

我们知道,实施行政管理的主体只能是国家行政机关或者法律、法规、规章授权的组织。但是,其他组织和个人也有可能成为行政活动的直接实施者,只不过应当获得前面两类主体的委托而已。这个例子中的城管公司本身显然不能构成一个行政主体,因为没有任何法律、法规授予它相关的行政管理职权,而它在事实上又实施了大量的行政管理活动,我们只能将其视为是相关的主体对它进行了委托——委托者可能包括设立这个公司的长青街道办事处,也可能包括和这个公司一道挂牌办公的"东西湖区城管局长青城管所""东西湖区城管执法局长青街执法中队"。因此,这个城管公司实施的活动实际上是在行使这几个行政组织的相关职权,在性质上仍然属于行政活动,其法律后果应当由这几个委托者来承担。当然,行政主体委托其他组织和个人实施行政管理活动也不是没有条件的,在委托的条件、内容、对象等方面都应当遵循法律的规定。在这个例子当中,上述几个主体委托一个自行设立且没有工商登记的企业来协助其实施城市管理,显然是缺乏法律依据的。

▶ 例1-2

市政管理服务的外包

2007年,深圳市宝安区西乡街道以每平方米9.38元的价格,把六项市政管理服务事项承包给鑫梓润物业管理公司。该物业公司还要承担起协助对承包区域内乱张贴、乱摆卖、劝阻乞讨、日常巡查等七项城市管理执法的辅助工作,再加上以前区和街道公路管理的死角。对此,西乡街道的负责人称"从政府成本角度,肯定是笔划算的'买卖'"。

分析:政府将公共服务外包越来越普遍,其目的是就是降低行政成本,确实是比较划算的买卖。但是,什么样行政管理事务可以外包,什么不能外包呢?服务外包是一种什么性质的行为?外包之后的公共服务还属不属于"行政"?

应当说,公共服务外包的性质还是一种行政委托,就是将公共服务的直接提供者由政府变成企业或个人,委托出去之后的公共服务当然还是属于"行政"的范畴,只不过这种委托是通过一种有偿购买服务的协议来实现而已。当然,我们要注意到能够"外包"出去的行政事务通常是那些"服务"属性比较强、而"执法"属性比较弱的领域,因为对于执法事项的委托往往要受到法律上很多的限制,政府试图将这个的事务外包出去是不太现实的。所以,我们在这个例子中可以看到,西乡街道外包出去的主要是一些市政管理服务事项,也就是市容市貌的维护保养。另外虽然有一些涉及执法的外包事项,如乱张贴、乱摆卖、乞讨等,但物业管理公司在这些事项中只是对行政机关的执法活动提供辅助而不是直接执法,这是和上一个武汉"城管公司"的例子明显不同之处。

第二节 行 政 法

一、行政法的概念和体系

调整由于行政活动所发生的社会关系的法律原则和法律规范的总和,就是行政法。把握行政法的概念需要体会以下几个方面:

首先,行政法调整的是由于行政活动所发生的社会关系。行政活动在实施的过程中,由于表现为行政组织对内、对外的一系列管理行为,自然会产生相应的社会关系。而对这些行政互动加以监督、进行审查还会产生其他的社会关系,包括监督机关和被监督的行政组织之间的关系,还包括在行政诉讼中司法机关和各种诉讼主体之间的关系,等等。后面这些社会关系也属于行政法调整的范畴。无论如何,只有这些与行政权的行使直接相关的社会关系,才由行政法加以调整。

其次,这些社会关系经过行政法调整之后所形成的就是行政法律关系。法律的调整就是赋予相应的社会关系以权利义务内容,通过一系列的权利义务安排来指引、规范相关主体的行为,这些权利义务安排的核心内容是既保障行政权的有效行使,又对行政权加以严格控制以防止其滥用,从而保护社会个体的利益免遭侵害,或者在遭受侵害之后能够获得救济。

最后,行政法是由一系列法律原则和法律规范构成的。这里的法律规范,包括法律、法规、规章等各种层次的法律渊源当中包含着行政法上权利义务安排的全部规范。这里的法律原则,既包括整个行政法的基本原则,也包括行政法中某一部分或者某部法律的原则。行政法中哪怕是最微小的一个部分,都必须将相关的法律原则和法律规范结合起来,其内容才是完整的。

从理论上看,所有调整因行政活动而产生的社会关系的法都是行政法,但我们在一般情况下所谈论的行政法范围比这要小得多。因为,随着现代国家行政权的不断膨胀,社会生活中的几乎每一个领域都出现了行政管理的身影,这些领域众多而芜杂,相关的法律规范浩如烟海。在现实中,几乎每一个政府的管理部门就对应着一个行政法的细分领域,例如教育行政法、卫生行政法、公安行政法等。毫无疑问,这些内容都属于行政法的一部分,但我们在论及行政法的制度体系和行政法学的学科体系时,通常并不包括这些内容。因为,这些部门性的制度是由那些总体性的制度所统率的,而在我们掌握了那些总体性知识之后,也就掌握了分析这些部门性知识的工具。作为一般的行政法学习者,也没有必要对这些部门性的知识加以掌握。因此,我们通常所讲的行政法实际上指的是行政法中的基本制度,我们所讲的行政法学实际上指的是行政法学中的总论。下面,我们就在这个前提下来介绍行政法的知识体系。

行政法的知识体系可以分为四个部分:法律原则、行政组织法、行政行为与程序法、行政监督与救济法。

第一,法律原则。作为一个独立部分的法律原则主要指的是整个行政法的基本原则,至于各个部分或各部法律的原则,应当将它们和相应的法律规范结合在一起来把握。

第二,行政组织法。指的是有关行政组织的法律地位、组织方式、基本职权、人员管理等方面的法律制度,包括政府的组织法、行政机构的设置和编制管理、公务员法,等等。

第三,行政行为与程序法。指的是调整有关行政行为实施过程的法律制度。行政活动既要受到实体法的调整,也要接受程序法的调整,即行政活动的过程也要接受法律的控制。这一点是行政法和其他法律部门的重要区别之一,因为民法、刑法都不可能存在行为上的程序法,只有解决争议的程序法——也就是民事诉讼法、刑事诉讼法。而在有关行政行为的法律制度中,实体性的规定和程序性的规定往往是紧密结合、甚至是相互融合的。因此,我们通常将这些实体性和程序性的法律制度结合在一起来掌握,然后再对一些重要的程序性制度单独提炼出来研究和把握。行政许可、行政处罚、行政强制等制度都属于典型的行政行为与程序法。

第四,行政监督与救济法。指的是对行政活动加以监督,并对合法权益受到行政活动侵害的公民、法人或其他组织提供救济的法律制度,这些制度还常常与行政争议的解决结合在一起。这些制度有的同时具备权利救济、争议解决和监督行政活动三重功能,如行政诉讼制度和行政复议制度。当然,权利救济的功能在这里肯定是第一位的,换言之,就是这些制度通过解决行政争议的方式实现了对受到侵害的私人权益的救济,客观上又起到了监督行政机关的效果。有的制度则主要具备权利救济和监督行政活动两重功能,争议解决的色彩相对淡一些,如国家赔偿、国家补偿制度,其主要功能就是权利救济,兼有部分监督功能,但后者在制度设计中不应该被过多强调。有的制度则基本上是单纯的监督制度,没有权利救济等其他功能,如行政监察、行政审计等制度。总的来说,在监督和救济法这一部分,主体还是行政诉讼、行政复议和国家赔偿三种制度。

二、行政法的任务

简单地说,行政法的任务解决的就是行政法用来干什么的问题。对于这个问题,主要有三种观点。

第一种被称为"管理论",就是认为行政法的任务在于保障国家能够对社会顺利地实施行政管理,保证行政权的有效行使。当然,现在已经很少有人持这样的观点了。

因为,政府在行政管理中本来就处于明显的优势地位,拥有各种各样的强制性权力,要保证行政机关顺利行使职权,没有法律也能够做得到。在没有行政法的历史阶段,我国政府依靠政治动员,依靠行政命令,依靠颁发红头文件也一直很顺利地行使着职权。因此,行政法是否存在这种任务是十分值得怀疑的。

第二种被称为"控权论",认为行政法的任务在于规范行政权的行使,控制行政权的滥用,从而保护公民、法人和其他组织的合法权益免受行政权的伤害。这是传统上的主流观点,为大多数人所接受,这种理念在大多数行政法领域的制度中都得到了体现。

第三种称为"平衡论",主要为我国学者罗豪才教授所主张,并在较大范围内引起了广泛讨论。这种观点认为行政法的任务是为了在保障公权和保护私权之间取得平衡,既要保障行政权的有效行使,又要防止其滥用而对私人权益造成的伤害。这种观点和"控权论"在实质上是相同的,或者说没有根本上的差别。因为如果没有依靠法律对行政权进行控制,行政活动当中公权和私权的关系就必然是失衡的,公权力的拥有者必然会利用其权力挤压乃至侵犯私人的合法权益。而通过行政法对公权力加以控制之后,双方才有可能达到相对平衡的状态。换句话说,行政法就是通过"控权"来实现保障公权和保护私权两者之间的"平衡"的,"控权"的功能还是第一位的。而保障公权力行使的功能主要并不是凭借法律来实现的,即使法律也存在这样的功能,那也是次要的。总之,行政法是"控权"法,这一点对于立法者、执法者、司法者、研究者来说,都已经是长期以来形成的基本共识。

但是,近年来对行政法的任务也出现了新的认识,认为行政法不仅要解决好行政合法的问题,也要解决其合理、有效的问题。而在以前,人们通常认为只有前者才是行政法的任务,后者是行政管理本身的任务。因此,行政法要解决的是行政活动在职权、目的、事实证据、法律依据、程序等方面受到合法性控制,对于违法的行政行为能够通过行政复议、行政诉讼等制度加以纠正,并对遭受侵害的私人权益提供救济。应该说,上述传统认识包含了这样一个默认的前提:一项行政活动只要是合法的,对于实现行政的目标来说,也就必然是较优的选择。但事实并非如此,形式上的合法性确实保证了行政活动受到法律的控制、行政权不被滥用、私人权益免于被侵害,但这并不意味着这样的权利义务安排就确实能够解决当时面临的问题、就能够实现当时面临的行政管理任务、就能够较好地实现公共利益。因此,仅仅保证了行政活动的合法性,有时候并没有解决社会生活中的实际问题。如果行政法的任务仅仅止步于此,就过于简单了,最终也必将陷入停滞。因此,越来越多的人认为行政法的任务应当从追求"法治"向追求"善治"延伸,并实现"法治"与"善治"的统一。这意味着,行政权的任务是要在法律上作出一定的权利义务安排,这种安排一方面要符合法治的目标原则,就是要能够防止行政权的违法或不当行使、保障行政管理对象的合法权益;另一方面,这种安排对于实现政府的行政管理目标、对于实现相关事项中的公共利益又是一种较优、乃至是最优的选择。换句话说,行政法的目标就是要在满足法治标准的前提下,选择一项良好的公共政策并将其在法律上确定下来。相对于传统上仅仅满足于行政活动合法性的追求,行政法这一新的任务实现起来显然更有难度、更有挑战性,但它代表了行政法将来的发展方向。

三、行政法的法律渊源

行政法的法律渊源,解决的是在行政法的法律原则和法律规范存在于哪里的问题。应该说,行政法的法律渊源在各部门法中最为复杂丰富,包括宪法、法律、行政法规、地方性法规、行政规章、法律解释、国际条约和协议在内,都可能包含用于调整行政法律关系的原则和规范,只不过在效力等级上有所不同而已,因此它们都是行政法的法律渊源。

第一,宪法。宪法作为国家的根本大法,确定了国家和公民的基本关系、国家政权的组织形式以及国家机关之间的相互关系,其中有不少条款调整的是行政法律关系,对于整个行政法的体系具有基础性的意义,是行政法的主体制度建构的依据。这些内容主要包括:中央和地方各级政府及其部门的性质、地位、组织方式和基本职权,行政机关和权力机关、司法机关的关系,公民对国家机关的批评、建议、申诉、控告、监督及其向国家请求赔偿等基本权利。

第二,法律和法律解释。狭义的法律指的是由全国人大或其常委会制定的规范性文件。法律层面的规范是行政法制度的主体部分,我们学习的行政法知识大部分也是属于这一层面的。其中,最主要的法律包括《立法法》《行政处罚法》《行政许可法》《行政强制法》《行政诉讼法》《行政复议法》《国家赔偿法》等。法律解释是全国人大常委会对法律条文的含义作出的解释,其效力等同于法律本身。

第三,行政法规。行政法规指的是国务院制定的、以国务院令的形式颁布的规范性文件,对于法律起着解释、补充或者先行先试的作用。在我国,由于长期以来行政权十分强大,而立法机关的权威性又受到比较大的局限,行政法规在国家法律体系中处于举足轻重的地位,在行政法领域尤其如此。作为行政法渊源的行政法规主要包括三类:一是对法律进行解释、用于执行和实施法律的行政法规,例如《行政复议法实施条例》;二是因履行国务院自身职权所需而制定的行政法规,如《政府信息公开条例》;三是根据全国人大及其常委会授权制定的试验性的行政法规,如《国家公务员暂停条例》(已失效)。

第四,地方性法规。地方性法规是由省级和设区的市、自治州人大或其常委会制定的规范性文件,由于地方立法权限有限,大多数地方性法规都是关于当地政府行政管理事项的。因此,地方性法规是各地方行政法律子系统的重要渊源。在我国,民族自治地方的人大所制定的自治条例和单行条例也属于广义的地方性法规,它们除了具备地方性法规的一般属性,还可以根据本民族、本区域的特点对上位法作出某些变通性的规定,并优先适用这些规定。

第五,部门规章。部门规章是由国务院组成部门、直属机构等下属单位制定的规范性文件,其权限仅在于执行与本部门职权相关的上位法规范,主要是一种解释性的规范,但在具体行业管理中扮演着十分重要的角色。

第六,地方政府规章。地方政府规章是由省级和较大的市、自治州政府制定的规范性文件,性质上与地方性法规类似,但立法权限更小,主要也是为了上位法而制定的解释性规范,但往往是当地行政机关实施行政管理的最直接依据。

第七,司法解释。司法解释是最高法院、最高检察院出于指导司法实践的需要,就有关法律在司法活动中的适用问题作出的解释。司法解释虽然不是正式的法律渊源,但在事实上发挥着接近于法律的效力,为各级司法机关所实际遵循。在行政法上,最高法院的司法解释具有十分重要的地位,尤其以对《行政诉讼法》《国家赔偿法》作出的一系列司法解释为最。

第八,国际条约和协议。我国政府签署的国际条约和协议不能被行政机关所直接执行,也不能被司法机关所直接适用,所以不是行政法的直接法律渊源。但是,这些条约和协议最终必须通过一定的国内立法来实施,它们是一部分国内立法的直接依据。因此,我们可以将其视为一种间接的法律渊源。

由于立法权限的限制,我们可以发现,民法、刑法、民事诉讼法、刑事诉讼法等法律部门的法律渊源层次是十分有限的,行政法规及其以下的规范性文件几乎不可能成为这些部门法的法律渊源。但是,行政管理事项纷繁复杂,不同事项的重要程度差别很大,可能分别属于不同层次立法的立法权限,这是行政法的法律渊源比较多样的根本原因。但是,我们在学习中主要掌握的是法律、行政法规和司法解释这三个层次的法律渊源,它们构成了我国行政法的主体内容。

四、行政法和相邻领域的关系

行政法是一个综合性很强的法律部门,行政法学也呈现出比较明显的交叉性。因此,行政法(学)与宪法、民法、民事诉讼法、刑事诉讼法、经济法学、行政学等法律部门和学科都有着十分密切的关系,理解它们之间的这些关系,对于更好地把握和定位行政法是很有帮助的。

第一,行政法与宪法的关系。宪法的核心任务是解决好国家和公民、社会之间的关系,而在现代社会中,政府是国家机器中最强大、最主要的分支,这就决定了政府和公民、社会的关系是最为重要的公法问题,它既是宪法上的问题,也是行政法上的问题。因此,宪法和行政法的基本任务具有一致性,其精神和原则也是一脉相承、一以贯之的。只不过,相对于宪法来说,行政法所面对的问题要更加具体,技术性、变动性更强一些。

第二,行政法与民法。行政法与民法所调整的是不同的社会关系,除了在部分领域相互有所渗透、交叉,在内容上两者并没有太多的交集。但尽管如此,行政法与民法的关系仍然十分密切。因为,作为一个后起的学科,行政法在自身体系的构建上大量借鉴了民法的基本范畴。例如,行政主体与民事主体之间、行政行为与民事行为之间、行政法律关系与民事法律关系之间都存在着千丝万缕的传承关系。可以说,行政法的精神源自于宪法,而行政法之框架取之于民法,具有较为扎实的民法基础对于学习行政法是大有帮助的。

第三,行政法与民事诉讼法。行政法与民事诉讼法的交集主要在行政诉讼部分。一方面,行政诉讼法是与民事诉讼法、刑事诉讼法并列的三大诉讼法之一,其与行政法的关系是诉讼程序法与其实体法之间的关系,而不是行政法的一部分;但另一方面,行政诉讼法又可以看作是通过诉讼方式监督行政权、对遭受行政权违法或不当损害的私人权益提供救济的一项法律制度,在这个意义上又显得与行政法密不可分,可以被认为是广义行政法的一个组成部分。而在行政诉讼法这一部分,与民事诉讼法恰恰存在着十分紧密的关系。目前,世界上很多国家——尤其是英美法系的国家并不存在单独的行政诉讼法,而是通过民事诉讼程序来解决行政机关与私人之间的官民纠纷。即使是那些单独建立了行政诉讼制度的国家,其行政诉讼制度也都是从民事诉讼制度中发端、分化而来,我国也不例外。而且,单独立法之后的行政诉讼制度在基本框架和大多数具体制度上和民事诉讼仍然是相同或者类似的,只是在此基础上为了适用诉讼双方实质能力上的不对等而建立起一系列特殊的规则而已。我们甚至可以说,行政诉讼法是民事诉讼法的特别法,对于行政诉讼法没有作出专门规定的问题,仍然应当适用或者参照民事诉讼法。从这一意义上,民事诉讼法的部分制度甚至可以被看作是行政诉讼法的法律渊源。

第四,行政法与刑事诉讼法。行政法与刑事诉讼法的交集主要在国家赔偿领域。国家赔偿主要包括行政赔偿与司法赔偿,而司法赔偿又以刑事司法赔偿(或称冤狱赔偿)最为重要。行政赔偿和刑事司法赔偿在性质上是明显不同的,前者因为行政活动侵权而引起,后者则因刑事司法活动而产生,两者在归责原则、赔偿程序等方面也有明显差别。因此,刑事司法赔偿本来应当属于刑事诉讼法的一部分。但是,我国的《国家赔偿法》采取了将行政赔偿和司法赔偿合并立法的模式,导致司法赔偿习惯上也被认为属于行政法律体系的一个组成部分。

第五,行政法学与经济法学。狭义上的经济法,指的是调整国家对市场经济活动实行干预、管理、调控所产生的经济关系的法律原则和法律规范的总称。国家对经济活动的这种干预、管理和调控主要是通过政府的行为来实施的,本质上也是一种行政管理活动。因此,调整这种活动所产生的社会关系的法律原则和规范,也应该属于行政法的范畴。可以说,狭义上的经济法就是部门行政法中的经济行政法这一部分。但在我国,行政法学通常研究的是行政法的总论,对部门行政法的涉及较少。而经济法作为一个专业性强、内容丰富的研究领域,已经有大量的学者进行专门的研究,经过数十年的积累,形成了相对完整、独立的知识体系。尽管在学术界还存在一些争论,但经济法通常已经被视为一个单独的法律部门,这是基于我国法制体系和法学研究的历史和传统所形成的事实。因此,除非有特别的说明,否则人们在提及行政法(学)的时候,其范围通常并不将经济法(学)包括在内。

第六,行政法学与行政学。行政法是调整因行政活动而产生的各种社会关系的法,对行政法加以研究的学科就是行政法学;行政学则是研究行政管理活动规律的科学。传统上,人们认为行政法的任务是使得行政活动更"合法",行政学的任务则是使行政活动更"有效",两者虽然关系紧密,但任务各有不同。但正如前文所述,行政法的任务已经逐步从简单追求"法治"到进一步追求"善治",对行政活动合理性、有效性的关注不断加深,行政法学正在逐步发展为以在法治框架下寻求更优公共治理方案为目标的科学,因此与行政学的关系变得日益密切,在很多情况下甚至难以完全区分,行政法学与行政学"不分家"的现象越来越常见。

思 维 拓 展

【示范案例】

溆浦县中医院诉溆浦县邮电局不履行法定职责案[①]

原告湖南省溆浦县中医院(以下简称县中医院)认为被告湖南省溆浦县邮电局(以下简称县邮电局)不履行"120"急救专用电话开通职责,向湖南省溆浦县法院提起行政诉讼。

原告诉称其根据上级文件的规定和主管部门批准,向被告申请开通"120"急救电话,被告拒不作为,致使原告购置的急救车辆和其他设施至今不能正常运转,损失惨重。请求判令被告立即履行开通"120"急救电话的职责,并赔偿原告的经济损失8万元。

被告辩称,湖南省卫生厅、省邮电局(1997)15号《关于规范全省"120"医疗急救专用电话管理的通知》(以下简称15号文件)规定,邮电与卫生行政部门对开通"120"急救电话有确定权。原告申办"120"急救电话,不符合15号文件的规定。"120"急救电话属于全社会,不属于原告。根据15号文件的规定,被告对溆浦县开通"120"急救电话承担义务,但是不承担对某一医院开通"120"急救电话的义务。事实上,被告已经开通了溆浦县的"120"急救电话,不存在不履行义务的问题。邮电局是公用企业,不是行政机关,不具备行政诉讼中的被告资格,也没有法规授权给县邮电局行使行政职权。被告对原告未作出任何具体行政行为,原告无从提起行政诉讼。原告如果认为是湖南省邮电局委托被告作出具体行政行为的,那么本案的被告应该是湖南省邮电局,而不是溆浦县邮电局。原告的诉讼请求不符合行政诉讼法律规定,法院应予驳回。

溆浦县法院经审理查明:15号文件规定医疗机构申请开办急救中心、开通"120"

[①] 案例来源为:《溆浦县中医院诉溆浦县邮电局不履行法定职责案》,载《最高人民法院公报》2000年第1期。

急救电话的程序是:经当地卫生行政部门指定并提交书面报告,由地、市卫生行政部门审核批准后,到当地邮电部门办理"120"急救电话开通手续。1997年8月15日,湖南省卫生厅确认原告县中医院是一所功能较全、急诊科已达标的二级甲等综合医院,具备设置急救中心的条件。同年12月8日,溆浦县卫生局指定县中医院开办急救中心,开通"120"急救电话。同日,县中医院向被告县邮电局提交了《关于开通"120"急救专用电话的报告》,并经县长和主管副县长批示同意。同年12月13日,县邮电局为县中医院安装了"120"急救电话,并在《市内电话装拆移换机及改名过户工作单》上写明:已于12月16日安装完毕,但是该电话一直未开通。1998年7月20日,县邮电局为没有经过卫生行政主管部门指定和审批的溆浦县人民医院开通了"120"急救电话。7月24日,县中医院向怀化市卫生局提出《关于请求设置"120"医疗急救专用电话的报告》。7月25日,该报告得到市卫生局批准。7月27日,县中医院再次书面请求县邮电局开通"120"急救电话,县邮电局仍拒不开通。溆浦县法院认为,被告县邮电局是企业单位,不具有通讯管理的行政职能,没有给原告县中医院开通"120"急救电话的法定义务,县中医院的诉讼请求不能成立。据此,溆浦县法院于1998年9月9日判决:驳回县中医院的诉讼请求。诉讼费1700元,由县中医院负担。

  一审宣判后,县中医院不服提起上诉。怀化市中级法院经审理认为:长期以来,我国对邮电部门实行政企合一的管理模式。邮电部门既具有邮电行政主管机关的职权,又参与邮电市场经营。经过改革,目前虽然邮政和电信初步分离,一些电信部门逐渐成为企业法人,但是由于电信行业的特殊性,我国电信市场并未全面放开,国有电信企业仍然是有线通讯市场的单一主体,国家对电信方面的行政管理工作,仍然要通过国有电信企业实施。这些国有电信企业沿袭过去的做法行使行政管理职权时,应视为《行政诉讼法》①第25条第4款所指的"由法律、法规授权的组织"。开办"120"急救中心,是医疗机构救死扶伤的一项公益事业。鉴于此举能给医疗机构带来一定收益,为使责任专一,趋利避害,防止因混乱而耽误抢救病人,政府对"120"急救事业实施行政管理,规定在一个行政区域只允许一家医疗机构开办"120"急救中心、开通"120"急救电话。"120"急救电话不是只要交纳安装费就能装的普通电话,因此省卫生厅、省邮电局联合下发的15号文件规定,只有功能较全,医疗急救水平较高,且急诊科已达标的综合医院,在经县卫生局指定并报地、市卫生行政主管部门批准后,才能获得开通"120"急救电话的特许权。联合文件还规定,邮电部门对开通"120"急救电话只收电话安装费,免费安装影示系统和电脑自答系统,免收电话费。这些明显不同于企业营利行为的优惠政策,既体现了政府支持举办此项公益事业的行政意志,也表明了政府对此项事业进行统一规范和管理。15号文件下发给地、市和县级的卫生行政主管部门以及邮电局,正说明政府要通过这些职能部门对"120"急救电话的开通实施行政管理。邮电局执行这个文件时与被审查的医疗机构之间发生的关系,不是平等的民事关

---

① 本书案例中的法条皆为对案件发生时有效法律法规的援引,部分规定现已更新。

系,而是特殊的行政管理关系。它们之间因此发生争议而引起的诉讼,不是民事诉讼,而是行政诉讼。尽管行政诉讼中的被告通常是行政机关,但是为了维护行政管理相对人的合法权益,监督由法律、法规授权的组织依法行政,将其列为行政诉讼的被告,适用行政诉讼法解决其与管理相对人之间的行政争议,有利于化解社会矛盾、维护社会稳定。

按照15号文件的分工,确定哪一家医疗机构有开办"120"急救中心的资格,由卫生行政主管部门负责;而审查申请开通"120"急救电话的医疗机构是否符合15号文件的规定,决定是否给其开通"120"急救电话,则由邮电局负责。上诉人县中医院是被批准开办"120"急救中心的合格单位。县中医院向被上诉人县邮电局提出开通"120"急救电话的申请后,县邮电局即着手安装。该局后来又以"120"急救电话的开通应由邮电与卫生行政部门共同确定为由,拒绝对县中医院履行开通职责,却私自为另一家未经审批的医院开通"120"急救电话。这一事实说明,所谓"应由邮电与卫生行政部门共同确定",只是县邮电局为达到与卫生行政部门分享开通确定权的目的而对15号文件的曲解;当其分权目的无法达到时,就不再坚持共同确定的主张,单方行使"120"急救电话的开通权力。

综上所述,被上诉人县邮电局在接到上诉人县中医院的申请后拒不开通"120"急救电话,是不履行职责的错误行政行为,应当纠正。县邮电局为推卸责任而提出的县中医院申办不符合文件规定、自己已经履行了开通"120"急救电话的义务、不具备行政诉讼被告资格等辩解理由,均不能成立。县中医院的主要上诉理由成立,应当采纳。县中医院请求县邮电局赔偿购置的急救车辆和其他设施不能正常运转的损失问题,鉴于急救车辆和急救设备没有投入急救使用,这项损失不宜按《国家赔偿法》第28条第7项规定的"直接损失"计算,因此依法不予支持。原审法院认定事实清楚,但适用法律错误,应予改判。据此,怀化市中级法院依照《行政诉讼法》第54条第3项的规定,于1998年10月28日判决:一、撤销溆浦县法院(1998)溆行初字第66号行政判决;二、限被上诉人溆浦县邮电局从接到本判决书的次日起15天内为上诉人溆浦县中医院履行法定职责。本案一、二审诉讼费3400元,由被上诉人溆浦县邮电局负担。

法律问题:本案是行政案件还是民事案件?

法理分析:本案的直接争议是邮电局是否负有开通120急救电话的行政义务,其背后的根本问题则是邮电局开通120急救电话的行为到底是一种行政管理活动,还是一种民事行为?这个问题的答案直接关系到如下一系列问题的答案,包括:本案是否属于行政诉讼的受案范围?县邮电局是否能够成为行政主体?是否为本案的适格被告?

对本案进行分析可以发现,邮电局为医院开通120急救电话的行为与为一般用户开通电话的服务是有着显著区别的。前者是为了医院能够顺利地提供急救服务,当地居民能够便捷地获得急救服务,是一种典型的公共事务;而后者则是一种普通的民事交易活动,邮电局通过提供电话通讯接入服务获取经济利益。正如二审法院所指出的那样,"'120'急救电话不是只要交纳安装费就能装的普通电话,因此省卫生厅、省邮电局联合下发的15号文件规定,只有功能较全,医疗急救水平较高,且急诊科已达标的综合医院,在经县卫生局指定并报地、市卫生行政主管部门批准后,才能获得开通

'120'急救电话的特许权。"尽管在政企分开的改革之后,邮电局已经变成了一个企业,开通"120"急救电话也是其电话运营业务的一部分,而且这种业务一旦开通也是要收取安装费的。从这个角度来讲,邮电局和"120"电话用户之间存在着民事关系。但是,在一定区域之内选择一家合格的医疗机构开通"120"急救电话又是一种公共资源的分配活动,而且这种公共资源还是有限的,在占有上还是排他的,因为不可能任意一个电话用户都能够要求邮电局为其开通"120"急救电话。至于什么样的医疗机构符合开通"120"急救电话的条件,正是由卫生局和邮电局来确定的。因此,确定并开通"120"急救电话的行为就是一种行政许可行为。由此可见,邮电局实施的此项活动属于行政管理活动而不是一般的民事活动,邮电局因此与医院形成的关系也就是行政法律关系而不是民事关系。中医院对本案提起行政诉讼而不是民事诉讼,是正确的。一审法院的判断有误,而二审法院的判决更正了这种错误。

【思考案例】

2008年南方雪灾中的电网企业侵权案件

2008年春节前后,我国南方多个省份遭遇了大规模的雨雪冰冻灾害。在应对雪灾的过程中,"通路"(就是疏通因冰雪覆盖的高速公路和铁路运输)和"保电"(就是修复因冰雪压塌的电力设施,恢复电力供应)成为此次抗灾工作的重中之重。按照国务院应急指挥部的要求,我国的两大电网企业(中国电网、南方电网)责无旁贷地承担起了抢修电力设施的重任。

但是,在南方受灾省份,大多数受损的电力设施身处人迹罕至的崇山峻岭,并无道路可通或虽有道路却已被损毁,电网企业在开辟道路时不可避免地将对部分耕地、林地、树木加以占用和破坏。对此有人认为,电网企业并不是行政机关,对上述财产并没有紧急征用的权力,对此形成的损害应当承担民事侵权责任。在雪灾过后,两大电网企业果然因此招致了大量的民事诉讼。

法律问题:两大电网企业在雪灾中因紧急抢修电网设备所需占用、损坏农民耕地、林地、树木的行为属于行政征用,还是属于民事侵权?两大电网企业的上述行为是在国务院应急指挥部的要求而实施的,是否可以看作是接受了后者的行政委托,从而在法律上将其视为国务院应急指挥部的行政行为?

【学术探讨】

在新公共管理思潮的影响下,很多国家政府把越来越多的公共服务外包给私人部门去提供,政府的角色逐渐从"划船"变成了"掌舵",从而大大地降低了行政成本,也提高了公共服务的质量和效率,我国政府同样受到了这一趋势的影响。但是,在这些领域,如何保证私人部门提供公共服务的行为不会"逃逸"出法律的约束和控制,从而避免其对公共利益和公民个人利益的损害呢?对于解决这一问题,民法和行政法谁能够发挥更大的作用?

第二章
行政法的基本原则

思维导图

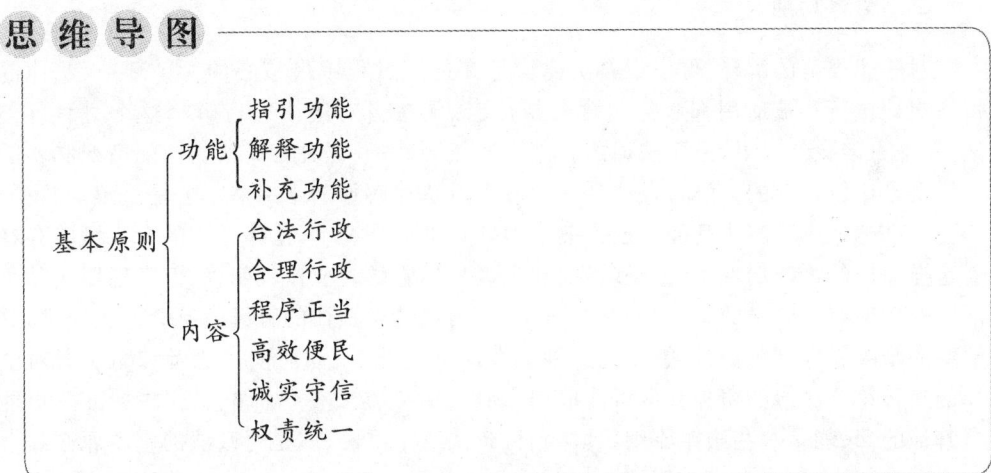

行政法的基本原则,指的是可以普遍适用于行政法的各个部分,对于行政法制定、执行和适用的各环节都具有指导意义的若干基本规则,是整个行政法律体系建构和运行的根基。在行政法学中,对基本原则的探索、讨论一直是一个重点,已经达到了比较深入的程度。作为学习者,主要应掌握两个方面的内容,一个是基本原则的功能,就是基本原则到底是用来干什么的;二是基本原则的内容,也就是掌握每一个基本原则的具体含义,并能够将其运用于对案件的研判当中。

第一节 基本原则的功能

我们知道,一个法律体系的内容既包括十分具体的法律规范,也包括相对抽象的法律原则。既然已经有了那么多数量庞大、体系严密的法律规范,为什么还需要法律原则呢?换句话说,行政法的基本原则到底有什么作用?我们认为,这主要表现在指引、解释和补充功能三个方面。

一、指引功能

指引功能主要体现在立法阶段,无论是整个法律部门法律体系的建构,还是一部法律的草拟制定,甚至是一个具体条款的确定,都有一个方向的问题。特别是在有多个可供选择的不同方案时,选择哪一个方案就有一个价值取向的问题。而行政法所追求的控制公权、保障私权等价值目标首先就体现在其基本原则上,此时,基本原则就会成为一种指引的标准,用来保障法律构建的过程不会偏离法治的基本方向。我们知道,行政法的法律渊源比较复杂,但无论是哪一个层次的立法活动,都必须在行政法基本原则的指引之下来完成。

二、解释功能

对法律规范的解释,可以说是法律执行和适用过程中最核心的一个环节,法律的每一次被执行和被适用都必然包含着执法者、司法者对法律进行解释这个过程。当然,在绝大多数情况下,由于法律的含义是比较明确的,这种含义所指向的情况和实际生活也是比较符合的,因此,执法者和司法者对法律解释的结果基本上是一致的,也能够比较准确地用于解决其面临的个案。但在一部分情况下,法律条文的含义可能存在着这样那样的不确定性,甚至是歧义,或者说虽然它的含义比较明确,但已经跟实际生活中的情况有所脱离的。这个时候,执法者、司法者对法律的解释就有会产生困难,其解释的结果就很难预期,可能千差万别。在这种情况下,如何使执法者和司法者对法律的解释符合法治的精神并尽可能取得一致呢?就需要一些标准。这些标准不可能是其他的,只能是一些法律原则,具体到行政法这个部门,就是行政法的基本原则。

三、补充功能

无论立法者如何试图将法律规范体系构建得尽量严密,也难免留下漏洞。事实上,在法律被执行和适用的过程中,这样的漏洞、空白是非常多的。对于一个必须处理的案件,执法者和司法者首先应当在既有的法律规范中寻求适当的条款来解决问题;如果恰好找不到这样的法律条款,接下来就应当尝试运用法律解释的方法——比如扩大解释、类比解释——从而利用其他既有的法律条款来覆盖这个案件中的事实;如果连运用法律解释的余地也没有,就只能运用法律的基本原则作为解决问题的依据。法律原则的这种补充作用,在司法过程中体现得比较明显。在行政执法中,如果遇到因法律空白而无法可依的情况,行政机关有可能由于"法无授权即禁止"而不得不放弃执法。而在司法活动中,法院是不能拒绝裁判的,在这种情况下最终就有可能要求助于法律原则,直接援引法律原则作为裁判的依据,这就是法律原则的补充作用。当然,在这里必须强调的是,法院不能随意援引抽象的法律原则作为裁判依据,因为这样做等于给了裁判者极大的自由裁量权。在绝大多数情况下,法律的原则已经在具体的法律规范中得到了体现,法院应当首先选择这样的依据作出裁判。只有在穷尽了既有的法律规范和可能法按法律解释方法之后,法院才可以直接援引法律原则。因此,在现实中依据法律原则而裁判的案例必然是十分稀少的。

第二节　基本原则的内容

行政法的基本原则有哪些？这是一个找不到统一答案的问题，几乎每一本行政法教科书的介绍都有所不同——但实质上大同小异的基本原则。那么，到底什么样的内容可以称得上行政法的基本原则呢？或者说，确定基本原则本身需要一个标准，这个标准是什么？

首先，基本原则应当具有普适性。一项法律原则要称得上某个部门法的基本原则，就必须对这个部门法的全部内容、至少是大部分内容具有指导意义。如果这项原则仅仅适用于这个部门法中的某一部分，那么，它只是这个部分的原则，而不是整个部门法的基本原则。例如，合议审理是行政诉讼中的一个原则，但这个原则和行政法其他部分的内容基本上是无关的，我们就不可能将其成为行政法的一个基本原则。

其次，基本原则应当具有特殊性。我们这里讲的是一个部门法——行政法的基本原则，而不是整个法律的基本原则。因此，这些原则应当能够体现行政法的特殊性，它们要么是行政法所独有的，要么虽然是与其他部门共有但在行政法上具有独特的含义。对于那些在所有法律部门中都能够适用、"放之四海而皆准"的、一般意义上的法律原则，虽然对于行政法也有重要的指导作用，但不能被称为行政法的基本原则，而是整个法律体系的基本原则了。例如，我们不能说"法律面前人人平等"是行政法的一个基本原则。

再次，基本原则应当体现行政法的精神和品格。行政法是"控权法"，其目的是为了制约公权、保障私权，行政法的基本原则应该是这种目标和价值的具体化。例如，在行政法最重要的基本原则"合法行政原则"中，有一个基本的含义是法律保留，它要解决对于法律上没有规定的事项行政机关应该怎么办的问题。这里就面临着两个可能的选择：一是只要法律没有明确禁止的事情，行政机关就可以做；二是只要法律没有明确允许的事情，行政机关就不能做。这两种选择的结果当然差异十分巨大。这个时候，我们就要考虑到行政法的目的是要控制行政权力的，行政权的行使必须有明确的法律依据才行，所以行政法的原则应该是"法无授权即禁止"，而不是"法无禁止即自由"。后者体现的是民法的精神品格，是民法的原则；前者体现的才是行政法的原则。

按照这样的标准所确定的行政法基本原则，虽然各家观点可能略有不同，但还是存在基本共识的。这里我们以 2004 年颁布的国务院《全面推进依法行政实施纲要》所确定的"基本原则"作为依据来阐述。之所以使用这个"官方"版本的"基本原则"，一是《纲要》毕竟具有较高的权威性，对于当前阶段我国法治政府的建设也确实发挥了核心的指导作用；二是《纲要》对这些基本原则的概括博采众长，在较大程度上体现了学术界的共识，也比较符合我们在上面提出的确定基本原则的这几条标准。《纲要》提出的行政法基本原则一共有六条，分别是合法行政、合理行政、程序正当、高效便民、诚实守信、权责统一。

一、合法行政原则

合法行政是行政法最重要的基本原则,其核心内容是强调行政行为形式上的合法性。行政法的其他基本原则都可以被理解为合法行政原则的扩展、延伸或者平衡。合法行政原则的含义主要包括三个方面:

第一,法律保留,指的是所有行政活动都只能在法律授权的范围内进行,包括:(1) 依法只能由法律规定的事项,行政机关除非获得授权,否则不得作出任何规定;(2) 在没有立法文件进行规定的情况下,行政机关不得作出影响公民、法人和其他组织权利义务的行为。

第二,法律优先,指的是所有行政活动都不得违背现有法律的规定,包括:(1) 行政机关制定的任何文件、作出的任何决定都必须符合现有法律的规定,不得与其相抵触;(2) 对于法律授予的职权,行政机关应当严格按照法定的程序、在法定的范围内行使;(3) 对于法律规定的义务与职责,行政机关应当积极有效地履行或执行。

第三,合法性审查。行政机关作出的具有法律效果的行为,应当能够通过一定的机制给予合法性上的审查。也就是说,行政机关所作出的决定在合法性上不应当具有终局的效力,如果当事人不服这些决定,应当有机会通过一定的程序来挑战其合法性。原则上,这种合法性审查应当由司法机关进行;即使在一定的阶段内无法完全纳入司法机关审查的范围,也应当建立起其他的审查机制——例如行政复议。

▶ **例2-1** 下列哪些做法违反了合法行政原则的要求?

A. 某规章规定行政机关对行政许可事项进行监督时,不得妨碍被许可人正常的生产经营活动

B. 行政机关要求行政处罚听证申请人承担组织听证的费用

C. 行政机关将行政强制措施权委托给另一行政机关行使

D. 行政机关对行政许可事项进行监督时发现直接关系公共安全、人身健康的重要设备存在安全隐患,责令停止使用和立即改正

分析:"行政机关对行政许可事项进行监督时,不得妨碍被许可人正常的生产经营活动",这本身是《行政许可法》作出的规定。某规章重申了这一点,和法律的规定是一致的。因此,说法 A 没有违反合法行政原则。按照《行政处罚法》的规定,听证的费用应当由行政机关自己承担,因此 B 项的说法违反了法律的既有规定,也就是违反了法律优先。根据《行政强制法》的规定,行政强制措施不得委托他人行使——无论被委托的对象是谁,因此 C 项的说法也违反了法律优先。D 项的说法符合《行政许可法》的规定,也就没有违反合法行政原则。

▶ **例2-2** 下列哪些做法违反合法行政原则的要求?

A. 因蔬菜价格上涨销路看好,某镇政府要求村民拔掉麦子改种蔬菜

B. 为解决残疾人就业难,某市政府发布《促进残疾人就业指导意见》,对录用残

疾人达一定数量的企业予以奖励

　　C. 孙某受他人胁迫而殴打他人致轻微伤,某公安局决定对孙某从轻处罚

　　D. 某市政府发布文件规定,外地物流公司到本地运输货物,应事前得到当地交通管理部门的准许,并缴纳道路特别通行费

　　分析：A 项的做法显然超过了镇政府的法定职权,镇政府显然无权决定村民应当种植何种作物,因此违反了法律保留。B 项的做法既合法又必要,没有违反合法行政。C 项的做法违反了法律的明文规定,即违反了法律优先,因为《治安管理处罚法》规定受他人胁迫实施治安违法行为且后果轻微的,应当减轻（而不是从轻）处罚。D 项的做法是超越了职权,有违反法律保留的问题。因为,按照《行政许可法》的规定,只有法律、行政法规、地方性法规、省级地方政府规章可以设定行政许可,同时只有法律、行政法规可以规定行政许可的收费。这里,市政府的一个文件既无权设定许可、更无权设定许可的收费。

二、合理行政原则

　　合理行政原则是建立在合法行政原则基础上的进一步要求,不同于后者所强调的形式上的合法性,合理行政原则强调行政行为实质上的正当性,指的是所有行政活动,特别是行政机关根据裁量权作出的活动,都必须符合基本理性。这里所讲的合理,指的是符合最基本的、最起码的理性,即符合一个理智健全的人所应当达到的合理与适当。包括：

　　第一,公平公正对待,当行政机关面对同等或基本相似的情形时,应当作出同等或相近的处理,不得有明显的偏差或歧视。

　　第二,考虑相关因素,行政机关在行使裁量权时应当符合法律的目的,必须考虑也只能考虑与该管理事项有关的因素,不得考虑无关因素以影响其决定。

　　第三,符合适当比例,行政机关为实现某一行政目标而采取的手段,应当能够实现该目标（适合性）；并以必要为限度,在可以实现行政目的的各种手段中,应当选择对当事人权利影响最小的手段（必要性）；为此付出的成本与获得的效益不能显失均衡（均衡性）。

　　上述第三点要求也被称作比例原则。很多情况下,这一点也被作为一项独立的行政法基本原则提出,在实践中运用最广,把握起来的难度也最大。

　　▶ **例 2-3**　廖某在某镇沿街路边搭建小棚经营杂货,县建设局下发限期拆除通知后强制拆除,并对廖某作出罚款 2 万元的处罚。廖某起诉,法院审理认为廖某所建小棚未占用主干道,其违法行为没有严重到既需要拆除又需要实施顶格处罚的程度,判决将罚款改为 1000 元。法院判决此案适用了行政法上的什么原则？

　　分析：很显然,法院裁判此案的理由是行政行为的手段应当与行为性质、目的相匹配,不要超过必要的限度。行政处罚的目的是惩罚与教育相结合,过与罚要相适应,廖

某虽有违法事实,但程度并不十分严重,不应采取法定范围之内的最严厉处罚。因此,法院判决将处罚结果减轻,运用的就是合理行政中的比例原则。

▶ **例2-4** 2003年,广州市为了加强道路交通管理,规范日益混乱的交通秩序,决定出台一项新举措,由交通管理部门向市民发布通告,凡自行摄录下机动车辆违章行驶、停放的照片、录像资料,送经交通管理部门确认后,被采用并在当地电视台播出的,一律奖励人民币200—300元。此举使许多市民踊跃参与,积极举报违章车辆,当地的交通秩序一时间明显好转,市民满意。新闻报道后,省内甚至外省不少城市都来取经、学习。但与此同时,也发生了一些意想不到的事:有违章驾车者去往不愿被别人知道的地方,电视台将车辆及背景播出后,引起家庭关系、同事关系紧张,甚至影响了当事人此后的正常生活的;有乘车人以肖像权、名誉权受到侵害,把电视台、交管部门告上法庭的;有违章司机被单位开除,认为是交管部门超范围行使权力引起的;有抢拍者被违章车辆故意撞伤后,向交管部门索赔的;甚至有利用偷拍照片向驾车人索要高额"保密费"的,等等。报刊将上述新闻披露后,某市治理交通秩序的举措引起了社会不同看法和较大争议。请谈谈对广州市治理交通秩序这一举措合法性、合理性的认识。

分析:这个案例曾经被作为国家司法考试历史上的第一道论述题,主要涉及的是行政法上的两项基本原则——合法行政原则与合理行政原则。案中涉及的主要是合法行政原则中的法律保留问题,以及合理行政原则中符合适当比例的问题。对于前者,我们应当注意到,法律并没有允许行政机关将行政处罚的调查权授予或委托给一般公众,而是要求由法定的行政机关自己来行使,而案中广州市交管部门的做法显然有违法律保留。对于后者,我们应当注意到,广州市交管部门的行为所造成的社会成本,以及对各方当事人利益造成的严重侵害,相对于短期所收获的交通秩序好转的效果来说,可能代价太大、有失均衡,因此不符合比例原则。

三、程序正当原则

在行政法律规范中,程序性规范占据极大比例,并且与实体性规范高度融合、难以分割。其根本原因在于,行政权的行使既要受到实体上的控制,也要受到程序上的约束,程序正义在很多时候是实体正义实现的保证。程序正当,就是要求行政活动要符合最低限度的正当要求。所谓"正当",就是按照人们朴素的正义观点理所当然地认为是正确的、应当的东西。因此,这一原则带有明显的自然公正色彩,其内容在实定法上的确认,是逐步实现的。一般认为,程序正当原则至少应当包括如下三个方面的内涵:

第一,信息公开,指的是基于公民的知情权,行政机关应向社会公众公开其活动的依据、过程以及结果。当然,涉及国家秘密和依法受到保护的商业秘密、个人隐私,不在公开之列。

第二,公众参与,指的是行政机关作出重要的规定或决定时,应当听取公众意见,尤其是应当听取直接相对人与其他利害关系人的陈述、申辩。公众参与本质上是一种直接民主的行使,是现代社会间接民主的一种有效补充,有利于增强行政活动的民意基础,增加其正当性。

第三,公务回避,也称为中立原则,其含义包括:(1)当行政机关工作人员与其处理的公务存在利害关系时,应该回避,这一点与诉讼法中"自己不能做自己法官"的理念是相通的;(2)当行政机关工作人员与其处理的公务无利害关系,但由于其他原因可能影响客观中立时,也应回避。例如,行政处罚中已经参与了某一案件调查的人员,由于受到"先入为主"思维惯性的影响,可能对该案已经形成了难以改变的固定看法,就不适合担任听证程序的主持人。

▶ **例2-5** 下列哪些做法违背了程序正当原则的要求?
 A. 某环保局对当事人的处罚听证,由本案的调查人员担任听证主持人
 B. 某县政府自行决定征收基本农田35公顷
 C. 某公安局拟给予甲拘留10日的治安处罚,告知其可以申请听证
 D. 乙违反治安管理的事实清楚,某公安派出所当场对其作出罚款500元的处罚决定

分析:按照《行政处罚法》的规定,参与案件调查的人员在听证程序中不能担任主持人,以免"先入为主",因此A项的说法显然违反了公务回避的要求。B项中县政府的做法是符合其职权的,实际上与程序正当也没有关系。C项的情况比较特殊,按照《治安管理处罚法》的规定,拘留处罚是无需听证的。但是,公安局告知当事人听证也并无不当,因为这样做实际上增加了当事人的权利、加重了行政机关自己的义务,还是符合正当程序的。D项则违背了《治安管理处罚法》关于200元以下罚款或者警告才可以当场处罚的规定,属于适用程序错误。

四、高效便民原则

高效便民原则是针对行政活动的效率提出的要求,从表面上看起来,这应该只是一项行政管理的原则,而不是一项法律原则,因为法律似乎不应该去关心行政管理的效率问题。但是,我们应当知道,行政管理过程中存在着两个方面的成本,而这两种成本都与公民、法人和其他组织的利益密切相关。一个是行政机关的成本,这个成本是由纳税人的钱形成的;另外一个是当事人的成本,包括费用、时间、精力等,是由当事人直接投入的。因此,不断提升行政管理活动的效率,最终是为了降低社会公众为了维持政府的运行而付出的成本,以及在具体事项办理过程中付出的成本,关系到公众的切身利益。这一点,当然是法律应当予以关注的问题。因此,在行政法中,有大量的制度专门用来解决行政的效率问题,包括期限制度、简易程序制度、集中权力或集中办事的制度,甚至行政委托制度与效率问题也是密切相关的。因此,因为一个"好"的政府,其行为既应当是合法的,也应当是高效的。高效便民原则的含义具体包括两个

方面：

第一，行政效率，指的是行政机关应当积极、迅速、及时地履行其职责、实现其职能，严守时限规定，并不断降低行政成本。

第二，便利当事人，指的是行政机关应当尽可能减少当事人的程序性负担，节约当事人的办事成本。如《行政许可法》第26条规定的"一个窗口对外"统一办理、联合办理行政许可，就是贯彻这一原则的典型做法。

五、诚实守信原则

诚实守信原则包括两个方面：

第一，诚实，即信息真实，行政机关无论是面对特定对象，还是普通公众，它所提供的信息都应当是真实有效的，行政机关不能提供虚假信息对当事人或社会公众进行欺骗。

第二，信用，即信赖保护，行政机关的规定或决定一旦作出，就不能轻易更改，如确因法律变动、情势变更、公共利益等原因而必须改变它们时，除了要有充分的法律依据并遵循法定程序之外，还应当给予权益受损的人以一定补偿或采取补救措施。

诚实守信原则的核心在于信赖保护，其内涵我们进一步分析如下：

第一，信赖对象。信赖保护中"信赖"的对象（客体）是相当广泛的，并不仅仅局限于具有单方性、处分性的具体行政行为，还应当包括行政主体颁布行政法规、行政规章、其他规范性文件的行为以及长期以来所形成的惯例、规则等等，而行政指导、非拘束性行政计划、行政承诺等非强制性行为（包括一些事实行为）也应在信赖的对象之列，此外还应当包括行政主体之间的职权划分等等。上述对象之所以能够成为信赖的客体，在于这些因素一旦形成，行政相对人将对此因素及其结果产生一定的预期，从而选择、调整自己的行为方式，可谓"无预期则无信赖"。因此，"信赖"的客体应该是行政主体的可预期的行为、承诺、规则、惯例及事实状态等因素。

第二，信赖利益。信赖保护所"保护"的客体是所谓"人民的处置权"；但"人民的处置权"之所以值得保护，实际上在于这种处置权的行使已经或者可以为其带来一定的利益。这种利益由于人民对行政主体所形成的可预期因素的信赖而发生，因人民就此种信赖所作出的处置、选择而获得。无论这种利益业已为行政相对人所获得，或仅在其可以期待获得的范围之内，只要其具有正当性，均应受到法律的保护。因此，信赖保护所"保护"的客体应当是私人的正当利益。

第三，信赖保护的实现机制。对于信赖保护的实现机制而言，传统上认为主要包括两种。一是"存续保护"，即为行政行为的改变设置一定的过渡期，以避免或减少当事人信赖利益的损失；二是"财产保护"，即在行政行为不得不被改变的情况下，对当事人所蒙受的信赖利益上的损失予以财产上的补偿。

综上所述，我们对行政法上的诚实守信原则可作如下界定：诚实守信原则是指在现代法治国家中，基于保护私人正当权益的考虑，行政主体对其在行政过程中形成的可预期的行为、承诺、规则、惯例、状态等因素,必须遵守信用,不得随意变更,否则将承担相应的法律责任,如因重大公共利益需要变更时也必须作出相应的补救安排。

诚实守信原则在我国行政法上提出的时间较晚,在立法上被引入和确立的时间更迟。最早对这一原则有所体现的是最高人民法院的司法解释,其2000年通过的《关于执行〈中华人民共和国行政诉讼法若干问题〉的解释》(以下简称原《若干解释》,该解释虽然是针对修订前的《行政诉讼法》作出的,但对于其中没有与修订后的新《行政诉讼法》以及新的司法解释不一致的条款,仍然是可以适用的,本书也将多次援引该司法解释)第59条中规定:"根据行政诉讼法第54条第2项规定判决撤销的被诉具体行政行为,将会给国家利益、公共利益或者他人合法权益造成损失的,人民法院在判决撤销的同时,可以责令被诉行政机关采取相应的补救措施。"这一条款虽然还称不上是对行政信赖保护的明文规定,但已经从特殊角度促使行政信赖保护的理念和原则得以在行政审判实践中发挥一定作用。2003年通过的《行政许可法》是第一部引入诚实守信原则的正式立法,该法第8条规定:"行政机关不得擅自改变已经生效的行政许可";"……为了公共利益的需要,行政机关可以依法变更或者撤回已经生效的行政许可。由此给公民、法人或者其他组织造成财产损失的,行政机关应当依法给予补偿"。此条规定虽未明确提及诚实守信的概念,但已将禁止反言、情变补偿等政府诚信和信赖保护的内容大致加以表述,具有重要的行政法制实践指导意义。2004年国务院颁发的《全面推进依法行政实施纲要》虽然也未正式使用诚实守信的概念,但将"诚实守信"作为依法行政的基本要求之一明确规定下来,要求:"行政机关公布的信息应当全面、准确、真实。非因法定事由并经法定程序,行政机关不得撤销、变更已经生效的行政决定;因国家利益、公共利益或者其他法定事由需要撤回或者变更行政决定的,应当依照法定权限和程序进行,并对行政管理相对人因此而受到的财产损失依法予以补偿。"应该说,这一规定已经涵括了诚实守信原则的基本内容。

▶ **例2-6** 2002年7月,港资企业汇津公司投资2.7亿元人民币与吉林省长春市自来水公司签订合作合同,经营该市污水处理。享有规章制定权的长春市政府为此还专门制定了《污水处理专营管理办法》(以下简称《专营办法》),对港方作出一系列承诺,并规定政府承担污水处理费优先支付和差额补足的义务,该办法至合作期结束时废止。

2005年2月,长春市政府以合作项目系国家明令禁止的变相对外融资举债的"固定回报"项目,违反了《国务院办公厅关于妥善处理现有保证外方投资固定回报项目有关问题的通知》的精神,属于应清理、废止、撤销的范围为由,作出"关于废止《污水处理专营管理办法》的决定",但并未将该决定告知合作公司和港方汇津公司。港方认为市政府的做法不当,理由是:其一,国务院文件明确要求,各级政府对涉及固定回报的外商投资项目应"充分协商"、"妥善处理",长春市政府事前不做充分论证,事后也不通知对方,违反了文件精神;其二,1998年9月国务院通知中已明令禁止审批新的"固定回报"项目,而污水处理合作项目是2002年经过市政府同意、省外经贸厅审批、原国家外经贸部备案后成立的手续齐全、程序合法的项目。请运用行政法原理对长春市政府的上述做法进行评论。

分析: 一般来说,一个具体案件是否存在行政法上的信赖利益且这种利益值得保护,需要符合这样的几个要件:一是存在被信赖的对象,二是当事人有信赖的表现,三是这种信赖具有合理性,四是这种信赖由于行政机关的行为遭到破坏并导致了利益上的损失,五是对这种损失的保护具有可行性。比照这一要件,我们对汇津公司一案中的信赖保护问题加以分析。

第一,信赖对象。本案中作为信赖对象的是长春市政府颁布的《专营办法》,属于地方政府规章,是正式的行政立法文件,显然能够成为信赖保护的对象。

第二,信赖表现。信赖表现指的是当事人基于对行政行为的信赖而作出的行为选择,通过这种行为选择表明其确实信赖了该行政行为。在本案中,汇津公司正是基于对《专营办法》的信赖才实施了投资建设长春汇津项目的行为,投资行为就是它在本案中的信赖表现。

第三,信赖具有合理性。对于行政信赖保护而言,值得保护的信赖应当是善意的,即当事人对行政行为的信赖应当是合理的。当信赖对象是一个合法的行政行为时,这个问题并不重要,因为人们信赖一个合法的行为是完全正常的。而当信赖对象是一个违法行为的时候,这个问题就显得十分重要了,本案正属于这样的情况。此时,判断当事人的信赖利益是否值得保护并不在于其信赖的对象是否合法,而是要看这种信赖本身是不是善意的、合理的,或者说其对于这种实质上违法的行为是否产生了"合法"的预期。在本案中,尽管《专营办法》是一个违法的规章,但这一规章却是长春市政府通过合法程序出台的,依托这个规章而上马的长春汇津项目也经过了各级政府的审批或备案,可以说完全具备一种合法的外观。汇津公司作为一个普通的企业,完全可能信赖《专营办法》及长春汇津项目的合法性,或者说,在其预期中上述行为就是具有合法性的。因此,其信赖利益也是值得保护的。

第四,利益损失。这一点在本案中表现得十分明显,长春市政府废止《专营办法》的行为破坏了汇津公司对这一行为的信赖,导致了其在长春汇津项目上投资和预期收益上的巨大损失。

第五,信赖保护的可行性。汇津公司的损失属于财产利益,完全可以通过财产补偿的方式来实现其信赖利益的保护。

综上所述,汇津公司因长春市政府废止《专营办法》而蒙受的损失完全符合行政信赖保护的各个要件,是应当依法获得足额补偿的。

六、权责统一原则

权责统一原则的内涵可以被概括为:执法有保障、有权必有责、用权受监督、违法受追究、侵权须赔偿。具体包括：

第一，行政效能，指的是行政活动的实施应当有效地达到其既定目标，为了保证行政目标的顺利实现，法律、法规应当赋予行政机关以一定的执法手段，并通过这些手段的运用排除其在职能实现过程中遇到的障碍。

第二，行政责任，指的是当行政机关违法或者不当行使职权时，有关单位或个人应当依法承担法律责任，从而实现权力和责任的统一，这一要求是行政赔偿制度、行政补偿制度和行政问责制度建立的基础。

▶ **例2-7** 下列哪些做法是权责一致的直接体现？
A. 某建设局发现所作出的行政决定违法后，主动纠正错误并赔偿当事人损失
B. 某镇政府定期向公众公布本镇公款接待费用情况
C. 某国土资源局局长因违规征地受到行政记过处分
D. 某政府召开座谈会听取群众对政府的意见

分析：A项中建设局纠正错误并赔偿当事人损失的做法无疑是为自己的违法行为承担了责任，体现了权责统一原则。B项讲的是程序正当原则当中的行政公开问题。C项中国土资源局局长为其违规的职务行为承担了个人责任，自然也体现了权责统一原则。D项讲的是程序正当原则中的公众参与问题。

▶ **例2-8** 某县政府发布通知，对直接介绍外地企业到本县投资的单位和个人按照投资项目实际到位资金金额的千分之一奖励。经张某引荐，某外地企业到该县投资500万元，但县政府拒绝支付奖励金。县政府的行为违反了行政法上的什么原则？

分析：这个案例比较简单，县政府承诺招商引资奖励的通知是张某的信赖对象，张某引荐某外地企业投资500万就是其对通知的信赖表现，信赖利益为500万的千分之一即5000元，县政府拒绝支付奖励损害了其信赖利益。因此，张某5000元的信赖利益应当获得保护，县政府应予支付。

思 维 拓 展

【示范案例】

汇丰实业公司诉哈尔滨市规划局行政处罚案①

1993年4月，哈尔滨市同利实业公司（下称同利公司）以需要翻扩建其所拥有的位于哈尔滨市道里区中央大街108号（原138号）院内的2层楼房（院内原有两栋楼

---

① 案例来源为：最高人民法院行政判决书(1999)行终字第20号。

房,其中临中央大街一栋为地下1层、地上3层,建筑面积1678.21平方米;院内一栋为地下1层、地上2层,303.76平方米。两楼占地547平方米,土地使用面积1031.60平方米)为由,向哈尔滨市规划土地管理局(1995年10月分立为土地管理局和规划局)提出翻扩建申请。

同年6月17日,同利公司与汇丰实业发展有限责任公司(下称汇丰公司)达成房屋买卖协议,签订了《房屋产权有偿转让协议书》,以人民币1000万元的价格将中央大街108号两栋楼房卖给了汇丰公司。汇丰公司付清了房款,交纳了房屋买卖有关契税费用,领取了房屋产权证。

同年12月7日,哈尔滨市规划土地管理局颁发1993(地)字246号建设用地规划许可证,同意同利公司翻建道里区中央大街108号楼,用地面积339.20平方米。1994年1月6日,哈尔滨市规划土地管理局以哈规土(94拨)字第2号建设用地许可证批准建设用地211.54平方米,建筑面积680平方米的3层建筑。同年5月9日,哈尔滨市规划土地管理局核发给同利公司1994(审)1004号《建设工程规划许可证》,批准建筑面积588平方米。同年6月24日,同利公司与汇丰公司共同向规划土地管理局申请扩建改造中央大街108号楼。申请增建4层,面积为1200平方米。

在尚未得到哈尔滨市规划土地管理局答复的情况下,汇丰公司依据同利公司取得的《建设工程规划许可证》,于1994年7月末开始组织施工。至1996年8月12日哈尔滨市规划局作出处罚决定时,汇丰公司将中央大街108号院内原有2层建筑(建筑面积303.76平方米)拆除,建成地下1层、地面9层(建筑面积3800平方米)的建筑物,将中央大街108号临街原有3层建筑(建筑面积1678.21平方米)拆除,建成地下1层、地面临中央大街为6层、后退2.2米为7、8层、从8层再后退4.4米为9层(建筑面积6164平方米)的建筑物,两建筑物连为一体。

哈尔滨市规划土地管理局于1994年9月14日派员到施工现场检查并作"建设工程现场记实"。载明:"被检查单位是汇丰公司,建楼地址是中央大街108号,建设形象进度7层半"。同时还载明:"由于音乐厅上访(汇丰公司在施工中,相邻的哈尔滨市音乐厅因墙壁裂缝与汇丰公司发生纠纷),该工程暂时停工。"同年11月28日,规划局作出哈规土罚字(1994)第002号行政处罚决定,责令汇丰公司:(1)限期补办手续;(2)处理好四邻矛盾,出现问题自负;(3)超建面积罚款处理;(4)罚款额83580元。其后汇丰公司交罚款33580元。

1995年4月7日,规划局下达了哈规土(1995)第36号文件,以1994年11月28日哈规土罚字(1994)第002号行政处罚决定存在被处罚单位与建设单位不符为由,决定予以撤销并返还对汇丰公司的罚款。1995年7月20日规划局又下达哈城规罚决字(1995)第018号行政处罚决定书,决定处罚同利公司。责令同利公司:(1)将超层部分拆除2层半,保留3层;(2)保留部分给予罚款处理并要重新办理审批手续,补交各种税费。此决定因同利公司申明不是建设单位,不接受处罚,未实际执行。

1996年3月5日,规划局下达(1996)哈城规监字第1-1号《停工通知书》,汇丰公司不服该停工决定,于1996年3月18日向哈尔滨市政府申请复议,要求撤销停工通知和办理批准手续。哈尔滨市政府复议后,以哈政复决字(1996)2号复议决定维持规划局(1996)哈城规监字第1-1号停工通知。

1996年8月12日,哈尔滨市规划局作出的哈规罚决字(1996)第1号行政处罚决定中,责令汇丰公司:(1)拆除临街部分的5至9层,并罚款192000元。(2)拆除108号院内地面8至9层,并罚款182400元。汇丰公司不服上述处罚决定,向黑龙江省高级法院提起行政诉讼。

黑龙江省高级法院经审理后认定,哈尔滨市规划局处罚显失公正,对市规划局的具体行政行为予以变更,减少了拆除面积,变更了罚款数量。具体判决内容为:(1)撤销哈尔滨市规划局哈规罚字(1996)第1号行政决定中第一部分第1项和第2项的罚款部分;撤销第二部分第1项和第2项的罚款部分(拆除中央大街临街建筑部分的5、6、7、8、9层,拆除面积2964平方米,罚款192000元;拆除中央大街院内建筑部分8、9层,拆除面积760平方米,罚款182400元);(2)维持哈尔滨市规划局哈规罚字(1996)第1号行政决定第一部分第2项的保留部分;维持第二部分第2项的保留部分(中央大街108号临街建筑地下1层,地上1、2、3、4层部分予以罚款保留;中央大街108号院内建筑地下1层,地面1、2、3、4、5、6、7层予以罚款保留);(3)变更哈尔滨市规划局哈规罚字(1996)第1号行政处罚对该楼的拆除部分,变更部分为:该楼第七层由中央大街方向向后平行拆至3/2支撑柱;第八层从中央大街方向向后平行拆至第3支撑柱;第九层从中央大街方向向后拆至第4支撑柱;第七、八、九层电梯间予以保留,电梯间门前保留一个柱距面积通行道,对该违法建筑罚款398480元。

市规划局不服一审判决,提起上诉。最高法院经审理后认为,原审判决认定事实基本清楚,适用法律、法规正确,驳回上诉,维持原判。

法律问题:行政法上的比例原则在本案中是如何被适用的?比例原则的具体内涵是什么?法院在什么情况下、在何种程度上可以依据比例原则来判决案件?

法理分析:本案在我国的行政法发展历史上具有很大的影响,常常被称为中国法院适用"比例原则"的第一案。但是,本案的一二审两级法院在判决中却没有直接以比例原则作为判决理由,而是以行政处罚显失公正为由作出变更判决的。那么,比例原则在本案中到底是如何被适用的呢?换言之,法院是如何引入比例原则用于判决本案的呢?

本案争议的焦点,是哈尔滨市规划局对汇丰公司作出的哈规罚决字(1996)第1号行政处罚决定是否合法、公正,从而是否应当被法院判决变更。按照《行政诉讼法》第54条第4项的规定,"行政处罚显失公正的,可以判决变更"。那么?判断行政处罚是否"显失公正"的标准是什么呢?对于这一点,无论是法律还是司法解释都没有作出明确的规定。而通过梳理学界的主要观点可以发现,大多数人对"显失公正"核心含义的理解就是"明显的不平等对待",认为其内涵包括"畸轻畸重""同样情况不同对待""反复无常""背离法定目的""任意无常""违反同一性和平等性""违背同等条件同等对待",等等。很明显,对于"显失公正"的通常理解并不包括违反比例原则。

在本案中,诉讼双方争议的焦点也不是哈尔滨市规划局的处罚决定是不是"畸轻畸重""反复无常""违反同等条件同等对待"等问题,而是争执于规划局是否有必要作出如此之重的处罚决定。哈尔滨市规划局认为,汇丰公司之所以应当受到这样的行政处罚,是因为其所建商业楼宇严重影响了城市规划,影响了中央大街的整体景观。因为,"哈尔滨市城市总体规划"中对中央大街规划的要求是:"在建设中,要从整体环境出发,使新旧建筑互相协调,保证完美的风貌"。市规划局提出,汇丰公司的建筑物遮挡了中央大街保护建筑新华书店(原外文书店)的顶部,从而影响了中央大街的整体景观。最高法院也认为,按国务院批准的"哈尔滨市总体规划"中关于中央大街规划的原则规定和中央大街建筑风貌的实际情况,本案可以是否遮挡新华书店顶部为影响中央大街景观的参照标准。而正是基于这一标准,最高法院认为:规划局所作的处罚决定应针对影响(中央大街景观)的程度,责令汇丰公司采取相应的改正措施,既要保证行政管理目标的实现,又要兼顾保护相对人的权益,应以达到行政执法目的和目标为限,尽可能使相对人的权益遭受最小的侵害。而规划局所作的处罚决定中,拆除的面积明显大于遮挡的面积,不必要地增加了汇丰公司的损失,给被上诉人造成了过度的不利影响。因此,黑龙江省高院的原审判决认定该处罚决定显失公正是正确的。原审判决将规划局所作的处罚决定予以变更,虽然减少了拆除的面积和变更了罚款数额,但同样达到了不遮挡新华书店顶部和制裁汇丰公司违法建设行为的目的,使汇丰公司所建商服楼符合哈尔滨市总体规划中对中央大街的规划要求,达到了执法的目的。因此,原审所作变更处罚并无不当,判决予以维持。

很显然,一、二审法院用于判断本案的行政处罚决定是否"显失公正"所考虑的标准,是处罚的内容对于实现处罚的目的而言是否必要,是否在实现了执法目的的同时尽可能地控制了对行政相对人的损害,而法院所考虑的这些因素显然又是人们通常理解之"显失公正"的内涵中所不包括的。到这里我们可以发现,法院在本案中主要是适用行政法上的比例原则作为判决依据的,而在引入这一原则的路径上,则是对行政处罚"显失公正"的含义做了扩大解释,将违反比例原则的做法作为"显失公正"的情形之一来对待。通过对不确定法律概念的解释将法律上没有明文规定的基本原则吸收进来用于审理和判决案件,是法律适用上一个非常重要的技术。从这一点上来看,本案一、二审法院的做法是成功的。

作为一项法律原则,比例原则并非行政法所独有,至少可以说,它是公法所共通的一项原则。因为,比例原则所揭示的实质就是国家公权力的行使要有所节制、要有限度、要与权力行使的目的相适应。因此,比例原则是一切国家公权力所必须遵循的基本法律原则,而不独行政权为然。比如,在刑法上,罪刑相适应原则的核心内涵也就是比例原则。当然,由于行政权与人们的关系更为密切,其运行方式、运行过程也更加复杂,因此,比例原则运用的空间更加广阔,重要性也更强。一般认为,比例原则包含了以下三个层次的具体内涵。

第一是适合性,或称妥当性。适合性是比例原则中的最低要求,指的是行政机关所采用的行政手段、方法适合于实现行政管理事项的目的。在这里,用于判断的标准是特定行政管理事项的"目的"。一般来说,这个目的在法律上是有明确规定的;即使没有明确的规定,也可以结合整部法律的立法目的、立法背景和基本品格解释出来。而对于实现目的的行政手段和方式,法律却不一定还作出明确的规定。如果法律上存在明确的规定,行政机关就不存在裁量的余地了,也就无所谓适用行政比例原则的问题。如果法律上规定的方式和手段对于实现行政管理目标而言是不适合的,那也是立法本身的问题,而不是行政机关的问题了。如果法律上没有这样的明确规定,那么,行政机关在选择手段和方式时就要受到比例原则中"适合性"的约束了。至于何种方式和手段对于实现行政管理目标是适合的,就要结合常识、经验、专家意见、逻辑推理等因素来综合判断了。行政行为违反"适合性"的要求通常可能出于这样的几种原因:(1)目的不正确,即行政机关出于不正当的目的,有意采取不适合的行政方式或手段;(2)严重的失职,常常表现为公共政策制定中的决策失误;(3)特殊情况下的非常规决策,主要是在应对突发公共事件过程中,由于决策时间紧迫、决策信息匮乏、决策程序无法正常实施而导致的错误判断。对于第(1)、(2)种情况,行政机关及有关工作人员需要承担法律责任,而第(3)种情况则应当有条件地减轻甚至豁免有关责任。

第二是必要性,这是比例原则的核心,也是比例原则在实定法上体现得最为充分的部分。必要性指的是对于特定行政目的的实现,行政机关采用的手段不得超过必要的限度,如果存在多种可供选择的方式和手段,行政机关应当选择代价最低、对当事人利益损害最小的一种。必要性适用的前提是对于实现特定的行政目的,存在着多种可供选择的手段。这里需要具备两个条件,一是法律没有直接对行政行为的手段作出限制,如果法律已经明确规定实施某种行为只能采取某种特定手段,如规定对于酒后驾车的人应当在违章记分中一次记满12分,那么,行政机关就失去了自由裁量的空间,无法作出其他更轻的选择了;二是从常识和经验的角度来看,确实存在实现行政目的的多种方式和手段。简而言之,适用必要性原则的条件是在法律上有裁量的空间且在事实上有裁量的可能。至于行政机关所采取的行政方式或手段是不是符合必要性的要求,通常也是结合常识、经验和逻辑分析得出判断的,必要的时候可能需要一定的专业意见。

第三是均衡性,也称为法益相称性,狭义的比例原则指的就是均衡性原则。均衡性原则要求的是行政机关所实施的行为,其实现的公共利益相对于其付出的成本代价以及对相对人的损害而言必须符合比例,不能显失均衡。均衡性原则的目的是防止行政机关为了追求实现一个小的利益而付出或损害了更大的利益,其根本还在于防止公权力的滥用。但是,在一般情况下,法院要判断一个行政行为是否符合均衡性的要求是十分困难的。因为,法官不可能比行政机关的官员对特定领域的行政管理事务具备更强的专业能力,而对于不同利益所体现出来的价值进行排序也是十分困难的。因此,只有在行政行为显失均衡,乃至于一般人可能作出评判的时候,法院才有可能援引均衡性原则来否定一个行政行为。从这一点上来说,法院对均衡性原则的适用是非常有限的。当然,对于均衡性原则还有另外一种理解,就是行政机关在实施行政行为时应当尽可能兼顾各种法律利益的实现,使不同的法律利益在行政管理过程中均衡地得到体现。但是,要判断行政机关是否做到了这一点,对法院来说也是同样困难的。

在汇丰实业公司诉哈尔滨市规划局行政处罚案中,法院对比例原则的运用主要体现在这样几个方面:

第一,关于适合性原则。在本案中,汇丰公司依据同利公司取得的《建设工程规划许可证》(批准同利公司对中央大街108号院内楼房的改建588平方米的建设规划许可),组织对位于哈尔滨市中央大街108号两栋楼房进行翻扩建施工,最终建成总面积为9964平方米的9层楼房。这9层楼房一部分是违反建设工程规划许可的建筑,一部分是未取得规划许可的建筑。很显然,汇丰公司的这一行为违反了《城市规划法》第29条、第32条的有关规定,当然是违法行为。哈尔滨市规划局根据《城市规划法》第37条、第40条的规定,负有对其辖区内的有关城市规划、建设等事项进行有效管理的职责,有权对其辖区内发生的违法建设行为进行查处。规划局采取的处罚手段与其所要追求的法律上的目标——维护城市规划建设的合理秩序,促进城市规划与建设的健康发展——之间的关系,完全符合适合性原则的要求。因此,在适合性这一点上,规划局的行政处罚是没有问题的。

第二,关于必要性原则。本案的二审法院最高法院在判决中十分清晰地阐述了本案被诉行政处罚决定的必要性问题,"……诉讼中,上诉人提出汇丰公司建筑物遮挡中央大街保护建筑新华书店(原外文书店)顶部,影响了中央大街的整体景观,按国务院批准的'哈尔滨市总体规划'中关于中央大街规划的原则规定和中央大街建筑风貌的实际情况,本案可以是否遮挡新华书店顶部为影响中央大街景观的参照标准。规划局所作的处罚决定应针对影响的程度,责令汇丰公司采取相应的改正措施,既要保证行政管理目标的实现,又要兼顾保护相对人的权益,应以达到行政执法目的和目标为限,尽可能使相对人的权益遭受最小的侵害。而上诉人所作的处罚决定中,拆除的面积明显大于遮挡的面积,不必要地增加了被上诉人的损失,给被上诉人造成了过度的不利影响。原审判决认定该处罚决定显示公正是正确的。"可见,必要性原则在本案中确立的标准就是:汇丰公司建筑物遮挡新华书店多少,就决定拆除多少。而被告所做的处罚拆除面积超过遮挡面积,也就是说,规划局所作的行政处罚的程度,并不是对相对人权益侵害最小的一种,违反了必要性原则。

第三,关于均衡性原则。最高法院在二审判决中进一步指出,"规划局所作的处罚决定应针对影响的程度,责令汇丰公司采取相应的改正措施,既要保证行政管理目标的实现,又要兼顾保护相对人的权益,应以达到行政执法目的和目标为限。"这一标准的核心思想就是行政管理要兼顾多种法益的同时实现,已经部分体现了均衡性原则的精神。

比例原则在我国立法上的引入有一个渐进的过程。最初,我国法律上并无比例原则的明文规定,理论上也较少关注比例原则,在阐述与比例原则关系最为密切的合理性原则时也较少揭示出比例原则的内涵。但是,仍有一些立法有意或无意地体现出比例原则的核心精神——行政行为的目的和手段之间要合乎比例、达到平衡,行政目标的实现和行政相对人权益的保障之间也要合乎比例、达到平衡——在一些相关法律、法规中还是得到了一定程度的反映和体现。例如,《行政处罚法》第4条规定:"行政处罚遵循公正、公开的原则。设定和实施行政处罚必须以事实为依据,与违法行为的事实、性质、情节以及社会危害程度相当。"再如,《社会抚养费征收管理办法》第3条第2款规定:"社会抚养费的征收标准,分别以当地城镇居民人均可支配收入和农村居民年人均纯收入为计征的参考基本标准,结合当事人的实际收入水平和不符合法律、法规生育子女的情节,确定征收数额。"

在我国,第一部明确规定比例原则的立法是2007年颁布实施的《突发事件应对法》,其第11条规定:"有关人民政府及其部门采取的应对突发事件的措施,应当与突发事件可能造成的社会危害的性质、程度和范围相适应;有多种措施可供选择的,应当选择有利于最大程度地保护公民、法人和其他组织权益的措施。"而对比例原则规定得最为彻底、体现得最为充分的立法则是2011年颁布、2012年实施的《行政强制法》。其第5条规定:"行政强制的设定和实施,应当适当。采用非强制手段可以达到行政管理目的的,不得设定和实施行政强制。"第16条第2款规定:"违法行为情节显著轻微或者没有明显社会危害的,可以不采取行政强制措施。"第42条规定:"实施行政强制执行,行政机关可以在不损害公共利益和他人合法权益的情况下,与当事人达成执行协议。执行协议可以约定分阶段履行;当事人采取补救措施的,可以减免加处的罚款或者滞纳金。执行协议应当履行。当事人不履行执行协议的,行政机关应当恢复强制执行。"第43条规定:"行政机关不得在夜间或者法定节假日实施行政强制执行。但是,情况紧急的除外。行政机关不得对居民生活采取停止供水、供电、供热、供燃气等方式迫使当事人履行相关行政决定。"

可以说,比例原则在今天的我国立法上已经得到了确立,可以预见的是,在更多的法律制定与修改中,这一原则还将被明确地陆续写入。而在行政管理与行政审判实践中,对比例原则内涵的理解也已基本形成了共识。

【思考案例】

赖某诉广州市公安交管局交通违章处罚案①

2003年7月11日,广州市公安局发布了《关于奖励市民拍摄交通违章的通告》(穗公[2003]278号,以下简称《通告》),全文如下:

> 为加强道路交通管理,消除交通事故隐患,充分调动群众参与交通管理的积

---

① 案例来源为:余亚莲:《广州法院:市民拍违章照片不能做处罚依据》,载《信息时报》2004年12月3日。

极性,发挥人民交通人民管,形成人人遵守交通规则的良好氛围,为我市创造安全畅通的交通环境,根据《中华人民共和国道路交通管理条例》的有关规定,决定从2003年7月15日起,在我市试行"市民拍摄交通违章"奖励办法。现将具体事项通告如下:

一、拍摄人员资格:年满16周岁、具有完全民事行为能力以及广州市户籍。

二、拍摄对象:在广州市注册登记的机动车辆。

三、拍摄路段:略。

四、拍摄违章种类:逆向行驶、违反标志标线规定、驾驶和乘坐二轮摩托车不戴安全头盔、以侧坐方式乘坐二轮摩托车、二轮摩托车违反载人规定。

五、照片要求:拍摄的照片必须为3R规格的光面光学照片(含底片),能够清晰反映出违章事实、车号、违章地点、路面参照物并且同步显示违章发生的时间(年、月、日),可作为处罚违章的依据。

六、提交照片的期限:拍摄人员必须在违章行为发生后的5日内将拍摄的照片提交给违章行为发生地的交警部门。

七、初次参与拍摄的人员应携带身份证原件及复印件、建设银行账号复印件、拍摄照片到广州市公安局交通警察支队违例处理室(地址:广州市下塘西路618号)办理有关手续。

八、奖励办法:拍摄人员提交的照片经交警部门审核确认后,在违章行为发生后的下一个月20日给予拍摄人员每宗20元奖励。对于多人拍摄到同一宗违章行为的,只奖励第一时间提交照片的拍摄人员。

九、市民的拍摄行为必须依法进行,任何提供虚假照片骗取公私财物,或者利用所拍摄的照片敲诈勒索的,公安机关将依照有关规定予以处罚。

十、本《通告》由广州市公安局交通警察支队负责解释,并不定期公布增加的拍摄路段、拍摄违章种类等内容。

2004年3月5日,广州市民赖某收到广州市公安局交警支队机动大队开具的一份《公安交通管理行政处罚决定书》,称赖某在2003年12月13日上午10时05分驾车经广州大道中某路段时,违反交通标线行车,因而要处以100元的罚款,而交警方面出示的证据,就是市民拍摄的赖某所驾车辆违章的照片。赖某认为,交警不能以此作为证据对他进行处罚,因为这等于由市民行使了交警部门的调查权,提起了行政诉讼。此案在越秀区法院一审时,赖某提出判令警方撤销奖励市民"拍违"的《通告》的请求,但一审法院认为广州市公安局2003年7月发出的《关于奖励市民拍摄交通违章的通告》"属没有强制力的行政指导行为","不属于人民法院行政诉讼的受案范围",所以不对《通告》进行审查。赖某不服一审判决,上诉至广州市中级法院,请求二审法院审查"交警能否采用市民拍摄违章的照片作为处罚依据",并请求法院以"证据不足"为由撤销交警支队作出的行政处罚决定。广州市中级法院对此案作出二审终审判决,驳回了赖某的诉讼请求,维持了一审法院的判决结果。其理由是,赖先生在复议期间接受警方询问时,承认自己确有违章驾车的事实。但在证据方面,法院终审认为,交警方作为证据使用的违章照片是市民孔某依据《通告》拍摄到的,而依据《行政处罚法》的规定,调查取证是行政执法机关行使处罚权的组成部分,是不能委托公民行使的。因此,在本案中,市民孔某拍摄的违章照片只能作为上诉人涉嫌违法的线索,而不能直接作为公安机关交通管理部门行政处罚的证据。

法律问题:广州市公安局奖励市民拍摄交通违章行为的做法虽然有违行政法上的合法行政原则与合理行政原则,但是否体现了公众参与原则?如果违反了合法行政原则和合理行政原则,但却符合公众参与原则,对这种做法到底应当如何评价?

【学术探讨】

行政法的基本原则是一个体系,我们知道,合法行政是其中理所当然的首要原则、中心原则,那其他的几项原则跟它是什么关系呢?是补充和延伸的关系,还是相互平衡的关系?例如,合理行政原则能不能用来平衡和抵抗合法行政原则,也就是说,我们是否应当允许一个实质性合理但是形式上不合法的行政行为存在——特别是在法律规定本身不太完善的情况下?再如,诚实守信原则在本质上是与合法行政原则相一致,还是与这一原则相抗衡的呢?例如,在有的情况下,当事人有理由认为一个违法的行政行为是合法的从而给予了信赖,并产生了信赖利益,但该行为随后被行政机关纠正,这造成了当事人的损失。法律上对这种利益损失给予保护,这到底保护的是当事人一种合法的预期,还是保护了一种违法但善意的信赖呢?

第三章 行政主体

思维导图

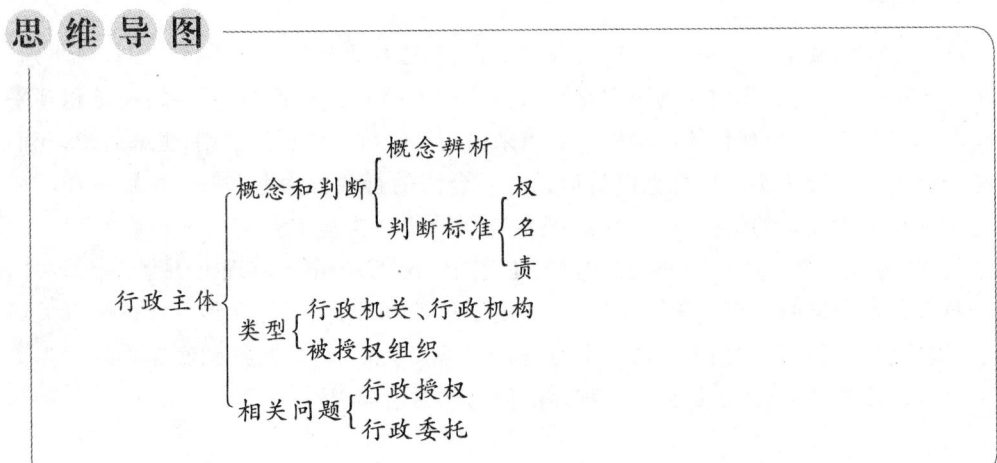

行政主体是行政法上最重要的范畴之一,只有具备行政主体资格,才能够在法律上成为行政活动的实施者,成为行政法律关系的当事一方,也是最重要的一方。我国的行政主体包括两大类,一是国家行政机关,二是法律、法规、规章授权的组织(简称被授权组织)。本章的重点是把握好行政主体的判断基准和常见类型,这关系到能否在后面的学习中正确地判别行政诉讼的被告、行政复议的被申请人,以及行政赔偿的赔偿义务机关。

第一节 行政主体的概念和判断

一、行政主体和相关概念辨析

所谓行政主体,指的是独立拥有并行使行政权,能够以自己的名义实施行政管理活动,并承担由此而引起的法律后果的组织,包括行政机关、行政机构和被授权的组织。

第三章 行政主体

行政主体是一个被提炼出来的学术概念,用于概括实定法上的一系列概念,但这个概念本身在实定法中并不被使用。实定法上使用的是诸如行政机关、行政机构这一类的概念,相互之间很容易混淆。因此,理解行政主体的概念,需要与行政机关、行政机构相互辨析。

行政机关,是国家依法设立行使行政权的、具有独立法律地位的组织。行政主体未必都是行政机关,因为被授权的社会组织也可能是行政主体。行政机关也未必时时都以行政主体的面目出现,例如,行政机关在实施小额办公用品采购时就是民事主体;被其他行政机关管理时还可能是行政相对人,如消防部门对当地各行政机关办公场所实施消防安全检查时,后者就是消防部门的相对人。

在法律上,机关、机构两个概念有时是同义词。例如,在宪法上,立法机关、行政机关、司法机关、军事机关都统称为国家机构。但在行政法的一般语境下,两者还是有区别的。行政机关指的是一个具有独立地位和完整架构的行政组织,必然具有行政主体的资格。行政机构则是行政机关的一部分,如政府的办公机构、办事机构、议事协调机构,部门的内设机构、派出机构等。行政机构所行使的职权都来源和依附于其所在的机关,其行使职权的法律后果也都归结到其所在机关上,因此一般不具备行政主体的资格。只有在例外情况下,即获得法律、法规或规章对特定事项的授权时,行政机构才可能自己对外行使职权,具备行政主体资格。

和行政主体相对应的还有一个概念需要注意,就是行政相对人。行政相对人在行政法律关系中是与行政主体相对应的另外一方,指的是行政主体在特定事项中管理的对象,在行政管理过程中享有或承担着与行政主体相对应的权利和义务。行政相对人也是一个被提炼出来的学术概念,在实定法中的通常表述是"公民、法人和其他组织",所谓其他组织指的就是没有法人资格的组织。但是,这种表述并不是十分严密的,因为并不是所有的自然人都是公民,事实上还包括外国人和无国籍人,这些人也完全可能成为我国行政机关管理的对象,成为行政相对人。因此,有关行政相对人的范围更加严谨的说法应该是"自然人、法人和其他组织"。行政相对人和行政主体这两个概念在性质上还有一点差别。行政主体既是一种资格,也是一种法律地位。之所以说是一种资格,因为并非所有的机关、机构和组织都会成为行政主体,而是必须符合一定的条件;之所以说又是一种法律地位,是因为在具体的行政法律关系中,行政主体对应着一系列的权利义务安排。而行政相对人只是一种法律地位,而不是一种资格。也就是说,行政相对人这个地位只是对应着行政法律关系中的一系列权利义务;但是,任何自然人、法人和其他组织都有可能成为行政管理的对象从而成为行政相对人,所以不存在什么资格的问题。和行政相对人有关的还有一个概念,叫行政相关人。因为行政管理活动具有多重法律效果,不仅会影响相对人的权利义务,还常常影响到其他人的权利义务。这些人虽然不是某项行政管理活动的直接对象,但利益受到这个事项的影响,就被称为行政相关人,在法律上也享有一定的地位。

二、行政主体的判断标准

行政主体是独立拥有行政职权,能够以自己的名义对外实施行政活动,并承担由此而引起的法律后果的机关、机构、组织。也就是说,行政主体是一种法律上的资格。那么,在实践中,我们就常常需要判断一个机关、机构或者组织到底是不是行政主体,到底具不具备这样一种资格。我们对行政主体的上述概念稍作分解,就可得出判断行政主体资格的标准有三条:

1. 权

"权"指的是独立职权,也就是自己的职权。我们看到许多行政机关的内设机构,或者一些社会组织,甚至个人,都在一定条件下行使着行政职权,但它们行使的这种"权"可能并不是自己的,而是他人的。此时它们仅仅是接受了权力拥有者的委托,自己并非权力的拥有者。因此,用"权"的标准来判断行政主体,应该看谁是权力的拥有者,而不是看谁在实际行使权力。

2. 名

名义标准是判断行政主体的外在标准,最易识别,但误差的可能性也最大,一般只能作为参照。许多没有行政主体资格的机构与组织也常常以自己的名义独立行事,此时我们不能仅凭名义标准就简单判定。但在一种情况下名义标准可以作为最终标准,那就是当多个主体协作实施某一行政管理事务时,就要看最终是以谁的名义作出的行为,那么,谁就是此事的行政主体。

3. 责

"责"是判定行政主体的"金"标准,即能够承担行政活动所引起的法律责任。因为法律责任的承担需要以相关主体具备一定的能力作为条件,否则这种责任就无法最终落实下去。比如,当法院判决责令某个被告履行法定职责时,这个被告应当确实负有这种职责;判决某个被告重新作出行政行为时,这个被告应当确实有权作出该种行为;判决某个被告承担补偿责任时,这个被告应当确实具有补偿的给付能力。由于行政主体概念的提出,主要目的就是为了在法律上确定各种行政行为责任承担者——如充当被告、充当被申请人、充当赔偿义务机关——因此,"责"的标准,也就是承担责任的能力这个标准,对于行政主体的判定就是至关重要的。

▶ **例 3-1** 某县公安局民警甲在一次治安检查中被乙打伤,公安局认定乙的行为构成妨碍公务,据此对乙处以 200 元罚款。甲认为该处罚决定过轻。下列哪种说法是正确的?

　　A. 对乙受到的处罚决定,甲既不能申请复议,也不能提起行政诉讼
　　B. 甲可以对乙提起民事诉讼
　　C. 对乙受到的处罚决定,甲可以申请复议但不能提起行政诉讼
　　D. 对乙受到的处罚决定,甲应当先申请复议,对复议决定不服可提起行政诉讼

分析： 我们知道，在行政法律关系中，行政主体（在本案中就是公安局）是其中的一方主体，公务人员（在本案中就是民警甲）只是代表行政主体实施行为，其行为的全部权利义务都要归结于行政主体，公务人员自己肯定不是行政法律关系的一方。因此，本案中民警甲既不能申请复议，也不能提起行政诉讼。至于民事诉讼，因为在本案中，民警甲是在执行公务的过程中受到乙伤害的，而不是在日常生活中被乙伤害的，所以不应当属于民事法律关系。换句话说，乙打伤民警甲的行为并不是民事侵权行为，而是妨碍公务的行为，应当受到行政处罚——如果足够严重的话，可能要受到刑事处罚，但是肯定不应承担民事赔偿责任。

关于行政主体的判断标准，我们还可以做进一步的讨论。如前所述，根据权、名、责三个标准来综合判断行政主体资格，是目前通行的做法。在这三点当中："权"的因素是内在标准，或者说是实质标准，要求该主体在实质上合法地拥有行政职权，并且能够在行政管理活动中行使这种职权；"名"的因素是外在标准，或者说是形式标准，是该主体作为行政主体的一种外在表现，即表现在能够以自己的名义对外作出行政行为；"责"的因素是这个理论架构、制度设计的落脚点，正是为了使每一项行政管理活动都能够找到一个法律上的责任承担者，才提出了"行政主体"这样的概念，换言之，所谓的行政主体最终就表现为以某种形式承担法律责任的那个主体。在权、名两个要素统一的情况下，对这一标准的理解和运用并不会存在什么困难。这样的情况就是，该主体在实质上拥有合法获得的行政职权，以自己的名义对外实施行政行为，如果因该行为引发法律责任的话，即由该主体自行承担。

但在实践中，权、名两个因素不一致的情况却是普遍存在的，这就给行政主体的判断带来了困难。这主要表现为两种情况。第一是十分常见的"有名无权"，即一个机构或者组织虽然以自己的名义对外作出了行政行为，但实际上它并没有依法获得独立的行政职权。此时，法律上是否认其行政主体资格的，被法律认可的行政主体是这个机构或组织的所在机关、组建机关或者"授权"（实际上是委托）的机关。也就是说，在这种情况下，立法上所认可的实际上是"权"而不是"名"的标准。第二是"有权无名"的情况，表现在多个行政机关（通常是上下级关系）对某一事项都拥有管理职权，但最后对外作出的行为是经过其中的上级机关批准的。此时，实际决定这一行为的机关和对外作出行为的机关有可能是不一致的，即出现了权、名的分离。对于这种情况，行政诉讼上认为应当采取"名"的标准，由对外签名盖章的机关承担法律责任；行政复议则认为应当采取"权"的标准，由批准此事的上级机关承担法律责任。应当说，这两种不同的做法各有利弊，"名"的标准为原告的起诉提供了便利但可能不利于判决的执行，"权"的标准则恰恰相反。但无论如何，这种矛盾的做法已经造成了实践和认识中的混乱和困扰。

对于行政主体资格的判断问题，我们认为比较正确的做法应该是以"权"的标准为基础、以"名"的标准为补充。以"权"的标准为基础，就要求行政主体首先应当在实质上依法获得独立的行政职权——无论这种权力来源于组织法,还是来源于单行法的个别授予,否则,即使它以自己的名义对外作出了什么行政行为,都不应当将其作为行政主体来看待。以"名"的标准为补充,指的是在多个机关都具备行政主体资格而又经过协商、请示、批准等内部程序之后作出行政行为时,应当把以自己名义对外作出行为的那一个(或几个)机关确定为法律责任的承担者。

第二节 行政主体的类型

行政主体可以分为两类:一是行政机关与行政机构,二是被授权的组织。为了便于理解,我们进一步将政机关与行政机构分为中央和地方两个层次来进行叙述。

一、中央行政机关与行政机构

中央政府层面的行政机关、机构包括:

1. 国务院

国务院作为中央人民政府,是全国最高行政机关,当然具备行政主体资格。

2. 国务院组成部门

俗称中央部委,包括外交部、国防部、发改委、教育部、科技部、工业和信息化部、民族委、公安部、国家安全部、监察部、民政部、司法部、财政部、人力资源和社会保障部、国土资源部、环保部、住房和城乡建设部、交通运输部、水利部、农业部、商务部、文化部、卫生部、中国人民银行、审计署,共25个。组成部门履行国务院基本的行政管理职能,均有行政主体资格。

3. 国务院直属单位

国务院直属单位与部委相似,但地位上略低于部委,具体又分三种:

(1)直属机构,俗称直属局,包括海关总署、税务总局、工商总局、质监总局、新闻出版广电总局(国家版权局)、体育总局、安监总局、食品药品监管总局、统计局、林业局、知识产权局、旅游局、宗教事务局、参事室、机关事务管理局、预防腐败局,共16个。直属机构主管国务院的某项专门业务,具有独立的行政主体资格。不过,在现实中,国务院参事室并没有可以对外行使的职权。

(2)直属事业单位,共13个,分别是新华社、中科院、社科院、工程院、国务院发展研究中心、国家行政学院、中国地震局、中国气象局、银监会、证监会、保监会、全国社保基金理事会、自然科学基金委。这些单位大部分没有行政主体资格,但个别因为获得法律、法规的授权,具备行政主体资格,如证监会、银监会、保监会等。这些具有行政主体资格的事业单位在地位上与直属机构无实质差别,所不同的只是它们被列入事业编制而非行政编制而已。

(3)直属特设机构,仅有1个,即国有资产监督管理委员会,有行政主体资格。

4. 国务院组成部门管理的机构

俗称"部管局",在体制上隶属于国务院的某个组成部门或直属单位(也可能与中共中央的部门共管),但本身具有一定的职权。有时能够以自己的名义实施行政管理,有时则代表主管部门行使职权,是一种特殊的、半独立的行政主体。包括信访局[①](国办管)、粮食局(发改委管)、能源局(发改委管)、国防科工局(工业与信息化部管)、烟草专卖局(工业与信息化部管)、外国专家局(人力资源和社保部管)、公务员局(人力资源和社保部管)、海洋局(国土部管)、测绘局(国土部管)、铁路局(交通运输部管)、民航局(交通部管)、邮政局(交通部管)、文物局(文化部管)、中医药管理局(卫生与计生委管)、外汇管理局(人民银行管)、煤监局(安监总局管)、档案局(中办管)、保密局(中办管)、密码管理局(中办管),共19个。

5. 国务院办公机构

即国务院办公厅,负责国务院的日常事务,不具有行政主体资格,对外应当以国务院的名义作出行政行为。

6. 国务院办事机构

与办公机构类似,没有行政主体资格,包括国务院的侨务办、港澳办、法制办、研究室、台办、新闻办、防范和处理邪教办,共7个。

7. 国务院议事协调机构

此类机构数量很多,目前共有28个,主要是处理某些在权限、职能上跨部门的业务,起到沟通、协调的作用,一般不具备行政主体资格。但个别因获得特别授权而成为行政主体,如国务院学位委员会、防汛抗旱总指挥部、抗震救灾指挥部等。

8. 国务院部门的内设机构

此类机构数量上也很多,设立于国务院组成部门、直属单位,甚至办公机构、办事机构的内部,是这些单位的一个组成部分,一般不能成为行政主体。但也有某些此类机构获得特别授权而成为行政主体,如国家知识产权局内设的专利复审委员会获得《专利法》的授权;工商行政管理总局内设的商标评审委员会获得《商标法》的授权。

需要注意,国务院组成部门的设立、增加、减少、合并,须经全国人大或其常委会决定;这些部门的正职领导人是国务院全体会议的组成人员。除此之外,国务院其他下属单位的设立、增加、减少、合并,无须经过全国人大或其常委会同意,国务院可自行决定;其他下属单位的正职领导也不是国务院全体会议的组成人员。

▶ 例3-2 国家禁毒委员会是国务院的一个议事协调机构。关于该机构,下列哪些说法是正确的?

    A. 该机构的撤销由国务院机构编制管理机关决定

    B. 该机构可以规定行政措施

---

① 本书从简便阅读的角度出发,一些机构名称等采用通常可被理解的简要表述,不再做括注特别说明全称、简称问题,下同。

C. 该机构议定的事项经国务院同意,由有关的行政机构按各自的职责负责办理
D. 该机构可以设立司、处两级内设机构

分析:国家禁毒委员会作为国务院的一个议事协调机构,是没有行政主体资格的,它也不像学位委员会等属于例外的个别情况。除了组成部门的设立、增加、减少、合并需要经过全国人大或其常委会决定之外,国务院可以决定其他下属单位的变动。在实践中,这种具体的变动方案是由机构编制管理机关(也就是编制管理办公室)草拟后,报国务院决定的。A项说法的错误在于它认为是编制管理机关自己决定的。国家禁毒委员会既然没有行政主体资格,也就不可能对外作出行政行为。所谓"规定行政措施",其实就是作出抽象行政行为,国家禁毒委员会当然没有这样的权力,所以B项的说法也是错误的。议事协调机构的职能在于协调跨部门的事务,其议定的事项需要经过国务院同意之后付诸实施。但由于议事协调机构自己没有行政主体资格,也不会单独设立办事机构,所以只能由其各个成员单位(大多数议事协调机构包括一二十个成员单位)按照各自的职责分别办理。因此,C项的说法是正确的。国务院下属的单位在内部一般会分设若干司级机构,每个司级机构再分为若干处级机构;有的单位(主要是一些副部级单位,如"部管局")也可能只设立若干处级机构。但是,像禁毒委员会这样的议事协调机构因为没有需要单独行使的职权,就没有设立内设机构的必要。所以,D项的讲法不正确。

▶ **例3-3** 国家海洋局为国务院组成部门管理的国家局。关于国家海洋局,下列哪些说法是错误的?

A. 该局有权制定规章
B. 该局主管国务院的某项专门业务,具有独立的行政管理职能
C. 该局是其主管部门的一个内设机构
D. 该局的设立由国务院编制管理机关提出方案,报国务院决定

分析:按照《立法法》的规定,有权制定部门规章的是国务院的组成部门和直属机构。但在实践中,国务院的某些直属事业单位如证监会、银监会等也在制定规章,其效力在事实上也得到了认可。也就是说,那些有行政主体资格的国务院下属单位都可以制定规章。但是,国家海洋局只是国务院组成部门管理的国家局,即"部管局",它并不直接隶属于国务院,因此是无权制定规章的。所以,A项的说法就是错误的。"部管局"虽然拥有一定的行政管理职能,但并没有完整的独立性,对于其主管部门(比如国家海洋局的主管部门是国土资源部)来说,只是相对独立的。在某些情况下,"部管局"能够以自己的名义对外实施行政管理,有的情况下又必须以主管部门的名义行事,因此B项的说法是错误的。当然,"部管局"和其主管部门的内设机构还是明显不同的,毕竟还处于相对独立的地位,而内设机构(比如国土资源部内部的一个司)则完全没有独立性,只能代表主管部门、以主管部门的名义履行职责。所以,C项的讲法也不准确。我们知道,除了组成部门之外,国务院其他下属单位的设立、增加、减少、合并

都由国务院决定,事前由编制管理机关草拟方案,所以 D 项的说法是正确的。

二、地方行政机关与行政机构

地方行政机关和机构包括:

1. 地方各级政府

我国地方政府分为省级(省、自治区、直辖市)、地级(设区的市、自治州)、县级(县、自治县、旗、县级市、市辖区)、乡级(乡、民族乡、镇)四个层次。各级政府均是行政主体。

2. 地方各级政府的工作部门与直属单位

地方各级政府的工作部门与直属单位,与国务院的组成部门与直属单位,基本上存在对应关系。一般来讲,国务院的上述单位中具备行政主体资格的,地方政府中与其对应的单位也就具有行政主体资格;反过来也一样。注意只有县级以上(含县级)政府才设立这些部门与单位,乡镇政府不设工作部门。

3. 地方各级政府的派出机关

出于方便行政管理的需要,地方政府可能在自己管辖的行政区域内画出一定范围,派出一个分支性的机关代表自己行使职权,这就是派出机构。派出机关的法律地位类似于这个区域内的下一层级政府,或者说是一种"准政府"。但与政府有所不同的是,这里并不真正存在一级地方政权,也就是并不存在某一级的人民代表大会来选举产生这个派出机关,派出机关在它的管辖区域之内行使的是上级政府的管理权。

在我国法律上,存在三种派出机关,具体是:省级政府派出的地区行政公署(事先必须得到国务院批准),县级政府派出的区公所(事先必须得到省级政府批准),市辖区或县级市政府派出的街道办事处(事先必须得到其上一级政府批准)。目前,地区行政公署只在部分边疆省份继续存在,区公所已经基本绝迹,而街道办事处则在城市中普遍存在。在现实中还有一类派出机关,就是很多地方政府往当地开发区、试验区、新区(其共同特点就是并非法定的行政区)派出的管理委员会。尽管法律上并没有明确这些管理委员会的地位,但本质上也属于当地政府的一个派出机关。由于这些派出机关在地位上类似于一级政府,是具有行政主体资格的。

4. 地方政府的办公机构、办事机构、议事协调机构

地方政府的这些机构在设立上与国务院类似,一般情况下不具有行政主体资格,不再赘述。

5. 中央在地方上的派出机构与分支机构

某些行政管理事项为中央政府所专属,地方政府不拥有此类行政职权,也就不存在相应的部门或机构。但为了管理上的方便,中央政府的行政机关或机构会在地方上设立自己的分支机构或派出机构,这些机构一般可以作为行政主体。例如,中国人民银行在地方上设立的分行、支行,银监会在地方上设立的银监局。

6. 地方行政机关的派出机构与内设机构

地方行政机关设立的派出机构或内设机构,是这个机关的组成部分,一般不具有独立职权,不能成为行政主体。但也有一些派出机构与内设机构获得授权,在一定权限内具备行政主体资格。在派出机构方面,常见的如派出所(处以警告或500元以下罚款)、税务所(处以2000元以下罚款)、工商所(对个体户或集市贸易中的违法行为进行处罚)等;在内设机构方面,常见的如地方公安部门的内设机构,包括公安消防机构、公安交通管理机构、公安出入境管理机构等。

需要注意,地方政府行政机构(议事协调机构、内设机构除外)的设立、增加、减少、合并或变更规格和名称,均须由本级政府提出方案,经上一级政府机构编制管理机关审核后,报上一级政府批准。其中,县级以上地方政府还应同时报本级人大常委会备案。

三、被授权的组织

被授权组织是行政主体的另一类型,指的是本无行政职权,但根据法律、法规、规章的授权就特定事项实施行政管理的非政府组织。一般来说,被授权组织包括四类:

一是国有企业。我国许多经营公用事业的国有企业,本是从"政企不分"的行政机关改制而来,改制后仍被赋予了一部分行政管理职权。这些企业多分布在水电煤气、电信、交通、金融、能源等行业。例如,国有商业银行根据《人民币管理条例》的授权,对假钞有没收权。

二是事业单位。事业单位大致上有两类:一是专门执行国家行政管理职能的事业单位,如证监会、银监会、保监会等;二是履行公共服务职能的事业单位,如高等学校。前者专门履行行政管理职能,在设立时就根据单行法的授权在特定行业领域内行使行政管理职权;后者一般不实施行政管理,但在特定领域内经授权也可成为行政主体。例如,《学位条例》规定,学士学位由国务院授权的高等学校授予;硕士学位、博士学位由国务院授权的高等学校和科学研究机构授予。

三是社会团体。我国的社会团体官办色彩浓厚,其对团体内部的管理大多不是自治管理,而是根据授权实施的行政管理。例如,《体育法》授权单项体育协会(如足协、篮协)对运动员实行注册管理;《注册会计师法》授权注会协会颁发注会证书。

四是基层自治组织。基层自治组织即村委会、居委会,它们在实施自治管理之余,也履行某些被授予的行政管理职权,如调解民间纠纷、协助治安管理、协助灾害救助等。

第三节 行政授权与行政委托

行政授权与行政委托是一对行政法上的重要概念,二者的区别尤其重要。行政授权指的是法律、法规、规章对一个本无独立行政职权的机构或组织,授予行政职权,从而使其具备行政主体资格的行为。而行政委托指的是行政主体委托其他机关、机构、组织或个人代理其实施行政活动、行使行政职权的行为。两者的区别在于:

第一,对象不同。行政授权的对象是本无行政职权的机构或组织,其中,被授权的机构是行政机关的派出机构或内设机构;被授权的组织包括企业组织(主要是公用事业企业,如铁路、电信、邮政等)、事业单位(如高等学校、防疫站)、社会团体(主要是各种行业协会,如律师协会、注册会计师协会)、基层群众自治组织(包括村委会与居委会);行政机关本身已经是行政主体,自然不能成为授权的对象;个人也不能成为授权的对象。行政委托的对象则十分宽泛,既可能委托给某些机构和组织,还可能委托给个人,乃至委托给另外一个行政机关。当然,对于特定的行政管理事项,到底能够委托给谁去实施,还要遵循单行法上的专门规定。例如,《行政处罚法》允许行政机关和事业单位成为行政处罚事项委托的对象;《行政许可法》只允许行政机关接受另一机关的委托实施行政许可事项;《行政强制法》则干脆禁止行政机关将行政强制权委托给任何对象。

第二,依据不同。行政授权的依据是有限的,视具体情况不同,其依据可能是法律,也可能包括法规,有时候还包括规章,但规章以下的一般规范性文件肯定不能成为授权的依据;而行政委托的依据可能是法律、法规、规章,甚至是一般规范性文件。

第三,结果不同。这是两者最为重要的差别,行政授权的结果是使被授权者获得了行政主体资格,能够独立地承担法律责任;而行政委托的结果却并不能使被委托者取得行政主体资格,其实施的行为在法律后果上仍然归属于委托者。

思 维 拓 展

【示范案例】

刘燕文诉北京大学不授予学历证、学位证案[①]

原告刘燕文认为自己符合大学毕业生的法定条件,被告北京大学拒绝给其颁发博士毕业证、学位证是违法的,遂向北京市海淀区法院提起行政诉讼。1992年9月,刘燕文在获得北大的硕士学位和毕业证书后,继续留在北大无线电电子学系攻读博士学位,主攻方向为电子物理。由于实验仪器未能准时到位,刘燕文的论文推迟了半年才答辩。对刘燕文的博士论文《超短脉冲激光驱动的大电流密度的光电阴极的研究》的审查经过了三道程序:其一是博士论文答辩委员会的审查(当时7位委员全票通过);其二是北大学位评定委员会电子学系分会的审查(当时13位委员中12票赞成,1票

---

① 案例来源为:"刘燕文诉北京大学不授予博士学位案",编辑陈思,载"中国法院网";刘万永:《刘燕文诉北大案被驳回 法院认为超过诉讼时效》,载《中国青年报》2000年12月20日。

反对);其三是北大学位评定委员会的审查(北大学位评定委员会委员共计21位,对刘燕文论文进行审查时到场16位委员,6票赞成,7票反对,3票弃权)。根据1996年1月24日北大学位评定委员会的审查结果,决定不授予刘燕文博士学位,只授予其博士结业证书而非毕业证书。并且,这一决定结果未正式、书面通知刘燕文,他为此曾多次向系、校有关部门询问未获得学位的原因,也曾向国家教育部反映情况,均未得到答复。1997年他向法院起诉,法院以"尚无此法律条文"为由不予受理。1999年7月,他从报上看到"北京科技大学本科生田永诉学校拒发'两证'行政诉讼案,田永胜诉"一事的报道后,带着报纸来到海淀法院,院方终于受理了他的诉讼,至此他得以与北大对簿公堂。

第一次开庭时,刘燕文独面北大两位诉讼代理人(北大研究生院常务副院长周其凤和法学院行政法学副教授湛中乐),第二次开庭时何海波与何兵两位北大法学院行政法学博士生作为其代理人出庭。第二次庭审之始,原告将诉讼请求由"1.请求法院责令北大撤销其拒绝颁发博士学位证书和毕业证书的决定;2.请求法院责令北大颁发博士学位证书和毕业证书"变更为"1.请求法院责令撤销北大拒绝颁发其博士学位证书和毕业证书的决定;2.请求法院判令北大颁发博士毕业证书并责令北大对刘燕文博士学位的授予予以重新审查"。这一问题略经辩论,被法庭认可。

综合两次开庭,双方主要对以下问题展开调查与辩论:

1. 本案是否已过诉讼时效?对此被告辩称校学位评定委员会的行政行为是1996年1月24日作出的,现在已经是1999年11月,因此已经过了诉讼时效。原告辩称:自1996年知道该行政行为后,多次找校方、法院寻求救济,直到1999年10月校方才给予了一个"研究结果",因此,适用民事诉讼法之诉讼时效中断的规定,本案在诉讼时效之内。

2. 校学位评定委员会对博士论文的审查应为程序性审查,还是实质审查?被告辩称校学位评定委员会的行政行为经过了国务院教育部的授权,并且委员的组成、表决程序等方面都符合法律的规定,是合法的行政行为。又因校学位评定委员会对于各院系分会的提议,有权否决,有权通过,也有权要求其重新审查,因此这种审查属于实质性审查。原告认为:校学位评定委员会的人员组成及其人员的知识结构决定了其审查不可能是实质性审查,而应当是程序性审查。由此,在答辩委员会和学位委员会电子学系分会通过对刘燕文博士论文的评定并且建议校学位评定委员会颁发博士学位的情况下,校学位评定委员会只要通过对其的程序性审查,就应当颁发刘燕文的博士学位。

3. 校学位评定委员会的行政行为是否违法,包括其行政行为的作出是否遵循了正当程序,决定是否有法律依据?被告辩称校学位评定委员会在人员组成、无记名投票等过程中都遵守了有关法律的规定,符合法律的正当程序。原告认为被告在拒绝给原告颁发博士学位证书之后,又拒绝给予原告申辩、申诉的机会,也未充分地告知原告拒绝给其颁发博士学位证书的理由,该行政行为为违反了法律的正当程序原则。对于法律依据,被告辩称校学位评定委员会的行政行为是有法律依据的,根据《学位条例》的有关规定,学位的授予必须经过校学位评定委员会委员的过半数同意,而原告刘燕文的博士论文未获得校学位评定委员会委员的半数通过:在16位投票委员中,只有6票赞成,未达到半数,因此作出对其拒绝授予博士学位的决定是于法有据的。原告认为,批准的决定与不批准的决定都应当以过半数的票数通过才属有效。校学位评定委员会共有21名委员,对刘燕文论文的反对票只有7票,远未达到全体成员(21位委员)的半数,甚至没有达到出席人员(16位)的半数,因此不能作出不批准的决定。故作出对其拒绝授予博士学位的决定于法无据。

4. 颁发毕业证书与颁发博士学位证书是否关联？被告辩称根据北大的有关规定,只有在博士论文获得通过的情况下,始能获得博士毕业证书,也即"二者是同时的"。原告的博士论文未获通过,所以不予颁发毕业证书。原告认为,北京大学的规定既不符合国家把学历证书和学位证书分开的立法精神,更不符合国家教育行政管理部门规章(《研究生学籍管理规定》第33条对颁发学历证书的条件的具体规定),《北京大学研究生学籍管理实施细则》在行政法上属于规章以下的规范性文件,其违反了法律和规章,法院不应适用。

第二次开庭经过三个多小时的听审和简短的休庭评议,法院当庭作出最终结论:对于诉讼时效问题,由于北大一直未书面通知原告最终决议,对于原告的申诉,也一直未将结果通知原告,"原告一直在向被告反映其要求,并等待被告的回音,故并未超出诉讼时效"。对于博士毕业证问题,按照国家教委的《研究生学籍管理规定》第33条规定:"研究生按培养计划的规定,完成课程学习和必修环节,成绩合格,完成毕业(学位)论文并通过答辩,准予毕业并发给毕业证书。"刘燕文按培养计划的规定,已完成课程学习和必修环节,成绩合格,完成了博士论文并通过了答辩,北大应发给其毕业证书。对于博士学位问题,北大学位评定会委员当时到场16位委员,6票赞成,7票反对,3票弃权,赞成票与反对票均未过半数,故学位委员会未形成有效决议。"校学位委员会在作出不批准授予刘燕文博士学位的决定前,未听取刘燕文的申辩意见;在作出决定之后,也未将决定向刘燕文实际送达,影响了刘燕文向有关部门提出申诉或提起诉讼权利的行使,该决定应予撤销。"法院判决:(1) 责令北大在两个月内颁发给原告博士毕业证书;(2) 责令北大在三个月内对是否授予刘燕文博士学位予以重新审查;(3) 本案的诉讼费用由被告承担。

北京大学不服提起上诉,北京市第一中级法院裁定撤销海淀法院的判决,发回重审。海淀法院重新审理后认为,公民不服行政主体作出的具体行政行为,应当在法定的起诉期限内提起行政诉讼。原告于1996年4月1日签字领取的结业证书上,写明了"论文未通过,未达到毕业要求,予以结业"。原告对被告作出的颁发结业证书予以结业这一决定提起行政诉讼的期限,应当根据最高人民法院1991年通过的《关于贯彻执行〈中华人民共和国行政诉讼法〉若干问题的意见(试行)》第35条规定计算,即从签字领取结业证书之日算起,至1997年7月1日止。原告于1999年9月向海淀区人民法院提起行政诉讼,已经超过法定起诉期限。2000年3月10日起实施的原《若干解释》虽然对起诉期限进行了修改,但是原告的起诉期限在该解释发布之前已经届满,故不能适用该解释。据此,海淀法院以"超过诉讼时效"为由判决驳回刘燕文的诉讼请求。

法律问题:本案的被告应该是谁?北京大学学位评定委员会能否成为本案的被告?高校在何种情况下可以成为行政诉讼的被告?

法理分析:本案是名噪一时的经典案例,案中值得探讨的问题很多,核心问题是北京大学和北京大学学位评定委员会的被告资格,对此我们分析如下:

本案原告刘燕文提起诉讼时列了两个被告(实质上是两个案件的合并审理):一个是北京大学,对应的诉讼请求是颁发毕业证;一个是北京大学学位评定委员会,对应的诉讼请求是颁发学位证。两者都是以被授权组织的身份被确认为行政主体从而充当行政诉讼被告的,法院也认可了两者的被告资格。对于北京大学的被告资格,不存在什么争议。但是,对于学位评定委员会是不是一个独立的行政主体?能不能成为本案的被告?确是一个值得讨论的问题。对于这个问题,判断的标准应当是看被授权的对象到底是谁?被授权的对象是谁,被告就应该是谁。与此有关的法律规范包括:

《教育法》第22条第2款规定:"学位授予单位依法对达到一定学术水平或者专业技术水平的人员授予相应的学位,颁发学位证书。"当时的《学位条例》(《学位条例》后来于2004年进行了修订,这里援引的是修订前的规定)第8条规定,学士学位、硕士学位和博士学位"由国务院授权的高等学校和科学研究机构授予";第11条规定:"学位授予单位,在学位评定委员会作出授予学位的决议后,发给学位获得者相应的学位证书";第12条规定:"非学位授予单位应届毕业的研究生,由原单位推荐,可以就近向学位授予单位申请学位。经学位授予单位审查同意,通过论文答辩,达到本条例规定的学术水平者,授予相应的学位";第13条规定:"对于在科学或者专门技术上有重要的著作、发明、发现或发展者,经有关专家推荐,学位授予单位同意,可以免除考试,直接参加博士学位论文答辩。对于通过论文答辩者,授予博士学位";第17条规定:"学位授予单位对于已经授予的学位,如发现有舞弊作伪等严重违反本条例规定的情况,经学位评定委员会复议,可以撤销"。《高等教育法》第22条第2款规定:"公民通过接受高等教育或者自学,其学业水平达到国家规定的学位标准,可以向学位授予单位申请授予相应的学位。"由此可见,这些法律、法规将授予学位的职权是授予给了"学位授予单位"即高等学校和科学研究机构而不是这些单位的学位评定委员会。因此,在本案中,无论是起诉不授予毕业证,还是不授予学位证,被告都应该是学位授予单位即北京大学。

至于学位评定委员会的性质,根据《学位条例》第9条的规定:"学位授予单位,应当设立学位评定委员会,并组织有关学科的学位论文答辩委员会。""学位评定委员会组成人员名单,由学位授予单位提出,报主管部门批准。"学位评定委员会负责审查通过学士学位获得者的名单;负责对学位论文答辩委员会报请授予硕士学位或博士学位的决议,作出是否批准的决定。决定授予硕士学位或博士学位的名单,报国务院学位委员会备案。学位授予单位在学位评定委员会作出授予学位的决议后,发给学位获得者相应的学位证书。由此可见,学位评定委员会在性质上是学位授予单位设立的负责审查学位授予名单、批准学位授予决议的内部机构,但不是最终授予学位的法律主体,也不是一个具有独立法律地位的组织。

对于这个问题,本案原告刘燕文的代理人之一何兵教授曾经提出不同的看法,认为不授予学位证一事的被告应该是北京大学学位评定委员会。其主要理由是:在法律上,北大行政当局对于学位评定委员会没有指挥权和命令权,学位评定委员会不是北大行政当局的下属。学位评定委员会的召集权、议事权、决定权在于委员会自身。因此,如果将北京大学作为此事的被告,即使法院作出了责令其作出特定行为的判决,该判决也无法执行,因为被告北京大学无法对其学位评定委员会作出命令,而学位评定委员会因不是本案的当事人也没有履行法院判决的义务。

我们认为,这个观点是不能成立的,理由有四。(1)法律、法规将学位授予权授予给了北京大学,尽管《学位条例》同时规定了学位评定委员会在履行学位授予职责中承担的部分具体职权,但这种职权也只是学位授予权当中的一个部分,是包含在学位授予权当中的,而不是独立于学位授予权之外的另一项权力。同时,有关法律、法规也从未授权学位评定委员会以自己的名义向学位申请人授予学位。因此,《学位条例》对学位评定委员会若干具体职权的规定,与《专利法》《商标法》等将某项独立职权授予给国家工商总局内设的商标评审委员会、国家知识产权局内设的专利复审委员会等做法,在性质上是不同的。(2)学位评定委员会作为北京大学的一个内设机构,其对学位授予的审查权、批准权作为北京大学学位授予权的一部分,法院针对北京大学的行政判决对于该委员会当然也是具有约束力的。换言之,法院的判决约束北京大学,也约束包括学位评定委员会在内的北京大学的每一个内设机构。(3)如果我们承认学位评定委员会的行政主体资格,那么,按照相同的逻辑,《学位条例》还规定了答辩委员会在学位授予中的具体职权,是不是答辩委员会也是一个独立的行政主体?也可以作为行政诉讼的被告呢?显然不是,因为答辩委员会只是一个临时性、一次性的机构,甚至其部分组成人员还是校外人员。(4)相对于北京大学而言,其学位评定委员会更加缺乏独立履行法院判决的能力。试想,如果刘燕文在案中提出了赔偿请求而法院的判决又支持了这一请求的话,没有独立经费来源的学位评定委员会有何能力履行赔偿判决?即使不存在赔偿判决,仅仅是判决被告承担案件的诉讼费,学位评定委员会也将是无法独立履行的。

在有关本案被告的讨论中,还有一个问题受到广泛争议,就是授予学位这种事项到底是属于大学内部学术自治的范畴,还是属于法律授权的行政管理事项?如果属于前者,则司法审查的介入就缺乏足够的理由。如果是后者,结论就是相反的。在这个问题的背后是一个更加具有普遍意义的问题,就是大学的哪些行为属于内部自治,哪些行为属于公共行政管理?这将决定大学在何种情况下可能成为行政诉讼的被告。我们认为,对这一问题的判断应该从两个方面着眼:

第一,要看大学所行使的权力的来源。大学与国家关系本质上是一个宪法问题,而在我国,宪法上并没有承认大学的自治权。根据我国的相关立法来看,大学是国家开展高等教育事业、实施高等教育政策的组织,公立大学在体制上更是属于国家教育部门和地方政府领导,是通过政府的财政拨款设立、组织和发展的。在这个意义上说,我国的大学对于国家是具有从属性的。因此,大学为了履行其高等教育职能而实施的行政管理行为,其权力也是来源于国家而不是其自身的。大学所行使的这些行政管理职权,都需要获得法律、法规、规章的授权。例如,公立大学的招生行为、收取学费的行为、颁发毕业证和学位证的行为、派遣毕业生的行为、评定国家奖学金的行为、处分学生的行为,等等,都必须来源于法律、法规的授权。如果说我国的大学有什么内部自治事务的话,那指的也仅仅是其作为一个社会组织为了正常开展教育科研活动,以及为了保证学校秩序的安全、稳定、整洁等所实施的那些内部管理活动。这些活动和其他社会组织所实施的类似的内部管理活动相比,在性质上并没有什么特殊之处。例如,大学对校舍安全的管理、对教学纪律的管理、对教职员工的人事管理等,都属于这样的范畴。但这并不是说,所有法律、法规、规章授权实施的行为都应当被纳入行政诉讼的范围。因为,现行的法律、法规对大学相关职权的形式有干预过多、过细之嫌,对很多日常性的管理事项都作出了详细的规定。如果把这些事项全部都纳入司法审查的范围,将严重影响大学的办学自主权,使其难以正常开展教学科研活动。因此,我们认为这里还需要引入另外一个标准,就是重要性标准。

第二,就是要看大学的行政管理行为对相对人利益影响的重要程度。如果这些行为对于相对人利益只有一般性的、甚至是轻微的影响,就应该认为仍然属于大学自我管理的范畴,司法机关不应介入审查。如果这种行为对相对人的利益构成重大影响——主要是影响了其法律上的权利——当事人将可以提起行政诉讼。例如,学校对学生作出处分决定,如果是一般的警告、记过等处分,对学生的利益并没有重大影响,司法审查就没有介入的必要。如果作出的是开除学籍、勒令退学这样的处分,就从根本上影响了当事人受教育权利的实现,应当属于行政诉讼的受案范围。类似地,在期末考试中给予学生不及格的成绩,与不颁发毕业证、学位证这样的行为比起来,在性质上也应当是有所区别的。

总的来说,我们认为,将大学的行政管理行为纳入行政诉讼的受案范围从而使大学可能充当行政诉讼被告,应当同时满足两个条件:(1)这种行为是大学基于法律、法规的授权而实施的;(2)这种行为对当事人的利益应当造成较为重大的影响。

【思考案例】

田永诉北京科技大学不授予毕业证、学位证案[①]

原告田永认为自己符合大学毕业生的法定条件,被告北京科技大学拒绝给其颁发

---

① 案例来源为:北京市海淀区人民法院(1998)海行初字第142号判决书。

毕业证、学位证是违法的,遂向北京市海淀区法院提起行政诉讼。1994年9月,原告田永考入被告北京科技大学下属的应用科学学院物理化学系,取得本科生学籍。1996年2月29日,田永在参加电磁学课程补考过程中,随身携带写有电磁学公式的纸条,中途去厕所时,纸条掉出,被监考教师发现。监考教师虽未发现田永有偷看纸条的行为,但还是按照考场纪律,当即停止了田永的考试。北京科技大学于同年3月5日按照该校"068号通知"第3条第5项关于"夹带者,包括写在手上等作弊行为者"的规定,认定田永的行为是考试作弊,根据第1条"凡考试作弊者,一律按退学处理"的规定,决定对田永按退学处理,4月10日填发了学籍变动通知。但是,北京科技大学没有直接向田永宣布处分决定和送达变更学籍通知,也未给田永办理退学手续。田永继续在该校以在校大学生的身份参加正常学习及学校组织的活动。

1996年3月,原告田永的学生证丢失,未进行1995年至1996学年第二学期的注册。同年9月,被告北京科技大学为田永补办了学生证。其后,北京科技大学每学年均收取田永交纳的教育费,并为田永进行注册、发放大学生补助津贴,还安排田永参加了大学生毕业实习设计,并由论文指导教师领取了学校发放的毕业设计结业费。田永还以该校大学生的名义参加考试,先后取得了大学英语四级、计算机应用水平测试BASIC语言成绩合格证书。田永在该校学习的4年中,成绩全部合格,通过了毕业实习、设计及论文答辩,获得优秀毕业论文及毕业总成绩全班第九名。北京科技大学对以上事实没有争议。

被告北京科技大学的部分教师曾经为原告田永的学籍一事向原国家教委申诉,原国家教委高校学生司于1998年5月18日致函北京科技大学,认为该校对田永违反考场纪律一事处理过重,建议复查。同年6月5日,北京科技大学复查后,仍然坚持原处理结论。

1998年6月,被告北京科技大学的有关部门以原告田永不具有学籍为由,拒绝为其颁发毕业证,进而也未向教育行政部门呈报毕业派遣资格表。田永所在的应用学院及物理化学系认为,田永符合大学毕业和授予学士学位的条件,由于学院正在与学校交涉田永的学籍问题,故在向学校报送田永所在班级的授予学士学位表时,暂时未给田永签字,准备等田永的学籍问题解决后再签,学校也因此没有将田永列入授予学士学位资格名单内交本校的学位评定委员会审核。

海淀法院认为:在我国目前情况下,某些事业单位、社会团体,虽然不具有行政机关的资格,但是法律赋予它行使一定的行政管理职权。这些单位、团体与管理相对人之间不存在平等的民事关系,而是特殊的行政管理关系。他们之间因管理行为而发生的争议,不是民事诉讼,而是行政诉讼。尽管《行政诉讼法》第25条所指的被告是行政机关,但是为了维护管理相对人的合法权益,监督事业单位、社会团体依法行使国家赋予的行政管理职权,将其列为行政诉讼的被告,适用行政诉讼法来解决它们与管理相对人之间的行政争议,有利于化解社会矛盾,维护社会稳定。《教育法》第21条规定:"国家实行学业证书制度。""经国家批准设立或者认可的学校及其他教育机构按照国家规定,颁发学历证书或者其他学业证书。"第22条规定:"国家实行学位制度。""学位授予单位依法对达到一定学术水平或者专业技术水平的人员授予相应的学位,颁发学位证书。"《学位条例》第8条规定:"学士学位,由国务院授权的高等学校授予"。本案被告北京科技大学是从事高等教育事业的法人,原告田永诉请其颁发毕业证、学位证,正是由于其代表国家行使对受教育者颁发学业证书、学位证书的行政权力时引起的行政争议,可以适用行政诉讼法予以解决。

原告田永没有得到被告北京科技大学颁发的毕业证、学位证,起因是北京科技大学认为田永已被按退学处理,没有了学籍。《教育法》第28条规定的学校及其他教育机构行使的权利中,第(四)项明文规定:"对受教育者进行学籍管理,实施奖励或者处分。"由此可见学籍管理也是学校依法对受教育者实施的一项特殊的行政管理。因而,审查田永是否具有学籍,是本案的关键。

原告田永经考试合格,由被告北京科技大学录取后,即享有该校的学籍,取得了在该校学习的资格,同时也应当接受该校的管理。教育者在对受教育者实施管理中,虽然有相应的教育自主权,但不违背国家法律、法规和规章的规定。田永在补考时虽然携带写有与考试有关内容的纸条,但是没有证据证明其偷看过纸条,其行为尚未达到考试作弊的程度,应属于违反考场纪律。北京科技大学可以根据本校的规定对田永违反考场纪律的行为进行处理,但是这种处理应当符合法律、法规、规章规定的精神,至少不得重于法律、法规、规章的规定。国家教育委员会1990年1月20日发布的《普通高等学校学生管理规定》第12条规定:"凡擅自缺考或考试作弊者,该课程成绩以零分计,不准正常补考,如确实有悔改表现的,经教务部门批准,在毕业前可给一次补考机会。考试作弊的,应予以纪律处分。"第29条规定应予退学的十种情形中,没有不遵守考场纪律或者考试作弊应予退学的规定。北京科技大学的"068号通知",不仅扩大了认定"考试作弊"的范围,而且对"考试作弊"的处理方法明显重于《普通高等学校学生管理规定》第12条的规定,也与第29条规定的退学条件相抵触,应属无效。另一方面,按退学处理,涉及被处理者的受教育权利,从充分保障当事人权益的原则出发,作出处理决定的单位应当将该处理决定直接向被处理者本人宣布、送达,允许被处理者本人提出申辩意见。北京科技大学没有照此原则办理,忽视当事人的申辩权利,这样的行政管理行为不具有合法性。北京科技大学实际上从未给田永办理过注销学籍、迁移户籍、档案等手续。特别是田永丢失学生证以后,该校又在1996年9月为其补办了学生证并注册,这一事实应视为该校自动撤销了原对田永作出的按退学处理的决定。此后发生的田永在该校修满四年学业,还参加了该校安排的考核、实习、毕业设施,其论文答辩也获得通过等事实,均证明按退学处理的决定在法律上从未发生过应有的效力,田永仍具有北京科技大学的学籍。北京科技大学辩称,田永能够继续在校学习,是校内某些部门及部分教师的行为,不能代表本校意志。鉴于这些部门及部分教师的行为,都是北京科技大学的职务行为,北京科技大学应当对该职务行为产生的后果承担法律责任。

国家实行学业证书制度。原告田永既然具有北京科技大学的学籍,在田永接受正规教育、学习结束并达到一定学历水平和要求时,北京科技大学作为国家批准设立的高等学校,应当依照《教育法》第28条第1款第5项及《普通高等学校学生管理规定》第35条的规定,给田永颁发相应的学业证明,以承认其具有的相当学历。

国家实行学位制度。原告田永是大学本科生,在其毕业后,按照《学位条例》第4条的规定,可以授予学士学位。被告北京科技大学作为国家授权的学士学位授予机构,应当依照《学位条例暂行实施办法》第4条、第5条规定的程序,组织有关人员对田永的毕业成绩、毕业鉴定等材料进行审核,以决定是否授予其学士学位。

关于高等院校毕业生派遣问题。《毕业生就业派遣报到证》,是各省、自治区、直辖市主管毕业生调配的部门教育行政部门下达的就业计划签发的。普通高等学校根据《普通高等学校毕业生就业工作暂行规定》第9条的规定,应当履行将毕业生的有关资料上报所在地的教育行政主管部门的职责,以供当地教育行政部门审查和颁发毕业派遣证。原告田永取得大学毕业资格后,被告北京科技大学理应履行上述职责。

《国家赔偿法》第3条、第4条规定的行政赔偿范围,只包括违法行政行为对受害人人身权或者财产权造成的实际侵害。目前,国家对大学生毕业分配实行双向选择的就业政策,并非学生毕业后就能找到工作,获得收入。因此,被告北京科技大学拒绝颁发证书的行为,只是使原告田永失去了与同学同期就业的机会,并未对田永的人身权和财产权造成实际损害。故田永以北京科技大学未按时颁发毕业证书致使其既得利益受到损害为由提出的赔偿经济损失主张,不能成立。

原告田永在考试中有违反考场纪律的行为,被告北京科技大学据此事实对田永作出的按退学处理的决定虽然不能成立,但是并未对田永的名誉权造成损害。因此,田永起诉请求法院判令北京科技大学在校报上向其赔礼道歉,为其恢复名誉,不予支持。

综上,北京市海淀区法院于1999年2月14日判决:一、被告北京科技大学在本判决生效之日起30日内向原告田永颁发大学本科毕业证书;二、被告北京科技大学在本判决生效之日起60日内召集本校的学位评定委员会对原告田永的学士学位资格进行审核;三、被告北京科技大学于本判决生效之日起30日内履行向当地教育行政部门上报原告田永毕业派遣的有关手续的职责;四、驳回原告田永的其他诉讼请求。

第一审宣判后,北京科技大学提出上诉。北京市第一中级法院经审理认为,原判认定事实清楚、证据充分,适用法律正确,审判程序合法,判决予以维持。

法律问题:北京科技大学为何应当成为本案的被告?本案的判决对于发展我国的行政主体理论与行政诉讼被告制度有何意义?

【学术探讨】

无论是法律上的规定还是学术界的基本共识,一直以来都认为行政主体应该是一个单位——无论是行政机关、行政机构还是被授权的组织。至于个人,要么作为行政公务人员代表所在单位履行职责,要么在某些情况下接受行政主体委托,代理行政主体实施某些行为。总之,个人并不被认为能够直接充当行政主体。但有人认为,在极端情况下,赋予个人行政主体资格还是存在必要性的。在某些情况下,一些特定的个人可能会对特定范围内多数人的生命财产安全等重大利益负有重要责任,这个时候赋予其必要的行政管理权,允许其以个人的名义执行法律,是具有合理性的。例如,一艘远洋客轮上的船长、一架民航客机上的机长,就应当具有这样的管理权。你如何看待这样的观点?个人作为行政主体到底有没有必要性和可行性?

第四章

公 务 员

思维导图

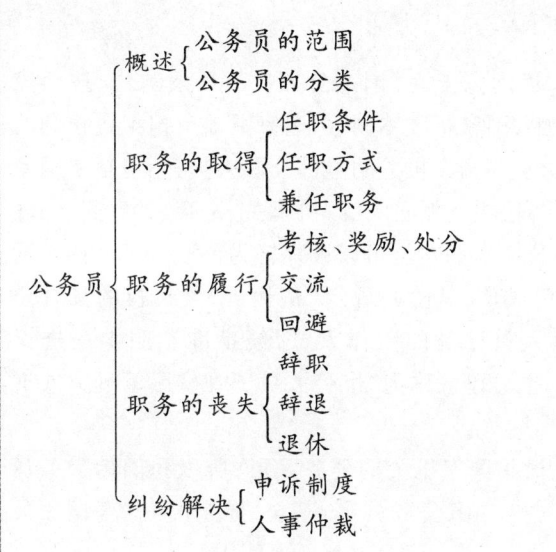

行政公务人员,指的是在所有从事行政公务的工作人员,既包括行政机关中的公务人员,也包括被授权组织中的公务人员、受委托组织中的公务人员,以及受委托的个人。行政公务人员实施行政管理活动,是受其所在机关委派或委托的一种职务行为,而非个人行为;其对外表达的是所在机关的意思表示而不是自己的;其行为产生的法律后果由所在机关承担而不是自己承担。行政公务人员如因公务活动有贪污受贿、徇私舞弊、使用暴力等行为,或发生自身遭受伤害等情节,应通过刑事追究、行政问责、纪律处分、嘉奖抚恤等其他法律制度解决,这与其所实施之行政管理活动所产生的行政法律关系是不同的。

但在我国,公务员的概念和一般意义上的行政公务人员还有所不同。它并不包括被授权组织中的公务人员、受委托组织中的公务人员以及受委托的个人,但却包括在其他国家机关、在政党机关、在人民团体中和部分事业单位中的公务人员,几乎包罗了所有在公共组织中履行公职并拥有正式编制的个人。我国原来并没有公务员制度,公务员原来被称为"干部",直到1993年国务院根据全国人大常委会授权制定了《国家公务员暂行条例》,才初步确立了公务员制度。目前,我国公务员制度的核心是2006年1月生效的《公务员法》(原《国家公务员暂行条例》在该法施行后随之失效),该法是我国公职人员法律制度中的一般法。而其他组织法(如《国务院组织法》《地方组织法》《法官法》《检察官法》等)中调整公职人员法律关系的规范是特别法,它们共同构成了我国的公务员法律体系。本章的内容主要围绕《公务员法》进行介绍。

第一节 公务员概述

一、公务员的范围

《公务员法》上所定义的公务员,远远宽于原《国家公务员暂行条例》。按照该法的定义,公务员是指依法履行公职、纳入国家行政编制、由国家财政负担工资福利的工作人员。这实际包括了立法、行政、司法等国家机关的全部公职人员,还包括了国家机关以外的组织——中国共产党机关、各民主党派机关、政协机关、工会、共青团、妇联等人民团体的公职人员。因此,我国的公务员基本上可以被理解为公职人员的同义词。

《公务员法》实际调整的范围还要更广,其附则规定"法律、法规授权的具有公共事务管理职能的事业单位中除工勤人员以外的工作人员,经批准参照本法进行管理。"这些人通常被称为"参公人员",也可以被称为"准公务员",在实际管理方式上与公务员无异。

由于公务员的范围很广,甚至包括非国家机关的公务人员,所以我国的公务员现在并不冠以"国家"二字,也就是不称为"国家公务员"。甚至,原来的立法《国家公务员暂行条例》中的"国家"二字在后来的《公务员法》中都不再使用了。

二、公务员的分类

1. 职位分类

公务员分为综合管理类、专业技术类、行政执法类三类,并可以在必要时由国务院增设其他类别。尽管分为三类,但《公务员法》对后两类并无更多的具体规定,该法重点规范的是综合管理类公务员。现实中,大多数公务员也属于综合管理类公务员。

2. 职务分级

公务员分为领导职务和非领导职务,但这并不意味着领导职务的级别就一定高于非领导职务。在部分级别层次上,领导职务和非领导职位的级别是存在着对应关系的。具体内容如下:

领导职务序列	非领导职务序列
国家级正职（如总理）	
国家级副职（如副总理、国务委员）	
省部级正职（如部长、省长）	
省部级副职（如副部长、副省长）	
厅局级正职（如司长、厅长、市长）——	巡视员
厅局级副职（如副司长、副厅长、副市长）——	副巡视员
县处级正职（如处长、县长）——	调研员
县处级副职（如副处长、副县长）——	副调研员
乡科级正职（如科长、乡长、镇长）——	主任科员
乡科级副职（如副科长、副乡长、副镇长）——	副主任科员
	科员
	办事员

第二节 公务员职务的取得

一、任职条件

1. 积极条件

担任我国公务员应当具备如下条件：(1) 具有中国国籍；(2) 年满18周岁；(3) 拥护宪法；(4) 具有良好的品行；(5) 具有正常履行职责的身体条件；(6) 具有符合职位要求的文化程度和工作能力；(7) 法律规定的其他条件。

2. 消极条件

下列人员不得担任公务员：(1) 曾因犯罪受过刑事处罚的；(2) 曾被开除公职的；(3) 有法律规定不得录用为公务员的其他情形的。

这里有一个容易引起争议的问题，就是对"曾因犯罪受过刑事处罚"的理解。因为在刑法上，有些犯罪嫌疑人最终被法院判决认定为犯罪，但基于其他原因——如情节显著轻微等——而宣布免于刑罚。那么，这种情况是否能够担任公务员就有疑问。在现实操作中，人事管理部门常常把"曾因犯罪受过刑事处罚"直接理解为有犯罪记录，也就是做了扩大化的理解。这个理解是有问题的，应该认为这一规定的着眼点是"受过刑事处罚"而不是"犯罪"。因此，虽然被认定为犯罪但是免于刑罚的人，还是有资格担任公务员的。

二、任职方式

成为公务员的途径有以下几种：

1. 录用—委任

这是担任公务员的最主要方式。担任主任科员以下（及其他相当职务层次的）非领导职务的公务员,采取录用方式,公开考试、严格考察、平等竞争、择优录取。中央公务员的录用,由中央公务员主管部门(中共中央组织部、国家公务员局)组织。地方公务员的录用,由省级(或其授权的地级市)公务员主管部门组织。

新录用的公务员试用期为1年。试用期满合格的,委任到某一职位;不合格的,取消录用。

也就是说,录用只是取得一个担任公务员的身份,并不等于直接取得了一个职位;经过试用期试用合格之后,才予以委任,此时才取得公务员的职位。

▶ **例 4-1** 王某经过考试成为某县财政局新录用的公务员,但因试用期满不合格被取消录用。下列哪一说法是正确的?

　　A. 对王某的试用期限,由某县财政局确定
　　B. 对王某的取消录用,应当适用辞退公务员的规定
　　C. 王某不服取消录用向法院提起行政诉讼的,法院应当不予受理
　　D. 对王某的取消录用,在性质上属于对王某的不予录用

分析:初任公务员的试用期是1年,这是法定的,不是行政机关自己确定的,行政机关既不能延长也不能缩短这一期限,因此 A 项是错误的。取消录用就是录用之后再取消,取消的是其担任公务员的资格,而不是取消其职务(因为试用期之内还没有取得职务),这和正式委任之后辞退是不一样的,因此 B 项的说法是错的。行政诉讼解决的是因为行政行为而引起的争议,按照《行政诉讼法》的规定,行政机关内部的人事纠纷取被认为不属于行政行为。在这个例子中,王某被取消录用时已曾取得了公务员的资格,已经属于县财政局的内部工作人员,因此他和单位的争议属于内部的人事争议,不是《行政诉讼法》上所定义的行政行为,不属于行政诉讼的受案范围,因此 C 项的讲法是正确的。至于 D 项,很明显,取消录用是已经录用之后被取消,和一开始就没有被录用当然是不同的,因此这个说法错误。

2. 选任

选任适用于领导职务,即通过各级人大及其常委会选举的方式任免领导职务公务员,其具体的适用范围根据《宪法》和相关的组织法来确定。选任制公务员在选举结果生效时即任当选职务,其任期届满不再连任的,或者任期内辞职、被罢免、被撤职的,所任职务同时终止。也就是说,一个被选任为特定职务公务员的人,原来可能已经是也可能不是公务员。如果他原来不是公务员,一旦选举生效,便同时获得公务员的身份和相应的职务。

3. 公开选拔

厅局级正职以下领导职务(即正厅级至副科级),或副调研员以上非领导职务(既正厅级至副处级)出现空缺的,可以面向社会公开选拔。

初任法官、初任检察官,可以面向社会从通过国家司法考试的人员中公开选拔。

相对于录用—委任方式来说,公开选拔担任的公务员职务或者级别相对比较高,

当然,其参加选拔的条件也要高得多。

4. 聘任

经过省级以上公务员主管部门批准,可以对专业性较强的职位和辅助性职位实行聘任制,但涉及国家秘密的职位除外。

聘任制公务员通过书面聘任合同确定其与聘用机关间的权利义务,实行协议工资制,聘任合同的签订、变更或解除报同级公务员主管部门备案。聘任合同期限为1至5年,可约定1至6个月的试用期。这是聘任制公务员和普通公务员的不同之处,普通公务员和所在机关之间的权利义务关系不是通过签订合同来确定的,而是完全取决于法律的规定;普通公务员的工资待遇也不存在协商的问题,而是按照统一的方案来确定;但是,普通公务员不存在聘期的约束,在正常情况下可以工作到退休为止,退休之后还可以享受退休待遇。

▶ **例 4-2** 关于聘任制公务员,下列做法正确的是什么?

A. 某县保密局聘任两名负责保密工作的计算机程序员
B. 某县财政局与所聘任的一名精算师实行协议工资制
C. 某市林业局聘任公务员的合同期限为十年
D. 某县公安局聘任网络管理员的合同需经上级公安机关批准

分析:涉及国家秘密的职务不能适用聘任制,因此 A 项的说法错误。聘任制公务员实行协议工资制,B 项的说法正确。聘任制公务员的一个聘任期最长也只有 5 年,不应该签订十年的聘任合同,C 项的说法错误。公务员的聘任合同只需向聘任机关的同级人事主管部门备案即可,无需经过其他机关的批准,因此 D 项的说法错误。

三、兼任职务

公务员因工作需要可以在机关外兼职,但应当经过有关机关批准,并不得领取兼职报酬。但公务员不得从事或参与营利性活动,不得在企业或者其他营利性组织中兼任职务。实际上,公务员的兼职是比较常见的。例如,某些在自身工作领域具有业务专长或理论素养的领导职务公务员,经常在高等院校、科研机构担任兼职教授、兼职研究员、兼职研究生导师。再如,很多司法机关、公安机关的公务员被中小学校聘请担任其法制副校长或者法制辅导员,等等。

第三节 公务员职务的履行

公务员职务的履行是本章的重点内容,具体包括公务员的考核、奖励、处分、交流、回避等。

一、公务员的考核

对公务员的考核,内容上包括德、能、勤、绩、廉五个方面,重点考核工作实绩。考核方式分为平时考核和定期考核,定期考核以平时考核为基础。定期考核结果分为优秀、称职、基本称职、不称职四等。

定期考核的结果是调整公务员职务、级别、工资以及公务员奖励、培训、辞退的依据。公务员在定期考核中确定为不称职的,应降低一个职务层次任职;连续2年不称职的,应当辞退。

二、公务员的奖励

对公务员的奖励,既包括对公务员个人的奖励,也包括对某个单位公务员集体的奖励。包括精神奖励与物质奖励,以精神奖励为主。奖励的等级分为分为:嘉奖、记三等功、记二等功、记一等功、授予荣誉称号;并给予一次性奖金或其他待遇。

三、公务员的处分

对公务员的处分是一项比较重要的制度。除《公务员法》外,2007年6月1日起还实施了国务院制定的《行政机关公务员处分条例》。尽管这个条例只适用于行政机关公务员,但对其他公务员的处分大多也参照此规定。对此需要注意如下内容:

1. 处分的设定

可以设定公务员处分的是法律、法规、规章和国务院的决定,除此以外,其他规范性文件无权设定对公务员进行处分的事项。

2. 处分的事由

给予公务员处分的理由是违反法律或纪律。但公务员执行公务时,认为上级的决定或命令有错误的,可以向上级提出改正或撤销的意见;上级不改变或要求立即执行的,公务员应当执行,后果由上级负责,公务员不承担责任;但公务员执行明显违法的决定或者命令的,应当依法承担相应责任。这就是公务员的错误命令抵抗权,这个制度的建立一方面有利于保护公务员——特别是较低层级公务员的合法权益,另一方面有利于在上下级公务员之间建立一种制衡关系,减少违法的行政命令被执行的可能性。在这一规定出台之前,公务员因为执行上级违法的命令而最终被追究法律责任的案件很多,《公务员法》出台之后,此类案件明显减少。

3. 处分的等级

对公务员的处分,从轻到重分为警告(6个月)、记过(12个月)、记大过(18个月)、降级(24个月)、撤职(24个月、同时降级)、开除(永久)。

▶ **例4-3** 下列哪些选项属于对公务员的处分?
A. 降级　　　　B. 免职　　　　C. 撤职　　　　D. 责令辞职

分析:很明显可以发现 A 项的降级和 C 项的撤职属于对公务员的处分。这里对于 B 项的免职和 D 项的责令辞职需要做进一步的说明。所谓免职,指的是依法享有任免权的机关按照法律或制度规定免去某人所担任职务的行为。免职只是指不再担任原职务,未必包含惩罚性的含义。公务员被免职的原因有很多,比如因为职务的变动需要免去原来的职务,因为退休也需要免去退休前担任的职务。有些情况下,公务员实施了违法或者不当的行为,但是还没有完全调查清楚,此时为了回应社会舆论,任免机关也可能将该公务员先行免职。但即使如此,免职也并不等于撤职,撤职是公务员被查证属实有违法、违纪行为之后所受到的一种处分,是一种惩罚性的措施,而免职则未必。至于责令辞职,一般适用于领导职务的公务员。在有些情况下,领导干部的行为虽然违法但是还没有达到需要撤职的严重程度,或者没有违法但是存在一些过错,甚至个别情况下既没有违法也没有过错(例如发生非人为因素的突发事件),但这种行为引起了比较严重的后果,社会舆论的反应十分强烈。此时,为了回应民意,分散舆论压力,就有可能需要这个领导干部引咎辞职。如果领导干部应当引咎辞职但不愿引咎辞职的,应当责令其辞职。我们在这里可以发现,责令辞职虽然也带有一定的惩罚意味,但其目的主要是为了回应民意,其后果与撤职也完全不同。比如,撤职的同时是要降低级别的,责令辞职之后一般并不降低级别,在一段时间之后通常会对该领导干部在相同的级别上另行任用。

4. 处分的适用

(1)多种处分的适用。公务员有多种应处分行为的,分别确定其处分。多种处分种类不同的,执行其中最重的处分;多种处分种类相同的,在一个处分期以上、多个处分期之下和以下执行该处分。公务员在受处分期间又受到新处分的,处分期为尚未执行的期限与新处分期限之和。处分期最长不得超过 48 个月。

(2)共同行为的处分。行政机关公务员 2 人以上共同违法违纪,需要给予处分的,根据各自应当承担的纪律责任,分别给予处分。

(3)已退休人员的处分。应当受到处分的公务员已经退休的,不再给予处分;但依法应当降级、撤职、开除的,按照规定相应降低或取消其享受的退休后待遇。

(4)从重处分。下列情形应当从重处分:在 2 人以上的共同违法违纪行为中起主要作用的;隐匿、伪造、销毁证据的;串供或者阻止他人揭发检举、提供证据材料的;包庇同案人员的;法律、法规、规章规定的其他从重情节。

(5)从轻处分。下列情形应当从轻处分:主动交代违法违纪行为的;主动采取措施,有效避免或者挽回损失的;检举他人重大违法违纪行为,情况属实的。

(6)减轻处分。行政机关公务员主动交代违法违纪行为,并主动采取措施有效避免或者挽回损失的,应当减轻处分。

(7)免予处分。违纪行为情节轻微,经过批评教育后改正的,可以免予处分;应当给予警告处分,又有减轻处分情形的,免予处分。

5. 处分的实施

对行政机关公务员给予处分,由其任免机关或监察机关决定。

公务员违法违纪被立案调查,不宜继续履行职责的,任免机关可以决定暂停其履行职务。被调查的公务员在违法违纪案件立案调查期间,不得交流、出境、辞去公职、办理退休手续。

对行政机关公务员违法违纪案件进行调查,应当由 2 名以上办案人员进行。

给予行政机关公务员处分,应当自批准立案之日起 6 个月内作出决定;案情复杂或者遇有其他特殊情形的,办案期限可以延长,但最长不得超过 12 个月。

6. 处分的后果

公务员受处分期间不得晋升职务和级别,记过、记大过、降级、撤职的,还不得晋升工资档次。

解除处分后,晋升工资档次、级别和职务不再受原处分的影响。但是,解除降级、撤职处分的,不视为恢复原级别、原职务。

▶ **例 4-4** 关于行政机关公务员处分的说法,下列哪一选项是正确的?

A. 行政诉讼的生效判决撤销某行政机关所作的决定,即应给予该机关的负责人张某行政处分

B. 工商局干部李某主动交代自己的违法行为,即应减轻处分

C. 某环保局科长王某因涉嫌违纪被立案调查,即应暂停其履行职务

D. 财政局干部田某因涉嫌违纪被立案调查,即不应允许其挂职锻炼

分析: 本单位行政行为被法院撤销,不一定等于单位负责人就存在违法违纪行为,也不等于就必须要追究单位负责人的个人责任。从另外一个角度来看,如果本单位的行政行为被法院撤销,单位负责人就应该被处分的话,对行政诉讼制度的运行将是一个巨大的障碍。因为如此一来,行政机关的负责人由于担心自己要承担个人责任,一定会竭力阻挠法院对该机关行政行为的正常审理和判决,要通过行政诉讼对行政行为纠错将便得难上加难。因此,A 项的说法显然是错误的。对于 B 项的说法,公务员主动交代违法行为,还需要避免或挽回损失才能减轻处分。仅仅主动交代违法行为,应当从轻处分而不是减轻,因此 B 项的说法错误。公务员涉嫌违纪被调查期间,可以(而不是必须)暂停履行职务,因此 C 项也是错误的。公务员涉嫌违纪被调查期间,不得进行职务交流,因此 D 项正确。

▶ **例 4-5** 某行政机关负责人孙某因同时违反财经纪律和玩忽职守被分别给予撤职和记过处分。下列说法正确的是?

A. 应只对孙某执行撤职处分

B. 应同时降低孙某的级别

C. 对孙某的处分期为 36 个月

D. 解除对孙某的处分后,即应恢复其原职务

分析：公务员有多种应受处分的行为，多种处分种类又不同的，只执行其中最重的处分。这个例子中，孙某应当受到的是撤职和记过的处分，种类是不同的，因此 A 项的说法正确。公务员受到撤职处分的，必须同时降低其级别，因此 B 项的说法也正确。对公务员撤职的处分期是 24 个月，不是 36 个月，因此 C 项错误。解除撤职处分，只是意味着对公务员的惩戒期已经结束，对该公务员可以进行正常的管理，不再予以额外的不利对待和制约，并但不意味着要恢复其原有的职务，所以 D 项也是错的。

▶ **例 4-6**　关于对行政机关公务员的处分，下列哪些说法是正确的？

A. 某公安局干部梁某违法虽应受到处分，但在作出处分决定之前其已办理退休手续，应不再给予处分

B. 某县政府办公室干部刘某的撤职处分一年后被撤销，应恢复其原职务、级别、工资档次

C. 某县政府可以制定文件对本县行政机关公务员处分作出补充性规定

D. 某民政局应对因贪污被判处有期徒刑 3 年的干部何某给予开除处分

分析：应当受到处分的公务员已经退休的，不再给予处分，只调整其退休待遇，因此 A 项正确。如前文所述公务员的撤职处分期满解除的，并不自动恢复原职务、级别。但我们要注意到，B 项讲的是刘某的撤职处分被撤销了，而且是在一年之后被撤销（撤职的正常处分期限是两年），这就意味着原来对刘某的这个撤职处分是错误的，撤销这个处分就是要予以纠正，将其权利义务恢复到没有被撤职之前的状态，也就应当恢复其原职务、级别、工资档次。因此，B 项的讲法也是正确的。能够规定公务员处分的只能是法律、法规、规章和国务院的决定，某县政府无权制定文件作出补充性的规定，因此 C 项错误。受到刑事处罚就不能再担任公务员了，因此被判处有期徒刑 3 年的何某应予开除，所以 D 项正确。

四、公务员的交流

公务员的交流，就是离开原来的工作岗位，到其他岗位上工作。公务员既可以在公务员队伍内部交流，也可以与国有企业事业单位、人民团体和群众团体中从事公务的人员交流。其具体方式包括：

1. 调任

调任指的是从国家机关之外调入国家机关担任公务员。调任的公务员来源于国有企业事业单位、人民团体和群众团体，调入机关后担任的是领导职务或副调研员（副处级）以上的非领导职务。调任的目的主要是从其他国有单位中选拔人才到国家机关中工作，所以被调任的人所担任的都是领导职务或者是具有较高级别的非领导职务。因此，如果一个国有单位中的人员到国家机关中担任级别较低的非领导职务，就不属于调任的范畴，而是可能属于录用—委任或者聘任。

2. 转任

转任指的是公务员在国家机关内部不同职位之间的调动,转任前后其公务员身份没有任何改变,改变的只是具体的工作岗位。

3. 挂职

挂职全称挂职锻炼,指的是公务员在不改变与原机关人事关系的前提下短时间实际担任其他职务。挂职锻炼的单位可以是原单位的下级机关,也可以是其上级机关,或其他地区的机关,还可以是国有企事业单位。实际上,挂职锻炼是双向的,国有企事业单位的工作人员也可以到国家机关当中挂职锻炼。但是,由于这些人原来并不是公务员,挂职锻炼又不改变其与原工作单位的关系,所以挂职锻炼期间也不是公务员。因此,这种情况不被认为属于公务员挂职锻炼的范畴。

▶ **例 4-7** 下列哪一做法不属于公务员交流制度?
A. 沈某系某高校副校长,调入国务院某部任副司长
B. 刘某系某高校行政人员,被聘为某区法院书记员
C. 吴某系某国有企业经理,调入市国有资产管理委员会任处长
D. 郑某系某部人事司副处长,到某市挂职担任市委组织部副部长

分析:高校属于国有事业单位,其副校长调入国务院某部任副司长,属于担任领导职务,属于公务员的调任,所以 A 项正确。刘某虽系高校行政人员,但其被聘为某区法院书记员,既不是领导职务,也不是副处级以上的非领导职务,不属于公务员的调任,不是一种职务交流方式,因此 B 项错误。国有企业经理调入市国有资产管理委员会任处长,担任的也是领导职务,同样属于调任,C 项也正确。某部人事司副处长到某市挂职担任市委组织部副部长,显然属于挂职锻炼,也属于公务员的交流,D 项也正确。

五、公务员的回避

所谓回避,就是公务员基于某种原因不担任某一职务或者不从事某一工作,具体包括任职回避、执行公务回避与离职回避三种情况:

1. 任职回避

任职回避指的是公务员在特定条件下不得担任某一职务的情况,包括:

(1)近亲回避:公务员之间有夫妻关系、直系血亲关系、三代以内旁系血亲关系以及近姻亲关系的,不得在同一机关担任双方直接隶属同一领导人员的职务,或者有直接上下级领导关系的职务,也不得在其中一方担任领导职务的机关从事组织、人事、纪检、监察、审计和财务工作。但在特殊情况下,经省级以上人事部门同意,上述规定可以变通。

(2)地域回避:公务员担任乡级机关、县级机关及其有关部门主要领导职务的,应当实行地域回避,即不得在本人所在乡镇、所在县担任有关职务,但法律另有规定的除

外。这里的所谓"主要领导职务",在实践中通常指当地党委的负责人(书记)、政府的负责人(县长、镇长、乡长)以及纪检书记、组织部长等重要职务。不过,这一规定允许法定例外的存在。例如,根据《民族区域自治法》的规定,实行民族自治的县应当由该民族的公民担任县长。但由于少数民族人口不多,要找到一位相同民族又适合异地任职的官员往往是比较困难的,因此,通常就由本县的公民担任该职务了。

2. 执行公务回避

执行公务回避指的是公务员在特定条件下不得执行某一项工作的情况。如果公务员在执行公务时,该任务:(1)涉及本人利害关系;(2)或涉及其配偶、直系血亲、三代以内旁系血亲、近姻亲的利害关系;(3)或涉及其他可能影响公正执行公务的情况,公务员应当回避。

3. 离职回避

公务员辞去公职或者退休的,原系领导成员的公务员在离职3年内,其他公务员在离职2年内,不得到与原工作业务直接相关的企业或其他营利性组织任职,不得从事与原工作业务直接相关的营利性活动。一言以蔽之,就是在该公务员的职务影响力还存在的特定时期内,禁止其利用原来的职务影响力为自己谋取经济利益。

▶ **例4-8**　下列哪些情形违反了《公务员法》有关回避的规定?

A. 张某担任家乡所在县的县长

B. 刘某是工商局局长,其侄担任工商局人事处科员

C. 王某是税务局工作人员,参加调查一企业涉嫌偷漏税款案,但其妻之弟任该企业的总经理助理

D. 李某是公安局局长,其妻在公安局所属派出所担任户籍警察

分析:公务员不得在本人所在的县、乡担任主要领导职务,因此A项的做法违反了地域任职回避的规定。刘某及其侄子属于三代以内旁系血亲,在刘某担任机关领导的情况下,其近亲属不得在本单位担任组织、人事、纪检、监察、审计和财务工作,因此B项的做法违反了近亲任职回避的规定。王某和其妻之弟属于近姻亲,王某到其近姻亲担任高层管理职务的企业执行公务,C项的这种做法违反了执行公务回避。至于D项的做法,由于公安局长和派出所户籍警察之间不是直接领导关系,对于近亲属之间是间接领导关系的,法律对其任职并不禁止,因此并不违法。

第四节　公务员职务的丧失

公务员职务的丧失有四种方式:一是辞职,是公务员自愿要求退出公务员序列的方式;二是辞退,是因公务员不称职而丧失公务员身份的方式;三是退休,是由于自然原因不再担任公务员的方式;还有一种是开除,是对违反纪律的公务员剥夺其身份的惩戒,对此前文已叙,不赘。

一、公务员的辞职

公务员可以自愿辞去公职，但应当向任免机关书面提出申请，由任免机关在30日内审批（对领导成员的辞职申请在90日内审批）。公务员的辞职原则上是自愿的，但以下两点例外：

1. 公务员愿意辞职而不得辞职的

包括：（1）未满国家规定的最低服务年限的（这种年限一般在招录公务员时会进行说明）；（2）在涉及国家秘密等特殊职位任职，或者离开上述职位不满国家规定的脱密期限的；（3）重要公务尚未处理完毕，且须由本人继续处理的；（4）正在接受审计、纪律审查，或者涉嫌犯罪，司法程序尚未终结的；（5）法律、行政法规规定的其他不得辞去公职的情形。

2. 公务员不愿辞职而必须辞职的

即引咎辞职的情况：领导成员因工作严重失误、失职造成重大损失或者恶劣社会影响的，或者对重大事故负有领导责任的，应当引咎辞去领导职务。应当引咎辞职或因其他原因不再适合担任现职，而本人又不提出辞职的，有关机关应当责令其辞职。如前文所述，引咎辞职一般来说不是一种违法或者违纪的责任，而是一种为了回应民意而承担的政治责任。

二、公务员的辞退

1. 应予辞退的情形

（1）在年度考核中，连续两年被确定为不称职的；（2）不胜任现职工作，又不接受其他安排的；（3）因所在机关调整、撤销、合并或者缩减编制员额需要调整工作，本人拒绝合理安排的；（4）不履行公务员义务，不遵守公务员纪律，经教育仍无转变，不适合继续在机关工作，又不宜给予开除处分的；（5）旷工或者因公外出、请假期满无正当理由逾期不归连续超过15天，或者1年内累计超过30天的。

2. 不得辞退的情形

（1）因公致残，被确认丧失或部分丧失工作能力的；（2）患病或者负伤，在规定的医疗期内的；（3）女性公务员在孕期、产假、哺乳期内的；（4）法律、行政法规规定的其他不得辞退的情形。

被辞退的公务员，可以领取辞退费，或者根据国家规定享受失业保险。

三、公务员的退休

公务员达到退休年龄或者完全丧失工作能力的，应当退休。符合下列条件之一的，公务员可以申请提前退休：（1）工作年限满30年的；（2）距国家规定的退休年龄不足5年，且工作年限满20年的；（3）符合国家规定的可以提前退休的其他情形。

第五节 纠纷解决机制

由于国家机关或其他公共部门对公务员的管理属于内部的人事管理,这种管理行为虽然也是一种行政活动,但并不属于《行政诉讼法》或者《行政复议法》等定义的"行政行为",由此引起的争议是无法通过行政诉讼、行政复议等制度来解决的。因此,《公务员法》创设了其他机制来解决公务员与所在机关或其他国家机关之间因人事管理而发生的各种纠纷,主要包括如下两种:

一、申诉制度

1. 条件

人事申诉制度适用于一般的公务员,一般公务员对处分、辞退、取消录用、降职、定期考核不称职、免职、申请辞职、提前退休未予批准、未按规定确定或者扣减工资、福利、保险待遇等人事管理行为不服的,可以申诉。

▶ **例 4-9** 当事人不服下列行为提起的诉讼,属于行政诉讼受案范围的是什么?
  A. 某人保局以李某体检不合格为由取消其公务员录用资格
  B. 某公安局以新录用的公务员孙某试用期不合格为由取消录用
  C. 某人保局给予工作人员田某记过处分
  D. 某财政局对工作人员黄某提出的辞职申请不予批准

分析: 我们知道,如果一个人获得了公务员的身份,他和所在单位之间的关系就是内部的人事关系,因为这种关系而发生的纠纷就被看作内部纠纷,主要只能通过人事申诉程序来解决。BCD三项描述的情况,都属于这样的情形,因此是不能通过行政诉讼来审理的。但是对于A项,因为李某尚未被录用,他和人保局的关系还不是一种内部的人事关系,还属于行政机关对外部相对人的一种管理行为,是可以提起行政诉讼来解决的。

2. 程序

公务员自知道上述行为之日起30日内向原处理机关申请复核,复核期限为30日;对复核结果不服的可以自接到复核决定之日起15日内,向同级人事部门或原处理机关的上一级机关申诉,也可以不经复核,自知道该行为之日起30日内直接申诉,申诉处理期限为60日,必要时可以延长不超过30日;对省级以下机关所作申诉处理决定不服的,还可以向作出该决定的上一级机关再申诉。

3. 效力

公务员对人事处理决定不满,复核、申诉期间不停止对原人事处理的执行。

▶ **例 4-10** 下列哪种做法符合《公务员法》的规定？

A. 某卫生局副处长李某因在定期考核中被确定为基本称职,被降低一个职务层次任职

B. 某市税务局干部沈某到该市某国有企业中挂职锻炼一年

C. 某市公安局与技术员田某签订的公务员聘任合同,应当报该市组织部门批准

D. 某地环保局办事员齐某对在定期考核中被定为基本称职不服,向有关部门提出申诉

分析: 对于 A 项,由于《公务员法》规定对定期考核不称职的才需要降低职务层次,而李某的考核结果是基本称职,不需要降级,因此是错误的。对于 B 项,公务员可以到国有企事业单位中挂职锻炼,一年的期限也是没有问题的,因此正确。至于 C 项,市公安局与田某签订的聘任合同只需要报请同级人事部门备案即可,而不需要经过批准,因此该做法错误。对于 D 项,由于基本称职的考核结果并不影响齐某作为公务员的基本利益(不涉及辞退、降级、降低待遇),因此没有被纳入可以申诉的范围,因此也是错误的。对于考核结果,只有结果是不称职(因为影响了公务员的基本利益),才是可以申诉的。

▶ **例 4-11** 下列哪些做法不符合有关公务员管理的法律法规规定？

A. 县公安局法制科科员李某因 2002 年和 2004 年年度考核不称职被辞退

B. 小王 2004 年 7 月通过公务员考试进入市法制办工作,因表现突出于 2005 年 1 月转正

C. 办事员张某辞职离开县政府,单位要求他在离职前办理公务交接手续

D. 县财政局办事员田某对单位的开除决定不服向县人事局申诉,在申诉期间财政局应当保留田某的工作

分析: 上述说法中本题仅有 C 项的表述是正确的,因为公务员辞职当然需要办理公务交接手续,否则不能离开。ABD 三项的说法都是有错误的。A 项的错误在于只有连续两年考核不称职的公务员才应该被辞退,而李某被考核为不称职的年份并不连续。B 的错误则在于新录用的公务员试用期为 1 年,小王的试用期才经过了半年。D 项的错误是因为人事处分的申诉期间并不停止处分的执行,既然是开除处分,就应该先行离职,如果申诉成功才能恢复原来的职务。

二、人事仲裁

人事仲裁适用于聘任制公务员。

人事争议仲裁委员会由公务员主管部门的代表、聘用机关的代表、聘任制公务员的代表以及法律专家组成。聘任制公务员与所在机关因履行聘任合同发生争议的,可以自争议发生之日起 60 日内向仲裁委员会申请仲裁。当事人不服仲裁裁决的,可以在 15 日内向法院提起民事诉讼。

仲裁裁决生效后,承担义务的当事人又不予履行的,享有权利的一方可以申请法院强制执行。

▶ **例 4-12** 孙某是某行政机关的一个聘任制公务员,双方签订了聘任合同。对此,下列哪些说法是正确的?

　　A. 对孙某的聘任须按照公务员考试录用程序进行公开招聘
　　B. 该机关应按照《公务员法》和聘任合同对孙某进行管理
　　C. 对孙某的工资可以按照国家规定实行协议工资
　　D. 如孙某与该机关因履行聘任合同发生争议,可以向人事争议仲裁委员会申请仲裁

　　分析:对公务员聘任的方式与录用—委任方式是有所不同的,既可以参照录用程序,也可以简化部分程序,因此 A 项的说法是错误的。聘任制公务员同时受法律和合同调整,在遵守法律的基础上可以通过合同补充约定具体的权利义务内,因此 B 项的说法是对的。聘任制公务员可以实行协议工资,也就是比较灵活一些,因此 C 项也是对的。聘任制公务员与所在机关发生的纠纷适用人事争议仲裁,D 项的说法也是对的。

思 维 拓 展

【示范案例】

福建长乐市财政局长王凯锋玩忽职守案[①]

　　2001 年 11 月 1 日,福建省长乐市法院作出一审判决,长乐市财政局原局长王凯锋犯玩忽职守罪,被判处有期徒刑 5 年 6 个月。此判决一出,在当地引起舆论大哗。当地旁听该案的一位财政干部说得一针见血,认为"王凯锋是政策和法律冲突的牺牲品!"

　　长乐市法院的判决书认定,王凯锋在任长乐市财政局长期间,于 1995 年 10 月至 1997 年 9 月,通过局长办公会研究决定,或者授权该市财政局信用服务部,先后与 27 家企业签订了周转金借款合同,并由企业所在地的乡镇财政所提供担保。现在,这 27 家企业已倒闭,财政周转金尚有 745.8 万元未能收回。

　　法院认为,被告人身为财政局长,应当对财政周转金的发放、回收等工作负领导责任。在我国《担保法》实施后,王凯锋仍然允许行政机关作为担保主体,从而违反了

---

① 案例来源:刘国航、陈杰人:《政策和法律打架　责任谁来承担?》,载《法制日报》2002 年 1 月 12 日;林亦敏:《长乐市原财政局长王凯锋玩忽职守案维持原判》,载《福州晚报》2003 年 1 月 3 日。

《担保法》中关于"国家机关不能作为担保主体"的规定,致使国家财产遭受重大损失,其行为已构成玩忽职守罪,应依法追究刑事责任。

但是,被告人的辩护人———北京大学的法学博士江晓阳律师认为,王凯锋的行为实际上是严格按照福州市榕委(1999)9号文件(简称9号文件)精神和当前财政周转金发放通行做法办事。福州市的这一文件明文规定,财政周转金发放必须实行担保制度,由企业所在地区财政提供担保。而通行的做法则是,几乎所有的财政周转金发放,都是由企业所在地财政部门提供担保。如此一来,王凯锋的行为,一方面是下级服从上级的职务行为,另一方面却被指控为犯罪。政策和法律打架,执行政策的人成了替罪羊。

据当地一位官员告诉《法制日报》记者,还是在1998年底,福州市为了扶持支柱产业、农业产业化龙头企业和重点乡镇企业的发展,决定从财政预算外资金中安排一部分,专项用于周转借款。记者看到,就是在9号文件中的最后一部分也明文规定:"为了确保周转金按期归还,滚动发展,要实行周转金贷款担保制度。税收在市里的企业由所在口专项资金担保;税收在县(市)区的企业由所在县(市)区财政担保。项目申请单位也应与所在县(市)区政府或所属主管部门签订资产担保协议。"

一位行内人士指出,按照现行的体制,乡镇财政所由县财政局统一领导,人员、工资乃至服装都由财政局统一配备,它实际上就是财政局的一部分。财政所提供担保,其实就是财政局进行担保,这一做法,符合上述9号文件精神。

在采访时,《法制日报》记者曾指着我国《担保法》第8条"国家机关不得作为保证人"这一条款规定,问过当地一位财政干部:"既然法律明文规定国家机关不能作为担保主体,你们为什么还要这样做?难道你们不怕犯法?"

"谁不知道这个规定?不过,我们端的是上级部门给的饭碗,上级叫这样办,我们能不听吗?"这位财政局干部还告诉记者,按照当地通行的做法,王凯锋案件所涉及的27笔借款,如果最终确定不能偿还,则应当由担保人所在地乡镇财政负责。一般在财政往来资金中划拨,其损失不会落在长乐市财政局头上。

福州市政府在2000年6月13日作出的《关于研究协调第三批产业扶持资金安排有关问题》的专题会议纪要,证实了这位干部的说法。该"会议纪要"第2条规定:"对逾期不还,有赖债倾向的,市财政要坚决按照榕委(1999)9号文件精神,从为其担保的县市区财政或主管部门财政资金中进行抵扣。"

对此,江晓阳的观点很明确,他认为按照上级的文件精神,被告人王凯锋的行为应当说是忠于职守,但是法院却以其违反《担保法》而将其判罪。如果说这种担保不合法,那也不是王的罪过,而是上级政策与法律的现实冲突所致。

在2001年年底,一些著名刑法学家在北京中国人民公安大学聚会,对王凯锋一案进行了论证。参会的专家们一致认为,王凯锋的行为严格依照上级有关领导的指示和文件进行,是认真履行职务的行为,不符合《刑法》有关玩忽职守罪的规定。至于王凯锋履行职责的行为与法律发生了冲突,那是一种制度性冲突,最后不应由他个人承担责任。

被告人王凯锋对一审判决不服,提起上诉。2002年5月,福州市中级法院认定一审判决事实不清、证据不足,将此案发回长乐法院重审。在重审中,长乐检察院指控王凯锋涉嫌玩忽职守罪和私分国有资产罪。对于玩忽职守罪,控方认定的事实有两项。其中一项是王凯锋在发放财政周转金过程中,违反《担保法》,允许乡镇财政所担保,致使现已倒闭的27家企业的600多万元财政周转金至今无法收回。但长乐法院认为此项事实不清,证据不足,依法不予认定。对于私分国有资产罪,控方认定的事实是王凯锋主持研究发放农税奖金550730元及发放周转金奖金72875元。对此,长乐法院认为事实清楚,但不构成犯罪。长乐法院最终认为,王凯锋在主持研究决定将100万元财政周转金贷给奇业养殖有限公司的过程中,没有正确履行其对财政周转金借款把关职责,主观上有过失,客观上致使国有资产遭受重大损失,属情节特别严重,公诉机关指控的玩忽职守罪名成立。鉴于此危害后果是被告人王凯锋与长乐财政局相关人员不正确履行职责的行为综合作用造成的,故依法判处其有期徒刑3年,缓刑4年。

对于上述判决结果,王凯锋仍然表示不服,再次上诉。王凯锋在上诉时称自己发放100万元贷款,依据的是上级规定和有关制度,系正确履行局长职责,主观上并无过失。其辩护人也声称,涉案的"奇业"公司目前尚有房产可供执行。而且由于司法机关未对"奇业"公司现有资产进行评估鉴定,该100万元损失事实是否清楚,辩护人无法提供具体辩护意见。

二审法院经过审理,确认原判定罪准确,量刑适当,审判程序合法。2003年1月,福州市中级法院对本案作出终审裁定,驳回上诉,维持原判。王凯锋仍不服,表示"要申诉到底"。王凯锋的辩护律师颜世锦声称有四点异议。一是隐瞒关键证据且未对证明无罪的新证据进行评议;二是对上诉理由和辩护意见成立与否未进行评议;三是早在起诉前,"奇业"公司就已偿还10万元,但在审理过程中却未被扣除;四是在审理中曾要求法庭对"奇业"公司现存资产进行估价,但法庭未予采纳。

法律问题:王凯锋以系执行上级规定和有关制度作为对其玩忽职守罪指控的辩护理由,按照当时的法律规定,这一理由能否成立?按照现在的法律规定,这一理由又能否成立?对于上级机关或上级领导制定违法的制度或者发布违法的命令,并要求下级公务员予以执行的情况,其法律责任到底应当如何确定和划分?

法理分析:本案所涉及的中心问题,就是公务员的错误命令抵抗权,而关于这一制度设立的背景,则要追溯到公务员制度的功能。公务员制度的建立,源于"政治—行政"二分的理论。这个理论的核心观点认为在选举制度之下,政治领导人的更迭会使政府施政的方针、政策随之变化,但政府的运转必须保持相对的稳定性,不能完全追随政治的变动而变动,否则人民将无所适从,政府对社会的管理也将变得十分混乱。有鉴于此,必须在政府中建立一支稳定的官僚队伍,这支队伍在履行职责时虽然也要贯彻政治领导人的意志,但其主要行为准则还是法律。为了保证这些人能够忠实并中立地按照法律的规定履行职责,而无需担心政党更迭或政治领导人施政方针的改变对自身利益带来的不利影响，还需要通过法律对其身份和待遇给予比较可靠的保障。由此，就诞生了现代的公务员制度。由此可见，中立、忠实地执行法律是公务员制度所追求的核心目标。

但另一方面，政府系统作为一个严密的官僚体系又必须保持高效率的运行。公务员系统就像一台庞大的机器，每个公务员只是这个机器上的一个"零件"，只有通过所有"零件"的有效协作才能保持这台机器的高效运转。这就要求在公务员系统内部必须做到命令畅通、令行禁止，上级能够顺利地指挥下级，下级必须忠实地服从上级。如果每个公务员都能够自主地按照自己的意志履行职责，结果必然会导致各行其是，整个政府系统的效率就会便得无比低下，甚至完全崩溃。由此可见，下级服从上级又是公务员系统畅通运行的一个重要的纪律保障。

现代公共管理理论认为，公务员的责任体系是由四种不同性质的责任构成的。第一是法律责任，就是公务员在履行职责时如果违反法律的规定，应当承担相应的责任。第二是层级责任，就是公务员在履行职责时违背了上级的要求和指令，或者未能完成上级的任务，未能达到上级的期望所需要承担的责任。第三是政治责任，就是公务员的行为造成了公共利益的损失，产生了比较严重的社会影响，辜负了公众的期望，为了回应民意而必须承担的责任。第四是专业责任，就是公务员履行职责的行为没有达到其同行公认的基本专业标准，并由此产生了不利的后果，从而需要承担的责任。在上述四种责任重，专业责任不是独立的。尽管公务员有时候承担责任的原因是由于在履行职责时没有达到应有的专业标准，但最终的责任表现形式还是要表现为法律责任、层级责任（纪律责任）或者政治责任。至于政治责任，通常只有担任领导职务的公务员才可能因回应社会舆论需要而承担这种责任，主要的表现形式就是引咎辞职。综上所述，对于占绝大多数的普通公务员来说，最终表现出来的责任形式就只有两种，一种是法律责任，一种是层级责任。但是，这两种责任有的时候会发生竞合，有的时候又会发生冲突。发生竞合的情况，就是公务员的行为既违背了上级的命令又违反了法律，这个时候可能需要同时承担两种责任，或者承担一种责任，而另外一种情形作为加重这种责任的一个情节。发生冲突的情况，就是公务员的行为符合法律规定但违背了上级的命令，或者违背法律规定但符合上级的命令。这时候，就会产生一个价值选择的问题，到底是法律责任优先还是层级责任优先？这个问题并不难回答。如果我们将层级责任置于优先的位置，就会给担任领导职务的官员提供滥用权力、背弃法律的绝好机会，法治就有沦为人治的危险。如果我们强调法律责任，就能够加大官员违法的难度和成本，使下级公务员成为制约其上级滥用权力的一道屏障。因此，当两者发生冲突的时候，层级责任应当让位于法律责任。唯一的例外情况是，在特殊的紧急情况下，刻板地遵守法律将给政府应对危机的行为带来灾难性的后果，此时负责的官员可能不得不作出一个形式上违法但实质上必要且更加合理的决策，此时下级公务员必须执行这种决策。但是，官员们在这种情况下对特殊权力的运用也应当在法律上事先得到概括性的授权。

公务员履职行为的合法性当然应该被放到第一位,但如此一来,就意味着每个公务员都被赋予了评判其上级命令合法性从而自行决定是否遵从的权利。这样的结果同样是危险的,足以让整个政府官僚体系的运行陷入崩溃。因此,必须通过一定的机制设计来平衡两种价值,我国《公务员法》上的规定显然就考虑到了这一点。《公务员法》首先赋予公务员对上级命令提出初次质疑和抵抗的权利,公务员可以对其认为违法的上级命令提出异议,但他们并没有被赋予最终的决定权。决定权仍然掌握在上级的手中,他们可以坚持自己的命令,将下级公务员的异议置之不理并要求其继续执行,此时后者必须执行命令。但是,如果这个命令最终被证实是错误的,下级公务员可以免责,而上级官员必须为此承担全部的责任。

应该说,这种制度设计具有合理性,但仍然存在两个问题。首先,公务员对违法的上级命令提出过异议、进行过抵抗的事实如何证明?是否需要书面的记录,事实上在这个过程中常常很难留下书面记录,口头的反对是否能够成为将来公务员免责的理由?这一点法律上没有明确,在实践中是比较难界定的。其次,《公务员法》规定了一个例外,就是公务员面对明显错误的上级命令,即使上级在其表示异议后继续坚持,也应当反对到底、不予执行,否则将来仍需承担法律责任——尽管这种责任可能是次要的、较轻的。那么,什么样的错误命令才是足够明显的?这个例外给这个制度的实施留下了一个模糊地带,在实践的操作中也必然会带来困难。

具体到本案,长乐市财政局长王凯锋无论是在发放财政周转金过程中,违反《担保法》的规定允许乡镇财政所担保,致使现已倒闭的27家企业的600多万元财政周转金至今无法收回,还是主持研究决定将100万元财政周转金贷给奇业养殖有限公司,都具有上级(福州市)颁布的规范性文件作为依据——尽管这种依据本身是违法的。没有事实表明王凯锋对这些规范性文件的合法性提出过质疑和反对,而是不折不扣地给予了执行。如果按照《公务员法》的规定,王凯锋应当对其行为承担法律责任,只不过这种责任应该被适当减轻,而当时主持制定福州市一系列有关规范性文件的主要负责人应当被追究主要责任。但是,在王凯锋案发生时,《公务员法》还没有出台,不存在为王凯锋提供减轻责任理由的法律依据,这导致最终王凯锋仍然因主持决定将100万元财政周转金贷给奇业公司一事被追究刑事责任。但是,有关部门在本案中没有追究福州市有关领导干部的责任,显然是错误的。王凯锋案的发生,正值《公务员法》的酝酿和起草阶段,这一案件在当时产生了较大的社会影响,直接推动了后来的立法写入了公务员对错误命令拥有抵抗权的制度。

【思考案例】

广东廉江市国土资源局副局长何耘韬滥用职权案[①]

2005年4月6日,金都公司通过竞买,竞得廉江市无纺布厂和葡萄糖厂位于廉江

[①] 案例来源:祝桂峰:《广东廉江何耘韬案始末》,载《中国国土资源报》2011年6月1日。

市的两处房地产受让权。同年6月9日,金都公司与廉江市国土资源局签订《国有土地出让合同》,国土资源局将上述两厂原厂址共35596.49平方米土地,以每平方米52元的价格出让给金都公司,总计价185万余元。金都公司多次到廉江市国土资源局地籍股要求办理土地使用权变更手续,因该公司没有足额缴交土地出让金,地籍股股长罗煊光拒绝为其办理。但是,金都名园属廉江市招商引资项目,兴建的是国家住宅示范小区,当地政府非常重视。根据廉江市政府的通报,当年廉江市委、市政府为了招商引资,对金都公司作出承诺,同意减免该企业的建设及部分土地出让金。为了保证金都公司尽快开工,廉江市清理整顿房地产市场工作领导小组办公室在市土地交易所出具的《土地使用权转让税费测算表》上,签批"暂收40%土地出让金,办证"的意见。2005年7月9日,金都公司拿到批示后一路"绿灯",罗煊光在其审批表上签字同意拟予注册登记。随后,时任廉江市国土局副局长的何耘韬出具"初审合法,结果正确,同意报批登记发证"的意见。

金都名园顺利上马,建成后成了廉江一道靓丽风景线。但是,金都公司欠缴该地块的60%国有土地出让金共计110余万元。2009年1月,检察机关对何耘韬和罗煊光进行立案侦查后,廉江市国土局通过民事诉讼,把金都公司欠缴的土地出让金110多万元和滞纳金全部追缴。

2011年4月15日,廉江市法院针对何耘韬和罗煊光涉嫌职务犯罪一案作出一审判决,认为何耘韬作为廉江国土资源局分管地籍的副局长,工作严重不负责任,在明知受让人金都公司没有足额缴清土地出让金、不符合登记发证条件的情况下,不认真审核报批材料,仍在审核意见栏出具了"同意报批登记发证"的意见。在给金都公司发证后,没有追收金都公司尚欠的土地出让金,致使国有资产流失110余万元,给国家造成重大经济损失,已经构成玩忽职守罪。法院认为,何耘韬在案发后直至庭审中均拒不认罪,没有悔罪表现,遂认定何耘韬犯玩忽职守罪,判处有期徒刑6个月。法院还认为,罗煊光的行为已构成滥用职权罪,但其认罪态度好,有悔罪表现,判其犯滥用职权罪,但免予刑事处罚。

何耘韬被判刑前,湛江市国土资源局曾多次派人到廉江了解和调查案情。湛江市国土资源局也坦承,在土地出让金未能完全缴清的情况下给予登记发证,确实违反土地登记有关规定。但是,在严格坚持土地登记规定和屈从政府的决定及留住建设项目支持地方发展上,他们在不造成国家利益受损的前提下,选择了后者。2011年2月22日,湛江市国土资源局发函给廉江市委、市政府,认为何耘韬依法履行了正确的岗位职责,尽了请示报告的义务,主观上没有犯罪动机和目的,也没有疏忽大意和营私擅权的表现,客观上没有造成任何损失,检察机关的指控没有事实和法律依据。宣判后的第一时间,湛江市国土资源局再次致函湛江市委、市政府,请求市委、市政府予以重视,希望有关部门妥善处理此案。2011年4月8日,廉江市政府发公函给廉江市法院和廉江市检察院,表明廉江市政府的态度,并建议对何耘韬从轻处理。

2011年5月13日,何耘韬的女儿何倩(化名)在微博发帖称,父亲蒙冤入狱,作为一个即将参加高考的学生,不堪忍受父亲遭遇不公,也无心备战高考,发微博呼吁媒体关注,以此来拯救被关押在廉江看守所的父亲。何倩的微博发出后,网友们纷纷对她的遭遇表示同情。通过热心网友的一次次转发,何耘韬案逐渐浮现在公众面前,最终引起了全社会的广泛关注。在众多网友和媒体的关注下,何耘韬一案峰回路转,2011年5月25日,湛江市中级法院委托廉江市法院的法官向何耘韬宣读了湛江市中级法院的刑事裁定书,认为原审判决认定上诉人何耘韬犯玩忽职守罪、原审被告罗煊光犯滥用职权罪的部分事实不清。案件经湛江中院审判委员会讨论决定,依照《刑事诉讼法》第189条第3项的规定,裁定如下:撤销廉江市法院〔2010〕廉法刑初字第四号刑事判决,并发回廉江法院重新审判。本裁定为终审裁定。5月27日,湛江市中级法院下发裁决文书,准许廉江市人民检察院撤回起诉,至此何耘韬案尘埃落定。

法律问题:何耘韬案和前文介绍的王凯锋案在性质上有何异同?两个案件的处理结果有何不同?造成这种不同的原因是什么?按照法律的规定,本案中廉江市国土局在金都公司土地出让金未能完全缴清的情况下给予登记发证,其法律责任应当由谁承担?

【学术探讨】

在《公务员法》制定的过程中,对于公务员的范围——特别是对于是否应当将政党和人民团体机关当中的公务人员纳入公务员的范围——曾经有过比较大的争论。支持者认为,这些人员事实上在履行着公共管理职能——有的职能还十分重要,事实上也是由国家财政供养的,如果不将其纳入公务员的范围,对其权利义务就不能依法予以规范和调整,成为"法外之地"。反对者认为,政党和人民团体机关毕竟不是国家机关,履行的不是国家管理职能,在法律上明确规定其公务人员属于公务员的范围,同时规定由国家财政负担其工资和福利,这是有违法治原则的,混淆了国家和政党、国家和社会之间的关系。对于这个问题,你的观点是什么?

第五章

行政行为

思维导图

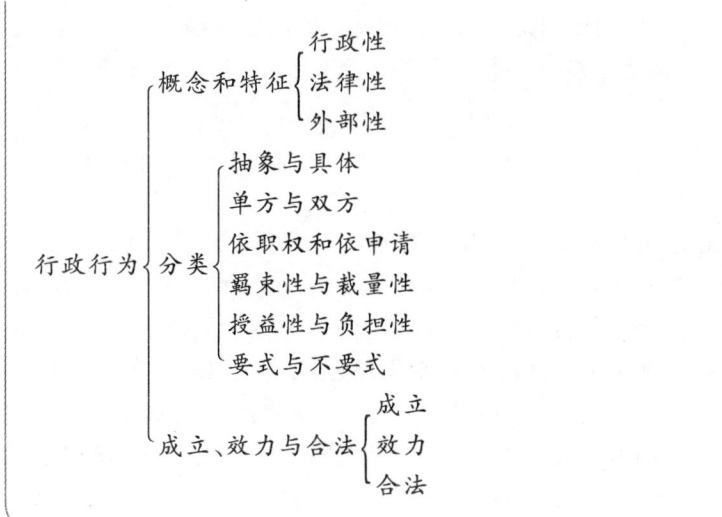

行政行为是行政法上最核心的概念,整个行政法学的知识体系大多就是围绕着这个概念构建起来的。离开了这个概念,行政法上的很多学说和制度都将失去其基础。在2014年修订的《行政诉讼法》将该法有关具体行政行为的表述全部修改为行政行为之后,这一概念的重要性愈显重要。在本章,我们先介绍有关行政行为的基础理论,包括其概念和特征、重要的分类、成立和效力、合法要件等问题。行政行为的概念借鉴了民法上"民事行为"的概念,因此,借助民事行为的内涵可能有利于加深对行政行为的理解。不过,这两个概念的差异也是十分巨大的,可谓异中见同、同中有异,需要认真体会。

第五章 行政行为

第一节 行政行为的概念和特征

行政行为,指的是行政主体在行政管理活动中行使行政职权,以公民、法人或其他组织的权利义务为内容的法律行为。要理解行政行为的概念,必须把握好行政行为的几个基本特征,这些基本特征就是行政行为与其他行为相区别的最重要标准。包括:

一、行政性

行政行为之所以被称为"行政"的,就是因为其具备了某些区别于民事行为和其他行为的重要特征,我们可以把这种特征概括为"行政性"。行政性的含义包括两个方面:一是在主体上,行政行为应当是由行政主体作出的。这里的"作出",有可能是行政主体单方面作出,也有可能是行政主体与相对方共同作出,后者主要指的是行政协议行为。主体方面的这个特征非常容易判别,它将行政行为与民事行为,与其他国家机关的行为如立法行为、司法行为区分开来。二是在内容上,行政行为应该是行政主体行使行政职权作出的行为。因为我们知道,行政主体除了行使行政职权之外,还可能实施一些和职权无关或者是与其他职权相关的行为。例如,行政机关可能因为自身运行的需要而进行一些小额采购,这就和行政职权无关,而是一种民事行为。再如,我国的公安机关除了实施行政管理还承担一定的司法职能,就是在刑事诉讼中实施侦查,通常认为这不是一种行政行为,而是属于司法行为。又如,国务院、国防部、外交部等机关作出的国防、外交、戒严等行为,是一种代表国家实施的、以国家主权为依据的政治行为,这也不是一般的行政职权,也不被认为是行政行为。

二、法律性

法律性也称为处分性,就是在法律上产生处分效力的意思。行政行为和民事行为一样,首先必然是一种法律行为。我们知道,一个行为只有在作出之后,能够根据行为主体的意思,引起法律关系的变动,才能够称之为法律行为。相对应地,在行政法上,只有能够根据行政主体的意志引起行政法律关系的变动(建立、变更或消灭某种行政法上的权利义务关系),它才可能属于行政法律行为。这包含两个方面的意思:第一,行政行为作出之后必将引起行政法律关系变动的效果。如果一个行为作出之后并不直接影响行政法上的权利义务关系,或者需要结合其他条件才会影响这些权利义务关系,就仍然不能被称为行政行为。第二,这种法律关系的变动必须基于行政主体的意志,就是说,这种法律关系变动的结果是符合行政主体的期望的,是行政主体意志外化的结果。如果这种结果是由其他原因导致的,或者是根据法律的规定直接产生的,也不能称之为行政行为。上面这两点意思,是缺一不可的。可以说,法律性(处分性)是行政行为的首要特征,它将行政行为区别于行政事实行为,以及行政主体实施的其他行为。我们也可以说,行政行为的完整表述就应该是"行政法律行为"。当然,在行政管理实践中,有些行政机关以指导之名、行命令之实,在作出"行政指导"的同时,附加一定的强制性措施。当事人如果拒绝接受指导意见,就会导致严重的不利后果,实际上没有自行决定是否接受指导意见的余地。此时,行政指导已经"异化"为了一种行政命令,已经属于行政行为的范畴,我们也不能再称之为行政指导了。

在现实中,行政管理活动从方式到内容可谓包括万象,行政主体可能实施各种各样的行为,但这些行为不一定引起行政法律关系的变动。例如,行政指导行为一般就不会引起行政法律关系的变动。所谓行政指导,指的是行政主体向相对人采取指导、劝告、建议、鼓励、警示、倡议等不具有国家强制力的方式,谋求相对人的同意与协助,从而实现其行政目的的行为。例如,派出所在火车站张贴告示、或通过广播提醒旅客注意盗贼;再如,乡政府倡议农民种植某种蔬菜、果树等。在行政指导中,由于相对人对指导意见可以自愿选择接受或者拒绝,行政指导对相对人并无强制的约束力。即使相对人最终选择接受行政机关指导的意见,行政机关的目的也得以顺利实现,这个结果也是行政指导加上相对人自愿选择而共同产生的,行政指导的作出本身并不直接导致这样的结果。因此,仅仅是一个行政指导意见的作出,并不会引起行政法律关系的变动。所以,我们还不能说行政指导属于一种行政行为。

再如,行政事实行为也不属于行政行为。所谓行政事实行为,指的是虽然由行政主体所实施,但并不产生法律效果的行为;或者虽然引起了某种法律效果,但这种法律效果的产生只是基于法律的直接规定,而并非出于行政主体意思表示的行为。比较典型的是辅助性行政行为和某些行政侵权行为。例如,交警部门在路口安装红绿灯就是一种辅助性的行为,因为安装红绿灯本身并不产生任何法律效果,而只有交警使用红绿灯来指挥交通的行为才有可能发生法律效果。因此,安装红绿灯的行为,就是使用红绿灯这个行为的辅助,属于一种事实行为而非法律行为。又如警察因违法使用警械导致公民伤亡,这属于行政侵权行为,这种行为一旦发生必然产生法律后果,即产生国家赔偿法律关系,但这种效果的产生源自《国家赔偿法》的直接规定,而不是公安机关的意志。公安机关的意志可能是为了缉捕逃犯,或是为了驱散人群等,并为此使用了警械,伤人只不过是在警械使用过程中发生的一种事实,即一种构成违法的后果而已。

▶ **例 5-1** 某区城管局以甲摆摊卖"麻辣烫"影响环境为由,将其从事经营的小推车等物品扣押。在实施扣押过程中,城管执法人员李某将甲打伤。对此,下列哪一说法是正确的?

  A. 扣押甲物品的行为,属于行政强制执行措施
  B. 李某殴打甲的行为,属于事实行为
  C. 因甲被打伤,扣押甲物品的行为违法
  D. 甲被打伤的损失,应由李某个人赔偿

  分析: 在本案中,城管执法人员李某殴打甲的行为发生在其执行公务的过程中,根据《国家赔偿法》的规定,国家机关工作人员在执行公务中违法使用暴力导致他人死

亡或伤害的,其所在机关将承担国家赔偿责任。也就是说,李某殴打甲的行为实施后所引起的法律后果是:李某所在的某区城管局对甲产生了国家赔偿义务,甲对某区城管局产生了要求获得国家赔偿的权利。总之,这一行为的实施确实影响了某区城管局和甲之间的某种权利义务关系。但我们必须注意到,这个行为的实施并非基于行政机关某区城管局的意思表示,城管局的意思表示只能包含将甲"从事经营的小推车等物品扣押",以及为了达到扣押目的而必须实施的相关行为,而肯定不可能包括对甲进行殴打并予以赔偿。因此,某区城管局和甲之间权利义务关系的产生与城管局的意思表示是不相干的,而是基于《国家赔偿法》的规定而直接产生的,所以它不是一个行政行为,而是事实行为。由此可见,B项的说法是正确的。至于A项,扣押甲物品的行为是一种限制强制措施,而不是行政强制执行,因为其目的是制止甲继续实施摆摊卖"麻辣烫"的违法行为。对于C项,我们必须清楚"扣押甲物品的行为"和"李某将甲打伤"是两个不同的行为,甲被打伤仅仅意味着这个行为本身是违法的,但不会影响另一个行为——"扣押甲物品的行为"的合法性。对于D项,因为李某是在执行公务的过程中实施的侵权行为,赔偿责任不可能由其个人承担,应当由其所在机关某区城管局承担。只不过,某区城管局在对甲进行赔偿之后,在一定条件下可以对李某进行追偿。

三、外部性

行政行为是行政主体针对外部对象、外部事务而作出的行为。外部性的特征使行政行为区别于内部行为。内部行为,指的就是行政主体对其内部组织或个人实施的行为,说到底,就是行政主体对其内部事务的管理。内部行为可以被区分为针对内部组织的行为和针对内部个人的行为:前者如决定行政主体自身下属机构的设立、增加、减少、合并,或如对行政组织内部权力的划定、调整等;后者则主要表现为对人事关系的处理,如对公务员的奖惩、任免、培训等。如本书前文所述,内部行为也属于行政管理活动的一部分,但是这种活动是否属于行政行为,是存在较大争议的。因为,这些行为同样是基于行政主体的意思表示作出的,同样产生了使某种行政法上的权利义务关系变化的后果,只不过这种变化只发生在行政机关内部,而没有直接对外发生影响而已。不过,2014年修订的《行政诉讼法》将受案标准确定为"行政行为",同时又明确地将内部行为排除在受案范围之外。换言之,《行政诉讼法》认为内部行为不属于行政行为,要求行政行为应当具备外部性。出于和现行法相一致的考虑,本书也遵循这一标准。

第二节 行政行为的分类

分类的目的是加以区别对待,没有区别对待的必要就无需分类。行政行为之所以需要分类,就是因为不同类型的行政行为可能产生不同的法律效果、可能需要不同的构成要件、可能引起不同的法律争议,等等。总之,就是需要从法律的某一方面给予区别对待,我们才从相应的角度对行政行为进行分类。按照不同的标准,行政行为可以作出很多分类,我们这里只对重要的分类加以介绍。

一、抽象行政行为与具体行政行为

根据行为的适用对象是否特定,行政行为可以分为抽象行政行为与具体行政行为,这是行政行为最重要的分类,对很多具体制度都有根本性的影响。抽象行政行为,指的是行政主体制定具有普遍适用力、适用于不特定对象、可以反复适用的规范性文件的行为,包括制定行政法规、行政规章和一般行政规范性文件。抽象行政行为最突出的特点在于,行政主体在制定这些文件时,对其适用对象尚不确定,这个对象到底是谁,甚至这个对象有多少、有没有都没有确定。只有通过这些文件的具体执行,其每一次执行的对象才是确定的。到头来,这个对象有可能是多数,也有可能是少数,甚至可能没有。例如,《政府信息公开条例》规定,依申请获取政府信息者应当缴纳检索、邮寄、复制等费用。但具体何人需要缴纳这些费用,在此《条例》制定时并不明确,最终要取决于有多少人、哪些人申请了政府信息公开。

具体行政行为,则是行政主体针对特定对象的权利义务作出的一次性的决定。具体行政行为的作出,实际上就是行政主体执行包括抽象行政行为在内的各种规范的过程。无论其对象多寡,在该行为作出时必然是明确的。例如,按照《政府信息公开条例》规定,李某向县政府申请公开一项政府信息,县政府向其收取复印费2元,这便构成了一个具体行政行为。

在抽象行政行为和具体行政行为的区别中,有两个问题是值得讨论的,这两个问题在司法实践中也常常造成困惑。

第一个问题,具体行政行为的"特定性"到底应当如何理解。我们这里讲的"特定"是指行为对象的特定,但有部分观点认为具体行政行为的特定既可以是对象特定,也可以是事项特定,两个特定只要符合一个就是具体行政行为了。换言之,针对不特定对象就特定事项作出的行为也是具体行政行为。但这种观点实际上是经不起推敲的,因为,世界上所有的事项都是特定的,不存在所谓"不特定"的事项。一个行为只要被实施了,就是一个特定的事项。如果我们认为对象特定和事项特定两者只居其一就可以称之为具体行政行为,那么,由于所有的事项都是特定的,就意味着所有的行为都是具体行政行为了,也就无所谓抽象的行政行为了,抽象与具体的分类也就完全丧失了意义。"两个特定"的主张者经常举的一个例子是:交警部门宣布下午4点到5点对某一条街道实行交通管制。这种观点认为,在这个例子里,交通管制的对象是不特定的,因为任何试图经过这条街道的人在下午4点到5点都有可能成为管制的对象,但是这个行为的事项是特定的,因为交通管制的时间(下午4点到5点)和地点(某条街道)都是明确的。这样的例子是很容易反驳的,试想:既然下午4点到5点对某一条街道实行交通管制是具体行政行为,那么,全天对这条街道实行交通管制是不是具体行政行为呢？下午4点到5点对辖区内全部街道实行交通管制是不是具体行政行为呢？全天对辖区内全部街道实行交通管制又是不是具体行政行为呢？按照"两个特定"的观点，显然都是。实际上，按照这个逻辑，任何形式的交通管制都是具体行政行为，因为这个事项是特定的。推而广之，任何行政管理活动都是具体行政行为，因为行政机关绝不可能对任何不特定的事项加以管理，这在逻辑上是难以想象的。这反过来表明，"两个特定"的标准泛化了具体行政行为的内涵，是不可取的，具体行政行为和抽象行政行为的区别只能是"一个特定"，就是行为对象特定。

第二个问题，具体行政行为的对象特定到底是指哪个对象特定？行政行为作出的时候肯定有一个对象，也就是行政相对人，也一定会对这些相对人的权利义务发生影响。但是，行政行为常常具有多重效力，除了相对人之外，还有可能影响到其他对象的权利义务。那么，具体行政行为要求对象特定，到底是作为相对人的这个对象应该是特定的呢，还是也包括其他受影响的对象是特定的？举个例子，原铁道部给下属的各个地方铁路局发通知要求春运期间火车票涨价，这个通知的相对人是几个地方铁路局，但同时影响了大量旅客的利益。在这两个对象中，前者是特定的，后者是不特定的。再如，行政机关向全社会主动公开了某条政府信息，但该信息泄露了张三的个人隐私。这个公开行为的对象是全部社会公众，但同时影响了张三的利益。在这两个对象中，前者是不特定的，后者反而是特定的。考虑到区别抽象行政行为和具体行政行为的主要法律意义是在救济方式上，即具体行政行为可以直接申请行政复议或者提起行政诉讼，抽象行政行为目前则仍不能直接进入上述两种救济程序，所以，应当认为只要有特定公民、法人或其他组织的权益受到一个行政行为的影响，就足以认定这个行为是具体行政行为，从而可以直接复议或者诉讼。因此，在这个问题上，应当认为无论是行政行为所直接针对的对象还是所直接影响的对象，只要其中一个对象是特定的，就可以将这个行为认定为具体行政行为。

二、单方行政行为和双方行政行为

绝大多数行政行为都是单方行为，也就是说，行政行为一般是由行政主体的单方意志所决定的，即单凭行政主体一方的意思表示，就足以使这个行为产生效力，而不需要行政相对人的合意。原因很简单，行政管理是行政机关基于国家行政权实施的活动，在行政管理过程中行政机关和相对人之间是"命令—服从"的关系，有关权利义务关系的形成当然主要取决于管理者的意志了。

不过，在个别情况下，行政行为也可以是双方行为，这主要指的是行政协议。行政协议，指的是行政主体为实现一定的行政管理目标，在意思表示一致的前提下，与公民、法人或其他组织通过协议方式，使双方在行政法上的权利义务关系产生、变更或消灭的行为，典型的例子是特许经营协议、国有土地使用权转让协议、土地房屋征收补偿协议等。行政协议的出现是公法私法化的一个典型表现，就是政府在行政管理中越来越借助于私法的方式来实现自己的管理意图，从而更容易获得被管理者的合作和认同,并有助于降低行政成本。尽管如此,行政协议仍然属于一种行政行为,而不是民事行为。因为,行政协议双方当事人的地位并不是完全平等的,行政主体在协议中拥有某些优越于相对方的特权,例如在缔结协议时有权通过一定的方式来挑选合同的相对人,在协议履行的过程中对于相对方的履约行为有权加以监督,有权基于公共利益的需要变更或者终止协议的履行——当然,由此给对方当事人呢造成的损失应当予以补偿。行政主体运用这些特权作出了某些行为,如基于公共利益的需要决定变更或者终止协议,这种行为就是行政行为而不是民事行为。

三、依职权行政行为和依申请行政行为

两者区分的标准在于,行政行为的作出是否需要以当事人的申请为作为条件。依职权的行为,指的是行政机关直接依职权便可主动作出,无需当事人申请的行为,如行政处罚、行政强制等;依申请的行为则需要经过当事人的申请行政机关才能作出,如行政许可。

区分依职权和依申请的行为,对于认定行政机关是否构成不作为有着重要意义。对于依职权的行为,行政机关必须主动实施,即使当事人没有提出申请也是如此,所以只要行政机关应当实施但没有实施该行为,这就构成行政不作为。对于依申请的行为,只有经当事人申请之后,行政机关应当作出该行为而没有作出的,才构成行政不作为,如果当事人没有申请,行政机关则无需甚至不应作出该行为,也就不可能构成行政不作为。

四、羁束性行政行为和裁量性行政行为

两者区分的标准在于,行政行为受法律拘束的程度与行政主体的裁量空间有所不同。羁束性行为是指法律对行为的范围、方法、手段等作出了严格规定,行政机关基本没有选择余地的行为;裁量性行为则是法律给予行政机关根据实际情况以一定裁量余地的行为。例如,法律如果规定醉酒驾车的行为应当吊销驾驶证,则行政机关完全没有裁量选择的余地,这就是一个羁束性的行为。如果法律规定酒后驾车的行为应当暂扣驾驶证 1 到 3 个月,则行政机关可在此范围内选择扣证期限,最短 1 个月,最长 3 个月,这就是裁量性的行为。

区分羁束性行为和裁量性行为的目的主要在于司法审查,因为一个羁束性行为引起的争议主要是合法性争议,要么合法、要么违法,法院也只可能审查它的合法性问题。对于一个裁量性的行为,则既有可能引起合法性争议,也有可能引起合理性争议,法院除了审查它的合法性问题,有时还会涉及对合理性问题的审查。

五、授益性行政行为和负担性行政行为

两者区分的标准在于行为对当事人之间利益的影响不同。前者是为当事人授予权利、利益或免除负担、义务的行为,如行政许可、行政给付;后者是为当事人设定义务

或剥夺利益的行为,如行政处罚、行政强制、行政征收。

授益性行为和负担性行为的区别有很多重要的意义。例如,在法律保留上,负担性行为必须遵循严格的法律保留,在没有法律依据的情况下行政机关不得剥夺公民、法人或其他组织的利益;而授益性行为有的时候可以对法律保留有所突破,例如在法律没有明确规定但十分紧急的情况下,政府可以为特定的人群提供物质帮助。再如,在行政程序的设计上,负担性行为的程序一般来讲应当比授益性行为更加严格。

六、要式行政行为和不要式行政行为

两者区分的标准在于行为是否需要具备法定形式,如是否需要为书面方式,前者有此要求,而后者无此要求。行政行为大多为要式行为,也有少数为不要式行为,如口头的行政指导、即时的行政强制措施等。

对于要式行政行为来说,形式要件会成为其生效的条件之一,不符合形式要件的行为将被视为无效。例如,行政机关作出罚款决定并当场收缴的,应当出具省级以上财政部门统一印制的缴纳凭证,否则该决定就会被视为无效,当事人可以拒绝缴纳。而对于不要式行为来说,符合特定的形式并不是一个生效要件。

第三节 行政行为的成立、效力与合法

行政行为的成立、效力与合法,解决的是不同层面的问题。成立指的是一个行政行为的基本构成要件,只有具备了这些条件,我们才可以说一个行政行为产生了、存在了。效力指的是一个行政行为产生后如何在法律上产生其所期望的效果,如何对相关当事人的权利义务产生影响。合法则是指一个效力的行政行为需要符合什么样的条件才能继续存续,才能继续有效下去。

一、行政行为的成立

一个行政行为能够产生和存在,应当具备几个要件:

1. 主体要件

行政行为必须是行政主体作出的行为,即作出这个行为的主体应当是具备行政职权的,否则绝不能被称为行政行为。当然,行为成立的要件与行为合法的要件并不相同。一个行政行为要达到合法,在主体上的要求将更加严格,不但行为的实施者必须是行政主体,还要求该主体必须是合法、有权的。而一个行政行为要成立,只要其实施者是行政主体就可以了,至于该主体有无权力实施这一行为,不影响行为的成立。例如,某市工商部门将制售假药的商人予以拘留,由于工商部门具备行政主体资格,这个行政行为是成立的,但由于行政拘留不属于工商部门的职权,该行为并不合法。

行政行为在主体要件上还有另一个要求,就是实际作出行为的人必须是理智健全的。如果行政主体派出的人无法辨认和控制自己的行为,就算该行为以行政主体的名

义实施,也不能成立。

2. 意思要件

指的是行政主体必须向特定或者非特定的相对人作出有效的意思表示,一个行政行为才能成立。因为行政主体作出行政行为的目的在于建立、变更或消灭某种行政法上的权利义务关系,引起行政法律关系的变动。那么,行政主体就必须通过明确、有效的方式将这个意思表达出来,否则行为不能成立。抽象行政行为的意思表示必然是书面方式;具体行政行为则一般是书面表示,也可能是口头表示,甚至可能是动作表示,或是符号表示。例如,交警指挥交通的手势,交通红绿灯的信号,都构成具体行政行为意思表示的方式。

3. 送达要件

指的是行政主体必须使行政行为的内容被其所适用的对象知晓。抽象行政行为就是要公布,具体行政行为就是要送达。如果一个行为作出之后,并没有使其相对人知晓,该行为也不能成立。

总之,行政行为的成立是对它最基本的要求。如果行为不能成立,该行为本身所希望产生的法律效果就无从谈起,法律上就不承认这个行为存在。反过来,如果行为成立,并不当然意味着这个行为就是有效的、合法的。可以说,行为的成立与否,解决的是这个行为有无的问题;行为的合法与否、有效与否,解决的是这个行为是非的问题,这是两个层次上的问题。

对于行政行为成立与否的问题,立法上存在某些争议。《行政处罚法》第41条规定,行政机关及其执法人员在作出行政处罚决定之前,不按规定向当事人告知给予行政处罚的事实、理由和依据,或者拒绝听取当事人的陈述、申辩,行政处罚决定不能成立。从理论上看,这种情况下的行政处罚还是成立的,但由于其存在严重的违法情节,构成行为无效。因此,这种情况属于行政行为的无效而非不成立,《行政处罚法》之所以如此规定,是立法上的一个失误。

▶ **例5-2** 刘某因超载被公路管理机关执法人员李某拦截,李某口头作出罚款200元的处罚决定,并要求当场缴纳。刘某要求出具书面处罚决定和罚款收据,李某认为其要求属于强词夺理,拒绝听取其申辩。关于该处罚决定,下列哪些说法是错误的?

A. 该处罚决定不成立,刘某可以拒绝

B. 该处罚决定违法,刘某缴纳罚款后可以申请复议或者提起诉讼

C. 该处罚决定不成立,刘某缴纳罚款后可以申请复议或者提起诉讼

D. 该处罚决定无效,刘某可以拒绝

分析:本案中的执法人员李某拒绝听取当事人刘某的申辩,按照《行政处罚法》第41条的规定,该处罚行为不成立,当事人可以拒绝,当然也可以履行后再复议或诉讼。但是,既然该行为是不成立的,也就是认为该行为在法律上还没有产生、还没有存在,也就不可能再评价其为违法或无效的,因此BD两项的表述就是错误的。

二、行政行为的效力内容

一个行政行为成立之后,在绝大多数情况下同时也就生效了,但以下两种情况除外:一是这个行为的生效是附有条件或者附有期限的,但是这个条件还没有成就,或者期限还没有届至;二是这个行为存在明显重大的违法情节,被视为自始无效。在其他情况下,这个行政行为成立之后都会生效。那么,行政行为生效之后,在法律上到底能够产生什么样的影响或效果呢?这就是行政行为的效力内容。行政行为的效力,被分解为拘束力、确定力与执行力三个方面。

1. 拘束力

拘束力,是一种法律推定的效力。它指的是行政行为一旦生效,无论是行政主体、行政相对人,还是其他的机关、组织和个人,均应遵守的效力。行政主体对该行为不得随意撤销或变更;行政相对人对该行为所确定的义务应当履行;其他国家机关和组织也不得对该事件作出其他处理。但是,拘束力只是来源于法律的推定,法律上推定行政行为一经生效就产生上述法律效力,但这种效力仍然是可以被推翻的。如行政相对人对该行政行为不服,仍可通过一定途径提出争议,如申请行政复议或提起行政诉讼,最后可能推翻该行为的效力。所以,拘束力只是一种基于法律推定的效力,尚未确定发生,这种效力最后既有可能转化为实质的效力,也有可能被推翻。

2. 确定力

确定力,顾名思义,就是一种最终确定的效力。它指的是行政行为在法律上最终地、实质地被确定下来,从而不再更改的效力。行政行为在生效之后,首先产生的是基于法律推定的拘束力,而拘束力是有可能通过一定的争议途径来推翻的。但出于法律关系安定的考虑,这种争议的时间不可能是没有期限的,这就产生了所谓的争议期,如行政复议的申请期限,行政诉讼的起诉期限,行政赔偿的请求时效等。行政行为作出之后,一旦经过了这些争议期,没有人提出争议或虽有争议但有权机关最终维持了该行为,法律上对行为效力的推定就变成了现实,行为所确定的权利义务也就从此不再变更。确定力与拘束力在权利义务内容上并无多少差别,只不过在拘束力的阶段,这些内容不过是一种推定,而确定力是在经过了争议期之后,将这些内容最终确立下来了。因此,我们可以将确定力看作是拘束力在经历了争议期之后转化而来的效力。

3. 执行力

执行力,是一种将权利义务转化为事实的效力。它指的是国家使用强制力将行政行为所确定的权利义务关系转化为现实的效力。行政行为生效后,当事人就必须履行该行为所确定的义务,当事人对这一义务的履行一般有期限上的限制,这个期限可能是法律上直接规定的,也可能是行政主体所确定的。一旦该履行期届至,当事人仍然没有履行相关义务的话,为了实现相应的行政目标,国家有权运用强制力,将行政行为所规定的权利义务强行落实,这一般通过行政机关的强制执行或法院的非诉执行来实现。

综合行政行为效力的几个方面,可以总结出它们之间的内在关系。可以说,拘束力、确定力与执行力三者无论在时间上,还是逻辑上,都存在着一种先后承接、递进的关系。在拘束力阶段,法律在形式上推定权利义务的存在;到了确定力阶段,这种权利义务才在法律上变成确定存在;在执行力阶段,这种权利义务最终变成了生活中的现实。

▶ **例 5-3**　下列哪些选项是关于行政行为拘束力的正确理解?
　　A. 行政行为具有不再争议性,相对人不得改变该行政行为
　　B. 行政主体非经法定程序不得任意改变或撤销行政行为
　　C. 相对人必须遵守和实际履行行政行为规定的义务
　　D. 行政行为在行政复议或行政诉讼期间不停止执行

分析:行政行为不再可以被争议,不再可以被改变,说的是其确定力而不是拘束力,所以 A 项的说法不对。行政主体非经法定程序不得任意改变或撤销行政行为,指的是对行政主体自身产生的拘束力,相对人必须遵守和实际履行行政行为规定的义务,指的是对相对人产生的拘束力,所以 BC 两项的说法都是正确的。至于 D 项,行政行为在行政复议或行政诉讼期间不停止执行,显然说的是执行力。

三、行政行为效力的消灭

行政行为的无效、撤销与废止,就是对其效力的消灭。三者的共同之处在于都能够消灭行为的效力;不同之处在于其构成条件有所差别,产生的具体效果也不尽相同。行政行为到底是无效的,还是可撤销的,还是应当废止的,在行政诉讼法、行政复议法上将体现为对不同判决类型和复议决定类型的选择。

1. 无效

明显重大违法,或者说存在严重合法性缺陷的行政行为,构成无效。明显重大违法指的是该行为的违法性,严重到了一个理智正常的普通人都足以识别、断定的程度。

常见的无效行为包括:(1)要求当事人从事犯罪的行政行为。(2)行为没有任何事实根据,即行为的作出没有任何事实基础,或其作为根据的事实纯粹出于主观臆想,该行为也构成无效。如果该行为的作出是有事实根据的,只不过事实根据存在错误,不构成无效,只是可撤销的。(3)行为没有任何法律依据,即该行为的作出在法律上找不到任何有效依据,该行为也构成无效。如果该行为有一定的法律依据,只不过是适用法律错误,也只是可撤销的。

行政行为无效的后果,是使其自始至终不存在任何法律效力,其效力的丧失并不是从有权机关宣布无效时开始,而是自其作出之日起就从来没有产生过任何效力。因此,当事人可以拒绝履行该行为所设定的义务,可以不受时间限制地主张其无效,或要求有权机关宣告其无效;有权机关也可以在任何时候宣告该行为为无效。公民、法人或其他组织的合法权益因无效行政行为而遭受了损害的,可以要求国家赔偿。

2. 撤销

一般违法或明显不当的行政行为，是可撤销的行政行为。一般违法，指的就是除了构成无效的明显重大违法之外的其他违法情形；明显不当，指的是行政行为虽然合法，但存在明显的不合理因素；这两种情况下的行政行为都是可以被撤销的。可撤销的行为与无效行为有着明显不同，它对行政行为效力的否定受到较为严格的限制，必须经过法定程序，由有权机关作出撤销决定才能否定其效力。

行政行为被撤销的后果，是使得该行为溯及地从其作出之日起丧失效力。尽管行为的撤销与行为无效一样，最终都使得它完全丧失效力，但必须注意两者在行为效力丧失的时间上不同。无效的行政行为自其作出之日起便完全无效，可撤销的行为必须等到它被明确撤销之日起才完全丧失效力，在这一时间之前其效力仍然存在。当然，与无效的行政行为一样，如果公民、法人或其他组织的合法权益因可撤销行政行为而遭受了损害，可以要求国家赔偿。

3. 废止

某些合法且适当的行政行为，由于特定的原因必须被废止。行政行为废止的原因主要有：(1) 法律变更，即行为在作出的当时所依据的法律规范后来被修改、废止或撤销了，该行为也就失去了其继续合法存在的基础，必须被废止。(2) 情势变更，即行政行为作出时所依据的客观事实已经不复存在，或虽然存在但已经发生了重大变化，该行为也就丧失了其继续存在下去的事实根据，也必须被废止。(3) 目的实现，即该行政行为所期望的目的已经达到了，因此没有必要继续存在下去。(4) 公共利益，有的行政行为在作出之后，如果得以落实的话反而会损害公共利益，有权机关也可以将其废止，这在行政许可中较为常见。

行政行为被废止的效果，是使得该行为自废止之日起丧失效力，但其在废止之日前的效力仍然存在，它在废止之前所产生的法律关系或法律利益仍然得到承认。如果公民、法人或其他组织的合法权益因为行政行为废止而蒙受了损失，可以要求国家补偿而非国家赔偿。

四、行政行为的合法要件

行政行为成立的要求最低，生效次之，合法的要求最高，行政行为合法的结果就是这样行为可以继续有效下去。判断一个行政行为是否合法，要看其是否满足如下要件：(1) 事实清楚、证据确凿；(2) 法律适用正确；(3) 符合法定程序；(4) 不得超越职权；(5) 不得滥用职权。这里的合法要件，大多属于形式合法要件。只有不得滥用职权是一个实质合法要件，指的是行政行为不能违反法律授权的实质性目的，否则即使这个行为在形式上符合要件，也仍是一个违法行为。

行政行为在表达上的明显疏忽，如书写错误、计算错误、内容遗漏，以及数字加工过程的错误，由于这并不是行政主体意思表示本身的错误，应当排除其违法性，允许行政机关更正。

▶ **例 5-4** 关于具体行政行为的成立和效力,下列哪些选项是错误的?
   A. 与抽象行政行为不同,具体行政行为一经成立即生效
   B. 行政强制执行是实现具体行政行为执行力的制度保障
   C. 未经送达领受程序的具体行政行为也具有法律约束力
   D. 因废止具体行政行为给当事人造成损失的,国家应当给予赔偿

分析:具体行政行为成立之后可能因明显重大违法而无效,附有条件或期限的行为还有可能因为条件没有成就或者期限没有届至而没有生效,因此 A 项是错误的。而且,抽象行政行为的生效也存在两种情况,大多数情况下是附期限生效,但特殊情况下也可以在成立(公布)的同时生效。行政强制执行是保障行政行为执行力的重要手段,B 项当然是正确的。行政行为未经送达领受是不成立的,也就不存在法律约束力了,因此 C 项错误。因为废止行政行为给当事人造成损失的,给予国家补偿而不是赔偿,因此 D 项也错误。

▶ **例 5-5** 关于行政行为的效力,下列哪些说法是正确的?
   A. 可撤销的行政行为在被撤销之前,当事人应受其约束
   B. 行政行为废止前给予当事人的利益,在该行为废止后应收回
   C. 为某人设定专属权益的行政行为,如此人死亡其效力应终止
   D. 对无效行政行为,任何人都可以向法院起诉主张其无效

分析:可撤销的行为在撤销之前还是有效的,当事人应当受到其约束,因此 A 项是正确的。行政行为的废止是没有溯及力的,之前给予当事人的利益仍然是得到承认的,因此 B 项错误。C 项的说法属于因情势变更导致的行政行为废止,是正确的。行政行为即使无效也只有利害关系人可以起诉,不是任何人都会有原告资格,因此 D 项的说法错误。

▶ **例 5-6** 关于行政行为的合法性与效力,下列哪些说法是正确的?
   A. 遵守法定程序是行政行为合法的必要条件
   B. 无效行政行为可能有多种表现形式,无法完全列举
   C. 因行政行为废止致使当事人的合法权益受到损失的,应给予赔偿
   D. 申请行政复议会导致行政行为丧失拘束力

分析:行政行为的合法要件包括不超越职权、不滥用职权、法律依据正确、事实证据确凿、遵守法定程序等,因此 A 项是对的。无效行政行为确实可能有多种具体表现,我们虽然可以归纳出一些常见的类型,如没有法律依据、没有事实基础等,但肯定不可能完全列举,所以 B 项是对的。废止行政行为造成当事人损失的应当予以补偿,不是赔偿,因此 C 项错误。对行政行为引起的行政争议,原则上当事人可以申请行政复议或者提起行政诉讼,但行政复议、行政诉讼进行期间不影响该行政行为的效力,该行为的效力如何还要视复议、诉讼结果而定,因此 D 项错误。

思维拓展

【示范案例】

延安夫妻在家"看黄碟"被处罚案[①]

2002年8月18日晚,延安万花山派出所民警接到举报说,一居民家正播放"黄碟",几名民警前去调查时,不料双方发生冲突,一名民警手部受伤,当事者也因妨碍公务被带回派出所接受处理。事后,延安市公安宝塔分局万花山派出所所长贺宏亮向记者讲述了事情的经过:8月18日晚11时许,该派出所接到群众电话举报,称辖区内一居民家中正播放黄色录像。派出所4名民警前去调查,民警们来到该居民家后窗户外,从窗户看进去发现,房间内的电视机中正在播放淫秽录像。于是,几名民警找借口进入该居民家中,并径直来到放录像的房间。民警进门后发现,房间内有张某夫妻二人,此时电视机已关闭。几名民警表明身份,并要求两人拿出"黄碟",但该夫妻拒绝警方的要求,拿起床上的碟片砸向民警。民警尚继兵正欲弯腰取出碟机中的碟片,张某突然操起身旁一根木棍朝尚继兵头部抡去,尚继兵用手去挡,木棍砸了下来,尚的左手立刻肿起来。张某的妻子李某也上前撕扯,一个民警的衣服被撕烂,一个民警的手被抓破。看到场面难以控制,民警将张某摁倒在床上,然后以妨碍警方执行公务将其带回派出所。警方将从现场搜到的3张淫秽光碟,连同电视机、影碟机作为证据带回派出所。

在万花山派出所禁闭室里,记者见到了张某,对于前一天晚上发生的事,他有自己的解释:当晚11点多,他的房间内突然闯进4名男子,虽然来人穿着警服,但却没有佩戴警号和警帽,所以他并不知道来人是民警。看到他们要从碟机中拿光碟,自己一时性急,便操起棍子抡了过去。在争执过程中,他似乎被人从后面打了几下,被带回派出所后,他感到肚子非常难受并发生了呕吐。

事发后第二天,在家人向派出所交了1000元暂扣款后,张某被放回。10月21日,即事发两个月以后,宝塔公安分局以涉嫌"妨碍公务"为由刑事拘留了张某。10月28日,警方向检察机关提请逮捕张某;11月4日,检察院以事实不清、证据不足为由退回补充侦查;11月5日,张某被取保候审;11月6日,张某在医院被诊断为:"多处软组织挫伤(头、颈、两肩、胸壁、双膝),并拌有精神障碍";12月5日,宝塔公安分局决定撤销此案;12月31日,张某夫妇及其律师与宝塔公安分局达成补偿协议,协议规定:宝塔公安分局一次性补偿张某29137元;公安宝塔分局有关领导向张某夫妇赔礼道歉;处分有关责任人。

[①] 案例来源为:《华商报》2002年8月20日文章:小斌:《家中看黄碟 民警上门查——延安一对夫妻与民警发生冲突》,载《华商报》2002年8月20日。

法律问题：本案中派出所民警到张某家中查处其看黄碟的行政行为在法律上的效力如何？张某使用暴力对民警进行抵抗的行为，法律上应该如何评价？我国是否应该建立无效行政行为的相关制度？

法理分析：本案是一个非常著名的案件，研究者曾从不同角度对本案进行了研究分析，包括研究派出所民警检查行为的合法性，研究本案所反映出来的公权力对私权利干预的限度，等等。在这里，我们主要探讨案中行政行为的效力，特别是探讨其是否构成无效的行政行为。

本案存在两个行为，一是民警对张某住所进行检查的行为；二是以张某"妨碍公务"为由追究其刑事责任的行为。后者的错误是显而易见的，因为没有任何证据表明张某明知对方是在执行公务从而采取暴力抗法行为，后来公安机关撤案的做法也印证了这一点。值得讨论的主要是前一个行为，就是民警的检查行为是不是一个无效的行政行为，张某对这样的行为予以抵抗是否合法？是否需要承担法律责任？

按照张某的描述，民警的检查行为是这样实施的，"当晚11点多，他的房间内突然闯进4名男子，虽然来人穿着警服，但却没有佩戴警号和警帽，所以他并不知道来人是民警。看到他们要从碟机中拿光碟，自己一时性急，便操起棍子抢了过去。"后来，其他媒体的调查基本可以印证上述情况基本属实。据此，我们可以讨论如下问题：

第一，这个行政行为的效力如何？

按照行政行为无效的一般理论，导致行为无效的主要条件是构成明显重大的违法，即一般理性人都可以直接发现的违法。本案的问题是，民警到张某家中检查时没有证明自己的身份。按照民警的说法，他们进屋后表明了身份，而张某则认为来人没有佩戴警号和警帽，来人只是穿着警服并声称自己是警察，而没有任何证据证明自己的警察身份。考虑到当时已经是深夜11点钟，几名外人在这种情况下闯入，作为屋主的张某认为自己无法确认对方的身份，怀疑对方是非法闯入，应该说是有道理的。

我们知道，一个行政行为的合法要件包括职权、事实、依据、程序等方面。如果在这些要件的某一个（几个）方面存在一般性的缺失，属于一般违法，是可撤销的行政行为；如果存在严重的缺失，就属于明显重大的违法，就是无效的行政行为。本案主要涉及的是职权因素，即深夜闯入张某家中的数人是否具备相应的检查、扣押等强制权。我们知道，行政行为经常存在超越职权、滥用职权等违法情形，但不见得都是无效行为。那么，在什么情况下，职权上的违法够得上"明显重大"从而导致该行政行为无效呢？结合实践，我们认为，至少应当包括这样几种情况：(1) 行政机关工作人员在没有表明或证明身份的情况下行使职权。行政行为之所以具有拘束力、确定力、执行力等，一个基本前提就是当事人相信该行为确实是行政机关作出的，所以无论其事实上的是非对错，应当先予服从。如果这个前提不存在的话，行政行为的效力将无从谈起。因为，如果不是由行政机关的工作人员而是由普通人实施这样的行为，已经有可能构成犯罪，当事人当然没有服从的义务，而是应当进行对抗。因此，行政机关工作人员通常应当通过穿着制服、悬挂执法标志、出示执法证件等方式来表明身份。(2) 行政机关行使的权力与其法定职权存在巨大差异。对于一般的越权行为,由于普通当事人不可能对各个机关之间的职权划分十分熟悉,因此通常是没有判断能力的。但是,如果行政机关实施的某种行为与其法定权力相差过大,以至于违背了一般人的常识,也应当属于无效的行政行为。例如,工商部门、城管部门、建设部门实施限制人身自由的行为,就属于这样的情况,因为一般人都很清楚之后警察机关才能够采取限制公民人身自由的措施。(3) 行政机关以严重违法的方式行使权力,即行政机关所实施的行为虽然属于自身的职权,但行使职权的方式却是严重违法的。例如,计生部门以暴力胁迫、绑架人质等方式迫使计生对象接受计生手术,便属于此类行为。

从上述分析可以判定,本案中派出所民警在没有证明执法身份的情况下深夜闯入张某家中实施强制检查的行为,使张某无法判断来人是否代表国家机关行使职权,应当被认定为无效的行政行为。

第二,张某对于派出所民警的上述行为是否拥有抵抗权?

由于无效的行政行为自始至终不具有法律上的约束力,因此,大陆法系的行政法理论认为当事人有权不履行这个行为所确定的义务,这被称为对无效行为的抵抗权。应该说,赋予当事人对无效行政行为的抵抗权是具有合理性的。一方面,抵抗权的存在是当事人为了维护自身合法权益所必需的。对于一个能够明显识别、不需要专业判断的违法行政行为,如果法律仍然要求当事人遵守、服从的话,这个行为一旦执行很可能给其造成无法挽回的损失。即使事后这个行为得到了纠正,对当事人而言仍然是不公平的。因此,有必要赋予公民直接拒绝这种行为的权利,这甚至被认为是基本人权的一部分。另一方面,赋予公民以抵抗权能够遏制行政机关的严重违法行为。正是因为公民拥有了这样的抵抗权,行政机关就会考虑到其一旦作出严重违法的行政行为,必将遭到当事人的抵制和反抗,其恣意性就会受到控制,变得有所顾忌、相对审慎。

赋予公民对于无效行政行为的抵抗权,也是无效行为与可撤销行为的一个重大差别。对于可撤销的一般违法行为,当事人首先仍应遵守和履行该行为所确定的义务,同时或事后再通过法定的途径寻求救济,由有权机关按程序将其撤销或确认违法。但是,当事人对这样的行为是不能行使抵抗权的,如果实施了抵抗,将承担相应的法律责任。而对于无效的行政行为,因为它一开始就没有产生法律傻瓜的约束力,当事人即使予以抵抗,也不应被追究法律责任。

但是,公民对无效行政行为的抵抗权不应该是一种积极的抵抗权,而只能是消极的。也就是说,对于无效的行政行为,公民可以躲避、拒绝、不予理睬,或者向实施该行为的行政机关工作人员进行劝告、警告、报警,以及对自己的人身和财产采取防御性的措施,等等。也就是说,应该采取"软"的抵抗措施,而不能采取暴力抵抗等积极的抵抗措施。因为,所谓行政行为"明显重大违法"的标准毕竟还是比较抽象、原则的,当事人对行政行为无效的判断说到底也只是一种个人的主观判断,即使其自己认为这种判断和所有一般理性人的判断都是一致的,但也有可能是错误的。如果放任公民可以根据自己的个体判断来否定行政行为的效力并采取暴力抵抗措施,以此为名而实施的暴力抗法行为必将泛滥，其后果将是可怕的。因此，即使是处于抗衡行政机关滥用权力的必要，在制度设计上也不能走入另外一个极端，允许和鼓励个人暴力的实施。

在延安夫妻看黄碟案中，当事人张某对无效的行政行为采取的是暴力抵抗的方式，这是不适当的。但一方面，该行为对行政行为的违法产生了一定的阻却作用；另一方面，该行为也没有造成严重的后果。因此，综合起来看，对于张某的行为仍然不应当追究其法律责任。

第三，无效行政行为的相关制度在我国应当如何构建？

尽管关于无效行政行为的讨论很多，但在我国目前，这个问题目前仍然只停留在理论的层面上，并未像某些国家一样建立起相应的制度。尽管有不少法律、法规中都有关于行政行为无效的规定，但其"无效"的含义大多与上述的理论并不相同。要建立无效行政行为的相关制度，必须要解决如下几个方面的问题：

一是统一相关概念的使用。目前我国立法上关于行政行为"无效"这一概念在使用时，其内涵并不统一，造成许多认识上的混乱。以《行政处罚法》为例，其第3条第2款规定："没有法定依据或者不遵守法定程序的，行政处罚无效。"这里的"无效"既包括了真正的无效，也包括了可撤销的行为。其第41条规定："行政机关及其执法人员在作出行政处罚决定之前，不依照本法第31条、第32条的规定向当事人告知给予行政处罚的事实、理由和依据，或者拒绝听取当事人的陈述、申辩，行政处罚决定不能成立；当事人放弃陈述或者申辩权利的除外。"这里的"不能成立"反而真正是"无效"意思。其第49条规定："行政机关及其执法人员当场收缴罚款的，必须向当事人出具省、自治区、直辖市财政部门统一制发的罚款收据；不出具财政部门统一制发的罚款收据的，当事人有权拒绝缴纳罚款。"尽管这一条款明确规定了当事人的抵抗权，但却并未将相应的行政行为规定为"无效"。相关概念使用的混乱由此可见一斑，如果连法律上的概念都不能加以统一概念，相关制度的建立将无从谈起。

二是明确无效行为的认定标准。行政行为无效的标准是明显重大违法，但何谓"明显重大"本身也是很不确定的，尽管理论上有很多不同观点，事实上也不可能完全穷尽列举，但我们在立法上至少应当将共识性的、最起码的标准确定下来，并尽可能对常见的无效行政行为列举出来。

三是规定当事人对无效行为的抵抗权。如上文所述，无效行政行为理论的一个重要内容就是要承认当事人对该种行为抵抗权，否则，相关的制度建构就没有实质意义了。当然，我国立法上对抵抗权的规定，也应当以承认消极的抵抗权为限度，而不应当赋予当事人以积极的抵抗权。

四是建立无效行政行为的救济制度。由于无效行政行为自其作出之时开始，自始至终都是无效的。因此，理论上认为有权机关可以不受时间限制地宣告其无效，当事人或利害关系人也可以不受时间限制地向有权机关提出该行为无效的主张。但是，我国现行的行政复议、行政诉讼等救济制度都规定了明确的起诉期限或复议申请期限。为了解决这一矛盾，有必要建立专门适用于无效行政行为的行政复议和行政诉讼规则,允许原告不受期限限制地对无效行政行为提起行政诉讼或申请行政复议。

【思考案例】

百事可乐股权案中的无效行政行为之争[①]

1984年由海军成立的上海益康矿泉水公司是百事公司的原中方股东,1986年海军将益康公司转让给中国北方工业公司,1992年北方工业公司将益康公司注销并将其在百事公司的国有股权转让给上海闵联公司。此后,陈秋芳等人提出曾向原益康公司"隐名投资"自费制作的价值14万元的样机和3.25万元现款。1998年9月18日,上海市国资办据此作出225号批复:原上海益康矿泉水公司的原始注册资本金应归陈芝芳、于兴国、陈秋芳等所有。据此,2001年陈秋芳等三人一纸诉状将闵联公司送上法庭,请求判令闵联公司返还原益康公司的财产权益,包括原益康公司在上海百事可乐饮料有限公司、武汉百事可乐有限公司以及南京百事可乐有限公司的股权及收益,价值2.23亿元人民币。2002年,上海市高级法院一审判决陈秋芳等三人败诉。2003年,陈秋芳等三人上诉后案件被最高人民法院裁定发回重审。2005年5月17日,上海市高级法院重审判决闵联公司败诉。综观此案历程,所有纷争的焦点都集中在怎么看待1998年上海国资办作出的产权认定批复的效力上来。

多名法学家都认为上海国资办作出的产权认定批复是一个严重违法的行政行为,有的学者更直接主张该行为是无效的行政行为,这些学者的代表性观点如下:

应松年:首先,上海市国资办是否有权作出这样的批复。1984年成立的矿泉水公司属于海军,后归中国北方公司,这都属于中央系统的国有资产。地方政府国资办是否有权直接对中央系统的企业性质作出变更?显然该具体行政行为超越权限。其次,对这样一个重大问题的批复,竟然没有明确指出所适用的法律法规,而只是一句笼统的话:"根据国家和本市的有关规定",显然是很不严肃的。具体行政行为是否有法律依据,以及适用法律法规是否正确,是该行为是否合法的必要条件。最后,上海市国资办的批复行为程序上严重违法。这样一个涉及数亿资产的重大行为,作出前竟然没有听取当事人的意见,也未做认真调查,作出后也不通知当事人,违背了正当程序的起码要求,且剥夺了当事人申请复议和提起诉讼的权利。程序上的违法已损害当事人的实体利益,应当撤销。

姜明安:我认为上海市国资办的批复行为,违反法定程序。根据国家国资局1994年发布的《集体企业国有资产产权界定暂行办法》第26条规定,"产权界定依下列程序进行:(1)建立由国有资产管理部门、企业主管部门、财税部门、社会公正性中介机构和企业参加的产权界定小组,具体负责企业产权界定工作;(2)查阅有关资料和原始凭证;(3)进行清理和界定;(4)经界定属于国有资产的,由企业填报'国有资产产

[①] 案例来源为:《百事股权纠纷的"批复"之辩》,载《法制日报》2005年11月22日。笔谈主持人万静,笔谈嘉宾应松年、江平、姜明安。

权界定表',报同级国有资产管理部门认定;(5)经认定的国有资产,要明确管理主体,办理有关法律手续;(6)调整会计账目,属于政府部门投资的办理产权登记手续"。上海市国资办置这些法定程序全不顾,一纸批复,就轻易将关联数亿国有资产的益康公司产权界定给私人,甚至在界定过程中,根本不听取益康公司过去和现在的真正产权人(海军、中国北方公司、上海闵联公司)的意见,从而完全违背了基本的正当法律程序。上海市国资办的上述《批复》具有明显和重大的违法情形,属于无效行政行为。根据行政法原理,无效行政行为自始无效,行政相对人任何时候均可不受其拘束;任何利害关系人可随时主张此种行政行为无效,任何行政机关或法院也可随时宣告此种行政行为无效。因此,对于已构成"明显、重大违法"的上海市国资办的上述《批复》,应由上海市政府或上海市国资委确认无效,并予以撤销,或者由利害关系人申请法院确认和宣告无效(确认和宣告无效不受时效的限制,利害关系人任何时候都可以向法院申请)。无效的行政行为本来自始无效,行政相对人自始不受其拘束,但由于它毕竟是以国家机关的名义作出的,从而它仍然实际上影响或可能影响行政相对人的权益,所以,以有权国家机关(政府、政府部门或法院)的名义确认和宣告其无效是必要的。

法律问题:根据行政行为效力的相关理论,本案中1998年上海国资办作出的产权认定批复是可撤销的行政行为,还是无效的行政行为? 如果该行为是无效的,那么,在我国现有的行政诉讼和行政复议制度下,能否获得救济?

【学术探讨】

很多行政法学的论著在提到行政行为的效力时,都会提到一个"公定力"。所谓公定力,就是行政行为成立之后,首先被推定为有效的力,而且公定力还被认为是行政行为最重要的效力内容。但也有人认为,公定力并不是行政行为效力的一项内容,而是一种效力的状态,就是行政行为作出之后被首先推定为有效的状态,推定为有效是和推定为无效、效力待定等其他状态相对应的。行政行为就是在被首先推定为有效之后,才发生了拘束力、确定力、执行力等各项内容的效力。所以,"公定力"和拘束力、确定力、执行力之间并不是并列的关系,"公定力"指的是一种效力状态,而后面三者指的是在这种状态下的效力内容。你是如何看待上述争论的?

第六章
行政立法

思维导图

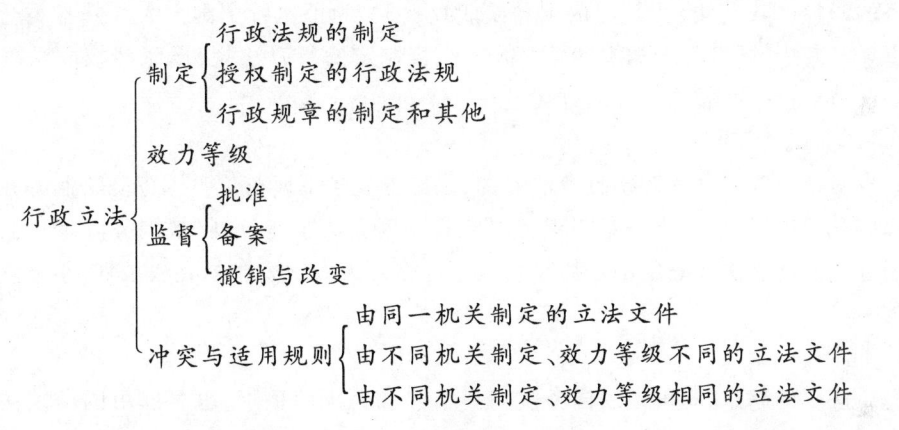

广义的行政立法基本上等于抽象行政行为的概念,指的是行政主体制定具有普遍约束力的、可以反复多次适用的行政法规、行政规章和其他行政规范性文件的行为。狭义的行政立法则专门指制定行政法规和行政规章的行为。对于抽象行政行为这个概念,在理解上需要注意。我们称之为抽象,并不是说这个行为作出的过程是抽象的,实际上任何行为的实施过程都必然是具体的,而是说这个过程完成后所形成的规范性文件,并不是针对特定人、特定事的一次性处理,所以这个规范性文件是一个抽象的行为。

对于本章的内容,我们要重点掌握的是行政立法的制定、效力、监督与适用等问题,其中监督问题是关键。这些制度的内容主要规定在《立法法》《行政法规制定程序条例》《规章制定程序条例》《法规规章备案条例》当中。

第一节　行政立法的制定

广义上的行政立法表现为行政法规、行政规章、其他规范性文件的制定,我们主要掌握其制定权限与程序,其中以行政法规的制定最为重要。

一、行政法规的制定

1. 主体

行政法规的制定主体是国务院。

2. 权限

国务院制定行政法规的权限有三:(1) 为了执行法律的规定;(2) 为了执行国务院自身的职权,即《宪法》上规定的国务院职权;(3) 为了执行全国人大或其常委会授权的事项。其中,国务院根据上述第(3)项职权制定的行政法规,属于授权立法的范畴,具有一定特殊性,后文将加以详述。

3. 立项

有权报请国务院立项制定行政法规的,是国务院各下属单位。国务院法制办在汇总各部门立项申请之后,于每年初拟订国务院年度立法工作计划,报国务院审批后实施。国务院年度立法计划中的法律项目应当与全国人大常委会的立法规划、年度立法计划相衔接。

4. 起草

行政法规的起草,既可以由国务院的一个或几个部门负责,也可以由国务院法制办负责。其中,重要的行政法规应当由国务院法制办组织起草。向国务院提交的行政法规送审稿,应由起草部门负责人签署,由几个部门共同起草的应由其负责人共同签署。在这个阶段起草形成的草案版本,称为送审稿。

行政法规在起草过程中,应当广泛听取有关机关、组织和公民的意见,听取意见可以采取召开座谈会、论证会、听证会等多种形式。形成初步的草案之后,应当通过网络等媒介向社会公布征求意见,但经国务院决定不予公布的除外。

起草部门将行政法规送审稿报送国务院审查时,应当一并报送草案的说明、各方面对草案主要问题的不同意见和其他有关资料。

5. 审查

行政法规送审稿,由国务院法制办负责审查。在审查阶段,国务院法制办应将行政法规送审稿或其涉及的主要问题发送有关机关、组织和专家征求意见;必要时,国务院法制办还应召开有关座谈会、论证会,还可以举行听证会听取意见。

经过审查之后的行政法规版本,称为正式的草案。

审查结果按照以下方式处理:(1) 送审稿不符合条件的,法制办可以缓办或退回起草部门;(2) 送审稿符合条件的,一般情况下,由法制办主要负责人提出建议,提请国务院常务会议审议;(3)送审稿符合条件的,特殊情况下(该法规调整范围单一、各方面意见一致或它是依据法律制定的配套行政法规),采用传批方式,由法制办直接提请国务院审批(不召开常务会议)。

对于(2)(3)两种情况,国务院法制办应当向国务院提出审查报告和草案修改稿,审查报告应当对草案主要问题作出说明。

6. 决定

行政法规决定的方式有二:(1)采用建议送审方式的草案,由国务院常务会议审议,国务院常务会议由总理、副总理、国务委员和秘书长组成,审议时由国务院法制办或起草部门作说明;(2)采用传批方式的草案,由国务院审批。

7. 公布

行政法规由总理签署国务院令公布施行,该国务院令应载明该行政法规的施行日期。有关国防建设的行政法规,可以由国务院总理、中央军委主席共同签署国务院、中央军委会公布。

行政法规签署公布后,应及时在国务院公报、国务院法制办网站(中国政府法制信息网)以及全国范围内发行的报纸上刊登,在国务院公报上刊登的文本为标准文本。

8. 实施

行政法规应当自公布之日起30日后施行,但涉及国家安全、外汇汇率、货币政策的确定以及公布后不立即施行将有碍其施行的,可以自公布之日起施行。

9. 备案

行政法规在公布后的30日内,由国务院办公厅报全国人大常委会备案。

10. 解释

(1)法规条文本身需要进一步明确界限或者作出补充规定的,国务院各部门和各省级政府可以要求解释,此类解释由国务院法制办拟订解释草案,报国务院同意后,由国务院或其授权的有关部门公布。行政法规的解释与行政法规具有同等效力。

(2)对属于行政工作中具体应用行政法规的问题,国务院各部门的法制办和各省级政府的法制办可以要求解释,此类解释原则上由国务院法制办答复,涉及重大问题的由国务院法制办提出意见报国务院同意后答复。此类解释没有明确的法律效力,可以供有关行政机关在实际工作中参考。

▶ **例 6-1** 关于行政法规制定程序的说法,下列哪些说法是错误的?

A. 行政法规的制定程序包括起草、审查、决定和公布,立项不属于行政法规制定程序

B. 几个部门共同起草的行政法规送审稿报送国务院,应当由牵头部门主要负责人签署

C. 对重要的行政法规送审稿,国务院法制办经国务院同意后向社会公布

D. 行政法规应当在公布后 30 日内由国务院法制办报全国人大常委会备案

分析： 立项属于行政法规的制定环节之一，原则上，一般行政法规只有被立项列入国务院的立法计划，其后续立法步骤才有可能实施，最终也才有可能出台，因此 A 项的说法错误。由几个部门共同起草的行政法规送审稿应由这些部门的负责人共同签署，以示共同负责，因此 B 项也错误。行政法规经起草形成初步的草案之后，应当通过网络等媒介向社会公布征求意见，但经国务院决定不予公布的除外，而不是说重大的送审稿才经国务院同意后向社会公布，C 项的说法错误。行政法规的报备机构是国务院办公厅而非国务院法制办，因此 D 项也错误。

▶ **例 6-2** 下列关于行政法规解释的哪种说法是正确的？

A. 国务院各部门可以根据国务院授权解释行政法规

B. 行政法规条文本身需要作出补充规定的，由国务院解释

C. 在审判活动中行政法规条文本身需要进一步明确界限的，由最高人民法院解释

D. 对具体应用行政法规的问题，各级政府可以请求国务院法制机构解释

分析： 行政法规的解释包括两种情况，涉及条文含义变动时由国务院解释，涉及具体应用问题时，由国务院法制办解答，不存在授权其他国务院部门作出解释的情况，因此 A 项是错误的。当然，国务院在对行政法规作出解释之后，有可能授权下属某一部门来公布这个解释。在解释立法文件时，只要涉及条文本身的含义问题，解释机关就是制定机关自己，因为这种解释实际上等于改变了原来法律条款的含义。只有在不涉及条文本身含义时，方可能由其他机关解答。因此 B 项是正确的。在我国，根据全国人大常委会的决定和《人民法院组织法》的有关规定，最高人民法院对于法律规范拥有司法解释权，但是这种司法解释权指的是对法律规范在审判活动中的具体应用问题，而不涉及明确法律条文的界限，因此 C 项的说法并不准确。对于行政法规请求解释的主体，应当遵循机关对应机关，法制办对法制办的规则。也就是说，对于具体应用行政法规的问题，应当由国务院各部门的法制机构或者各省级政府的法制机构来请求国务院法制机构解释，因此 D 项是错误的。

▶ **例 6-3** 关于行政法规的决定与公布，下列哪一说法是正确的？

A. 行政法规均应由国务院常务会议审议通过

B. 行政法规草案在国务院常务会议审议时，可由起草部门作说明

C. 行政法规草案经国务院审议报国务院总理签署前，不得再作修改

D. 行政法规公布后由国务院法制办报全国人大常委会备案

分析： 行政法规的决定包括审议和审批两种方式，调整范围单一、各方面意见一致或者是依据法律制定的配套行政法规采用批传方式，由法制办直接提请国务院审批，无需召开国务院常务会议审议，因此 A 项的说法不对。行政法规的草案在国务院常务会议审议时，可以由起草部门或者由国务院法制办作说明，因此 B 项正确。行政法

规草案经审议后可以根据审议意见修改后再报总理签署,修改后、签署前的行政法规称修改稿,因此C项错误。要注意在这一点上行政法规和法律的制定是不同的,法律在经过全国人大或其常委会表决通过之后、报请国家主席签署之前,是不可能进行任何修改的。行政法规的报备机构是国务院办公厅而非国务院法制办,因此D项错误。

二、授权制定的行政法规

根据《立法法》第8条的规定,有11类事项由法律保留,仅能制定法律。但其第9条又规定,对于这11类事项中尚未制定法律的,全国人大及其常委会可以授权国务院制定行政法规。国务院根据此类授权制定的行政法规,就属于授权立法。授权立法的产生,是现代国家中行政权不断扩张以至于侵蚀立法权的一个最典型表现,尽管在日益纷繁复杂的现代公共管理中是不可避免的,但应当受到严格的限制,避免行政立法权的失控和滥用。

对于《立法法》上规定的授权立法制度,应当注意如下内容:

1. 授权立法的范围

并非所有的法律保留事项均可授权制定为行政法规,犯罪与刑罚、公民政治权利的剥夺、限制人身自由的强制措施和处罚、司法制度四项除外,它们被称作法律绝对保留事项,只能制定法律。

2. 授权立法的义务

全国人大及其常委会的授权决定应当明确授权的目的、事项、范围、期限、实施方式和应当遵循的原则等。国务院应当严格按照授权决定行使被赋予的权力,不得将该项权力转授给其他机关,根据授权制定的行政法规应及时报请全国人大常委会备案。

3. 授权立法的终止

授权立法的期限不得超过五年,但是授权决定另有规定的除外。国务院应当在授权期限届满的六个月以前,向授权机关报告授权决定实施的情况,并提出是否需要制定、修改或者废止法律的意见;需要继续授权的,可以提出相关意见,由全国人民代表大会及其常务委员会决定。

授权立法事项经过实践检验,制定法律的条件成熟时,国务院应当及时提请全国人民代表大会及其常务委员会制定法律。法律制定后,根据授权制定的行政法规和授权本身均告终止。

授权制定的行政法规在名称上和一般的行政法规是有所区别的,带有"暂行"二字,称为《XX暂行条例》、《XX暂行规定》等。

三、行政规章的制定

行政规章包括部门规章与地方政府规章两类,行政规章的制定与行政法规的制定基本环节是相同的,具体的制度内容也比较接近。我们仅就其与行政法规的制定有所不同之处,加以简要介绍。

1. 主体

部门规章的制定主体包括:(1)国务院组成部门;(2)国务院直属机构;(3)国务院直属特设机构,即国资委;(4)具有行政主体资格的国务院直属事业单位,即证监会、保监会、银监会等。其中,前面两者的规章制定权是《立法法》所明确规定的,后面两者虽然没有明确规定,但在实践中也按照规定的制定程序出台规范性文件,其出台的规范性文件在实践中也被作为部门规章来对待。

地方政府规章的制定主体包括:(1)省级政府;(2)设区的市政府;(3)自治州政府。需要注意的是,根据2015年修订的《立法法》,地方性法规和地方政府规章的制定主体已经从较大的市扩大到了一般的设区市和自治州;广东省东莞市和中山市、甘肃省嘉峪关市、海南省三沙市虽然没有设区,也比照设区的市对待。为了方便起见,我们将这些地方的立法分别简称为市州地方性法规、市州地方政府规章。

2. 权限

部门规章只能规定属于执行法律或者国务院的行政法规、决定、命令的事项。涉及两个以上国务院部门职权范围的事项,应当提请国务院制定行政法规或由有关部门联合制定规章,一个部门单独制定的规章无效。

地方政府规章可以就下列事项作出规定:(1)为了执行法律、行政法规、地方性法规。(2)属于本行政区域的具体行政管理事项。(3)应当制定地方性法规但条件尚不成熟的,因行政管理迫切需要,可以先制定地方政府规章,规章实施满2年如果需要继续实施其规定的行政措施,应当提请本级人大或其常委会制定为地方性法规。其中,市州地方政府规章的立法事项仅限于城乡建设与管理、环境保护、历史文化保护等方面。但是,在新《立法法》扩大地方立法主体范围之前,已经拥有地方立法权的较大市已经制定的政府规章涉及上述事项之外的,继续有效。

没有上位法的依据,规章不得设定减损个体权利或增加其义务的规范,不得增加本单位的权力或减少本单位的法定职责。

3. 立项

部门规章由国务院部门的内设机构或其他下属机构报请立项;地方政府规章由地方政府的下属部门或其下级政府报请立项。

4. 决定

部门规章经其制定部门的部务会议或委员会会议决定;地方政府规章由制定它的地方政府常务会议或全体会议决定。

5. 公布

行政规章由其制定主体的首长签署命令予以公布。部门规章签署公布后,由部门公报或国务院公报、中国政府法制信息网,以及全国范围内发行的有关报纸予以刊登,在部门公报或国务院公报上刊登的文本为标准文本;地方政府规章签署公布后,由本级政府公报、中国政府法制信息网和本行政区域范围内发行的报纸予以刊登,在地方政府公报上刊登的文本为标准文本。

6. 备案

规章应当自公布之日起30日内,由制定主体的法制办报请有关机关备案。

▶ **例6-4** 下列哪一说法符合规章制定的要求?

A. 某省政府所在地的市政府将其制定的规章定名为"条例"

B. 某省政府在规章公布后60日向省人大常委会备案

C. 基于简化行政管理手续考虑,对涉及国务院甲乙两部委职权范围的事项,甲部单独制定规章加以规范

D. 某省政府制定的规章既规定行政机关必要的职权,又规定行使该职权应承担的责任

分析:"条例"主要是法规——包括行政法规和地方性法规——的常用名称,有少数法律也称为"条例",如《学位条例》《治安管理处罚条例》(已失效)等,但无论如何规章不得称为"条例",因此A项是错误的。规章应当在公布之后30日内报请法定的机关备案,因此B项错误。涉及两个以上国务院部门职权的事项,应当提请国务院制定行政法规或由有关部门联合制定规章,单独制定的规章无效,因此C项也错。由行政法上的权责统一原则,可以知道规章既规定行政机关的职权,又规定其行使职权时需要承担的责任是正确的、应该的,因此D项正确。

▶ **例例6-5** 有关规章的决定和公布,下列说法正确的是什么?

A. 审议规章草案时须由起草单位作说明

B. 地方政府规章须经政府全体会议决定

C. 部门联合规章须由联合制定的部门首长共同署名公布,使用主办机关的命令序号

D. 规章公布后须及时在全国范围内发行的有关报纸上刊登

分析:规章的草案提交有关会议审议时,和行政法规一样,由起草单位或者法制办做说明均可,未必一定要求是起草单位,因此A项错误。地方政府规章经政府常务会议或者全体会议决定,实践中大多数地方政府规章是由常务会议审议通过的,因此B项错误。部门联合规章应当由联合制定的部门首长共同署名公布,以示共同负责,但为了管理和引用上的统一,只使用主办机关的命令序号,因此C项正确。部门规章签署公布后由部门公报或国务院公报、中国政府法制信息网和全国范围内发行的有关报纸予以刊登;地方政府规章签署公布后由本级政府公报、中国政府法制信息网和本行政区域范围内发行的报纸予以刊登,D项的说法错误。

至于规章以下的行政规范性文件——例如县级和乡镇政府制定的、各级地方政府部门的规范性文件——应当如何制定,目前法律上还没有统一的制度。各地方分别出台了一些自己的规范,总的原则是参照规章的制定程序执行。

我们知道,行政立法的概念在广义上可以等同于抽象行政行为。而抽象行为根据其内容,理论上通常将其分为三类。第一类是创设性的规范,这种规范没有直接、具体的上位法依据,如果有也只是一个概括性授权的依据。第二类是补充性的规范,就是有一个上位法依据,但这个上位法所规定的权利义务内容是不完整的,如果没有相应的下位法来补充,这个上位法就不可能被真正实施。例如,《突发事件应对法》规定突发事件分为一般、较大、重大、特别重大四级,具体的分级标准授权国务院制定。如果国务院不去制定这个具体的分级标准,《突发事件应对法》上的这个规定就无法被实施;如果国务院制定了具体的分级标准,这就是一个补充性的规范。第三类是执行性的规范,同样具有上位法的依据,是对上位法的一种解释和细化,但即使没有下位法的这种解释和细化,上位法也能够被直接实施。按照上文我们对行政立法制度的介绍,可以发现不同层级的行政立法和不同性质的抽象行政行为之间基本上存在着这样的对应关系:行政法规既可以是执行性的规范,也可以是补充性的,甚至是创设性的——这主要指的是授权制定的行政法规;行政规章可能是执行性的或者补充性的规范,但不可能是创设性的;规章以下的其他行政规范性文件只可能是执行性的规范。

第二节　各种立法的效力等级

包括行政立法在内的各种立法文件,其效力等级可以归纳如下:

第一,宪法与法律。宪法具有至高无上的法律效力;法律的效力仅次于宪法。全国人大制定的法律被称为基本法律,全国人大常委会制定的被称为普通法律,但两者在效力上无异。

第二,行政法规。行政法规的效力低于宪法与法律,高于其他。注意国务院根据授权制定的行政法规,效力实际略高于其他行政法规。这主要体现在:当此类行政法规与法律相抵触时,并不当然适用法律,而是由全国人大常委会作出裁决。也就是说,根据授权制定的行政法规,在效力上被认为是与法律同等的。

第三,地方性法规。地方性法规由省级或设区市、自治州的人大及其常委会制定,其效力低于宪法、法律、行政法规。如果是市州的地方性法规,还低于所在地的省级地方性法规。例如,广州市地方性法规效力低于广东省地方性法规。

第四,部门规章。部门规章的效力低于宪法、法律、行政法规。注意部门规章与地方性法规在效力上是平行的,并无高低之分。如果单独比较的话,部门规章的效力既与省级地方性法规平行,也与市州的地方性法规平行。

第五,地方政府规章。地方政府规章的效力低于宪法、法律、行政法规、本级和本级以上地方性法规、上级地方政府规章。我们以青岛市的规章为例,其效力低于宪法、法律、行政法规、山东省地方性法规、青岛市地方性法规、山东省地方政府规章。需要注意,无论是省级的地方政府规章,还是市州的地方政府规章,在效力上与部门规章也都是平行的。

比较立法文件的效力切忌等式替换的方式,只能将两类立法文件独立比较。例如,我们不能因为部门规章等于省级地方政府规章,而省级地方政府规章又高于市州的地方政府规章,推导出部门规章高于市州的地方政府规章的结论,实际上它们的效力是相等的。

第六,几类特殊的立法文件。这些立法文件之所以特殊,在于它们可以根据法律规定或有权机关的授权,对上位法作出变通,并在一定区域内优先适用这些变通规定。这些立法文件包括自治条例、单行条例、经济特区法规。

自治条例与单行条例由民族自治地方(自治区、自治州、自治县、自治旗)的人大(不包括其常委会)制定,在地位上与地方性法规类似。但它们根据法律的规定,可以对上位法的内容加以变通,并在本区域或本民族中优先适用变通性的规定。

经济特区法规由经济特区所在省、市的人大及其常委会制定,在地位上也类似于地方性法规。但由于它们的制定源于全国人大的特别授权,可以在授权的范围内对上位法加以变通,并在经济特区范围内优先适用变通规定。

第三节 对行政立法的监督

行政法规、行政规章属于行政立法的范畴,即使是规章以下的一般行政规范性文件,由于在一定范围内也具有普遍约束力,广泛地成为各级行政机关的执法依据,也具有"准立法"的地位。基于法律保留和法律优先的原理,这些规范性文件的制定既不能超越立法权限,也不能与上位法相抵触。而在实践中,由于各种各样的原因,抽象行政行为的合法性还存在着比较严重的问题,层级越低的规范性文件,其合法性问题越严重、越普遍。因此,建立起一个对抽象行政行为审查和监督的机制就是十分必要的。为了保持国家法制统一,必须对各种立法文件的制定加以监督,包括:合法性监督,即审查其制定是否符合法定权限与程序,其内容是否符合上位法的规定,合法性审查的结果往往表现为对被审查立法文件的撤销;适当性监督,即审查其内容是否妥当、合理,适当性审查的结果往往表现为对被审查立法文件的改变。对抽象行政行为的监督,与对其他立法文件的监督一道规定于《立法法》当中。在此,我们将包括抽象行政行为在内的各种立法文件的监督,一并介绍。

一、批准

批准是一种对立法的事前监督方式,某些立法文件只有事先获得特定机关的批准方能生效。下列两类机关掌握着立法文件的批准权:

1. 全国人大常委会

自治区制定的单行条例与自治条例,必须经过全国人大常委会批准方能生效。

2. 省级人大常委会

自治州、自治县、自治旗制定的单行条例与自治条例,以及市州制定的地方性法规,必须经过所在地的省级人大常委会批准方能生效。例如,武汉市人大常委会制定的地方性法规,恩施自治州人大制定的条例,长阳自治县人大制定的条例,都需要经过湖北省人大常委会的批准。

二、备案

对于立法文件的备案问题,我们可以通过总结其规律,结合实例说明如下:

1. 备案找上级

一个立法文件制定出来以后,如果存在着某些国家机关制定的立法文件在效力上比它更高,那么,这一法律文件就应当向这些"上级"机关备案。"找上级"是一条总的规律,通过这一规律很容易为每一个立法文件找到其可能的备案机关。下文所述几点均为这一规律的例外,运用这些例外,又可以从已经找到的机关里面剔除一部分,剩余的机关就是这个立法文件的备案机关。

例如,成都市的地方政府规章可能向这些"上级"备案:全国人大、全国人大常委会、国务院、四川省人大、四川省人大常委会、四川省政府、成都市人大、成都市人大常委会,共8个。

2. 人大不备案

即各级人大均不接受立法文件的备案,原因在于人大并非常设的国家机关,每年会期有限,这在客观上决定了它们不可能成为备案机关。因此,如果按照"备案找上级"的规律找到的"上级"正好是某级人大的话,应当将其删去。

例如,上述成都市地方政府规章的例子,结合这一规律,其可能的备案机关剩下:全国人大常委会、国务院、四川省人大常委会、四川省政府、成都市人大常委会,共5个。

3. 批准当备案

如果某个立法文件事先已经获得了上级机关的批准,就无须再向这一机关备案了。因为批准的监督方式在对立法文件审查的强度上远大于备案,如果既批准又备案无异于重复。此时,这一法律文件便不再向批准机关备案,而是向比批准机关级别更高的机关备案了。

例如,云南省大理自治州制定的单行条例,由于已经获得了云南省人大常委会的批准,此时就只需要向比云南省人大常委会级别更高的机关(全国人大常委会和国务院)备案了。

4. 规章有例外

行政规章的例外在于,它无须向全国人大常委会备案,即其最高备案机关只是国务院。

我们仍以上述成都市的地方政府规章为例,结合这一例外,可以发现其备案机关只有:国务院、四川省人大常委会、四川省政府、成都市人大常委会,共4个。这4个机关就是成都市地方政府规章的法定备案机关了。

三、立法的撤销与改变

撤销或改变,是有权机关对立法文件加以审查之后的处理方式。我们可以总结为以下规律:

1. 领导关系下的处理

如果两个机关之间存在领导关系,则领导机关既有权撤销,也有权改变被领导机关的立法文件。领导关系存在于三类立法机关之间:(1)各级人大领导其常委会;(2)上级政府领导下级政府;(3)各级政府领导其所属部门。如广东省政府可以撤销或改变深圳市政府制定的规章。

2. 监督关系下的处理

如果两个机关之间存在监督关系,则监督机关有权撤销,但无权改变被监督机关的立法文件。监督关系存在于两类立法机关之间:(1)各级国家权力机关(人大及其常委会)监督本级政府;如广东省人大常委会可以撤销但不得改变广东省政府制定的规章。(2)上级国家权力机关监督下级国家权力机关。

3. 授权关系下的处理

如果两个机关之间存在立法授权关系,则授权机关有权撤销被授权机关的立法,乃至于撤销其授予的权限本身。立法授权关系存在于两类立法机关之间:(1)全国人大及其常委会授权国务院制定特殊的行政法规;(2)全国人大授权经济特区所在省、市的人大及其常委会制定经济特区法规。如全国人大常委会可以撤销国务院根据授权制定的某一暂行条例,甚至可以撤销其授予的该权力。

4. 批准关系下的处理

如果某个立法文件是经过批准生效的,则在此将其视为批准机关的立法来处理即可,处理的结果是撤销。即经批准的立法,视为批准者的立法。如内蒙古自治区制定的自治条例、单行条例在经过全国人大常委会批准之后生效,那么,在此将其视为全国人大常委会自己制定的立法文件对待即可,此时只有全国人大可以撤销它。再如自治州、自治县制定的自治条例与单行条例,以及市州制定的地方性法规,在经过所在地省级人大常委会批准之后生效,在此将其视为省级人大常委会自己制定的立法文件对待即可,只有全国人大、全国人大常委会、省级人大有权撤销它。

5. 对立法文件审查的启动方式

对立法文件审查程序的启动,包括三种方式:

(1)主动启动。即有权审查的机关通过某种方式发现下级立法文件存在合法性或适当性问题,主动启动审查程序。例如,《立法法》第99条第3款规定:"有关的专门委员会和常务委员会工作机构可以对报送备案的规范性文件进行主动审查。"

(2)要求启动。即有限的特定机关可以向审查机关提出审查的要求,这种要求一旦提出,审查机关就必须启动审查程序。例如,《立法法》第99条第1款规定:"国务院、中央军事委员会、最高人民法院、最高人民检察院和各省、自治区、直辖市的人民代表大会常务委员会认为行政法规、地方性法规、自治条例和单行条例同宪法或者法律相抵触的,可以向全国人民代表大会常务委员会书面提出进行审查的要求,由常务委员会工作机构分送有关的专门委员会进行审查、提出意见。"

（3）建议启动。在有权要求审查的特定机关之外,其他单位和个人也可以向审查机关提出审查的建议,但这种建议的效果是不确定的,接到这种建议,审查机关并不必然启动审查程序。例如,《立法法》第99条第2款规定:"前款规定以外的其他国家机关和社会团体、企业事业组织以及公民认为行政法规、地方性法规、自治条例和单行条例同宪法或者法律相抵触的,可以向全国人民代表大会常务委员会书面提出进行审查的建议,由常务委员会工作机构进行研究,必要时,送有关的专门委员会进行审查、提出意见。"《规章制定程序条例》第35条规定:"国家机关、社会团体、企业事业组织、公民认为规章同法律、行政法规相抵触的,可以向国务院书面提出审查的建议,由国务院法制机构研究处理。""国家机关、社会团体、企业事业组织、公民认为较大的市的人民政府规章同法律、行政法规相抵触或者违反其他上位法的规定的,也可以向本省、自治区人民政府书面提出审查的建议,由省、自治区人民政府法制机构研究处理。"从我国目前的实践来看,极少因建议方式而启动的立法审查活动。

▶ **例6-6** 某企业认为,甲省政府所在地的市政府制定的规章同某一行政法规相抵触,可以向下列哪些机关书面提出审查建议？

A. 国务院　B. 国务院法制办　C. 甲省政府　D. 全国人大常委会

分析：国务院、省政府对省会市的政府都是领导关系,具有审查权,因此AC两项是正确的。对于B项,虽然国务院在对规章进行审查的时候,具体工作肯定是由国务院法制办来承担的,但法制办只是代表国务院来履行这个职责,而不是说法制办自己有这个职责,因此该项是错误的。对于D项,全国人大常委会监督的对象是国务院和地方的人大或其常委会,而国务院和地方的人大或其常委会再去监督地方政府,但这并不意味着全国人大常委会会去监督地方政府,它们之间并不存在着直接的监督关系。换言之,监督对象的监督对象并不是自己的监督对象,因此D项也是错的。

第四节　立法的冲突与适用规则

立法文件的适用,解决的是不同的立法文件对同一问题的规定发生冲突时,以哪一个为准的问题。这可以区分为三类情况来处理：

一、由同一机关制定的立法文件

如果发生冲突的立法文件是同一机关所制定的,它们在效力的位阶上自然是平行的,可以用以下规则确定其适用：

1. 特别法优于一般法

当立法文件中特别规定与一般规定不一致时,适用特别规定。

2. 新法优于旧法,法不溯及既往,有利溯及除外

当立法文件中新的规定与旧的规定不一致时,原则上适用新的规定。但同时应当遵循法不溯及既往的原则,即当旧事未结,新法已颁时,原则上不能将新法适用于旧事,否则将破坏公民对法律的信赖。当然,法不溯及既往的原则存在例外,即当溯及地适用新法将对公民、法人和其他组织更加有利时,仍适用新法。

3. 新的一般规定与旧的特殊规定相矛盾时,应当裁决

立法文件中新的一般规定与旧的特殊规定相矛盾时,应当由有权机关作出裁决。谁是这里的"有权机关"呢?一般实行"谁制定,谁裁决"的原则,但当制定机关是某级人大时,由于人大不是常设机关,此时应由该级人大的常委会裁决。尽管在实践中,这种情况的法律冲突十分常见,但几乎没有真正出现过制定机关对其效力作出裁决的情况。

二、由不同机关制定,且效力等级不同的立法文件

这种情况最为简单,适用下位法服从上位法的规则。

三、由不同机关制定,但效力等级相同的立法文件

不同机关制定的立法文件,在个别情况下存在效力等级相同的情况并可能出现冲突,这个时候应当通过裁决的方式才确定适应。具体的裁决规则如下:

1. 授权制定的法规与法律之间的冲突

在我国,授权制定的法规有两种,一是国务院根据授权制定的行政法规,二是经济特区所在省、市的人大及其常委会根据授权制定的经济特区法规。这些法规在位阶上虽然低于法律,但由于它们的制定权来自于最高立法机关的授予,可以认为这些法规是因行使"准立法权"而制定的文件,具有"准法律"的地位,与一般的行政法规或地方性法规皆有不同。因此,当这些法规与法律之间发生了冲突,难以决定其适用时,应当由授权机关(全国人大常委会)裁决。

2. 地方性法规与部门规章之间的冲突

地方性法规与部门规章之间的效力是平行的,当这两者发生冲突时,应当区分两类情况:(1)首先由国务院处理,国务院认为应当适用地方性法规的,应当作出决定;(2)如果国务院认为应当适用部门规章的,无权自行作出决定,应当进一步提请全国人大常委会裁决。

有的观点根据《立法法》的上述规定,认为地方性法规的效力略高于部门规章,理由就是在两者发生冲突时,如果适用地方性法规只需要一次裁决,如果适用部门规章则需要两次裁决,因此前者效力更高。这个看法是没有道理的,因为地方性法规的适用范围是一定地域,而部门规章的适用范围是一定领域,两者不存在可比性。至

于《立法法》在两者冲突适用上的上述规定,只不过是为了同时兼顾效率和公正而已。

3. 行政规章之间的冲突

当效力平行的行政规章之间发生冲突时,无论是部门规章之间,还是部门规章与地方政府规章之间,都由国务院裁决。

4. 省级地方政府规章与市州地方性法规之间的冲突

对于这个问题,《立法法》上没有明确规定。但是根据法律原理,我们可以发现省级政府的规章和省内市州地方性法规之间在效力上是平行的关系,如果发生冲突,应当寻找对两个立法主体都有领导权或者监督权的上级机关来裁决,这个裁决机关只能是该省的人大常委会。因为,省的人大常委会既有权监督省政府,也有权监督省内市州的人大及其常委会。

▶ **例 6-7** 下列有关法律规范的适用和备案的哪些说法是正确的?

A. 地方性法规与部门规章对同一事项的规定不一致不能确定如何适用时,由国务院作出最终裁决

B. 不同行政法规的特别规定与一般规定不一致不能确定如何适用时,由国务院裁决

C. 地方政府规章内容不适当的,国务院应当予以改变或者撤销

D. 凡被授权机关制定的法规违背授权目的的,授权和所制定的法规应当一并被撤销

分析:地方性法规与部门规章之间的冲突,国务院只有初次判断权而无最终裁决权,最终裁决权掌握在全国人大常委会手中,因此 A 项错误。B 项的说法比较简单,特别法与一般法之间的冲突应当遵循特别法优先的原则,不需要进行裁决,因此该说法正确。国务院对地方政府是领导关系,有权撤销或者改变地方政府的规章,因此 C 项正确。对于 D 项,应当注意被授权法规存在问题时,对该法规当然应予撤销,必要时也可以撤销授权,这意味着同时撤销授权本身并不是必须的。

思 维 拓 展

【示范案例】

《天津市机动车停车管理办法》的公布和修改[①]

2015 年 5 月 21 日本是天津市政府制定的《天津市机动车停车管理办法》(以下简

---

① 案例来源为:万静:《天津一政府规章生效前突然修改》,载《法制日报》2015 年 5 月 21 日。

称《办法》）生效的时间，该办法生效之后，将取代2010年1月14日公布的《天津市机动车停车场管理办法》(2010年天津市人民政府令第25号)。早在今年5月7日，天津市政府就已经在当地主要报纸、网站对该办法进行全文公布。然而5月18日，天津市政府法制办又在其官方网站——天津政府法制信息网上发布决定，称要对该《办法》进行修改。

原来，问题出在了《办法》第22条的规定上。该《办法》第22条第2款规定："有条件的公共停车场应当依据《城市道路和建筑物无障碍设计规范》（JGJ50—2001）为残疾人设置专用停车位。"而其中所述的国家标准早在2012年已经被住建部发文废止了。"修改决定"属于对该立法疏漏的"技术处理补救"。

长期关注残障人士无障碍出行的天津市民徐宾，5月7日从《天津日报》上了解到《天津市机动车停车管理办法》将于本月21日起施行，一眼就看出了上述问题。徐宾认为，"市政府对于无障碍建设的漠视和在制定、修订规章时缺乏听取公众意见的程序，导致了这一低级的立法缺陷的诞生"。对此，徐宾查阅了相关规定，并向天津市人大常委会法制工作委员会和国务院法制办公室各邮寄了一封规范性文件合法性审查的建议，希望法制机构纠正这一政策错误。

2008年6月，全国人大常委会批准的《残疾人权利公约》第9条规定："缔约国应当采取适当措施，确保残疾人在与其他人平等的基础上，无障碍地进出物质环境，使用交通工具"。那么，在无障碍设计规范上，新旧国家标准有什么不同呢？根据住房和城乡建设部相关人士介绍，《无障碍设计规范》（GB 50763—2012）在无障碍停车场方面对《城市道路和建筑物无障碍设计规范》（JGJ50—2001）作了多处修改，特别是在对于无障碍停车位的数量、与公共交通道路的衔接方面作了详细的规定。比如，新国标规定，城市广场的公共停车场的停车数在50辆以下时应设置不少于1个无障碍机动车停车位，100辆以下时应设置不少于2个无障碍机动车停车位，100辆以上时应设置不少于总停车数2%的无障碍机动车停车位。此外，新国标还对公园绿地停车场、居住区停车场和车库、公共建筑基地等的无障碍停车位做了详细规定。

那么，已经被废止的国标又怎么被天津市的机动车停车管理办法作为立法依据进行引用呢？徐宾认为，之所以出现如此错误，主要原因是没有按照规定走立法征求意见程序。据徐宾分析，早在2010年该市政府就出台了《天津市机动车停车场管理办法》，其中引用的无障碍机动车停车位规范标准，就是采用的住建部在2001年制定的老国标。天津市政府此次在制定《机动车停车管理办法》时，可能出于赶进度的原因，就把原来的"停车场管理办法"相关无障碍机动车停车位的部分，直接搬过来放在此次出台的新《办法》中。

记者以关心残疾人问题公益人士的身份电话采访了天津市政府法制办相关工作人员。该工作人员告诉记者，此次《办法》没有在网上公示向社会广泛征求意见，只是向部分领域进行了征询。

5月18日，天津市政府法制办在其官方网站——天津政府法制信息网上发布《修改部分政府规章的决定（征求意见稿）》，对上述《办法》作出修改。其第22条修改为："对社会开放的机动车停车场、道路停车泊位应当符合国家标准。有条件的公共停车场应当为残疾人设置专用停车位。"

法律问题：上述事件反映了我国行政规章制定中的哪些问题？这些问题应当如何解决？

法理分析：在行政法的各种正式法律渊源当中，行政规章的数量最多。在很多情况下，我国各级政府及其部门实施行政管理的直接依据并不是法律法规，而是这些数量庞杂、内容具体的规章。但是，行政规章的立法过程比较粗疏，立法质量比较低下，在行政管理实践中抵触上位法、相互冲突或者出现漏洞的情况比较常见。上述《天津市机动车停车管理办法》在生效前夕突然修改所引发的关注，其起因似乎非常微小，仅仅是错误援引了一个已经失效的国家标准，但这恰恰表明这种错误十分低级。本应十分严谨、规范的行政立法过程，竟然出现了这样的低级错误，无疑折射出当前我国行政立法的现状和许多问题，值得人们深思。

目前，行政规章最严重的问题就是立法导向上的部门化和地方化。从本质上看，行政立法是一种民意基础比较弱的立法方式，它不是通过选举产生的立法机关来制定的，而是通过由立法机关产生的行政机关来制定，这就使得行政立法和民意之间联系变得间接。尽管如此，对于行政法规来说，其制定者是作为中央人民政府的国务院，并不代表某个部门或者某个地方的利益，立法目的上的正当性基本能够获得保障——尽管大多数情况下，行政法规的草案是由某（几）个部门起草的，但法规的草案毕竟还要经过国务院法制办的审查，体现在草案中的部门利益会得到较好的消减和平衡。但是，对于行政规章来说，它们是由国务院的下属部门和地方政府自己制定的，这些制定主体有充分的动机在规章当中最大限度地体现本部门、本地方的利益。或者是将本部门、本地方的已经获得的利益通过立法的行使固定下来，或者是通过这些立法意图获得更大的部门或地方利益。这种自己为自己立法的体制模式，是导致规章制定程序中的其他缺陷，以及规章与上位法冲突、规章之间相互冲突的总根源。

反映到立法程序上，相对于行政法规，行政规章的制定过程要简单得多。尽管从《立法法》和《规章制定程序条例》的规定来看，制定规章的步骤和制定行政法规是相似的，但在实践中，很多具有选择性的步骤——例如召开听证会、论证会都被省略了，一些强制性的步骤也被简化了——例如法制机构对草案的审查。一方面，由于规定的制定往往包含着立法者对本部门、本地方利益的追求，立法者本身就不希望其制定过程被设计得太严格，也不希望制定过程被拖得太长，而是希望程序相对简化，快速出台规章。另一方面，规章在性质上是一种解释性、执行性的规范，需要适应不断发展的行政管理实践的需要，客观上也要求其立法过程简便、灵活、快捷一些。正是在这些因素的作用下，才会出现像《天津市机动车停车管理办法》一样因疏于审查而沿用旧规章的原文，从而错误地援引了已失效国家标准的情况。而有市民怀疑这种情况是由于立法机关"赶进度"所导致，这种怀疑是具有合理性的。

那么,对于规章制定中的上述问题,现有的备案审查、事后审查等制度能否加以有效防范和解决呢?实际上是很难做到的。由于规章的数量比较多,而且涉及不同的专业领域,专业性往往比较强,上级的备案机关接到下级报送的规章之后,事实上没有足够的人力、精力进行深入全面的审查,一般来说只能审查几个最重要、也是最明显的方面,例如有没有越权设定行政许可、行政处罚和行政强制,有没有突破法律保留或其他上位法保留的立法权限等。至于一些细节性的制度,备案审查机关是无暇顾及的。而在一般情况下,本案审查的时间并不长,规章的制定主体在规章公布后30日内报请备案,而规章公布后30日一般就会正式生效,在如此有限的时间内,要苛求本案审查机关发现规章中的一些具体问题,也是不现实的。至于事后审查,事实上也很难发挥作用。因为,事后要发现规章中违法或者不当的条款,往往需要在具体案件中、也就是在规章实际被执行的过程中才会被发现,规章制定者主动发现的几率微乎其微。而要在具体案件中发现规章中的合法性或适当性问题,主要就是通过行政诉讼和行政复议两种机制。只不过,在行政诉讼中,法院只对规章以下的其他行政规范性文件拥有附带审查的权力。在行政复议中,复议机关也只能依申请审查规章以下的其他行政规范性文件;尽管对于规章及其以上的立法,复议机关也可以依职权主动审查,但实践中几乎没有复议机关会这样做,因为这样做无疑大大加重了复议机关自己的工作负担,还增加了案件审理结果的不确定性。因此,通过事后发现规章的合法性或适当性问题从而启动有权机关的监督审查程序且最终予以纠正的情况,在我国几乎没有发生过。

在现有的基本制度背景下,要有效地改善上述情况,可以考虑这样几种措施:

第一,在规章的立法体制上有所改革,特别是在起草和审查两个环节增强中立性。在起草环节,不要再由立法主体自己的内部机构来起草,可以委托给科研机构、行业专家、本部门退休(或"退居二线")的官员组成的起草班子来负责,这些人既具有专业水平,熟悉相关领域实务,也能保持相对的中立。在审查环节,本部门法制机构在审查之后,还要征求国务院法制部门的意见,起草机构必须对其意见进行解释和回应,如果国务院法制部门提出重大异议的,起草部门必须修改草案。这种做法,可以兼顾立法的效率和公正,是比较有可行性的。

第二,要充分发挥公众参与的作用。行政立法中的公众参与有两个方面的作用,一是通过集思广益,为行政规章草案的完善提出意见建议,发现立法机关自己可能难以发现的问题和疏忽。《天津市机动车停车管理办法》所发生的疏忽,就是被市民徐宾发现后向天津市人大常委会法制工作委员会和国务院法制办公室提出了审查建议,才得以纠正的。但遗憾的是,此时该规章已经公布,在此前的制定过程中没有在网上公示向社会广泛征求意见,只向部分领域进行了征询。如果在制定过程就引入公众参与的话,这样的错误就有可能被及时发现和纠正,避免后来尴尬的结果。公众参与更加重要的意义在于增强行政立法的正当性。由于行政规章是由行政机关而非立法机关制定的,其民意基础比较薄弱,容易导向部门本位和地方本位。而公众参与作为一种补充性的直接民主机制,为社会成员及利益团体在行政立法过程中充分表达意见,并通过博弈达成妥协提供了一种可能的渠道。这使得行政立法的结果有可能充分反映民意,大大制约了其中的部门利益和地方利益,增强了立法的正当性,提高了公众对立法的认可度和自觉遵从意愿。总之,公众参与可以称为"治愈"先行行政规章制定程序中多种弊端的有效手段。

第三,增强行政立法监督机制的实效性。备案审查机关要真正做到在备案环节尽可能发现行政规章中的合法性和适当性问题,就必须大大提高备案审查的能力和效率,结束本案审查"形同虚设"的现状。一个可行的办法是借助新的信息技术开发、运用本案审查的决策辅助系统,减轻对法律条文检索、匹配、分析的人力负担,从而提高审查的效率的精确度。另一个途径就是扩大行政诉讼和行政复议对重新行政行为附带审查的范围,在对规章以来的规范性文件进行审查积累了一定经验之后,将审查的范围扩大到规章,从而增强在个案中对行政规章纠错的能力。

【思考案例】

北京市汽车尾号限行措施与小客车上牌摇号措施[①]

北京市政府为了缓解其日益严重的交通拥堵状况,近年来先后出台了多项治理措施,至今仍在实施,其中最为重要的有两项:一是汽车尾号限行措施;二是小客车上牌摇号措施。

北京市机动车限行措施始于2008年奥运会期间的单双号限行,奥运会结束后不久开始实施尾号限行,并屡次发布通告延长限行措施的实施期限。以2013年的《北京市人民政府关于实施工作日高峰时段区域限行交通管理措施的通告》为例,其内容如下:

在党中央、国务院的坚强领导下,在中央各部门各单位、驻京部队和广大市民的大力支持下,近年来本市陆续实施了一系列交通管理措施,取得良好效果,交通拥堵得到缓解,空气质量持续改善。但是,随着机动车保有量持续增长,改善空气质量和缓解交通拥堵的压力进一步加大。为全面贯彻落实《国务院关于加强环境保护重点工作的意见》(国发〔2011〕35号),有效降低汽车污染物排放,确保首都交通安全顺畅,市政府决定自2013年4月11日至2014年4月10日,继续实施工作日高峰时段区域限行交通管理措施。现就有关事项通告如下:

一、本市行政区域内的中央国家机关,本市各级党政机关,中央和本市所属的社会团体、事业单位和国有企业的公务用车继续按车牌尾号每周停驶一天(0时至24时),范围为本市行政区域内道路。

二、根据《中华人民共和国道路交通安全法》和《北京市实施〈中华人民共和国大气污染防治法〉办法》有关规定,自2013年4月11日至2014年4月10日,

---

① 案例来源为:《北京市人民政府关于实施工作日高峰时段区域限行交通管理措施的通告》《北京市小客车数量调控暂行规定》。

除上述第一条范围内的机动车外,本市其他机动车继续实施按车牌尾号工作日高峰时段区域限行交通管理措施,限行时间为7时至20时,范围为五环路以内道路(不含五环路)。对非本市进京载客汽车的交通管理措施继续按《北京市公安局关于对非本市进京载客汽车采取交通管理措施的通告》(2010年第18号)执行。

三、根据上述第一、二条规定,按车牌尾号工作日高峰时段区域限行的机动车车牌尾号分为五组,每13周轮换一次限行日,分别为:

(一)自2013年4月8日至2013年7月6日,星期一至星期五限行机动车车牌尾号分别为:4和9、5和0、1和6、2和7、3和8(含临时号牌,机动车车牌尾号为英文字母的按0号管理,下同);

(二)自2013年7月7日至2013年10月5日,星期一至星期五限行机动车车牌尾号分别为:3和8、4和9、5和0、1和6、2和7;

(三)自2013年10月6日至2014年1月4日,星期一至星期五限行机动车车牌尾号分别为:2和7、3和8、4和9、5和0、1和6;

(四)自2014年1月5日至2014年4月10日,星期一至星期五限行机动车车牌尾号分别为:1和6、2和7、3和8、4和9、5和0。

四、以下机动车不受上述措施限制:

(一)警车、消防车、救护车、工程救险车;

(二)公共电汽车、省际长途客运车辆及大型客车、出租汽车(不含租赁车辆)、小公共汽车、邮政专用车、持有市交通运输管理部门核发的旅游客车营运证件的车辆,经市公安交通管理部门核定的单位班车和学校校车;

(三)车身喷涂统一标识并执行任务的行政执法车辆和清障专用车辆;

(四)环卫、园林、道路养护的专项作业车辆,殡仪馆的殡葬车辆;

(五)悬挂"使"字头号牌车辆及经批准临时入境的车辆。

市政府将进一步深入贯彻落实科学发展观,按照科学规划和"建、管、限"的总体思路,全力实施新一轮"排堵保畅"工程,确保首都交通安全顺畅。

2010年底,北京市政府进一步强化了缓解交通拥堵的措施,以地方政府规章的形式出台了《北京市小客车数量调控暂行规定》,其内容如下:

第一条 为了落实本市城市总体规划,实现小客车数量合理、有序增长,有效缓解交通拥堵状况,制定本暂行规定。

第二条 本市实施小客车数量调控措施。小客车年度增长数量和配置比例由市交通行政主管部门会同市发展改革、公安交通、环境保护等相关行政主管部门,根据小客车需求状况和道路交通、环境承载能力合理确定,报市人民政府批准后向社会公布。

第三条 小客车配置指标按照公开、公平、公正的原则,以摇号方式无偿分配。市交通行政主管部门的指标调控管理机构负责具体工作。

机关、企业事业单位、社会团体及其他组织(以下统称单位)和个人需要取得本市小客车配置指标的，应当依照本暂行规定到指标调控管理机构办理摇号登记。

第四条　住所地在本市的个人，名下没有本市登记的小客车，持有效的机动车驾驶证，可以办理摇号登记。住所地在本市的个人包括：

（一）本市户籍人员；

（二）驻京部队（含武装警察部队）现役军人；

（三）在京居住的港澳台人员和外国人；

（四）持本市工作居住证的人员；

（五）持本市暂住证且连续五年以上在本市缴纳社会保险和个人所得税的人员。

单位办理登记的条件和登记的内容由市交通行政主管部门会同相关部门规定。

第五条　指标调控管理机构应当向经摇号取得配置指标的单位和个人出具指标证明文件，并公布摇号结果。

个人出售、报废名下登记的小客车的，可以直接取得更新指标，办理指标证明文件。单位出售、报废名下登记小客车的指标管理办法由市交通行政主管部门会同有关部门制定。

第六条　指标有效期为6个月，不得转让。指标有效期内，不得重复办理摇号登记。

单位和个人提供虚假登记信息取得的指标无效，并承担相应法律责任。

第七条　单位和个人办理下列手续时，应当出示指标证明文件：

（一）缴纳车辆购置税；

（二）外地车辆转入本市，办理车辆购置税档案转移；

（三）开具二手车销售发票；

（四）办理车辆赠与公证。

对取得指标的，税务部门核发车辆购置税完税证明或者免税凭证、工商部门验证二手车销售发票、公证机构办理车辆赠与公证时，应当予以注明。单位和个人持上述文件，到本市公安交通管理部门办理车辆登记。

第八条　小客车销售经营单位应当在经营场所明示本市实行指标管理规定的具体内容，并在签订买卖合同时书面提示购车人。

第九条　出租汽车、租赁汽车、教练车等营运小客车的指标分配方式另行规定。

第十条　本暂行规定所称小客车，包括小型、微型载客汽车及市人民政府公布的其他需要实施调控的车型。

第十一条　本暂行规定自公布之日起施行。

法律问题：北京市政府采取的机动车尾号限行措施属于何种性质的行为？如何评价其合法性？北京市政府采取小客车上牌指标摇号制度的合法性如何评价？

【学术探讨】

在 2000 年的《立法法》出台之前,我国的行政立法制度还不够规范,某些法律文件的出台方式和现在大不相同。例如,国务院曾经制定过很多"条例",经过全国人大常委会批准之后颁布施行。那么,这些"条例"在性质上到底是行政法规还是法律呢?类似地,国务院的很多部门制定过一大批规范性文件,这些文件是经过国务院批准之后颁布施行的。那么,这些文件在性质上是部门规章还是行政法规呢?直至今日,这些性质含混的法律文件还有一部分是有效的,还在被实际使用。你认为应当如何看待和确定这些行政立法文件的位阶?

第七章

行政许可

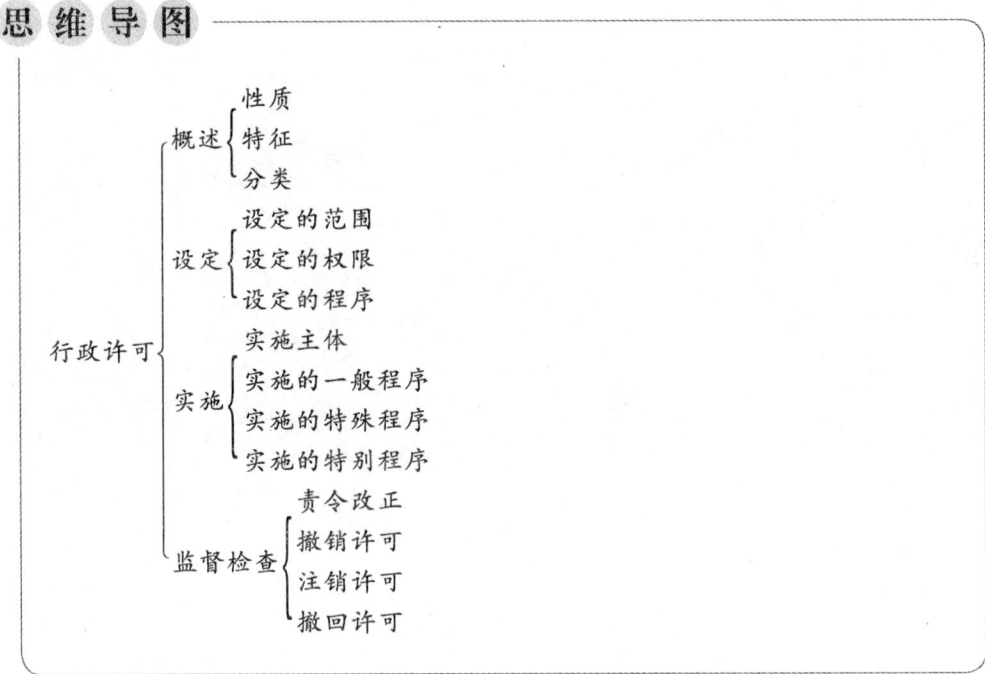

行政许可,指的是行政机关根据公民、法人或者其他组织的申请,经过依法审查,准予其从事特定活动的行为。行政机关对其他机关或其直接管理的事业单位的人事、财务、外事等事项的审批,不属于行政许可。从本质上看,行政许可是国家对个人行使权利的一种必要的干预。2003 年颁布、2004 年实施的《行政许可法》是我国行政法治进程中的一座里程碑,从立法的宗旨上讲,这是一部尊重社会自治,约束政府权力,致力于建设有限政府的法律。《行政许可法》的内容比较丰富,包括许可的设定、实施、监督检查等,理解这些具体制度的关键是把握好行政许可行为的性质和特征,很多具体制度的源头都可以追溯到这个行为的性质上面。

第七章 行政许可

第一节 行政许可概述

一、行政许可的性质

关于行政许可的性质,曾有多种学说,包括特权说、赋权说、解禁说、无害审查说等。本书认为,认识行政许可的性质应当一分为二:对于占绝大多数的一般许可,其性质是一种无害性审查;对于占极少数的特许,其性质是一种特权的赋予。

绝大多数行政许可都是一般许可。设定一般许可的必要性在于,社会个体虽然拥有宪法、法律、法规所赋予的许多权利,但其中某些权利的行使需要具备一定的能力、条件或资格,否则容易给国家利益、公共利益或他人合法权益造成损害。为此,国家就有必要对个人是否具备这样的能力、条件或资格加以审查,以确定其行使这种权利的行为是"无害"的,这就构成了行政许可。例如,公民有驾驶机动车的权利,但如未真正拥有合格的驾驶技能,必将危害交通安全。因此,国家通过设定驾驶执照的许可加以考试、审查,条件合格者方许可其驾驶机动车。所以说,一般许可在性质上是对个人权利行使的一种"无害性审查"。

特许则是例外,所谓特许,指的是政府将国有的自然资源让渡给私人开发、将公共资源让渡给私人使用、将公营的公共事业让渡给私人经营的行为。这些资源本为政府代表国民拥有、使用或经营,现在让渡给私人,实际上是赋予了被许可人一种他人所没有的特权。当然,出于公平起见,对于特许的实施应当进行平等竞争,最终获得特许的人也应当为此付出公平的对价。

为了进一步说清楚行政许可的属性,我们可以再借助民法上的"许可"进行类比。民法上的"许可"同样包括两种类型。一种是基于财产权的许可,比如土地所有者准许他人使用和经营其土地,著作权人准许他人使用其作品,专利权人准许他人使用其专利等。这类许可实际上就是权利所有者向他人所作的权利让渡,行政法上的特许就与此相似,只不过这里的权利所有者不是一般的民事主体,而换成了行政机关所代表的国家而已。民法上还有一种许可,是基于身份权的许可,即监护人对被监护人行为的许可,比如儿童在实施许多行为时事先都必须获得父母的准许,以免因儿童行为能力上的欠缺而造成某种危险或伤害,这是一种民法上的行为自由许可。行政法上的一般许可也与此类似,只不过许可人从父母换成了国家,而被许可人从儿童换成了社会中的公民、法人和其他组织而已。

明确了行政许可的"二元化"属性,对于理解其具体制度将大有帮助。

二、行政许可的特征

按照行政行为的分类标准,行政许可是一种依申请行政行为、授益性行政行为、要式行政行为、兼有羁束性与裁量性的行政行为。

（1）依申请行政行为。行政许可决定的作出，必须以当事人的申请为前提。因为对于设定了行政许可的事项，一般人都负有不作为的义务，要解除这种义务从而获得从事特定活动的自由，就必须向行政机关申请。行政机关只有在当事人提出申请后，才能够对申请人的条件、资格、能力等进行审查并决定是否准予许可，而不能由行政机关主动实施。

（2）授益性行政行为。行政机关一旦作出准予许可的决定，就意味着准许当事人从事某种特定活动，就扩大了被许可人的行为自由。因此，行政许可又是一种授益性行政行为。

（3）要式行政行为。由于许可决定事关当事人的行为自由，因此无论行政机关作出的是准予许可的决定，还是不予许可的决定，都应当以书面形式作出。而当行政机关作出准予许可的决定时，往往还需要向被许可人发放加盖公章的证书，或者在特定物品上使用某种符号标记。可见，行政许可是一种要式的行政行为，行政机关不得口头作出许可决定。

（4）兼有羁束性与裁量性的行政行为。从羁束性与裁量性这个角度来看，行政许可主要是一种羁束性的行政行为，但对特许则有例外，因为行政机关对特许的实施具有一定的裁量权。之所以会产生这样的差别，根本原因就在于特许与一般许可之间存在着本质差别。

一般许可本质上是一种行为的"无害性审查"，以确定申请人是否具备从事被许可行为的能力、资格或条件。对于这样的申请，行政机关在审查时就没有自由裁量权，只要申请人具备了实施某种行为的条件与能力，行政机关就必须准予许可，否则就不予许可，行政机关对此没有自由选择的权力。因此，一般许可是一种羁束性行政行为。

而特许则有所不同，特许实际上是权利所有者将权利让渡于他人的过程，被许可人将因获得特许而获得其本来没有的权利。行政机关在代表国家实施特许时，就拥有一定的自由裁量空间，对于到底要将这些权利让渡给谁，拥有一定的选择余地。当然，这种选择应当按照法定的程序公平、公正地进行。

三、行政许可的分类

按照不同的标准，行政许可可以从两种不同的角度来进行分类。

（一）五分法

《行政许可法》第12条使用了这种分类：

1. 一般许可

规定于第12条第1项，指的是直接涉及国家安全、公共安全、经济宏观调控、生态环境保护以及直接关系人身健康、生命财产安全等特定活动，需要按照法定条件予以批准的事项。一般许可在行政许可中占有较大比例，行政机关的职责是审查申请人在实施特定行为时是否可能危害公共利益或他人利益，以避免因行为人能力上的缺陷和瑕疵带来的危害，一般没有数量限制，只要申请人符合条件均能获得许可。驾驶执照、排污许可是典型的一般许可。

2. 特许

规定于第 12 条第 2 项,指的是有限自然资源开发利用、公共资源配置以及直接关系公共利益的特定行业的市场准入等,需要赋予特定权利的事项。特许是行政机关代表国家向被许可人让渡某种资源权利的许可方式,这些资源权利在享有和使用上必然是排它的,因此特许一定有数量上的限制。为了保证公平,特许一般采用招标、拍卖等竞争性方式来实施。采矿许可,国有土地使用许可,航线使用许可,无线电频率使用许可,市政公用事业如水、电、公交、移动通信等经营权的许可,都是典型的特许。

3. 认可

规定于第 12 条第 3 项,指的是提供公众服务并且直接关系公共利益的职业、行业,需要确定具备特殊信誉、特殊条件或者特殊技能等资格、资质的事项。行政机关对申请人认可的结果,是确认了申请人的从业权,一般来说不应当有数量限制,但不排除它在一定时期、一定条件下实行阶段性的数量控制。法律职业资格许可、医师执业许可、建筑企业等级资质等,都是典型的认可。

4. 核准

规定于第 12 条第 4 项,指的是直接关系公共安全、人身健康、生命财产安全的重要设备、设施、产品、物品,需要按照技术标准、技术规范,通过检验、检测、检疫等方式进行审定的事项。在核准事项中,行政机关所核实的是特定的设施、设备、产品、物品是否达到一定的技术标准,只要这些物品达到了有关标准,就应准予许可,不应有数量上的限制。各种药品批文、各种产品合格证,都是典型的核准。

5. 登记

规定于第 12 条第 5 项,指的是企业或其他组织的设立等需要确定主体资格的事项。由于企业和各种组织的设立,均由法律、法规设定了各种条件,而对于申请人是否具备这些条件的审查,就是通过各种登记来完成的。一般来讲,只要申请人具备了获得主体资格的条件,行政机关就必须给予登记,因此登记也没有数量限制。工商营业执照、社团设立登记,都是典型的登记许可。

(二)两分法

按照行政许可的实施有无时间上的限制,又可将其分为经常性许可和非经常性许可。这种分类与行政许可设定权的划分有关,一般来说,经常性许可的设定需要由级别更高的机关、通过位阶更高的立法文件来完成。

1. 经常性许可

指的是许可事项一经设定,其实施没有期限限制的许可事项,只要设定许可的立法文件本身不被废止、修改或者撤销,这些许可事项就将一直实施下去。大部分许可都属于经常性许可。

2. 非经常性许可

指的是许可事项在设定后,其实施有一定期限限制的许可事项。非经常性许可的终止方式有二:一是到期终止,这种许可又称临时性许可,如《行政许可法》规定的省级地方政府规章所设定的许可就是临时性许可,其实施期限最长不得超过1年;二是转化终止,有些非经常性许可的实施期限虽无明确限制,但必须在条件成熟时由有权机关通过制定法律、法规的形式,将其转化为经常性许可,此时非经常性许可的实施也就自然终结了。

第二节 行政许可的设定

在行政许可的设定中,国家权力与社会自治的界限表现为许可设定的范围;而国家权力的内部分配表现为许可设定的权限与形式。

一、行政许可设定的范围

行政许可设定的范围解决的是行政许可的边界问题。属于这个范围的事项可以设定许可,此外就不能设定,属于社会自治的范畴。《行政许可法》第12、13条从正反两方面规定了这一问题,打个比喻,这两条规范所勾画出来的,如同一个"回"字型的图案。其中,第12条划出了它的外圈,外圈的"圈内"属于可以设定许可的事项,而"圈外"是不能设定许可的;第13条如同它的内圈,它意味着并非所有符合第12条规定的事项最后都应设定许可,如果有的事项同时也符合第13条的规定,也可不设定许可。

首先,《行政许可法》第12条的规定具有两个功能。一是对行政许可作出了分类,将其分为一般许可、特许、认可、核准、登记五类,其内容已如前述。二是指明这些事项就是可以设定行政许可的基本范围。

其次,《行政许可法》第13条又规定,并非所有符合第12条规定的事项都必然要设定许可,因为尽管这些问题关涉公共利益或者他人重大利益,但也可能通过社会自治或事后监管来解决,未必要通过设定许可的方式来事前干预。可以不设定许可的事项包括:当事人能够自主决定的,市场机制能够有效调节的,行业组织或中介机构能够自律管理的,采用事后监督等措施够解决的。注意第13条在规定这些情形时,措辞是"可以不"而非"不可以",即这几种情形只是在决定是否设定许可时应当考虑的因素,而不是说一旦符合这些条件就必然不能设定许可。

综合两条规定,至少可以肯定一点:既属于第12条规定的情形,又不属于第13条所规定情形的事项,是可以设定行政许可的。

二、行政许可设定的权限

许可设定权的问题包括三个方面:一是创设许可的权限,二是规定许可的权限,三是禁止设定许可的事项。

(一) 创设行政许可的权限

简称许可创设权,即创造一项本来并不存在的许可事项的权力。这又可以被分为经常性许可的创设权和非经常性许可的创设权。

(1) 经常性许可的创设权

法律、行政法规、地方性法规均有权创设经常性许可。这些立法文件对许可的创设,实行上位法优先的原则,即只有在上位法对某一事项尚未创设许可的情况下,下位法才可以创设。注意任何行政规章都无权创设经常性许可。

(2) 非经常性许可的创设权

非经常性许可由行政机关在特殊情况下创设,有权创设非经常性许可的机关包括国务院和各省级政府。非经常性许可在实施一段时间之后,要么终止实施,要么由有权机关将其转化为经常性许可继续实施。非经常性许可的创设有两种情况:

第一,国务院在必要时采用决定的方式设定,该许可实施后,若属于临时性许可,则在其实施期限届至之后自然终止;若不属于临时性许可,则必须及时提请全国人大及其常委会制定为法律,或由国务院自行制定为行政法规,即把它转化为经常性许可。

第二,省级政府在上位法尚未规定,但又确有必要的情况下,可以通过规章形式设定临时性许可,这种临时性许可的实施期限最长不得超过 1 年,满 1 年需要继续实施的应当提请本级人大及其常委会制定为地方性法规,即把它转化为经常性许可。

(二) 规定行政许可的权限

简称许可规定权,即对一项已经创设的许可加以具体规范的权力。行政法规、地方性法规、各种行政规章均可对上位法已创设的许可作出进一步的详细规定。但许可规定权的行使必须遵循上位法优先的原则,既不能增设行政许可,也不能增设违反上位法的其他许可条件。

行政规章以下(不含行政规章)的其他规范性文件,既无许可创设权,也无许可规定权。

(三) 禁止设定许可的事项

《行政许可法》禁止地方上设定以下三种许可:

(1) 不得设定全国统一的认可事项。地方上不得设定应当由国家统一确定的资格、资质许可,一般来讲,如果资格、资质认可关系到公民从业权的实现,或关系到不同市场主体的公平竞争,就应当由国家统一确定。如通过司法考试来实施的法律职业资格许可,就不能由各地分别设定。

(2) 不得设定企业或其他组织的设立登记及其前置性许可。地方上既不得设定登记事项,也不得设定这些登记事项的前置性许可。对前置性许可可以这样理解:如果甲许可的申请必须以乙许可的获得作为前提,乙许可就是甲许可的前置性许可。例如要注册公司,必须先进行名称预先核准登记,这个预先核准登记就是公司营业执照的前置性许可。

(3) 不得设定限制外地的生产、经营、服务、商品进入本地的许可。地方上所设定的行政许可,不得限制其他地区的个人或者企业到本地区从事生产经营和提供服务,不得限制其他地区的商品进入本地区的市场。

▶ **例 7-1** 下列哪些地方性法规的规定违反了《行政许可法》?
　　A. 申请餐饮服务许可证,须到当地餐饮行业协会办理认证手续
　　B. 申请娱乐场所表演许可证,文化主管部门收取的费用由财政部门按一定比例返还
　　C. 外地人员到本地经营网吧,应当到本地电信管理部门注册并缴纳特别管理费
　　D. 申请建设工程规划许可证,需安装建设主管部门指定的节能设施
　　分析:地方立法不得设定设立登记及其前置性的许可,"申请餐饮服务许可证须到当地餐饮行业协会办理认证手续"就是一种前置性的许可;许可所收费用收归国库,不得返还行政机关;地方设定许可不得限制外地经营者,"外地人员到本地经营网吧,应当到本地电信管理部门注册并缴纳特别管理费"就是一种限制外地经营者的措施;行政机关实施许可,不得要求申请人购买指定商品,如"安装建设主管部门指定的节能设施"。因此,上述四种规定都违反了《行政许可法》。

三、行政许可设定的程序

行政许可的设定,是通过制定法律、行政法规、地方性法规、行政规章等方式来实现的,因此,行政许可设定的程序就是制定这些立法文件的程序,大多规定于《立法法》及若干行政法规中,对此无需特别说明。但由于许可的设定事关国家对公民自由的干预与限制,需要格外慎重,因此《行政许可法》对许可的设定又特别规定了其他程序:

(一)形成性程序

即关于如何形成有关设定行政许可的法律文件的程序。《行政许可法》特别规定,起草法律草案、法规草案和省级政府规章草案,拟设定行政许可的,起草单位负有两种程序性义务:一是听取意见的义务,起草单位应当采取听证会、论证会等形式听取意见;二是说明义务,起草单位应当向制定机关说明设定该许可的必要性、对经济和社会可能产生的影响以及听取和采纳意见的情况。需要注意,在一般立法文件的起草过程中,起草单位可以采取听证会、论证会的形式听取意见,这里则规定对于拟设定行政许可的立法文件,是应当采取听证会、论证会的形式。

(二)评价性程序

即用于评价行政许可设定必要性的程序,包括:(1)设定机关的评价,要求设定机关定期对其设定的行政许可进行评价,如果认为已设定的许可能够通过该法第13条规定的自主决定、市场调节、行业自律、事后监管等方式解决的,应当对该许可及时予以修改或废止。(2)实施机关的评价,行政许可的实施机关可以对已设定的许可的实施情况及其存在的必要性适时进行评价,并将意见报告该许可的设定机关。(3)普通

公众的评价,公民、法人或其他组织可以向行政许可的设定机关和实施机关就行政许可的设定和实施提出意见和建议。

（三）修正性程序

即在不废止、修改或撤销设定许可的立法文件本身的情况下,通过变通方式对其加以修正,使其适应社会生活的变化发展。我国幅员辽阔,区域经济社会发展极不平衡,因此《行政许可法》规定了在局部地区可以停止实施某些许可事项。即省级政府对行政法规设定的、有关经济事务的行政许可,根据本行政区域经济和社会发展情况,认为能够通过第13条规定的自主决定、市场调节、行业自律、事后监管等方式解决的,经报国务院批准后,可以在本行政区域内停止实施该行政许可。

第三节 行政许可的实施

一、实施主体

（一）行政机关实施

行政许可原则上由行政机关实施,绝大多数情况都是如此。

（二）授权实施

某些获得法律、法规授权的社会公共组织,也可以在授权范围内以自己的名义实施许可。被授权组织实施行政许可,适用行政机关实施许可的规定。如注册会计师协会组织注册会计师考试并颁发证书,就属于行政许可的授权实施。需要注意,《行政许可法》明确规定能够授权社会组织实施行政许可的依据必须是法律、法规,这意味着由规章作出的授权是无效的。

（三）委托实施

行政机关在其法定职权内,依照法律、法规、规章的规定,可以委托其他行政机关实施行政许可。委托实施的行政许可,委托者与被委托者都必须承担一定义务。委托者的义务在于应将受委托者与委托内容公告,并对受委托者实施许可的行为加以监督,同时对该行为引起的法律后果负责。被委托者的义务则在于必须以委托者的名义实施行政许可,且不得再将许可事务转委托于他人实施。注意两点:一是委托实施行政许可必须有法律、法规或规章上的依据,其他规范性文件不足以成为委托的依据。二是受委托者必须是行政机关,而不能是一般组织甚至个人,一般情况下,这里的委托表现为上级机关委托其下级机关。例如,市公安局可以委托其下属的各公安分局代为受理公民办理出入境通行证的申请材料。

（四）集中实施

经国务院批准,省级政府可以决定由一个行政机关行使多个行政机关的行政许可权,这就是行政许可的集中实施。其目的在于便利当事人,减轻其程序性负担,落实行政法上高效便民的基本原则。其实质是许可权在不同行政机关之间的重新配置,将本来分属多个机关的许可权集中地配属于其中的一个机关,或另外一个机关,原来的机关就此失去对该事项的许可实施权,这些机关如果再继续实施相关许可,其行为无效。

(五)办公方式改革

《行政许可法》规定:(1)行政许可由一个行政机关内设的多个机构办理的,该行政机关应当确定一个机构统一受理行政许可申请,统一送达行政许可决定;(2)行政许可由地方政府两个以上部门分别实施的,该级政府可以确定一个部门受理许可申请,并转告有关部门分别提出意见后统一办理,或者组织有关部门联合办理、集中办理。这些规定都是对行政许可办公方式的改革,改革的目的同样在于便利当事人,体现高效便民的基本原则。

在此,《行政许可法》使用了统一办理、联合办理、集中办理三个概念,需要稍作辨析。统一办理,就是虽然一个行政许可事项需要由多个机关、机构分别作出决定,但申请人并不需要和它们全部打交道,只需要和其中一个打交道即可,就是"一个窗口对外"。申请人只需要向这个"窗口"提交申请即可,这个"窗口"受理后自己去和其他机关、机构协商提出处理意见,再由这个"窗口"将许可决定送达当事人。联合办理、集中办理概念相近,一般可以相互替换使用,但与统一办理有所不同。在联合办理、集中办理的情况下,政府仍然是"多个窗口对外",只不过将这些本来分别开在不同地方的"窗口"集中地开到了一起。在联合办理、集中办理的情况下,申请人仍要和多个行政机关分别打交道,只不过由于办理许可的时间、地点集中了,节约了时间。

这些办公方式的改革与前文所述的集中实施许可是有本质差别的,因为集中实施是将多个主体的权力集中到一个主体手里,而办公方式的改革并没有实现这种权力转移。在这种方式下,行政许可权仍分散在多个机关、机构手里,只不过办公方式改良了,办事效率提高了。

二、实施的一般程序

一般程序,就是实施行政许可的一般过程,即任何行政许可事项的实施都必经的过程。此外的其他特殊程序,要么是一般程序的延伸,要么是一般程序的变化。一个行政许可事项的实施,必须经历申请、受理、审查、决定四个环节。

(一)申请

1. 行政机关的义务

第一,提供文本义务,当事人申请行政许可需要采用格式文本的,行政机关应当向其免费提供,格式文本中不得包含与当事人所申请的行政许可事项没有直接关系的内容。

第二,公示信息义务,行政机关应当将法律、法规、规章规定的有关行政许可的事项、依据、条件、数量、程序、期限,当事人需要提交的全部材料的目录,以及申请书的范本等,在办公场所公示。

第三,解释说明义务,申请人要求行政机关对公示内容予以说明、解释的,行政机关应当说明、解释,提供准确、可靠的信息。

第四,推行电子政务的义务,行政机关应当推行电子政务,在其网站上公布行政许可事项,方便申请人采取数据电文等方式提出申请,并应与其他行政机关共享行政许可的有关信息,提高办事效率。

2. 申请人的权利和义务

申请人的权利主要表现为灵活申请的权利,包括:

第一,委托代理人申请,但该许可事项依法应当由当事人亲自到场申请的除外。

第二,通过信函、电报、电传、传真、电子数据交换、电子邮件等方式提出申请。

申请人的义务主要表现为对申请材料真实性负责的义务,申请人应当如实向行政机关提交有关材料、反映真实情况,并对其申请材料实质内容的真实性负责。

(二)受理

行政机关对申请人提出的申请,根据不同情况,处理方式有三:

第一,受理。当事人的申请符合下列条件的,应予受理:(1)申请事项确实需要获得行政许可;(2)申请事项属于本机关职权范围;(3)申请材料齐全并符合法定形式。

第二,补正后受理。当事人的申请出现下列情况的,行政机关应在其补充或更正有关材料后受理:(1)申请材料存在错误,但当场可以更正的,应当允许申请人当场更正之后受理其申请;(2)申请材料存在确实或错误,当场无法补充或更正的,应当当场或在5日内一次告知申请人需要补正的全部内容,当事人依法补正有关材料的应予受理。对于第二种情况,如行政机关逾期不将补正的内容告知,视为自收到申请材料之日起已经受理。

第三,不受理。当事人的申请属于下列情况的,行政机关对其申请不予受理:(1)申请事项依法不需要取得行政许可的;(2)申请事项依法不属于本机关职权范围的(在决定不受理的同时应告知申请人向其他行政机关申请);(3)申请人的申请材料存在缺失或错误,在行政机关告知其补充更正后,仍未依法补充或更正的。

无论行政机关最后是否受理申请,都应当出具加盖本机关专用印章和注明日期的书面凭证。

(三)审查

在审查程序中,法律规定的主要是行政机关的义务,包括:

(1)核实义务。如果行政机关需要对申请材料的实质内容进行核实的,应当指派2名以上工作人员进行核查。注意这一规定仅适用于对申请材料实质性内容进行核实的情况,如果只做形式审查,如核实其是否齐全、是否正确,则核查人员并无人数要求。

(2)报送义务。主要针对的是需要跨级审查的许可事项,应当由下级行政机关先予审查,并在法定的期限内将初步审查意见和全部申请材料直接报送上级行政机关。上级行政机关不得要求申请人重复提供申请材料。如此规定,一是为了减轻当事人重复提供材料的负担,二是为了督促行政机关尽快作出许可决定,避免因上下级机关之间重复审查造成拖延。

（3）告知义务。行政机关对行政许可申请进行审查时，发现行政许可事项直接关系他人重大利益的，应当将其告知该利害关系人。申请人和利害关系人有权进行陈述和申辩，行政机关应当听取其意见。这一规定的目的在于避免利害关系人的利益因其在许可程序中"缺席"而遭受损害。

（四）决定

行政许可的决定，包括准予许可和不准予许可两种情况。《行政许可法》主要从三个方面对行政许可的决定程序作出了规范，包括：

1. 决定的时限

许可的决定期限自许可申请受理之日起计算；以数据电文方式受理的，自数据电文进入行政机关指定的系统之日起计算；数据电文需要确认收讫的，自申请人收到收讫确认之日起计算。期限的规定包括几种情况：

第一，当场决定。申请人提交的申请材料齐全、符合法定形式，行政机关能够当场作出决定的，应当场作出书面的许可决定。

第二，一个主体实施许可的决定。对于不能当场作出决定的许可事项，如果是由一个机关单独实施的，该机关应当自受理之日起20日内作出许可决定。20日内不能作出决定的，经本机关负责人批准可以延长10日，并将延长期限的理由告知申请人。法律、法规作出例外规定的，从其例外。

第三，平级多个主体实施许可的决定。行政许可采取统一办理、联合办理、集中办理，即由多个主体一同实施的，应当自受理办理之日起45日作出许可决定。45日内不能办结的，经本级政府负责人批准可以延长15日，并应当将延长期限的理由告知申请人。

▶ **例7-2** 某公司准备在某市郊区建一座化工厂，向某市规划局、土地管理局、环境保护局和建设局等职能部门申请有关证照。下列哪些说法是正确的？

A. 某公司应当对其申请材料实质内容的真实性负责

B. 某市人民政府应当组织上述四个职能部门联合为某公司办理手续

C. 拟建化工厂附近居民对核发该项目许可证照享有听证权利

D. 如果某公司的申请符合条件，某市人民政府相关职能部门应在45个工作日内为其办结全部证照

分析：某公司申请限制许可，当然应当对自己申请材料实质内容的真实性负责，A项显然正确。B项之所以错误，在于本案虽然由同一政府的多个部门共同审批，但同级政府也并非应当（而是可以）组织这些部门联合办理许可。拟建化工厂可能存在污染，涉及附近居民的健康权，居民作为利害关系人肯定有权申请听证，C项正确。D项的错误则在于即使采用了联合办理等方式，决定许可的期限也可能在45天的基础上再延长15天，此外还要加上颁发证照的时间，何况这些部门还有可能不采取联合办理

等方式,那时间就会更长了。

第四,跨级多个主体实施许可的决定。对于需要跨级审查的许可事项,其最终作出许可决定的总时限仍依上述规定处理,并无特殊之处。但要注意,法律对下级机关提出初步审查意见的时限作出了规定,要求下级机关自其受理申请之日起 20 日内审查完毕。当然,法律、法规作出例外规定的,从其例外。

在掌握决定时限时,要注意不能与颁证时限相混淆,颁证时限指的是自行政机关作出准予许可的决定时起,到向被许可人正式颁发许可凭证之间的时段。颁证时限与决定时限是相互衔接的关系,行政机关应当自作出决定之日起 10 日内向申请人颁发、送达行政许可证件,或加贴标签、加盖检验、检测、检疫印章。

当然,上述的各种时限只是一般情况下行政机关作出许可决定所需的时间。如果在许可实施过程中,依法需要听证、招标、拍卖、检验、检测、检疫、鉴定和专家评审的,此类特殊事项所耗费的时间另行计算,不计算在上述期限之内,但行政机关应当将所需时间书面告知申请人。

2. 决定的形式

行政许可是要式行政行为,无论是准予许可还是不准予许可的决定,都必须以书面形式作出。对于准予许可的决定还应当公开,以便公众查阅。

3. 决定的效力

行政许可的效力,主要讲的是空间效力,包括两种:(1) 全国有效,由法律和行政法规设定的行政许可,原则上在全国范围内有效。(2) 在一定地域内有效,地方性法规与省级地方政府规章设定的行政许可,一般只在本区域内有效;由法律和行政法规设定的行政许可,也可以规定仅在一定区域内有效。如法律职业资格许可便规定对于报考资格放宽或分数线放宽地区的考生,通过考试后获得的资格证书只在本地区有效。

▶ **例 7-3** 关于行政许可程序,下列哪一选项是正确的?

A. 对依法不属于某行政机关职权范围内的行政许可申请,行政机关作出不予受理决定,应向当事人出具加盖该机关专用印章和注明日期的书面凭证

B. 行政许可听证均为依当事人申请的听证,行政机关不能主动进行听证

C. 行政机关作出的准予行政许可决定,除涉及国家秘密的,均应一律公开

D. 所有的行政许可适用范围均没有地域限制,在全国范围内有效

分析: 行政许可是要式行政行为,根据这一特点可直接判断 A 项正确。行政机关实施许可听证的方式,既可以依职权也可以依申请,可见 B 项错误。准予许可的决定应当一律公开,《行政许可法》并没有规定例外,因此 C 项错误。对于这一点需要特别注意,《行政许可法》第 5 条第 2 款规定:"有关行政许可的规定应当公布;未经公布的,不得作为实施行政许可的依据。行政许可的实施和结果,除涉及国家秘密、商业秘密或者个人隐私的外,应当公开。"第 40 条规定:"行政机关作出的准予行政许可决

定,应当予以公开,公众有权查阅。"两者看起来似乎有矛盾,前者规定了公开的例外,后者没有规定例外。在这里我们需要注意,第5条是"总则"的规定,第40条是"行政许可的实施程序"中的规定。一部法律的"总则"和其他章节之间,是一般规定和特别规定的关系,特别规定在效力上优先于一般规定,因此,此处应当以第40条的规定为准,没有例外。至于D项,行政许可的效力有全国性与区域性之分,因此是错误的。

三、实施的特殊程序

行政许可的特殊程序,实际上是对一般程序的延伸或变更,包括:

(一)变更与延续程序

行政机关对当事人变更或延续申请的处理,都经过类似于一般程序的申请、受理、审查与决定过程,并无特殊之处。《行政许可法》唯一强调的是期限问题,且针对的仅是延续程序。规定被许可人如需延续行政许可有效期的,应当在该其有效期届满30日前向原决定机关提出申请,如法律、法规、规章另有规定的,从其例外。行政机关应当在该行政许可有效期届满前作出是否准予延续的决定,逾期未作决定的,视为准予延续。

▶ **例7-4** 2001年原信息产业部制定的《电信业务经营许可证管理办法》(简称《办法》)规定"经营许可证有效期届满,需要继续经营的,应提前90日,向原发证机关提出续办经营许可证的申请"。2003年9月1日获得增值电信业务许可证(有效期为五年)的甲公司,于2008年拟向原发证机关某省通信管理局提出续办经营许可证的申请。下列哪一选项是正确的?

  A. 因《办法》为规章,所规定的延续许可证申请期限无效

  B. 因《办法》在《行政许可法》制定前颁布,所规定的延续许可证申请期限无效

  C. 如甲公司依法提出申请,某省通信管理局应在甲公司许可证有效期届满前作出是否准予延续的决定

  D. 如甲公司依法提出申请,某省通信管理局在60日内不予答复的,视为拒绝延续

分析:依上文所述,直接可知只有C项的说法才符合《行政许可法》的规定。就行政机关对许可延续的审查期限,《行政许可法》允许法律、法规、规章作出例外规定,且无论这些法律、法规、规章是在《行政许可法》制定之前或者之后颁布的均可,因此A项和B项的说法都是错误的。至于D项,行政机关没有在法定期限之内决定是否延续许可的,应当视为准予延续而不是视为拒绝,因此是错误的。

(二)听证程序

行政听证制度,是行政程序法上的一项重要制度,指的是行政机关在作出一项严重影响当事人权利义务的决定之前,通过听取当事人对有关事实与法律问题进行陈

述、申辩、质证,从而保证其行政决定更加合法、合理、公正的制度。《行政许可法》对听证的规定,着眼于以下几点:

1. 听证的启动

行政许可听证程序的启动包括主动启动与被动启动。主动启动的主体是行政机关,对于法律、法规、规章规定应当听证的事项,或行政机关认为因涉及公共利益而需要听证的重大许可事项,都应当向社会公告并举行听证。被动启动的主体是许可事项申请人或利害关系人,行政许可直接涉及申请人与他人之间重大利益关系的,行政机关在作出行政许可决定前,应当告知申请人、利害关系人享有要求听证的权利。

2. 听证的期限

第一,申请期限,要求申请人、利害关系人,应当在被告知听证权利之日起5日内提出听证申请;第二,组织期限,要求行政机关应当在20日内组织听证;第三,告知期限,要求行政机关应当于举行听证的7日前将举行听证的时间、地点通知申请人、利害关系人,必要时还需公告。

3. 听证主持人的回避

行政机关在选择听证主持人时,应当按照程序正当原则的要求,实行公务回避。在听证程序中,能够引起公务回避的原因有二:一是实体原因,二是程序原因。实体原因,指的是听证主持人不能与许可事项存在直接利害关系,否则将造成其角色上的冲突,违反自然公正原则,行政许可的申请人或利害关系人如认为主持人与该行政许可事项有直接利害关系的,有权申请回避。程序原因,指的是在听证前已经参与审查该许可事项的行政机关工作人员不能担任听证主持人,而应当指定其他人员主持听证。这一规定绝非因为听证前的审查人员与许可事项本身存在实体法上的权利义务冲突,而仅仅是出于程序上的考虑。因为一个行政工作人员如果已经接触并参与了某一许可事项的审查,难免对此形成了某些固定看法,出于"先入为主"的正常心态,有可能影响他在主持听证的过程中作出正确判断。

4. 听证笔录的效力

行政机关应当对听证过程制作笔录,听证笔录在交听证参加人确认无误后由其签字盖章。特别注意行政机关应当根据听证笔录作出许可决定,这一规定体现了行政程序法上的案卷排它原则。案卷排它,即行政机关只能以案卷上已经载明的内容作为作出行政决定的全部依据,而不得对案卷中没有记载的因素加以考虑。其意义在于强调案卷的权威性,避免听证程序流于形式,"听了白听"。《行政许可法》是我国第一部明确规定了案卷排它制度的行政法律。

5. 其他问题

还有两点需要注意:第一,听证公开,行政许可听证应当公开举行;第二,听证免费,申请人、利害关系人不承担行政机关组织听证的费用,该费用由行政机关承担。

▶ 例7-5 刘某向卫生局申请在小区设立个体诊所,卫生局受理申请。小区居民陈某等人提出,诊所的医疗废物会造成环境污染,要求卫生局不予批准。对此,下列哪一选项符合《行政许可法》规定?

  A. 刘某既可以书面也可以口头申请设立个体诊所
  B. 卫生局受理刘某申请后,应当向其出具加盖本机关专用印章和注明日期的书面凭证
  C. 如陈某等人提出听证要求,卫生局同意并听证的,组织听证的费用应由陈某承担
  D. 如卫生局拒绝刘某申请,原则上应作出书面决定,必要时口头告知即可

分析: 申请行政许可应当提交书面申请书,因此 A 项错误。行政许可听证是免费的,C 项错误。行政许可是严格的要式行政行为,无论受理与否,以及最终决定准予许可与否,都应当以书面方式作出,不能使用口头方式,因此 D 项错误而 B 项正确。

▶ **例 7-6** 关于行政许可实施程序的听证规定,下列说法正确的是什么?

  A. 行政机关应在举行听证 7 日前将时间、地点通知申请人、利害关系人
  B. 行政机关可视情况决定是否公开举行听证
  C. 申请人、利害关系人对听证主持人可以依照规定提出回避申请
  D. 举办听证的行政机关应当制作笔录,听证笔录应当交听证参与人确认无误后签字或者盖章

分析: 由上文关于行政许可听证的规定,可知 ACD 三项的说法都是正确的。B 项的错误在于,行政许可听证都应当公开,行政机关没有选择的余地。

四、针对特定许可事项的特别程序

行政许可按照其性质上分为一般许可、特许、认可、核准、登记五类,除了一般许可无须作出特别规定,其他类型的许可事项都在一般程序的基础上适用一些特殊程序。

(一)针对特许的程序

特许就是有限自然资源的开发利用、公共资源的配置、特定行业的市场准入等许可事项。由于特许在性质上是行政机关代表国家就一定的公共资源权利向被许可人作出的让渡,结果是使被许可人增加了其本来没有的权利,这类资源的排他性必将造成被许可人与其他人在权利上的不平等。既然实体的平等无法实现,法律就必须退而求其次来追求程序上的平等。因此,对特许事项原则上应当通过招标、拍卖等公平竞争的方式作出决定,按照招标、拍卖程序确定中标人、买受人后,行政机关应当作出准予行政许可的决定,依法向中标人、买受人颁发行政许可证件。行政机关违法不采用招标、拍卖方式,或违反招标、拍卖程序,损害申请人合法权益的,申请人可以通过行政复议或行政诉讼的方式寻求救济。

(二)针对认可的程序

认可就是赋予公民、法人或其他组织以从事特定行业、职业的资格、资质的许可。

由于认可在性质上是对申请人从业条件、能力的审查,需要通过一定形式来保证其审查结果的公正性。对此,《行政许可法》规定:

(1) 针对公民的认可,一般需要组织国家考试,并由行政机关根据考试成绩和其他法定条件作出许可决定。此类资格考试应由行政机关或行业组织实施,并公开举行。组织者应当事先公布考试的报名条件、报考办法、考试科目、考试大纲等,但不得组织强制性的考前培训,不得指定教材或者其他助考材料。

(2) 针对法人和其他组织的认可,一般需要进行考核,考核的内容包括申请人的专业人员构成、技术条件、经营业绩和管理水平等,并由行政机关根据考核结果作出许可决定。

(三) 针对核准的程序

核准指的是行政机关对特定产品、物品、设施、设备的检验、检测、检疫。《行政许可法》主要对核准的实施期限作出了特别限制,规定行政机关对一定物品实施核准的,应当自受理申请之日起 5 日内指派 2 名以上工作人员按照技术标准、技术规范进行核准,不需要对核准结果作进一步技术分析即可得出结论的,应当场根据检验、检测、检疫的结果作出许可决定。

(四) 针对登记的程序

登记指的是企业或其他组织的设立等需要确定主体资格的事项。行政机关对于登记事项主要是做形式上的审查,只要申请人提交的申请材料齐全、符合法定形式,行政机关就必须当场予以登记。特殊情况下,行政机关需要对申请材料的实质内容进行核实的,应当依法指派 2 名以上工作人员进行核查。

(五) 有数量限制的许可

除特许之外,其他类型的许可也可能存在数量限制。对此法律规定,有数量限制的行政许可,多个申请人均符合法定条件和标准的,行政机关应当根据受理行政许可申请的先后顺序作出准予行政许可的决定。但法律、行政法规另有规定的,从其例外。

第四节 行政许可的监督检查

对行政许可的监督检查包括:第一,对被许可人的监督检查,指的是在被许可人获得许可之后,对其实施被许可行为情况进行监督检查,目的是发现被许可人有无违反相关法律义务。第二,对许可行为本身的监督检查,目的在于发现许可决定的作出本身有无违法情节。第三,对被许可行为实施条件的监督检查,目的在于发现是否因为客观条件和法律条件的变化使被许可行为无法实施,从而使许可本身丧失了存续的必要。从监督检查的结果来看,可以分成对被许可人责令改正、撤销许可、注销许可、撤回许可四种情形。

一、责令改正

责令改正,就是责令被许可人改正其实施被许可行为时的一些违法事实。被许可人的这些违法事实,主要表现在违反了行政许可的附加义务。情况有三:

(一)对资源利用特许的责令改正

获得资源利用特许的被许可人,如果没有依法履行开发利用自然资源的义务或履行利用公共资源的义务,行政机关就应当责令其限期改正;而被许可人在规定期限内不改正的,行政机关应当对此依法处理。

(二)对市场准入特许的责令改正

市场准入特许,主要指的是市政公用事业的特许经营,因特许而获准经营特定行业的被许可人对其营业负有多项特殊义务。包括服务质量上的要求(应当为用户提供安全、方便、稳定的服务)、服务价格上的要求(只能收取合理的服务费用,价格不能过于高昂)、服务范围上的要求(必须普遍提供服务,即使向部分地区或部分对象提供服务无法获得较高利润,甚至无法获得利润,也需提供服务)、服务时间上的要求(必须提供持续的服务,不得擅自停业歇业)。如果被许可人不履行这些义务,行政机关应当责令其限期改正,或依法采取有效措施督促其履行。

(三)对重要核准事项的责令改正

经行政机关检验、检测、检疫而获准使用的设施、设备直接关系到公共安全、人身健康或生命财产安全等重要问题,行政机关应当督促设计、建造、安装和使用单位建立相应的自检制度。如以上设备、设施存在安全隐患,行政机关必须责令其停止建造、安装和使用,并责令有关单位立即改正。由于这些事项关系到公共安全、人身健康等重要因素,对其监督检查的结果表现为责令立即改正,这与上述两种的监督检查结果表现为责令限期改正不同。

二、撤销许可

即撤销准予行政许可的决定,是行政行为撤销的一种表现,其法律后果是使原有的许可决定自其作出之日起完全丧失效力。撤销行政许可的原因,在于该许可作出的过程存在某些违法行为,而这些违法行为的实施者既有可能是被许可人,也有可能是行政机关的工作人员。

因行政机关工作人员的违法行为而撤销许可的情况包括:(1)滥用职权、玩忽职守;(2)超越职权;(3)违反法定程序;(4)对不具备申请资格或者不符合法定条件的申请人准予许可;(5)法律规定的其他情形。因被许可人的违法行为而撤销许可的情况相对简单,指的是被许可人以欺骗、贿赂等不正当手段取得行政许可的情形。

对于行政许可的撤销,应注意以下四点:

(1)许可撤销的主体。原则上,撤销行政许可的主体既可以是作出许可决定的行政机关自己,也可以是其上级机关。对于因行政机关超越自身职权作出的许可决定,被越权的机关(即本来有权实施这项许可的机关)也可以将其撤销。

▶ **例7-7** 刘某参加考试并取得《医师资格证书》。后市卫生局查明刘某在报名时提供的系虚假材料,于是向刘某送达《行政许可证件撤销告知书》。刘某提出听证申请,被拒绝。市卫生局随后撤销了刘某的《医师资格证书》。下列哪些选项是正确的?

A. 市卫生局有权撤销《医师资格证书》
B. 撤销《医师资格证书》的行为应当履行听证程序
C. 市政府有权撤销《医师资格证书》
D. 市卫生局撤销《医师资格证书》后,应依照法定程序将其注销

分析:《医师资格证书》是市卫生局颁发的,市卫生局自己及其上级机关(市政府)当然有权撤销,因此A项和C项是正确的。许可证被撤销的,应当随后注销(详见后文"注销许可"),因此D项也正确。撤销许可证无需适用听证程序,因此B项错误。

▶ **例7-8** 经张某申请并缴纳了相应费用后,某县土地局和某乡政府将一土地(实为已被征用的土地)批准同意由张某建房。某县土地局和某乡政府还向张某发放了建设用地规划许可证和建设工程许可证。后市规划局认定张某建房违法,责令立即停工。张某不听,继续施工。市规划局申请法院将张某所建房屋拆除,张某要求赔偿。下列哪些说法是正确的?

A. 某县土地局、某乡政府和市规划局为共同赔偿义务机关
B. 某县土地局和某乡政府向张某发放规划许可证和建设工程许可证的行为系超越职权的行为
C. 市规划局有权撤销张某的规划许可证
D. 对张某继续施工造成的损失,国家不承担赔偿责任

分析:在本案中,违法向张某发放许可证的是某县土地局和某乡政府,这和市规划局无关,因此市规划局不可能是赔偿义务机关之一,因此A项错误。发放规划许可证和建设工程许可证是规划部门的职权,某县土地局和某乡政府向张某发放这些许可证当然是超越职权的,因此B项正确。本案最难判定的是C项,市规划局并非县土地局或乡政府的领导机关,根据《行政许可法》字面上的规定,似乎无权撤销后者越权发放的规划许可证。但根据学理,应当可以判断出越权机关所颁发的许可证,法定的许可机关(也就是市规划局)有撤销权,因此C项仍然是正确的。至于D项,张某继续施工扩大了自己的损失,是自己的过错导致的,当然不会因此国家赔偿责任,该项正确。

▶ **例7-9** 甲厂经某市采砂许可证的法定发放机关地质矿产局批准取得了为期5年的采砂许可证,并经某区水电局等部门批准,在区江河管理站划定的区域内采砂。后因缴纳管理费问题与水电局发生纠纷。随后,该水电局越权向乙厂颁发了采砂许可证,准予乙厂在甲厂已被划定的区域内采砂。下列说法正确的是什么?

A. 根据甲厂的申请,某市地质矿产局可以撤销水电局发给乙厂的采砂许可证
B. 水电局应当撤销给乙厂发放的采砂许可证
C. 若乙厂的采砂许可证被撤销,发放许可证的水电局应承担乙厂相应的经济损失
D. 甲厂可以要求水电局赔偿因向乙厂颁发许可证给自己造成的经济损失

分析: 本案与上例类似,关键要看地矿局能否撤销水电局越权颁发的许可证,与上例同理,应认为法定的许可机关地矿局有此权利,因此 A 项正确。水电局自己当然有权撤销自己违法发放的许可证,并应承担由此给甲厂、乙厂造成的经济损失,因此,BCD 三项也都正确。

(2)许可撤销后的处理。如果因行政机关工作人员的违法行为,而导致许可决定被撤销并造成被许可人合法权益损害的,行政机关应当依法给予赔偿。如果因被许可人自己的违法行为,即因欺骗、贿赂而获得许可,导致许可决定被撤销并造成其损失的,国家对于这一损失不予赔偿。

(3)许可不撤销的例外。行政许可决定的作出虽有违法事由,但撤销许可可能对公共利益造成重大损害的,不予撤销。

(4)申请人以欺骗、贿赂方式申请许可的法律责任。申请人隐瞒有关情况或提供虚假材料申请许可的,行政机关不予受理或不予许可,并给予警告;许可事项直接关系公共安全、人身健康、生命财产安全事项的,申请人在 1 年内不得再次申请该许可。申请人以欺骗、贿赂等不正当手段取得行政许可的,行政机关依法给予行政处罚;取得的行政许可直接关系公共安全、人身健康、生命财产安全事项的,申请人在 3 年内不得再次申请该行政许可;构成犯罪的追究刑事责任。

三、注销许可

注销许可,就是把一项曾经存在的许可在形式上完全消灭的手续。注销许可的原因包括:(1)因时间原因而消灭,指的是行政许可的有效期届满之后,被许可人没有申请延续,或申请延续但未被准许的;(2)因被许可人原因而消灭,具体又有两种情形,一种是对公民的资格许可,被许可人死亡或丧失行为能力的,另一种是对法人和其他组织的许可,被许可人的主体资格依法终止的;(3)因违法等原因而消灭,指的是许可依法被行政机关撤销、撤回或者吊销的;(4)因不可抗力而消灭,指的是因不可抗力导致被许可事项客观上无法实施的,如某项采矿许可,被许可人获得许可之后该矿山因地震严重破坏而致无法开采,行政机关应将该许可注销。

▶ **例 7-10** 对于下列哪些情形,行政机关应当办理行政许可的注销手续?
A. 张某取得律师执业证书后,发生交通事故成为植物人
B. 田某违法经营的网吧被吊销许可证

C. 李某依法向国土资源管理部门申请延续采矿许可,国土资源管理部门在规定期限未予答复

D. 刘某通过行贿取得行政许可证后,被行政机关发现并撤销其许可

分析: 依上文所述应知 ABD 三项符合行政许可注销的条件。C 项中的国土资源管理部门在规定期限未予答复的,应当视为许可延续,不得注销,因此是错误的。

四、撤回许可

掌握行政许可的撤销、注销,还需要与许可的撤回相区别。行政许可的撤回,指的是行政许可所依据的法律、法规、规章修改或废止,或者准予行政许可所依据的客观情况发生重大变化时,为了公共利益的需要,行政机关废止已经生效的行政许可。撤回许可给当事人造成财产损失的,行政机关应当依法给予补偿。

(一)补偿程序

当事人因行政机关撤回许可而主张补偿的,应当先向行政机关提出申请,行政机关在法定期限或合理期限内不予答复,或当事人对行政机关作出的补偿决定不服的,可以依法提起行政诉讼或申请行政复议。

(二)补偿标准

包括:(1)法定标准,法律、法规、规章或规范性文件对变更或撤回行政许可的补偿标准已有规定的,从其规定;(2)实际损失标准,上述文件对补偿标准未作规定的,一般在实际损失范围内确定补偿数额;(3)实际投入标准,被变更的许可事项属于特许的,一般按照当事人实际投入的损失确定补偿数额。

(三)对补偿的调解

法院审理行政许可补偿案件可以适用调解,参照行政赔偿案件调解的有关规定办理。

思 维 拓 展

【示范案例】

九江市政府撤回"丽景湾"项目行政许可案[①]

九江东磁公司是横店集团旗下专门开发房地产业务的公司,有"南湖地王"之称的丽景湾是该公司赴江西九江投资的首个房地产项目。据悉,该项目用地是九江东磁

---

① 案例来源为:谢红玲:《叫停南湖地王善后不利 九江政府遭开发商叫板》,载《中国经营报》2008 年 4 月 4 日。

于2004年1月8日以公开竞拍的方式获得的,位于九江市长虹大道北侧,火车站外广场两侧,东临南湖公园,西临市委、市政府办公大楼,使用期70年,属于房地产开发用地。竞拍成功后,九江东磁就与有关部门签订了正式的国有土地出让合同,缴纳了土地出让金,取得了《国有土地使用证》,并将项目命名为"丽景湾花园"。

据九江东磁总经理何健反映,当年6月,九江市规划局主持第一次项目规划方案的评审并提出相关意见,六次修订后经九江市政府、九江市规划局审核批准。2005年5月12日,九江市政府、九江市规划局针对项目召开了城市规划行政许可听证会,获绝大多数参会单位、参会代表的赞成通过。2005年11月,开发商取得建设用地规划许可证;2006年10月,开发商取得建设工程规划许可证和建设工程施工许可证;2006年11月11日,项目正式动工。同月,九江市政府领导班子换届。

就在项目按计划正常进行时,2007年4月30日,九江市建设局发出《关于暂停丽景湾工程施工的通知》;2007年6月16日,中共九江市委、市人大、市政府、市政协召开会议,以群众反映大为由要求项目停建并撤回项目许可,还同时决定成立九江市丽景湾项目善后处理领导小组,由市委常委、副市长张华亲任组长。随后,6月20日,九江市规划局、九江市国土资源局、九江市建设局联合下发《关于对停建"丽景湾"建设项目及善后处理意见的告知书》;2007年6月22日,九江市规划局作出撤回建设用地规划许可证和建设工程规划许可证的决定;同日,九江市建设局作出撤回施工许可的决定。

据有关人士透露,政府方面作出叫停并撤回各种行政许可的起因是九江市五位人大常委提出的《关于要求停止"丽景湾"工程项目建设的议案》。而据当地企业人士猜测:真实原因应该是政府换届后新的领导班子对城市规划有新的打算,要把这块地用途变更为绿地。事发之后,双方多次进行沟通,企业希望政府部门收回成命,政府希望企业接受行政命令。以维护"公共利益"为名的九江市政府态度一直很坚决,东磁方面的态度同样坚决。

据知情人透露,2004年以来,九江市民对出让火车站外广场两侧用地并拟建高层建筑就有反映,认为会严重影响城市景观和南湖公园功能的发挥以及火车站广场的人车分流。据说,这也是丽景湾被叫停的"公共利益"原因的主要指向。但是,在南湖周围建筑的高度方面九江市并未有详细的明文规定,而且目前周围除"丽景湾"外还有在建的高层建筑也并未被叫停。

"丽景湾"地块在1985年和1995年的城市总体规划中都被定性为城市绿化用地,在2003年12月10日被九江市国土局编号准备挂牌拍卖时性质改变为了房地产开发用地,该项目还被列为九江市百个重大工程之一,规划方案曾应当地政府的要求多次修改,最终按市政府意见定的稿。

变故究竟因何而生?记者了解到,政府新领导班子上任后对城市规划有了新的想法:一开始说"群众反映意见大";后来说要用来建绿地;现在又说要做"文化用地"。

政府有关人士透露,撤回对项目的行政许可后政府曾提出两个解决方案:一个是土地置换,但被开发商拒绝;一个是补偿提议,但没有具体方案,开发商也不接受。何健算了一笔账:丽景湾项目如能顺利开发的话,保守预估税前利润有5.5亿元,而政府谈到的两个解决方案与企业目前已产生的损失相距甚远,更别谈收益了,因此不能接受。

法律问题:本案中九江市政府有关部门撤回丽景湾项目行政许可的做法是否合法?

法理分析:本案发生后曾经引起媒体广泛关注,也引发了行政法学者的讨论。有关九江市政府部门撤回丽景湾项目多项行政许可(包括建设用地规划许可证、建设工程规划许可证、施工许可证)的行为,在以下几个方面存在合法性的争议。

第一,关于撤回的理由。按照《行政许可法》的规定,撤销行政许可的法定理由是"行政许可所依据的法律、法规、规章修改或者废止,或者准予行政许可所依据的客观情况发生重大变化的,为了公共利益的需要"。首先,在本案发生时,我国有关建设用地规划许可、建设工程规划许可、施工许可的法律、法规、规章都没有发生修改或者废止,九江市有关部门在废止相关行政许可时也没有提出这样的理由。因此,这一理由显然是不存在的。其次,如果说准予许可的客观情况发生了什么重大变化的话,就是九江市政府所说的"规划变了"。但是,规划到底为什么变了?变了什么内容?变到了什么程度以至于需要撤回这样一个重点项目的行政许可?九江市有关部门在其撤回的决定中都没有回答。甚至,规划到底是不是变了,到底有没有一个新的规划存在,这些问题都没有得到证明。因此,这样的理由同样是不能成立的。

如此看来,能够作为撤回理由的只剩下一个"为了公共利益的需要"了,九江市有关部门似乎也是将这一点作为理由的。相关的说法包括,"政府方面作出叫停并撤回各种行政许可的起因是九江市五位人大常委提出的《关于要求停止'丽景湾'工程项目建设的议案》","真实原因应该是政府换届后新的领导班子对城市规划有新的打算,要把这块地用途变更为绿地","2004年以来,九江市民对出让火车站外广场两侧用地并拟建高层建筑就有反映,认为会严重影响城市景观和南湖公园功能的发挥以及火车站广场的人车分流",等等。这些理由无一不指向所谓的"公共利益"。

但是,这样的理由也是很难成立的。首先,丽景湾项目的行政许可决定在作出时已经对公共利益进行了充分的考虑。九江市政府及其有关部门当初在决定建设丽景湾项目时,是进行了严密论证的,"九江市规划局主持第一次项目规划方案的评审并提出相关意见,六次修订后经九江市政府、九江市规划局审核批准"。而且,"九江市政府、九江市规划局针对项目召开了城市规划行政许可听证会,获绝大多数参会单位、参会代表的赞成通过"。如果不是认为丽景湾项目的建设无损于公共利益,反而将增进公共利益,我们很难想象该项目在这么多次的评审和听证中能够顺利获得通过。那么,现在九江市政府又以公共利益为由来撤回这项许可,就很难有说服力了。其次,撤回丽景湾项目的行政许可反而会给公共利益带来损害。因为撤回许可之后所带来的就是相应的补偿,由于该项目投入和预期收益巨大,如果依法补偿,数目不菲。而补偿的资金最终还是来自于纳税人,对于公共利益必将造成巨大的损失。再次,即使这里真正存在着值得保护的公共利益,也未必就需要撤回许可。因为,公共利益并不是一个空洞、笼统的概念,是有性质、大小之分的。是否应当出于公共利益的需要而撤回丽景湾项目的行政许可,当地政府还应该根据行政法上的比例原则来衡量撤回之后所实现的公共利益与撤回之后所付出的代价两者之间孰大孰小,而不是一谈到"公共利益"就要一刀切,其他利益、其他因素都应当为之让路。如果经过认真考量,诸如建设"绿地"、影响城市景观、影响南湖公园功能的发挥以及火车站广场的人车分流等公共利益还没有强大到需要撤回政府此前依法作出的一系列行政许可决定并付出巨额补偿的程度,就仍然不应撤回这些许可决定。

综上分析可以发现,九江市政府撤回丽景湾项目行政许可的行为在理由上是难以成立的,至少是不充分的。

第二,关于撤回的程序。本案中丽景湾项目的有关行政许可被撤回的过程是这样的:首先,九江市建设局于2007年4月30日给东磁公司一个《关于暂停丽景湾工程施工的通知》(九建办字[2007]57号),内容是"丽景湾工程由于社会反映大,市人大即将对该工程进行专题视察,请贵公司暂停施工"。接着,在2007年6月20日,九江市规划局、国土资源局、建设局联合发出《关于对停建"丽景湾"建设项目及善后处理意见的告知书》,文中对作出停建决定的程序作了一些交代,即"丽景湾项目取得各项行政许可手续后,人民群众提出了异议,为此,市人大组织部分省市人大代表对该项目进行重点视察,并组织由工程院院士参加的权威规划设计专家进行了论证。根据人民群众的意愿、人大代表视察的建议和专家论证的意见……"最后,在2007年6月22日,九江市规划局《关于撤回2005X0201077～078号〈建设项目选址意见书〉、2005Y0201056～057号〈建设用地规划许可证〉、2006G0201364～367号〈建设工程规划许可证〉的决定》(九规决字[2007]01号);同日,九江市建设局作出《关于撤回360403200610250101/360403200610250201号施工许可证的决定》(九建决字[2007]1号)。在这一过程中,我们可以发现,九江市有关部门在撤回许可时并没有向东磁公司告知具体的理由,也没有给东磁公司陈述申辩的机会,更没有召开听证会。我们知道,按照正当程序原则的要求,行政机关在作出重要的行政决定时应该听取相关利益主体的意见,允许其表达自己的意见,对于比较重大复杂的事项还要邀集各方利益主体一起来举行听证、辩论。在本案中,九江市有关部门在作出相关决定时,虽然提到了"人民群众的意见""人大代表视察的建议"和"专家论证的意见",但是,对于受到该决定影响最重大的项目单位东磁公司却没有听取其意见。这种做法,在程序上是存在严重缺失的。尽管在《行政许可法》和其他相关法律、法规中,目前还没有明确规定撤回行政许可时应当遵循的程序。但是,程序正当作为行政法法上的一项基本原则,在法律适用上具有重要的补充作用,在没有明确法律规范的情况下,应当被直接适用,也应当被行政机关所遵循。况且,在国务院2004年3月22日颁布实施的《全面推进依法行政实施纲要》中已经对程序正当原则进行了表述,要求"行政机关实施行政管理,除涉及国家秘密和依法受到保护的商业秘密、个人隐私的外,应当公开,注意听取公民、法人和其他组织的意见;要严格遵循法定程序,依法保障行政管理相对人、利害关系人的知情权、参与权和救济权"。实践中,也已经出现了不少司法机关在没有具体法律规范的情况下,直接根据程序正当原则判决具体行政行为违法的案例。据此,我们可以判断,九江市有关部门有关撤回丽景湾项目相关行政许可的行为,在程序上是有问题的。

第三,关于补偿的方案。九江市有关部门在撤回丽景湾项目的行政许可后,也提到要给予合理补偿。其中,九江市规划局、国土资源局和建设局在《关于对停建"丽景湾"建设项目及善后处理意见的告知书》中专门用一个标题说明了要"依法给予项目开发单位合理补偿",提到"我们将依法依规妥善处理丽景湾项目善后事宜,既要努力把损失降到最低程度,又要对因停建丽景湾项目给被许可人横店集团九江东磁房地产有限公司造成的财产损失,依法给予合理补偿"。在撤销许可证的两个行政决定中,九江市规划局和建设局又再次表示"对因停建丽景湾建设项目给被许可人横店集团九江东磁房地产有限公司造成的财产损失,我们将依法给予补偿"。根据媒体报道,九江市政府也曾提出两个解决方案:一个是土地置换,一个是补偿提议(但没有具体方案),但东磁公司都表示拒绝。拒绝的原因是这两个解决方案与该企业目前已产生的损失相距甚远,更谈不上收益,因此不能接受。在本案中,我们可以发现,在九江市有关部门给丽景湾项目颁发了一系列行政许可之后,东磁公司对此已经产生了合法的预期和信赖,其信赖表现就是投入了大量的资金用于丽景湾项目的开发。而后来,九江市政府又以"公共利益"为由撤回了许可,这无疑损害了东磁公司的信赖利益。作为政府改变自身行为从而给当事人带来信赖利益损失的一种"对价",政府应当为此作出补偿,而补偿的标准应当足以弥补当事人的损失。什么样的补偿标准是充分合理的呢? 就本案而言,至少应当由三个部分构成:(1)东磁公司在丽景湾项目上已经投入的各种成本,这是最直接的损失。(2)东磁公司因为丽景湾项目中断建设而中止与上游供应商的合同,由此所造成的违约金,这种损失虽然还不是现实发生的,但必然会发生,也应当足额给予补偿。(3)东磁公司在丽景湾项目上的合理预期收益,据东磁公司在案中所称,其收益将高达几个亿。但考虑到这部分收益只是预期收益,而且其产生还存在一定的不确定性,按照评估所得的预期利益损失全部足额赔偿也并不现实,但这并不意味着对这部分损失完全不应予以考虑。合理的做法应该是在东磁公司预期损失的范围内按一定比例给予补偿。但是,我们在案中看到,九江市政府提出的补偿方案与上述标准还是有明显差距的,不是一个合理的、当事人可以接受的补偿方案。

【思考案例】

北京市出台高校毕业生落户年龄限制的指导性意见①

2013年5月初,一则"北京禁超24岁本科生落户"的新闻引发了巨大的舆论争议。后来多家媒体记者向北京市相关部门采访求证此事。2013年5月3日,北京市人力资源和社会保障局通过人民网回应毕业生落户有年龄限制一事时表示,用人单位引进落户的应届非北京生源毕业生,毕业当年本科生不超过24岁、硕士生不超过27岁、博士生不超过35岁,这一要求不是针对特定人群提出的新的进京政策,而是对当前北京市属用人单位人才队伍建设工作提出的指导性意见。

北京人社局相关负责人说,近年来,北京市按照控制引进数量、提高引进质量、保障人才需求的原则,围绕各项事业发展的人才需求,在严格控制户籍人口增长规模的前提下,引进急需紧缺的优秀非北京生源毕业生。每年根据人才供需缺口情况,向各市属用人单位提出重点引进人才类型的指导性意见,不断优化本市人才队伍的专业结构、学历结构和年龄结构。

市属用人单位引进非北京生源高校毕业生,是外埠人才进京落户的渠道之一。这一渠道的引进重点是连续升学、初次参加就业的年轻应届毕业生,而不是有长期工作经历、在职就读的人群。

据了解,此前,北京市引进落户的非北京生源高校毕业生,原则上要求毕业当年不超过35周岁。对于超过35周岁、有较长工作经历及各类在职学习的人员,一般通过北京市有关成熟人才引进的渠道和标准申请引进,只要是北京急需紧缺的高素质人才,都有相应的进京渠道。

2013年,为了进一步调整北京人才队伍年龄结构,优先给年轻应届毕业生以更多的留京发展机会,北京人社局原则上要求市属各用人单位引进落户的应届非北京生源毕业生,毕业当年本科生不超过24岁、硕士生不超过27岁、博士生不超过35岁,所学专业与接收单位的主营业务和工作岗位要求一致。这一要求不是针对特定人群提出的新的进京政策,而是对当前北京市属用人单位人才队伍建设工作提出的指导性意见。超出年龄指导线的毕业生,仍可按照引进人才的渠道和标准申请办理引进落户工作。

人社局相关负责人表示,考虑到2013届高校毕业生择业正在进行中,已有部分毕业生与用人单位达成了初步接收意向,该局已通知各用人单位:对于此前已与用人单位达成接收意向,且用人单位满意、愿意引进的2013届毕业生,由用人单位提出申请,仍可按规定引进。

法律问题:办理居民户口迁移手续属于何种方式的行政行为?北京市出台高校毕业生落户年龄限制的措施,这一政策的合法性如何?

---

① 案例来源为:林露:《北京人社局:毕业生落户有年龄限制只是指导性意见》,载"人民网"北京2013年5月3日电讯。

【学术探讨】

在我国行政管理的实践中,除了行政许可,还存在一个"行政审批"的概念,通常认为这一概念包含行政许可。除了行政许可,其他的审批叫做"非许可审批",而这些"非许可审批"是不受《行政许可法》调整的,事实上也不受任何其他法律调整——因为不存在其他的相关法律。那么,你认为"行政审批"和"行政许可"到底是否有所不同?是不是真的应该存在"非许可审批"?如何解决"非许可审批"泛滥并不受法律约束的问题?

第八章

行政处罚

思维导图

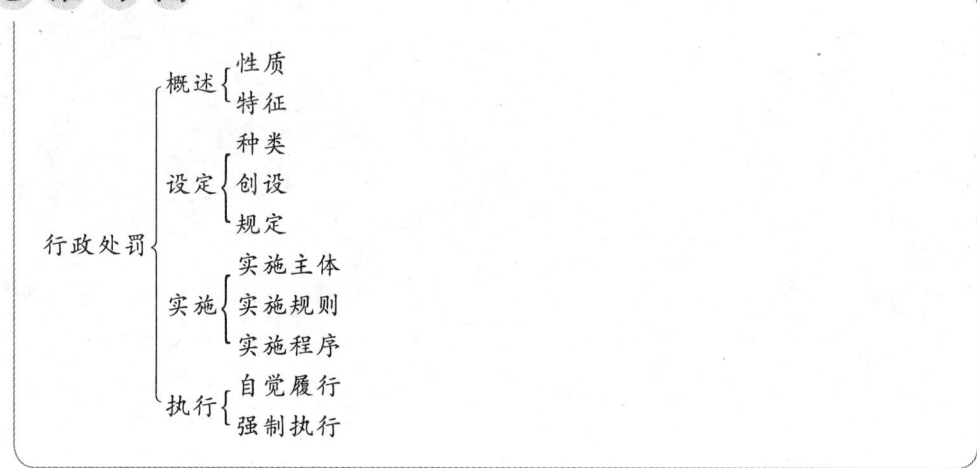

　　行政处罚,指的是行政主体对于实施了违法行为,但尚未构成犯罪的公民、法人或其他组织,通过剥夺或限制其一定利益的方法,加以惩戒的行为。在我国的行政处罚制度中,1996年实施的《行政处罚法》居于一般法的核心地位,与其他单行的法律、法规、规章,如《治安管理处罚法》等,以及散见于其他法律、法规、规章中的单行性规范,共同构成完整的行政处罚制度体系。本章主要阐述行政处罚的一般制度。

第一节　行政处罚概述

一、行政处罚的性质

　　所谓行政处罚,就是对公民、法人或其他组织的行政法律责任进行追究。公民、法人或其他组织因违法行为可能承担的法律责任包括民事责任、行政责任、刑事责任三种,其中,行政责任就表现为违法行为人接受的行政处罚。公民、法人或其他组织因其违法行为,可能只承担一种法律责任,也可能同时承担两种甚至三种法律责任。例如,某个体餐馆因严重食品安全事故导致顾客中毒,就既要向受害人承担民事赔偿责任,责任人也可能被追究刑事责任,该餐馆还可能受到吊销营业执照的处罚,后者就是行政法律责任。

在某些国家,对行政法律责任的追究并不完全由行政机关实施,而是由行政机关和司法机关共同实施。例如,对于轻微的交通违章行为——如违章停车,可以由交警部门直接作出处罚决定,而对于稍重一点的交通违章行为,交警部门则不能直接处罚,而是由其代表公众向法院提起公诉,由法院通过判决来追究行为人的责任。对于后面一种情况,从形式上看,行政机关提起的是一种民事公诉,法院判决行为人承担的也是一种民事责任;但在实质上,这是当事人违反了行政管理秩序而承担的法律责任,是一种行政法律责任。

二、行政处罚的特征

按照本书前文所介绍的行政行为分类标准,行政处罚是一种依职权行政行为、负担性行政行为、要式行政行为,多数情况下又是裁量性行政行为。

(1)依职权行政行为。行政处罚必然是行政机关主动实施的,任何正常人都不可能申请接受行政处罚——行政机关也不可能受理这样的申请。在某些情况下,行政机关是基于他人举报对违法行为加以调查之后作出处罚的,但这也不能否认它是一种依职权的行政行为。

(2)负担性行政行为。行政处罚的内容表现为对当事人某种权益的限制和剥夺,当然是负担性的行政行为。

(3)要式行政行为。行政处罚必须以书面决定的方式作出,这种书面决定的格式和要素还有十分严格的限制,当然是要式行政行为。

(4)多为裁量性行政行为。大多数法律、法规、规章在设定行政处罚时,都会将具体的处罚标准规定为一定的幅度,如拘留几日到几日、罚款若干到若干(或几倍到几倍)、暂扣许可证几月到几月、责令停产停业几月到几月等。当然,某些种类的行政处罚是没有幅度可言的,如警告、没收等,这样的处罚在实施时就可能是羁束性行政行为。

第二节 行政处罚的设定

行政处罚的设定,即哪一个国家机关能够通过何种形式来设定何种行政处罚的问题。行政处罚的设定与行政许可的设定类似,也包括"创设"和"规定"两个层次。创设,指的是创造出一个本不存在的处罚事项;规定,指的是对一个业已存在的处罚事项进一步的、具体化的规范。介绍行政处罚的设定,首先不得不涉及行政处罚的种类问题,因为处罚设定权在各个国家机关之间的划分,实际上就是通过划分出不同类型的处罚,并按照其性质将其设定权配属于各个国家机关。

一、行政处罚的种类

我们知道,行政处罚的目的是剥夺或限制当事人的一定权利,而行政处罚种类划分的标准,依据就是当事人被剥夺或限制的权利在类型上的不同。据此,行政处罚可以被划分为自由罚、行为罚、财产罚与声誉罚四大类。

1. 自由罚

又称人身罚,是以限制被处罚人的人身自由为内容的行政处罚,是行政处罚中最严厉的一种,主要指的是行政拘留。已经被废止的劳动教养实际上也是一种自由罚,虽然劳动教养宣称其主要功能是对有严重违法行为(但尚未构成犯罪)或者有轻微犯罪的人进行矫治,但其实质和主要的功能还是对这些人的违法行为或轻微犯罪行为进行惩罚,而这种惩罚又不是由法院作出而是由行政机关作出的,因此其性质主要还是一种自由罚。

2. 行为罚

又称为资格罚、能力罚,指的是以限制或剥夺被处罚人从事特定行为的能力和资格为内容的行政处罚。具体表现为责令停产停业,暂扣或吊销许可证和执照等形式,如责令企业停业整顿、吊销驾驶证、暂扣营业执照等。例如,责令停产停业就是限制被处罚者在一定时间内从事生产经营活动的资格。行为罚也是一种较严厉的处罚,对其设定与实施的要求也比较严格。

3. 财产罚

指的是以剥夺被处罚人一定数量的财产为内容的行政处罚,具体表现为罚款与没收。其中罚款是最常见的、应用最广泛的行政处罚形式;没收则包括没收违法所得与没收非法财物。

在这里需要注意违法所得和非法财物的区别。违法所得,指的是因被处罚人从事违法行为而获得的财产性利益;非法财物,指的是被处罚人为了实施违法行为而使用的资金或设备等财物。如某地下工厂因为制造假烟而被查处,其制造假烟而获得的金钱就是违法所得,为制造假烟而购置的设备或准备的原料就是非法财物。还要注意,行政处罚中的没收与刑罚上的没收财产有着本质区别,行政处罚中被没收的财产都与被处罚人实施的违法行为有关,而刑罚上被没收的财产则未必与罪犯的犯罪行为有关,它可以是罪犯通过实施犯罪行为获得的,也可以是通过其他方式获得的。

4. 声誉罚

又称名誉罚,指的是以降低被处罚人的社会评价为内容的行政处罚。《行政处罚法》规定的声誉罚只有警告,一些单行法还规定了通报批评。声誉罚属于程度较轻的处罚,其运用相对广泛。

▶ **例 8-1** 下列哪一行为属于行政处罚?

A. 公安交管局暂扣违章驾车的张某的驾驶执照 6 个月

B. 工商局对一企业有效期届满未申请延续的营业执照予以注销

C. 卫生局对流行性传染病患者强制隔离

D. 食品药品监督局责令某食品生产者召回其已上市销售的不符合食品安全标准的食品

分析：A项的"暂扣违章驾车的张某的驾驶执照6个月"显然属于暂扣许可证的行政处罚。B项是行政许可的注销，不是行政处罚。C项的强制隔离措施是一种行政强制措施，也非行政处罚。D项是责令纠正违法行为的命令，尽管行政机关在作出处罚的同时往往会同时责令当事人停止或者纠正其违法行为，但这并不意味着这也是一种处罚，因为责令停止或纠正违法行为并不同于限制或者剥夺当事人某方面的利益。

二、行政处罚的创设

创设是行政处罚设定的第一个层次，主要解决行政处罚权在各个国家机关之间如何分配的问题。

1. 法律的创设

法律可以创设《行政处罚法》中所规定的各种类型的处罚，还可以创制《行政处罚法》中所没有规定的其他处罚类型。例如，通报批评就是一种《行政处罚法》所没有规定、但很多法律予以创设的一种处罚。

2. 行政法规的创设

行政法规也可以创设《行政处罚法》中所列明的各种处罚类型，以及该法所没有列明的其他类型的处罚，但限制人身自由的处罚除外。因为，根据《立法法》的规定，限制人身自由的处罚和强制措施属于法律绝对保留事项。

3. 地方性法规的创设

地方性法规可以创设《行政处罚法》中所规定的大部分行政处罚类型，但限制人身自由的处罚，以及吊销企业营业执照的处罚除外。这里，对"吊销企业营业执照"要做准确理解：一要注意这是吊销，如果是暂扣，地方性法规仍然可以创设；二要注意吊销的是企业的执照，如果吊销的是个体户的，地方性法规也仍可以创设；三要注意吊销的是企业的营业执照，如果吊销的是企业的其他执照或许可证，地方性法规同样可以创设。

4. 行政规章的创设

行政规章包括部门规章与地方政府规章，可以创设的处罚类型只有警告与罚款。需要注意两点：一要注意行政规章创设罚款的时候，罚款的限额是不能自主决定的，部门规章的罚款限额应当由国务院规定，而地方政府规章的罚款限额应由其所在的省级人大常委会决定；二要注意如果是部门规章创设行政处罚，国务院组成部门的规章可以自行创设，而国务院直属机构的规章如果创设处罚，还需经过国务院的授权。

三、行政处罚的规定

行政处罚的规定,就是对已经创设出来的行政处罚做进一步的、具体的规范。行政法规、地方性法规、行政规章都可以对上位法已经创设的处罚事项作出具体规定。但这种规定必须遵循上位法优先的原则,不得违反上位法规定的给予行政处罚的行为、种类和幅度。对这一原则应如此理解:

1. 不得违反上位法规定的处罚行为

指的是不能改变行政处罚的适用范围,上位法规定了这种处罚是适用于什么行为的,下位法不能篡改将其适用到别的行为上去。例如,法律规定对酒后驾驶机动车的给予 500 元到 1000 元的处罚,作为下位法的行政法规在进一步规定时,就不能规定说对疲劳驾驶机动车的也给予这个处罚。

2. 不得违反上位法规定的处罚种类

指的是上位法一旦规定对某一行为给予什么种类的处罚,下位法就既不能增加也不能减少它,但在可能的情况下可以作出一定选择。例如,行政法规规定对集贸市场中的价格欺诈行为,可以罚款或暂扣半个月营业执照,如果工商总局的部门规章进一步规定:对于这种行为,可以只给予警告,或者只给予罚款,或者只暂扣营业执照——这都违反了上位法所规定的处罚种类。当然,部门规章可以规定在哪些具体情况下罚款,哪些具体情况下暂扣营业执照。

3. 不得违反上位法规定的处罚幅度

处罚幅度一般在罚款(如罚款 50 元到 100 元)、拘留(如拘留 5 日到 10 日)、暂扣许可证和执照(如暂扣 1 个月到 3 个月)这几类处罚中可能出现,由一个上限和一个下限构成。不违反的幅度,就是既不能改变其上限,也不能改变其下限,只能在这个幅度内区分具体情况规定其适用。

除法律、行政法规、地方性法规、行政规章外,其他规范性文件既无权创设、也无权规定行政处罚。

第三节　行政处罚的实施

行政处罚的实施与行政许可的实施类似,都包括实施主体和实施程序的问题,对于行政处罚来说,一些实施中的基本原则也十分重要。

一、行政处罚的实施主体

1. 主体的类型

(1) 行政机关

行政机关实施处罚包括两种情况:一是一般行政机关的实施,二是综合执法机关的实施。

一般行政机关,可以在其职权范围内实施行政处罚。

综合执法机关,即集中行使行政处罚权的行政机关。国务院或经国务院授权的省级政府,可以决定由一个行政机关行使多个行政机关的处罚权,但限制人身自由的行政处罚权,以及海关、国税、金融、外汇管理等中央垂直领导部门的行政处罚权除外。行政处罚权的集中行使,就是将原来分散于多个行政机关手里的处罚权收归一个行政机关行使,实现了权力的集中和转移;原来的机关就此失去有关行政处罚权,这些机关如果再实施行政处罚,就是无效的。

▶ **例 8-2**　某省政府根据国务院的授权,决定由城建规划局统一行使数个政府职能部门的行政处罚权。根据《行政处罚法》的规定,城建规划局不能行使下列哪一项职权?

A. 交通管理机关的罚款权
B. 环境保护局的罚款权
C. 公安机关的行政拘留权
D. 工商行政管理部门的吊销营业执照权

分析:C 项的拘留权是限制人身自由的处罚权,不得被其他部门集中行使。除此以外,其他三项的处罚权既不涉及限制人身自由,也不是中央垂直领导部门的处罚权,都可以被城建规划局集中行使。

(2)被授权组织

法律、法规授权的具有管理公共事务职能的组织,可以在其授权范围内实施行政处罚。例如,中国足协根据《体育法》的授权,可以对有违规行为的俱乐部或者球员实施处罚。需要注意,只有法律、法规授权的组织才有行政处罚实施权,规章不得授权社会组织实施行政许可,如果"授权"了也应被推定为委托,其实施行政处罚的法律后果应归属于"授权者"。

(3)委托实施行政处罚

有权的行政主体,可以依照法律、法规、规章的规定,在其法定权限内委托具备一定条件的社会组织实施行政处罚。基于行政委托的原理,受委托组织并非法律上的实施主体,其实施行政处罚的法律后果只能归属于委托者,此时行政处罚的实施者仍然是行政机关或被授权组织。

需要注意:第一,受委托组织必须以委托者的名义实施行政处罚,且不得将处罚事项转委托于他人。第二,受委托组织必须具备若干条件,应当是依法成立的管理公共事务的事业组织,具有熟悉有关法律、法规、规章和业务的工作人员,如需对违法行为进行技术检查或者技术鉴定的,还应当有条件组织进行相应的技术检查或技术鉴定。第三,不能委托个人实施行政处罚。

2. 管辖规则

即由哪一个级别、哪一个地方的行政机关主管某一行政处罚案件的问题。包括:

(1) 级别管辖

行政处罚由县级以上地方政府具有行政处罚权的行政机关管辖,但法律、行政法规另有规定的除外。据此,国务院的下属部门、乡镇政府、各种内设机构与派出机构,一般就不具备行政处罚权,除非法律与行政法规对此作出了特别规定,如《治安管理处罚法》规定派出所可以行使部分处罚权。

(2) 地域管辖

行政处罚由违法行为发生地的行政机关管辖。这里的"违法行为发生地"应作广义理解,不但包括主要违法行为实施地,还包括其相关行为的实施地,以及直接违法结果的发生地。

(3) 指定管辖

指定管辖适用于多个行政机关对处罚案件发生争议的情况。管辖争议包括积极争议与消极争议,积极争议指的是多个机关争夺管辖权,消极争议指的是多个机关推诿管辖权,均应由争议机关报请其共同的上一级行政机关指定管辖。

▶ **例 8-3** 个体户华某在某市甲区取得经营许可证,在乙区违法经营。对此,下列哪一说法是正确的?

A. 乙区行政机关应当在得到甲区作出行政许可决定的行政机关委托后依法对华某的违法行为予以处理

B. 乙区行政机关应当依法将案件移送甲区作出行政许可决定的行政机关处理

C. 此案应由甲、乙区有关行政机关共同处理

D. 乙区行政机关应当依法将华某的违法事实和处理结果抄告甲区作出行政许可决定的机关

分析:由于违法行为发生地(乙区)的行政机关具有处罚管辖权,甲区的机关就不可能具有对本案的处罚权。但是,甲区的行政机关向华某颁发了经营许可证,乙区的机关对华某处罚之后应当告知甲区作出许可决定的机关,这对于该机关将来对华某的许可证进行监督检查是有帮助的。因此,只有 D 项的说法是正确的。

二、行政处罚的实施规则

行政处罚的实施规则,就是指引行政主体如何适用行政处罚的一系列原则。《行政处罚法》中规定了一系列处罚实施规则,我们将其概括为三类:

1. 不处罚规则

指的是对于某些情况下的违法行为不予行政处罚的规则:

(1) 无责任能力者不处罚

行政责任能力,指的是当事人能够承担行政法上有关法律责任的能力。公民不满14周岁的,或不能辨认、不能控制自己行为的精神病人是无行政责任能力人,这些人如有违法行为,不予处罚。间歇性精神病人在精神正常时仍然能够辨认和控制自己的

行为,如果其在精神正常时实施违法行为,仍应给予处罚。

(2) 情节轻微者不处罚

当事人虽有违法行为,但其违法情节轻微并能及时纠正,没有造成危害后果的,也不予处罚。

(3) 过时未罚者不处罚

过时未罚,引起处罚时效消灭的后果,行政机关不得再对当事人的违法行为加以处罚。行政处罚时效有一般与特殊之分,一般时效就是《行政处罚法》上规定的2年,违法行为在2年内未被发现的不再给予行政处罚。特殊时效就是其他法律所规定的处罚时效,如《治安管理处罚法》规定的治安处罚时效就只有6个月。根据特别法优先的规则,如果其他法律对处罚时效另有规定时,应当适用其他法律的规定。

处罚时效,从违法行为发生之日起计算;违法行为处于连续或继续状态的,从该行为终了之日起计算。违法行为处于连续或继续状态,指的是两种较为接近但又不尽相同的情况,连续状态指的是当事人连续实施多个同样的违法行为;而继续状态指的是当事人持续不断地实施同一违法行为。

▶ **例8-4** 1997年5月,万达公司凭借一份虚假验资报告在某省工商局办理了增资的变更登记,此后连续四年通过了工商局的年检。2001年7月,工商局以办理变更登记时提供虚假验资报告为由对万达公司作出罚款1万元,责令提交真实验资报告的行政处罚决定。2002年4月,工商局又作出撤销公司变更登记,恢复到变更前状态的决定。2004年6月,工商局又就同一问题作出吊销营业执照的行政处罚决定。关于工商局的行为,下列哪一种说法是正确的?

A. 2001年7月工商局的处罚决定违反了行政处罚法关于时效的规定

B. 2002年4月工商局的处罚决定违反了一事不再罚原则

C. 2004年6月工商局的处罚决定是对前两次处罚决定的补充和修改,属于合法的行政行为

D. 对于万达公司拒绝纠正自己违法行为的情形,工商局可以违法行为处于持续状态为由作出处罚

分析:我们可以发现,本案中2002年4月工商局"撤销公司变更登记,恢复到变更前状态"的决定根本不是一次行政处罚,而BC两项的叙述均建立在认为这一决定是处罚的基础上,B项认为这个处罚违反了一事不再罚原则,C项则认为2001年7月和2002年4月工商局作出的是"两次处罚决定"。因此,这属于常识性错误,这两个说法必然是错误的。而AD两项的表述是直接对立的,就是2001年7月的处罚有没有超过2年处罚时效的问题。我们要注意,万达公司的违法行为在1997年实施之后就已经结束了,并不处于持续的状态,处于持续状态的只是该行为的违法后果,违法后果的持续当然不能等同于违法行为本身的持续。因此,2001年工商局作出的处罚已经超过了2年的处罚时效。

2. 不重(念 zhòng)罚规则

指的是对于某些情况下的违法行为不予重罚,而是从轻或者减轻处罚。从轻处罚,是指在法定的处罚类型、处罚幅度之中选择较轻的类型和幅度加以处罚;减轻处罚,指的是在法定的处罚类型、处罚幅度之外,适用更轻的处罚。

不重罚规则的具体内容包括:(1)未成年人不重罚,已满14周岁但不满18周岁的未成年人有违法行为的,应当从轻或减轻处罚。(2)悔改者不重罚,对于主动消除或减轻违法行为危害后果的人,从轻或减轻处罚。(3)胁从者不重罚,对于受他人胁迫而实施违法行为的人,从轻或减轻处罚。(4)立功者不重罚,对于配合行政机关查处违法行为有立功表现的人,从轻或减轻处罚。

▶ **例8-5** 运输公司指派本单位司机运送白灰膏。由于泄漏,造成沿途路面大面积严重污染。司机发现后即向公司汇报。该公司即组织人员清扫被污染路面。下列哪些说法是正确的?

A. 路面被污染的沿途三个区的执法机关对本案均享有管辖权,如发生管辖权争议,由三个区的共同上级机关指定管辖

B. 对该运输公司应当依法从轻或者减轻行政处罚

C. 本案的违法行为人是该运输公司

D. 本案的违法行为人是该运输公司和司机

分析: 路面被污染的沿途三个区都是本案的违法行为发生地,其执法机关都有对本案的处罚管辖权,因此A项的说法正确。案中行为人主动减轻了违法行为危害后果,应当依法从轻或者减轻处罚,B项也对。本案的违法行为人显然是雇用司机的运输公司,而不包括该司机,因此C项正确而D项错误。

3. 不再罚规则

不再罚规则是行政处罚的适用规则中最为重要的一组,包括两方面的含义:第一就是通常所说的一事不再罚,第二是刑罚与行政处罚相折抵。

(1) 一事不再罚

一事不再罚需要重点理解,其含义分为两个层次:第一,如果当事人实施的一个违法行为只触犯了一个法律规范,就只存在一个处罚事由,对此行政机关不得给予多次处罚;第二,如果当事人实施的一个违法行为同时触犯了多个法律规范,此时存在多个处罚事由,对此行政机关不得给予多次同一种类的处罚。

对第一个层次的理解相对简单,因为大多数违法行为都只违反了一个法律规范,行政机关也只有一个处罚依据,自然不能对当事人进行多次处罚。注意只能进行一次处罚,并不意味着这次处罚必然只有一项内容。一次处罚具有多项内容是很常见的,如交警对交通违章者可以在一次处罚中,同时处以暂扣驾驶证若干天并处罚款若干元的处罚,并不违反一事不再罚。

对第二个层次的理解要复杂一些,这是一事不再罚的核心。现实中,有一部分违

法行为同时触犯多个法律规范,此时同一个行政机关或不同的行政机关就有不同理由对当事人实施处罚。例如,某人在没有办理任何证照的情况下擅自开办餐馆,这是一个违法行为,却同时触犯了卫生管理、工商管理、税务管理等多个方面的法律规范,卫生部门、工商部门、税务部门都有权对其处罚。又如,某人酒后驾车驶入一公交车站造成秩序混乱,这也只是一个违法行为,但同时违反了《道路交通安全法》与《治安管理处罚法》,公安机关既可以以酒后驾车为由,也可以以扰乱公共场所秩序为由对其处罚。在这种情况下,行政机关根据不同事由对当事人分别进行处罚并无不妥。但要注意,这些不同处罚决不能属于同一种类,只能属于不同种类。如行政机关以一个事由对当事人处以罚款,而以另一事由吊销其营业执照,再以另一事由对其处以警告,这都不违反一事不再罚,但决不能给予两次罚款或两次警告。

还要注意,虽然《行政处罚法》只规定对当事人的同一个违法行为不得给予两次以上罚款,但我们决不能据此就认为只有罚款才是不能被重复适用的。根据不同处罚类型的属性,有的处罚天然就不可能被重复适用,如没收、吊销许可证和执照、责令停产停业。有的却很容易被重复适用,如罚款、拘留、警告,尤其是罚款的重复适用最为常见。对此,我们应把《行政处罚法》中的规定理解为是对罚款不能被重复适用的特别强调,而不是仅仅针对罚款。

(2) 行政处罚与刑罚相折抵

不再罚规则的另一含义,表现为行政处罚与刑罚相折抵。如果存在着某些行政处罚与某些类型的刑罚,它们所剥夺或限制的是当事人同一性质的权利,就不应当被重复适用到同一个人身上,而应互相折抵。这一原则主要被适用于这样一种情况,即当事人已经被处以行政处罚,在行政处罚被执行之后,又发现其行为已经构成犯罪并移交司法机关处理,最后又判处了刑罚。对于这种情况,必须将当事人已经被执行的行政处罚与将要执行的刑罚相折抵。当然,这两种法律责任的折抵是受到限制的,主要适用于两种情况:一是行政拘留折抵拘役或有期徒刑,因为行政拘留的处罚,与拘役或有期徒刑的刑罚,都属于对人身自由有期限的限制;二是罚款折抵罚金,因为罚款的处罚与罚金的刑罚,都是对当事人财产权利的剥夺。

需要注意,行政处罚中的没收不能与刑罚上的没收相折抵,因为行政处罚中的没收针对的是与当事人违法行为有关的财产,而刑罚上的没收则针对当事人的各种财产。

三、行政处罚的实施程序

行政处罚的实施程序,分为一般程序、简易程序与听证程序。一般程序是正常情况下适用的行政处罚程序,简易程序是一般程序的简便化,听证程序是一般程序的复杂化。我们先以一般程序为中心来介绍。

1. 一般程序

行政处罚的一般程序适用于正常情况下的处罚案件,如果一个行政处罚案件既不

符合简易程序,也不符合听证程序的适用条件,就必定适用一般程序。一般程序包括三个主要环节:

(1) 调查检查

调查检查是查明相对人违法事实的过程,对此法律规定了行政机关与相对人各自的权力(权利)和义务,需要注意:

第一,执法人数。行政机关在调查或者检查时,执法人员不得少于2人,并应当向当事人或有关人员出示证件。

第二,正当程序。行政处罚的调查检查必须符合正当程序的要求,一方面行政机关应当告知当事人其作出处罚决定的事实、理由及依据,并告知当事人依法享有的权利;另一方面行政机关必须充分听取当事人的陈述与申辩意见,对当事人提出的事实、理由和证据进行复核,且不得因当事人的申辩而加重其处罚。

《行政处罚法》特别规定行政机关及其执法人员在作出行政处罚决定之前,不依法向当事人告知处罚的事实、理由和依据,或者拒绝听取当事人陈述、申辩的,其行政处罚决定不能成立。注意对这一行为,如果按照行政行为效力的一般理论,只应被认定为无效,但法律在此将其特别规定为不成立。因此,我们只能将其作为行为不成立的情况来对待,即认定该行政行为在法律上并未实际发生或存在。《行政处罚法》还有一处类似规定,要求行政机关及其执法人员当场收缴罚款的,必须向当事人出具省级财政部门统一制发的罚款收据,不出具该收据的当事人有权拒绝缴纳罚款,这一规定同样是程序正当原则的体现。

第三,保存证据。行政机关在收集证据时,如遇证据可能灭失或者以后难以取得的情况,经行政机关负责人批准,可以先行登记保存,并在7日内及时作出处理决定,这种登记保存证据的行为属于行政强制措施。在登记保存期间,当事人或有关人员不得销毁或转移证据。

(2) 决定

决定环节,是行政机关根据已经查明的违法事实,适用法律作出处罚决定的过程。处罚决定应当由行政机关的负责人作出,对于复杂、重大的处罚案件,还需要由行政机关的负责人集体讨论作出决定。行政处罚决定包括三种可能:

第一,决定予以处罚,适用于当事人违法事实成立,且构成一定危害后果的情况;第二,决定不予处罚,适用于当事人违法事实不能成立,或违法事实虽然成立但情节轻微并未实际造成危害后果的情况;第三,决定不予处罚并移送司法机关,适用于违法事实成立且已经构成犯罪的情况。

(3) 送达

行政机关决定给予行政处罚的,应当制作加盖本机关印章的处罚决定书,并向当事人送达。行政处罚决定书应当在宣告后当场交付当事人;当事人不在场的,应当在7日内依照民事诉讼法的有关规定送达。

▶ **例 8-6** 根据《行政处罚法》的规定,下列哪些说法是正确的?

A. 违法行为轻微,及时纠正没有造成危害后果的,应当依法减轻对当事人的行政处罚

B. 行政机关使用非法定部门制发的罚款单据实施处罚的,当事人有权拒绝处罚

C. 对情节复杂的违法行为给予较重的行政处罚,应由行政机关的负责人集体讨论决定

D. 除当场处罚外,行政处罚决定书应按照民事诉讼法的有关规定在 7 日内送达当事人

分析: A 项的错误在于,违法行为轻微且及时纠正没有造成危害后果的,属于不予处罚(而非减轻处罚)的行为。行政机关使用非法定部门制发的罚款单据实施处罚的,属于无效行为,当事人有权拒绝,因此 B 项正确。C 项的说法也直接来源于《行政处罚法》的规定,同样正确。D 项很具迷惑性,需要注意即使在一般程序中,也只有在当事人不在场的情况下,处罚决定书才在 7 日内送达;如果当事人在场,也应当场送达。注意 D 项中"除当场处罚外"的表述,它的意思不是说作出处罚决定时当事人不在场,而是说不在违法现场当即作出处罚决定。

2. 简易程序

简易程序是一般程序的简便化,只适用于某些事实确凿、依据明确、程度较轻的处罚事项,原则上只适用于对公民处以 50 元以下罚款或警告,对法人或其他组织处以 1000 元以下罚款或警告的处罚。当然,如果另有其他法律规定了特殊的适用条件,按照特别法优先的原理,应当适用其特殊规定。例如,《道路交通安全法》规定,对于 200 元以下的交通罚款便可适用简易程序;《治安管理处罚法》规定,对于 200 元以下的罚款或者警告可以适用简易程序。尽管简易程序省略了一般程序中的若干环节,但它并不是残缺的,仍然包含了一套完整的实施过程,也包括调查检查、决定、送达三个基本环节,只不过这些环节与一般程序比起来简略了许多。简易程序的特殊之处表现在:

(1)一人执法。行政机关适用简易程序作出处罚时,法律对于执法人员没有人数上的要求,既可以是多人执法,也可以是一人执法。出于提高行政效率的考虑,行政机关在绝大多数情况下都只会由一名工作人员适用简易程序。

(2)当场决定。适用简易程序的行政处罚,其调查检查阶段与决定阶段在时间上是连续的,在主体上也是统一的。执法人员在当场查明事实之后,无须报送行政机关的负责人,而是自己当场作出处罚决定。

(3)当场送达。适用简易程序的行政处罚,执法人员应当场填写好预定格式、编有号码、并由自己签名盖章的行政处罚决定书。处罚决定书应当场交付当事人,但事后执法人员须将该处罚决定报所属行政机关备案。

3. 听证程序

听证程序是一般程序的相对复杂化,在本质上还是属于一般程序的一种,它主要

适用于对当事人损害程度较重的处罚。行政机关作出责令停产停业、吊销许可证或执照、较大数额罚款等行政处罚决定之前,应当告知当事人有要求举行听证的权利。需要注意的是,对于行政拘留并不适用听证,而是另行建立了暂缓执行制度,就是当事人不服拘留决定的,可以提起行政诉讼或者申请行政复议,同时提供符合条件的保证人或者按每日拘留缴纳200元的保证金。在这种情况下,公安机关对于没有社会危险性的当事人可以暂缓执行其拘留处罚,等待行政诉讼或行政复议的结果之后,再根据此结果决定是否再执行该拘留。我们在这里对于行政处罚的听证程序,主要把握如下几点:

(1) 听证程序的启动

行政处罚听证的启动方式与行政许可听证的启动不同,只有依当事人的申请被动启动,不存在行政机关依职权主动决定听证的情形。

(2) 听证中的期限

第一,申请期限,申请人、利害关系人,应当在被告知听证权利之日起3日内提出听证申请;第二,告知期限,行政机关应当于举行听证的7日前将举行听证的时间、地点通知申请人。

(3) 听证主持人的回避

行政处罚听证主持人的公务回避与行政许可听证类似,能够引起行政机关工作人员回避的原因是相同的:一是实体原因,二是程序原因。基于实体原因的回避,指的是如果行政处罚的当事人认为主持人与该处罚案件有直接利害关系的,有权申请回避。基于程序原因的回避,指的是在听证前已经参与处罚案件调查的工作人员不能担任听证主持人,因为参与处罚案件调查的工作人员已经了解了该案的初步事实,并很可能已对此形成了某些固定看法,为了避免因其观念上的"先入为主"而造成行政处罚决定的不公,不能由其担任听证主持人。

(4) 其他问题

还需注意几点:第一,听证公开,除涉及国家秘密、商业秘密或个人隐私外,听证应当公开举行;第二,听证免费,即当事人不承担行政机关组织听证的费用,该费用由行政机关承担;第三,委托参加听证,即当事人既可以亲自参加听证,也可以委托1至2人代理。

▶ **例8-7** 某区公安分局以沈某收购赃物为由,拟对沈某处以1000元罚款。该分局向沈某送达了听证告知书,告知其可以在3日内提出听证申请,沈某遂提出听证要求。次日,该分局在未进行听证的情况下向沈某送达1000元罚款决定。沈某申请复议。下列哪些说法是正确的?

    A. 该分局在作出决定前,应告知沈某处罚的事实、理由和依据

    B. 沈某申请复议的期限为60日

    C. 该分局不进行听证并不违法

D. 该罚款决定违法

分析： 实施行政处罚应当告知当事人事实、理由和依据，A 项显然正确。行政复议的申请期限是 60 天（详见后文"行政复议程序"），B 项正确。尽管本案中 1000 元的罚款决定并不需要听证（《治安管理处罚法》规定适用听证的罚款数额是 2000 元以上），但行政机关已经告知了沈某可以申请听证，等于加重了行政机关自身的程序性义务，这也是可以的。但是，沈某随后申请听证，行政机关又不进行听证而直接作出了罚款决定，这就违反了程序正当的要求了，应当认为属于违法行为，因此 C 项错误而 D 项正确。

▶ **例 8-8** 关于行政处罚和行政许可行为，下列哪些说法是不正确的？

A. 行政处罚和行政许可的设定机关均应定期对其设定的行政处罚和行政许可进行评价

B. 法律、法规授权的具有管理公共事务职能的组织，可依授权行使行政处罚权和行政许可权

C. 行政机关委托实施行政处罚和行政许可的组织应当是依法成立的管理公共事务的事业组织

D. 行政机关依法举行听证的，应当根据听证笔录作出行政处罚决定和行政许可决定

分析： 解答本例需要对行政许可与行政处罚两项制度进行综合比较，才能得出准确的结论。只有行政许可要求设定机关定期对许可的设定加以评价（另外一个有此类规定的立法是行政强制法），但行政处罚无此要求，因此 A 项错误。B 项正确，因为授权实施是行政许可与行政处罚的共同规定，而且其授权的依据都可以是法律或者法规，授权的对象都是管理公共事务的组织。C 项是错误的，因为行政许可的委托对象只能是其他行政机关而不包括事业组织。行政处罚的委托对象按照法律的规定是事业组织，当然，举轻以明重，也可以委托给其他行政机关。对于 D 项，应当注意行政处罚的听证程序不同于行政许可的听证，并未规定听证笔录案卷排它的原则，因此是错误的。实际上，除了行政许可法之外，其他法律上的听证程序都还没有规定案卷排他制度。

第四节　行政处罚的执行

行政处罚的执行包括两部分内容，一是行政处罚的自觉履行，二是处罚的强制执行。综合起来讲，指的都是行政处罚决定所确定的权利义务最终如何实现的问题。

一、行政处罚的自觉履行

各种类型的行政处罚具有不同的自然属性，其权利义务内容的实现方式明显不

同。行政拘留涉及对公民人身自由的限制,只能由承担警察职能的行政机关实施与执行,因此《行政处罚法》对其执行未作规定,由《治安管理处罚法》规定;责令停产停业、暂扣或吊销许可证和执照的处罚,由行政机关直接执行即可,不存在当事人的履行问题;警告的处罚一经行政机关作出就达到效果,也不存在当事人履行问题。存在当事人履行问题的主要是财产罚,尤其是罚款。《行政处罚法》所规定的行政处罚的履行,就是围绕罚款的收缴展开的。罚款的收缴,包括两个方面:

1. 职权分离的原则

指的是在罚款的收缴过程中,罚款的决定者、收缴者、所有者三者的分离,这是罚款收缴的基本原则。其中,所有者与其他二者的分离是绝对的,而决定者与收缴者的分离则是相对的,在特殊的情况下可能出现决定者自己收缴的例外。

(1) 决定者。罚款的决定者是作出处罚决定的行政主体。

(2) 收缴者。罚款的收缴者是银行,除了当场收缴的特殊情况外,作出行政处罚决定的行政机关及其执法人员不得自行收缴罚款,而应由当事人在收到行政处罚决定书之日起15日内到指定银行缴纳罚款。

(3) 所有者。罚款的所有者是国家,银行应当将收受的罚款直接上缴国库。实际上不但是罚款,所有因行政处罚所收取的财物都归国家所有。罚款、没收的违法所得与非法财物或其拍卖后的价款,都必须上缴国库,任何行政机关或个人不得以任何形式截留、私分或变相私分。财政部门不得以任何形式向作出行政处罚决定的行政机关返还罚款,返还没收的违法所得与非法财物,或返还它们拍卖所得的价款。

需要注意,行政许可实施中所收取的费用在管理上也适用上述规定。

2. 当场收缴的例外

当场收缴是职权分离原则的例外,在当场收缴的情况下,行政处罚的决定者与收缴者是重合的。由于当场收缴制度是法律出于客观情况的需要而对职权分离原则的变通,因此受到了严格限制,仅适用于以下两种情况:

(1) 适用简易程序的当场收缴。行政机关如果适用简易程序作出处罚决定的,对以下两种情况可以当场收缴罚款:第一,20元以下的罚款;第二,不当场收缴事后难以执行的,这种做法一般适用于当事人事后难以被找到的情况,典型的例子是自行车违章或行人违章,交警可以当场收缴罚款。

(2) 在特殊地区罚款的当场收缴。行政机关在边远、水上、交通不便地区作出罚款决定,且当事人向指定银行缴纳罚款确有困难的,经当事人提出,行政机关及其执法人员可以当场收缴罚款。这一规定主要是出于便利当事人的考虑,因为此时如果一定要坚持职权分离原则的话,将大大加重当事人的负担。注意两点,一是法律对这种情况下的行政处罚程序没有特别要求,不限于适用简易程序;二是必须以当事人的自愿要求为前提。

还要注意,对于执法人员当场收缴的罚款,应当自收缴罚款之日起2日内交至行政机关。在水上当场收缴的罚款,应当自抵岸之日起2日内交至行政机关,该行政机关应当在 2 日内将罚款缴付指定的银行。

二、行政处罚的强制执行

就是在当事人逾期不履行行政处罚决定的情况下,国家通过强制手段实现处罚决定所确定权利义务的行为。《行政处罚法》中所规定的强制措施,主要也是针对罚款而言的,包括:

(1) 执行罚。执行罚是一种间接的强制执行措施,是通过对不履行义务的当事人按日加处一定强制金或者加处其他义务,以迫使其尽快履行义务的强制措施。《行政处罚法》上所规定的执行罚为每日加处罚款数额的 3%。

(2) 直接强制。即行政机关直接通过强制力实现处罚决定所设定的权利义务,主要表现为将查封、扣押的财物拍卖,或将冻结的存款划拨用于抵缴罚款。能够采用直接强制方式的,必须是依法具有直接强制执行权的行政机关,目前主要包括县级以上政府,以及公安、国安、税务、工商、海关等机关。具体的强制执行程序,我们将在下一章"行政强制"中详细介绍。

(3) 申请非诉执行。即申请法院强制执行处罚决定,由法院采用直接强制方法实现有关权利义务,这适用于依法不具备直接强制执行权的普通行政机关。具体的申请程序,我们也将在下一章"行政强制"中详细介绍。

思 维 拓 展

【示范案例】

北京小贩崔英杰杀害城管队长李志强案①

2006 年 8 月 11 日 16 时 50 分,作为一名退伍兵的小贩崔英杰正在北京市海淀区中关村科贸大厦门前卖烤肠,但城管的出现让他措手不及。三个月前刚刚调任北京城管海淀分队担任副队长的李志强和他的同事们封堵了崔英杰的去路。十几名城管人员围绕在崔英杰周围,崔英杰手里紧握小刀舞动着,他双手紧紧拽住三轮车,哀求的口气很软弱:"把车给我留下吧,其他你们什么东西都可以拿走,这是我刚刚借钱买的啊。"但是,这种司空见惯的哀求没有打动城管人员,他们提醒崔英杰说:"你把刀放下,把刀放下。"但是,崔英杰并没有放下右手中的刀,而是紧紧拽住三轮车哀求着:"什么东西都可以拿走,请把我的三轮车留下吧!"最终,崔英杰的哀求没有起到任何作用,城管收缴成功开始回撤。之后,崔英杰放弃了努力,退回到巷子中。当城管队员

---

① 案例来源为:丁一鹤:《小贩杀城管案后故事:崔英杰和李志强的前尘往事》,载《法制日报》2007 年 6 月 6 日。

协助李志强把三轮车抬到城管的卡车那一刻,崔英杰心痛了,那是他刚刚花 500 块钱买来的新车。崔英杰从人群中再次冲了出来,反手握着那把切烤肠的刀,走向李志强。崔英杰曾经亲眼看到过新疆卖哈密瓜的商贩经过苦苦哀求要回了自己的三轮车,他非常心痛自己的新车,他想最后试一试。抱着这个想法,崔英杰就又冲了上去。就在崔英杰和李志强擦肩而过时,李志强的手和崔英杰的手碰了一下。崔英杰以为李志强要抓他,接受过良好军事格斗训练的崔英杰挥动着自己手中的尖刀,本能地随手朝李志强挥去。李志强还没来得及表现出应有的恐惧或反抗,崔英杰就已经把刀子扎在他的锁骨与咽喉之间。城管队员迅速将李志强送往医院。但是,李志强的气管、颈动脉被割断,李志强因急性失血性休克死亡。

崔英杰将尖刀插入李志强的脖颈之后,他扔下手中的刀柄逃离现场。他很快找到自己的朋友借钱,并在朋友的安排下逃到了天津。到达天津之后,崔英杰曾经发短信给朋友询问李志强的伤势状况,但他并没得到确切的消息。8 月 12 日早上 5 点 30 分,在逃亡了 11 个小时之后,崔英杰在天津市塘沽区被警方抓获。

2007 年 4 月 10 日,李志强被杀案一审宣判,凶手崔英杰被北京市第一中级法院以故意杀人罪判处死刑,缓刑两年。

李志强作为北京市城管系统组建以来因公殉职的第一人,2006 年 8 月 16 日召开的北京市政府第 127 次市长办公会议,批准李志强为革命烈士,其家人享受烈属待遇。在李志强的追悼会上,北京市委书记刘淇在其遗像前三鞠躬。随后,李志强生前所在的城管分队被命名为"志强分队"。

法律问题:在我国,以集中行使行政处罚权为特征的城管执法体制是如何形成的?本案这样的悲剧发生的制度原因是什么?城管执法体制改革的方向是什么?

法理分析:轰动一时的崔英杰案件背后所折射出来的,是以城管执法为代表的集中行使行政处罚权制度的弊端。而在我国行政处罚的执法体制当中,受到最广泛关注和讨论、也是争议最大的问题,就是以城管部门的组建为代表的集中行使行政处罚权制度。

改革开放以后,由于城市的急剧发展和膨胀,小商贩们的规模日益扩大,活动范围不断深入到城市生活的方方面面,政府管制的脚步亦步亦趋地跟了上来。但在开始的时候,政府的应对之道多少显得有些笨拙,"一事立一法、一法设一权、一权建一队"的治理方式导致执法队伍在数量和人员上急剧膨胀,"大盖帽"如雨后春笋不断涌现。几十顶"大盖帽"非但没有治理好一顶"小草帽",最后连"大盖帽"自己都成了需要治理的对象。各地政府纷纷寻求对策,但最初的高位协调、联合执法等措施纷纷宣告失败。因此,地方政府不得不转而寻求更加"彻底"的应对之道,开始尝试集中各个机关的行政执法权——主要是行政处罚权,将几十顶"大盖帽"变成一顶。其改革的基本思路是,把具有交叉性与重复性的相关行政处罚权统一起来,交由一个专门的行政机关来行使,从而消除专业管理划分过细带来的分割弊端。城管部门由此应运而生。

相对集中行政处罚权的尝试,从 20 世纪 90 年代初开始在上海等城市萌芽,到 90

年代中期渐成气候。由于对行政处罚权的重新调整和配置,受到职权法定原则的制约,地方立法空间极其有限,因此在短时间内便产生了对国家立法的强烈需求并迅速获得回应。1996年颁行的《行政处罚法》第16条规定:"国务院或者经国务院授权的省、自治区、直辖市人民政府可以决定一个行政机构行使有关行政机构的行政处罚权,但限制人身自由的行政处罚权只能由公安机关行使。"这一规定为各地政府相对集中行政处罚权的执法体制改革提供了明确的法律依据,城管部门由此正式登上历史舞台,并开始了一系列节奏紧凑的制度变迁过程。但随之而来的严重问题是,从城管部门诞生的那一天开始,这个部门就与大小城市里的小贩游商开始了注定"双输"的"猫鼠游戏",以至于陷入暴力执法和暴力抗法的泥潭,至今无法自拔。

崔英杰杀害李志强案正是在这种背景下发生的,本案是城管暴力怪圈的一个缩影。崔英杰案发生以后,激发了社会舆论的热烈讨论,在网络上的讨论几乎达到了白热化的程度。耐人寻味的是,支持杀人凶手崔英杰的观点逐渐取得了话语霸权。很多网民把崔英杰案作为抨击不合理制度和城管队伍的宣泄口,对社会黑暗面的种种不满喷射而出,逐渐催醒了民众的悲情意识。在这种悲情意识的强烈刺激下,崔英杰的杀人行为被标上了反抗强权的正义标签,其本人甚至被当成大众的英雄人物而受到热烈追捧。甚于有很多社会知名人士公开呼吁为崔英杰求情。与此形成鲜明对比的,则是被害人李志强成了不合理制度替罪羊,非但其人格受到了质疑,甚至其生命的价值也遭受到全面的攻击。但城管暴力怪圈背后蕴含的公共政策选择,才是决定这一切的真正逻辑。

首先,执法对象的特殊性决定了城管执法中发生暴力事件的概率远高于其他领域。作为城管部门主要执法对象的游商小贩,绝大多数人都属于城市的底层人群。这些人的生存环境极其脆弱,度日艰难,一旦赖以谋生的手段被城管部门取缔,个人乃至家庭的生存都将马上面临威胁。为了自己的活路,小摊小贩对其"天敌"城管自然不惜以暴力相向,甚至以命相搏。

其次,城管执法所行使的是一种末端权力,决定了其身处于城市管理矛盾最为集中的环节。在原来的分散执法体制之下,各个行政机关对其管理的领域同时拥有政策制定权、规划权、许可权、处罚权等多项权力,也就是说其权力链条在纵向上是一体化的。而集中行政处罚权就是将处罚权这一项权力从整个权力链条中分离出来,不再由原来的机关行使,而是交给一个新的部门如城管部门来行使,这种做法会将大多数的矛盾向行政处罚这个"末端"推移和积累。在推行集中行使行政处罚权之后,规划权、许可权等权力仍然由原来的行政机关行使,而处罚权却由综合执法部门来行使。在这种情况下,由于掌握前端权力的部门并不同时管理后端的处罚事宜,其在实施前端管理时也自然不会对后端事务有所考虑和顾及。如此一来,在规划、许可等环节顺利实施的很多行政管理行为,很可能埋下了许多矛盾的隐患,而这些矛盾往往要等到当事人违反相关规定需要对其实施行政处罚时才真正表现、爆发出来。而在集中行使其中处罚权的制度下,多个领域的矛盾又被集中到这一个部门来解决,这个部门自然很容易成为各种矛盾的焦点。

再次,城管执法的任务繁重,效果不确定、易反复也是诱发暴力事件的重要原因之一。城管执法的对象主要是小摊小贩,其数量十分庞大,流动性极大,活动方式也十分灵活机动,这必然造成几个方面的问题:第一,城管部门的执法压力巨大。第二,城管部门的执法效果不稳定,容易出现反复。第三,由于城管执法的效果往往不佳,难以从根本上解决问题,容易滋长执法对象即摊贩们对城管人员的轻视乃至蔑视心理,敢于无视城管部门的执法权威,甚至敢于向城管人员挑衅,从而进一步增加发生暴力事件的几率。

城管执法所遭遇的重重困境,尤其是暴力执法与暴力抗法的不断升级,促使人们纷纷思索这一制度的利弊得失,由此产生了激烈的争论,大致上可以分为以下几种立场:取缔派、鹰派、鸽派与改良派。鹰派人士的代表是一部分城市政府的管理者、某些民意代表和个别学者,属于少数派,但往往能将其主张直接付诸实践。鹰派的核心主张是强化城管部门的执法手段——包括权力和装备——从而对管理对象形成强大威慑并能够进行有效打击。在实践中,又分为两种具体思路:一是城管警察化,即把城管部门纳入警察系统,通过行使警察权进行城市管理,或者向城管部门配属警力,从而使城管部门间接获得警察强制权和刑事侦查权。二是城管铁甲化,即在不改变城管身份和权力配置的情况下,通过升级其装备强化执法能力。即在城管无法获得警察权的情况下,在执法装备上先实现"准警察化",以"重装"形象示人,既保护城管人员的人身安全,又可以迅速制服暴力抗法的执法对象。鸽派的主张者包括为数众多的学者和部分城市管理的决策者,并被部分城市付诸实践。鸽派的核心立场是城市管理中的去暴力化,具体思路有二:一是放松对城市小贩游商的管制,二是在不放松管制的前提下采取柔性执法手段。取缔派被城管系统内部人士称作"极端改革派",已故学者蔡定剑是城管取缔派的代表人物,其主张取缔城管的核心逻辑实际上十分简单,就是自由大于秩序、老百姓的生存权大于城市的漂亮外观。其核心观点是,要像废除《城市流浪乞讨人员收容审查办法》一样废除城管部门,对街头小商贩、地摊采取开放政策,把它当作就业和商业发展的一部分,可以在商务部门下建立城市服务管理机构,实行低门槛登记制的服务管理制度。多数公法学者都是改良派的中坚,其基本观点是有条件地部分开放摊贩经营,同时改革城管执法体制、完善城管执法手段、强化对城管执法的法律控制,从而既消弭城管与小贩之间的高度紧张关系,又保持城市运行的应有秩序。从目前来看,改良派的观点获得了理论界较大的认同,也比较能够为城管部门自身所接受,从而获得了较大的付诸实践的空间。但是,基于城管体制本身问题的复杂性,推动其改良和提升法治化水平的前景还有很大的不确定性。

【思考案例】

杜宝良诉北京市西城区交通支队行政处罚案①

2005年5月23日,在北京卖菜的杜宝良偶尔查询得知,自己于2004年7月20日至2005年5月23日在驾车运货时,在真武庙头条西口被"电子眼"拍下闯禁行105次,被罚款1.05万元,交通违章记分210分。此前,从未有交管部门告知他曾被查出违法。

不久,杜宝良将西城交通支队西单队告上法庭,其诉讼请求共有三项:撤销错误的处罚决定书;返回已缴纳的万元罚金;依据"国家赔偿"的相关规定,交管部门应承担错误处罚后果,赔偿因此造成的损失3000余元。据杜宝良代理人、北京天亚律师事务所律师王英讲,他们经仔细查询认定,位于事发地点真武庙头条的禁行标志不符合国家标准,不具备禁行法律效力,所以,杜宝良无需为这一"非法标志"埋单。

王英说,公安部、交通部曾于1999年联合发布了"道路交通标志强制性标准",要求全国范围内适用该标准,安装交通标志。真武庙头条的禁行标志是白色小轿车下加白杠。"道路交通标志强制性标准"中禁行标志共有三种,并不包括真武庙头条的"白色小轿车下加白杠"标准。"这表明这一交通标志是过期作废的,国家6年前就已淘汰,过期、作废标志已不具备原有法律效力,性质就是无效标牌"。王英认为,交管部门在路面上安装了无效标牌,虽然该标志在北京城区多年广泛使用,但实质相当于交管部门写了"错别字"。杜宝良没遵守"错别字"的规定,由此造成的后果不应该由他承担。同时,杜宝良81起违章没有书面凭证,杜宝良的违章记录虽然是105次,但他只收到了一张处罚决定书,上面标明了24条违章记录,其他81起均未有书面凭证,只有一张收据。"按照《北京市实施〈道路交通安全法〉办法》规定,如果驾驶员、机动车有违法记录但未被处罚,交管部门应书面告知车主。"王英说,如果杜宝良不是偶然发现了自己的违章行为,那么违章记录势必还会继续激增,罚金将继续增多。

但交警认为,"老标志具有约定俗成的法律效力"。一名基层交警表示,交管部门曾提示司机查询非现场处罚记录。对于王英"禁行标志已失效、不具有法律效力"诉讼理由,一名基层交警说:"老标志具有约定俗成的法律效力,这不应成为杜宝良'返回罚金、提起国家赔偿'的理由。"他认为,老标志已适用多年,任何一名正常的交通参与者,都知道其标示的意义。作为一名司机,杜宝良更应该清楚"白色小轿车下加白色横线"意味着什么。即使这一标志不符合国家后来出台的新标准,但老标志仍得到驾驶员的广泛遵守,其法律效力并没有随同新规定而消失。该交警认为,作为外来务工人员,杜宝良的收入并不多,承担万元罚款确实有压力。但《道路交通安全法》面对的是所有公民,所有人都是平等的,只要违反了其中的规定,任何人都要承担后果,付

---

① 案例来源于:王普:《北京一车主105次违法浑然不知交"万元罚单"》,载《羊城晚报》2005年6月11日;张旭:《杜宝良申请3000元国家赔偿》,载《新京报》2005年6月19日;《杜宝良申请撤诉》,载《北京青年报》2005年7月28日;等。

出代价。此外，交管部门曾屡次通过媒体等形式，提示司机查询个人非现场处罚记录。查询方法有免费、交费两种，市民可以发短信查询，也可以到任何一个执法站，输入个人资料，都可以查到非现场处罚情况。他认为，交管部门已尽己所能，为查询非现场处罚提供了便利条件。

在案件审理过程中，原告杜宝良向西城法院提出撤回起诉的申请。撤诉书称：经本人考虑，自愿撤回起诉。西城法院审查后认为，该撤诉申请符合法律规定，裁定准予原告杜宝良撤回起诉。杜宝良表示，"我确实违章了，但交管局也有不对的地方，现在他们纠正了，我觉得合情合理，我能接受，所以我撤诉了。"针对杜宝良撤诉一事，北京市交管局表示，杜宝良交通违法事实存在，证据确凿，但鉴于西单队在执法过程中有程序上的瑕疵，交管部门根据《人民警察法》及《公安机关内部执法监督规定》，以内部执法监督的方式对西单队的执法行为予以纠正。

法律问题：本案中交警部门对杜宝良的行政处罚是否违反了"一事不再罚"的原则？本案中交警部门对杜宝良的行政处罚在事实、依据、程序等方面是否存在违法之处？

【学术探讨】

近年来，在我国行政执法的实践中，某些地方的执法部门如交警部门"发明"了一种"一般程序简易化"的做法，就是尽量简化执法程序，但在形式上仍然使其符合一般程序的外观。例如，对于要求两人以上共同执法的规定，就采取两名执法人员在同一现场分别处理多起处罚案件，但最后在笔录上交叉签名的做法；对于需要由机关负责人作出处罚决定的要求，就采取负责人预先在格式化的处罚决定书上签名，执法人员在处罚现场电话请示其同意的做法。有人认为，这些做法显著提高了行政执法效率，也没有违反法律的规定，值得鼓励和推广。有人则认为，这些做法表面上符合法律规定，实质上规避了法律对行政执法活动的程序性控制，应当受到批评和遏制。你如何看待行政机关的上述做法？

第九章

行政强制

思维导图

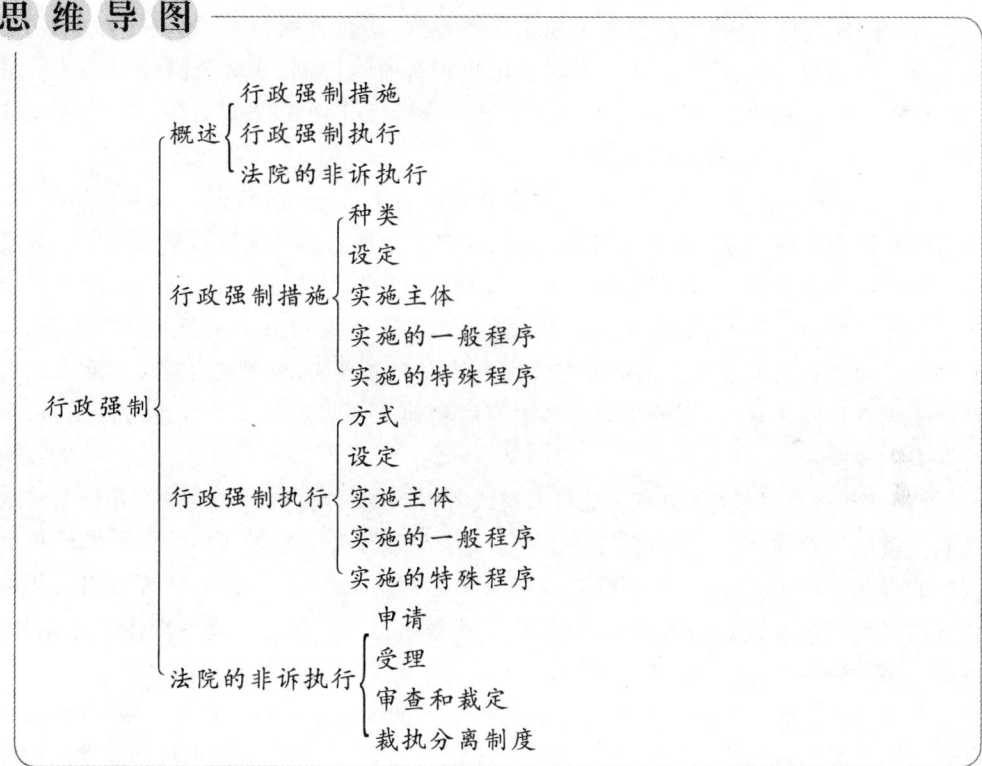

行政强制,与行政处罚、行政许可在立法上合称我国的行政行为"三部曲",三者具有同等的重要性。2011年颁布、2012年实施的《行政强制法》是我国行政强制制度的核心,该法有两个突出的特点。第一,是将行政强制措施和行政强制执行合并立法,实际上这两种行为在性质上有很大不同,也较少有国家将两者在一部法律中同时加以规定,因此,我国的这种立法体例是较为特殊的。第二,是内容上以程序性规范为主,程序性内容多于实体性内容,着重对行政机关强制权的行使过程加以控制。

第一节　行政强制概述

行政强制,包括行政强制措施和行政强制执行。两者都是行政机关运用强制手段实施的行为,在外观上有一定的相似性;两者也都属于具体行政行为,当事人不服这两者都可以提起行政诉讼或申请行政复议;我国又将两者合并制定了《行政强制法》。尽管如此,两者还是存在着本质上的区别,本章将加以分别叙述。在此,我们首先对其中的相关概念加以辨析。

一、行政强制措施

行政强制措施,是指行政机关为制止违法行为、防止证据损毁、避免危害发生、控制危险扩大等情形,依法对公民的人身自由实施暂时性限制,或对公民、法人、其他组织的财物实施暂时性控制的行为。从这个概念分析,我们可以发现行政强制措施是一种预防性、暂时性、非惩罚性的行为。

(1) 预防性。行政强制措施是为了制止违法行为、防止证据损毁、避免危害发生、控制危险扩大等情形而采取的。也就是说,此时的违法行为或危险后果尚未发生或者发生了但还没有扩大,强制措施的采用正是为了阻止其发生或扩大,是一种面向未来的预防性的行为。例如,交警部门对于醉酒驾车的人采取约束其人身的强制措施,目的是为了防止行为人醉酒后仍然开车危害公共安全。再如,地方政府对传染病人或者疑似病人进行隔离观察,目的是防止其生病后和他人解除进一步扩大传染范围,危害公共卫生安全。

(2) 暂时性。行政强制措施是对人身或者财产的暂时性控制,一旦其预防的目的达到了就应当解除,而不是一直持续下去。例如,交警对于醉酒驾车的人采取约束其人身的强制措施,行为人一旦酒醒就应当解除这种约束措施。再如,地方政府对传染病人或者疑似病人进行隔离观察,一旦该人痊愈或者在医学上的潜伏期内并未发病,就应当解除这种措施。

(3) 非惩罚性。行政强制措施尽管对当事人的人身或者财产进行了限制,但它既然是对尚未发生的违法行为或危险后果的控制与预防,就必然不同于对已经发生的违法行为的惩罚,因为后者是行政处罚的功能。对于当事人的违法行为或者危险因素,有的时候既要强制又要处罚,如酒后驾车,但强制和处罚是对当事人实施的两种不同行为;有的时候只需强制无需处罚,如对传染病人或者疑似病人进行隔离观察。

二、行政强制执行

行政强制执行,是指行政机关或者行政机关申请法院对不履行行政决定的公民、法人或其他组织,依法强制其履行义务,或者达到与其履行义务相同状态的行为。其本质是国家运用强制手段实现另一具体行政行为(一般称为先在行为)所确定的权利义务,适用于当事人对先在行为所确定的义务不予履行的情况。例如,作为先在行为的行政处罚确定了当事人缴纳罚款的义务,当事人逾期仍未缴纳,行政机关就通过拍卖其财物用于折抵罚款。又如,作为先在行为的行政命令确定了当事人拆除违章建筑的义务,如果当事人逾期未予拆除,行政机关便强行将其拆除。

行政强制执行包括间接强制与直接强制。

(1) 间接强制执行。又分为执行罚与代履行两种。执行罚指的是对不履行义务的当事人按日加处一定强制金,以迫使其尽快履行义务的措施。代履行指的是行政机关自己或委托他人代替义务人履行相应义务,并在履行后向义务人收取一定费用的强制方式。如行政机关要求某企业清理其排放到江河中的废水,该企业逾期不予履行,则行政机关委托他人代为清除,并在清除后向该企业收取所需费用。

(2) 直接强制执行。指的是行政机关动用国家强制力直接实现具体行政行为所设定之权利义务的行为,如强制划拨、强制拍卖、强制拆除、强行销毁等。

▶ **例9-1** 下列哪些情形属于间接强制执行措施?
  A. 张某患传染病,拒绝住院治疗,卫生机关将其强制送入传染病医院治疗
  B. 某单位拒绝拆除违章建筑,城建行政主管部门委托某工程队拆除该违章建筑
  C. 某交通管理局将没收的黑车委托某停车场管理
  D. 某公司拖欠罚款,行政机关决定每日按罚款数额的3%加处罚款

分析:卫生机关将患传染病的张某强制送入传染病医院治疗,目的是防止其扩大传染范围,因此A项属于行政强制措施。B项的"城建行政主管部门委托某工程队拆除该违章建筑"属于代履行,是间接强制执行。C项是一般性的行政委托,不存在行政强制执行的问题,因为黑车已经没收了,没有需要履行的义务了。D项"按罚款数额的3%加处罚款"属于执行罚,是间接强制执行。

▶ **例9-2** 某市交通局在检查中发现张某所驾驶货车无道路运输证,遂扣留了张某驾驶证和车载货物,要求张某缴纳罚款1万元。张某拒绝缴纳,交通局将车载货物拍卖抵缴罚款。下列说法正确的是什么?
  A. 扣留驾驶证的行为为行政强制措施
  B. 扣留车载货物的行为为行政强制措施
  C. 拍卖车载货物的行为为行政强制措施
  D. 拍卖车载货物的行为为行政强制执行

分析:交通局扣留驾驶证、车载货物都是为了保存证据、查明事实以便接下来对张某进行处罚,这属于行政强制措施,因此AB两项是正确的。而拍卖车载货物是为了执行罚款,实现张某缴纳罚款的义务,属于行政强制执行,因此C项错误而D项正确。

▶ **例9-3** 李某长期吸毒,多次自费戒毒均未成功。某公安局在一次检查中发现后,将李某送至强制隔离戒毒所进行强制隔离戒毒。强制隔离戒毒属于下列哪一性质的

行为?

A. 行政处罚
B. 行政强制措施
C. 行政强制执行
D. 行政许可

分析:强制隔离戒毒的目的是为了防止当事人继续实施违法行为(吸毒),属于行政强制措施,因此只有 B 项的说法是正确的。在这里需要注意,强制隔离戒毒是一种行政强制措施而非行政处罚,这并不意味着对于李某吸毒的行为就不予处罚了,只不过是通过另外一个行为去处罚罢了。

▶ **例 9-4** 市林业局接到关于孙某毁林采矿的举报,遂致函当地县政府,要求调查。县政府召开专题会议形成会议纪要:由县林业局、矿产资源管理局与安监局负责调查处理。经调查并与孙某沟通,三部门形成处理意见:要求孙某合法开采,如发现有毁林或安全事故,将依法查处。再次接到举报后,三部门共同发出责令孙某立即停止违法开采,对被破坏的生态进行整治的通知。责令孙某立即停止违法开采的性质是什么?

A. 行政处罚
B. 行政强制措施
C. 行政征收
D. 行政强制执行

分析:责令停止违法开采的目的也是为了防止当事人继续实施违法行为,因为孙某已经实施了违法开采行为,但很可能会继续开采,所以需要对此先行制止,因此这在性质上也是行政强制措施,而不是行政处罚,正确的是 B 项。

▶ **例 9-5** 某县公安局开展整治非法改装机动车的专项行动,向社会发布通知:禁止改装机动车,发现非法改装机动车的,除依法暂扣行驶证、驾驶证 6 个月外,机动车所有人须到指定场所学习交通法规 5 日并出具自行恢复原貌的书面保证,不自行恢复的予以强制恢复。某县公安局依此通知查处 10 辆机动车,要求其所有人到指定场所学习交通法规 5 日并出具自行恢复原貌的书面保证。下列哪一说法是正确的?

A. 通知为具体行政行为
B. 要求 10 名机动车所有人学习交通法规 5 日的行为为行政指导
C. 通知所指的暂扣行驶证、驾驶证 6 个月为行政处罚
D. 通知所指的强制恢复为行政强制措施

分析:本例需要掌握多种行政行为的概念方能准确分析。我们知道,案件中公安局发布的"通知"对象是不特定的,是向全社会发布,因此属于抽象行政行为,A 项错误。公安局要求 10 名机动车所有人学习交通法规 5 日的行为是具有强制约束力的,不是当事人可以自愿选择是否遵从的行政指导,因此 B 项错误。暂扣行驶证、驾驶证 6 个月就是剥夺当事人驾车的权利 6 个月,当然属于行政处罚,C 项正确。强制恢复机动车原貌就是恢复原状,属于行政强制执行,不是行政强制措施,因此 D 项错误。

三、法院的非诉执行

所谓非诉执行,实际上还是行政强制执行的一部分,只不过执行主体不是行政机关自己,换成了法院而已,指的就是法院根据行政机关的申请,经审查后通过强制手段实现具体行政行为所确定之权利义务的行为。由法院实施的非诉执行,与由行政机关自己实施的强制执行,在目的、方式与内容上并没有什么差别,都是为了强制实现具体行政行为所确定的权利义务,但是需要由法院对行政机关的申请加以审查和裁定,程序上更加复杂一些。

第二节 行政强制措施

对于行政强制措施,需要掌握其种类、设定、实施等问题,其中以实施程序最为重要。

一、行政强制措施的种类

按照强制对象的不同,行政强制措施可以分为以下几类:

(1) 针对人身的强制。即短暂限制公民人身自由,如强制隔离、约束人身、留置盘问等。

(2) 针对财产的强制。包括查封、扣押、冻结(存款、汇款)等。

(3) 针对场所的强制。包括查封场所、强制进入场所(如住宅)等。

(4) 其他行政强制措施。

二、行政强制措施的设定

(一) 行政强制措施的创设

我们按照创设主体的位阶从高到低分析如下:

1. 法律

法律可以创设各种行政强制措施。

2. 行政法规

在下列情况下,行政法规可以创设除限制人身自由、冻结和其他法律保留事项之外的行政强制措施:(1) 该事项尚未制定法律且属于国务院职权;(2) 该事项已经制定法律但未创设行政强制措施,而法律授权行政法规规定具体措施。也就是说,如法律已对某一事项作出了规定,既未自己创设也未授权行政法规创设行政强制措施,行政法规仍不得创设。例如,法律规定对无证运营的黑车予以取缔,但并未规定要对查获的黑车进行扣押,此时行政法规不得直接创设扣押黑车的措施;但如果法律同时授权国务院为此制定细则,则国务院可以在此细则性的行政法规中创设扣押黑车的措施。

3. 地方性法规

尚未制定法律、行政法规且属于地方性事务的,地方性法规可以创设查封和扣押。如果法律已对某一事项作出了规定,但未创设行政强制措施,地方性法规便不得创设。这一点和行政法规还不一样,行政法规在这种情况下还有可能根据法律的授权来制定细则并创设强制措施,地方性法规则不存在这一种情况。

(二) 行政强制措施的规定

行政法规、地方性法规可以对法律创设的行政强制措施作出具体规定,但不得扩大其对象、条件和种类。

法律、法规以外的其他规范性文件既不得创设、也不得规定行政强制措施。

▶ **例 9-6** 关于部门规章的权限,下列哪一说法是正确的?

A. 尚未制定法律、行政法规,对违反管理秩序的行为,可以设定暂扣许可证的行政处罚

B. 尚未制定法律、行政法规,且属于规章制定部门职权的,可以设定扣押财物的行政强制措施

C. 可以在上位法设定的行政许可事项范围内,对实施该许可作出具体规定

D. 可以设定除限制人身自由以外的行政处罚

分析:根据《行政处罚法》的规定,行政规章只能设定警告和罚款的处罚,因此 AD 两项都错误。根据《行政强制法》,行政规章不得设定任何行政强制措施,因此 B 项错误。根据《行政许可法》,规章有权对上位法设定的行政许可作出具体规定,因此 C 项对。

(三) 行政强制措施的设定程序

法律、法规无论是设定行政强制措施还是行政强制执行,其程序均与设定行政许可的程序相同,此处不赘述。

三、行政强制措施的实施主体

(1) 行政机关实施。行政强制措施由法律、法规规定的行政机关实施——因为,只有法律、法规可以设定行政强制措施,当然也只有它们规定的机关才能行使这些权力。集中行使行政处罚权的综合执法机关(如城管部门)可以实施与其处罚权有关的行政强制措施。

(2) 授权实施。法律、行政法规授权的组织,可以以自己名义实施行政强制措施,但不得实施限制人身自由、查封、扣押、冻结的强制措施。

(3) 委托实施。这种方式被绝对禁止。

四、行政强制措施实施的一般程序

（一）一般规定

行政强制措施一般按照以下步骤实施：

（1）报批。执法人员实施强制措施之前须向机关负责人报告并经批准。

（2）表明身份。由两名以上执法人员实施，并出示执法证件。

（3）通知当事人到场。

（4）告知。当场告知当事人采取行政强制措施的理由、依据，以及当事人享有的陈述权、申辩权、复议权、起诉权等。

（5）听取当事人陈述申辩。

（6）制作现场笔录。现场笔录由当事人（当事人不到场的邀请见证人）和执法人员签名或盖章，当事人拒绝的在笔录中予以注明。

（二）例外规定

（1）紧急情况。情况紧急需要当场实施行政强制措施的，执法人员应当在实施后24小时内向机关负责人报告并补办批准手续。负责人认为不应当采取强制的应立即解除。

（2）强制人身。实施限制公民人身自由的行政强制措施，应当场（或实施后立即）向当事人家属通知实施的机关、地点和期限。

（3）紧急情况下强制人身。紧急情况下当场对人身实施行政强制措施的，执法人员在返回行政机关后应立即向负责人报告并补办批准手续。

五、查封、扣押的程序

查封、扣押都是行政强制措施的重要方式，其实施首先应当遵循一般程序，同时遵循某些特殊规定。有关查封、扣押的特殊规定，包括：

（一）查封、扣押的对象

查封、扣押的对象限于涉案场所、设施或财物，以下对象不得查封、扣押：

（1）与违法行为无关的场所、设施或财物；

（2）当事人及其家庭的生活必需品；

（3）已经被其他国家机关查封的场所、设施或财物。

（二）查封、扣押的程序

查封、扣押适用行政强制措施的一般程序，制作并当场交付查封、扣押决定书和清单一式二份，由当事人和行政机关分别保存。

（三）查封、扣押的期限

查封、扣押的期限不得超过30日，情况复杂的经行政机关负责人批准可以再延长不超过30日的时间，但法律、行政法规另有规定的除外。对物品需要进行检测、检验、检疫或技术鉴定的，其所需时间另行计算，但应事先明确并书面告知当事人。

(四)查封、扣押的费用

因查封、扣押所发生的检测、检验、检疫、技术鉴定、保管等费用,均由行政机关承担。

(五)后续处理

查封、扣押作为行政强制措施,具有暂时性的特征,不能长期持续。根据不同情况,行政机关应当在法定期限之内,对查封、扣押的对象作出如下两种处理:

(1)没收或销毁:对违法事实清楚,依法应当没收的非法财物予以没收,依法应当销毁的予以销毁。

(2)解除强制措施:下列情况行政机关应及时解除查封、扣押:① 当事人没有违法行为;② 查封、扣押的对象与违法行为无关;③ 对违法行为已经作出处理,无需继续采取强制措施;④ 查封、扣押期限已经届满的。解除查封、扣押后应当立即退还财物,已将鲜活物品或其他不易保管的财物拍卖或变卖的应退还所得款项,变卖价格明显低于市场价格的应给予补偿。

▶ **例 9-7** 质监局发现王某生产的饼干涉嫌违法使用添加剂,遂将饼干先行登记保存,期限为 1 个月。有关质监局的先行登记保存行为,下列哪一说法是正确的?

A. 系对王某的权利义务不产生实质影响的行为

B. 可以由 2 名执法人员在现场直接作出

C. 采取该行为的前提是证据可能灭失或以后难以取得

D. 登记保存的期限合法

分析:本案中的先行登记保存行为本质上就是扣押,是一种对当事人权利义务(主要是财产权)产生影响的具体行政行为,因此 A 项错。该行为须经行政机关负责人批准方可作出,且不存在可以由执法人员在现场当场作出的紧急事由,因此 B 项也错。采取登记保存措施的目的是防止证据灭失或难以取得,因此 C 项对。实施扣押的期限一般为 30 日,但法律、行政法规另有规定的从其例外规定。这里是为了后续实施行政处罚而登记保存证据,应当适用《行政处罚法》上的特别规定——登记保存证据不得超过 7 日,因此 D 项错误。

▶ **例 9-8** 某工商局以涉嫌非法销售汽车为由扣押某公司 5 辆汽车。对此下列哪些说法是错误的?

A. 工商局可以委托城管执法局实施扣押

B. 工商局扣押汽车的最长期限为 90 日

C. 对扣押车辆,工商局可以委托第三人保管

D. 对扣押车辆进行检测的费用,由某公司承担

分析:实施行政强制措施不得委托,即使是委托给其他行政机关来实施也不行,因此 A 项错。扣押财产的最长期限为 60 天,B 项错。财产扣押之后可以委托第三人保管,C 项对。采取行政强制措施所处产生的费用,应当由行政机关承担,不能向当事人

收取费用,D 项错误。

▶ **例 9-9** 某工商分局接举报称肖某超范围经营,经现场调查取证初步认定举报属实,遂扣押与其经营相关物品,制作扣押财物决定及财物清单。关于扣押程序,下列哪些说法是正确的?

  A. 扣押时应当通知肖某到场
  B. 扣押清单一式二份,由肖某和该工商分局分别保存
  C. 对扣押物品发生的合理保管费用,由肖某承担
  D. 该工商分局应当妥善保管扣押的物品

  分析: 采取行政强制措施应当通知当事人到场,A 项对。实施扣押应当制作清单一式二份,由行政机关和方式人分别保存,B 项对。采取行政强制措施的费用由行政机关承担,C 项错。行政机关对扣押、查封的财产当然负有妥善保管义务,D 项对。

▶ **例 9-10** 某区公安分局以非经许可运输烟花爆竹为由,当场扣押孙某杂货店的烟花爆竹 100 件。关于此扣押行为,下列哪一说法是错误的?

  A. 执法人员应当在返回该分局后立即向该分局负责人报告并补办批准手续
  B. 扣押时应当制作现场笔录
  C. 扣押时应当制作并当场交付扣押决定书和清单
  D. 扣押应当由某区公安分局具备资格的行政执法人员实施

  分析: 本案属于情况紧急需要当场实施行政强制措施的,执法人员应当在扣押后 24 小时内向机关负责人报告并补办批准手续。因为扣押的对象是烟花爆竹,不是限制人身自由,所以不是立即报告和补办手续,因此 A 项错误。其他三项关于制作现场笔录、制作并当场交付扣押决定书和清单、行政执法人员资格的表述都符合《行政强制法》的程序规定,都是正确的说法。

六、冻结的程序

冻结也是行政强制措施的一种特别程序,需要掌握:

(一)冻结的实施主体

冻结只能由法律设定,因此也只有法律规定的行政机关才能实施冻结,而不能委托给其他行政机关或组织,其他任何行政机关或组织也不得自行实施冻结。

(二)冻结的对象

冻结的对象是与违法行为涉及的金额相当的存款、汇款,已被其他国家机关依法冻结的不得重复冻结。

(三)冻结的期限

(1)予以冻结的期限:金融机构接到行政机关的冻结通知书后,应当立即予以冻结。

(2) 送达冻结决定的期限：作出冻结决定的行政机关应当在 3 日内向当事人交付冻结决定。

(3) 实施冻结的期限：冻结的时间不得超过 30 日，情况复杂的经行政机关负责人批准可以再延长不超过 30 日的时间，但法律另有规定的除外。

(四) 冻结的后续处理

冻结也只是一种暂时性的行政强制措施，根据不同情况，行政机关应当在法定期限之内，对冻结的款项作出如下两种处理：

(1) 划拨：对违法事实清楚，且被冻结款项依法应当收缴的，予以划拨。

(2) 解除：下列情况，行政机关应当及时解除冻结：① 当事人没有违法行为；② 冻结的款项与违法行为无关；③ 对违法行为已经作出处理决定，不再需要冻结；④ 冻结期限已经届满。注意行政机关逾期未作出处理决定或解除冻结的，金融机构应当自冻结期满之日起直接解除冻结。

第三节　行政机关的强制执行

行政强制执行，包括行政机关自己强制执行和申请法院强制执行（非诉执行），这里先介绍前者。

一、行政强制执行的方式

行政强制执行包括间接强制执行和直接强制执行。

间接强制执行。包括执行罚（加处罚款或滞纳金）和代履行。

直接强制执行。包括：(1) 划拨（存款、汇款）；(2) 拍卖或变卖（财产、场所、设施）；(3) 排除妨碍、恢复原状（如清理、拆除等）；(4) 其他直接强制执行方式。

间接强制执行和直接强制执行的区别在于：间接强制执行把当事人的履行义务转化为另外一种义务，由此迫使当事人履行或者达到和履行的效果相同，包括转化为缴纳滞纳金的义务，转化为缴纳代履行费用的义务。直接强制执行则没有这个转化的过程，而是直接由行政机关自己凭借国家暴力手段来实现行政行为的权利义务内容。

二、行政强制执行的设定

行政强制执行只能由法律设定，且不存在例外。

三、行政强制执行的实施主体

行政机关的强制执行权只能由法律规定。一般来说，绝大多数行政机关依法都具有间接强制执行的权力，而只有少数机关具有直接强制执行的权力，如公安、国安、税务、工商、海关和县级以上政府等机关。

具有直接强制执行权的机关，应当自行实施强制执行；没有直接强制执行权的机关,只能申请法院非诉执行。但是,依法拥有查封、扣押权的行政机关,对财产实施查封、扣押后,此后又需要拍卖该财产用于实现当事人金钱缴纳义务的,在当事人不复议也不诉讼的情况下,经催告后可以进行拍卖。如此一来,这些机关等于间接地拥有了一部分直接强制执行的权力,即拍卖权。

▶ **例 9-11**　某市技术监督局根据举报,对力青公司进行突击检查,发现该公司正在生产伪劣产品,立即查封了厂房和设备,事后作出了没收全部伪劣产品并处罚款的决定。力青公司既不申请行政复议,也不提起行政诉讼,且逾期拒绝履行处罚决定。对于力青公司拒绝履行处罚决定的行为,技术监督局可以采取下列哪些措施?

A. 申请人民法院强制执行
B. 将查封的财物拍卖抵缴罚款
C. 通知银行将力青公司的存款划拨抵缴罚款
D. 每日按罚款数额的 3% 加处罚款

分析:技术监督局没有直接强制执行权,但可以采取加处 3% 执行罚的间接强制执行,之后也可以申请法院执行,由于其已经查封了力青公司的厂房和设备在前,也可以将查封的财物拍卖抵缴罚款,故 ABD 三项都是可以采用的措施。C 项的错误在于技术监督局没有属于直接强制执行的划拨权,这种直接强制执行权仍然只属于少数行政机关。

▶ **例 9-12**　某市质监局发现一公司生产劣质产品,查封了公司的生产厂房和设备,之后决定没收全部劣质产品、罚款 10 万元。该公司逾期不缴纳罚款。下列哪一选项是错误的?

A. 实施查封时应制作现场笔录
B. 对公司的处罚不能适用简易程序
C. 对公司逾期缴纳罚款,质监局可以每日按罚款数额的 3% 加处罚款
D. 质监局可以通知该公司的开户银行划拨其存款

分析:实施查封当然应当制作现场笔录,A 项正确。对该公司的处罚是没收全部劣质产品、罚款 10 万元,显然超过了适用简易程序的条件(警告,对单位罚款 1000 元以下或对个人罚款 50 元以下),B 项正确。质监局有适用间接强制执行(加处 3% 执行罚)的权力,C 项正确。质监局没有直接强制执行权,也就不能划拨该公司的存款,因此 D 项错误。

四、行政机关强制执行的一般程序

行政机关的强制执行,一般按照如下程序展开:

(一) 启动

行政机关作出行政决定后,当事人期满不履行义务的,具有行政强制执行权的行

政机关可以实施强制执行。

（二）催告

行政机关作出强制执行决定之前,应先书面催告当事人履行义务。

（三）陈述申辩

当事人收到催告书后有权进行陈述申辩,行政机关应当充分听取当事人意见并进行记录、复核。当事人提出的事实、理由、证据成立的,行政机关应当采纳。

（四）决定强制执行

经催告当事人逾期无正当理由仍不履行的,行政机关可以作出书面的强制执行决定。注意在催告期间,有证据证明当事人有转移或隐匿财物迹象的,行政机关可以立即决定强制执行。

（五）中止和终结执行

1. 中止执行

有下列情形之一的,中止执行:(1) 当事人履行确有困难或暂无履行能力的;(2) 第三人对执行标的主张权利确有理由的;(3) 执行可能造成难以弥补的损失,且中止执行不损害公共利益的;(4) 行政机关认为需要中止执行的其他情形。

中止执行的情形消失后,行政机关应当恢复执行。对没有明显社会危害,当事人确无能力履行,中止执行满3年未恢复执行的,不再执行。

2. 终结执行

有下列情形之一的,终结执行:(1) 公民死亡,无遗产可供执行又无义务承受人的;(2) 法人或其他组织终止,无财产可供执行又无义务承受人的;(3) 执行标的灭失的;(4) 据以执行的行政决定被撤销的;(5) 行政机关认为需要终结执行的其他情形。

（六）执行错误的处理

在执行中或执行完毕后,据以执行的行政决定被撤销、变更或执行错误的,应当恢复原状或返还财物,不能恢复或返还的给予赔偿。

（七）对强制执行的比例限制

行政法上的比例原则,强调行政行为的手段应与其性质相匹配,尽可能采取成本低、损害小的手段实现行政管理目的。行政强制作为一种对当事人权利义务影响极大的行为,对比例原则的遵循自然尤为强调。事实上,整部《行政强制法》都贯穿了这一原则,而在行政机关强制执行中这一原则又体现得更加明显。其中的重要规定包括:

（1）基于执行方式的比例限制。《行政强制法》创制了执行协议制度,行政机关可以在不损害公共利益和他人合法权益的情况下,与当事人协商达成执行协议。执行协议可以约定分阶段履行;当事人采取补救措施的可以减免加处的罚款或滞纳金。当然,执行协议应当履行,当事人不履行时行政机关应恢复强制执行。

（2）基于执行时间的比例限制。行政机关不得在夜间或法定节假日实施行政强制执行,但情况紧急的除外。

（3）基于执行手段的比例限制。行政机关不得对居民生活采取停止供水、供电、供热、供燃气等方式迫使当事人履行义务。

（4）基于执行标的的比例限制。如果强制执行的标的是建筑物、构筑物、设施的，由于此类标的价值较大，对当事人影响也更大，法律对其实施强制执行的条件作出了更加严格的规定。除了要求行政机关先予以公告限期当事人自行拆除之外（类似于催告），还要求当事人在法定期限内不复议、不诉讼又不拆除，行政机关才可以强制拆除。

▶ **例9-13** 1997年11月，某省政府所在地的市政府决定征收含有某村集体土地在内的地块作为旅游区用地，并划定征用土地的四至界线范围。2007年，市国土局将其中一地块与甲公司签订《国有土地使用权出让合同》。2008年12月16日，甲公司获得市政府发放的第1号《国有土地使用权证》。2009年3月28日，甲公司将此地块转让给乙公司，市政府向乙公司发放第2号《国有土地使用权证》。此后，乙公司申请在此地块上动工建设。2010年9月15日，市政府张贴公告，要求在该土地范围内使用土地的单位和个人，限期自行清理农作物和附着物设施，否则强制清理。2010年11月，某村得知市政府给乙公司颁发第2号《国有土地使用权证》后，认为此证涉及的部分土地仍属该村集体所有，向省政府申请复议要求撤销该土地使用权证。省政府维持后，某村向法院起诉。法院通知甲公司与乙公司作为第三人参加诉讼。

在诉讼过程中，市政府组织有关部门强制拆除了征地范围内的附着物设施。某村为收集证据材料，向市国土局申请公开1997年征收时划定的四至界线范围等相关资料，市国土局以涉及商业秘密为由拒绝提供。请问，市政府强制拆除征地范围内的附着物设施应当遵循的主要法定程序和执行原则是什么？

分析：按照《行政强制法》的规定，市政府采取强制执行措施应当遵循事先催告当事人履行义务，当事人有权陈述申辩，行政机关应当充分听取当事人意见，书面决定强制执行并送达当事人，与当事人可达成执行协议；不得在夜间或法定节假日实施强制执行，不得对居民生活采取停水、停电、停热、停气等方式迫使当事人执行等程序和执行原则。

五、金钱给付义务的执行程序

金钱给付义务如纳税、收费、缴纳罚款等，都按照先间接、后直接的方式强制执行，即先处以执行罚，仍不履行的对财产予以划拨或拍卖。

（一）执行罚

行政机关依法作出金钱给付义务的决定，当事人逾期不履行的，行政机关可以依法加处罚款或滞纳金。加处罚款或滞纳金的标准应当告知当事人，但其数额不得超出金钱给付义务的数额。

（二）划拨或拍卖

处罚款或滞纳金超过 30 日，经催告当事人仍不履行的，具有行政强制执行权的机关可以直接划拨款项或拍卖财产用于抵缴。划拨的款项和拍卖所得的款项，应当上缴国库或划入财政专户，行政机关或个人不得以任何形式截留、私分或变相私分。

六、代履行的程序

代履行适用于排除妨碍、恢复原状义务的强制执行，如拆除违章建筑、清除障碍物等。代履行以委托没有利害关系的第三人为原则，以行政机关自己代履行为例外。原因在于，代履行本质上是将当事人排除妨碍、恢复原状的义务转化为缴纳代履行费用的义务。如果主要由行政机关自己代履行，或者委托有利害关系的第三人（如行政机关下属的事业单位），则存在着利益关联，容易刺激行政机关滥用代履行的权力以谋求经济利益。因此，原则上应当委托给没有利害关系的第三人，只有找不到、或者当时条件下不可能找到符合条件的第三人时，才可以由行政机关自己实施代履行。

（一）适用条件

行政机关作出要求当事人排除妨碍、恢复原状的行政决定，当事人逾期不履行，经催告仍不履行，其后果已经或将危害交通安全、造成环境污染、破坏自然资源的，行政机关可以代履行，或委托没有利害关系的第三人代履行。

（二）适用程序

代履行一般遵守下列程序：

（1）送达：代履行前应先送达代履行决定书。
（2）催告：代履行 3 日前再催告当事人履行，当事人履行的即停止代履行。
（3）派员监督：代履行时行政机关应当派员到场监督。
（4）签章确认：代履行完毕，行政机关到场监督的工作人员、代履行人和当事人或见证人应当在执行文书上签名或盖章。
（5）收费：代履行的费用按照成本合理确定由当事人承担，但法律另有规定的除外。

（三）例外规定

需要立即清除道路、河道、航道或公共场所的遗洒物、障碍物或污染物，当事人不能清除的，行政机关可省略上述程序，立即实施代履行。当事人不在场的，行政机关应事后立即通知当事人。

▶ **例 9-14** 代履行是行政机关强制执行的方式之一。有关代履行，下列哪些说法是错误的？

A. 行政机关只能委托没有利害关系的第三人代履行
B. 代履行的费用均应当由负有义务的当事人承担
C. 代履行不得采用暴力、胁迫以及其他非法方式
D. 代履行 3 日前应送达决定书

分析：代履行以委托没有利害关系的第三人为原则，但存在行政机关自己代履行的例外，因此 A 项错误。代履行的费用原则上由义务人承担，但法律另有规定的除外，因此 B 项错。代履行当然不得采用暴力、胁迫以及其他非法方式，C 项对。行政机关在代履行之前送达决定书即可，没有提前 3 日的要求，提前 3 日是对催告的要求，因此 D 项错。

▶ **例 9-15**　规划局认定一公司所建房屋违反规划，向该公司发出《拆除所建房屋通知》，要求公司在 15 日内拆除房屋。到期后，该公司未拆除所建房屋，该局发出《关于限期拆除所建房屋的通知》，要求公司在 10 日内自动拆除，否则将依法强制执行。下列哪些说法是正确的？

A.《拆除所建房屋通知》与《关于限期拆除所建房屋的通知》性质不同
B.《关于限期拆除所建房屋的通知》系行政处罚
C. 公司可以对《拆除所建房屋通知》提起行政诉讼
D. 在作出《拆除所建房屋通知》时，规划局可以适用简易程序

分析：《拆除所建房屋通知》是最初的行政决定，《关于限期拆除所建房屋的通知》是执行程序中的催告（不是行政处罚），性质当然不同，因此 A 项正确而 B 项错误。《拆除所建房屋通知》是行政行为，当然是可诉的，C 项正确。关于作出拆除决定，法律上没有规定简易程序，D 项错误。

第四节　法院的非诉执行

法院的非诉执行，在原来的《行政诉讼法》及其司法解释中有过比较完整的规定，《行政强制法》又设专章做了规定。根据后法优于前法的原则，现在的非诉执行制度应以《行政强制法》为准。2014 年《行政诉讼法》修订之后，没有再对非诉执行制度作出新的规定。非诉执行可以分为申请、受理、审查、裁定四个基本环节。

一、申请

（一）申请条件

当事人在法定期限内不复议、不诉讼，又不履行行政决定的，没有强制执行权的行政机关应当先催告当事人履行义务。催告书送达 10 日后当事人仍未履行的，行政机关可以自期限届满之日起 3 个月内申请法院强制执行。

行政机关向法院申请强制执行，应当提供下列材料：(1) 强制执行申请书；(2) 行政决定书及作出决定的事实、理由和依据；(3) 当事人的意见及行政机关催告情况；(4) 申请强制执行标的情况；(5) 法律、行政法规规定的其他材料。强制执行申请书应当由行政机关负责人签名，加盖行政机关的印章，并注明日期。

（二）执行管辖

非诉执行向行政机关所在地法院申请，执行对象是不动产的向不动产所在地法院

申请。在级别管辖上,应当先向基层法院申请。

二、受理

法院接到强制执行申请,应当在 5 日内受理。

行政机关对法院不予受理的裁定有异议的,可以在 15 日内向上一级法院申请复议,后者应当自在 15 日内作出裁定。

三、审查和裁定

法院对申请非诉执行的具体行政行为应当审查合法性,但原则上只做形式审查,例外情况下才转化为实质审查。具体包括几种情况:

(一)形式审查

法院对强制执行的申请进行书面审查,对符合形式要件、具备执行效力、没有明显违法的情形,应当自受理后 7 日内裁定予以执行。

(二)实质审查

(1)条件:法院发现强制执行的申请明显违法,包括明显缺乏事实根据的,明显缺乏法律法规依据的,或有其他明显违法并损害被执行人合法权益的情形,即转入实质审查。

(2)时限:法院在实质审查中,可以听取被执行人和行政机关的意见,并自受理之日起 30 日内裁定是否执行。裁定不予执行的应当说明理由,并在 5 日内将裁定送达行政机关。行政机关不服裁定的,可以在 15 日内向上一级法院申请复议,后者在 30 日内作出裁定。

(三)紧急情况

紧急情况下为保障公共安全,行政机关可以申请法院立即执行。经院长批准,法院应当自作出执行裁定之日起 5 日内执行。

非诉执行的其他制度,与行政机关自己强制执行的相关制度,相同或类似。

▶ **例 9-16** 某市建设委员会以某公司的房屋占压输油、输气管道线为由,作出限期拆除决定,要求某公司自收到决定之日起 10 日内自行拆除。但某公司逾期未拆除,亦未在法定期限内提起诉讼,某市建设委员会申请法院强制执行。下列哪些选项是错误的?

A. 若法律、法规赋予某市建设委员会有自行强制执行权,法院即应不受理其申请

B. 某市建设委员会应当向其所在地的法院申请强制执行

C. 接受申请的法院应当在受理申请之日起 30 日内作出是否准予强制执行的裁定

D. 若在某市建设委员会申请强制执行前,某公司已对限期拆除决定提起诉讼,法院无权在诉讼期间执行拆除决定

分析：行政强制执行权只能由法律赋予，法规赋予的无效，因此 A 项错误。如果将此说法修改为"若法律赋予某市建设委员会有自行强制执行权，法院即应不受理其申请"，就是正确的。因为本案执行的标的是不动产，所以管辖是不动产所在地，B 项错误。法院受理行政机关的执行申请后一般在 7 日内作出裁定，而不是 30 日，因此 C 项错。法院在诉讼期间原则上不受理执行申请，但例外情况下，如果不执行该行为将给国家利益、公共利益或者他人合法权益造成不可弥补的损失，则可以先予执行，因此 D 项错误。

▶ **例 9-17** 甲公司从澳大利亚某公司购买了 2 万吨化肥运抵某市。海关认定甲公司在无进口许可证等报关单证的情况下进口货物，且未经海关许可擅自提取货物，遂以保证金的名义向甲公司收缴人民币 200 万元。随后作出罚款 1000 万元的行政处罚决定。甲公司认为处罚过重，但既未缴纳罚款，也未申请行政复议或者提起行政诉讼。下列说法错误的是什么？

　　A. 海关可以直接将甲公司缴纳的保证金抵缴部分罚款
　　B. 海关只能申请法院强制执行其处罚决定
　　C. 海关应当自甲公司起诉期限届满之日起 180 日内提出行政强制执行申请
　　D. 海关申请强制执行其处罚决定，应当由海关所在地的中级人民法院受理

分析：由于海关有直接强制执行权，可以自我执行但不能申请法院执行，因此 A 项对而 B 项错。申请非诉执行的期限是复议和诉讼期限届满后 3 个月内，不是起诉期限届满之日起 180 日内，因此 C 项错误。D 项因为执行管辖原则上是基层法院，也错误。

▶ **例 9-18** 某建筑公司雇工修建某镇农贸市场，但长期拖欠工资。县劳动局作出《处理决定书》，要求该公司支付工资，并加付应付工资 50% 的赔偿金。该公司在法定期限内既未履行处理决定，也未申请行政复议和提起诉讼。下列哪一选项是正确的？

　　A. 县劳动局申请法院强制执行，应当自该公司的法定起诉期限届满之日起 90 日内提出
　　B. 县劳动局申请法院强制执行，由该县法院受理
　　C. 县劳动局申请执行应当提交的全部材料包括申请执行书、据以执行的行政法律文书、证明该具体行政行为合法的材料
　　D. 法院受理申请执行案件后，应当在 30 日内由执行庭对行政处理决定的合法性进行审查

分析：行政机关申请非诉执行的期限是当事人履行期、复议期、起诉期届满后 3 个月，A 项错误。非诉执行案件由基层法院管辖，B 项正确。行政机关向法院申请强制执行应当提供的材料包括强制执行申请书，行政决定书及作出决定的事实、理由和依据，当事人的意见及行政机关催告情况，申请强制执行标的情况等，C 项表述不全面，错误。法院的审查期原则上是 7 日，不是 30 日，而且应当由行政庭（不是执行庭）来审查，D 项错误。

四、裁执分离制度

按照《行政强制法》的现行规定，我国的行政强制执行体制是以司法机关执行为主，以行政机关自己强制执行为辅的，因为大多数行政机关并没有被赋予直接强制执行权。这导致了一个结果，就是执行效率很低，法院本来执行负担就很重（主要精力投入在执行生效裁判文书上面），加上对行政机关事务不熟悉，人财物力有限，大量的非诉执行案件最后都执行不下去。此外，由于多数行政机关不需要对最后的执行环节负责，导致在前端的行政管理中不作为，对很多当事人不履行义务的情况置之不理或者纠正不力，最后行政机关向法院提起执行申请就一推了之，这也大大加重了法院执行效率低、执行效果差的状况。但是，如果将直接强制执行权全部交给行政机关，就缺少了法院对其合法性的审查，可能导致行政机关违法和滥用职权情况的增加。为此，在制定《行政强制法》的过程中，原来的立法草案一度采取了"裁执分离"的制度设计，就是法院只负责审查行政机关申请执行的行政行为是否合法，在合法的情况下作出准予执行的裁定，但并不亲自执行，后续的具体执行工作仍然由行政机关自己负责。简而言之，就是法院管"裁"、行政机关管"执"，这样就可以兼顾公正和效率。但最后这一方案并没有被采纳，最后立法上还是采取了以司法机关执行为主并"裁执一体"的体制。

不过，在《行政强制法》实施之后，法院系统随即开始了"裁执分离"的试点，在个别领域尝试"裁执分离"，以积累经验。根据2012年最高人民法院《关于办理申请人民法院强制执行国有土地上房屋征收补偿决定案件若干问题的规定》，对于国有土地上房屋征收补偿的非诉执行案件，法院经审查后裁定准予执行的，一般仍由作出征收补偿决定的市、县级政府组织实施，也可以由法院执行。也就是说，在这种案件中，审查裁定权和实际执行权可能是分离的，前者仍由法院掌握，后者则可能交回给行政机关自己。

思 维 拓 展

【示范案例】

刘秋海诉北海市银海区交警大队案[①]

1995年3月12日晚上，广西北海市郊区发生一起交通事故，伤者叫陈小俐，女，北海市合浦县人，事发时，她驾驶一辆两轮摩托车经过此地。随后，广东省雷州市人刘秋海（当时为雷州市政协委员，后为湛江市人大代表）、冯昌炳等人将陈小俐送往北海

---

① 案例来源为：郭国松：《广西"刘秋海事件"始末：正义的背叛？》，载《南方周末》2000年1月13日。

市人民医院,并留下600元医疗费后驾车离去。4月19日,刘秋海等人再次驾车途经北海时,"正在家中吃饭的银海区交警大队民警林国兴接到陈小俐亲戚廖文斌的报告,说3月12日晚撞伤陈小俐的汽车停放在北海市森美大院内……林国兴遂身着便装立即前往森美大院……以3月12日晚肇事待查为由,将广东26-01150号农夫车及该车行驶证作暂扣处理,…"[摘自广西壮族自治区高级法院(1998)桂行终字第1号行政判决书]。

6月22日,《人民政协报》以《公理何在,正义何在》为题刊登了刘秋海的来信。来信称:当天晚上,他与冯昌炳等人驾车途经出事地点前往南宁,见陈小俐摔倒在路边的水沟里,正在求救,遂将其救起并送往医院并垫付了医疗费,反被诬为肇事逃跑。

7月14日,银海区交警大队向刘秋海宣布《道路交通事故责任认定书》:"经我大队对此事故的调查核实,冯昌炳肇事后逃逸,依照《道路交通事故处理办法》第20条之规定,冯昌炳应负此事故的全部责任,陈小俐对此事故无责任。"刘秋海、冯昌炳不服上述认定,于7月20日向北海市交警支队提出《关于请求重新认定"3.12"交通事故责任的申请书》。8月6日,北海市公安局交警支队作出《道路交通事故责任重新认定决定书》,维持郊区大队(银海区大队)对此事故作出的责任认定。

1996年3月19日,刘秋海、冯昌炳向北海市中级法院提起行政诉讼,状告北海市公安局银海区交警大队,请求法院撤销被告作出的《道路交通事故责任认定书》;责令被告归还非法扣押的广东26-01150号小货车;赔偿车辆运营损失费及其他损失共13万元。

1996年8月21日,北海市中级法院开庭审理这起行政诉讼案。1997年9月25日,北海市中级法院对刘秋海、冯昌炳诉北海市银海区交警大队违法行政一案作出一审判决:(1)维持被告银海区交警大队于1995年4月19日作出的(北市0108070号)暂扣凭证决定。(2)驳回原告请求赔偿13万元的诉讼请求。

刘秋海、冯昌炳不服,即上诉至广西壮族自治区高级法院。1998年4月2日,广西自治区高级法院在北海市开庭,二审刘秋海、冯昌炳诉北海交警违法行政一案,30多家新闻单位记者旁听了当天的庭审。1999年3月1日,广西壮族自治区高级法院作出(1998)桂行终字第1号终审判决:"本院认为,本案属行政诉讼,根据《行政诉讼法》第5条和最高法院、公安部《关于处理道路交通事故案件有关问题的通知》第4条的规定,本案仅就被上诉人暂扣上诉人车辆及其行驶证的具体行政行为的合法性进行审查。被上诉人作出的道路交通事故责任认定正确与否不在本案审查范围之内,本院不予审查。"该院据此判决如下:(1)撤销北海市中级法院(1996)北行初字第2号行政判决第一项;(2)确认被上诉人银海区交警大队从1995年4月19日暂扣上诉人的车辆及其行驶证的具体行政行为合法;确认被上诉人银海区交警大队从1995年9月14日至9月29日暂扣上诉人的车辆及其行驶证的具体行政行为违法;(3)维持北海市中级法院北行初字第2号行政判决第二项,即驳回上诉人要求被上诉人赔偿损失的诉讼请求。

法律问题：在本案中，银海区交警大队暂扣刘秋海车辆及其行驶证的行为是否合法？

法理分析：对于银海区交警大队暂扣刘秋海车辆及其行驶证一事，广西自治区高级法院的终审判决是确认交警大队最初的扣车决定合法，但1995年9月14日调解结束后至9月29日汽车被法院查封为止，这一段时间交警大队继续扣压汽车则构成违法。终审法院对此的判决理由是：根据国务院《道路交通事故处理办法》第12条第1款关于公安交通主管部门有权对肇事嫌疑车及其车牌、行驶证等予以暂扣审查的规定，被上诉人根据交通事故受害人陈小俐及其亲属的报案和指证，以及经查看发现广东26-01150农夫车确有碰撞痕迹和上诉人刘秋海、冯昌炳亦承认3月12日晚曾驾驶该车到过事故发生地的事实，将该车认定为肇事嫌疑车，对该车及其行驶证采取暂扣措施，以待调查处理，这一具体行政行为符合法律规定。被上诉人的工作人员林国兴扣押车辆及其行驶证前经领导批准同意，扣车时出示了执行公务证，及当场开具暂扣凭证，均有证据证实，其扣车、扣证属执行公务的合法行为。

这一判决作出之后，社会舆论和学术界普遍对法院的判决持批评态度，其中不乏十分尖锐的意见。因为，在事件发生后不久，多家媒体陆续披露了与案件有关的诸多事实。1995年10月27日，《南方周末》刊登了记者采写的《做好事招来的横祸》，首次披露"刘秋海事件"的详细过程。文中列举了大量证据，证明刘秋海救了陈小俐，而陈氏兄妹恩将仇报，污人清白。随后，看到报道的广西南宁人秦达辉主动给《南方周末》报社打来电话，称他是这起事故的现场目击者，"当时她（陈小俐）头脑清醒，她跟我说她是自己掉下去的"。秦达辉愿意作证，并随即向刘秋海的律师提供了书面证言。此后《南方周末》刊登了《恶人先告状》《"刘秋海事件"再追踪》等一系列文章。在《恶人先告状》一文中，《南方周末》记者引述陈小俐的嫂子莫家英提供的材料，称陈小俐在深圳有"卖淫""吸毒""与当地和香港某些黑社会分子狼狈为奸从事敲诈勒索"以及私藏枪支等违法犯罪行为。在《"刘秋海事件"再追踪》一文中，《南方周末》记者调查称，1996年1月10日，陈小俐在起诉刘秋海、冯昌炳三个半月后偷渡香港，被香港警方抓获，处以"守行为"（香港司法部门的一种强制措施）4个月。5月21日，陈小俐被遣返至深圳，南山区公安分局将其作为在逃疑犯刑事拘留，10天后以"证据不足"为由被释放。此前，陈小俐因涉嫌发生在深圳的一起黑社会绑架勒索案，深圳市警方发出"深南公刑（95）51号协查通报"，要求各地公安机关"发现陈小俐后，立即扣留并电告我局"。在此期间，《人民日报》《中国青年报》《工人日报》新华社广东分社、《中华工商时报》等数十家新闻媒体先后对刘秋海事件进行了详细的披露。据《南方周末》所称，上述媒体的调查均证实刘秋海蒙冤北海，陈氏兄妹恩将仇报，北海交警违法办案。根据上述媒体的一系列报道，评论者普遍认为陈小俐是恩将仇报诬陷刘秋海，同时认为陈小俐多次实施过违法犯罪行为，对其人格也提出了强烈的质疑。由此，多数人进而认为交警部门作出的交通事故责任认定书是错误的，刘秋海是被陷害的无辜受害者。那么，在这种情况下，法院仍然判决交警部门的暂扣行为合法，大多数人便认为这一判决是错误的。

我们认为,上述看法是不准确的,是对本案行政法律关系及其原理不了解所导致的一种误解。对于这一问题,需要从如下几个层次上加以厘清:

第一,交警部门的暂扣行为是一种什么性质的行政行为?从这一行为的性质来看,这显然是一个行政强制措施。按照《行政强制法》第2条第2款的规定,"行政强制措施,是指行政机关在行政管理过程中,为制止违法行为、防止证据损毁、避免危害发生、控制危险扩大等情形,依法对公民的人身自由实施暂时性限制,或者对公民、法人或者其他组织的财物实施暂时性控制的行为。"在本案中,交警部门之所以要暂扣刘秋海的车辆及其行驶证,其目的就在于"防止证据损坏",以便对刘秋海可能存在的违法行为作出进一步的调查,为最终的处理决定提供事实证据。需要注意的是,行政机关采取行政强制措施的前提是认为当事人有可能实施了违法行为,或者说有实施违法行为嫌疑,而不是说当事人已经实施了违法行为。因为,对于当事人到底是否实施了违法行为这一问题,往往正是行政机关在采取了强制措施之后所要查明的。我们不能根据行政机关采取了行政强制措施这一事实,就认为行政机关已经判定当事人实施了违法行为。因为,行政强制措施是一种面向未来的、预防性的、控制性的、非惩罚性的行为,而不是面对过去的、惩罚性的行为。案中交警部门暂扣行为的这一性质,在当时实施的国务院《道路交通事故处理办法》(目前已失效)中也可以得到印证。该《办法》第12条规定:"公安机关根据检验或者鉴定的需要,可以暂时扣留交通事故车辆或者嫌疑车辆、车辆牌证和当事人的有关证件,检验或者鉴定后应当立即归还。其他任何单位和个人不准扣留交通事故车辆、车辆牌证和当事人的有关证件,也不准扣留交通事故车辆的驾驶员和货物。"从这一规定可以看出,暂扣行为的目的是为"检验或者鉴定",而不是对已经查明的违法行为加以惩罚。

第二,暂扣行为与交通事故责任认定书之间是什么关系?对于暂扣行为,我们已经认定这是一种行政强制措施。至于后来交警部门作出的交通事故责任认定书,则是对交通事故所作出的一种事实认定,其目的在于划分事故双方在责任,在本案中指的就是刘秋海等人与陈小俐之间的责任划分。从两者的关系上来看,是一种先后衔接的关系。交警部门正是认为刘秋海有违法的行为,需要查清事实作出责任认定,才先对车辆和行驶证采取了暂扣措施。反过来,交警部门既然采取了暂扣措施,接下来就必须对案件事实加以查明并分清责任,如果交警部门在实施暂扣之后并不查明事实,或者在事实查明并查理完毕之后继续扣押车辆,将构成违法。这就是本案中,广西自治区高级法院的终审判决认定1995年9月14日调解结束后至9月29日汽车被法院查封为止期间继续扣压汽车的行为构成违法的原因所在。尽管这两个行为存在着上述的先后衔接关系,但两者在合法性上并没有必然的对应关系,因为采取暂扣行为的条件只是怀疑当事人涉嫌违法,而不是确定其已经违法。因此,如果暂扣行为是合法的,最终的责任认定既可能是当事人确实违法了而需要承担责任,也可能是其并没有违法从而无需承担责任。但反过来,如果暂扣行为是违法的,则意味着交警部门当初的怀疑是错误的,刘秋海根本就没有违法的嫌疑,不应该承担事故责任,如果最终的认定书认定其需要承担责任,则该认定肯定是错误的。

那么,责任认定行为的合法性能够反过来证明暂扣行为的合法性吗?也未必。如果责任认定行为是正确的,即刘秋海确实应当对事故负有责任,则暂扣行为必然是正确的,因为最终的结果证实了交警部门当初的怀疑。但是,如果责任认定行为是错误的,即刘秋海事实上不应承担责任,暂扣行为却未必是违法的。因为,当初交警部门的怀疑可能是合理的,但最终进一步查明的事实推翻了此前的怀疑,这是在行政执法不同阶段对证据证明程度的要求不同所导致的正常结果而已。在本案中,虽然法院依据有关司法解释认定责任认定行为不属于行政诉讼的受案范围,但根据众多媒体可以相互印证的报道,我们可以判断出刘秋海实际上是没有责任的,即交警部门的认定结论是错误的。但即使如此,也不能必然推出此前的暂扣行为必然违法的结论。至于暂扣行为是否违法,还需要结合对该行为的相关法律规定另行独立判断。在本案中,许多社会公众和评论者对法院判决产生的误解,其根源就在于错误地理解了这里的逻辑关系,认为责任认定的错误可以必然推导出暂扣行为违法的结论来。

第三,暂扣行为到底是不是违法的?这还要以当时实施的国务院《道路交通事故处理办法》第12条为依据来判断。该条款规定:"公安机关根据检验或者鉴定的需要,可以暂时扣留交通事故车辆或者嫌疑车辆、车辆牌证和当事人的有关证件"。也就是说,交警部门暂扣车辆的条件可以是认定其就是"交通事故车辆",也可以是认定其是"嫌疑车辆"。当然,这里的"嫌疑"肯定不是空穴来风、毫无根据的随意怀疑,而应当是有一定初步证据来支撑的合理怀疑。所以,我们在这里需要判断的,就是交警在扣车时是否有足够的证据怀疑刘秋海有交通肇事的行为。根据本案事实,交警部门在扣车前有伤者陈小俐亲属的报案,报案人指认刘秋海的车辆为肇事嫌疑车辆,同时发现刘秋海的车辆有明显碰撞损坏的痕迹。根据这些事实,足以使交警产生合理怀疑,认为刘秋海的车辆是交通肇事的"嫌疑车辆"。由此可以判断,交警部门的暂扣行为是符合当时的法律规定的,是一个合法的行为,终审法院对这一问题的判决是准确的。

【思考案例】

浙江省义乌市国土资源局申请法院执行行政处罚案[①]

2001年年底,浙江省义乌市佛堂镇宝山液化气有限公司的一个液化气站在没有办理任何土地审批手续的情况下,打围墙,搞建设,非法占用基本农田1694平方米。在村民不断举报下,5年后的2006年5月,义乌市国土资源局终于作出处罚决定书:限定该液化气公司在接到处罚决定书之日起3个月内拆除非法占用土地上的新建建筑和其他设施,并责令其自行恢复原种植条件。

---

① 案例来源为:余东明:《浙江法院拒受部分非诉行政执行案引震荡》,载《法制日报》2007年10月30日。

然而,在规定的期限内,该液化气公司不但对处罚决定置之不理,还向义乌市法院起诉,要求撤销该处罚决定。2007年2月2日,法院作出一审判决,维持了义乌市国土资源局的处罚决定书。在上诉期内,宝山液化气有限公司没有提起上诉。于是,义乌市国土资源局申请法院对该处罚决定书进行强制执行。但是,在接下来的半年多时间里,处罚决定书并没有得以顺利执行。根据国土部门的丈量,两个液化气罐所在的封闭区域均在拆除之列,然而在围墙拆除后,执行就停住了,恢复耕种更是无从谈起。

村民们认为,两个装满液化气的罐体就像两枚定时炸弹,随时威胁着附近3个村的村民生命财产安全。为此,村民们不停地找国土局和法院。国土部门答复,非诉行政案件的执行权归法院,案件既然已经申请法院执行,他们就没法管了,村民应该找法院。法院则答复,在时隔5年后,国土部门才对这种违法建设行为作出处罚决定,显然是没有好好作为,导致了这些麻烦,法院也不想当这个"恶人"。这起非法占用耕地的非诉行政执行案就像个皮球,在国土部门和法院之间踢来踢去,直至今日,液化气罐非但没拆掉,原本已经拆除的围墙又重新建了起来……

其实,在浙江省,此类申请法院执行的非诉行政案并不在少数。据浙江省高级法院统计,2004年至2006年3年中,全省各级法院审查非诉行政执行案件51617件,裁定准予执行的49088件,类型五花八门,涉及国土、城建、规划、综合执法等多个行政执法机关。

义乌市法院执行局局长厉茂兴将那些"老大难"的非诉行政执行案比喻成"垃圾",法院则成了"垃圾桶"。他说,那些能自动履行或比较好执行的案子,行政执法机关往往会下力气办好,一些难执行,矛盾争端多,又容易引起群众信访的案件,一些行政执法机关则往往申请法院执行。而这种案件即使到了法院也难以执行,再加上法院执行人员有限,法院的执结率也因此受到严重影响。据浙江省高院统计,全省非诉行政执行案件数量逐年激增,每年增幅平均达30%。2006年,全省各级法院受理的非诉行政执行案已递增至20497件,与行政诉讼案件之比达到5.5:1。不少基层法院的负责人在接受记者采访时表示,法院执行本来就难度大、负担重,而非诉行政执行案的执行往往费力不讨好,里外不是人,令执行人员更加不堪重负。因此,这些负责人都认为,最好的处理办法莫过于快刀斩乱麻,把这些案子挡在门外……

2007年8月18日,浙江省召开第五次全省行政审判工作会议,省高级法院院长应勇和副院长高杰在讲话中相继明确了此观点,要求今后各级法院严把受理关,有限制地受理非诉行政执行案,以此敦促行政执法机关敢于作为、积极作为,同时解决法院非诉行政执行案件与行政诉讼案件倒挂的现象,也为法院日益加重的执行任务减负。应勇认为,诸如违章拆除、恢复耕种、责令停产等非诉行政执行案容易激化矛盾,同时由于执行效率不高,容易使法院陷入两难境地。为此,各级法院一定要严把受理关。高杰还在讲话中明确了六大类非诉行政执行案不予受理的标准和依据。此次会议的内容很快就以文件的形式分发到了全省各级法院,并被传达到了全省各级行政执法机关。

限制受理非诉行政执行案,犹如一颗重磅炸弹,把全省各级行政执法机关给"炸"懵了!各地相继传出法院不予受理行政执法机关申请的非诉行政执行案的消息。当年9月,义乌市法院就拒绝受理该市国土资源局的二十多件非诉行政执行案。

法律问题:本案反映出我国行政强制执行模式中的哪些不足之处?这些问题在2012年实施的《行政强制法》中是否得到了解决?如何进一步改革完善我国的行政强制执行模式?

【学术探讨】

《行政强制法》规定了对人身、对财产的强制措施,在行政管理实践中,行政机关有时还采取另外一种强制措施,就是对行为的强制。例如,政府在特殊情况下(例如发生群体性暴力事件)可能采取通讯管制措施,限制一定区域内居民使用电话通讯或者接入互联网。此时,这些居民的人身自由并没有受到限制,其相关财产(如电话、手机、电脑等)也没有被查封、扣押,但其使用电话通讯或者互联网的行为效果却受到了限制。从性质上看,这就是行政机关对人们的行为采取了控制性的强制措施,对当事人权利义务的影响和人身性、财产性的强制措施是类似的。但是,《行政强制法》并没有规定这一类强制措施,其他单行法也极少涉及。对于此类行政强制措施,你认为应当如何将其纳入法律的调整范围?

第十章

行政程序

思维导图

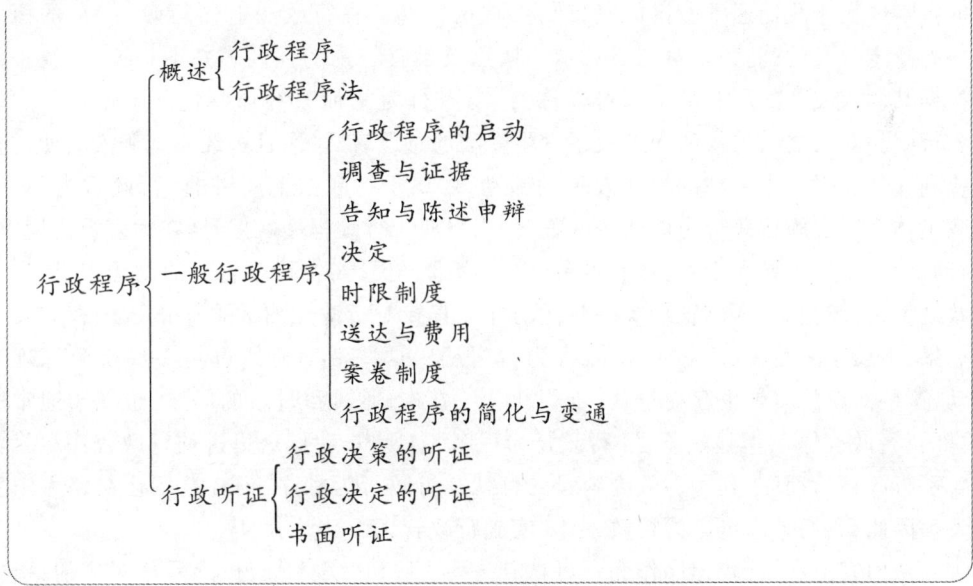

　　行政程序,包括抽象行政行为的程序和具体行政行为的程序。由于制定抽象行政行为(广义上的行政立法行为)的程序已经在本书前文"行政立法"一章中做了专门介绍,本章只介绍具体行政行为的程序,通常也称之为行政执法程序。具体行政行为的程序包括通用于各种行为的一般程序和适用于某种行为的特别程序。其中,最为重要的那些特别程序如行政许可程序、行政处罚程序、行政强制程序,我们在前文也已经做了比较详细的介绍,这里不再重复,本章只介绍一般行政程序。而在一般行政程序中,政府信息公开制度由于已经有了国家层面的行政法规《政府信息公开条例》,并且该条例在实施几年来的实践中积累了比较丰富的案例,我们在下一章专章加以介绍,本章介绍的是除政府信息之外的其他一般行政程序制度。

　　我国目前还没有统一的行政程序立法,所以本章主要以《行政程序法》的若干学者建议稿、部分省市的地方行政程序立法为依据,结合行政程序的一般原理加以介绍。

第一节 行政程序概述

一、行政程序

行政程序,指的是行政主体实施行政管理活动的过程、步骤、顺序、方式、形式和时限。这里我们着重理解两个问题,一是行政程序的概念,二是行政程序的功能。

（一）行政程序的概念

行政程序指的是行政主体实施行政管理活动的程序,这里"实施行政管理活动"的范畴要大于我们通常所讲的"行政行为"的范畴。在行政法上,"行政行为"的概念是有特定含义的,尤其是对意思表示和法律效果有特别的强调。并不是说,行政主体根据其职权实施的所有活动都可以称为"行政行为",而只有那些包含了使行政主体和行政相对人之间的权利义务关系发生变动的意思表示,而且一经实施确实会使这种权利义务关系发生变动的法律效果的活动,才属于行政法上所讲的"行政行为"。行政主体为了实施行政行为而适用的程序,当然属于行政程序。但是,在大多数语境下,行政程序的概念要大于"行政行为程序"的概念。因为,在行政管理活动当中,还有行政规划、行政指导、内部管理等一些活动并不直接对行政相对人产生确定的权利义务后果,不属于一般意义上的"行政行为"。但是,这些活动显然也是一种行政管理活动,这些活动的实施也存在过程、步骤、顺序、方式、形式和时限的问题,也属于通常所讲的"行政程序",但显然不是"行政行为程序"。所以,我们这里讲的行政程序尽管包含了行政行为程序,其大多数内容指的也就是行政行为程序,但在范围还是略大于后者。因此,我们把它定义为行政主体"实施行政管理活动"的程序。

从内容上看,行政程序作为一种法律"程序",和"实体"的概念是相对应的,指的是一种过程、步骤、顺序、方式、形式和时限。也就是说,行政程序并不直接涉及权利（权力）义务的实质性分配,而指的是这些权利（权力）义务分配的过程。行政程序的内容大致上可以分成三类。第一类是过程、步骤和顺序,就是说一个行政活动的完成需要包含什么样的环节、步骤,这些环节、步骤哪个在先、哪个在后,如果缺少了某些步骤,或者这些步骤的顺序颠倒了,这个过程就是错误的,就会导致法律上的某种否定性评价。例如,一个依申请的具体行政行为按照时间顺序通常要包括如下的环节:申请、受理、审查、决定。第二类是方式和形式,就是说这个行政活动阶段的结果和最终的结果要以什么样的方式、形式表现出来,例如是不是一定要通过书面的方式,能否允许口头的方式,是否需要制作格式化的法律文书,等等。如果不符合这些方式或者形式的要求,同样可能导致行政行为无效等消极的法律后果。第三类是时限和期间,就是整个行政活动及其各主要环节要在多长的时间之内完成,这些时间能否延长,以及具体期间如何计算等问题。违反了有关期限的规定,同样会产生相应的法律后果。

(二)行政程序的功能

我们知道,在民事法律制度中,实体法指的就是民法,程序法指的就是民事诉讼程序;在刑事法律制度中,实体法指的就是刑法,程序法指的就是刑事诉讼程序。而在行政法律制度中,实体法可以指狭义行政法中的实体部分,而程序法却不仅仅指的是行政诉讼程序,还包括行政活动的程序,也就是行政程序。为什么只有行政法上既包括行政诉讼的程序,还包括行政活动的程序呢?为什么民事、刑事法律制度上没有民事活动、刑事犯罪的程序?因为这些活动都是私人的活动,不涉及国家公权力的运用。刑事犯罪本来就是对法律秩序的破坏,自然谈不上什么"程序"。而民事活动在古罗马时期曾经有过程序,例如使用繁琐复杂的曼兮帕蓄式物权转移方式,很多民事活动都"程序化"、"要式化"了。但这种程序化的民事活动方式实在过于繁琐笨拙,严重制约了人们的交易活动,逐渐就被淘汰了。所以现代意义上的民事行为正是在摒弃了这些笨重的程序之后才诞生的,它只保留了意思自治的内核,而摒弃了绝大多数的程序。只要一个契约是根据当事人自由的合意订立的,就会产生约束当事人的权利义务后果。但是,到了刑事诉讼和民事诉讼中,法律调整的主要已经不是私人的行为了,而是司法机关的审判活动——在刑事诉讼中还包括公安机关的侦查活动和检察机关的审查起诉活动——而这些都是国家公权力的运行。为了保证这些国家公权力的运行能够导向一个公正的结果,就需要法律在过程上加以控制,由此产生了刑事诉讼法和民事诉讼法。而在行政法律制度上,无论是行政机关实施行政活动的过程,还是司法机关审查这些行政活动的过程,都是国家公权力运行的过程,为了防止权力的恣意,都必须给予过程上的控制。因此,既需要行政活动的程序,也需要行政诉讼的程序。

法律上设立行政程序的目的,当然是希望通过贯彻程序正义导向实体正义,就是通过对行政活动过程的控制使得这些活动最终产生一个公平、公正、合理的结果。例如,通过公开政府信息,使得行政活动中的当事人、甚至普通公众可以了解行政活动的过程和结果,从而有条件对此加以监督,使行政机关实施违法或不当行为的可能性大大减少。再如,通过引入公众参与,使得当事人和公众的意见有可能被行政机关获悉和考虑,从而更好地平衡各方面的利益;也有利于当事人和公众更加深入地了解行政机关作出决定时的具体考量,从而增进其对行政决定的认可程度和履行意愿。

二、行政程序法

行政程序法,就是调整行政活动实施的过程、步骤、顺序、方式、形式和时限的法律原则和法律规范的总和。行政程序法在行政法中占据了很大的比例,以不同的形态存在于行政法当中。

(一)一般的行政程序法和特殊的行政程序法

一般行政程序法,指的是适用于全部(或多数)行政活动的程序性制度;特殊行政程序法,则指的是适用于一种或者一类行政活动的程序性制度。一般行政程序法是行政程序法的主干部分,能够规范着行政活动实施的基本过程,对于那些缺乏特殊程序制度的行政活动方式,可以直接成为其法律依据,发挥对行政活动实行过程控制的"兜底"作用。一般行政程序法并不等同于《行政程序法》法典,一方面,《行政程序法》法典固然要规定大量的一般行政程序,也有可能同时规定一部分特殊的行政程序——也就是分别列举各种行政活动方式的程序;另一方面,有的一般行政程序并不规定在《行政程序法》法典当中,例如,很多国家对于政府信息公开制度都会单独立法。在我国目前,一般的行政程序法数量很少。就国家立法的层面而言,除了《政府信息公开条例》,主要就是《行政诉讼法》《行政复议法》上有关行政行为合法要件中对程序合法要件的一些零星规定。

目前,我国行政程序法的主体内容还是一些特殊行政程序,就是关于各种行为活动程序的分别规定,如行政处罚程序、行政许可程序、行政强制程序、行政立法程序、行政征收程序、行政复议程序、公务员管理的程序,以及一些特定领域特定行政行为方式的程序,等等。这一现状至少存在着三个方面的问题:一是有些特殊行政程序中的具体规范不符合行政程序法的基本原则和精神;二是适用于不同类型行政活动但相互关联的行政程序之间可能发生矛盾冲突;三是相当一部分行政活动方式没有专门的程序制度来规范,存在着"无法可依"的空白地带。

(二) 单独的行政程序法和混合的行政程序法

单独的行政程序法,指的是一部法律当中只包含程序性规范,没有实体性规范或者实体性规范很少;混合的行政程序法则指一部法律当中同时包括程序性和实体性的规范。实际上,绝对单独的行政程序法几乎是不存在的,即使是一部以程序性规定为主的法律也必然或多或少地包含部分实体性的规定。例如,很多国家的《行政程序法》法典当中都包括行政主体的类型和职权、行政行为的效力等实体性规范;即使是《政府信息公开条例》这样的立法,其中的很多制度内容也是实体性的,如行政机关的信息公开义务和职责、政府信息公开的范围等。因此,我们只能说这些法律是以行政程序为主的法律,或者说,我们只能在这个意义上来定义单独的行政程序法。

在我国目前,行政程序制度主要还是通过与实体性规范混合立法的方式存在的,最典型的就是《行政处罚法》《行政许可法》《行政强制法》等立法,同时包含着大量的实体性规定和程序性规定。在这些立法中,实体性规范和程序性规范有时候是很难截然分开的,或者说有些程序性规范很难被单独地剥离出来。例如,《行政处罚法》第24条规定:"对当事人的同一个违法行为,不得给予两次以上罚款的行政处罚。"这就是著名的"一事不再罚"原则。这个条款可以说是一个实体性的规范,也可以说是一个程序性的规范。之所以说该条款具有实体性规范的属性,是因为它明确了当事人不应该因为一个违法行为受到重复的否定性评价,也就是在实体上将这种不利后果加以限定了。之所以说它又是一个程序性的规范,是因为从这一条款可以解读出,当行政机关给予当事人一次罚款之后,这个处罚的程序就结束了,不应该再被继续下去。类似这种实体和程序互相纠缠、难以分割的例子在行政法上还很多。即使我国的行政程序法在将来不断完善,以程序为主的法律——包括《行政程序法》法典在内——不断出台之后,在单行法中实体性规定和程序性规定混合立法的现象还会继续地大量存在。

(三)综合的行政程序法和单行的行政程序法

综合的行政程序法,指的是在一部法律中统一规定了各种主要的行政程序制度,也就是一部比较完整的行政程序法典;单行的行政程序法则是指规定了某一项行政程序制度的专门立法,如关于政府信息公开的立法、关于行政听证的立法等。

美国、德国、日本、韩国等国家和我国台湾地区、澳门地区都已经制定了综合的行政程序法,也就是《行政程序法》法典。从本世纪初开始,我国也开始致力于制定一部系统、完整的行政程序法典,并形成了多个版本、基本成熟的学者建议稿,但国家层面的立法程序至今还没有实质性的启动。但是,从2008年湖南省政府颁布《湖南省行政程序规定》开始,已经有多个省市陆续以地方性法规或地方政府规章的形式出台了本区域的行政程序综合性立法,还有一些国务院的下属部门以规章的形式出台了本领域的行政程序立法。2014年,中共中央《关于全面推进依法治国若干重大问题的决定》提出"完善行政组织和行政程序法律制度,推进机构、职能、权限、程序、责任法定化"。在《决定》的推定下,国家层面的行政程序立法有望正式启动。

至于单行的行政程序法,目前国家层面的只有一部行政法规,就是《政府信息公开条例》。在地方上,有些省市出台了有关行政听证、公众参与方面的一些地方性法规或地方政府规章。

在下文中,我们将着重介绍一般行政程序制度,并专门展开介绍行政听证制度。至于政府信息公开制度,由于其内容较为丰富,我们在下一章专章加以介绍。

第二节 一般行政程序

行政程序的一般规定,包括程序的启动、告知、调查和证据、案卷制度、时限与期间、送达、费用等环节,还包括行政程序的简化和变通等制度。

一、行政程序的启动

行政程序的启动,按照行政行为类型的不同,可以分为依职权启动和依申请启动两种情况。

(一)依职权行为的启动

依职权的行为,就是行政机关无需当事人申请即可作出的行为,其启动比较简单,具体包括三种情况:(1)行政机关的工作人员认为有必要实施某一行为,向行政机关负责人申请,经过后者批准即可启动程序。这是最为常见的情况。(2)行政机关负责人决定(或者经过集体讨论之后决定)实施某一行为,指示具体的工作人员启动行政程序。(3)在紧急情况下,如果不立即实施特定的行政行为(例如采取行政强制措施)将给国家利益、公共利益或者他人合法权益造成不可弥补的损失,行政机关工作人员可以不经批准先行启动程序,事后在一定期限内补办批准手续。

(二) 依申请行为的启动

依申请行为的启动包括申请和受理两个环节。

申请环节包括两种情况,一是依法只能依申请启动的行为,例如行政许可,往往包含比较严格的申请和受理程序;二是依法既可以依职权也可以依申请启动的行为,例如公安机关为了保护公民的人身、财产安全,可以主动对违法嫌疑人启动调查,也可以根据人身、财产受到威胁的当事人的请求来启动调查。对于后者,当事人审理和行政机关受理的过程相对简略一些。我们这里先按照第一种情况进行介绍。

第一,申请的形式。行政相对人申请行政机关启动行政程序,通常应当以书面形式提出。但在相对人没有书写能力的情况下,应当允许其口头陈述,由行政机关工作人员记录并交申请人核对。

第二,申请书。行政相对人提出书面申请,其申请书通常应包括下述内容:(1) 申请人的基本情况:如申请人为自然人,则包括其姓名、性别、年龄、身份、住址等,如申请人为法人或其他组织,则包括其名称、地址、法定代表人的姓名、职务等;(2) 申请的事项;(3) 申请的事实根据;(4) 申请的法律、法规或行政规范根据;(5) 提出申请的时间;(6) 需要说明的其他问题;(7) 申请人签名或盖章。行政相对人口头提出申请的,接受申请的行政机关应当详细记录申请人的基本情况、申请事项、申请根据、申请时间和其他需要说明的有关问题。

第三,申请材料。行政相对人申请行政机关办理一定事项,依法需要提交有关材料或证据的,应当在提出申请时应一并提交,或者在受理机关告知的时间内提交。

第四,收据。行政机关收到行政相对人的申请书和相关材料、证据之后,应当向申请人出具收据。收据上应当有行政机关工作人员的签名,并注明接收材料的日期。

第五,受理。行政机关接收相对人的申请材料,并不意味着受理了其申请,而是需要对材料加以形式上的审查之后再决定是否受理。受理才意味着行政程序的实质性启动。对当事人的申请,行政机关审查后可能作出如下几种处理:(1) 不予受理。适用于申请事项依法无需申请、申请事项不属于本机关职权范围、申请材料不符合条件又不愿补正或补正后仍不符合条件、重复申请等情况。对于申请事项不属于本机关职权范围的情况,行政机关应当同时告知申请人向其他法定的机关申请。(2) 受理。适用于申请事项属于本机关职权范围,申请材料符合条件的情况。(3) 补正后受理。适用于申请材料不符合条件,但当事人能够当场补正或在规定期限内补正的情况。行政机关作出受理或不予受理的决定,都应出具书面凭证。

在紧急情况下,相对人申请行政机关保护其合法权益的,应当允许其口头申请,行政机关对其基本信息记录在案。如果申请人提供的基本情况属实,行政机关应当立即启动相关的行政程序。

▶ **例 10-1** 2009年9月30日,浙江省质量技术监督局向A公司颁发了证书编号为2009111024Z的《资质认定计量认证证书》,认定该公司"可以向社会出具具有证明作用的数据和结果"。2010年6月4日,A公司向浙江省气象局邮寄了《关于要求获得防雷检测资质许可的申请》,要求浙江省气象局许可其获得防雷检测资质。A公司在申请材料中附有公司简介、营业执照、办公场所示意图、仪器设备一览表、人员一览表、质量手册目录和程序手册目录等材料。6月7日,杭州市国立公证处对A公司的邮寄函件内容及过程进行了证据保全。浙江省气象局收到A公司的申请材料后,经审查认为A公司不具有事业法人资格,而且其申报材料隐瞒违法从业及造成重大人员损伤的有关情况,便于6月9日作出了不予受理的决定。A公司不服,向杭州市中级法院提起行政诉讼。

分析:A公司向行政机关申请行政许可,并提供了法律要求的材料,行政机关应当通过对申请材料予以审查决定是否受理。但在这一环节,行政机关的审查只是一种形式审查,即审查申请材料是否齐全、是否符合法定形式,而不是进行实质审查。在本案中,浙江省气象局认为A公司不具有事业法人资格,而且其申报材料隐瞒违法从业及造成重大人员损伤的有关情况,这已经属于实质审查的范畴了。而实质审查是在行政机关受理了当事人的申请之后、在决定是否予以许可时才进行的工作。因此,浙江省气象局混淆了行政许可的受理环节和决定环节,混淆了形式审查和实质审查,法院应当撤销其不予受理的决定,责令其受理A公司的许可申请。

二、调查与证据

行政程序启动后,行政机关应当对事实进行调查。行政机关的行为必须"先取证、后决定"。没有事实根据和证据支持,行政机关不得作出行政决定。依申请的行为,行政机关一般根据申请人提供的材料或主张的事实加以审查;依职权的行为,行政机关一般根据自己掌握或他人提供的线索进行调查。

行政机关实施调查时,执法人员一般不得少于2人,并应表明身份(通常是出示执法证件)。当调查涉及短暂限制人身自由或者进入特定场所时,还需要同时出示其他相应证件、文件。当事人和其他相关人员应当配合调查,提供有关材料和信息。行政执法人员应当对调查的情况制作笔录。

行政机关应当根据调查所获得的证据作出决定,有关行政证据的基本制度如下:

(1)证据种类。在当事人提起行政诉讼的情况下,行政证据将转化为行政诉讼证据。因此,行政证据的种类和行政诉讼证据的种类是相同的,包括书证、物证、视听资料、电子数据、证人证言、当事人的陈述、鉴定意见、勘验笔录、现场笔录九类。

(2)证据内容。行政机关应当围绕案件相关事实客观、全面地收集证据,不得只收集对当事人不利的证据。当事人有权对作为定案依据的证据发表意见,提出异议。

(3)证据的获得。行政机关应当在作出决定之前收集证据,作出行政决定之后补充收集的证据不得用于证明该决定的合法性。行政机关应当以合法手段取得证据,以暴力、胁迫、欺诈或其他侵犯当事人合法权益的手段取得的证据，不得采用作为行政决定的根据。行政机关收集证据必须全面、公正，不能只收集对当事人不利的证据。

行政机关获取证据的主要方式如下：

第一，询问。行政机关进行调查取证时可以对当事人和证人进行询问，进行询问时，执法人员不得少于两人，并应当制作笔录交被询问人核对无误后签字。询问可以在行政机关的办公场所、被询问人的住所或营业场所以及其他合理地点进行。行政机关要求被询问人到其办公场所接受询问的，应当具有法律上的依据，并经过行政机关负责人的批准；但是，依申请的行政行为，行政机关工作人员在受理申请的办公场所对申请人进行询问的，可以直接进行。

第二，审查和检查。行政机关为了调查取证，可以依法调阅行政相对人的账册、营业记录等资料并进行审查，调取上述资料时应当向被调取的当事人出示相应的法律文书，并出具收据。

行政机关为了调查取证，还可以依法对行政相对人的工作场地、办公场所、住宅进行检查。实施检查时执法人员不得少于两人，并应向相对人出示执法证件和检查证件。在检查过程中，行政机关可以采取抽样取证的方法，在证据可能灭失或以后难以取得的情况下，经行政机关负责人批准，可先行登记保存，并应在法定的期限内作出处理决定。在紧急情况下，行政机关工作人员来不及获得检查证件，可以只出示执法证件实施检查，并在法律规定的时间内补办手续。

第三，当事人提供证据。行政相对人申请行政机关启动行政程序的，应当依法提供证据和相关材料，但行政机关不得要求相对人提供和申请事项无关的材料。行政机关依职权启动行政程序的，也可以要求行政相对人提供其掌握的证据和相关材料，行政相对人拒绝提供而行政机关又不能通过其他途径获得相应证据和材料的，行政相对人应当承担行政机关可能对其作出不利行政决定的消极后果。

（4）证据的认定。行政证据在行政诉讼中将转化为行政诉讼证据，因此，行政证据和行政诉讼证据认定和排除的规则原则上是相同的，但也存在一些区别。在大多数情况下，一个行政决定的作出必须做到"事实清楚、证据确凿"，特别是一些负担性的行政行为，如行政处罚、行政征收。但也有一些行为是不可能达到这个标准的。例如，行政机关怀疑相对人可能（继续）实施违法行为，或者扩大违法行为的损害后果，或者损毁、隐匿违法行为的证据，从而准备对相对人采取行政强制措施。这个时候，行政机关收集的证据只能是支持这种合理的怀疑，而不可能是完全证实当事人必然实施该种行为或必然发生该种后果——这些事实在当时几乎是不可能被完全证实的。例如，在某种传染病的疫情爆发期，行政机关怀疑张三是已经被感染的病人，决定对其采取隔离观察措施。那么，张三到底是不是已经被感染了呢？我们假设这个传染病的潜伏期是一周，在这一周届满之前，行政机关根本无法证明张三是否被感染。其证据最多只能证明张三有被感染的高度可能性，例如张三和其他已经确诊的患者发生过密切接触，或者张三出现了该种传染病的部分主要症状。如果在一周之后，张三经过确诊并没有患病,行政机关自然应该立即解除对他的隔离观察措施,但这并不意味着已经采取的隔离观察措施是违法的。因为,当时行政机关所掌握的证据足以支持其高度的怀疑,这种控制性的措施就是必要且合法的。

在某些更加不确定的情况下,行政机关掌握的证据可能连高度怀疑都无法达到,但同样必须作出行政决定。例如,有科学研究表明牛奶中某种添加物含量过高将有害健康,但也有其他一些科学家认为这种情况对健康没有明显的损害。也就是说,对于这一问题科学界还没有达成共识,但起码说明存在损害健康的某种可能性。那么,食品监管部门要不要决定限制牛奶中该种添加物的含量呢?无论其最后决定限制还是决定不限制,无疑都有一定的证据来支持其决定,但这个证据又是不充分的,可能要在长达十几年、甚至几十年之后,科学界才能得出明确的结论。但在这么长的时间内,行政机关不可能对这种潜在的风险视而不见,否则就有可能构成渎职。因此,在这样的极端情况下,对行政证据的证明标准就只能进一步降低。

▶ **例10-2** 2009年10月16日,金某驾驶一辆轿车经过一个环岛时,因未按规定使用安全带,被执勤交警当场查获。执勤交警对其作出50元罚款的处罚,并向其当场送达简易程序处罚决定书。金某在该处罚决定书上签名,但同时签具"事实有异议"的意见。此后,金某不服处罚决定,以市公安局交通警察支队为被告提起了行政诉讼。在庭审过程中,金某认为,除了交警在法庭上的陈述之外,没有其他证据证明其违反交通规定的事实,因此被诉的处罚决定证据不足,应予撤销。

分析:按照《道路交通安全法》的规定,200元以下的罚款和警告可以由交警适用简易程序作出,而法律认可在适用简易程序的交通违法案件中可以由交警现场作出行政处罚,就是基于交通违法行为具有结果不易固定的特殊性,而交警作为现场目击者,其据此作出的现场记录和陈述可以作为行政处罚的证据。在交警现场作出的行政处罚决定书中,载明了金某的违法行为是未按规定使用安全带,这些记载对该事实的认定实际上具有现场笔录的效力。在交警的记录和陈述与金某的异议形成"一对一"证据的情况下,交警的记录和陈述对事实的认定构成优势证据,在不能证明现场交警对金某存在偏见或具有其他违法情形时,金某仅持有异议,或者仅主观认为交警作证有利害关系,均不能削弱被告证据的证明力。因此,法院应当判决维持被告作出的行政处罚决定。

三、告知与陈述申辩

行政机关在作出行政决定的不同环节都有义务向当事人告知一些必要事项,以保障当事人的知情权,同时听取当事人的陈述申辩意见。行政程序中的告知主要存在于如下几个阶段:

(1)事前告知。事前告知主要发生在依职权的行政行为当中,因为对于依职权的行政行为来说,当事人在申请之前就对行政机关可能作出的行政行为有了基本的了解——如果不了解的话,当事人不可能提出这个申请——因此,也就不存在所谓告知的问题了。但对于依职权的行政行为来说,在行政机关启动行政程序时,当事人对此很可能是一无所知的,因此,行政机关应当向其告知即将作出的行政行为的主要内容、理由和根据,并听取行政相对人的意见。如果当事人提供的证据表明,行政机关所掌握的主要信息有误,则应当及时终止该行政程序。

(2) 事中告知。行政机关作出影响行政相对人权利义务的行政决定,应当告知相对人和其他利害关系人有参与行政程序的权利,以及参与的途径、方法和获取有关行政信息的途径、方法。

(3) 事后告知。行政机关作出影响行政相对人权利义务的行政决定后,应当告知相对人对该决定不服而提起行政诉讼、申请行政复议或其他异议方式的途径和时限。

当事人或利害关系人在知悉行政机关告知的信息之后,有权提出陈述、申辩,行政机关对其陈述、申辩意见应当予以记录并归入案卷。对陈述、申辩的意见,行政机关应当进行审查并采纳其合理意见,不予采纳的应当说明理由。

▶ **例 10-3** 焦某因错误举报查扣车辆的执勤交通民警酒后执法,被天津市和平区公安分局以妨碍公务为由给予罚款 200 元的治安处罚。但该处罚决定生效后,和平区公安分局又重新裁决时给予焦某治安拘留 10 日的行政处罚。焦某不服申请复议,天津市公安局以事实不清为由撤销了该处罚决定,要求和平区公安分局重新裁决。和平区公安分局以 870 号处罚决定书再次裁决,把对焦某的治安拘留 10 日改成了治安拘留 15 日。焦某不服提起行政诉讼,请求判决撤销 870 号处罚决定书。和平区公安分局辩称,该分局对原告作出罚款 200 元的治安处罚后,因为天津市公安局公安交通管理局向天津市公安局纪检组反映该治安处罚过轻,市公安局纪检组根据公安部监督条例的相关规定要求其重新裁决,因此该分局只好撤销原来的行政处罚决定,作出 870 号处罚决定书。

分析: 在行政程序中,当事人对行政机关认定的实施或者拟定的结论表示异议,表达自己的意见,或者在行政程序结束之后提起行政诉讼或者申请行政复议,这都是法律赋予当事人的正当权利。为了保障当事人这一权利的行使,避免因为其提出异议或者寻求救济而遭到行政机关的报复,法律就必须保障当事人不会因为其提出异议或者寻求救济的行为遭到更加不利的后果。因此《行政处罚法》才会规定行政机关不得因当事人申辩而加重处罚,《行政复议法实施条例》才会规定复议机关不得在当事人请求的范围内对其作出更加不利的变更决定。因此,本案中和平区公安分局将 200 元的治安处罚先变更为拘留 10 日、再变更为拘留 15 日都是明显的违法行为。虽然天津市公安局纪检组可以根据公安部监督条例对和平区公安分局的执法行为实施内部监督,但这种内部监督的结果不能作为对外作出行为的依据,不能成为和平区公安分局加重当事人处罚的理由,只能作为对行政机关内部违法违纪人员(例如有工作人员因为徇私给予焦某较轻的处罚)追究责任的依据。

四、决定

行政决定由行政机关主要负责人或分管负责人决定;重大事项的决定由行政机关负责人集体讨论决定。

行政决定应当以书面形式作出,载明以下事项:(1)当事人的基本情况;(2)事实与证据;(3)适用的法律规范;(4)决定的内容;(5)履行的方式和时间;(6)救济的途径和期限;(7)行政机关的印章与日期;(8)其他应当载明的事项。

行政决定作出后,应当通过法定的方式在法定的期限内向当事人送达。

五、时限制度

时限,指的是在行政程序中行政机关和行政相对人及其他主体作出一定行为的时间限制。

对于行政机关来说,时限主要表现为其作出最终的行政决定和阶段性的决定的时间限制。由于我国目前没有统一的《行政程序法》,因此,各种行政行为的期限分散在众多单行的法律、法规当中。原则上,对于重大复杂的行政事项,经过行政机关负责人批准之后,期限可以被延长一次,但延长的期限不得超过本来的期限。行政机关在期限之内没有作出相应行为的,将产生两个方面的后果:一是构成行政不作为,即不履行行政职责,相对人和利害关系人可以对这个不作为本身进行申诉,或者提起行政诉讼、申请行政复议。二是推定行政机关对相关行政事项作出否定性的结论,如不予许可、不予受理等,相对人和利害关系人也可以对这个结论进行申诉,或者提起行政诉讼、申请行政复议。但是,法律可以单独规定当行政机关没有在法定期限内作出决定时,推定为其作出了肯定性的结论。例如,《行政许可法》规定,被许可人申请对即将期满的许可证延期的,行政机关应当在原许可证期满之前作出是否延续的决定,没有及时作出决定的,应当视为延续原许可。

对行政相对人来说,时限主要指的是其提出申请、提交材料、答复询问的时间性要求。在法定的期限之内,相对人没有作出相应行为的,可能产生两个方面的法律后果:在有些情况下,这将直接导致行政程序对相对人终止,并直接产生对其不利的结果,这主要体现在依申请的行政行为当中;在有些情况下,虽然不会导致行政程序对相对人终止,但可能导致行政决定的结果对当事人不利。

对行政程序中的其他利害关系人来说,时限主要指的是其申请参加行政程序和时间限制,以及其在行政程序中表达意见、提交材料、答复咨询等行为的时间性要求。在法定的期限之内,利害关系人没有作出相应行为的,可能产生的法律后果和行政相对人是类似的。稍有不同的是,利害关系人通常有一个参加到行政程序当中的时间限制,如果在这个期限之内没有申请参加,就将失去参加到行政程序中的机会。

对行政相对人和其他利害关系人的期限,法律、法规、规章有明确规定的,从其规定;没有规定的,行政机关应当对其指定一个合理的期限。对行政相对人和其他利害关系人的期限,因为不受当事人控制的原因而延误的,应当将被延误的时间扣除。因为其他合理原因延误的,行政机关应当给予当事人合理的宽限时间。

六、送达与费用

(一) 行政文书的送达

行政文书的送达可以采取下述方式:

(1) 直接送交受送达人。受送达人是自然人的,如果其本人不在,可以交给他的同住成年家属签收;受送达人是法人或其他组织的,应当由法人的法定代表人、其他组织的主要负责人或者该法人、组织负责收件的人签收;受送达人有代理人或指定了代收人的,可以送交其代理人或者代收人签收。

(2) 受送达人或其同住成年家属拒绝接收行政文书的,送达人应当邀请有关基层群众组织或者所在单位的代表到场,向其说明情况,在送达回证上记明拒收的事由和日期,由送达人、见证人签名或盖章,把行政文书留在受送达人的住所,可以视为送达。

(3) 直接送达有困难的,可以委托其他行政机关代为送达,或者邮寄送达。

(4) 受送达人是军人的,通过其所在部队团以上单位的政治机关转交。受送达人被监禁的,通过其所被羁押场所的管理单位转交。代为转交的机关、单位收到行政文书后,必须立即交受送达人签收。

(5) 受送达人下落不明,或者用上述方式均无法送达的,可以公告送达。实行公告送达的,行政机关应该在行政案卷中记明原因和经过。

直接送达行政文书应当有送达回证,由受送达人在送达回证上记明收到日期,签名或盖章。受送达人在送达回证上的签收日期为送达日期。行政文书是由受送达人的同住成年家属、法人或其他组织、代理人或代收人签收的,其在送达回证上的签收日期为送达日期。邮寄送达,以回执上注明的收件日期为送达日期。公告送达,自发出公告之日起,经过合理期限,视为送达。

(二) 费用

除法律有特别规定之外,行政活动应当实行无偿的原则,行政机关不得要求参与到行政程序中的公民、法人或其他组织支付行政程序的相关费用。但是,行政机关实施行政许可、行政确认等行为,向申请人颁发证件、证书、文件的,可以收取相应的工本费;依申请向申请人提供政府信息的,可以收取复印费、邮寄费等成本费用。

对于经济上有困难的自然人,可以申请行政机关减免相关的费用。但是,对于当事人是法人或其他组织的,原则上不减免费用。

七、案卷制度

行政案卷,就是记录行政活动的事由、内容和结果的书面文件,主要包括三类:(1) 调查笔录,即在行政活动的调查环节所形成的对案件事实、执法过程、相关人员意见等内容的记录;(2) 听证笔录,即在行政听证中形成的对各方意见、辩论过程、认定结果等内容的记录;(3)综合案卷,即包括一个行政事项的调查笔录、听证笔录、主要证据、决定文书及其他相关内容在内的总的案卷。

从程序正当的角度来看,行政案卷应当具有排他效力,即行政机关作出行政决定或者司法机关、复议机关审查行政决定,都只能以案卷中所记载的内容为准,不得考虑案卷之外的其他事实。这样可以保证行政程序的权威性,增强当事人对行政程序进展的可预期性,并使得行政机关的活动具有可追溯性、可追责性。但在我国,目前只有《行政许可法》一部法律和最高法院关于审理反倾销、反补贴案件的个别司法解释规定了案卷排他制度。

对行政案卷,当事人和利害关系人有权申请查阅。

八、行政程序的简化与变通

(一)行政程序的简化

简化的行政程序即简易程序,简易程序适用于事实简单、标的较小、对当事人利益影响较轻的行政事项。简易程序的基本特点就是行政程序的"当场化"完成,即当场启动、当场调查、当场决定、当场送达:(1)当场启动。依法可以按照简易程序实施的行政事项,法律将其视为事前已经获得了行政机关负责人的概括性授权,行政执法人员可当场决定启动简易程序,无需机关负责人再行批准。(2)当场调查。由于案件事实比较简单,行政执法人员应当当场查明事实,无法当场查明事实的事项不得适用简易程序,应当及时转化为一般程序。(3)当场决定。适用简易程序的事项由行政执法人员当场作出决定,事后报请所在机关备案即可。(4)当场送达。行政执法人员应该当场填写格式化的行政决定书,交付当事人。

行政程序的简化,是为了既节约行政机关和当事人双方的时间和经济成本,同时保持对行政活动最低限度的过程控制。行政程序的简化应当有法律上的明确依据,行政机关不得在没有法律依据的情况下简化行政程序——即使当事人明确表示同意,这样的行为也是违法的。

(二)行政程序的变通

在发生公共突发事件的紧急情况下,行政程序可以有所变通,以最大限度地提高行政效率,为克服公共危机争取时间,就需要把实施行政行为的某些步骤、方式、顺序和时限变通执行或部分省略。例如,在发生重大自然灾害的情况下实施的行政征用,就可能由行政机关工作人员当场口头作出征用决定,待紧急情况结束后再给予适当补偿。而在平常状态下,实施行政征用必须经历的程序至少包括:行政机关负责人决定、通知当事人、评估财产价值、签订书面的补偿协议、给予补偿、取得财产。

但是,某些最基本的行政程序即使在紧急情况下也不得省略,这些程序包括:表明身份、告知事由、说明理由等。

因应对公共突发事件而进入应急法律状态,从而可以变通执行行政程序,必须经过有权机关的明确宣告。如果是进入紧急状态,应当经过全国人大常委会决定由国家主席宣告;或者经国务院决定由总理宣告。如果没有进入紧急状态,则应当以对突发事件承担应对职责的政府启动应急预案作为法律秩序切换的标志。在突发事件的威胁和危害得到控制或者消除之后,有权机关应当结束应急法律状态,行政机关必须恢复使用正常的程序作出行政行为。

第三节 行政听证

行政听证,指的是在行政机关作出重大决策或作出影响公民、法人、其他组织较大利益的行为之前,通过陈述、辩论、质证等方式听取相关利益主体意见的一种程序。建立听证制度的意义在于吸收当事人和社会公众充分参与行政程序,增强行政过程的正当性;引导各方利益主体以制度化的方式表达利益诉求,促进行政决定的公正性;通过听证过程的公开增强政府透明度;使当事人和公众更加深入地了解行政决策或行政决定作出过程,增加其认可程度和支持行政决策、履行行政决定的自觉性。听证制度的建立,源于当事人在行政程序中享有的陈述、申辩权,本质上就是陈述、申辩制度的正式化、复杂化。行政听证的关键做法,就是仿效、模拟司法程序,把司法程序中的对抗辩论、公开审理、中立者裁决等制度安排引入到行政程序当中。

行政听证可以分为行政决策听证和行政决定听证,前者适用于影响较大的社会群体、涉及重大公共利益的行政立法或公共政策的制定,例如立法听证、价格听证;后者适用于对当事人权利义务直接影响较大的行政决定的作出,例如行政处罚听证。行政决策听证的参加人是公众代表,行政决定听证的参加人是行政程序的当事人和其他利害关系人。

一、行政决策的听证

(一) 适用范围

行政机关制定行政规范和公共政策,内容涉及广泛的公众利益的,应当依法召开听证会。行政决策听证,一般由行政机关依职权启动;但行政机关应当启动听证程序而不启动的,与行政决策事项有利害关系的公民、法人或其他组织也可以申请行政机关实行听证。

(二) 主持人

听证会由行政首长或行政首长指定的行政机关工作人员主持。待听证的行政规范或公共政策影响其利益的公务人员不得主持听证会;听证参加人认为听证主持人存在上述应当回避的情形的,可以申请其回避。

(三) 参加人

听证会应当吸收行政规范或公共政策影响其利益的社会公众的代表参加。公众代表由公众推举产生;公众推举有困难的,由行政机关指定。行政机关工作人员或者与行政机关存在利害关系的人,不得作为公众代表。

听证会可以邀请有关学者、专家参加,也可以邀请有关行政机关的工作人员参加。

(四) 听证过程

主持人对听证过程拥有指挥权,听证参加人应当按照主持人决定的顺序依次发言。主持人和参加听证的专家、学者可以对其他听证参加人发问;其他听证参加人经主持人同意,可以对参加听证的有关行政机关工作人员发问;其他参加人之间原则上不相互发问和答问。

(五) 听证记录及其效力

听证会应当由工作人员作详细记录,并在会后据此整理出听证纪要。

听证记录和听证纪要应由听证主持人签字后报送行政机关。行政机关制定行政规范和公共政策应当考虑听证会参与人员的相应建议、意见。对不予采纳的建议、意见,应当通过一定方式予以解释说明。

二、行政决定的听证

行政决定的听证,指的是行政机关为了作出针对特定对象权利义务作出的行政决定或阶段性的决定而举行的听证,其听证事项的涉及范围和影响小于行政决策的听证,但因为直接关系到当事人的切身利益,听证程序的对抗性更强一些。

(一) 适用范围

行政决定的听证适用于行政机关即将作出对当事人权利义务有重大影响的行政事项,行政决定的听证一般依当事人或利害关系人的申请而启动,部分事项的听证也可以由行政机关主动决定召开听证会。在我国目前,已经建立的行政决定听证制度主要是行政行政许可听证、行政处罚听证和行政复议听证。

在法律上,对行政决定听证适用范围的规定有三种情况:第一种情况是具体列举了适用范围,如《治安管理处罚法》第98条规定:"公安机关作出吊销许可证以及处二千元以上罚款的治安管理处罚决定前,应当告知违反治安管理行为人有权要求举行听证;违反治安管理行为人要求听证的,公安机关应当及时依法举行听证。"但是,即使法律进行了明确的列举,也并不意味着行政机关就绝对没有裁量的余地。在行政机关拟作出的行政处罚没有达到法定标准的情况下,行政机关也可以告知当事人有权申请听证,如果当事人申请的,行政机关也应当决定听证。因为,这个处罚虽然没有达到法定标准,但行政机关如果举行听证的话,实际上是加重了对自己的程序性约束和负担,给予了当事人更多的程序保障,对当事人是有利的,法律应当允许。第二种情况是具体列举了一部分适用范围,同时留下了部分行政裁量的空间,如《行政处罚法》第42条规定:"行政机关作出责令停产停业、吊销许可证或者执照、较大数额罚款等行政处罚决定之前,应当告知当事人有要求举行听证的权利;当事人要求听证的,行政机关应当组织听证。"这里的"责令停产停业、吊销许可证或者执照"就是明确的列举,"较大数额罚款等"就是行政机关可以裁量的。第三种情况是只规定了一个基本标准,由行政机关自行裁量,如《行政许可法》第47条规定:"行政许可直接涉及申请人与他人之间重大利益关系的,行政机关在作出行政许可决定前,应当告知申请人、利害关系人享有要求听证的权利"。再如《行政复议法实施条例》第 33 条规定:"行政复议机构认为必要时,可以实地调查核实证据;对重大、复杂的案件,申请人提出要求或者行政复议机构认为必要时,可以采取听证的方式审理。"

（二）主持人

听证主持人由行政机关指定的工作人员担任,但出于程序中立的考虑,其选择应当适用回避规则,包括:(1)与听证事项本身或听证参加人有利害关系的工作人员,不得担任主持人;(2)参加了行政程序前一环节的工作人员,如参与案件事实调查的人、参与材料初步审查的人,不得担任主持人。行政机关应当主动选择上述人员之外的其他人担任听证主持人,听证的参加人认为听证主持人存在应当回避的情形的,也可以申请其回避,由行政机关负责人决定。

重大事项的听证由行政首长亲自主持。

听证主持人的职权包括:(1)指挥听证会的进行;(2)维持听证会的秩序;(3)指定记录员;(4)提出行政决定的建议方案。

（三）参加人

行政听证的参加人包括当事人、利害关系人、公众代表、调查人员、证人、专家、记录人等。

对于适用听证的事项,行政机关应当向当事人和利害关系人告知听证权,由后者选择是否申请听证。一方申请听证的,行政机关应通知其他各方参加听证。当事人、利害关系人人数较多的,应当确定代表人。当事人和利害关系人可以自己参加听证,也可以聘请代理人参加听证,还可在代理人和其他辅佐人员的陪同下参加听证,但代理人和其他辅佐人员一般不能超过三人。

行政机关的调查人员应当出席听证会,就其调查内容加以说明并就其真实性作证。在必要情况下,当事人和利害关系人可以要求证人出席听证会,或要求专家就特定领域的专业问题加以说明。

听证主持人应指定专人负责记录,其本人不得兼任记录人。

（四）听证过程

行政听证的基本过程,可分为如下步骤:

(1)通知。行政机关举行听证会,应提前合理时间书面通知当事人和利害关系人,以便后者进行准备。听证应公开举行,涉及国家秘密和依法受保护的商业秘密、个人隐私者除外。

(2)开始。由主持人宣布听证会开始,记录员查明当事人、利害关系人和其他参加人是否到会,并宣布听证会的内容和纪律。

(3)发言。调查人员、当事人、利害关系人依次发言。

(4)质证和辩论。各方参加人出示证据进行质证,并对争议问题进行辩论。

(5)最后陈述。调查人员、当事人、利害关系人依次最后陈述意见。

（6）宣布结束。

（五）听证笔录

调查人员、当事人、利害关系人在听证会结束后，应当场阅读听证笔录，经确认无误后签名或盖章，认为记录有误的，有权提出修改意见。

在听证过程中，当事人和利害关系人可以提出相应行政决定的建议，附于笔录之后。听证主持人根据听证笔录拟定行政决定的方案，报行政机关负责人决定。行政机关作出最终的行政决定，应当考虑当事人和利害关系人在听证中提出的意见和建议，对不予采纳的意见和建议应当简要说明理由。

听证笔录应当具有排他效力，行政机关只能根据听证笔录作出决定，未经听证会质证的证据不能作为行政决定的依据。

三、书面听证

书面听证是行政决策听证的一种变通形式。行政机关制定行政规范或公共政策，内容涉及广泛的公众利益，但法律没有要求召开听证会的，可以进行书面听证。

行政机关举行书面听证，应当将拟听证的行政规范或公共政策草案在政府公报或政府网站上发布，或同时在有关报刊、电视、广播上发布，供公众阅读、观看、收听并进行讨论、评价，同时通知公众在一定时间内将讨论和评价的意见、建议通过信件或电子邮件发回行政机关。

行政机关对公众在书面听证中提出的意见、建议应当进行分类、梳理和研究，采纳其中合理的意见。对不予采纳的意见、建议，应当给予简要说明理由。对公众意见是否采纳、如何采纳的总体情况，行政机关应当加以说明并予以公开。

思 维 拓 展

【示范案例】

黄泽富、何伯琼、何熠诉四川省成都市金堂工商行政管理局行政处罚案[①]

2003年12月20日，四川省金堂县图书馆与原告何伯琼之夫黄泽富联办多媒体电子阅览室。经双方协商，由黄泽富出资金和场地，每年向金堂县图书馆缴管理费2400元。2004年4月2日，黄泽富以其子何熠的名义开通了ADSL84992722（期限到2005年6月30日），在金堂县赵镇桔园路一门面房挂牌开业。4月中旬，金堂县文体广电局市场科以整顿网吧为由要求其停办。经金堂县图书馆与黄泽富协商，金堂县图书馆于5月中旬退还黄泽富2400元管理费，摘除了"金堂县图书馆多媒体电子阅览

[①] 案例来源为：最高人民法院指导案例第6号，最高人民法院审判委员会讨论通过，2012年4月9日发布。

室"的牌子。2005年6月2日,金堂工商局会同金堂县文体广电局、金堂县公安局对原告金堂县赵镇桔园路门面房进行检查时发现,金堂实验中学初一学生叶某、杨某、郑某和数名成年人在上网游戏。原告黄泽富、何伯琼、何熠未能出示《网络文化经营许可证》和营业执照。金堂工商局按照《互联网上网服务营业场所管理条例》第27条"擅自设立互联网上网服务营业场所,或者擅自从事互联网上网服务经营活动的,由工商行政管理部门或者由工商行政管理部门会同公安机关依法予以取缔,查封其从事违法经营活动的场所,扣押从事违法经营活动的专用工具、设备"的规定,以成工商金堂扣字(2005)第02747号《扣留财物通知书》决定扣留原告的32台电脑主机。何伯琼对该扣押行为及扣押电脑主机数量有异议遂诉至法院,认为实际扣押了其33台电脑主机,并请求撤销该《扣留财物通知书》。2005年10月8日金堂县法院作出(2005)金堂行初字第13号《行政判决书》,维持了成工商金堂扣字(2005)第02747号《扣留财物通知书》,但同时确认金堂工商局扣押了何伯琼33台电脑主机。同年10月12日,金堂工商局以原告的行为违反了《互联网上网服务营业场所管理条例》第7条、第27条的规定作出成工商金堂处字(2005)第02026号《行政处罚决定书》,决定"没收在何伯琼商业楼扣留的从事违法经营活动的电脑主机32台",黄泽富、何伯琼、何熠等人不服,又对该处罚决定提起了行政诉讼。

  法院生效裁判认为:《行政处罚法》第42条规定:"行政机关作出责令停产停业、吊销许可证或者执照、较大数额罚款等行政处罚决定之前,应当告知当事人有要求举行听证的权利。"虽然该条规定没有明确列举"没收财产",但是该条中的"等"系不完全列举,应当包括与明文列举的"责令停产停业、吊销许可证或者执照、较大数额罚款"类似的其他对相对人权益产生较大影响的行政处罚。为了保证行政相对人充分行使陈述权和申辩权,保障行政处罚决定的合法性和合理性,对没收较大数额财产的行政处罚,也应当根据《行政处罚法》第42条的规定适用听证程序。关于没收较大数额的财产标准,应比照《四川省行政处罚听证程序暂行规定》第3条"本规定所称较大数额的罚款,是指对非经营活动中的违法行为处以1000元以上,对经营活动中的违法行为处以20000元以上罚款"中对罚款数额的规定。因此,金堂工商局没收黄泽富等三人32台电脑主机的行政处罚决定,应属没收较大数额的财产,对黄泽富等三人的利益产生重大影响的行为,金堂工商局在作出行政处罚前应当告知被处罚人有要求听证的权利。本案中,金堂工商局在作出处罚决定前只按照行政处罚一般程序告知黄泽富等三人有陈述、申辩的权利,而没有告知听证权利,违反了法定程序,依法应予撤销。

  据此,四川省金堂县法院于2006年5月25日作出一审判决:(1)撤销成工商金堂处字(2005)第02026号《行政处罚决定书》;(2)金堂工商局在判决生效之日起30日内重新作出具体行政行为;(3)金堂工商局在本判决生效之日起15日内履行超期扣留原告黄泽富、何伯琼、何熠的电脑主机33台所应履行的法定职责。被告金堂工商局不服一审判决向成都市中院提起上诉,成都市中院于2006年9月28日以同样的事实作出二审判决,撤销一审行政判决第三项,对其他判项予以维持。

法律问题：在本案中，金堂工商局作出的行政处罚决定到底需不需要适用听证程序？

法理分析：《行政处罚法》第42条规定："行政机关作出责令停产停业、吊销许可证或者执照、较大数额罚款等行政处罚决定之前，应当告知当事人有要求举行听证的权利。"本案的处罚却是一个没收的决定，"没收在何伯琼商业楼扣留的从事违法经营活动的电脑主机32台"，从性质上看属于没收非法财物。那么，这个处罚决定到底要不要适用听证程序呢？

首先，我们来辨析一下这里几种行政处罚之间的性质和异同。责令停产停业、吊销许可证和执照属于行政处罚中的行为罚，剥夺了当事人从事生产经营行为或者其他被许可行为的资格，确实是一种较重的处罚，应该适用听证无疑。较大数额的罚款属于财产罚，对当事人的财产权也会产生较大的影响，适用听证也具有必要性。至于这里的"较大数额"到底是多大？《行政处罚法》没有明确规定，但在实践中，多数是通过特定领域的单行法或者法规、规章等下位法来补充的。例如，在治安处罚当中这个"较大数额"就被确定为2000元以上。如果没有单行法或者下位法来补充，行政机关就可以自行裁量，主要是根据同类违法行为的平均罚款数额来确定的，如果一个罚款明显高于平均罚款额度，就可以被认定为"较大数额"。行政处罚中最严厉的处罚是行政拘留，为什么拘留反而不适应听证呢？原因之一是拘留属于人身性的处罚，如果因为听证程序使得时日迁延，可能使当事人逃避执行。原因之二是《治安管理处罚法》中为拘留规定了另一种程序性的控制机制，就是暂缓执行制度，允许当事人在提起行政诉讼或者申请行政复议的同时，以提供担保人或者缴纳保证金的方式申请暂缓执行拘留，等待法院或者复议机关对拘留决定合法性的评价。因此，也就没有必要再设定一个听证程序了。那么，为什么《行政处罚法》没有把没收的处罚明确纳入听证的范围呢？我们知道，没收财产的数额多数情况下是高于罚款数额的。既然连较大数额的罚款都可以申请听证，为什么没收不可以呢？原因在于，没收和罚款虽然都是剥夺当事人一定的财产利益，但被剥夺的财产性质是不同的。我们知道，没收的对象包括违法所得和非法财物，这些财产要么是当事人因为实施违法行为所获得的（违法所得），或者是当事人为了实施违法行为所使用的（非法财物），总之一定是和其违法行为紧密相关的。当事人本来就不应该取得这些财产，或者不应该如此使用这些财产，因此，行政机关才予以没收。至于罚款，所"罚"之"款"和当事人的违法行为是没有直接关联的，是对当事人本来已经合法取得的其他收入的剥夺，以此来震慑当事人不要继续实施相同或者类似的违法行为。例如，一个人因为交通违章被处以罚款，这笔罚款就和它的交通违章行为没有任何直接的关系。正因为性质不同，我们很难对罚款和没收这两种处罚的严厉程度作出比较，既不能说没收比罚款更严厉，也不能说没收和罚款一样严厉，而是需要放在特定案件中来具体考量。

其次，《行政处罚法》第42条规定的"较大数额罚款等行政处罚"中的"等"字应当做何理解？法律条文中的"等"字有"等内等"和"等外等"之分。"等内等"是没有实质含义的,所有的事项在"等"字之前的表述中已经被穷尽地列举了,最后加上这个"等"字只是一种行文的习惯。"等外等"则意味着在"等"字之前的表述并未穷尽,还存在与之相类似的事物,需要和之前列举的事项受到同样的对待。《行政处罚法》第42条中的"等"字显然是一种"等外等",因为在"等"字之前只列举了"责令停产停业、吊销许可证或者执照、较大数额罚款"三种行政处罚,而在此之外,显然还有很多其他种类的行政处罚,其中有些也可能对当事人利益造成较大的影响。那么,在什么情况下,上述三种行政处罚之外的其他处罚可能被纳入听证的范围呢？我们认为主要就是两种情况:一是单行法和下位法作出了补充,如果是单行法,则特别法优先于一般法,自然可以作出有别于《行政处罚法》的规定;如果是下位法,由于《行政处罚法》中有这个"等"字,如果增加其他听证事项,也不会对上位法构成抵触。二是行政机关根据自己的裁量,在拟作出其他处罚决定时告知当事人有权申请听证。同样因为《行政处罚法》的这个"等"字,加上适用听证是加重了行政机关的自我约束、给了当事人更大的保障,自然也没有问题。但是,这并不意味着除了"责令停产停业、吊销许可证或者执照、较大数额罚款"之外,其他对当事人利益影响较大的处罚决定就必须适用听证。具体到本案,首先,没收非法财物的处罚在性质和严厉程度上和罚款不便直接比较,本案法院以《四川省行政处罚听证程序暂行规定》中对"较大数额罚款"的界定作为比照来认定"较大数额没收"是存在问题的,没收32台用于实施违法行为的电脑主机和处以等额金钱的罚款在性质上是有所不同的。其次,就算可以把没收非法财物类比于罚款,那么,对这种处罚决定是否适用听证也属于行政机关自由裁量的范围,而不是必须要告知当事人听证权。否则,《行政处罚法》第42条对"责令停产停业、吊销许可证或者执照、较大数额罚款"的列举就没有意义了,等于所有的行政处罚都应当适用听证,至于这些处罚对当事人利益的影响程度,一律比照或者折算为罚款来认定就可以了。这种理解显然违背了《行政处罚法》的立法原意。

综上所述,本案中,金堂工商局在作出处罚决定之前已经按照行政处罚的一般程序告知黄泽富等三人有陈述、申辩的权利,这已经保障了当事人的程序性权利,尽管没有告知其听证权利,也并没有违反法定程序。不可否认,本案一、二审法院的判决对于增强行政机关的程序意识,对于促使行政机关进一步加强对行政执法当事人程序性权利的保护,对于推动程序正当原则在行政执法过程中的落实是具有积极意义的,这也是最高法院将本案作为指导案例的原因之一。但是,从遵守实定法的角度来看,本案两级法院的判决在适用法律方面是错误的,是对行政机关提出了超越实定法的更高的要求。

【思考案例】

昆明威恒利商贸有限责任公司与昆明市规划局、第三人昆明市盘龙区东华街道办事处行政处罚纠纷案[①]

2006年10月12日,被告昆明市规划局依据昆明市《"12345"市政府市长热线受理交办件》和中共昆明市委、昆明市人民政府《信(访)事项转办函》,经现场勘查测绘后以第三人东华街道办事处在小龙路建设的建筑面积为14953.44平方米的六层综合楼未经规划行政主管部门审批,违反《城市规划法》第32条、《云南省城市规划管理条例》第27条的规定,属于违法建设为由,依据《城市规划法》第40条、《云南省城市规划管理条例》第41条的规定,作出了昆规法罚(2006)0063号违法建设行政处罚决定,限第三人东华街道办事处于2006年10月31日前自行拆除违法所建的综合楼工程。原告昆明威恒利公司不服,以小龙路综合楼是自己投资建设的,被告昆明市规划局的处罚决定认定事实不清、程序违法且越权行政,侵犯了其合法权益为由向云南省高级法院提起行政诉讼,请求撤销被告昆明市规划局昆规法罚(2006)0063号《违法建设行政处罚决定书》,判令将处罚措施变更为罚款并补办手续,判令被告承担全部诉讼费用。在诉讼过程中,被告昆明市规划局于2007年10月11日以市规(2007)217号《昆明市规划局关于撤销(昆规法罚[2006]0063号)的决定》,撤销了被诉具体行政行为。

云南省高级法院经审理认为:根据《行政处罚法》第32条的规定,行政机关在作出行政处罚决定之前,应当告知当事人作出行政处罚决定的事实、理由及依据,并告知当事人依法享有的权利。被告昆明市规划局作出行政处罚决定之前,没有告知第三人东华街道办事处作出处罚决定的事实、理由及依据和第三人东华街道办事处依法享有的权利,程序违法。根据《城市规划法》第40条"在城市规划区内,未取得建设工程规划许可证件或者违反建设工程规划许可证件的规定进行建设,严重影响城市规划的,由县级以上地方人民政府城市规划行政主管部门责令停止建设,限期拆除或者没收违法建筑物、构筑物或者其他设施;影响城市规划,尚可采取改正措施的,由县级以上地方人民政府城市规划行政主管部门责令限期改正,并处罚款"的规定,未取得建设工程规划许可证件或者违反建设工程规划许可证件的规定进行建设的处罚对象是违法建设的建设者,且只有在违法建设达到"严重影响城市规划"的情况下才能作出限期拆除的处罚决定。被告昆明市规划局提供的证据不足以证明本案小龙路综合楼的建设者是第三人东华街道办事处及小龙路综合楼的建设已经达到"严重影响城市规划"的事实,作出被诉具体行政行为的主要证据不足。本案的被诉具体行政行为证据不足,程序违法,应予撤销,但在诉讼过程中被告昆明市规划局已经作出了撤销决定,根据原《若干解释》第50条第3款"被告改变原具体行政行为,原告不撤诉,人民法院经

[①] 案例来源为:《最高人民法院公报》2009年第10期。

审查认为原具体行政行为违法的,应当作出确认其违法的判决;认为原具体行政行为合法的,应当判决驳回原告的诉讼请求"的规定,法院应当作出确认其违法的判决。被诉具体行政行为在诉讼过程中已由被告昆明市规划局自行撤销,因此,原告昆明威恒利公司"请求判令将昆明市规划局的处罚措施变更为罚款并补办手续"的主张不能成立。判决确认被告昆明市规划局作出的昆规法罚(2006)0063号《违法建设行政处罚决定书》违法。驳回原告昆明威恒利商贸有限责任公司要求判令将昆明市规划局的处罚措施变更为罚款并补办手续的诉讼请求。

昆明威恒利公司不服一审判决,向最高法院提起上诉称:涉案工程系政府工程和政府招商引资项目,没有达到"严重影响城市规划"必须拆除处理的地步,被诉行政行为显失公正,一审判决仅确认被诉行政处罚决定违法是不够的,应当从保护当事人信赖利益的角度对显失公正的处罚决定予以变更。诉求撤销一审的第二项判决,判令昆明市规划局将其处罚决定变更为罚款补办手续。

最高法院经审理认为:一审判决认定昆明市规划局作出昆规法罚(2006)0063号行政处罚决定程序违法,并无不当。一审判决认定作出被诉具体行政行为的主要证据不足,有事实和法律依据。在一审诉讼过程中,昆明市规划局作出了撤销原具体行政行为的决定,昆明威恒利公司不撤诉,云南省高级法院作出确认被诉具体行政行为违法的判决,符合原《若干解释》第50条第3款的规定。上诉人昆明威恒利公司要求判令昆明市规划局将其处罚决定变更为罚款补办手续,因被诉具体行政行为在诉讼过程中已由昆明市规划局自行撤销,一审判决驳回其该项诉讼请求,并无不妥,上诉人的上诉理由不能成立。综上,一审判决认定事实清楚,适用法律、法规正确,审判程序合法。最终,最高法院判决如下:驳回上诉,维持原判。

法律问题:在本案中,昆明市规划局将行政处罚的对象由昆明威恒利公司弄成了东华街道办事处,在行政处罚程序中又没有告知东华街道办事处作出处罚决定的事实、理由及依据,以及东华街道办事处依法享有的权利这是法院认定该处罚决定违法的理由。请问,如果昆明市规划局在行政处罚程序中告知了其所认定的处罚对象东华街道办事处以上述事项,但是没有告知昆明威恒利公司,是否仍然构成程序违法?

【学术探讨】

推动《行政程序法》的出台,是当前我国行政法理论和实务领域最重要的话题之一。很多人将《行政程序法》的出台视为我国行政法律体系建设完成的一个标志性事件,认为这部法律的出台和实施必将极大地推动我国的法治政府建设进程,对于规范政府公权力的行使、保证公民合法权益必将发挥巨大的作用。但也有人认为,不能对《行政程序法》的作用给予过高的期待,因为《行政程序法》毕竟只能规定最为基本、最为一般的行政程序。现代国家的行政管理活动纷繁复杂,实际的行政程序远远比《行政程序法》中可能规定的内容要复杂得多,大多数具体环节还是要靠大量单行的法律、法规和规章来调整,一部《行政程序法》的颁布和实施不可能解决那么多的问题。而且,在我国目前已经出台并施行了地方性行政程序立法的区域,其地方政府的依法行政水平并没有显著的提高,甚至长期低于一些没有出台和施行这种立法的区域,这也从一个侧面反映了行政程序立法对提高政府法治水平作用的有限性。你赞同上述哪一种观点?

第十一章

政府信息公开

思维导图

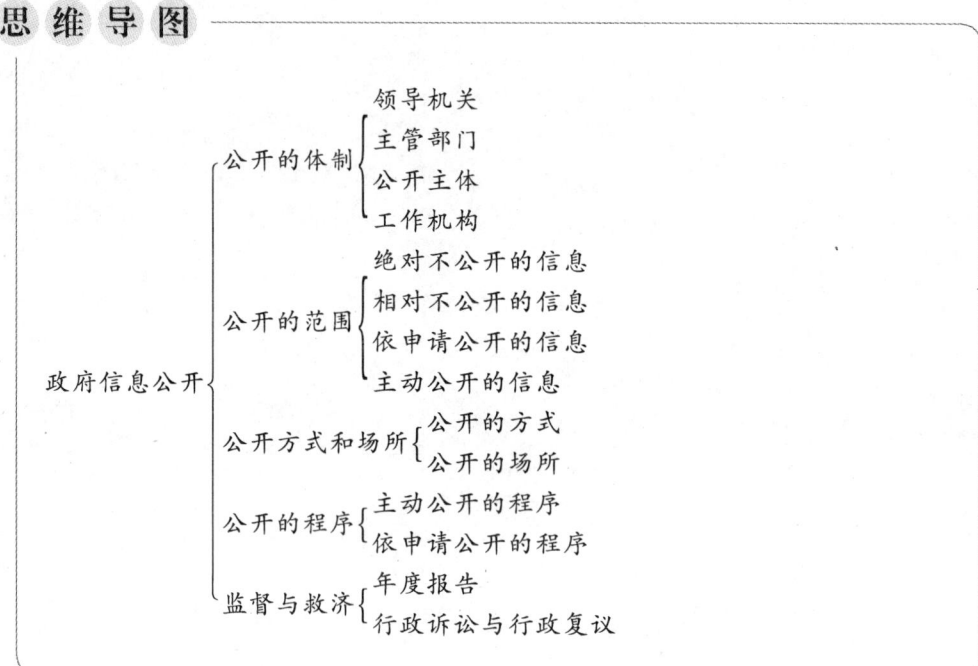

所谓政府信息,指的是行政机关在履行职责过程中制作或者获取的,以一定形式记录、保存的信息。政府信息公开的目的,在于保障公民、法人和其他组织依法获取政府信息,提高政府工作的透明度,促进依法行政,充分发挥政府信息对人民群众生产、生活和经济社会活动的服务作用。政府信息公开制度建立的基础是公民的知情权,我国《宪法》虽然没有明确规定知情权,但可以从公民的监督权中解释出这一隐含的基本权利。2007年颁布、2008年施行的《政府信息公开条例》(下称《公开条例》)是本章应当掌握的重点,有关政府信息公开诉讼的内容则以最高人民法院作出的司法解释为主。

第一节 公开的体制

政府信息公开的体制,指的是各类相关主体在政府信息公开中的角色、职责和相互关系,包括政府信息公开的领导机关和主管部门,公开信息的义务主体,负责具体公开事宜的工作机构等。体制上的不同设计,将决定政府信息公开能否得到顺利推动。

一、领导机关

国务院是全国政府信息公开的领导机关,地方各级政府是本行政区域内政府信息公开工作的领导机关,它们从总体上领导全国或本行政区域的政府信息公开工作。

二、主管部门

政府信息公开工作虽然名义上由各级政府总揽全局,但政府本身负责所有国家或地方行政事务的管理,不可能事无巨细均亲力亲为,其所为"领导"必然只是宏观意义上的。因此,各级政府对信息公开工作的领导还需要借助特定的部门来实施,以推进、指导、协调、监督全国或本行政区域内的政府信息公开工作。负责这些工作的部门就被称为主管部门。

在中央政府,政府信息公开的主管部门是国务院办公厅。

在县级以上地方政府,政府信息公开的主管部门原则上是政府的办公厅(室),也可能是其确定的其他部门。多数地方政府以办公厅(室)为主管部门,少数地方以法制办、信息办、监察局等为主管部门。实践表明,以政府办公厅(室)作为主管部门的地方,其信息公开工作的推进效果相对较好;反之则效果相对较差。部分原来确定由其他部门作为主管部门的地方政府,后来陆续改由办公厅(室)主管。

三、公开主体

公开主体,即对政府信息承担有公开义务的主体。

(一)公开主体的类型

(1)行政机关。各级各类行政机关当然都有公开政府信息的义务。

(2)被授权组织,法律、法规授权的具有管理公共事务职能的组织公开政府信息的活动,同样受到《公开条例》的规范。

(3)公共企事业单位,教育、医疗卫生、计划生育、供水、供电、供气、供热、环保、公共交通等公共企事业单位在提供社会公共服务过程中制作、获取的信息的公开,参照《公开条例》。这些单位虽然并不是行政机关也可能没有获得行政授权管理某一公共事务,却为社会提供重要的公共服务,在提供公共服务的过程中会产生一系列的公共信息——比如资金的来源和去向等,公众对此也具有知情权。因此,这些信息也应当参照《公开条例》予以公开。所谓"参照",就是在具体制度上可以和条例有所不同,但不得违背《公开条例》的基本原则与精神,更不是意味着可以不公开信息。

（二）公开主体的确定

对于一项特定的政府信息,应按照如下规则确定其公开的主体。

（1）一般情况下,遵循"谁制作谁公开,谁保存谁公开"的原则。政府信息可以分为两类:一类是政府自己制作的信息,如行政机关发布的各种决定、命令,这类信息"谁制作、谁公开";另一类是政府获取的他人信息,如行政机关保存的个人纳税信息、社保信息、医疗信息,这类信息"谁保存、谁公开"。

（2）特殊情况。有些政府信息关系到国计民生等重大问题,或者一旦公开影响重大,法律、法规对这些政府信息的公开主体采取了特殊规定。例如,《农产品质量安全法》第 7 条规定:"国务院农业行政主管部门和省、自治区、直辖市人民政府农业行政主管部门应当按照职责权限,发布有关农产品质量安全状况信息。"

（三）公开主体的义务

对特定信息附有公开义务的主体,其具体的义务包括如下几项:

（1）发布真实信息的义务。公开主体应当及时、准确地公开政府信息。

（2）澄清错误信息的义务。公开主体发现影响或可能影响社会稳定、扰乱社会管理秩序的虚假或不完整信息的,应当在其职责范围内发布准确的政府信息予以澄清。

（3）协调信息发布的义务。公开主体应当建立健全政府信息发布协调机制,发布政府信息涉及其他行政机关的,应当与有关行政机关进行沟通、确认,保证行政机关发布的政府信息准确一致。

四、工作机构

各类公开主体都应当建立健全本单位的政府信息公开工作制度,并指定机构负责本单位政府信息公开的具体日常工作。这样的机构就是政府信息公开工作机构,其职责包括:(1)具体承办本行政机关的政府信息公开事宜;(2)维护和更新本行政机关公开的政府信息;(3)组织编制本行政机关的政府信息公开指南、政府信息公开目录和政府信息公开工作年度报告;(4)对拟公开的政府信息进行保密审查;(5)本行政机关规定的与政府信息公开有关的其他职责。

政府信息公开的上述四类主体切勿混淆,我们以北京市为例再做辨析:北京市的政府信息公开领导机关,当然是北京市政府;其主管部门,指定了市政府办公厅,负责监督、指导、协调、推进全市的政府信息公开工作;公开主体则囊括了全市所有的行政机关、被授权组织和有关公共企事业单位;而每一个公开主体内部,都有一个负责政府信息公开具体事宜的工作机构,例如,北京市政府的工作机构是市政府办公厅信息公开办公室,北京市教委的工作机构可能是教委的信息处(或其他处室)。

▶ 例 11-1 下列哪一事项不属于政府信息公开工作机构的职责？

A. 更新本行政机关公开的政府信息

B. 监督本行政机关的政府信息公开工作
C. 对拟公开的政府信息进行保密审查
D. 组织编制本行政机关的政府信息公开目录

分析：不难发现，ACD 三项的内容都属于本单位政府信息公开的某些具体工作，因此属于工作机构的职责，而 B 项是当地政府信息公开主管部门的职责。

第二节 公开的范围

政府信息公开的范围，解决的就是哪些信息要公开，哪些信息不公开的问题。尽管《公开条例》当中并没有明确规定"以公开为原则，以不公开为例外"这一重要原则，但从其具体条款的规定来看，基本上还是体现了这一原则的。对于公开的范围，我们可以从以下几个层次来分析：

一、绝对不公开的信息

经过保密审查程序，被认定为涉及国家秘密的信息，绝对不公开。这一规定的目的当然在于保障国家安全，但我国政府长期存在着定密过宽、定密随意等问题，使得国家秘密成为限制行政机关公开信息的一个重要瓶颈。加上《保密法》在位阶上高于作为行政法规的《公开条例》，这明显制约了条例应有的制度功能。因此，进一步明确确定国家秘密的标准和程序，减少确定国家秘密的裁量空间，是进一步推动我国政府信息公开工作的关键。

二、相对不公开的信息

政府信息公开除了不能泄露国家秘密，还不能侵犯企业的财产权和个人的隐私权。因此，涉及商业秘密和个人隐私的信息也可能不公开，但这并不是绝对的，要经过以下三个步骤的衡量：

第一步，行政机关初判。行政机关经过初步判断，认为特定信息涉及商业秘密或个人隐私的，可以直接决定不予公开；如决定公开，需要继续第二步。

第二步，征求权利人意见。涉及商业秘密或个人隐私的政府信息需要公开的，应当征得权利人同意。权利人同意公开的，行政机关可以公开；权利人不同意公开的，需要继续第三步。

第三步，行政机关权衡。涉及商业秘密或个人隐私的政府信息与公共利益相关，或可能对公共利益造成重大影响，即使权利人不同意，行政机关也可以决定公开。如行政机关认为此类信息无关公共利益，则应当以权利人的意见为依据，不予公开。

三、依申请公开的信息

不涉及国家秘密、商业秘密和个人隐私的信息,也未必和多数人相关,可能只有少数人在生产、生活、科研等方面对此有所需要。这些信息行政机关不必主动公开,而是等待相关人申请,符合条件的依申请公开即可。

当然,依申请公开和主动公开之间的界限并不是绝对的。一个信息可能原来属于依申请公开的范围,但如果申请的人比较多,就意味着公众对这条信息存在着比较普遍的需求。如果还是采取依申请公开的方式,就会加大申请人和行政机关两方面的成本,此时就有必要将其纳入主动公开的范围了。

四、主动公开的信息

政府信息以公开为原则,以保密为例外。除了以上各类政府信息,其他信息都属于主动公开的内容。这些信息不待公众提出申请,政府机关都必须主动公开供其周知、查阅。对于主动公开的范围,《公开条例》采取了"一般规定+重点列举"的方式:

(一)一般规定

应当主动公开的政府信息包括:(1)涉及公民、法人或其他组织切身利益的;(2)需要社会公众广泛知晓或者参与的;(3)反映本行政机关机构设置、职能、办事程序等情况的;(4)其他依照法律、法规和国家有关规定应当主动公开的。

(二)重点列举

在上述主动公开的内容中,各级政府按其职责重点不同,分别应重点公开下列内容:

(1)乡镇政府主动公开的重点。包括:贯彻落实国家关于农村工作政策的情况;财政收支、各类专项资金的管理和使用情况;乡(镇)土地利用总体规划、宅基地使用的审核情况;征收或者征用土地、房屋拆迁及其补偿、补助费用的发放、使用情况;乡(镇)的债权债务、筹资筹劳情况;抢险救灾、优抚、救济、社会捐助等款物的发放情况;乡镇集体企业及其他乡镇经济实体承包、租赁、拍卖等情况;执行计划生育政策的情况。

(2)县级以上政府(县、市、省、中央政府)及其部门主动公开的重点。包括:行政法规、规章和规范性文件;国民经济和社会发展规划、专项规划、区域规划及相关政策;国民经济和社会发展统计信息;财政预算、决算报告;行政事业性收费的项目、依据、标准;政府集中采购项目的目录、标准及实施情况;行政许可的事项、依据、条件、数量、程序、期限以及申请行政许可需要提交的全部材料目录及办理情况;重大建设项目的批准和实施情况;扶贫、教育、医疗、社会保障、促进就业等方面的政策、措施及其实施情况;突发公共事件的应急预案、预警信息及应对情况;环境保护、公共卫生、安全生产、食品药品、产品质量的监督检查情况。

(3)县、市两级政府及其部门还要重点公开的内容。在上述第(2)项内容的基础上，它们还要重点公开：城乡建设和管理的重大事项；社会公益事业建设情况；征收或者征用土地、房屋拆迁及其补偿、补助费用的发放、使用情况；抢险救灾、优抚、救济、社会捐助等款物的管理、使用和分配情况。

▶ **例11-2** 下列哪一项信息是县级和乡（镇）人民政府均应重点主动公开的政府信息？
  A. 征收或征用土地、房屋拆迁及其补偿、补助费用的发放、使用情况
  B. 社会公益事项建设情况
  C. 政府集中采购项目的目录、标准及实施情况
  D. 执行计划生育政策的情况

分析：由上文所述可知，乡镇政府重点公开的内容不包括BC两项的内容，而县政府重点公开的内容不包括D项。那么，同时属于县级和乡（镇）政府均应重点主动公开的就只有A项了。

第三节 公开的方式和场所

政府信息公开的方式和场所，主要是针对主动公开而言的。依申请公开的方式和场所，《公开条例》没有直接规定。

一、公开的方式

主动公开的方式，指的是向社会公众主动传播政府信息的途径和载体。包括：

（一）必须建立的方式

行政机关必须将主动公开的政府信息，通过政府公报、政府网站、新闻发布会，以及报刊、广播、电视等便于公众知晓的方式公开。

（二）可以建立的方式

除上述方式外，行政机关还可以通过信息公告栏、手机媒体等其他方式主动公开政府信息。

从信息传播的效率来看，以上方式各有优劣：

第一，政府公报。政府公报是由各级政府办公厅（室）和某些国务院各部门主办，专门用于刊载法律、法规和规范性文件等信息的政府出版物，其优势在于：(1) 信息集中。政府公报专门刊载与政府工作有关的法律、法规、规章和规范性文件等信息，通过阅读政府公报，可以全面、集中地了解政府的施政方向和公共政策，这种方式比从电视节目、报纸、杂志中遴选政府信息要便捷得多。(2) 基本及时。政府公报一般定期发行，间隔时间不长，基本可以保证阅读者及时获得最新信息。但与政府网站相比，公报毕竟无法做到随时更新。(3) 保存方便。政府公报作为纸质文本，比电视信息、广播信息更便于保存；又因其集中刊载政府信息，无须在报刊中剪辑摘录，保存也较为方

便。(4) 信息权威。政府公报是刊载行政法规、规章和规范性文件的标准文本,其他刊物所刊载的文本与公报文本有出入的,应当以公报文本为准。但从另一方面来看,政府公报在公开政府信息方面也有如下几点不足:(1) 容量有限。政府公报每年发行的期次和每期次所能刊载的内容毕竟十分有限,无法全面反映政府信息,只能做到择要发布。(2) 发行方式受到限制。尽管目前一般单位和法人均可自愿订阅政府公报,但其发行方式仍然只能订阅而不能零售。但实际上,许多订阅者并不需要长期、全面了解各种政府信息,他们所关心的可能仅仅是某一期或某几期的内容而已。当然,目前已有部分省市政府开始尝试将政府公报放置于书报亭等公共场所供人免费取阅,但为此需要付出的财政成本也十分可观。(3) 内容尚有欠缺。目前,各种政府公报仍以刊登法律、法规、规章、规范性文件和人事任免信息为主,对于公众关心的各种社会经济宏观运行的信息、政府指导性意见、各种导向性的会议精神等极少刊登。总的来讲,政府公报作为一种重要的政府信息公开方式,比较适合于大型企事业单位、专业机构、专业人士等使用,对于一般民众而言,仍然缺乏足够的吸引力。

第二,政府网站。随着电子政务建设的不断推进,政府网站逐步成为重要的政府信息公开方式,2006年1月1日,中央政府门户网站正式开通,标志着我国政府网站体系的基本形成。政府网站作为新兴的政府信息公开方式,其优点在于信息容量丰富、信息载体多样、信息更新及时,对于掌握上网技术的人群来说,还存在使用方便、成本低廉、适合保存等优点。但由于我国目前还有相当比例的贫困人口、低文化水平人口、老年人等无法掌握上网技术或根本没有上网设备,政府网站并没有成为他们获取政府信息的有效方式。但是,随着电子信息技术的迅速发展和经济社会的整体进步,政府网站必将成为最主要的政府信息公开方式,它代表了政府信息公开的主要方向。

第三,新闻发布会。新闻发布会指的是通过政府向媒体发布新闻信息,再通过电视、报刊、网络等媒体向公众传播的信息公开方式。我国的政府新闻发布制度分为三个层次:第一,以新闻发言人的名义定人、定时、定点举办新闻发布会;第二,邀请政府部门负责人或发言人介绍有关情况;第三,遇有突发事件时临时组织新闻中心进行新闻发布。在新闻发布会上所公开的政府信息最终还需通过电视、报刊、网络等媒体向公众传播,但较之新闻媒体对政府信息的其他报道方式,新闻发布会的互动性更强。通过新闻发布会,行政机关可以有针对性地回答公众关心的焦点问题,也可以对各种事件和政府采取的措施作出详细解释并驳斥谣言,引导社会舆论。在实践中,某些地方政府或政府部门已能做到就新闻发布会的主题事先通过媒体公布,在广泛征集民意的基础上再由媒体在发布会现场提问。这种做法大大增进了新闻发布会的针对性和实效性。

第四,报刊、广播、电视等大众传媒。在现代社会,报刊、广播、电视等媒体是绝大多数人群获取各种信息的最主要途径,其信息传播效率之高为其他方式所无法比拟,其中电视的普及率和传播效率最具明显优势。作为政府信息公开的一种方式,新闻媒体的优势在于:(1) 覆盖面广。目前报刊、广播、电视等媒体几个可以覆盖全国的各个角落,触及每一位个人。(2) 与个人生活密切相关。读报纸、听广播、看电视三者,尤其是看电视已经成为绝大多数人生活中不可或缺的一个部分,通过这些媒介传播政府信息,既便于为受众获得,也容易为受众接受。(3) 有利于对信息进行深度分析。新闻媒体可以在报道信息的基础上进行"深加工",对政府信息的内涵做进一步的挖掘,从而加深人们的认识。但是,新闻媒体在公开政府信息方面也存在某些缺点,包括:(1) 集中程度不够。绝大多数报刊、广播和电视都不可能只传播政府信息,各种容易引起人们好奇的经济信息、社会信息、文体信息、娱乐信息是这些媒体报道的主流。从这些媒体获取政府信息,需要使用者以一定方式加以筛选,但多数媒体受众对于筛选政府信息并没有很大兴趣。(2) 不易保存。新闻媒体对政府信息的报道多具有一次性特征,即使重播和重载,其次数也十分有限。广播和电视上的政府信息一般很难为人们所保存——尽管人们拥有录音和录像设备;报刊上的政府信息尽管可以保存,但需要抽取和剪贴,实际上也很不方便。

综上所述,可以发现政府网站在各种政府信息主动公开的方式中优势明显,它基本上可以集成其他方式的主要优点,本身又具有其他方式所不具有的独特优点,如容量巨大、即时更新等。随着社会经济文化的快速发展,随着电子信息技术和互联网的加快发展,不同地区、不同人群之间的"数字鸿沟"终将填平,政府网站逐渐成为政府信息公开的"第一平台"。

二、公开的场所

主动公开的场所,指的是向社会公众集中提供信息公开服务的地点。包括:

(一) 必须设置的场所

包括各级国家档案馆和公共图书馆(简称"两馆"),各级政府应当在"两馆"设置政府信息查阅场所,并配备相应的设施、设备,行政机关应当及时向"两馆"提供主动公开的政府信息。

(二) 可以设置的场所

在"两馆"之外,行政机关还可以根据需要设立公共查阅室、资料索取点、信息公告栏、电子信息屏等场所、设施,公开政府信息。

公共图书馆,指的是由国家出资设立,向社会公众提供图书借阅和知识咨询等服务,某些情况下还用于举办各种文体娱乐活动的事业单位。国家档案馆,包括综合档案馆和专业档案馆,是集中保存和管理档案的文化事业单位,负责收集和接受保存范围内对国家和社会有保存价值的档案,对所保存的档案严格按照规定整理和保管,采取各种形式开放档案资源,为社会利用档案提供服务。《公开条例》之所以将"两馆"规定为政府公开信息的法定场所,主要出于下面几点考虑:

第一,"两馆"保存了大量的政府信息。各级国家档案馆是政府信息的集中保管地,按照《档案法》及《档案法实施办法》的规定,各行政机关应当按照档案移交的规定定期向有关国家档案馆移交档案。从理论上讲,国家档案馆应当能够保存行政机关在各个时期形成的、相对全面的政府信息,并对这些档案文件进行分类管理,便于公众快速检索。另外,国家档案馆还保存了相当数量在早期形成但与政府活动有关的信息,这些信息的公开对解决许多历史遗留问题能够发挥不可替代的作用。公共图书馆则保存了包括政府信息在内的大量文献,某些地方的图书馆还对这些文献做了一定程度的加工、处理,可以满足一般公众获取政府信息的需要。

第二,"两馆"具有保管和公开政府信息的能力。在我国,国家档案馆和公共图书馆已经遍布全国,县级以上行政区域均建有"两馆"。许多地方除建有综合档案馆之外,还建有一批专业档案馆,如城建档案馆、工商档案馆等。由于"两馆"长期从事各种图书、档案、信息管理工作,拥有信息管理的专业人员、设施和设备,具有较强的信息管理、信息加工、信息发布能力,能够对收集的政府信息,进行科学分类、排序、整理,从而满足公众的信息需求。

第三,"两馆"的公益属性保证其能够为公众提供普遍的信息服务。在我国,公共图书馆和国家档案馆都是依靠公共财政资金运作的事业单位。由于不同群体的社会公众之间存在获取信息能力的差异,如网络设备尚未普及等。因此,为了保障全体公众平等享有获取和使用政府信息这一公共产品的权利,政府有义务设置能够提供普遍信息服务的场所,而"两馆"的公益属性决定了其对这一角色的胜任。

各级政府在"两馆"设置的政府信息查询设施可以是公共查阅室、资料索取点、信息公告栏等,也可以是电子信息屏和电脑查询终端等现代设施,同时还应提供下载、复印、翻拍、翻录、拷贝等用于保存信息的服务。

除"两馆"之外,行政机关还可以根据需要在其他场所设立公共查阅室、资料索取点、信息公告栏、电子信息屏等场所、设施。结合目前各地的实践,行政机关用于公开政府信息的其他场所主要有:

第一,行政服务中心。行政服务中心是地方各级政府用于集中办理行政事项、提供公共服务的场所,其最主要的业务是办理各种行政许可事项。目前,行政服务中心已经成为人民群众与政府打交道的重要场所,成为公众接触政府的最主要窗口。而且,在提供行政许可集中服务的过程中,根据《行政许可法》的规定,行政服务中心本来就负有公开行政许可依据和办事流程的职责,对于公开政府信息,已经具备一定经验。基于上述特点,许多地方政府将行政服务中心也作为政府信息公开的重要场所,在中心设立文件查询点(或阅览室),以满足办事人群查询各种政府信息的需要。

第二,行政机关办公场所和基层群众组织活动场所。在行政机关(尤其是基层行政机关)办公场所和农村村委会、城市居委会地址的室内和外墙设置各种公告栏和公共墙,是我国政府信息公开在早期的普遍做法,这些做法普遍被保存下来。

第三,书报亭等公共场所。某些地方政府在书报亭、火车站、机场、商场等公共活动场所放置政府公报,供市民免费取阅,也取得了一定效果。

第四节 公开的程序

公开的程序是政府信息公开制度的重要内容,系统、明确的程序可以规范政府信息公开工作,保障政府信息及时、准确公开。按照公开方式的不同,程序上有两种设计:

一、主动公开的程序

对于主动公开的信息,公开主体主要负有两个方面的义务。

(一) 对于每一条政府信息的义务

对于本单位的每一条政府信息,公开主体应当在信息形成或变更之日起20个工作日内决定是否公开,法律、法规对公开期限另有规定的从其例外。

在20个工作日内,公开主体应当根据《保守国家秘密法》以及其他法律、法规和国家有关规定,对拟公开的政府信息进行保密审查。公开主体对政府信息不能确定是否可以公开时,应当依照法律、法规和国家有关规定报有关主管部门或同级保密工作部门(保密局)确定。

(二) 对于全部的主动公开信息的义务

对于本单位应当主动公开的全部政府信息,公开主体应当编制并公布政府信息公开指南和政府信息公开目录,以便公众迅速、准确地查阅到相关政府信息。

政府信息公开指南包括两部分:(1) 政府信息的分类、编排体系、获取方式等,通过编制、列举和公开这些内容使公众了解如何获取政府信息;(2) 与政府信息公开工作机构的各项信息,包括政府信息公开工作机构的名称、办公地址、办公时间、联系电话、传真号码、电子邮箱等,以方便公众联系这些机构以申请、获取有关政府信息。

政府信息公开目录是公众查阅、检索政府信息的工具,其内容应包括政府信息的索引、名称、内容概述、生成日期等内容,以分门别类,便于查找。

▶ **例 11-3** 某镇政府主动公开一胎生育证发放情况的信息。下列哪些说法是正确的?

A. 该信息属于镇政府重点公开的信息

B. 镇政府可以通过设立的信息公告栏公开该信息

C. 在无法律、法规或规章特别规定的情况下,镇政府应当在该信息形成之日起3个月内予以公开

D. 镇政府应当及时向公共图书馆提供该信息

分析:计划生育信息属于乡镇政府重点公开内容,A项正确。尽管《公开条例》没有强制要求,但信息公告栏是主动公开中可以选择的方式,B项正确。主动公开的期限是20个工作日,不是3个月,C项错误。公共图书馆是法定的公开场所,行政机关应及时向其提供信息,D项正确。

二、依申请公开的程序

(一) 申请

申请政府信息公开应当以书面形式（包括数据电文形式）为原则，如果以书面形式申请确有困难的可以口头申请由行政机关代填。填写内容包括申请人的姓名或名称、联系方式，申请公开的政府信息的内容描述、形式要求等。

如果申请人需要获取的信息是与其个人相关的税费缴纳、社会保障、医疗卫生等政府信息，还应出示有效的身份证件或证明文件。

(二) 答复

行政机关收到政府信息公开申请，能够当场答复的当场答复；不能当场答复的自收到申请之日起15个工作日内答复；需要延长期限的经政府信息公开工作机构负责人同意并告知申请人，可以延长不超过15个工作日。申请公开的政府信息涉及第三方权益的，行政机关征求第三方意见所需时间不计算在期限内。

行政机关视情况不同，可能作出如下答复：

(1) 属于公开范围的，应当告知申请人获取该政府信息的方式和途径。

(2) 属于不公开范围的，应当告知申请人并说明理由。

(3) 不属于本行政机关公开或申请信息不存在的，应当告知申请人，对能够确定该政府信息的公开机关的，还应当告知申请人该行政机关的名称、联系方式。

(4) 申请内容不明确的处理，要求申请人作出更改、补充。

▶ **例 11-4** 刘某系某工厂职工，该厂经区政府批准后改制。刘某向区政府申请公开该厂进行改制的全部档案、拖欠原职工工资如何处理等信息。区政府作出拒绝公开的答复，刘某向法院起诉。下列哪一说法是正确的？

A. 区政府在作出拒绝答复时，应告知刘某并说明理由

B. 刘某向法院起诉的期限为两个月

C. 此案应由区政府所在地的区法院管辖

D. 因刘某与所申请的信息无利害关系，区政府拒绝公开答复是合法的

分析：行政机关不予公开信息的，应当告知申请人并说明理由，A项显然正确。B项错误，因为行政诉讼的起诉期限是3个月（详见后文"行政诉讼程序"）。C项错误，因为管辖法院是中级人民法院（详见后文"行政诉讼管辖"）。D项错误，因为申请信息公开无须与该信息存在利害关系。需要注意，《公开条例》规定依申请公开的条件是申请人对该信息有生产、生活、科研方面的需要，但这个条件并不是其申请的条件，而是行政机关受理其申请之后决定是否公开该信息的一个条件。

(三) 公开

行政机关向申请人公开政府信息时，应注意以下几点：

(1) 分割提供信息。申请公开的政府信息中含有不应当公开的内容，但是能够作

区分处理的,行政机关应当向申请人提供可以公开的那部分信息内容。

（2）变通提供信息。行政机关依申请公开政府信息,应当按照申请人要求的形式予以提供;无法按照申请人要求的形式提供的,可以通过安排申请人查阅相关资料、提供复制件或其他适当形式提供。

（3）错误信息的更正。申请人有证据证明行政机关提供的与其自身相关的政府信息记录不准确的,有权要求该行政机关予以更正。该行政机关无权更正的,应当转送有权更正的行政机关处理,并告知申请人。

（四）费用

行政机关依申请提供政府信息,可以收取检索、复制、邮寄等成本费用,但不得收取其他费用,也不得通过其他组织、个人以有偿服务方式提供政府信息。

申请公开政府信息的公民确有经济困难的,可以申请减免相关费用。

▶ **例11-5** 2002年,甲乙两村发生用地争议,某县政府召开协调会并形成会议纪要。2008年12月,甲村一村民向某县政府申请查阅该会议纪要。下列哪些说法是正确的?

　　A. 该村民可以口头提出申请
　　B. 因会议纪要形成于《政府信息公开条例》实施前,故不受《条例》规范
　　C. 因会议纪要不属于政府信息,某县政府可以不予公开
　　D. 如某县政府提供有关信息,可以向该村民收取检索、复制、邮寄等费用

分析:申请政府信息公开如果没有书写能力的,可以口述后由行政机关代填申请书,A项正确。《政府信息公开条例》适用于新中国成立以来的全部政府信息,包括该条例实施之前和实施之后的信息,因此B项错误明显。会议纪要由政府在履行职责的过程中制作而成,当然属于政府信息,C项也错。依申请公开政府信息可以收取相关成本费,D项正确。

▶ **例11-6** 因一高压线路经过某居民小区,该小区居民李某向某市规划局申请公开高压线路图。下列哪些说法是正确的?

　　A. 李某提交书面申请时应出示本人有效身份证明
　　B. 李某应说明申请信息的用途
　　C. 李某可以对公开信息方式提出自己要求
　　D. 某市规划局公开信息时,可以向李某依法收取相关成本费

分析:李某查阅的不是个人信息,无需出示本人有效身份证明,公民申请政府信息也无需说明用途,因此AB两项皆错。公民申请公开信息可以就公开方式提出要求(但不一定被满足),获得信息之后要交纳相关成本费,因此CD两项正确。

▶ **例11-7** 某乡属企业多年未归还方某借给的资金,双方发生纠纷。方某得知乡政府曾发过5号文件和210号文件处分了该企业的资产,遂向乡政府递交申请,要求公

开两份文件。乡政府不予公开,理由是5号文件涉及第三方,且已口头征询其意见,其答复是该文件涉及商业秘密,不同意公开,而210号文件不存在。方某向法院起诉。下列哪一说法是正确的?

A. 方某申请时应当出示有效身份证明或者证明文件
B. 对所申请的政府信息,方某不具有申请人资格
C. 乡政府不公开5号文件合法
D. 方某能够提供210号文件由乡政府制作的相关线索的,可以申请法院调取证据

分析:5号文件和210号文件不是方某的个人相关信息,方某申请时无需出示有效身份证明或者证明文件,A项错误。对所申请的政府信息,方某有生产、生活上的需要,具有申请人资格,B项也错误。涉及商业秘密的信息,即使权利人不同意公开,行政机关仍应将其与公共利益进行比较权衡,直接决定不公开是不合法的,因此C项也错。在政府信息公开诉讼中,原告对于被告声称不存在的信息能够提供被告制作该信息的线索的,可以申请法院调取证据,因此D项正确。

第五节 监督与救济

为了保证政府信息公开的顺利推行,《公开条例》规定了多种监督和救济制度,对此着重掌握两个方面:

一、年度报告

各级行政机关应当在每年3月31日前公布本机关上年度的政府信息公开工作报告。报告的内容包括:(1)主动公开政府信息的情况;(2)依申请公开政府信息和不予公开政府信息的情况;(3)政府信息公开的收费及减免情况;(4)因政府信息公开申请行政复议、提起行政诉讼的情况;(5)政府信息公开工作存在的主要问题及改进情况;(6)其他需要报告的事项。

二、行政诉讼和行政复议

行政机关在政府信息公开工作中的行政行为,如果侵犯公民、法人和其他组织合法权益的,受害者可以申请行政复议或提起行政诉讼。这里重点阐述行政诉讼,行政复议方面没有专门的规定,可以参照行政诉讼的有关规定来理解。

因政府信息公开中的行政行为所提起的行政诉讼,称为政府信息公开诉讼。由于政府信息公开行为的种种特殊性,原有的行政诉讼制度难以完全保障此类诉讼的顺利展开。因此,最高法院在2010年专门为此制定了《关于审理政府信息公开行政案件若干问题的规定》,规定了政府信息公开诉讼的若干特殊规则。需要掌握的内容包括:

(一) 受案范围

1. 应予受理的案件范围

(1) 信息不公开,即向行政机关申请获取信息,行政机关拒绝提供或逾期不予答复。

(2) 公开内容或形式错误,即认为行政机关提供的信息不符合其要求的内容或法律、法规规定的适当形式。

(3) 公开行为侵犯个人利益,即认为行政机关主动公开或依他人申请公开的信息侵犯其商业秘密、个人隐私。

(4) 错误信息不更正,即认为行政机关提供的与其自身相关的信息记录不准确,要求该行政机关予以更正,该行政机关拒绝更正、逾期不予答复或不予转送有权机关处理。

(5) 其他。就上述案件起诉的同时,如有合法权益受损,可以一并或单独提起行政赔偿诉讼。

2. 不予受理的案件范围

(1) 补正行为,即因申请内容不明确,行政机关要求申请人作出更改、补充且对申请人权利义务不产生实际影响的告知行为。

(2) 申请主动公开的信息,即要求行政机关提供政府公报、报纸、杂志、书籍等公开出版物,行政机关予以拒绝的。如当事人认为行政机关不履行主动公开义务的,应先向行政机关申请公开,行政机关不予公开或不予答复的才能向法院起诉。

(3) 申请须经加工的信息,即要求行政机关为其制作、搜集政府信息,或对若干政府信息进行汇总、分析、加工,行政机关予以拒绝的。

(4) 申请过程性信息,即行政程序中的当事人、利害关系人以政府信息公开名义申请查阅案卷材料,行政机关告知其应按相关法律、法规规定办理的。

▶ **例 11-8** 法院应当受理下列哪些对政府信息公开行为提起的诉讼?

A. 黄某要求市政府提供公开发行的 2010 年市政府公报,遭拒绝后向法院起诉

B. 某公司认为工商局向李某公开的政府信息侵犯其商业秘密向法院起诉

C. 村民申请乡政府公开财政收支信息,因乡政府拒绝公开向法院起诉

D. 甲市居民高某向乙市政府申请公开该市副市长的兼职情况,乙市政府以其不具有申请人资格为由拒绝公开,高某向法院起诉

分析:A 项的情况属于申请已经主动公开的信息,法院不应受理。而 B 属于公开行为侵犯个人利益,CD 两项属于信息不公开的情况,都是应当受理的案件。

(二) 被告

(1) "谁答复,谁被告。"行政机关对公开申请作出答复的,以答复的机关为被告。

(2) "谁受理,谁被告。"行政机关对公开申请不予答复的,以受理申请的机关为被告。

（3）"谁公开，谁被告。"因不服主动公开行为而起诉的，以公开该信息的机关为被告。

（4）"谁署名，谁被告。"下列情况以在对外文书上署名的机关为被告：信息公开与否经过有权机关批准的，经国家或省级保密部门确定的，与其他行政机关进行沟通确认的。

（三）举证责任

与一般行政诉讼案件类似，政府信息公开诉讼的举证责任主要应由被告承担，但以下情况例外：

（1）被告能够证明信息涉及国家秘密，请求在诉讼中不予提交的，法院应当准许。

（2）被告主张信息不存在，原告如能提供该信息系由被告制作或保存的相关线索，可以申请法院调取证据。

（3）被告以信息与申请人自身生产、生活、科研等特殊需要无关为由不予提供的，法院可以要求原告对特殊需要事由作出说明。

（4）原告起诉被告拒绝更正信息的，应当提供其向被告提出过更正申请以及政府信息与其自身相关且记录不准确的证据。

（四）审理方式

法院审理政府信息公开案件，应当视情况采取适当的审理方式，以避免泄露涉及国家秘密、商业秘密、个人隐私或者法律规定的其他应当保密的政府信息。

（五）判决方式

在适用行政诉讼一般判决规则的基础上，需要注意如下几点：

1. 责令履行判决

（1）被告对依法应当公开的信息拒绝或部分拒绝公开的，应当撤销或部分撤销其不予公开决定，并判决其在一定期限内公开。

（2）尚需被告调查、裁量的，判决其在一定期限内重新答复。

（3）被告提供的信息不符合申请人要求的内容或法律、法规规定的适当形式，应当判决被告按照申请人要求的内容或法律、法规规定的适当形式提供。

（4）被告不予公开的政府信息内容可以作区分处理的，应当判决被告限期公开可以公开的内容。

（5）被告依法应当更正而不更正与原告相关的政府信息记录的，应当判决被告在一定期限内更正。

（6）尚需被告调查、裁量的，判决其在一定期限内重新答复。

（7）被告无权更正的，判决其转送有权机关处理。

2. 确认违法判决

（1）被告公开信息涉及原告商业秘密、个人隐私且不存在公共利益等法定事由的，应当判决确认公开政府信息的行为违法，并可以责令被告采取相应的补救措施；造成损害的，根据原告请求判决赔偿。

（2）信息尚未公开的,应当判决行政机关不得公开。

3. 驳回判决

在下列情况中,如被告已经履行法定告知或说明理由义务的,应当判决驳回原告诉讼请求：

（1）诉不公开不成立。包括申请内容不属于政府信息,政府信息不存在,信息属于不公开范围,信息不属于被告公开职责,信息已经主动公开,信息已经依申请公开,起诉被告逾期不予答复理由不成立,不能合理说明与所申请信息有生产、生活、科研等特殊需要而被拒绝公开,被告虽无法按原告要求的形式提供信息但已通过其他适当形式提供。

（2）诉公开错误不成立。包括以信息侵犯其商业秘密、个人隐私为由反对公开而理由不成立,要求被告更正与其自身相关的信息记录而理由不成立。

▶ **例 11-9** 田某认为区人社局记载有关他的社会保障信息有误,要求更正,该局拒绝。田某向法院起诉。下列哪些说法是正确的？

A. 田某应先申请行政复议再向法院起诉

B. 区人社局应对拒绝更正的理由进行举证和说明

C. 田某应提供区人社局记载有关他的社会保障信息有误的事实根据

D. 法院应判决区人社局在一定期限内更正

分析：信息公开诉讼无需复议前置,因此 A 项错误。政府信息公开案件的举证责任主要在被告,但原告应当证明其申请过更正、以及信息确实有误的事实,故 BC 两项正确。法院原则上应判决被告在一定期限内更正,但如尚需被告调查、裁量的,应判决其在一定期限内重新答复,被告无权更正的应判决其转送有权机关处理,因此 D 项错误。

思 维 拓 展

【示范案例】

周如倩诉上海市人力资源和社会保障局政府信息公开案[①]

2008 年 11 月,上海市人力资源和社会保障局批准组建新一届上海市卫生系列高级职称评定委员会(以下简称高评委)专家库。同月,上海市卫生系列高评委办公室从上述专家库中抽取一定比例成员组成 2008 年度上海市卫生系列高评委,以开展当

---

① 案例来源为：上海市黄浦区人民法院(2010)黄行初字第 31 号行政判决书；上海市第二中级人民法院(2010)沪二中行终字第 189 号行政判决书。

年的卫生系列高级专业技术职务任职资格评审工作,并将专家名单报上海市人力资源和社会保障局备案。2008年12月,2008年度上海市卫生系列高级专业技术职务任职资格评审工作启动,至2009年二季度结束。2009年8月14日,周如倩向上海市人力资源和社会保障局提出政府信息公开申请,要求获取于2008年9月开始启动的高级职称社会评定中对申请人职称评定申请进行评审的高评委组成人员、评审经过和评审结果。经审查,上海市人力资源和社会保障局认为周如倩申请获取的高评委组成人员名单一旦公开将危及社会稳定,遂于2009年9月18日将该情况依法上报上海市政府办公厅。2009年9月24日,上海市人力资源和社会保障局根据《政府信息公开条例》第8条、《上海市政府信息公开规定》第6条、第23条第5项之规定作出政府信息公开申请答复,告知周如倩其要求获取的高评委组成人员的信息,公开可能危及国家安全、公共安全、经济安全和社会稳定,该信息不属于公开的范围;其要求获取的评审经过和评审结果的信息不属于上海市人力资源和社会保障局公开职权范围,建议周如倩向相关评委会办公室咨询。周如倩不服,诉至上海市黄浦区法院,要求撤销上海市人保局所作政府信息公开申请答复。

一审法院经审理认为,原、被告的主要争议为公开高评委专家名单是否会危及社会稳定,相关职称评定的评审经过和评审结果信息是否属于被告的公开职责权限范围。人职发(1991)8号文虽有"评审委员会名单在本期评审工作完成之前不对外公布"的规定,但被告将本"期"扩张解释为专家库成员一届三年的任"期",是对行政相对人知情权的限制,不符合《政府信息公开条例》的立法精神。公开高评委专家名单可能引发的不正之风、打击报复等并非评委所面临的独有的职业风险,抵制不正之风、不畏打击报复是对我国较多行业从业者提出的基本职业要求。由于评委的投票情况并不公开,被告对职称申报者可能会扰乱评委个人的工作、生活,或实施打击报复的假设缺乏合理的根据。被告所持理由并不能充分地推导出公开名单会危及社会稳定的结论。根据相关规定,被告负有监督检查卫生系列高级专业技术职务任职资格评审程序、公示评审结果的行政职责,应当保存与评审经过和评审结果相关的政府信息,被告认为该信息不属于其公开职权范围,证据不足。一审遂判决:撤销被告作出的政府信息公开申请答复的具体行政行为,判令被告对原告的申请依法重新作出具体行政行为。

判决后,上海市人力资源和社会保障局不服上诉到上海市第二中级法院。

二审法院认为,因被上诉人周如倩提出申请时2008年度的卫生系列高级职称评定工作已经结束,故向被上诉人公开2008年度专家名单对2008年评审工作已无影响。高评委成员的投票情况、评审意见不得向任何人泄露,参评人员知晓评委名单不等同于知晓评委的投票情况和评审意见,上诉人上海市人力资源和社会保障局关于公开评委名单可能引发打击报复的理由缺乏依据。虽然抽取高评委成员时上一年度的成员应保留二分之一,但由于每年高评委均由几十名专家组成,即使公开上一年度专家名单,具体哪些专家保留至下一年度仍不确定。在评审过程中,得到执行委员三分之二以上赞成票的申报对象才能通过审定,参评人员以向个别评委打招呼的方式通过评审的可能性不大,上诉人关于公开专家名单不利于后两期评审工作开展的理由依据不足。况且,即使发生有申报对象以非正常手段通过审定的情况,亦不足以提升到影响社会稳定的层面。故上诉人以公开可能危及社会稳定为由,拒绝向被上诉人公开高评委组成人员的信息,依据不足。上诉人负有监督检查卫生系列高级专业技术职务任职资格评审程序、公示评审结果的职责,上诉人亦称曾派工作人员到2008年度的评审现场监督评审过程,对评审通过的人员名单进行上网公示,故被上诉人申请公开的评审经过和评审结果应属上诉人的职权范围。上诉人认为其未制作过评审经过的政府信息,亦未获取高评委制作的包括具体评审投票表决过程及最终评审结果的信息,该理由与上诉人此前对被上诉人所作答复的内容并不一致。综上,上诉人所作答复认定事实不清、适用法律错误,二审判决驳回上诉,维持原判。

法律问题: 危害社会稳定能否成为拒绝公开政府信息的理由?法院对不予公开政府信息的理由加以审查,可以审查到何种程度?

法理分析: 认定某一政府信息豁免于公开的理由应该是有限的、明确的。从世界各国通行的立法例来看,豁免于公开的理由无非是国家秘密、商业秘密和个人隐私。我国的《公开条例》同样采取了这样的规定。无论是国家秘密,还是商业秘密和个人隐私,尽管也存在这样那样的疑问,但总体上还是容易判断的。值得注意的问题在于,《公开条例》的第8条还有着这样的规定:"行政机关公开政府信息,不得危及国家安全、公共安全、经济安全和社会稳定。"在实践中,很多行政机关将其理解为:涉及国家安全、公共安全、经济安全和社会稳定的政府信息,不得公开。根据这一理解,行政机关大大扩张了豁免公开的范围,"三安全、一稳定"成为许多行政机关拒绝公开政府信息的常用理由。但我们认为,这种理解是错误的,理由如下:

首先,关于"三安全、一稳定"的规定仅仅是政府信息公开的一项基本原则,而不是确定公开范围的具体条款。我们可以发现,关于"三安全、一稳定"的条款规定在《公开条例》的第一章"总则"当中,而不是在第二章"公开的范围"当中。而总则当中规定的问题包括政府信息公开的主要概念、立法目的、基本体制和基本原则。应该说,不得危及"三安全、一稳定"是政府信息公开的一项基本原则。问题在于,政府信息公开是否危机"三安全、一稳定",存在着多种可能性。这些可能性既可能存在于公开范围方面,也可能存在于公开的方式上,或者是与公开的时机有关,等等。因此,如何在立法上贯彻"三安全、一稳定"的原则,就需要在《条例》有关公开范围、公开方式等条款中加以具体体现。在公开范围方面,"三安全、一稳定"的原则就是体现为对涉及国家秘密、商业秘密、个人隐私信息的排除。换言之,涉及国家秘密、商业秘密、个人隐私信息的豁免公开就是"三安全、一稳定"在公开范围这一点上的体现。如果行政机关认定某一政府信息应当豁免于公开,就只能以涉及国家秘密、商业秘密、个人隐私为理由,而不能再根据"三安全、一稳定"的原则作出扩充解释。

其次,"三安全、一稳定"中的核心概念具有高度不确定性,不宜作为法律概念被直接适用。"三安全、一稳定"包括国家安全、公共安全、经济安全和社会稳定,这四个概念无论是在《公开条例》还是在其他立法中,都没有得到明确的界定。而在一般语境下理解,这些概念所涵盖的范围都十分广泛,很难确定,解释的余地极大,很容易被行政机关随意使用,成为什么都往里面装的一个"箩筐"。例如,本案中被告上海市人力资源与社会保障局所使用的理由就是危及"社会稳定"。至于何为"社会稳定",在任何情况下都不可能有一个统一、明确的标准,任何判断都只能是个性化的,而这种个性化的判断最终只能导致法律完全无法适用。可以说,在最广义上理解的国家安全、公共安全、经济安全和社会稳定,几乎可以涵盖政府职能的所有方面,绝大部分政府信息都可以和"三安全、一稳定"挂钩。如果行政机关可以将其援引为政府信息豁免于公开的理由的话,政府信息公开的范围将被大大限缩,甚至整个制度都面临着被架空、被虚化的危险。总之,将"三安全、一稳定"作为拒绝公开政府信息的理由,与《公开条例》的立法目的是背道而驰的。

  对行政机关不予公开的案件,法院可以审查到何种程度?这里可能存在着两个标准:第一个是形式审查,即法院只审查被告在作出不予公开决定时适用的法律是否正确,基本事实是否清楚即可。对于被告提出的理由在实质上是不是有说服力的、是不是适当的则不加审查。第二个则是实质审查,法院将直接判断被告不予公开理由的适当性。在本案中,一、二审法院都对被告拒绝公开的理由进行了实质审查并否定了其理由。

  如果我们将法院的审查强度局限在形式审查,可能导致政府信息公开诉讼的功能落空。因为行政机关完全可能在保证形式合法性的前提下,使用一个不恰当的理由拒绝公开信息,而法院对此却无能为力。但是,如果我们承认法院有权进行实质审查,就会产生另外一个问题。那就是在判断政府信息能否公开方面,法院和行政机关谁更专业?法院是否比行政机关更有资格来判断一个政府信息是否涉及国家秘密或社会稳定呢?答案恐怕只能是否定的。而且,法院被赋予这样的审查权也是违反司法谦抑原则的。

  那么,这一问题应当如何解决呢?我们认为,应当采取这样一个标准:如果一个政府信息是否应当豁免于公开已经经过了权威专业机构的审核,行政机关据此作出不予公开决定的,法院在行政诉讼中应当只做形式审查;如果该信息尚未经过专业机构的审核,是由被告直接作出不予公开决定的,则法院在行政诉讼中可以对不予公开的理由进行实质审查。之所以要作出这样的区别,原因在于:尽管一个政府信息是否属于豁免公开的范围,其第一次判断是由行政机关作出的。但是,行政机关的判断并不都是权威的。换言之,并非所有判断都具有足够的专业性让法院保持必要的尊重。因此,对于一般的不予公开案件,法院对被告提出的不予公开理由应当有权进行实质审查。例如,在本案中,法院对于被告援引的法律依据即《公开条例》第 8 条中的"三安全、一稳定"是认可的,对于被告所陈述的基本事实也是认可的。但是,法院认为被告不予公开的理由是不够充分的,因为公开原告所申请的信息并不会导致被告所声称的后果,更不可能影响社会稳定。但在某些情况下,法院就无权进行这样的实质审查。例如,如果被告以所申请信息涉及国家秘密而不予公开时,如果该信息事前经过保密主管部门的审核,或者被告在行政诉讼中提出了保密主管部门出具的鉴定结论,法院就不应再进行实质审查,而可以结合其他证据认可不予公开决定的合法性了。对于案件中所涉及的政府信息,被告在行政诉讼中也可以不予提交。对于这一问题,尽管最高法院《关于审理政府信息公开行政案件若干问题的规定》第5条规定:"被告拒绝向原告提供政府信息的,应当对拒绝的根据以及履行法定告知和说明理由义务的情况举证。"但是,被告对此应当证明到何种程度——实际上也就是法院可以审查的程度——并没有作出明确的规定,这是需要完善的。

【思考案例】

黄由俭、邓柏松等5人诉湖南省汝城县政府公开"调查报告"案[①]

黄由俭等人是原湖南省汝城县自来水公司的退休职工。2002年以来,为了查清原公司在改制过程中存在的一系列问题,他和汝城县部分退休干部一起,一直奔走在有关部门之间。知情人向记者透露,2002年11月25日,汝城县建设局撤销了原汝城县自来水公司,并代表县自来水公司与郴州市联合工贸有限公司负责人宋玉林签订了一份合资合同,成立了一家新的公私合营供水企业,而正是这纸合资合同引起了诸多非议。

"自来水公司是一个独立的企业法人,建设局是国家行政机关,建设局有什么权力签订这个合资合同?"黄由俭说,自己和很多老同事通过研究相关法律法规后,认为县建设局此举违法违规。事后,汝城县建设局也书面向黄由俭承认:县建设局撤销原县自来水公司的做法是违法的,汝城县建设局虽然是县自来水公司的业务主管部门,但建设局无权代替自来水公司与其他公司签订合资合同。自来水公司改制中产生的质疑,引起了有关部门的重视。2007年6月下旬,汝城县政府经研室深入多家单位和企业,对原自来水公司改制情况进行调查,事后,调查组出具了调查报告。政府调查的事实真相到底是怎样的?为了了解相关信息,黄由俭、邓柏松等人多次到县政府打听,但都无功而返。

《公开条例》实施后的第一个工作日——2008年5月4日一大早,黄由俭、邓柏松等5人来到汝城县政府,向县政府郑重递交了《政府信息公开申请书》,请求县政府公布有关的调查报告。该申请遭到了县政府的当场拒绝。县有关负责人说:"该调查报告不能代表政府的意见,只是供领导参考使用的,政府调查报告不属信息公开的范围。"

由于申请遭拒,5位老人再一次想到了刚刚实施的《政府信息公开条例》,决定请

[①] 案例来源为:赵文明:《湖南退休职工在全国首告政府信息不公开》,载《法制日报》2008年5月6日;记者赵文明:《政府信息公开第一案最新进展 汝城县政府欲公开"调查报告"》,载《法制日报》2008年6月12日。

法院责令汝城县政府向他们公开相关政府信息。2008年5月5日上午,黄由俭、邓柏松等5人将一份行政起诉状寄送湖南省郴州市中级法院,将汝城县政府告上了法庭,要求法院责令汝城县政府向原告公开其申请公开的相关政府信息。

黄由俭等人起诉后,汝城县政府有关负责人在接受媒体采访时对于不予公开的做法又提出了新的理由,认为有关原自来水公司改制情况的调查报告是在2007年作出来的,而《公开条例》是2008年5月1日才实施的,按照法不溯及以往的原则,此"调查报告"不受《政府信息公开条例》的约束。此外,"民告官"的行政诉讼只能对行政机关的具体行政行为起诉,而有关部门作出的调查报告是抽象行政行为,同时,这一调查报告并没有对黄由俭、邓柏松等5人的权益进行侵害,也没有要他们履行某种义务,因此,5位退休职工不具备诉讼主体资格。同时,《政府信息公开条例》是一部刚刚实施的法规,在具体实践操作当中会遇到一些新情况,汝城县正积极与上级相关部门联系,期待得到更具权威性的指导意见。

2008年6月,汝城县政府向黄由俭等5名职工告知,政府可以向他们公开"调查报告",但双方就"调查报告"公开的方式仍然存在分歧。汝城县政务公开领导小组办公室给5名退休职工下达了《政府信息公开告知书》,告知书称:"经审查,你们要求获取的政府信息不属于《中华人民共和国政府信息公开条例》规定的主动公开范围,但可以对特定的申请人依申请的内容以适当的方式公开,可以安排5名职工查阅、也可以提供复制件。"对于公开方式,5名退休职工提出了异议。他们认为,当初他们向县政府提出"通过县电视台或县政府网站"等方式向社会公开"调查报告"等政府信息,现在县政府只向他们5人公开的方式不能接受。汝城县政务公开领导小组办公室负责人今天接受记者采访时说,对5名职工提出的要求,县政府不能答应。

法律问题: 本案中汝城县政府不予公开"调查报告"的理由是否成立?本案中"调查报告"是否公开一事是否与"法不溯及既往"有关?

【学术探讨】

2010年,国务院办公厅颁布了一个规范性文件,名为《关于做好政府信息依申请公开工作的意见》(国办发〔2010〕5号)。该《意见》中规定:"行政机关向申请人提供的政府信息,应当是正式、准确、完整的,申请人可以在生产、生活和科研中正式使用,也可以在诉讼或行政程序中作为书证使用。因此,行政机关在日常工作中制作或者获取的内部管理信息以及处于讨论、研究或者审查中的过程性信息,一般不属于《条例》所指应公开的政府信息。"这一规定限缩了政府信息的定义,将内部管理信息和过程性信息基本排除在公开范围之外。你认为,行政机关的"内部管理信息"是不是政府信息,是否属于应当公开的范围?如何理解"过程性"信息的含义,"过程性"信息又是否属于应当公开的范围?

第十二章

行政诉讼的受案范围

思维导图

```
                    ┌ 受案范围(审什么)
                    │ 管辖制度(谁来审)
                    │ 主要参加人(审谁)
行政诉讼法的知识结构┤ 诉讼程序(怎么审)
                    │ 证据规则和法律适用(用什么审)
                    └ 裁判和执行(审理结果及其实现)

              ┌ 受案标准 ┌ 主体标准
              │          │ 行为标准
              │          └ 结果标准
              │
              │          ┌ 法律明确规定的案件
受案范围 ─────┤ 受理的案件┤ 学理解释所补充的案件
              │          └ 单行法补充的案件
              │
              │              ┌ 法律明确排除的案件
              └ 不受理的案件 ┤
                             └ 其他应当排除的案件
```

行政诉讼,指的是法院在多方主体的参与下,对行政主体作出的行政行为进行合法性审查并作出裁判的一系列法律制度。行政诉讼与刑事诉讼、民事诉讼(有的国家还包括宪法诉讼)并称为现代国家的三(四)大诉讼制度。现代国家建立行政诉讼制度的目的,在于解决行政争议,保障和救济公民、法人或其他组织的合法权益,同时对国家行政活动加以监督。在行政法的知识体系内,行政诉讼是行政监督与救济法中最重要的内容,其主要内容包括受案范围、管辖、当事人、程序、证据规则、法律适用、裁判方式、执行等。

《行政诉讼法》可以被看作是《民事诉讼法》的特别法。法院审理行政案件,关于期间、送达、财产保全、开庭审理、调解、中止诉讼、终结诉讼、简易程序、执行等,以及检察院对行政案件受理、审理、裁判、执行的监督,《行政诉讼法》没有规定的,适用《民事诉讼法》的相关规定。2014年,我国《行政诉讼法》进行了第一次修改,且修改幅度较大。

行政诉讼的受案范围,解决的是何种行政争议可以纳入司法审查的问题,这是行政诉讼法的第一重点。判断行政诉讼受案范围,关键中的关键,在于判断一项行政活动是否属于行政行为,特别是是否属于具体行政行为。我国《行政诉讼法》对受案范围的规定,采取的是"概括性规定—肯定性规定—否定性规定"的模式。

第一节 行政诉讼概述

一、行政诉讼的概念

行政诉讼是解决行政争议的最重要法律制度,对此首先要明确两个核心概念。

行政争议,指的是行政主体在其行使职权和履行职责的过程中与公民、法人或其他组织发生的,以行政法上的权利义务为内容的争议。

行政诉讼,是指公民、法人或其他组织认为行使国家行政权的机关和组织及其工作人员所实施的行政行为侵犯了其合法权利,依法向法院起诉,法院在当事人及其他诉讼参与人的参加下,依法对被诉行政行为进行审查并作出裁判,从而解决行政争议的制度。

二、行政诉讼的特征

我国的行政诉讼制度具有如下基本特征:

第一,行政诉讼的主持者与裁判者是普通法院。据此,行政诉讼区别于行政复议等其他行政争议解决方式,也区别于某些国家的行政法院制度。行政诉讼的直接功能在于解决行政争议,但行政争议的解决方式并不限于行政诉讼,还包括由上一级行政机关处理的行政复议、由各级国家权力机关或上级行政机关处理的抽象行政行为审查制度、有申诉与信访制度等。在所有这些行政争议解决机制当中,只有行政诉讼由法院居中裁判从而属于司法制度。某些国家和地区的行政案件交由专门的行政法院审判,我国的行政案件则由普通法院审判,一方面没有设立行政法院,另一方面既有的专门法院(包括军事法院、海事法院和原来的铁路运输法院等)也不审理行政诉讼。

第二,行政诉讼审理的对象是一定范围内的行政争议。据此,行政诉讼区别于刑事诉讼、民事诉讼。行政诉讼审理的对象,是因具有国家行政权的机关和组织及其工作人员实施行政活动而引起的争议。在我国,行政诉讼的审理对象还受到进一步的限制:首先,它原则上只能直接审查因具体行政行为引发的行政争议,附带审查一部分抽象行政行为;其次,它只能审理那些没有被受案范围排除的行政争议。

第三,行政诉讼主要当事人的关系是恒定的。行政诉讼的原告只能是公民、法人或其他组织,被告只能是行使国家行政权的机关或组织,不能颠倒。换言之,行政诉讼只能是"民告官",不能是"官告民"。原被告双方的这种恒定关系,实际上是它们在行政程序中关系的延伸。一般情况下,行政程序中的行政主体就是行政诉讼中的被告,而行政程序中的相对人就是行政诉讼中的原告。这一点与民事诉讼明显不同,在民事诉讼中双方当事人的诉讼权利是对等的,一方起诉,另一方可以反诉。而在行政诉讼中,行政主体没有起诉权和反诉权。

三、行政诉讼的功能

行政诉讼的功能,可从三个方面来理解:

一是定纷止争,这是其最直接的功能。既然行政诉讼审理的对象是行政争议,它最直接的功能就是对这种争议作出裁断,确定当事人之间的权利义务。基于司法最终裁判的原理,行政诉讼是处理行政争议的终局机制,行政争议一旦经过法院生效裁判,原则上就不再争议。因此,行政诉讼制度的存在,可以使当事人之间所争执的权利义务关系最终确定下来,避免长期纠纷不息造成讼累,造成各方当事人人、财、物力上的投入与浪费。

二是权利救济,这是行政诉讼最核心的功能。行政活动纷繁复杂,极易违法而对当事人合法权益造成侵害。我国法治传统十分薄弱,法律体系尚未健全,法治意识相对淡薄,公务人员素质不高,因违法行政行为侵害当事人合法权益的事件大量存在。这就需要设计相关的法律机制加以救济,而在这些救济机制中,行政复议属行政系统的内部审查,在公正性上有所欠缺,实际效果并不理想,行政诉讼就成为事后救济的最重要法律机制。

三是法制监督,这是行政诉讼的另一重要功能。行政诉讼在对公民、法人和其他组织的合法权益加以救济的同时,也起着监督行政机关依法行政的作用。如果行政机关实施了违法的行政行为,法院可以通过裁判将其撤销、变更、确认违法或责令被告履行法定职责,起到纠正行政机关违法行为,促使其依法行政的作用。即使行政机关并未违法,但鉴于行政诉讼制度的存在,也将使其在实施行政活动时有所顾忌。

四、行政诉讼法

行政诉讼法,指的是有关调整法院和当事人及其他诉讼参与人的行政诉讼活动,以及在这些诉讼活动中所形成的各种法律关系的规范和原则的总称。

行政诉讼法的含义有广义、狭义之分。狭义的行政诉讼法特指《行政诉讼法》法典,广义的行政诉讼法指的是一个独立的法律部门,其渊源既包括《行政诉讼法》,也包括《宪法》《民事诉讼法》《人民法院组织法》中与行政诉讼有关的原则与规范,还包括最高法院针对《行政诉讼法》所作出的各种司法解释,以及有关的国际条约和协定等。在一般情况下,人们都是从广义上来使用这一概念的。

第二节 概括性受案标准

我们在本章先介绍行政诉讼的受案范围,包括概括性受案标准、肯定列举的案件、否定列举的案件。判断一个行政争议是否能够进入行政诉讼的受案范围,其主要标准有三。

一、主体标准

主体标准指的是引起行政争议的行为,必须是由具有行政职权的机关、组织及其工作人员,或者是由这些机关、组织所委托的组织和个人所实施的。也就是说,只有基于行政职权的行使而引发的争议才可能构成行政争议从而进入行政诉讼,行政机关以民事主体身份从事的行为不可能引发行政诉讼。

二、行为标准

行政诉讼受案的行为标准包括两个方面,一是行为的类型,二是行为的性质。

(一) 行为的类型

法院只受理对行政行为提起的诉讼。如前所述,行政行为指的是行政主体在行政管理活动中根据行政职权,针对公民、法人或其他组织的权利义务作出的法律行为。主要根据行政性、法律性和外部性三个特征来进行判断。从修订后的《行政诉讼法》所具体列举的直接受理的案件来看,这里的行政行为主要指的还是那些传统的、单方性的具体行政行为,但范围已经有所拓宽,将双方性的行政协议行为涵盖了进来。

同时,修订后的《行政诉讼法》借鉴了《行政复议法》上的制度,规定原告在对行政行为提起诉讼时,对作为该行为依据的、低于规章的一般行政规范性文件(抽象行政行为),可以一并请求法院进行附带审查。总的来说,就是具体行政行为可以直接审查,规章以下的抽象行政行为可以附带审查。

(二) 行为的性质

行政诉讼主要审查违法的行政行为,也审查明显不当的行政行为。这里所谓的违法,具体包括主要证据不足,适用法律、法规错误,违反法定程序,超越职权,滥用职权等情形。所谓的明显不当,就是在形式上具备合法性,但在实质上很不适当、很不合理,例如违反平等对待原则、违反法律的目的、违反比例原则等。对于违法行为和明显不当的行为,行政法上通常都是同等看待、同等处理的。

三、结果标准

只有在当事人认为行政行为侵害其合法权益的情况下,法院方能受理,这就是结果标准。

总之,根据我国修订的《行政诉讼法》,行政诉讼的受案标准和行政复议已经基本一致。略有不同的是,行政复议不仅审查明显不当的行政行为,而是可以审查所有不当的行政行为。

第三节 肯定列举的案件

在规定了概括性受案标准之后,《行政诉讼法》又对可以进入行政诉讼的案件进行了明确列举。肯定列举的案件主要包括三类:一是《行政诉讼法》规定的案件;二是学理上对《行政诉讼法》兜底条款的扩充解释;三是《行政诉讼法》允许单行法补充的案件。

一、法律明确规定的案件

(一)行政处罚

行政处罚是具体行政行为的重要类型之一,可以提起行政诉讼。具体包括行政拘留、暂扣或者吊销许可证和执照、责令停产停业、没收违法所得、没收非法财物、罚款、警告等。

(二)行政强制

行政强制措施是具体行政行为的一种,当然属于行政诉讼的受案范围。

行政强制执行的可诉性要复杂一些。传统观点认为行政强制执行本身不是一种独立的具体行政行为,只是行政机关为了实现另一行政行为的内容而实施的。一般情况下,行政强制执行确实并不带来当事人权利义务上的变化,只是对原有权利义务的实现,因此不具有处分性。因此,行政强制执行在一般情况下是不可诉的,如果当事人要起诉,只能起诉作为执行对象的那个行政行为。但某些情况下,行政强制执行会具有可诉性,那就是行政机关在采取执行措施时,并没有合法地执行先在行为的内容,而是在执行过程中实施了违法行为。如行政机关为了执行1万元的罚款,扣押了当事人价值10万元的货物,造成了当事人额外损失,当事人就可以起诉这个强制执行行为。因为这种情况下的执行行为,已经超越了先在行为的内容,它引起了当事人权利义务上新的变动,具备了处分性,转化为一个新的行政行为了。

因此,我国修订的《行政诉讼法》规定行政强制措施和行政强制执行都属于受案范围。

(三)行政许可

行政许可实施过程中发生的各种具体行政行为,包括是否给予许可、许可的变更、延续、撤销、撤回等,都具有可诉性。

(四)行政确权

行政确权即行政机关作出的关于确认土地、矿藏、水流、森林、山岭、草原、荒地、滩涂、海域等自然资源的所有权或者使用权的行为。

(五)征收征用及其补偿行为

行政征收与行政征用都是行政主体从相对人处获得一定金钱、财物或其他利益的行为,在形式上比较接近,其差别在于国家从相对人那里取得的财产权属性不同。征收行为取得的是相对人财产的所有权,可能是无偿的,如征收税费,也可能是有偿的,如征收农村集体土地;征用行为取得的是相对人财产的使用权,是要给予一定补偿的,如政府在应对突发自然灾害的过程中征用私家车用于运送救援人员。

无论行政征收与行政征用二者存在什么差别,这两种行为及其后续的补偿决定在性质上都属于具体行政行为,当事人如果认为这些行为违法,都可以提起行政诉讼。

(六)行政不作为

即当事人申请行政机关履行职责保护其人身权或财产权,而行政机关拒绝履行或不予答复的案件。起诉行政不作为,一般必须具备两个基本条件:

一是当事人要求行政机关实施的行为,属于该机关的法定职责。如果当事人对行政机关提出超出其职权范围的要求,比如向工商局申请保护其人身安全,对此类要求行政机关根本无法给予满足。当事人据此起诉的,法院不予受理。

二是必须以当事人向行政机关提出保护其权益的申请为前提。如果当事人并未向行政机关提出申请,行政机关无从知晓当事人面临着某种危险而有加以特别保护的必要,当事人据此起诉,法院不能受理。但这存在例外,有的情况下行政机关履行某些职责是无须以当事人的申请为条件,而是需要依职权主动实施的。如巡警见到街头发生斗殴就必须主动制止,此时虽无当事人申请,如果行政机关没有履行职责的话,当事人仍然可以起诉。还有一种例外,就是虽无当事人的申请,但行政机关已经通过别的途径得知相关情况了,也应履行职责。一旦没有履行,当事人也可以起诉。如受到违法行为侵害的当事人虽然没有报案,但已有他人向行政机关告发了这种违法行为,此时行政机关就应当履行职责,而不应等待当事人自己来申请保护。

(七)侵犯经营权的行为

即行政机关侵犯经营自主权或者农村土地承包经营权、农村土地经营权的行为。这种案件是从行为结果的角度来界定的,从行为的方式上来看则可以多种多样,包括行政处罚、行政强制、行政许可及其他行政行为。

(八)行政垄断行为

即行政机关滥用行政权力排除或者限制竞争的行为。例如,地方政府规定给予本地企业某种税费优惠,而在本地经营同一行业的外地企业则不予优惠;或者要求进入本地经营的外地企业应当额外办理许可证,都属于这样的情形。

(九)违法要求履行义务的行为

包括两种情况:一是当事人依法并不负有某种义务,而行政机关仍然要求其履行义务;二是当事人虽然负有某种义务,但行政机关违反法定程序要求其履行。这一规定主要是针对所谓的"三乱"行为,即乱罚款、乱收费、乱摊派而制定的。

（十）行政给付

指的是行政机关给予某些特殊群体或个人以某种物质帮助的行为。行政给付的形式包括发放抚恤金、社会保险金、最低生活保障费等。行政给付是一种羁束性的具体行政行为，如果当事人已经符合获得给付的条件，而行政机关没有给付或没有足额、及时给付，当事人便可提起行政诉讼。

（十一）行政协议

行政协议，指的是行政机关为实现公共利益或者行政管理目标，在法定职责范围内，与公民、法人或者其他组织协商订立的具有行政法上权利义务内容的协议。传统上，行政法对具体行政行为的界定强调单方性，因而认为具有双方性的行政协议不是行政行为，不属于行政诉讼的受案范围。但修订后的《行政诉讼法》改变了这一标准，承认政府特许经营协议、土地房屋征收补偿协议和其他行政协议属于行政行为，将其纳入受案范围。具体包括不履行行政协议的案件、未按照约定履行行政协议的案件、违法变更或解除行政协议的案件。

二、学理解释所补充的案件

《行政诉讼法》第12条第1款的前11项规定了11类案件属于行政诉讼的受案范围，又在其第12项规定了一个兜底条款，即当事人"认为行政机关侵犯其他人身权、财产权等合法权益的"，也可以起诉。那么，侵犯其他人身权、财产权的案件到底还包括哪些行政行为呢？学理上的通说认为主要包括如下几类案件：

（一）行政裁决

行政裁决，指的是行政机关在其职权范围内，对平等主体之间发生的民事争议作出的、具有强制力的处理，是具体行政行为的一种。如甲、乙两村就某一田地的所有权归属发生争议，最后县政府裁决该田地归甲村所有，就是一个行政裁决。行政裁决与行政调解都是具有一定司法色彩的行政活动，都是行政机关对民事纠纷的处理。不同的是，行政裁决的处理具有强制力，是一种行政行为，可以对其提起行政诉讼或申请行政复议。而行政调解没有强制力，不属于行政行为，当事人对调解方案不服的，只能就原来的民事争议提起民事诉讼来解决。

▶ **例12-1** 安某放的羊吃了朱某家的玉米秸，二人争执。安某殴打朱某，致其左眼部青紫、鼻骨骨折，朱某被鉴定为轻微伤。在公安分局的主持下，安某与朱某达成协议，由安某向朱某赔偿500元。下列说法正确的是什么？

　　A. 安某与朱某达成协议后，仍可以对安某进行治安处罚

　　B. 如果安某拒不履行协议，朱某可以直接向法院提起行政诉讼

　　C. 如果安某拒不履行协议，朱某应当先向区公安分局的上一级机关申请行政复议，对复议决定不服再提起行政诉讼

　　D. 如果安某拒不履行协议，朱某可以向法院提起民事诉讼

分析：根据《治安管理处罚法》的规定，民间打架斗殴经公安机关调解达成赔偿协议并履行的，不再给予治安处罚，因此 A 项错误。由于行政调解不属于行政行为，因此，当事人不履行行政调解协议的，另一方当事人应就原来的民事问题提起民事诉讼，而不是提起行政诉讼或者申请行政复议，因此 BC 两项都错误，而 D 项正确。

（二）行政奖励

行政奖励指的是行政主体对于符合行政目标的行为，为了表示对这种行为的肯定、鼓励、支持与倡导，赋予行为人以某种物质或精神上的利益的行为，政府颁发的科技进步奖、科技创新奖就是典型的行政奖励。行政奖励同样属于具体行政行为的一种，具有可诉性。

（三）行政检查

行政检查是行政主体基于一定目的对人、对物、对场所实施的检验、查验行为，也是具体行政行为的一种。包括两种情况，一是行政主体为了实施另一个行为而进行的检查，如为了实施行政处罚而对违法行为实施检查；另一种检查则不是基于其他目的，而是为了确定当事人遵守法律的情况而进行的检查，如行政许可实施机关对被许可人从事被许可行为的情况进行检查。无论是哪一种检查，行政主体的行为都有可能造成当事人合法权益的损害，当事人可以提起行政诉讼。

（四）行政确认

行政确认，指的是行政主体在其职权范围内，对当事人之间已经发生的事实或已经建立的权利义务关系给予确定、认可或证明的行为。除了《行政诉讼法》明确规定的自然资源确权行为是可诉的，还有其他行政确认也可能属于具体行政行为，属于行政诉讼直接受理的范围。理解行政确认，要特别注意其与行政许可的差别，因为这两者在形式上有高度相似性，都表现为行政主体给予相对人某种证书、证明、凭证等。但两者在性质上根本不同：

第一，实施的法律效果不同。行政机关准予许可的结果是使被许可人获得了实施某种行为的自由，或获得了某种排他性的公共资源权利，必定引起权利义务关系的变动，因此行政许可是一种具体行政行为。而行政确认的结果是肯定当事人之间已经发生的事实或已经建立的权利义务关系，有可能引起法律关系的变动，也有可能并不引起这种变动，视具体情况而定。一般来讲，如果行政机关只确认某种事实，就不会引起法律关系的变动，如行政机关为个人出具的身份证明就是对事实的确认。如果行政机关确认的是某种法律关系，就得看这种确认是否构成该法律关系的生效要件，如果是的话，那这种确认一旦作出必然引起法律关系的变化，否则就不会产生这种变化。如当事人购买商品房，其购房合同必须到房管部门备案登记，这是一种行政确认，但这种确定并不是购房合同生效的条件。再如当事人之间签订不动产抵押协议，不动产抵押需要到国土部门进行抵押登记，这种登记也属行政确认，而抵押登记却是抵押关系生效的要件。总的来讲，就是行政许可一定会引起法律关系的变化；而行政确认中，只有对于法律关系的确认,并且只有在这种确认构成该法律关系生效要件的情况下,才引起法律关系的变化。

第二,对当事人行为合法性的影响不同。如果当事人实施的某种行为是应当获得行政许可的,假设当事人在没有获得许可的情况下就实施了这种行为,必定构成违法,可能要遭到有关部门的处罚。行政确认就不是这样,如果当事人之间发生的某些事实、或已经形成的某些权利义务关系需要得到行政确认,而当事人却没有经过确认,其行为也并不构成违法。最典型的就是结婚登记,男女双方结婚需要登记,但如果没有登记就过起了事实上的婚姻生活也并不违法,不会有行政机关来实施处罚。

基于对行政确认的上述认识,其可诉性也迎刃而解。可以这样认为:如果行政机关的确认行为足以引起当事人权利义务关系的变动,就属于行政行为,可以提起行政诉讼;反之,即使该行为违法,也不能通过行政诉讼的方式来解决。例如,交警部门所作出的交通事故责任认定书是否可诉就是一个问题。比如甲和乙两人驾车追尾,交警做了一个交通责任认定书要求甲负全责,如果甲不服交警的认定能否提起行政诉讼呢?不能。因为这个认定书只认定了一个事实,就是甲撞了乙,但没有直接确定甲乙两人之间的任何权利义务关系,如确定甲应当向乙如何赔偿,它只不过是为可能产生的赔偿法律关系提供了证据而已。甲乙双方根据责任认定书,可能经过协商、或调解、或民事诉讼之后再产生赔偿法律关系。此时,对交通责任认定书提起行政诉讼是完全没有必要的,甲如对此认定不服,可以就赔偿问题提起民事诉讼,这个认定书在民事诉讼中就转化为证据,甲完全可以通过提出其他相反的证据来推翻它的效力,无需对其提起行政诉讼。

▶ **例12-2** 刘某与高达公司签订内销商品房预售契约,后某区房地产管理局对该预售契约作出预售预购备案登记。后刘某了解到高达公司向其销售的房屋系超出规划面积和预售面积的超层部分,刘某遂以区房地产管理局违法办理备案登记,造成自己购买的房屋为违法建筑为由提起行政诉讼。下列哪些说法不正确?

A. 区房地产管理局的备案登记行为不是对预售合同效力的确认行为

B. 备案登记行为没有对刘某的权利义务产生实际影响,不属于人民法院行政诉讼的受案范围

C. 高达公司与本案的审理结果有利害关系,可以作为第三人参加诉讼

D. 区房地产管理局在备案登记时没有尽到审查职责,应当对刘某的损失承担部分赔偿责任

分析:在本案中,行政机关的备案登记不对买卖双方的合同效力产生任何影响,因为不管登记与否、登记对错,当事人之间订立的买卖合同都是成立和生效的。所以,案中的确认行为(备案登记)并不变动当事人之间的权利义务关系,不属于行政诉讼的受案范围,可见AB两项是正确的。由于此行为不属于行政诉讼受案范围,房管局也就不可能对刘某的损失承担赔偿责任,因此D项错误。至于C项,高达公司确实与本

案的审理结果有利害关系,但由于本案不属于受案范围,也就不存在作为第三人参加诉讼的问题了。

▶ **例 12-3** 2002 年 4 月 2 日,某银行与某公司签订贷款合同,约定银行贷款给公司,公司以土地使用权为抵押。2002 年 6 月 1 日,公司办理土地使用权抵押登记手续,并取得土地管理局签发的抵押证书。后因公司未依约还款,某银行提起诉讼。2003 年 2 月 4 日,法院作出民事判决,认定土地管理局在办理抵押证书时某公司并未取得土地使用权,该项抵押无效,判定银行无权主张土地使用权。关于本案,下列哪些说法是正确的?

A. 办理抵押登记的土地管理局应对银行损失承担赔偿责任
B. 法院的民事判决可以作为确认抵押登记行为无效的依据
C. 银行须在 2005 年 2 月 4 日之前行使赔偿请求权
D. 银行在向土地管理局请求赔偿之前,应当先确认抵押登记行为违法

分析:在本案中,由于土地使用权抵押登记是抵押关系的生效要件,正是因为国土部门进行了登记,银行和某公司之间的抵押关系才生效,国土部门登记错误,使得本来不应当生效的法律关系生效了,这样的行为就可以提起行政诉讼,国土部门就应承担相应的行政赔偿责任,因此 A 项是对的。B 项很有迷惑性,民事判决书可以成为行政诉讼中的证据,但并不能直接作为确认行政行为违法的依据。要确认行政行为违法,还得通过行政诉讼等方式进行,因此 B 项错误。国家赔偿的请求时效从某银行知道行政行为侵权之日(2003 年 2 月 4 日)起计算两年(至 2005 年 2 月 4 日),但无需先行确认侵权行为违法,因此 C 项对而 D 项错。

▶ **例 12-4** 下列哪些选项不属于行政诉讼的受案范围?

A. 因某企业排污影响李某的鱼塘,李某要求某环保局履行监督职责,遭拒绝后向法院起诉
B. 某市政府发出通知,要求非本地生产乳制品须经本市技术监督部门检验合格方可在本地销售,违者予以处罚。某外地乳制品企业对通知提起诉讼
C. 刘某与某公司签订房屋预售合同后到银行贷款,以所购房产作为抵押,在某区房管局办理了以银行为权利人的抵押预告登记。后银行了解到某公司向刘某销售的房屋系超出规划面积和预售面积房屋,遂以某区房管局违法办理抵押预告登记为由提起诉讼
D.《公司登记管理条例》规定,设立公司应当先向工商登记管理机关申请名称预先核准。张某对名称预先核准决定不服提起诉讼

分析:A 项是环保局的行政不作为,属于行政诉讼的受案范围。B 项属于抽象行政行为,因为外地乳制品企业虽然是特定的,但要到本地销售乳制品的外地乳制品企业却是不特定的。所以,市政府的通知针对的是不特定对象的抽象行为,不属于受案范围。C 项中的房屋抵押预告登记和上文讲到的房屋买卖合同备案登记性质是不同

的,预告登记直接影响到刘某将来可以取得的房屋所有权和银行的抵押权,属于可诉的行政确认行为。对于 D 项,要注意张某起诉的不是《公司登记管理条例》(这是一个抽象行为),而是起诉工商局的名称预先核准决定(这是一个具体行为),因此是属于受案范围的。

一句话,判断行政确认行为是否可诉,最终是看该确认行为是否起到了使当事人之间法律关系发生变动的效果。

三、单行法补充的案件

《行政诉讼法》第 12 条第 2 款规定,在其第 1 款明确列举的案件之外,法院还受理法律、法规规定可以提起诉讼的其他行政案件。这是一个开放式的规定,为其他单行法继续拓宽行政诉讼的受案范围开了一个灵活的口子,留下了很大余地。例如,按照《政府信息公开条例》的规定,行政机关在政府信息公开工作中的具体行政行为,如果侵犯公民、法人和其他组织合法权益的,受害者就可以提起行政诉讼。

第四节 否定列举的案件

《行政诉讼法》对受案范围的规定,在做了概括式规定、肯定式列举之后,又进一步做了否定式列举,明确了一批绝对不能进入其受案范围的案件。这些案件之所以不能进入受案范围,总是由于其缺少了受案标准中所要求的某一个或几个要件。当然,除了《行政诉讼法》所明确排除的这些案件,还有一些案件由于不属于行政行为,当然也不具有可诉性。

一、法律明确排除的案件

(一)国家行为

国家行为指的是包括行政机关在内的特定国家机关,根据宪法和法律的授权以国家的名义实施的行为。这些行为具有高度政治性,不在行政法的调整范围之内。包括国防行为、外交行为、宣告紧急状态的行为、实施戒严的行为、宣布总动员的行为等。

(二)抽象行政行为

抽象行政行为是具体行政行为的对立概念,是针对不特定对象作出的具有普遍适用性的行为,不具备特定性的要件,只有经过具体行政行为的实施,才可能对特定对象产生权利义务上的实际影响,因此不能对抽象行政行为直接提起诉讼。

但是,当事人如果起诉了一个具体行政行为,同时认为这个行为的依据是属于规章以下一般规范性文件的抽象行政行为,可以请求法院对该规范性文件一并审查。

(三)内部行为

内部行为也不属于行政诉讼的受案范围。所谓内部行为,包括针对内部组织的行为和针对内部个人的行为,前者如行政主体对其下属机构设立、增加、减少、合并的行为,或对下属机构的权力加以配置、划定、调整的行为,以及行政机关内部公文函件往来的行为;后者则主要表现为对人事关系的处理,如对公务员的奖惩、任免。需要进一步强调的是,对内部行为不应做过于宽泛的理解,不能把一切行政主体对其"内部"作出的行为均视为内部行为。尤其是对个人实施的内部行为,主要应从人事关系的层面上来理解,对于非人事关系的其他处理不应视为内部行为。

(四) 行政终局裁决行为

在个别案件中,虽然行政机关的行为完全符合作为一个具体行政行为的全部要件,但基于法律的特别规定,仍被排除在行政诉讼的受案范围之外,这就是法定行政终局裁决行为。所谓"法定行政终局行为",指的是法律(狭义法律)规定由行政机关作出最终裁决,当事人不得对该裁决提起行政诉讼的行为。"法定行政终局裁决"主要有如下几种:

(1) 国务院的裁决,当事人不服省部级行政机关作出的行政行为时,如向原机关申请行政复议后对该复议决定仍不服的,可以起诉,也可以申请国务院作出裁决,国务院作出的裁决是终局的。

(2) 省级政府针对自然资源权属作出的复议决定,省级政府根据国务院或者省级政府自己作出的勘定、调整行政区划的决定或者征用土地的决定,针对自然资源所有权或使用权作出的行政复议决定,具有终局效力。

(3) 对外国人、境外人的出入境强制措施:外国人、境外人对公安出入境管理机构实施的继续盘问、拘留审查、限制活动范围、遣送出境措施不服的,可以申请行政复议,该行政复议决定为最终决定。

二、其他应当排除的案件

这些案件虽然《行政诉讼法》没有明确将其排除出去,但由于它们根本不属于行政行为,不符合行政诉讼的受案标准,也不可能被法院所受理。包括:

(一) 刑事侦查行为

刑事侦查行为指的是公安、国安等特定行政机关根据《刑事诉讼法》的授权实施的侦查犯罪活动的行为。这些行为虽然由行政机关实施,但性质上却是刑事诉讼活动的一个组成部分,也不属于行政活动,同样不被列入行政诉讼的受案范围。注意并非所有由行政机关实施的、与侦查刑事犯罪有关的行为都不能纳入行政诉讼。对此应把握根据《刑事诉讼法》授权这一基准,只有根据《刑事诉讼法》授权实施的行为才是不可诉的,如果是根据其他法律如《人民警察法》授权而实施的行为,仍然属于可诉的行政行为。还应注意,现实中承担刑事侦查职能的行政机关(尤其是公安机关)常常假借刑事侦查之名,行干预经济纠纷之实,这种行为已经违背了《刑事诉讼法》授权的目的,不应将其视为刑事侦查行为,当事人不服仍可提起行政诉讼。

▶ **例 12-5** 甲公司与乙公司签订建设工程施工合同,甲公司向乙公司支付工程保证金 30 万元。后由于情况发生变化,原合同约定的工程项目被取消,乙公司也无资金退还甲公司,甲公司向县公安局报案称被乙公司法定代表人王某诈骗 30 万元。公安机关立案后,将王某传唤到公安局,要求王某与甲公司签订了还款协议书,并将扣押的乙公司和王的财产移交给甲公司后将王某释放。下列哪些说法是正确的?

  A. 县公安局的行为有刑事诉讼法明确授权,依法不属于行政诉讼的受案范围
  B. 县公安局的行为属于以办理刑事案件为名插手经济纠纷,依法属于行政诉讼的受案范围
  C. 乙公司有权提起行政诉讼,请求确认县公安局行为违法并请求国家赔偿,法院应当受理
  D. 甲公司获得乙公司还款是基于两公司之间的债权债务关系,乙公司的还款行为有效

分析:本案中县公安局的行为是典型的"假刑事"案件,其真正目的在于干预两公司之间的债务纠纷,仍应属于行政诉讼的受案范围,因此 A 项错而 B 项对。县公安局在本案中的行为违法,乙公司有权起诉并请求国家赔偿,C 项正确。甲公司获得乙公司还款是违法干预的结果,还款行为无效,D 项是错误的。

（二）行政调解

行政调解是行政机关在其职权范围内,就平等主体之间发生的民事纠纷劝导其自愿达成协议的一种行为,没有强制力,当事人可以不受调解结果的约束,因此不是行政行为。当事人如对调解结果不服,不能对其提起行政诉讼,应当就原有的民事纠纷提起民事诉讼。

与行政调解相类似的还有一类行为,就是行政仲裁行为,它指的是行政机关内设的仲裁机构依照法定程序,以中立身份对平等主体之间的民事纠纷作出的处理。随着《仲裁法》的颁布,原属行政仲裁范围的经济合同仲裁、产品质量仲裁等纷纷改变为民间仲裁,行政仲裁作为一项制度已经被架空了。

（三）行政指导

行政指导,指的是行政主体向相对人采取指导、劝告、建议、鼓励、警示、倡议等不具有国家强制力的方式,谋求相对人的同意与协助,从而实现其行政目的的行为。这是一种没有强制力的行为,其目的的实现取决于当事人对指导意见的自愿听取,行政机关无权强行要求当事人听取其意见。因此,行政指导的作出并不会引起当事人权利义务的变动,也不是行政行为,对其也不能提起行政诉讼。例如,某市国有毛纺厂效益下降,市经贸委组织专家对该厂提出了改革建议。该厂按建议进行了技术改造和产品换代并投入了大量资金,但新产品投放市场后却没有能收到预想效果,反而造成大面积亏损。该厂向法院起诉了市经贸委,这里市经贸委组织专家为毛纺厂提出的改革建议就是一种行政指导,法院不应受理。

(四) 重复处理行为

重复处理行为指的是行政机关对其已经作出的具体行政行为加以解释、强调、坚持、重复的行为。如行政机关对于某件事情已经作出了决定,过了一段时间又作出一个新的决定,对前一个决定的内容加以明确、强调或解释,就是重复处理行为。又如行政机关作出一个决定之后,当事人通过来信、来访等方式申诉,行政机关经审查后驳回了当事人的申诉,重新肯定了原决定,这也属于重复处理行为。对于重复处理行为,当事人不能提起行政诉讼,因为这些行为的作出并没有引起权利义务关系的丝毫变化,只不过重复了原来的权利义务内容而已,同样属于不具有处分效力的行为,当事人自然不能对其提起行政诉讼。当事人如果提起行政诉讼,应当以行政机关第一次确定权利义务的行为为对象。法律上规定重复处理行为不可诉,可以避免当事人通过不断申诉,再就驳回申诉的处理决定去起诉,从而规避行政诉讼起诉期限的做法。

(五) 阶段性行政行为

阶段性行政行为指的是行政机关在一个行政行为尚未最终完成时作出的阶段性处理或意见。此时行政行为尚未最终完成,不可能对当事人产生任何效力,当事人也就不能对其提起行政诉讼了,只有在该行政行为最终完成之后,才能对最后的决定提起行政诉讼。

阶段性行政行为在实践中十分常见,如在适用听证程序的行政处罚中,行政机关经过初步调查会形成一个初步的处罚意见,将此意见告知当事人并告知其有申请听证的权利,这种文书通常被称作行政处罚告知书。但行政处罚告知书并不等于最后的处罚决定,最后的处罚决定只有等到听证结束之后才作出,而这个决定完全有可能改变告知书中的初步处罚意见。因此,当事人不能因为行政机关告知有对其实施处罚的可能性,就提起行政诉讼。

再如,在劳动监察工作中,劳动部门如果发现某些用人单位拖欠工资报酬、经济补偿或经济赔偿的违法行为,可能会就此向其发出劳动监察指令书,责令用人单位支付上述款项。此时用人单位尚可就此向劳动部门进行陈述、申辩,待其作出最后的劳动监察决定书,但不能就劳动监察指令书提起行政诉讼,因为这并不是劳动部门的最后处理决定。

又如,行政机关在作出某项重大的行政决定之前,可能向其上级行政机关请示,而上级机关对该请示作出的答复、批复、意见等也属于阶段性行政行为,同样不能提起行政诉讼。只有在下级机关根据这些答复、批复、意见作出最终的处理决定之后,当事人才能起诉该决定。

但在某些情况下,阶段性行政行为有可能对当事人的权利义务产生事实上的影响,实际上已经等同于一个具体行政行为。例如,在行政许可程序中,申请人递交的申请材料错误或缺漏的,行政机关应当在 5 日内一次全部告知,这种告知行为本属阶段性行为。但如果由于行政机关没有及时告知或错误告知,事实上就会导致许可程序终止,申请人的合法权利受到损害。此时,应当认定告知行为已经构成具体行政行为,可以提起行政诉讼。又如,对于和许可事项有利害关系的人,行政机关应当告知其有申请或参加听证的权利,告知听证本来也是一个阶段性行为。但如果因为行政机关没有及时告知听证,导致有些利害关系人无法申请或参加听证,已经对其权利产生实质性影响的,也可以提起行政诉讼。

▶ **例 12-6** 下列当事人提起的诉讼,哪些属于行政诉讼受案范围?

　　A. 某造纸厂向市水利局申请发放取水许可证,市水利局作出不予许可决定,该厂不服而起诉

　　B. 食品药品监管局向申请餐饮服务许可证的李某告知补正申请材料的通知,李某认为通知内容违法而起诉

　　C. 化肥厂附近居民要求环保局提供对该厂排污许可证监督检查记录,遭到拒绝后起诉

　　D. 某国土资源局以建城市绿化带为由撤回向一公司发放的国有土地使用权证,该公司不服而起诉

　　分析:行政许可实施过程中的各种行政行为均可诉,因此 AD 两项属于受案范围。政府信息公开行为也是可诉的,C 项也正确。B 项错误的原因在于,此案并没有因为补正通知行为的违法而导致许可程序对李某实质上终止,因此仍属于阶段性行为,不可诉。

（六）部分行政确认行为

对于行政确认行为的可诉性,上文已有详述,在此重新强调。并非所有的行政确认行为都会产生使当事人的权利义务关系产生变动的效果,因此,仅仅确定某个事实的行为,或确认某个法律关系但确认行为本身并非该法律关系生效要件的,都不属于行政诉讼的受案范围。

▶ **例 12-7** 下列案件属于行政诉讼受案范围的是什么?

　　A. 某区房屋租赁管理办公室向甲公司颁发了房屋租赁许可证,乙公司以此证办理程序不合法为由要求该办公室撤销许可证被拒绝。后乙公司又致函该办公室要求撤销许可证,办公室作出"许可证有效,不予撤销"的书面答复。乙公司向法院起诉要求撤销书面答复。

　　B. 某区审计局对丙公司的法定代表人进行离任审计过程中,对丙、丁公司协议合作开发的某花园工程的财务收支情况进行了审计,后向丙、丁公司发出了丁公司应返还丙公司利润 30 万元的通知。丁公司对通知不服向法院提起诉讼。

　　C. 某市经济发展局根据 A 公司的申请,作出鉴于 B 公司自愿放弃其在某合营公司的股权,退出合营公司,恢复 A 公司在合营公司的股东地位的批复。B 公司不服向法院提起诉讼。

D. 某菜市场为挂靠某行政机关的临时市场，没有产权证。某市某区工商局向在该市场内经营的 50 户工商户发出通知，称自通知之日起某菜市场由 C 公司经营，各工商户凭与该公司签订的租赁合同及个人资料申办经营许可证。50 户工商户对通知不服向法院提起诉讼。

分析：A 项考察的是行政行为的法律性，案中办公室的书面答复属于重复处理行为，没有产生新的法律效果，应当排除在受案范围之外。B 项考察的是行政行为的外部性与法律性，案中的审计局已经对外（丙丁两公司）作出了审计决定，且决定内容直接影响了其财产关系，属于行政行为，是可诉的。C 项仍考察法律性，由于经济发展局的批复决定了 AB 两公司在合营公司中的股东地位，影响了其权利义务关系，属于行政行为，也可诉。而 D 项主要考察具体行政行为的特定性，尽管案中工商局的行为名为"通知"，但该通知适用的对象是特定的，就是 50 家工商户，符合具体行政行为的"特定性"，也属于受案范围。

▶ **例 12-8** 1997 年 11 月，某省政府所在地的市政府决定征收含有某村集体土地在内的地块作为旅游区用地，并划定征用土地的四至界线范围。2007 年，市国土局将其中一地块与甲公司签订《国有土地使用权出让合同》。2008 年 12 月 16 日，甲公司获得市政府发放的第 1 号《国有土地使用证》。2009 年 3 月 28 日，甲公司将此地块转让给乙公司，市政府向乙公司发放第 2 号《国有土地使用证》。此后，乙公司申请在此地块上动工建设。2010 年 9 月 15 日，市政府张贴公告，要求在该土地范围内使用土地的单位和个人，限期自行清理农作物和附着物设施，否则强制清理。2010 年 11 月，某村得知市政府给乙公司颁发第 2 号《国有土地使用证》后，认为此证涉及的部分土地仍属该村集体所有，向省政府申请复议要求撤销该土地使用证。省政府维持后，某村向法院起诉。法院通知甲公司与乙公司作为第三人参加诉讼。

在诉讼过程中，市政府组织有关部门强制拆除了征地范围内的附着物设施。某村为收集证据材料，向市国土局申请公开 1997 年征收时划定的四至界线范围等相关资料，市国土局以涉及商业秘密为由拒绝提供。请问市政府在本案中一共实施了多少个具体行政行为？哪些属于行政诉讼的受案范围？

分析：市政府在本案中一共实施了 6 个具体行政行为，分别是：征收含有某村集体土地在内的地块的行为，与甲公司签订《国有土地使用权出让合同》，分别向甲、乙两公司发放《国有土地使用证》的行为，发布公告要求使用土地的单位和个人自行清理农作物和附着物设施的行为，组织有关部门强制拆除征地范围内附着物设施的行为。上述行为均属于行政诉讼受案范围。

思 维 拓 展

【示范案例】

吉德仁等诉盐城市政府会议纪要案①

因农村公交与城市公交发生矛盾,盐城市政府先后于 2002 年 8 月 20 日、24 日两次召集盐城市及城区的两级建设、交通、公安等部门及盐城市公交总公司进行了专题会办,并于 8 月 30 日下发了盐城市政府第 13 号《专题会议纪要》。该《会议纪要》第 1 条中规定,城市公交的范围界定在经批准的城市规划区内,以城市规划区为界,建设和交通部门各负其责、各司其职;第 5 条中规定,城市公交在规划区内开通的若干线路,要保证正常营运,继续免交有关交通规费;第 6 条中规定,在规划区范围内的城市公共客运上发生矛盾,须经政府协调,不允许贸然行事,否则将追究有关方面的责任。

吉德仁等四人是经交通部门批准的道路交通运输经营户,该四人营运的线路与《会议纪要》中明确免交交通规费的公交公司的 5 路、15 路车在盐城市城区立交桥(盐城市城市市区与郊区的分界点)以东至盐城市城区南洋镇之间地段的营运线路重叠。同年 8 月 20 日,盐城市城区交通局向公交公司发出通知,要求该公司进入城区交通局所管理的公路从事营运的车辆办理有关营运手续,公交公司于 8 月 21 日复函城区交通局,认为根据建设部规定及 8 月 20 日市长办公会要求,该公司不需要到交通主管部门办理有关手续。8 月 21 日,城区交通局再次函告公交公司,要求其限期办理有关经营手续并按章缴纳规费。9 月 10 日,吉德仁等四人向城区交通局提出申请,请求依《江苏省道路运输市场管理条例》的规定对公交公司未经交通部门批准超出市区延伸到 331 省道南洋段进行营运的行为进行查处,保护公平竞争。9 月 11 日,城区交通局书面答复吉德仁等四人称,已书面通知、发函给公交公司要求其限期办理有关营运手续,但由于盐城市政府 2002 年 8 月 30 日下发的第 13 号《会议纪要》明确规定"城市公交在规划区内开通的若干线路,要保证正常营运,继续免交有关交通规费",因此该局无法对城市公交车进入 331 省道南洋段的行为进行有效管理。吉德仁等人不服,认为盐城市政府的会议纪要决定城市公交免交交通规费,侵犯其公平竞争权,向盐城市中级法院提起行政诉讼。请求撤销《会议纪要》第 1 条、第 5 条及第 6 条内容;请求确认盐城市政府强行中止城区交通局对公交公司违法营运的查处的行为违法。

盐城市中级法院经审理认为:(1)《会议纪要》虽然形式上是发给下级政府及所属各部门的,但从该《会议纪要》的内容上看,它对城市公交的营运范围进行了界定,并明确在界定的范围内继续免交交通规费,而且该行为已实际导致城区交通局对公交公司的管理行为的中止,所以该《会议纪要》是一种行政决定行为,有具体的执行内

---

① 案例来源为:《最高人民法院公报》2003 年第 4 期。

容,是可诉的具体行政行为。吉德仁等四人是与盐城市政府的行政行为的受益方公交公司在同一路段进行道路运输的经营户,认为盐城市政府的行为侵犯了他们的公平竞争权向法院提起诉讼,具有行政诉讼的原告主体资格。(2)盐城市政府根据《地方各级人民代表大会和地方各级人民政府组织法》规定,为解决矛盾召集其下属的有关部门进行协调,并作出《会议纪要》,将城市公交的营运范围界定为城市规划区内并明确对在上述范围内营运的公交车辆继续免交规费,是对原来就已经客观存在事实的一种明确、重申,是在其法定权限之内作出的行政行为,不违背相关的法律、法规。吉德仁等四人要求法院判决确认《会议纪要》第1条、第5条及第6条违法没有法律依据。(3)虽然城区交通局客观上中止了对公交公司超出市区营运行为的查处,但吉德仁等四人未能提交足够的证据证明盐城市政府采取了违法手段对城区交通局的查处行为进行了干预,所以吉德仁等四人要求确认盐城市政府强行中止城区交通局查处行为的行为违法没有事实依据。综上所述,吉德仁等四人虽具有本案的诉讼主体资格,但其诉讼请求不能成立。盐城市中级法院依照原《若干解释》第56条第4项之规定,判决驳回吉德仁等四人的诉讼请求。案件受理费100元,由吉德仁等四人负担。

吉德仁等四人不服一审判决,向江苏省高级法院提起上诉。江苏省高级法院经审理认为:盐城市政府《会议纪要》第5条中"城市公交在规划内开通的若干线路,要保证正常营运,继续免交有关交通规费"的规定作为政府的一项行政决定,具有行政强制力,是可诉的具体行政行为。吉德仁等四人作为与公交公司所属公交车辆营运范围有重叠的经营者,认为《会议纪要》的规定侵犯其公平竞争权的,以原告身份提起行政诉讼,符合原《若干解释》第13条第1款的规定。盐城市政府《会议纪要》第5条中有关在规划区免征规费的规定,超越了法定职权。同时,该项内容无法律、法规依据,且与有效的多个部委的规章相抵触,依法应予以撤销。盐城市中级法院判决认定吉德仁等四人具有原告主体资格及《会议纪要》相关内容为可诉的具体行政行为的认定正确,但对于《会议纪要》第5条中有关在规划区免征规费的规定的合法性认定不当,依法也应予以撤销。上诉人有关确认盐城市政府强行中止城区交通局对公交公司违法营运的查处的行为违法的诉讼请求,因该诉讼请求事涉盐城市政府与城区交通局之间的内部行政管理,不属法院司法审查范畴,依法不予理涉。上诉人有关确认《会议纪要》第1条、第6条的相关内容违法的上诉请求,前者涉及城市公交营运范围的界定及行政机关管理职能的划分,不属法院司法审查范畴,且城市公交营运范围的界定,并不影响交通部门对所管辖道路的管理;后者不具有可撤销内容,且两者均与上诉人的公平竞争权无关,均不予支持。依照《行政诉讼法》第61条第2项及原《若干解释》第56条第4项的规定,判决:(1)撤销江苏省盐城市中级法院(2002)盐行初字第052号行政判决;(2)撤销盐城市政府第13号《专题会议纪要》第5条中"城市公交在规划区内开通的若干线路,要保证正常营运,继续免交有关交通规费"的决定;(3)驳回上诉人的其他诉讼请求。一、二审案件受理费共计人民币200元,由上诉人吉德仁等四人与被上诉人盐城市政府各负担100元。

法律问题:本案中《会议纪要》第1条、第5条、第6条的规定是否属于行政诉讼的受案范围?

法理分析:在本案中,吉德仁等人起诉了盐城市政府作出的一个《会议纪要》,这个《会议纪要》属不属于行政诉讼的受案范围呢?这首先要解决一个问题,就是我们是将《会议纪要》整体地作为一个行为来看待,还是将其每一项内容分开,作为多个行为来看待?如果将其作为多个行为来看待,那么,吉德仁等人起诉的各项内容分别属不属于受案范围呢?如果属于受案范围,吉德仁等人又是否具备原告资格呢?对此,我们将逐一进行分析。

第一个问题,应该如何看待《会议纪要》?

会议纪要是行政机关常用的一种公文文体,通常用于行政机关召开会议之后,对于会议所商议确定的事项的结论给予记载,并要求参加会议的单位和其他相关者予以遵照执行。会议纪要所确定的内容,可能是一个事项,也可能是多个事项,有时候这些事项的数量还比较大;这些事项彼此之间可能存在关联,也可能没有什么关联或者关系很松散。因此,对于一个会议纪要的性质,不宜将其作为一个统一的整体来看待,而应该按照其规定事项的内容逐项进行分析,逐个得到结论。在本案中,一审法院盐城市中级法院认为"该《会议纪要》是一种行政决定行为,有具体的执行内容,是可诉的具体行政行为"。就是将案中的《会议纪要》作为一个整体来看待的,这是不正确的,其结论自然也不可能完全正确。而在二审中,江苏省高级法院对原告所起诉的《会议纪要》的相关条款分别进行了判断,尽管其认定的结论也存在值得商榷之处,但首先这种分别认定的做法是正确的,值得肯定。

第二个问题,《会议纪要》第1条是否可诉?

《会议纪要》第1条规定,城市公交的范围界定在经批准的城市规划区内,以城市规划区为界,建设和交通部门各负其责、各司其职。吉德仁等人的诉讼请求是撤销这一条规定,并确认盐城市政府强行中止城区交通局对公交公司违法营运的查处的行为违法。

对于这一条的讨论主要关系到行政行为外部性的问题,因为内部行政行为不是一种行政行为,不属于行政诉讼的受案范围。法律之所以将内部行政行为排除在行政诉讼的受案范围之外,主要是基于这样几点理由:首先,内部行政行为所涉及的法律关系与具体行政行为存在本质区别。具体行政行为是行政机关履行其公共管理职能所作出的行为,所针对的是行政机关的管理对象,这些管理对外是行政机关以外的公民、法人和其他组织。而内部行政行为则是行政机关作为一个组织,为了实现组织本身的良好运转而实施的内部管理活动,包括对内部人财物的管理,也包括为了更好地对外实施公共管理管理而在内部事先进行的协调、沟通、指导等活动。其次,由于内部行政行为引发的争议纠纷,法律已经规定了其他的解决方式。例如,对于行政系统内部多个机关之间、或者一个机关内部多个机构之间在职权行使方面的争议,可以通过其共同上一级机关来协调解决。对于行政机关公务人员和所在单位之间发生的争议,可以通过《公务员法》上的申诉制度、仲裁制度等来解决。一句话,就是内部行政争议引发的争议通过内部纠纷解决机制来解决。再次,内部行政行为在很多情况下所涉及的是政策性的问题,而不是法律问题,或者是政策性强于法律性的问题。对于这些问题的判断,主要依据的不是法律而是行政纪律、内部制度和政策,法院对于这些问题的审查并不擅长。

在本案中,《会议纪要》第1条规定"城市公交的范围界定在经批准的城市规划区内,以城市规划区为界,建设和交通部门各负其责、各司其职"。这一规定的内容是划分建设部门、交通部门之间的管理职权,属于对政府下属部门职权范围的确定和调整,是典型的行政机关内部事务,是一个内部行政行为,因此不属于行政诉讼的受案范围。

第三个问题,《会议纪要》第5条是否可诉?

《会议纪要》第5条规定,城市公交在规划区内开通的若干线路,要保证正常营运,继续免交有关交通规费。吉德仁等人的诉讼请求是撤销这一条规定。关于《会议纪要》第5条的争议是本案的核心问题,这里主要涉及三个问题。

首先,这一规定是抽象的还是具体的?抽象行政行为与具体行政行为最核心的区别就在于行为指向的对象是否具有特定性。《会议纪要》第5条规定的是城市公交可以继续免交有关交通规费,其适用对象就是城市公交公司,这显然是一个特定的对象。从这一点上来看,本条规定属于具体行政行为。

其次,这一规定是强制性的还是指导性的?《会议纪要》第5条中有关公交车辆在规划区内免交交通规费的规定,是市政府明确要求有关部门必须执行的。而这一条规定赋予了公交公司这一方当事人免交交通规费的权利,具有明确的权利义务内容。公交公司作为受益人参加了此次会议,该《会议纪要》已经发生了法律效力。尽管《会议纪要》并没有向利益相关方吉德仁等人直接送达,实际上也不可能送达,但其相关内容在其后已经得到了实际执行,城区交通局也已经将无法对公交公司进行行政管理的原因及《会议纪要》的内容书面告知了吉德仁等人。也就是说,《会议纪要》第5条已经确定地对双方当事人的权利义务都产生了影响,完全符合具体行政行为必须具有处分性的要求。由此,《会议纪要》这一条的内容应当认定为具体行政行为,属于行政诉讼的受案范围。

再次,这一规定是内部的还是外部的?传统观点认为,《会议纪要》是政府协调若干机关、部门对某些事项进行讨论、商议的结果,在《会议纪要》中尽管会形成对于某些事项的处理意见,但是这种意见是对与会的各个机关、部门提出的要求,是约束和协调这些机关和部门的,往往不会直接针对具体的相对人作出。《会议纪要》要对相对人产生拘束力,往往需要等待《会议纪要》所确定的行政机关根据其规定对外作出行政行为,也就是将《会议纪要》的内容外化之后才会对相对人产生法律效力。此时,相对人才能提起行政诉讼,但其起诉的标的并不是《会议纪要》,而是有关机关依据《会议纪要》作出的外化行为;被告也不是制作《会议纪要》的机关,而是以作出外部行政行为的机关作为被告。但在本案中，盐城市交通局并没有根据《会议纪要》作出后续的行政行为对《会议纪要》加以外化，而是直接根据《会议纪要》的内容答复了相对人。此时，《会议纪要》第 5 条已经直接对吉德仁等人产生了影响其权利义务关系的效力，应当认定为已经是一个外部的行政行为，当事人可以对其提起行政诉讼。

综上所述，《会议纪要》第 5 条是一个针对特定对象和特定事项实施的、具有强制约束力的、已经对外执行并产生法律效力的具体行政行为，属于行政诉讼的受案范围。

第四个问题，《会议纪要》第 6 条是否可诉？

《会议纪要》第 6 条规定，在规划区范围内的城市公共客运上发生矛盾，须经政府协调，不允许贸然行事，否则将追究有关方面的责任。吉德仁等人的诉讼请求同样是撤销这一条规定。二审法院江苏省高院以该条不具备可撤销的内容为由驳回了当事人的诉讼请求。这一做法是有问题的。因为，驳回原告诉讼请求的判决前提是承认《会议纪要》这一条的内容是具体行政行为，属于行政诉讼的受案范围，只不过因为其内容不具有可撤销性，才驳回了原告的诉讼请求。我们认为，法院正确的做法应该是裁定不予受理或驳回起诉，因为《会议纪要》第 6 条的内容并不属于行政诉讼的受案范围。理由如下：

首先，这一规定并没有明确的权利义务内容。《会议纪要》第 6 条要求有关机关处理相关矛盾时"须经政府协调，不允许贸然行事，否则将追究有关方面的责任"。至于如何协调？贸然行事又将追究什么责任？并没有明确提出任何具体内容。就算是真的需要协调、需要追究责任，也是以有关的法律、法规为依据的，而不是以这个《会议纪要》为依据的。这一规定的目的无非在于建立一个事后的冲突解决机制，引导交通、建设等有关部门在政府的协调下解决问题。从这一点上来看，《会议纪要》第 6 条根本就不是一个法律行为。其次，这一规定涉及的是行政机关的内部事务。即使《会议纪要》第 6 条规定了明确、具体的内容，其性质也是对盐城市政府下属有关部门的协调、指导，而不是对外直接实施管理，是一个内部行政行为。从这一点上来看，《会议纪要》第 1 条和第 6 条具有相同的属性。

【思考案例】

乔占祥诉原铁道部春运票价上浮案[①]

2000 年 12 月 21 日，原铁道部向有关铁路局发布了关于 2001 年春运期间部分旅客列车实行票价上浮的通知。《通知》确定 2001 年春节前 10 天及春节后 23 天北京铁路局、上海铁路局、广州铁路(集团)公司等始发的部分直通列车实行票价上浮 20% 至 30%。为此，乔占祥在 2001 年 1 月 17 日及 22 日分别购买了从石家庄到磁县、石家庄到邯郸的火车客票 2 张，比票价上浮前多支付 9 元。乔占祥认为原铁道部的《通知》侵害了他的财产权、知情权和公平交易权等合法权益，向原铁道部提起行政复议。

---

① 案例来源为：北京市高级人民法院(2001)年高行终字第 39 号行政判决书。

行政法与行政诉讼法

2001年3月19日,原铁道部作出《行政复议决定书》,决定维持票价上浮通知。乔占祥针对上述票价上浮通知及原铁道部的复议决定,起诉到北京市第一中级法院,请求法院判决:撤销复议决定,责令原铁道部履行转送审查职责;撤销票价上浮通知。

北京市一中院经审理后认定,调整和缓解春运期间客运量与铁路运能的突出矛盾,是保证铁路客运正常发展的客观需要。原铁道部依职权拟定的票价上浮通知体现了《价格法》的有关规定,包含了市场需求、地区差别、季节变化和社会承受力等因素,符合法律规定及客运市场的价值规律。另外,原铁道部作出的2001年春运期间部分旅客列车价格上浮的决定,是经过有关市场调查、方案拟定、报送国家计委审查,国家计委在国务院授予其批准的权限范围内予以批准后,原铁道部依据国家计委的批准文件作出的,上述程序未违反有关法律规定。乔占祥认为原铁道部所作的票价上浮通知未经国务院批准及原铁道部未能提供组织价格听证会,并由此请求法院对原铁道部作出的上浮票价的通知予以撤销的诉讼请求,缺乏事实依据和法律依据。而且依据《价格法》的有关规定,主持价格听证会不属于原铁道部的法定职责,因此,本案的诉讼并不涉及价格听证及其相关问题。据此,北京市第一中级法院作出驳回乔占祥诉讼请求的判决。

乔占祥不服向北京市高级法院提起上诉,认为一审判决没有对被诉具体行政行为的合法性进行全面审查,原铁道部所作《通知》未举行听证会,未经国务院批准,违反法定程序;在复议过程中原铁道部未履行其转送审查国家计委1960号批复的请求,属不履行法定职责。

二审法院认为,原铁道部所作的《通知》是铁路行政主管部门对铁路旅客票价实行政府指导价所作的具体行政行为,该行为对于铁路经营企业和乘客均有行政法律上的权利义务关系。乔占祥认为该具体行政行为侵犯其合法权益向法院提起行政诉讼,是符合行政诉讼法规定的受案范围的。但在对原具体行政行为提起诉讼的同时一并请求确认复议机关不履行转送的法定职责,不符合《行政诉讼法》的规定,且其在复议申请中亦未提出转送审查的请求,故一审判决驳回上诉人的该项请求并无不当。铁路列车旅客票价直接关系群众的切身利益,依照《价格法》第18条的规定,政府在必要时可以实行政府指导价或者政府定价。根据《铁路法》第25条"国家铁路的旅客票价……由国务院铁路主管部门拟订,报国务院批准"的规定,铁路列车旅客票价调整属于原铁道部的法定职责。原铁道部上报的《实施方案》所依据的计价格(1999)1862号文已经国务院批准,其所作《通知》是在经过市场调查的基础上又召开了价格咨询会,在向有权机关上报了具体的实施方案,并得到了批准的情况下作出的,应视为履行了必要的正当程序。虽然《价格法》第23条规定,"制定关系群众切身利益的公用事业价格、公益性服务价格、自然垄断经营的商品价格等政府指导价、政府定价,应当建立听会证制度",但由于在原铁道部制定《通知》时,国家尚未建立和制定规范的价格听证制度,要求原铁道部申请价格听证缺乏具体的法规和规章依据。据此,乔占祥请求认定原铁道部所作《通知》程序违法并撤销该具体行政行为理由不足。综上,二审法院认为一审判决认定事实清楚,适用法律正确,程序合法。乔占祥上诉理由不足,其诉讼请求不予支持,二审判决驳回上诉,维持原判;上诉诉讼费80元由乔占祥负担。

法律问题:本案中的票价上浮通知是否属于行政诉讼的受案范围?本案中复议机关不履行转送职责一事是否属于行政诉讼的受案范围?

【学术探讨】

自从《行政诉讼法》在1989年颁布以来,受案范围就是这部法律被讨论的第一热点问题,绝大多数人都认为原来的受案范围局限于具体行政行为,过于狭窄,主张扩大受案范围。2014年《行政诉讼法》修订之后,受案范围有所扩大,特别是规章以下的抽象行政行为也被纳入了附带审查的范围。但很多人认为,这种扩大仍很不够,最终的目标应当扩大到全部的行政争议。也就是说,凡是行政机关在履行职责过程中与公民、法人或其他组织发生的,以行政法上权利义务关系为内容的争议,都应当被纳入行政诉讼的范围。你是否赞同这种主张?

第十三章

行政诉讼的管辖

思维导图

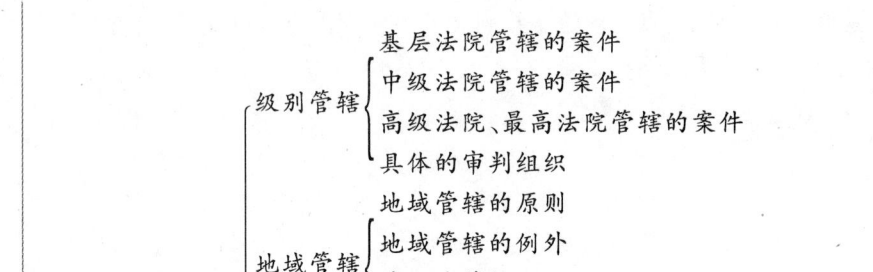

行政诉讼管辖的功能在于确定每个一审案件的法院。如果把每一个法院比喻为一个庞大坐标系中的一个点,那么,管辖制度的作用就是在每一个一审案件与每一个法院之间建立起对应关系。级别管辖如同这个坐标系的纵坐标轴,地域管辖如同其横坐标轴,这两个"坐标"的结合,辅之以管辖裁定等制度的适当修正,就可以为每个一审案件确定受案法院。

管辖制度看起来只是一个法院系统内部分工的技术性问题,但实际上和司法公正有着极大的关系,在行政诉讼中尤其如此。行政诉讼的一大难题就是摆脱作为被告的行政机关对法院的干预,保持司法系统相对于行政系统的独立性,在我国现行的政治框架和体制安排之下,主要就是借助于管辖制度——包括级别管辖和地域管辖来实现的。

行政诉讼管辖,指的是法院内部各个法院之间(包括上下级法院之间与同级法院之间)受理第一审行政诉讼案件的权限分工。其含义可以从下面三个角度理解:

第一,对于法院而言,管辖制度解决的是哪一个法院拥有对特定行政诉讼案件的审判权的问题。原则上,一旦一个法院拥有了对特定案件的管辖权,就意味着它对该案自受理开始到判决结束期间,可以依照法律的规定行使排他性的权力。

第二,对于当事人而言,管辖制度解决的是他应当向哪一个法院起诉或应诉的问题。一般情况下,原告应当向其起诉的法院与依法拥有管辖权的法院(或多个拥有管辖权的法院中的一个)应当是相同的,除非因指定管辖或移转管辖等因素而发生了变动。

第三,管辖制度解决的只是第一审案件的受案法院,并不包括对第二审和再审法院的确定。当然,第二审与再审法院的确定必然与一审法院的确定相关,但这并不是管辖制度本身所要解决的问题,它们之间充其量只是一种间接关系。

明确行政诉讼管辖的含义,还要注意将其与行政诉讼的主管和主审加以区别。行政诉讼的主管,解决的是法院与其他国家机关之间在处理行政纠纷上的权限分工,即是行政诉讼受案范围所要解决的问题。属于行政诉讼受案范围的案件即为法院所主管,否则便不为其所主管,如某些复议终局案件的主管机关是作出原行政行为主体的上一级行政机关,而某些抽象行政行为引起的纠纷则应为有关的国家权力机关所主管。

行政诉讼的主审,指的则是一个法院内部不同机构在审理行政诉讼案件时的权限分工,也就是由哪一个审判庭来审理的问题。根据我国的现行规定,各级的普通法院均设立行政审判庭,这是行政诉讼案件的主审机构;而专门法院不设行政庭,不审行政诉讼案件;基层法院的派出法庭也不审理行政诉讼案件。

可见,行政诉讼的主管、管辖与主审实际上解决的是不同层次的问题。主管是管辖的前提,只有在确定一个案件属于行政诉讼受案范围的情况下,才产生由哪一个法院来管辖它的问题;而管辖又是主审的前提,只有在确定某一案件由特定法院管辖之后,才产生由这一法院的哪一个机构来审理它的问题。由于主管问题在受案范围中已有探讨,因此,本章的内容主要谈论管辖问题,同时对主审问题也将有所涉及。

第一节 级 别 管 辖

级别管辖解决的是不同级别的法院之间在审理第一审行政诉讼案件时的权限分工。我国行政诉讼的级别管辖,以基层法院管辖第一审案件为原则,以其他较高级别的法院管辖为例外。

一、基层法院管辖的案件

第一审行政案件原则上由基层法院管辖,基层法院承担了绝大多数行政诉讼一审案件的审判工作。之所以将基层法院管辖作为原则,主要是考虑到:第一,基层法院在各级法院中数量最多、分布最广、人员众多,能够承担大量行政诉讼案件的审判工作;第二,基层法院一般距离当事人较近,方便当事人参加诉讼。

但是,将基层法院确定为主要的管辖法院也存在一些明显的弊端。一是我国的司法机关行政化比较严重,法院套用行政级别进行管理,基层法院的行政级别低于同级政府,在审理以同级政府或者同级政府强势部门作为被告的案件时力不从心,司法的公正性难以获得保证。二是行政诉讼的审判专业性比较强,疑难案件比较多,一部分基层法院的法官有时候难以胜任审判工作。三是行政案件的地域分布很不均衡,大部分地区的行政案件数量都很少,但由于基层法院仍然承担着行政案件的审判功能,就必须维持一个完整的审判组织(行政庭)。这要么导致行政庭的审判人员在大多数时间无事可做,造成司法资源的浪费;要么就是导致这些审判人员经常在法院内部被"借用"于其他工作,"不务正业"或者"本末倒置"。因此,目前的行政审判体制改革,一个重要方向就是提高一审管辖法院的级别,逐步减少基层法院管辖一审行政案件的数量。

二、中级法院管辖的案件

级别管辖的例外,也就是由中级法院、高级法院与最高法院管辖第一审案件的情况。我国 2014 年修订的《行政诉讼法》从减少行政干预的角度出发,着重于提高案件的管辖层级,这使得中级以上法院管辖的一审案件数量明显上升。由于高级法院、最高法院管辖第一审案件的情况较少发生,其标准也较易确定,因此,这里重点介绍中级法院管辖的案件。

(一) 被告是特殊主体的案件

某些案件的被告具有一定的特殊性,需要由较高级别的法院管辖才能顺利审判。比如,被告的行政级别较高,为了审判的公正需要提高管辖级别,使管辖法官的行政级别高于、相当于或者接近于作为被告的行政机关;或者被告主管的领域专业程度较高,只有高级别的法院才有相应的审理能力。下列案件由中级法院管辖一审:

第一,被告是国务院下属部门的案件。

第二,被告是县级及以上政府的案件,但不包括县级以上地方政府部门作为被告的案件。

上述两条规定的主要目的就在于提高管辖法院的级别,减少来自于被告的行政干预。

第三,被告是海关的案件。主要包括海关税收案件与海关行政处罚案件,被告可能是各级海关。这一规定主要是考虑到海关案件具有较高的专业性,基层法院审理能力不足。

(二) 本辖区内重大、复杂的案件

如重大的共同诉讼、集团诉讼案件,重大的涉外案件、涉港澳台的案件,或者其他一些专业性较强的案件如知识产权案件等,基层法院对于这些案件很可能也缺乏审理能力,需要中院管辖。

(三) 其他法律规定由中级法院管辖的案件

这是一个开放性的规定,留待将来单行法补充。我国2014年修订的《行政诉讼法》之所以开这样一个口子,目的还是在于为进一步提高行政案件的管辖层级提供空间。

三、高级法院、最高法院管辖的案件

高级法院管辖本辖区内重大、复杂的第一审行政案件。最高法院管辖全国范围内重大、复杂的第一审行政案件。

四、具体的审判组织

行政诉讼案件在我国由普通法院管辖,法院内设行政审判庭具体负责审理工作。军事法院、海事法院、森林法院等专门法院不管辖行政诉讼案件,也没有设立专门的行政法院。原来的铁路运输法院已经被撤销,转为地方法院。在铁路法院归地方的过程中,曾有学者提出将原来的铁路法院系统改造为专门的行政法院,但这一主张最终没有被采纳。但是,在部分地区,转型后的铁路法院变成了主要审理跨区域案件——包括跨区域行政案件的普通法院,这也算是一点小的进步。

第二节 地域管辖

地域管辖解决的是同一级别的不同法院之间在审理第一审行政诉讼案件时的权限分工。我国行政诉讼的地域管辖,以被告所在地法院管辖为原则,以其他管辖为例外。

一、地域管辖的原则

原则上由被告所在地法院管辖,即"原告就被告"。实行这一原则的目的是通过适当加大原告的诉讼成本以防止滥诉,但在保障司法独立、司法公正方面则有明显的缺陷。因为,被告所在地的法院较易受到被告干预,在被告的行政级别高于法院级别时尤其如此。即使没有被告的干预,法院也可能产生本地方形象和利益的考虑,从而作出对原告不够公正的判决。

二、地域管辖的例外

地域管辖的例外指的是在某些特殊情况下,根据不同于被告所在地的其他标准来确定管辖法院,如根据原告所在地、不动产所在地等。但即使在这种情况下,也并不意味着最后确定的管辖法院就一定不是被告所在地,因为不论是原告所在地还是不动产所在地等,都不排除其与被告所在地重合的可能。因此,地域管辖的例外指的是管辖

法院确定标准不同,并不当然意味着管辖法院的最终确定结果必然不同。经过行政复议的案件、限制人身自由的案件、涉及不动产的案件,适用特殊的地域管辖。

(一) 经过行政复议的案件

经过行政复议的案件,有权管辖的法院包括最初作出被诉行政行为的机关所在地法院,也包括复议机关所在地法院,原告可以选择任一法院起诉。

这一规定的立法目的主要是为了方便原告参加诉讼。经过行政复议的案件,如果复议机关维持原行为的,此时以原机关和复议机关作为共同被告。由于两级机关都是被告,原告自然可以选择任何一个机关所在地的法院来起诉。如果经过复议之后,复议机关改变了原来的行政行为,此时以复议机关作为被告,诉讼的标的就是复议决定。按照一般的管辖原则,此时应当由复议机关(即被告)所在地管辖。但是,考虑到复议机关是原机关的上一级机关,有可能距离原告较远;而原机关对原告直接实施管理,一般来说是原告当地的行政机关,可能距离原告较近。此时,如果一定要求原告向复议机关所在地法院起诉,有可能是舍近求远,使原告很不方便。因此,为了便利原告,就允许其选择在原机关所在地(多数情况下同时也就是原告的所在地)法院起诉。

对于经过复议的案件,还要特别注意其级别管辖问题。在复议改变的情况下,以复议机关作为被告,自然要根据复议机关的性质来确定管辖法院的级别。也就是说,拥有管辖权的"复议机关所在地法院"并不一定是较高级别的法院,管辖法院的级别仍应按照级别管辖的规则来确定。例如,对于某市甲区工商局一个罚款3000元的处罚决定,经市工商局(地址位于乙区)行政复议减轻为罚款1000元之后,如果当事人仍不服提起行政诉讼,被告是区工商局和市工商局,此案仍然应由甲区或乙区基层法院管辖,而非市中院管辖。如果在这个案件中,当事人是向甲区政府申请行政复议,此后再起诉的话,被告是区工商局和区政府。由于被告中包括了区政府(县级政府),级别管辖就变成中院管辖了。

而在复议维持的情况下,虽然以原机关和复议机关作为共同被告,但根据2015年最高人民法院《关于适用〈中华人民共和国行政诉讼法〉若干问题的解释》(以下简称新《若干解释》)的规定,应当以原机关的性质来确定级别管辖。因为,如果此时允许按照复议机关的性质来确定级别管辖的话,基层法院就会面临着无案可审的局面。我们知道,能够具备行政主体资格、充当行政诉讼被告的行政机关最低也是一个乡镇政府,或者是县级政府的下属部门,那么,其复议机关通常就会包括一个县级政府;如果原机关的级别更高,其复议机关通常就会包括一个比县级更高的政府。而由于一旦县级和以上政府充当了被告,级别管辖至少就是中院。所以,只要当事人不服原行为先行申请行政复议,无论复议结果如何均选择继续起诉,至少就会被中院管辖,基层法院就没有案件可以管辖了。因此,对于这种复议维持的案件,只能按照原机关的性质来确定级别管辖。

▶ **例 13-1** 县计生委认定孙某违法生育第二胎,决定对孙某征收社会抚养费 4 万元。孙某向县政府申请复议,要求撤销该决定。县政府维持该决定,并在征收总额中补充列入遗漏的 3000 元未婚生育社会抚养费。孙某不服,向法院起诉。下列哪些选项是正确的?

A. 此案的被告应为县计生委与县政府
B. 此案应由中级法院管辖
C. 此案的复议决定违法
D. 被告应当在收到起诉状副本之日起十日内提交答辩状

分析: 分析本案需要注意,案情交代县政府"维持该决定",看起来似乎是一个复议维持案件,但同时又说"在征收总额中补充列入遗漏的 3000 元未婚生育社会抚养费",这显然又是复议改变。因为是复议改变,被告就是复议机关县政府,因此 A 项错。以县政府为被告的案件应当由中院管辖,B 项正确。根据《行政复议法实施条例》的规定,复议机关不得在当事人请求的范围内作出对其更加不利的变更,也就是复议不得加重(详见后文"行政复议"),因此本案的复议决定是违法的,C 项正确。D 项关于被告举证期限的表述不正确,应为 15 日(详见后文"证据规则")。

▶ **例 13-2** 某药厂以本厂过期药品作为主原料,更改生产日期和批号生产出售。甲市乙县药监局以该厂违反《药品管理法》第 49 条第 1 款关于违法生产药品规定,决定没收药品并处罚款 20 万元。药厂不服向县政府申请复议,县政府依《药品管理法》第 49 条第 3 款关于生产劣药行为的规定,决定维持处罚决定。药厂起诉。关于本案的被告和管辖,下列说法正确的有哪些?

A. 被告为乙县药监局和乙县政府,由乙县法院管辖
B. 被告为乙县药监局和乙县政府,甲市中级法院对此案有管辖权
C. 被告为乙县政府,乙县法院对此案有管辖权
D. 被告为乙县政府,由甲市中级法院管辖

分析: 在本案中,复议机关虽然改变了原行为的法律依据并影响了其定性(违法生产药品变成了生产劣药),但并没有改变原行为的处理结果,而是维持了原来的处罚决定,因此属于复议维持,应当以原机关乙县药监局和复议机关乙县政府作为共同被告,但管辖法院要按照原机关来确定级别管辖,也就仍然是基层法院(乙县法院)管辖,因此只有 A 项是正确的。

▶ **例 13-3** 某区环保局因某新建水电站未报批环境影响评价文件,且已投入生产使用,给予其罚款 10 万元的处罚。水电站不服,申请复议,复议机关作出维持处罚的复议决定书。下列哪一说法是正确的?

A. 复议机构应当为某区政府
B. 如复议期间案件涉及法律适用问题,需要有权机关作出解释,行政复议终止
C. 复议决定书一经送达,即发生法律效力
D. 水电站对复议决定不服向法院起诉,应由复议机关所在地的法院管辖

分析: 区政府是本案的复议机关,不是复议机构,所谓"复议机构"指的是区政府

内部具体负责复议工作的机构,如区政府的法制办(详见后文"行政复议"),因此 A 项错误。行政复议期间案件涉及法律适用问题,需要有权机关作出解释,行政复议中止,不是终止,B 项错误。复议决定书一经送达即生效,这和行政诉讼的一审判决有一个上诉期届满之后生效是不一样的,因此 C 项对。本案经过行政复议,管辖法院应当是原机关所在地法院或者复议机关所在地法院,而不仅仅是后者,因此 D 项错。

▶ **例 13-4**　李某从田某处购得一辆轿车,但未办理过户手续。在一次查验过程中,某市公安局认定该车系走私车,予以没收。李某不服,向省公安厅申请复议,后者维持了没收决定。李某提起行政诉讼。下列哪些选项是正确的?

A. 省公安厅为本案的被告
B. 田某不能成为本案的第三人
C. 市公安局所在地的法院对本案有管辖权
D. 省公安厅所在地的法院对本案有管辖权

分析:本案属于复议维持案件,应当以原机关市公安局和复议机关省公安厅作为共同被告,市公安局和省公安厅所在地的法院对本案均有管辖权,故 A 项错而 CD 两项对。又因车辆尚未过户,田某还是法定的车主,和被诉行为有密切的利害关系,具有第三人资格,因此 B 项错误。

(二) 限制人身自由的案件

对限制人身自由的行政强制措施不服提起的诉讼,由被告所在地或者原告所在地法院管辖,原告可以进行选择。需要注意:

第一,这里的"原告所在地"具体可以包括其户籍所在地、经常居住地和被限制人身自由地。在我国,公民的户籍所在地就是其住所地,这是公民生活和活动的中心场所。经常居住地是指公民离开住所地,最后连续居住满一年以上的地方,但公民住院就医的除外。所谓被限制人身自由所在地是指被告行政机关将被告收容审查、拘禁、等限制人身自由的地点。

第二,这一规定的目的在于保护原告的诉权。首先,在原告人身权已经受到限制的情况下,原告的起诉和参加诉讼活动均已经受到一定程度的限制,其本身已经处于极其不利的位置之上,如果仍然坚持由最初作出行政行为的行政机关所在地管辖的原则,客观上是把原告推向更为不利的地位,不利于公民利用法律武器捍卫其合法权益。为了使公民的人身自由权在受到行政机关违法行政行为侵犯的情况下,能够及时地得到救济,这样的规定有助于诉讼双方当事人诉讼地位平等。其次,法院在审理行政案件时,如果由原告所在地管辖,有时候确实会给法院勘验现场、收集和查对核实证据、迅速查明案情造成一定的困难。但是,原告是行政诉讼当中最重要的当事人,原告需要到庭参加一切诉讼活动。二者相比,原告因为参加诉讼活动受到限制遇到的困难,远比法院勘验现场、收集和查对核实证据、迅速查明案情的困难要大。再次,在起诉限制人身自由行政强制措施的情况下,原告起诉时有可能仍然处于人身自由受限的羁押状态。此时,如果只能由被告所在地法院管辖,原告的诉权就很可能无法行使或无法及时行使。因此,规定原告所在地作为管辖法院之一,且原告所在地可以包括其被限制人身自由地,有利于切实保护原告的诉权。

第三,此处"限制人身自由的行政强制措施"应做广义理解。我们知道,限制人身自由的具体行政行为并不全部都是"强制措施",行政拘留等处罚行为也可能限制人身自由。那么,此处的"行政强制措施"是做与其他限制人身的行为严格区别的狭义理解,还是做将所有限制人身自由的具体行政行为都包含在内的广义理解呢?我们认为应作广义理解,即所有限制人身自由的具体行政行为均符合本条规定。原因在于,只要一个具体行政行为对公民的人身自由进行了限制,无论其性质如何,它给当事人权益带来的损害都是相同的,在公民寻求诉讼救济的时候,法律上不应对其管辖法院区别对待。限制人身自由的行政强制措施给原告起诉带来的困难,和限制人身自由的行政处罚给原告起诉带来的困难是一样的,所以应当同等对待、同等处理。

在涉及限制人身自由的案件中,有一类情况更为特殊,就是行政主体同时对人身与财产进行处罚或者采取强制措施的情况。根据原《若干解释》的规定,"行政机关基于同一事实既对人身又对财产实施行政处罚或者采取行政强制措施的,被限制人身自由的公民、被扣押或者没收财产的公民、法人或者其他组织对上述行为均不服的,既可以向被告所在地人民法院提起诉讼,也可以向原告所在地人民法院提起诉讼,受诉人民法院可一并管辖。"对这一规定的理解向来存在许多歧义,且由于该条款与新《行政诉讼法》及新《若干解释》并不抵触,仍然有效,对此仍应充分注意。笔者认为,应当特别注意该条款中的以下几点:

首先,这一解释的目的在于解决既有管辖规则所带来的矛盾。根据既有的管辖规则,行政机关对财产进行处罚或者实施强制的行为,应由被告所在地法院管辖,而它对人身进行处罚或者实施强制的行为则可能由被告所在地或原告所在地法院管辖。此时,如果行政机关基于同一事实对人身和财产同时进行处罚或实施强制,而原告一旦选择将人身内容向原告所在地起诉,必将出现同一行政行为中的人身内容与财产内容由不同法院分别管辖的情况。如果不同法院就这一行为的合法性作出了相互矛盾的评价,如甲法院判决该行为合法而乙法院判决其违法,就出现了现有体制下难以处理的矛盾,影响司法统一。正是为了尽量避免这种情况的出现,原《若干解释》在此处规定了"一并管辖"的规则,允许原告所在地法院或被告所在地法院中的任何一者就案件中的人身内容与财产内容全部管辖、一并判决。此时,案中的人身内容与财产内容形成了一种"牵连关系",其中的一者因为与另外一者的"牵连"而有可能改变其管辖地。

其次,此时对人身内容不服与对财产内容不服的应当是同一原告。也就是说,这一规定指的是行政机关对同一相对人的人身与财产同时给予处罚或者进行强制的情况,而不能被理解为是行政机关对不同相对人的人身与财产同时给予处罚或者进行强制。应当注意到原《若干解释》规定的是相对人对人身和财产的处罚或强制"均不服"

的情况,如果行政机关是对一个相对人限制人身自由,而侵犯另一相对人的财产,就不可能出现相对人对此"均不服"的可能,而应当是不同相对人对该行为的不同内容"分别不服"了。因此,将这一规定理解为行政机关针对不同相对人实施行为的说法是不准确的。

▶ **例 13-5** 王某户籍所在地是甲市 A 区,工作单位所在地是甲市 B 区。2002 年 1 月王某在乙市出差时因涉嫌嫖娼被乙市 A 区公安分局传唤,后被该公安分局以嫖娼为由处以罚款 500 元。在被处罚以前,王某被留置于乙市 B 区两天。经复议王某对罚款和留置措施提起行政诉讼。下列哪一法院对本案没有管辖权?

A. 甲市 A 区人民法院　　　　　　B. 甲市 B 区人民法院
C. 乙市 A 区人民法院　　　　　　D. 乙市 B 区人民法院

分析:本案就是一个典型的限制人身自由案件,根据上文分析,可知甲市 A 区(原告的户籍地)、乙市 A 区(被告所在地)、乙市 B 区(原告的被限制人身自由地)法院均有管辖权。而甲市 B 区为王某工作单位的所在地,不能被视为原告所在地,因此该地法院没有管辖权。

▶ **例 13-6** A 市李某驾车送人前往 B 市,在 B 市甲区与乙区居民范某的车相撞并将后者打伤。B 市甲区公安分局决定扣留李某的汽车,对其拘留 5 日并处罚款 300 元。下列哪些说法是正确的?

A. 李某可向 B 市公安局申请行政复议
B. 对扣留汽车行为,李某可向甲区人民法院起诉
C. 李某应先申请复议,方能提起行政诉讼
D. 范某可向乙区人民法院起诉

分析:李某不服 B 市甲区公安分局的行政行为,当然可以向其上级机关 B 市公安局申请行政复议,A 项正确。李某不服此行为,也可以向被告所在地(甲区)法院提其行政诉讼,B 项也正确。而此类行政处罚不存在复议前置的问题,C 项显然不对。比较有迷惑性的是 D 项,我们知道,限制人身自由案件可以由原告所在地管辖,但这里的原告是指被限制人身自由的原告(在本案指的就是李某),而不是作为受害人的原告(在本案中的范某)。因此,范某作为本案中的受害人虽然是有诉权的,但其自己的所在地(乙区)法院却不能管辖此案,范某应当向其他有管辖权的法院起诉。

▶ **例 13-7** 黄某与张某之妻发生口角,被张某打成轻微伤。某区公安分局决定对张某拘留 5 日。黄某认为处罚过轻遂向法院起诉,法院予以受理。下列哪些选项是正确的?

A. 某区公安分局在给予张某拘留处罚后,应及时通知其家属
B. 张某之妻为本案的第三人
C. 本案既可以由某区公安分局所在地的法院管辖,也可以由黄某所在地的法院

管辖

D. 张某不符合申请暂缓执行拘留的条件

分析：公安分局在给予公民限制人身自由的处罚或者采取限制人身自由的强制措施之后，都应当及时通知当事人家属，A 项显然对。本案中的加害人事张某，受害人是黄某，张某之妻虽然因口角引发张、黄二人的冲突，但并未参与斗殴。本案公安机关处罚的是斗殴致伤的行为，与口角的行为无关，所以张某之妻不可能是本案的第三人，最多是作为证人参加诉讼，因此 B 项错误。这里较难判断的是 C 项，这里的黄某也是以受害人的身份充当原告的，他不是被限制人身自由的原告，故其所在地法院没有管辖权。有管辖权的是某区公安分局所在地的法院，或者张某所在地的法院。对于 D 项，根据《治安管理处罚法》的规定，只有张某自己不服拘留决定提起行政诉讼或者申请行政复议，同时提供合格的担保人或者按照每日拘留缴纳 200 元保证金，才有可能被暂缓执行拘留。在本案中，张某自己并没有起诉，起诉的是受害人黄某，因此张某不符合申请暂缓执行拘留的条件，D 项的说法是正确的。

▶ **例 13-8** 公安局认定朱某嫖娼，对其拘留 15 日并处罚款 5000 元。关于此案，下列哪些说法是正确的？

A. 对朱某的处罚决定书应载明处罚的执行方式和期限
B. 如朱某要求听证，公安局应当及时依法举行听证
C. 朱某有权陈述和申辩，公安局必须充分听取朱某的意见
D. 如朱某对拘留和罚款处罚不服起诉，该案应由公安局所在地的法院管辖

分析：AC 两项根据常识容易知其正确，因为行政处罚决定必须说明理由，当事人也享有陈述申辩权。对于 B 项，在治安处罚中，处以罚款 2000 元以上或者吊销许可证或执照的，当事人可以申请听证。本案中有罚款 5000 元的内容，符合听证条件，B 项正确。D 项错误，原因在于本案中朱某起诉的行政行为含有限制人身自由的内容，因此原、被告所在地法院均可管辖。

▶ **例 13-9** 甲县宋某到乙县访亲，因醉酒被乙县公安局扣留 24 小时。宋某认为乙县公安局的行为违法，提起行政诉讼。下列哪些说法是正确的？

A. 扣留宋某的行为为行政处罚
B. 甲县法院对此案有管辖权
C. 乙县法院对此案有管辖权
D. 宋某的亲戚为本案的第三人

分析：乙县公安局对宋某扣留 24 小时是为了防止其酒后闹事，属于行政强制措施，不是行政处罚，A 项错误。宋某被限制了人身自由，原告所在地（甲县）、被告所在地（乙县）都可以管辖，BC 两项正确。宋某的亲戚与本案无关，不可能充当第三人，D 项错误。

（三）涉及不动产纠纷案件

因不动产提起的行政诉讼，由不动产所在地法院管辖。不动产所在地管辖是一种

排他性的专属管辖,只要是基于不动产引起的行政诉讼就只能由不动产所在地法院管辖,排除其他所有法院的管辖权。这一规定的目的在于方便法院行使审判权,因为一般情况下,法院对辖区内的不动产进行调查、鉴定、勘验、测量较之其他法院更为方便,由其审理本辖区内的不动产行政案件最合适。

这里有一点是需要明确的,就是所谓不动产案件,指的是围绕不动产的物权发生争议的案件,而不是泛泛地说一切和不动产有关的行政案件都要使用不动产所在地的专属管辖。例如,行政机关决定查封一个企业的仓库,这个仓库当然是一个不动产,但行政机关在这里只是针对这个仓库采取了行政强制措施,而不是说要改变这个仓库的物权归属,这就不能被视为一个不动产案件。再如,行政机关要吊销一个商品房小区的建设施工许可证,这个商品房小区及其土地当然也是不动产,但行政机关的行为也不涉及这些不动产的物权归属,只是不允许这个小区开始施工建设,因此也不是一个不动产案件。再如,行政机关针对一个企业作出的行为——如责令停产停业、吊销营业执照等,这个企业的财产中可能包括了不动产,但这里的行政行为并不是专门针对这个不动产的,而是针对包含不动产在内的整体财产,这也不能被视为不动产案件。

▶ **例 13-10** 崔某不服甲市乙县政府向谭某发放集体土地建设用地使用证,向甲市政府申请行政复议。甲市政府驳回崔某的复议请求,但改变了集体土地建设用地使用证所认定的主要事实。崔某不服,提起行政诉讼。下列哪些说法是正确的?

　　A. 崔某可向乙县法院提起诉讼　　　　B. 崔某可向甲市中级法院提起诉讼
　　C. 被告为乙县政府　　　　　　　　　D. 谭某为第三人

分析: 本案属于复议维持案件(复议决定虽然改变了原行政行为的主要事实,但在结果上驳回了申请人的复议请求,属于复议维持),因此被告是原机关乙县政府和复议机关甲市政府,C 项错误。对于复议维持案件,根据原机关乙县政府来确定级别管辖,就是中院管辖,A 项也错。又因为本案是不动产案件,地域管辖是不动产所在地(甲市),因此 B 项正确。谭某是与原告崔某就集体土地建设用地使用证发生争议的当事人,其行政诉讼中的第三人资格是毫无疑义的,D 项正确。

▶ **例 13-11** 甲、乙两村分别位于某市两县境内,因土地权属纠纷向市政府申请解决,市政府裁决争议土地属于甲村所有。乙村不服,向省政府申请复议,复议机关确认争议的土地属于乙村所有。甲村不服行政复议决定,提起行政诉讼。下列哪个法院对本案有管辖权?

　　A. 争议土地所在地的基层人民法院　　B. 争议土地所在地的中级人民法院
　　C. 市政府所在地的基层人民法院　　　D. 省政府所在地的中级人民法院

分析: 本案同样是一个不动产案件,应当由争议土地所在地法院管辖;又因本题属复议改变,应以复议机关省政府为被告,属中院管辖;综合可知应当由争议土地所在地的中级法院管辖,答案为 B 项。这里需要特别注意,本案中有一个复议改变的因素,这个因素影响了被告、影响了级别管辖,为什么没有影响地域管辖呢?因为本案同时有一个不动产的因素,而不动产管辖的规则是具有排他性的,和其他管辖规则是不兼容的。所以不动产所在地法院管辖,就排除了原机关所在地法院和复议机关所在地法院管辖的问题了。

三、跨区域管辖

我国 2014 年修订的《行政诉讼法》规定,经最高法院批准,高级法院可以确定若干法院跨行政区域管辖行政案件。长期以来,我国的司法管辖区域和行政管辖区域都是重合的。而在实际中,地方政府的地位和影响力都要远远高于同级法院,甚至同级政府的一些强势部门都能够对法院形成强大的制约。这导致在行政审判实践中,法院常常受到来自于行政机关的强烈干预,严重影响了审判的公正性。正是为了促进这一问题的解决,2014 年修订的《行政诉讼法》规定了跨区域管辖制度,例如,可以确定由一个基层法院管辖周边若干个区县的行政案件,或者确定一个中级法院管辖周边若干个地市的行政案件。这项工作,从 2014 年开始已经陆续推行。

四、共同管辖及其选择

共同管辖是地域管辖中经常出现的情况,它并不是指在现实中多个法院对同一案件共同行使管辖权,而是指根据已有的管辖规则,对同一个第一审案件,同时出现多个有管辖权的法院的情况,因此也可以称之为管辖权的竞合。

在理解共同管辖的含义时,不能混淆它与复合管辖规则之间的关系。在复合管辖规则的指引下,只是在理论上对同一案件存在着多个管辖法院的可能;而共同管辖指的是根据已有管辖规则,在现实中已经出现了对同一案件均有管辖权的多个法院。共同管辖与复合管辖规则并没有必然的对应关系。在复合管辖规则的指引下,并不当然出现共同管辖,如对于限制人身自由的案件,原告所在地或者被告所在地法院均有管辖权,这就是一条复合管辖规则,但如果此时原告所在地与被告所在地是重合的,管辖法院仍然只有一个,并未出现共同管辖。反过来,在单一管辖规则的指引下,却也有出现共同管辖的可能,如一般行政案件应由被告所在地法院管辖,但如果此时是多个行政机关作出的共同行为,而这多个行政机关的所在地又各不相同的话,被告所在地法院便有多个,仍然会出现共同管辖;又如不动产案件应由不动产所在地法院管辖,而此时如果该不动产跨越多个法院辖区,则又有出现共同管辖的可能。因此,共同管辖与复合管辖规则虽有联系,却是明显不同的。

由于同一案件不可能由多个法院共同审理,因此,当共同管辖出现的时候,就必须根据一定的规则加以选择。根据我国行政诉讼制度的现有规定,对于共同管辖的选择规则有三:

一是原告选择,两个以上法院都有管辖权的案件,原告可以选择向其中一个法院提起诉讼。

二是法律推定,原告向两个以上有管辖权的法院起诉的,由最先收到起诉状的法院管辖。

三是上级指定,两个以上有管辖权的法院同时收到起诉状的,应当由这些法院协商解决,协商不成的应由其共同上一级法院指定其中一个作为管辖法院。

第三节 裁定管辖

在管辖制度中,虽有一系列管辖规则对每一个案件的受案法院进行指引,但由于诉讼活动本身的复杂性,难免经常出现各种管辖上的疑问、争执甚至错误,这就需要法院通过裁定的方式加以明确和纠正;而有时候由于其他因素的影响,按照既有管辖规则确定下来的受案法院并不适合承担特定案件的审判任务,这也需要法院以裁定的方式作出更改。因此,在确定管辖法院的过程中,法院必须通过运用一系列裁定来保证既有管辖规则的贯彻或者在必要的时候对一般管辖规则确定的结果进行变更,这些裁定都可能对管辖法院的最终确定产生影响,主要包括移送管辖裁定、指定管辖裁定与移转管辖裁定三种。

一、移送管辖

移送管辖的裁定,是受诉法院发现自己对案件并无管辖权时,将其移送到自己认为有管辖权的法院的裁定。这一裁定的目的在于维护现有的管辖规则,对此有以下几点值得注意:

第一,移送管辖的案件应当已经被法院所受理,法院在受理前发现自己对当事人起诉的案件没有管辖权的,应当裁定不予受理,而不是先受理下来之后再裁定移送管辖。

第二,移送管辖的前提是受诉法院发现自己对案件没有管辖权。这种"发现"既可以是因为当事人提出管辖权异议而发现,也可以是法院主动发现。

第三,接受移送的是移送法院认为其有管辖权的法院。之所以强调只是移送法院"认为"其有管辖权,是因为移送法院也有可能作出错误判断,误向没有管辖权的法院移送,如果发生这种情况,则接受移送的法院不得再行移送,而应报请其与移送法院的共同上一级法院指定管辖。

第四,移送管辖发生于同级法院之间,上下级法院之间不存在这一问题。

二、指定管辖

指定管辖的裁定,是上级法院确定将特定案件由某一下级法院管辖的裁定。对此应当注意理解以下几点:

第一,指定管辖的产生是基于明确管辖权限或者法院有效行使审判权的需要。在某些情况下,多个法院可能对特定案件的管辖权产生争夺或者推诿,尤其在当前管辖地对审判结果往往产生重大影响的情况下,争夺管辖权的情况尤其多见,如果有关法院就此不能协商解决,就需要其上级法院以裁定方式给予明确。有时候,本应管辖某一案件的法院因为特殊原因可能无法正常进行审判活动,如当地发生严重自然灾害,或者因回避而造成审判人员不足,这时候也需要其上级法院指定其他法院管辖这些案件。

第二,最后接受指定的法院既可能是本来依法有权管辖的法院,也可能是原来依法无权管辖的法院。如果是多个法院就管辖权发生争议的情况,上级法院一般裁定依法有权管辖的法院(或这些法院之一)进行管辖;如果是有权法院无法正常审判的情况,则最后指定的就有可能是本来没有管辖权的法院。

第三,指定管辖只能发生于有监督关系的上下级法院之间。

三、移转管辖

移转管辖也称管辖权的转移,指的是上级法院决定将特定案件的管辖权在上下级法院之间转移的裁定,实践中法院也可能使用决定而非裁定的文书。其含义主要包括如下几个方面:

第一,移转管辖转移的是管辖权而不是案件。这一点与移送管辖明显不同,移送管辖是将一个案件从没有管辖权的法院转移到有管辖权的法院,而移转管辖是将一个案件的管辖权从一个法院转移到另一个法院,可以说,前者是从"无权"法院移送到"有权"法院,而后者从"有权"法院移转到"无权"法院。

第二,移转管辖只能是自下而上移转,既不可能自上而下移转,也不可能在同级法院间移转。

第三,决定移转管辖的权力在上级法院。上级法院有权直接决定审理下级法院管辖的一审案件;下级法院对其管辖的一审案件认为需要由上级法院审理或者指定管辖的,也可以报请上级法院决定。

第四节 管辖异议制度

管辖异议制度,指的是当事人对于已经受理的行政诉讼案件,认为受案法院没有管辖权或虽有管辖权而不宜管辖而提出异议,由法院加以处理的制度。管辖异议的意义在于保证管辖规则的正确实施,并保证法院对案件的公正审判。管辖异议制度主要包括以下几个方面的主要内容:

第一,管辖异议的原因在于当事人认为受案法院没有管辖权或者其管辖将会影响对案件的公正审判。在我国当前的行政诉讼体制下,由于行政干预和地方保护倾向在现实中较大程度地存在着,这使得管辖法院的确定对案件的审理结果往往能够产生重大影响,管辖上的程序公正与审理结果的实体公正之间有着极其密切的联系,因此赋予当事人对管辖提出异议的权利就显得十分重要。

第二,可以提出管辖异议的主体是所有当事人。行政诉讼的主要当事人包括原告、被告与第三人。被告理所当然能够提出管辖异议,对此无需赘言;而行政诉讼上的第三人与民事诉讼不同,并不区分其有无独立请求权,其诉讼权利与原被告类似,也有权利提出管辖异议。需要注意的是,原告对管辖也可提出异议,这一点较难理解,因为法院受理案件一般正是原告选择向其起诉的结果,则原告对其管辖提出异议似乎存在矛盾。事实上,原告提出管辖异议的情况也是存在的,诸如原告向某一法院起诉之后,又因移送管辖、指定管辖、移转管辖等原因将案件确定由另一法院管辖,则此时原告当然可以对重新确定的结果提出异议。

第三,当事人应在收到应诉通知或者立案通知之日起的 10 日内以书面形式提出管辖异议,这是对当事人提出管辖异议的形式与时限要求。

第四,法院应当对当事人提出的管辖异议进行审查。异议成立的,应当裁定将案件移送有管辖权的法院;异议不成立的,裁定驳回。对于驳回管辖异议的裁定,当事人可以在 10 日内向上一级法院上诉,上一级法院对上诉的裁定是终审裁定,当事人应当按照其确定的管辖法院参加诉讼,否则将视为撤诉或者视为不应诉。

第五,当事人对生效管辖异议裁定的申诉不影响受案法院的审理。如果法院已经作出了生效判决,当事人对驳回管辖异议的裁定和判决一并申诉的,法院经查发现管辖错误但生效判决正确的则不再改变管辖;如果发现管辖裁定与生效判决均错误的,则应当按照审判监督程序提起再审。

思 维 拓 展

【示范案例】

陈亚春诉常州新北公安分局行政强制案[①]

2007 年 10 月 24 日上午,陈亚春作为原常州市潞城无线电元件厂退休职工要求纳入社会养老保险一事的代理人,随同该厂部分职工到常州市政府东大门上访。上访人员拉出"我要生活、我要吃饭"的横幅,常州市信访局工作人员劝阻无效后拨打 110 报警。新北分局派出机构三井派出所派民警到现场对陈亚春等人进行劝阻。劝阻无效后,民警遂将陈亚春带至派出所。经派出所负责人批准,民警向陈亚春出示了公(井)行传 2007 第 16 号传唤证,对陈亚春实施传唤,认定陈亚春伙同其他上访人到常州市政府东大门集体上访、拉出横幅、不听劝阻、吵闹等事实,符合"扰乱公共秩序"的特征,对其实施传唤符合法律规定。在传唤过程中,三井派出所两名工作人员对陈亚春进行了询问,传唤时间自 2007 年 10 月 24 日 10 时 25 分至次日 9 时 59 分止。

---

① 案例来源为:杨剑:《传唤证传唤不属限制人身自由的强制措施》,载《人民法院报》2010 年 4 月 15 日。

2008年11月26日,陈亚春向常州市戚墅堰区法院(以下简称戚墅堰法院)提起行政诉讼,要求确认新北分局治安传唤行为违法。戚墅堰法院于次日向新北分局送达了起诉状副本及应诉通知书。审理过程中,戚墅堰法院认为治安传唤不属于限制人身自由的行政强制措施,其没有管辖权,故于12月11日裁定将本案移送至被告所在地法院即常州市新北区法院(以下简称新北法院)审理。新北法院收到移送案件后,认为治安传唤属于限制人身自由的行政强制措施,原告住所地法院即戚墅堰法院管辖于陈亚春更为有利,故向常州市中级人民法院(以下简称常州市中院)请示指定管辖。常州中院审查后于2009年3月2日裁定指定本案由新北法院管辖。

新北法院一审认为,公安机关对陈亚春的治安传唤行为事实清楚、证据充分、程序合法,适用法律、法规正确。陈亚春要求确认治安传唤行为违法的诉讼请求,缺乏事实依据和法律依据,不予支持。综上所述,一审法院判决驳回了陈亚春要求确认新北分局作出的治安传唤行为违法的诉讼请求。

陈亚春不服一审判决,认为在程序上常州市中院的指定管辖剥夺了其选择法院的权利,在实体上一审判决错误,故向常州市中院提起上诉。常州市中院二审认为:

(1) 传唤证传唤不属于限制人身自由的行政强制措施。我国《治安管理处罚法》第82条依次规定了传唤证传唤、口头传唤以及强制传唤三种治安传唤的方式。从治安传唤的实践来看,对于公安机关的传唤证传唤和口头传唤,公民可以接受也可以不接受,因而传唤证传唤和口头传唤仅仅是公安机关作出的具体行政行为,不具有强制性。对于公安部门的强制传唤,公民必须接受,并且强制传唤可以使用手铐、警绳等约束性警械,因而具有限制人身自由的强制性质,故强制传唤属于限制人身自由的行政强制措施。本案中,三井派出所对陈亚春采取的是传唤证传唤,因此笔者认为派出所的传唤行为不属于限制人身自由的强制行政措施,仅仅是具体行政行为。

(2) 指定管辖与由原告选择法院的权利之间有无冲突。《行政诉讼法》第18条规定了原告对限制人身自由的行政强制措施不服提起的诉讼,可以选择被告所在地法院管辖,也可以选择原告所在地法院管辖。至于具体选择哪个法院管辖,则是原告自由选择的权利,法院无权干涉。《行政诉讼法》第22条同时规定了指定管辖,即法院对管辖权发生争议,由争议双方协商解决。协商不成的,报它们的共同上级法院指定管辖。管辖权指定与原告选择法院的权利之间并无冲突。选择法院的权利是行政诉讼中原告基于限制人身自由的行政强制措施这种特殊的具体行政行为所作出的规定,其目的是方便公民起诉,防止行政机关规避法律。选择法院的权利并非专属管辖,也没有排除上级法院的指定管辖,因此选择法院的权利与指定管辖之间并无冲突。本案中,在原告所在地法院与被告所在地法院都有管辖权且发生管辖权争议的情况下,两法院的共同上级法院常州市中院指定其中一个法院管辖,符合法律规定。陈亚春认为常州市中院的指定管辖剥夺了其选择法院的权利,其理由不能成立。

(3) 三井派出所作为新北分局的派出机构,具有治安传唤的法定职权。根据新北分局提供的传唤证、受案登记表、延长传唤审批表、扣押物品清单、两次110接处警登记表、对相关证人的询问笔录、辨认笔录等证据,可以证实陈亚春作为上访群众的代理人,于2007年10月24日上午伙同其他上访人到常州市政府东大门集体上访、拉横幅、不听劝阻、吵闹等事实。陈亚春的上述行为已经涉嫌违反了《治安管理处罚法》第23条第1款第(1)项"扰乱机关、团体、企业、事业单位的秩序,致使工作、生产、营业、医疗、教学、科研不能正常进行,尚未造成严重损失的"规定。三井派出所对陈亚春实施的治安传唤行为符合《治安管理处罚法》第82条第1款的规定。经派出所负责人批准,三井派出所决定对陈亚春实施治安传唤,传唤时间从2007年10月24日10时25分至次日9时59分,治安传唤程序符合法律规定。综上所述,新北分局派出机构三井派出所作出的公(井)行传字2007第16号治安传唤行为,职权法定,证据充分,程序基本合法,适用法律、法规正确。

综上,常州市中院依照《行政诉讼法》第61条第1项的规定,判决驳回陈亚春的上诉,维持原判。

法律问题:传唤证传唤到底是否属于限制人身自由的行政强制措施?应当如何确定限制人身自由的行政行为的管辖规则?本案中常州市中院指定新北法院管辖的做法是否正确?

法理分析:本案集中了有关行政诉讼管辖的几个争议问题,我们逐一分析。

第一个问题,传唤证传唤是不是限制人身自由的行政强制措施?

《治安管理处罚法》第82条规定:"需要传唤违反治安管理行为人接受调查的,经公安机关办案部门负责人批准,使用传唤证传唤。对现场发现的违反治安管理行为人,人民警察经出示工作证件,可以口头传唤,但应当在询问笔录中注明。公安机关应当将传唤的原因和依据告知被传唤人。对无正当理由不接受传唤或者逃避传唤的人,可以强制传唤。"对于上述制度,常州市中院认为:对于公安机关的传唤证传唤和口头传唤,公民可以接受也可以不接受,因而传唤证传唤和口头传唤仅仅是公安机关作出的具体行政行为,不具有强制性。对于公安部门的强制传唤,公民必须接受,并且强制传唤可以使用手铐、警绳等约束性警械,因而具有限制人身自由的强制性质,故强制传唤属于限制人身自由的行政强制措施。本案中,三井派出所对陈亚春采取的是传唤证传唤,因此派出所的传唤行为不属于限制人身自由的强制行政措施,仅仅是具体行政行为。

我们认为,上述判断是错误的,其原因在于将行政强制措施和行政强制执行混淆了。公安机关不管是使用传唤证对公民进行传唤,或者是在特殊情况下口头进行传唤,这都是一种行政强制措施。首先,这个传唤的内容是要求当事人在特定时间内到指定地点接受公安机关的询问,具有限制人身自由的内容;其次,传唤的目的是获取、固定当事人是否实施治安违法行为的证据;再次,传唤行为具备了具体行政行为的全部特征,具有拘束力、确定力、执行力等,当事人必须受到传唤决定的约束,否则就要承担不利的法律后果。常州市中院一方面认为这种传唤属于具体行政行为,另一方面又认为公民可以接受也可以不接受,似乎只是一种行政指导,这种认识本身就是自相矛盾的。至于"对无正当理由不接受传唤或者逃避传唤的人,可以强制传唤",这里的"强制传唤"并不是一种什么新的传唤方式,而是对前两种传唤(传唤证传唤和口头传唤)的强制执行。在这里我们必须明确,行政机关作出了一个强制措施的决定之后,无论这个决定是不是已经被执行了,这个行政强制措施都已经成立、生效了。而不是说,这个行为被执行完毕了才叫做行政强制措施。

第二个问题,限制人身自由的行政行为到底应当由哪里管辖?

在本案中,尽管常州市中院否定传唤证传唤作为行政强制措施的观点是错误的,但该院的这种观点实际上代表了对限制人身自由案件管辖规则的一种观点。这种观点认为,只有限制人身自由的行政强制措施,才可以由原告或者被告所在地法院管辖;如果是其他限制人身自由的行为(例如该院所认为的传唤证传唤行为),就不能适用这一规定,应当由被告所在地法院管辖。而什么是限制人身自由的行政强制措施呢?这种观点的理解就是人身自由已经被实际限制了,被执行了;如果还没有被执行,那就还是一个别的行为,比如是一个行政处罚行为。这种观点有一定的代表性,常州市中院在本案中的判断显然也是受到了这种观点的影响。但这种观点是不正确的,对《行政诉讼法》第19条(原第18条)的正确理解应该是:只要是限制人身自由的具体行政行为,都应当可以选择原告或者被告所在地法院管辖。首先,一个有效的行政行为必然具有执行力,如果其内容包括了对人身自由的限制,只要没有通过法定程序被推翻,就迟早要被执行。至于这个行为是在当事人起诉的时候已经被执行了,还是将来才会被执行,这种区别对于确定管辖规则来说是没有意义的。其次,《行政诉讼法》第19条(原第18条)的规定目的在于保护原告诉权的行使,而威胁其诉权行使的因素主要有两个,一是被诉的是限制人身自由的行为,被告一般来说是公安机关,对本地法院的干预能力比较强,有可能阻止本地法院依法受理原告的起诉;二是被告既然有权限制公民的人身自由,原告一旦到被告所在地起诉,其人身就面临着被被告控制的危险。因此,法律才允许原告选择在自己的所在地法院起诉。我们可以发现,无论这个限制人身自由的行为是否已经被执行了,上述两个威胁原告诉权行使的因素都是一样存在的,没有必要区别对待。再次,如果《行政诉讼法》第19条(原第18条)旨在保护原告被实际限制人身自由之后在羁押期间的诉权行使的话,就直接规定为可以选择在"被限制人身自由地"起诉即可,没有必要规定为"原告所在地"了。因此,常州市中院在本案中考虑传唤证传唤是否被执行了,是否是一种行政强制措施,本来就是多余的。

第三个问题,常州市中院指定新北法院管辖本案的做法是否正确?

在本案中,作为原告所在地的戚墅堰法院和作为被告所在地的新北法院都有管辖权。原告可以选择向戚墅堰法院起诉,但戚墅堰法院在审理过程中认为其没有管辖权(尽管该判断本身有误),便移送到新北法院,这一做法符合法律规定。新北法院接到移送之后,认为戚墅堰法院其实有管辖权,且由其管辖更有利于原告,便向常州市中院请示指定管辖。这一做法是错误的,因为虽然戚墅堰法院确实有管辖权,但新北法院同样有管辖权,这个时候就没有必要请示制定管辖了,新北法院应当直接审理该案。

接下来,常州中院仍然指定新北法院管辖,这一做法也是符合法律规定的,因为其理由是"派出所的传唤行为不属于限制人身自由的强制行政措施,仅仅是具体行政行为",按照其理解,也就只能由新北法院管辖了。

但在这里有一个问题时值得讨论的,就是常州市中院的法官在分析此案时认为"管辖权指定与原告选择法院的权利之间并无冲突",因为"选择法院的权利并非专属管辖,也没有排除上级法院的指定管辖"。因此,即使在原告所在地法院与被告所在地法院都有管辖权且发生管辖权争议的情况下,两法院的共同上级法院指定其中一个法院管辖符合法律规定。这个理解尽管符合现行法的规定,但对于最大限度地保护原告的诉讼权利这一目的来说,并不是最佳方案。在多个法院对一个案件具有管辖权,且原告没有作出选择的情况下,上级法院当然可以任意指定管辖。但如果原告在这多个有管辖权的法院当中已经作出过选择的话,上级法院在指定管辖时还是要尊重原告的选择,也就是首先还是要考虑指定戚墅堰法院来管辖,除非戚墅堰法院存在着其他不宜管辖的理由,才能指定其他法院,否则法律赋予当事人选择管辖的权利就落空了。

【思考案例】

中房鸡西房地产开发公司诉被告鸡西市政府土地行政登记案①

2015年2月10日上午,作为七台河市中级法院依法受理的行政诉讼异地管辖第一案,原告中房鸡西房地产开发公司诉被告鸡西市政府、第三人鸡西市中浩建筑工程有限公司土地行政登记一案,在七台河市中级法院行政审判庭公开开庭审理。

原告中房鸡西房地产开发公司诉称,本公司的企业性质为国有企业,1995年7月以划拨的方式取得国用(1995)字第10141号国有土地使用证。被告鸡西市政府于2011年11月17日将国用(1995)字第10141号国有土地使用证内的国有土地使用权人变更登记为第三人鸡西市中浩建筑工程有限公司。鸡西市政府的该变更登记行为不符合法定程序,请求确认鸡西市政府的国有土地使用权变更登记行为违法,并撤销为鸡西市中浩建筑工程有限公司颁发的鸡冠国用(2011)2000007号国有土地使用证。

被告鸡西市政府辩称,中房鸡西房地产开发公司的国有企业改制方案已经获得政府的批准,中房鸡西房地产开发公司已经不属于国有企业,不具备使用划拨国有土地的资格,其无权对本案争议土地的使用权主张权利。鸡西市政府对中房鸡西房地产开发公司的国有土地使用权进行变更登记是符合法定程序的。另外,中房鸡西房地产开发公司的起诉已经超过法定的起诉期限,法院不应当对其起诉予以支持。

第三人鸡西市中浩建筑工程有限公司辩称,本公司与中房鸡西房地产开发公司签订的以仓库抵债协议是合法有效的,鸡西市政府为本公司颁发国有土地使用证的行政行为,符合法定程序。中房鸡西房地产开发公司的起诉超过起诉期限,法院不应当对

---

① 案例来源为:石军:《七台河市中级法院开庭审理行政诉讼异地管辖第一案》,载黑龙江法院网2015年2月12日。

其起诉予以支持。

庭审中,在合议庭的主持下,双方当事人对对方所举证据进行了充分的质证,并就被告鸡西市政府行政行为的合法性问题及法律适用展开激烈辩论。

庭审活动休庭后时,合议庭表示此案待形成合议后,择期公开宣判。

七台河市中级法院行政审判庭庭长王崴介绍,此案是七台河市中级法院在2014年9月1日起执行省高级法院规定的行政诉讼案件异地管辖后,依法受理并公开开庭审理的第一起民告官行政诉讼案件。推行行政诉讼案件异地管辖,既有利于解决地方保护问题,维护司法权威,也有利于解决人民群众行政诉讼告状难问题。同时,通过行政诉讼案件的异地管辖,将更好地发挥司法审判对行政机关执法行为的监督,促进行政机关依法行政,推进依法治国进程。

法律问题: 本案是行政诉讼实行异地管辖试点之后的一个例子,你认为异地管辖的做法对于提高行政审判的独立性和公正性有何意义?能否抵御行政审判中来自于被告行政机关的干预?

【学术探讨】

在我国《行政诉讼法》修订的过程中,围绕着管辖制度的修改方案曾经产生过较大的争议,学术界和实务界提出过几种修改方案。第一是"大改"的方案,就是仿效法国、德国等大陆法系国家设立行政法院,即与普通法院并行的另一法院系统,并实行彻底摆脱地方的、自成体系的管理体制,其具体方案就是利用当时正在改制的铁路运输法院"借壳上市"翻牌变成行政法院。第二是"中改"的方案,就是在原有的普通法院体系之内改革行政诉讼的管辖体制,设立跨行政区域的巡回法庭审判重大行政案件,对于普通行政案件则普遍实行异地管辖,以摆脱地方干预。第三是"小改"的方案,就是原则上不改变原来的管辖体制,只进行必要的"微调",主要是提高管辖法院的层级,使法院在行政级别和权威性上能够压制被告,并开始探索设立跨区域的审判组织。我国《行政诉讼法》的修订最终采纳的是"小改"的方案。你认为这种修改是否实现了保证行政审判独立性和公正性的目标?上文提到的哪一种改革方案同时具有必要性和可行性?

第十四章

行政诉讼的参加人

思维导图

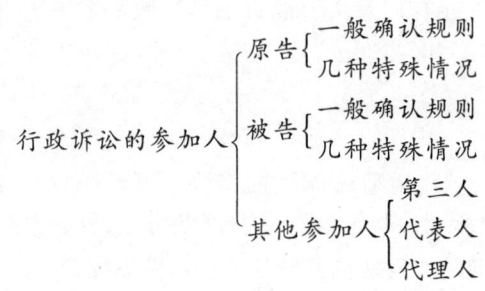

行政诉讼的主要参加人,包括原告、被告、第三人、代理人和代表人等,司法实践中的难点是认定原告和被告。行政诉讼原告和被告的确定都有一定的原理可循,在这些原理的基础上又存在或多或少的特殊规定,掌握原理是关键。能够充当行政诉讼原告的,是与被诉行政行为存在着法律上直接利害关系的人;而行政诉讼被告,一般来说指的是具备行政主体资格、以自己的名义作出被诉行政行为、原告针对其提起诉讼的机关、机构或组织。我国 2014 年修订的《行政诉讼法》对于第三人制度有所变动,也需要认真体会。

第一节 行政诉讼的原告

行政诉讼原告,指的是认为行政行为侵犯其合法权益,依法向法院提起诉讼、使诉讼成立的公民、法人或者其他组织。理解这个定义首先必须注意,原告必须是行政管理关系中处于被管理者地位的公民、法人或其他组织,而绝不可能是其他。

首先,行政机关自己不能成为原告。行政机关既不能起诉作为其管理对象的公民、法人或其他组织,也不能起诉其他行政机关。因为行政机关享有行政权,以国家政权的强制力做保证,它对行政相对人有权作出行政行为,直接命令、指挥行政相对人,单方面地为其设定或免除义务、赋予或剥夺权利。作为行政相对人的公民、法人或者其他组织负有服从的义务,当相对人拒绝或不履行行政行为时,行政机关可以行使行政处罚权,追究其法律责任,乃至直接或者申请法院强制相对人履行。我国没有机关诉讼制度(通过行政诉讼程序解决行政权限争议的制度),当不同行政机关就行政管理权限分工产生争议时,应当通过共同上级行政机关协调解决,不能走司法途径。

其次,其他国家机关,如人大、法院、检察院等,也不能做原告。虽然这些机关在不同意义上也有对行政机关的监督权,但宪法以及相关的组织法已经规定了它们对行政机关的监督方式,无需再走行政诉讼途径。例如,人大对行政机关的监督方式是调查、质询、罢免等,检察院对行政机关的监督方式是对公职犯罪进行侦查和起诉,法院对行政机关的监督是在行政诉讼中行使审判权。附带说一下,如果公益行政诉讼制度在我国得以建立,将来检察院有可能成为行政诉讼的原告。因为2014年中共中央《关于全面推进依法治国若干重大问题的决定》提出:"检察机关在履行职责中发现行政机关违法行使职权或者不行使职权的行为,应该督促其纠正。探索建立检察机关提起公益诉讼制度。"这很可能只是个时间问题。

一、一般确认规则

行政诉讼原告的确定分为两种情况:一是本来的原告资格,二是经转移的原告资格。

(一)本来的原告资格

行政诉讼的原告,并不要求必须是具体行政行为的相对人,只要是与被诉行政行为有法律上直接利害关系的公民、法人或其他组织,对该行政行为不服的,均可作为原告提起行政诉讼。因此,学理上把行政诉讼的原告分为两种人,第一种是被诉行政行为直接针对其作出的人,称行政相对人;第二种是其他与被诉行政行为有利害关系的人,称行政相关人。

(二)经转移的原告资格

有权提起行政诉讼的公民死亡,或法人与其他组织终止的,其原告资格可以发生转移。原告资格转移的规则如下:(1)有权提起行政诉讼的公民死亡的,其近亲属可以作为原告提起诉讼。这里的"近亲属"包括:配偶、父母、子女、兄弟姐妹、祖父母、外祖父母、孙子女、外孙子女和其他具有扶养、赡养关系的亲属。(2)有权提起行政诉讼的法人或其他组织终止的,承受其权利的法人或其他组织可以作为原告提起诉讼。

行政诉讼原告资格的认定,在行政诉讼法上始终是一个颇为棘手的问题。我国2014年修订前的《行政诉讼法》对此并未作出明确规定,在实际操作中,曾一度被"窄化"为只有被诉行政行为的直接相对人才有资格起诉。2000年最高法院对《行政诉讼法》的原《若干解释》第12条对此作出了规定,指出"与具体行政行为有法律上利害关系的公民、法人或者其他组织对该行为不服的,可以依法提起行政诉讼"。接下来,又通过其第13到第18条拓展了若干具体情形下的行政诉讼原告资格,其范围均明显宽于"行政相对人",可谓恢复了《行政诉讼法》的立法原意。2014年修订的《行政诉讼法》第25条规定:"行政行为的相对人以及其他与行政行为有利害关系的公民、法人或者其他组织,有权提起诉讼。"这肯定和延续了原《若干解释》的原告标准。但在实践中,到底如何理解所谓"与行政行为有利害关系"这一表述,即确定行政诉讼原告资格的标准到底是什么,仍然存在着许多争论。我们认为,对行政诉讼原告的认定标准"与行政行为有利害关系"应当从这样几个方面来理解:

首先,这种利害关系应当是现实存在或者按照常态必将发生的,而不仅仅是一种或然的可能性。如果在被诉的行政行为作出之后便付诸执行,当事人的利益已经受到现实的影响,那当然存在利害关系,这一点无须赘述。但在很多情况下,在被诉行政行为作出之后并没有马上执行,当事人的利益还没有受到影响,影响在未来的某个时间点才会发生。这时候,就要根据逻辑来判断利害关系存在可能性。由于行政行为具有执行力,如果没有被撤销、废止或宣告无效,就必然会付诸执行。如果该行为执行后,当事人的利益除非发生意外事件,否则在正常情况下将会受到影响,这时候也应当认为该行为与当事人之间存在利害关系。如果被诉行政行为执行之后,当事人的利益可能受到影响,也可能不受到影响,还需要结合其他不确定的条件才能加以判断,那就不应该认定该行为与当事人存在这里的利害关系。

其次,这种利害关系所涉及的应当是法律上的利益而不是事实上的利益。所谓法律上的利益,并不是说必须是法律所明确规定的一种权利,而是说对这种利益的保护在法律上是有依据的,这种依据可能是法律上直接的明文规定,也可能能够从法律的原则和精神中得到这样的解释。换言之,就是综合法律上的规定、原则和精神,这样的利益是需要保护、是需要给予考虑的。如果这种利益只是一种事实上的利益,就没有给予保护的理由。所谓事实上的利益,指的是当事人对于这些利益的享有并不存在法律上的理由,只是基于某些事实条件的存在而恰好产生了这样的利益。如果由于行政机关的行政行为而使得当事人的这种利益受到了影响,当事人是没有资格作为原告起诉的。下面这个案件就是一个典型的例子:

▶ **例14-1** 蒋大爷今年65岁,退休后便在自家门前的几棵大树下摆起麻将摊,约来几位要好的朋友打麻将、谈天说地,安享万年。1998年8月3日,蒋大爷及其所在的街道的居民突然接到通知,为了响应市政府的美化城市的号召,执行某市政府7月1日作出的红头文件,要对各个街道进行拓宽,其中包括蒋大爷所在的街道。7月2日,街道拓宽工程便开始了,很快蒋大爷经常乘凉打麻将的大树就被刨掉。蒋大爷眼看着自己得以欢乐的地方转眼就消失了,心里很不是滋味,便找到有关施工的领导评理。施工的领导告诉蒋大爷他们只是执行市政府的文件,你要告就告市政府吧。于是,蒋大爷又找到市政府有关领导人,由于后者没有能给蒋大爷一个满意的答复,蒋大爷一气之下,便以市政府为被告,向法院提起行政诉讼,要求撤销政府的关于拓宽街道、美化城市的红头文件。请问法院对此案是否应当受理?

分析：在这个例子中，市政府拓宽街道、美化城市的红头文件对于蒋大爷的利益显然已经发生了现实的影响，这种影响表现在剥夺了其利用门前大树消遣娱乐的便利。但是，这种利益只是一种事实上的利益，蒋大爷等居民对于这种利益的享有没有法律上的任何依据。因为法律既不可能规定居民必然享有在自家门前可以就近消遣娱乐的权利，也不可能赋予行政机关一定要在居民自家门前提供消遣娱乐场所的职责。蒋大爷等人原来之所以享有这样的好处，只不过是因为事实上当地恰好存在着这样的便利条件而已。现在这种便利条件消失了，利益的享有者也自然没有权利要求恢复它。因此，对本案法院应当直接裁定不予受理。

▶ **例 14-2** 有一个小区已经建有甲幼儿园，为满足需要，某区人民政府拟在该小区内再建一所幼儿园。张某和李某先后向某区人民政府提出申请，张某获批准。下列哪一种说法是正确的？

　A. 某区人民政府必须在受理李某和张某的申请之日起 20 日内作出批准与否的决定

　B. 某区人民政府按照受理张某和李某申请的先后顺序作出批准决定是不合法的

　C. 李某有权对某区人民政府批准张某申请的行为提起行政诉讼

　D. A 幼儿园有权对某区人民政府批准再建幼儿园的决定提起行政诉讼

分析：本案 AB 两项是比较容易判断的。行政机关作出行政许可决定的期限原则上是 20 日，但经过批准是可以延长 10 日的，因此 A 项错误。行政机关对不属于特许但有存在数量限制的许可，应当根据受理当事人申请的先后顺序作出许可决定，某区政府在本案中的做法是合法的，因此 B 项错误。分析本案的难点在原告资格，也就是 CD 两项。

在这个例子里，李某和甲幼儿园都起诉了区政府批准张某新建一所幼儿园的行为，那么，谁具有原告资格呢？首先，李某是有原告资格的。因为李某有依法申请开办幼儿园这一行政许可事项的权利，在其符合条件的情况下也有获得许可的权利。相应的，行政机关有依法受理其申请，经审查后依法、公正作出许可决定的职责。李某依法申请并获得许可的权利当然是一种法律应当予以保护的利益，作为许可的申请人之一，李某与区政府的许可决定之间当然具有法律上的利害关系。其次，甲幼儿园没有原告资格。虽然，由于区政府在小区里批准新建了第二所幼儿园，很可能导致甲幼儿园面临竞争压力，生源减少从而收益减少。但是，这样的利益只是一种事实上的利益，是由于该小区一度尚无开办第二家幼儿园的必要从而暂时没有竞争这一事实所带来的一种先占利益。甲幼儿园对这种先占利益的享有并不存在任何法律上的依据，区政府也绝无必须保护这种先占利益、垄断利益的义务。因此，甲幼儿园无权对此提起行政诉讼。

在这个例子里，我们还可以做进一步的假设。如果当时在新建这个小区时，区政府为了引入配套的幼儿教育机构，鼓励民间资本办园，曾承诺甲幼儿园如果到这里办园,将在若干年内不在该小区兴建第二所幼儿园。而在承诺期限未满时,区政府却批准了张某新建了一所幼儿园。在这种情况下,甲幼儿园的利益就不再只是一种事实利益了,而是基于对区政府的承诺而产生的一种信赖利益了,在法律上是需要予以保护的。此时,甲幼儿园对此就可以提起行政诉讼了。

当然,事实利益与法律利益的分界也不是绝对的,随着事实的变迁和观念的转变,越来越多事实上的利益被立法所吸收,被认为有必要在法律上予以承认和保护,从而转化为了法律上的利益。我们来看这样的一个例子:

▶ **例 14-3** 某地发生了一场大规模的破坏性地震,地震过后有些村庄由于受损严重由国家出资进行异地恢复重建。在异地重建的过程中,需要在新的居住地点分配各个家庭的住房,当地政府按照家庭人口等因素分配相应户型、面积的住房。但有些村民发现,自己家在旧址的住房位置较好,如处于临街位置,可以作为店面经商使用,而在新址分配到的住房则位置较差、相对偏僻,交通也不是很方便;相反,有些家庭在旧址的住房位置不如自家,而重新安置后则明显好于自己。如果某些村民对此不服,能否以分配住房的乡镇政府作为被告提起行政诉讼呢?

分析: 如果按照传统的观点来看待此案,对于异地恢复重建的各村民,其在住房分配中的利益,恐怕只有户型、面积才称得上是法律利益。各个家庭有权根据其人口规模分得相应户型、面积的住房,这一点当然是有法律依据的,也是政府必须要考虑的一个重要利益影响因素。如果有的村民以住房面积、户型等理由提起行政诉讼,法院当然必须予以受理。但是,房屋的区位、交通条件等产生的差别只能说是一种事实利益了。一所特定的房屋在区位、交通等方面的优劣,是由当地的道路规划、村庄功能布局、公共设施的分布等事实因素决定的,甚至可能因个人的好恶而得出完全不同的评判。法律不可能赋予村民以这样的一种权利,保障在异地安置时得到与旧址区位条件相同的住所。当村民对此不满时,一般来说,也不应当赋予其提起行政诉讼的权利。但是,如果乡镇政府在分配这些房屋时所造成的上述差别并不是轻微的,也不能给予合理的解释,而是出现了明显的分配公正。此时,法律就有介入的必要了。因为,村民在异地安置的资源重新分配中得到基本、大致、起码的公平,这是法律必须予以保障的、必须考虑的一种利益。这样的利益,无疑就是一种法律上的利益。如果这样的利益受到损害的话,当事人就应该有权提起行政诉讼。

最后,当事人与被诉行政行为之间的这种利害关系应当是直接的而不是间接的。所谓直接的利害关系,就是说被诉行政行为的权利义务内容或者是直接作用于当事人,或者是直接影响到了当事人的利益。如果被诉的行政行为是作用于其他人或者直接影响了其他人,而当事人由于与其他人之间存在着另外一个法律关系,通过这个法律关系才将具体行政行为的影响传导到当事人的身上,这就是间接的利害关系。例如,民政部门的婚姻登记行为作用的对象是婚姻登记的双方,影响到其人身和财产关系。而由于登记的双方还有其他家庭成员,他们与这些家庭成员之间存在着财产上的共有或继承关系。如此,婚姻登记行为就有可能影响到这些家庭成员的财产利益。但是,这种影响显然就是间接的,这些家庭成员对婚姻登记行为就不可能拥有行政诉讼的原告资格。从另外一个角度来看,要求原告与被诉行政行为之间具有直接利害关系,与行政机关作出被诉行为时所应承担的职责也是相对应的。只有直接的利害关系才是被告在作出被诉行政行为时有可能预见和考虑到的,间接的利害关系需要借助其他法律关系作为媒介来传导,而对于这种作为媒介的利害关系到底是否存在、如何存在等问题,被告一般是无从知晓的,对于这样的间接利害关系也是不可能考虑到的。如果法律上允许间接利害关系人提起行政诉讼,那就等于要求被告在作出具体行政行为时需要考虑到这些间接的利害关系,否则就面临着充当被告的风险。这样的要求对于被告来说,显然过于苛刻了,很可能导致被告无法正常履行职责。这也是法律上否认间接利害关系人原告资格的一个重要原因。

综上所述,只有当公民、法人或其他组织与被诉行政行为存在着现实的或常态下必将发生的、法律上的、直接的利害关系,才具备行政诉讼的原告资格。

▶ **例 14-4**　张某与林某同为甲市田山有限公司的股东,林某以个人名义在甲市免税进口一辆轿车,由张某代办各类手续,平时归张某使用。后张某将轿车卖给甲市国浩公司,并将所得款 35 万元人民币划入田山有限公司的账户内。甲市某区工商局认为张某的行为构成倒卖国家禁止或者限制自由买卖的物资、物品行为,决定没收张某销售款;此后又冻结田山有限公司的账款。张某不服,向甲市工商局申请复议。甲市工商局以张某的行为构成偷税为由,维持了原处罚决定。张某遂向法院提起行政诉讼。下列说法不正确的是哪一项?

　　A. 林某也有权对处罚决定提起行政诉讼
　　B. 张某可以田山有限公司的名义提起诉讼
　　C. 本案的被告为甲市某区工商局
　　D. 冻结账款行为不属于本案的审理对象

　　分析:分析本案是有一定难度的,我们需要牢牢把握一点,那就是卖车行为也好,偷税行为也好,都是张某的个人行为,而非田山公司的行为。工商部门作出的处罚决定,也是针对张某个人的,冻结田山公司账款无非是为了执行没收张某销售款的处罚决定(因为销售款被张某划入了公司账内),冻结行为并非案件的审理对象。因此对于处罚决定只有张某一人有权起诉。那么,AB 两项就都是错误的,D 项是正确的。而对于 C 项,因为市工商局虽然改变了区工商局的处罚理由和依据,但维持了原来的处罚结果,属于复议维持,应当以原机某区工商局和复议机关市工商局作为共同被告,C 项错误。

二、几种特殊情况

实践中存在一些特殊情况,原告资格的确定复杂一些,主要是对于行政相对人之外的其他利害相关人需要准确判定。这些情况包括:

(一)相邻权案件的原告

相邻权案件的原告即行政机关的行政行为损害当事人相邻权(包括采光权、通风权、排水权、通行权等)的案件。相邻权案件在行政规划许可中出现最多,相邻权受到损害的一般都不是行政相对人,而是其他有利害关系的相关人,但有权起诉。较为典型的例子是,行政机关批准某企业建筑一幢大楼或搭建其他设施,该建筑或设施影响了邻近居民的采光、通风、排水、通行等权利,受到影响的人就可以提起行政诉讼。

▶ **例 14-5** 某公司向规划局交纳了一定费用后获得了该局发放的建设用地规划许可证。刘某的房屋紧邻该许可规划用地,刘某认为建筑工程完成后将遮挡其房屋采光,向法院起诉请求撤销该许可决定。下列哪些说法是不正确的?

A. 规划局发放许可证不得向某公司收取任何费用
B. 因刘某不是该许可的利害关系人,规划局审查和决定发放许可证无需听取其意见
C. 因刘某不是该许可的相对人,不具有原告资格
D. 因建筑工程尚未建设,刘某权益受侵犯不具有现实性,不具有原告资格

分析:行政许可的实施原则上不得收费,但在法律、行政法规有规定的情况下可以收费,故 A 项错误。行政许可实施应当允许利害关系人陈述申辩意见,刘某是相邻权人,具有利害关系,规划局应当听取其意见,B 项错误。行政诉讼原告不必然要求是行政相对人,相邻权人作为利害关系人也有原告资格,C 项错误。刘某权益当时虽未受现实侵犯,但由于规划许可这个行政行为是有拘束力、确定力和执行力的,建筑工程早晚是要建设的,刘某的权益将来必然要受到侵犯,因此具有原告资格,故 D 项也错。

(二)公平竞争权案件的原告

公平竞争权案件指的是行政行为损害当事人公平竞争权的案件,诉讼的标的就是所谓的行政垄断行为。公平竞争权,指的是当事人为从事一定行为、获得一定权益而参加平等竞争的资格与条件,在此类案件中,公平竞争权受到损害的人,也很可能不是行政行为的相对人。例如,某地方政府为了扶持当地的国有企业而给予税收上的某种优惠,就很可能影响到与这些国企有着竞争关系的民营企业的公平竞争权,后者便可提起行政诉讼。再如,我们在"行政诉讼的受案范围"那一章举过一个"吉德仁等诉盐城市政府会议纪要案"的例子。在这个例子里,盐城市政府通过《会议纪要》规定免收公交公司的交通规费,这就影响了与公交公司存在竞争关系的吉德仁等人的公平竞争权了。尽管这个《会议纪要》的直接相对人是公交公司,但吉德仁等人作为利害关系人也是有原告资格的。

（三）经行政复议后的原告资格

一个行政争议经过复议之后，如果争议仍然存在，则行政复议的申请人可以提起行政诉讼，这一点是毫无疑义的。而复议的被申请人自然不能提起行政诉讼，因为行政诉讼是"民告官"而不是"官告民"，这一点也很清楚。需要解决的问题是，复议中的第三人，甚至是没有参加到复议程序当中但与复议决定有着利害关系的人，能否提起行政诉讼？答案是肯定的。因为行政复议决定本身也是一个行政行为，按照确定诉讼原告的一般规则，只要和行政行为有法律上利害关系的人，都可以作为原告起诉。因此，无论是复议中的第三人，或者没有参加复议程序但权益受到复议决定影响的人，都具备原告资格。

（四）受害人的原告资格

在某些案件中存在一个"受害人"的角色，主要是行政处罚案件。此时，事件中存在着一个加害人和一个受害人，加害人因其加害行为受到行政机关的处罚，对处罚不服当然可以提起行政诉讼。那受害人能不能也提起行政诉讼呢？答案是肯定的。如果受害人认为行政机关对加害人的处罚存在违法之处，一般表现为受害人认为处罚过轻，也可以提起行政诉讼要求加重对加害人的处罚。需要注意，此时加害人与受害人所提起的诉讼，诉的内容是不同的，加害人之诉体现为主张减轻或免除自己的处罚，而受害人之诉体现为主张加重对加害人的处罚，这两个诉所针对的都是同一个行政行为，但其主张相互对立。因此，如果加害人与受害人同时提起诉讼，法院应将其作为两个不同的诉讼对待，但可以合并审理。此时，加害人与受害人在诉讼中的地位都是原告，但不是共同原告。例如，张三因为殴打李四而受到治安处罚，张三是加害人，李四是受害人，均可作为原告起诉，但其诉讼主张是相反的，也不可能构成共同诉讼。

（五）信赖利益人的原告资格

信赖利益人，指的是在行政机关撤销或变更其已经生效的行政行为时，因为信赖该行为而利益上受到损害的人。信赖利益人一般包括两种人，一种就是行政行为的直接相对人，另一种并非其直接相对人，是因信赖该行政行为而采取了相应行动并因此产生一定利益的人。当行政机关将一个已经生效的行政行为撤销时，第一种信赖利益人如果对此不服，其原告资格毫无疑问。而此时第二种信赖利益人能否也对此提起诉讼呢？可以，因为其法律利益同样因该行政行为的撤销或变更而受到了影响。

例如，某开发商申请一个楼盘的预售许可证，有关行政机关审查后向其颁发了该许可证，此后，开发商在一段时间之内售出多套楼房。不久，行政机关发现该楼盘实际上并未达到预售标准，遂撤销了预售许可证。这一做法，必然影响开发商与已经购房的"准业主"们的利益。对此，开发商作为行政行为的相对人当然可以提起行政诉讼，"准业主"们同样可以起诉。因为，这些购房者之所以购买该楼盘的房屋，除了考虑其他因素之外，还有一个重要的原因就是该楼盘已经获得了预售许可证，否则无法进行销售，他们购买楼房的一部分原因建立在对预售许可证的信赖上，而且这种信赖是合法的，是善意的。行政机关撤销预售许可证的行为破坏了这种信赖，损害了购房者的利益,购房者们可以就此提起行政诉讼。

（六）合伙的原告资格

合伙组织提起行政诉讼时,其原告资格的确定分为两种情况:(1)是合伙企业的,以核准登记的字号为原告;(2)是其他合伙组织的,以合伙人为共同原告。

（七）农村土地承包人的原告资格

行政机关作出的行政行为,如果侵犯了农村土地的承包经营权,承包人自然可以该行为相对人的身份作为原告起诉。如果该行政行为涉及的是其他农村土地权益,作为土地所有权人的集体经济组织当然可以作为原告起诉;而承包人作为土地的使用权人,也可以对此提起行政诉讼。

（八）联营、合资、合作企业案件中的原告问题

联营企业、中外合资或合作企业的联营、合资、合作各方(简称企业投资人),认为联营、合资、合作企业的权益或自己一方的权益受到行政行为侵害,需要寻求司法救济时,具体有几种情况:

第一,行政行为是直接针对企业投资人作出的,作为该行政行为的直接相对人,投资人当然可以提起行政诉讼。

第二,行政行为不是针对投资人,而是针对企业作出的,此时利益受到损害的投资人如果拥有企业代表权的话(如该投资人或其代表是企业的法定代表人),当然能够以企业名义起诉。

第三,行政行为针对企业作出,而利益受损的投资人并不拥有该企业代表权的话,投资人能否以企业名义起诉,这是实践中较为棘手的问题。因为企业的其他投资人,尤其是掌握着代表权的投资人可能出于各种目的不愿起诉,此时利益受损的投资人就不可能以企业的名义起诉来谋求救济。应当认为,这种情况下的投资人也能够以自己的名义起诉,以解决真正的利害关系人起诉难的问题。

▶ **例 14-6** 某市工商局发现,某中外合资游戏软件开发公司生产的一种软件带有暴力和色情内容,决定没收该软件,并对该公司处以三万元罚款。中方投资者接受处罚,但外方投资者认为处罚决定既损害了公司的利益也侵害自己的权益,向法院提起行政诉讼。下列哪一选项是正确的?

A. 外方投资者只能以合资公司的名义起诉

B. 外方投资者可以自己的名义起诉

C. 法院受理外方投资者起诉后,应追加未起诉的中方投资者为共同原告

D. 外方投资者只能以保护自己的权益为由提起诉讼

分析: 外方投资者能否以合资公司的名义起诉,这一点是不确定的。因为外方投资者有可能掌握着公司的控制权,也可能没有,所以 A 项错误。合资公司双方都可以自己名义独立起诉,起诉的目的既可以使保护自己的利益,也可以使保护合资公司的利益,因此 B 项对而 D 项错。至于 C 项,中方投资者没有起诉的意愿,法院不应该将

其追加为共同原告,但中方投资者与本案也有直接的利害关系,法院应当通知其作为第三人参加诉讼。

(九) 非国有企业案件中的原告问题

非国有企业包括集体企业、私营企业等,如果行政机关通过其行政行为,将非国有企业注销、撤销、合并、强令兼并、出售、分立或改变企业隶属关系,该企业或其法定代表人可以提起行政诉讼。此时就出现了企业主体资格与原告资格分离的特殊情况。行政机关将非国有企业注销、撤销、合并、强令兼并、出售、分立或改变企业隶属关系的,就是要消灭该企业的主体资格。一般情况下,法人或其他组织的主体资格一旦消灭,诉权也随之消灭,只可能发生原告资格转移的问题。但在这种特殊情况下,应当继续承认这些在形式上已经被消灭了主体资格的非国有企业的诉权,允许其借助行政诉讼来审查行政机关消灭其主体资格的行为本身是否合法。注意此时具备原告资格的主体有两个,一是企业,二是企业的法定代表人。这里之所以需要对企业的法定代表人也赋予诉权,主要是考虑到企业一旦被注销、撤销、合并、强令兼并、出售、分立或改变企业隶属关系,其法定代表人有可能无法证明其代表企业的资格了,比如企业的印鉴已经被行政机关或企业企业占有了。此时,仅仅规定企业本身有诉权就是不够的,还要规定其法定代表人个人也有诉权。当然,企业作为原告起诉,其诉权实际上还是通过法定代表人的行为来实现的。因此,在这种案件中,实际上都是企业的法定代表人在起诉,只不过其起诉的名义有两种:一是企业的名义,二是自己的名义。

▶ **例 14-7** 甲厂是某市建筑装潢公司下属的独立核算的集体企业,2007 年 1 月某市建筑装潢公司经批准与甲厂脱离隶属关系。2007 年 4 月,行政机关下达文件批准某市建筑装潢公司的申请,将甲厂并入另一家集体企业乙厂。对此行为,下列哪些主体有权向法院起诉?

A. 甲厂　　　　　　　　　　B. 乙厂
C. 甲厂法定代表人　　　　　D. 乙厂法定代表人

分析:甲厂被强制并入乙厂,意味着甲厂在法律上的主体资格(权利能力)已经被消灭,但其诉讼资格没有消灭,甲厂及其法定代表人都可以作为原告起诉。至于乙厂,合并甲厂也可能违背了其自己的意愿,因此乙厂对兼并决定也可能不服,也可以提起行政诉讼。而由于乙厂的主体资格并没有被消灭,所以没有必要赋予乙厂的法定代表人以原告资格。因此,本案 ABC 三项正确。

(十) 股份制企业案件中的原告问题

如果行政机关作出的行政行为损害了股份制企业的经营自主权,企业的法定代表人当然可以该企业的名义提起行政诉讼。但在有些特殊情况下,法定代表人出于各种原因不愿提起行政诉讼,此时企业的内部机构,包括股东大会、股东代表大会、董事会等,也可以企业名义提起行政诉讼。

▶ **例 14-8** 一公司为股份制企业,认为行政机关作出的决定侵犯企业经营自主权,下列哪些主体有权以该公司的名义提起行政诉讼?

A. 股东　　　　　　　　　　　B. 股东大会
C. 股东代表大会　　　　　　　 D. 董事会

分析:由上文可直接知道 BCD 三项是可以以公司名义起诉的。至于 A 项,股东如果认为自己的合法权益受到了损害,可以以自己的名义起诉,但无权以公司的名义起诉,因此该项错误。

第二节　行政诉讼的被告

行政诉讼被告是指被原告指控其行政行为违法,经法院通知应诉的行政机关或法律、法规、规章授权的组织。

一、一般确认规则

行政诉讼被告的确定主要根据两个条件来判断:第一,它是实施被诉行政行为的行政主体;第二,原告起诉了它。两者缺一不可。

这两个条件中,我们很容易对第二个作出准确判断,主要问题是第一个,即如何认定被诉者具备行政主体资格。对此仍要坚持使用"权""名""责"三个标准来判断,对此本书"行政主体"一章已有详细介绍,在此不赘。对行政诉讼被告的确定,有几点基本结论:

第一,行政机关实施的行政行为被诉时,该行政机关是被告。因为行政机关是一个有独立职权的、完整的行政组织,一定具有行政主体资格。无论它是一级政府,还是政府的工作部门与下属单位,或是政府的派出机关,当它自己实施的行政行为被诉时,就应当作为被告。

第二,被授权组织实施的行政行为被诉时,该组织是被告。无论被授权的是一个行政机构,还是一个社会组织,根据行政授权的原理,只要这种授权是合法、有效的,也就是有法律、法规、规章作为依据的,就可以取得行政主体资格,从而充当行政诉讼被告。

第三,受委托者实施的行政行为被诉时,委托者是被告。根据行政委托的原理,接受行政委托的组织和个人不具备行政主体资格,不能作为行政诉讼被告,应以委托它的行政主体作为被告。在特殊情况下,如果是一个行政机关对另外一个行政机关进行委托,受委托者虽然也具备行政主体资格,但在它实施受委托事项时也并非该事项的主体,不能充当被告。

第四,原告因行政机关不履行法定职责而起诉时,对相应事项负有职责的行政主体是被告。有时候,原告起诉的并不是行政主体作出的某个行为,而是因为行政主体本应实施某个行为却没有实施。此时被告仍按主体标准确定,即谁对相应事务本来负有作为义务,谁就是被告。例如,当事人认为因行政机关没有履行保护其人身安全的职责而导致自己被人殴打,应以公安局为被告。

二、几种特殊情况

在理解一般规则的基础上,有关被告的认定还有几种相对特殊的情况,也需要我们掌握:

（一）新组建机构的被告资格

行政机关可能为了行政管理的需要而组建新的行政机构,这些新组建机构的职权状况是不尽相同的,有三种可能:(1)不具有独立职权,有的时候行政机关新组建一个机构只是为了辅助自己处理某方面的事务,不需要赋予其独立职权,这就是一个纯粹的内部办事机构或议事协调机构,不具有行政主体资格,不能作为被告。(2)合法赋予其独立职权,即行政机关在组建新的机构之后,根据法律、法规、规章,赋予该机构独立的行政管理职权,这实际上是一个行政授权的过程,此时授权的依据是合法的、充分的,新组建机构就具备了行政主体资格,可以作为被告。(3)违法"赋予"其独立职权,这种情况下,行政机关也对新组建机构"赋予"了一定的独立职权,但其授权依据却并不合法、充分,如依据一般行政规范性文件进行授权。在这种情况下,被"授权"的新组建机构不能获得行政主体资格,不具有独立承担法律责任的能力,应当以组建该机构的行政机关作为被告。

（二）内设机构与派出机构的被告资格

行政机关的内设机构与派出机构,在职权状况上有两种可能,一种是没有独立职权,不能以自己的名义对外作出行政行为,因而不具备行政主体资格;另一种是具有独立职权,在一定范围内可以自己名义对外作出行政行为,具备行政主体资格,如内设机构中的专利复审委员会、商标评审委员会,派出机构中的派出所、工商所、税务所等。

在第一种情况下,内设机构与派出机构自然不可能成为行政诉讼的被告,它们对外实施行政行为,应当视为所在行政机关对它们的委托,由其所在的行政机关作为被告。

在第二种情况下,内设机构与派出机构就有充当诉讼被告的可能,需要进一步分析,可分为三种具体情况。(1)这些机构在自己的授权范围内实施行政活动,当事人提起行政诉讼的,应当以该机构自己作为被告。(2)这些机构在实施职权时,超越了法定授权的幅度,如派出所作出了1000元的罚款决定,税务所作出了5000元的罚款决定,这属于超越职权幅度的行为,因为派出所与税务所虽然有罚款的权力,但上述决定却超越了其罚款额度,这种情况简称"幅度越权"。"幅度越权"时,仍以作出行政行为的该机构为被告。(3)这些机构在实施职权时,"行使"了某类法律、法规、规章根本没有赋予它的职权,如派出所作出了行政拘留甚至劳动教养的决定,我们称这种情况为"种类越权"。此时,这些机构就没有资格充当行政诉讼被告,而应当以其所在机关作为被告。总之,对于这些获得一定授权的内设机构与派出机构,在确定其被告资格时,应当以其作出行政行为时的职权状况作为判断标准,只有在"种类越权"时才由其所在机关为被告,其他情况下仍以该机构自己为被告。

▶ **例 14-9** 某区公安局派出所突击检查孔某经营的娱乐城,孔某向正在赌博的人员通风报信,派出所突击检查一无所获。派出所工作人员将孔某带回调查,孔某因受到逼供而说出实情。派出所据此决定对孔某拘留 10 日,孔某不服提起诉讼。下列哪一说法是正确的?

  A. 在作出拘留决定前,孔某有权要求举行听证
  B. 对孔某的拘留决定违法
  C. 某区公安分局派出所是本案被告
  D. 因孔某起诉,公安机关应暂缓执行拘留决定

分析:拘留不适用听证程序,治安处罚中适用听证的是吊销许可证和执照,或者罚款 2000 元以上,因此 A 项错。派出所自身的处罚权是警告或者罚款 500 元以下,作出拘留决定显然是超越职权的,B 项正确。派出所作出拘留决定的性质属于种类越权,被告应为公安分局,C 项错误。孔某虽然对拘留决定提起了行政诉讼,但没有提供合格的保证人或按规定缴纳保证金,不符合暂缓执行拘留的条件,D 项也错误。

(三) 共同行政行为的被告

共同行政行为,指的是多个行政主体以共同名义一起作出的行政行为。按照一般原则,当事人对共同行政行为提起诉讼时,应当以实施这些行为的多个行政主体作为共同被告。需要注意:

(1) 遗漏部分被告时的处理。有时原告只将其中一部分行政主体列为被告的,剩余的行政主体在行政诉讼中的地位需要分析。对于行政诉讼来说,如果一个行政主体作出的行政行为被诉了,并不必然意味着成为被告,还需另外一个条件,就是原告将其列为被告。对于共同行政行为,如果原告只起诉了其中一部分行政主体,这一部分行政主体当然成为被告,但法院并不能直接就将剩余的行政主体补充为被告。正确的做法是:要求原告追加其他行政主体作为共同被告,如果原告坚持不追加的,只能将其列为第三人。

▶ **例 14-10** 某县环保局与水利局在联合执法过程中,发现某化工厂排污口建在行洪通道上,并对下游河水造成污染,遂联合作出责令该厂限期拆除其排污口的决定。某县水利局工作人员田某向该厂送达决定书时,遭到该厂职工围攻而受伤。该厂不服,以某县水利局为被告向法院提起行政诉讼。下列哪一说法是正确的?

  A. 法院应当通知某化工厂变更被告
  B. 某县水利局可以对田某被打一事提起反诉
  C. 田某可以成为本案的第三人

D. 若法院追加且某化工厂同意,某县环保局为本案的被告

分析:在本案中,化工厂起诉时遗漏了一个被告(环保局),法院应当在原告同意的基础上,追加(而不是变更)环保局为被告,故 A 项错而 D 项对。行政诉讼是"民告官",不存在反诉,B 项显然错误。田某是代表水利局实施行政行为的工作人员,不是本案法律关系当事人,不可能充当第三人,C 项也错。

(2) 与虚假共同行为的辨别。实践中存在一些案件,被诉行政行为除行政主体之外,还有一些非行政主体参与署名共同作出这一行为。当事人如果对该行为起诉,只能以其中的行政主体作为被告,那些非行政主体应当被列为第三人。如某市工商局与该市消费者权益保护协会共同查处一商场销售假烟的行为并共同署名作出处罚,则此案的被告只能是具有行政主体资格的工商局,而没有行政主体资格的消费者保护协会就只能被列为第三人。

(3) 与联合行为的辨析。行政机关为了提高工作效率,可能采取联合办公的方式,如联合进行执法检查,或联合办理、统一办理行政许可。但在作出某一个行政行为时,这些机关并没有共同署名作出,这样的行为仍不能被认定为共同行政行为,这些机关在行政诉讼中也不充当共同被告。此时,应当由对该行为的作出具有实质影响的机关作为被告。如工商局、质监局、卫生局联合对某市场进行联合执法,吊销了一家个体户的工商营业执照,这一行为的被告只能是工商局。又如某人申请开办一家 KTV,需要办理卫生许可证、消防许可证、税务登记、工商登记等,按照当地规定,此类事项由工商局受理后告知消防局、卫生局、税务局等其他部门分别提出意见后统一办理。由于消防局认为其消防设施不符合条件,最终不予许可。此时,被告只能是对该许可结果产生实质影响的消防局,而不是牵头受理的工商局,更不是多个部门充当共同被告。

(四) 经批准行为的被告

有时候,行政行为是经过上级行政机关批准后,由下级行政机关具体实施的。此时,当事人不服起诉的,应当按照名义标准,以在对外发生法律效力的文书上署名的机关为被告。

注意在行政许可案件中,对于下级机关根据上级机关批准作出的(不予)许可决定,当事人可以单独起诉该决定,也可以一并起诉上级机关的(不予)批准行为。如果单独起诉(不予)许可决定的,以作出该决定的下级机关为被告;如果一并起诉(不予)许可决定和(不予)批准行为的,应当以两级机关作为共同被告。

▶ **例 14-11** 甲市政府批复同意本市乙区政府征用乙区某村丙小组非耕地 63 亩,并将其中 48 亩使用权出让给某公司用于建设商城。该村丙小组袁某等村民认为,征地中有袁某等 32 户村民的责任田 32 亩,区政府虽以耕地标准进行补偿但以非耕地报批的做法违法,遂向法院提起行政诉讼。下列哪一说法是正确的?

A. 袁某等 32 户村民可以以某村丙小组的名义起诉
B. 袁某等 32 户村民可以以自己名义起诉

C. 应当以乙区人民政府为被告
D. 法院经审理如果发现征地批复违法,应当判决撤销

分析:集体土地使用权人可以用自己的名义提起行政诉讼,但不能以村民小组这个集体的名义来起诉,因此 A 项错误 B 项正确。C 项最有迷惑性,需要注意案中的征地行为是区政府经市政府批准作出的,但最后以哪级政府名义作出并未交代,因此被告处于不确定的状态,C 项的说法是错误的。D 项的错误在于,撤销征地决定可能使公共利益遭受重大损失,因此法院不应撤销该行为,而应转为确认违法判决(详见后文"结案方式")。

(五)行政主体被撤销或变更职权后的被告资格

作出行政行为的行政主体机关被撤销或者变更了职权,而该行为又被提起行政诉讼时,应当以继续行使职权的新行政主体替代其成为被告。如果没有继续行使其职权的其他行政主体,就应当由撤销它的行政主体代替。

(六)经行政复议后被告资格的确定

当事人经复议后,对复议决定仍然不服提起行政诉讼时,其诉讼被告的确定包括三种情况:

(1)复议维持。复议机关维持了原来的行政行为,意味着复议机关认同、肯定了原来的行为,原行为的作出就可以看作是复议机关和原机关共同的意思表示,如果当事人起诉,法院审查的也是这个行为。但是,由于原来的行为经过了行政复议,虽然复议的结果和原来的行为是一致的,但行政复议本身有一个程序的问题,也就是复议程序也可能存在违法,因此法院对于行政复议的程序也需要加以审查。所以,对于复议维持的案件,法院在实体上审查的是一个行为(既是原来的行为,也是复议决定),在程序上是两个行为都需要审查,因此,原来的行政机关和复议机关都应当充当被告,而且是共同被告。

所谓复议维持,包括两种情况:一是复议机关对原来的行为作出了维持决定,这主要适用于原来的行为是作为的案件;二是复议机关决定驳回复议申请或者复议请求的情形,这主要适用于原来的行为是不作为的案件。但是,复议机关以当事人的复议申请不符合受理条件为由决定驳回的除外。因为,在这种情况下,复议机关还没有对原来的行为加以审理和评判,谈不上维持不维持的问题。这种情况应当作为复议不作为来处理,下文将加以详述。

在复议维持的情况下,原机关和复议机关是共同被告。原告只起诉其中一个机关的,法院应当告知其追加被告。原告不同意追加的,法院应当直接将另一机关列为共同被告。需要注意,这和其他共同被告案件中原告不追加遗漏的被告时,法院将遗漏的被告转为第三人的做法是不同的。因为,复议维持案件除了对原机关和复议机关共同作出的行为进行审查外,还要单独审查复议行为的程序问题,涉及对两个行为的审查,因此两个机关必须作为共同被告出现。

(2) 复议改变。复议机关改变了原行政行为时,当事人对此仍然不服提起诉讼的话,其诉讼的对象不再是原来的行政行为,而变成了复议决定,此时应当以复议机关作为被告。

复议机关可能对原来的行为作出三个方面的改变:① 改变原行政行为所认定的主要事实和证据的,例如,某当事人不服交警对自己罚款 200 元的交通违章处罚而申请复议,上一级公安机关在复议程序中找到新的目击证人,并根据该证人的证言维持了原来的处罚结果;② 改变原行政行为所适用的规范依据,例如,对当事人一治安违法行为,区公安局根据《治安管理处罚法》规定认定为属于故意伤害他人身体的行为予以拘留 10 日,经复议后市公安局根据《治安管理处罚法》的另一规定认定为扰乱公共秩序,仍然维持了 10 日的拘留决定;③ 改变原行政行为的全部或部分处理结果的,例如,将 10 日的拘留决定变更为 5 日。需要特别注意,最高法院对修订后的《行政诉讼法》作出的新《若干解释》,对这个问题作出了比较重要的修改,在上述三种情况中,现在只有最后一种——改变原行为的结果——才构成复议机关改变原行为,前两种情况尽管事实证据和法律依据可能有所更改,但结果不变,仍属于复议维持的情况。

▶ **例 14-12** 1997 年沈某取得一房屋的房产证。2001 年 5 月其儿媳李某以委托代理人身份到某市房管局办理换证事宜,在申请书一栏中填写"房屋为沈某、沈某某(沈某的儿子)共有",但沈某后领取的房产证中在共有人一栏空白。2005 年沈某将此房屋卖给赵某,并到某市房管局办理了房屋转移登记手续,赵某领取了房产证。沈某某以他是该房屋的共有人为由向某市人民政府申请复议,某市人民政府以房屋转移登记事实不清撤销了房屋登记。赵某和沈某不服,向法院提起行政诉讼。下列哪些说法是正确的?

A. 沈某某和李某为本案的第三人
B. 某市房管局办理此房屋转移登记行为是否合法不属本案的审查对象
C. 某市房管局为沈某办理换证行为是否合法不属本案的审查对象
D. 李某是否有委托代理权是法院审理本案的核心

分析:本案是典型的复议改变案件,表现为复议机关撤销了原行为,因此被告是复议机关即市政府,法院审理的对象也只能是被告所作出的复议决定,即撤销行为,而不可能是原机关市房管局办理房屋转移登记的行为,因此 BC 两项正确。李某和房屋的归属没有法律上的利害关系,不可能作为第三人,其是否有委托代理权也不可能是法院审理本案的核心,AD 两项均错误。

▶ **例 14-13** 村民甲、乙因自留地使用权发生争议,乡政府作出处理决定,认定使用权归属甲。乙不服向县政府申请复议,县政府以甲乙二人争议属于农村土地承包经营纠纷,乡政府无权作出处理决定为由,撤销乡政府的决定。甲不服向法院起诉。下列说法正确的是什么?

A. 县政府撤销乡政府决定的同时应当确定系争土地权属

B. 甲的代理人的授权委托书应当载明委托事项和具体权限
C. 本案被告为县政府
D. 乙与乡政府为本案的第三人

分析：县政府复议的标的是乡政府的处理决定，并不审查土地权属，A 项错误。B 项显而易见正确。县政府撤销乡政府的决定，属于复议改变，应当以复议机关县政府为被告，C 项正确。乙是土地争议的一方，当然是本案第三人，但原机关乡政府不再参加诉讼，也不可能充当第三人，D 项错误。

(3) 复议不作为。指的是复议机关在法定期限之内没有受理复议申请或没有作出复议决定的情况，此时如果当事人继续提起行政诉讼，被告应如何确定呢？在这种情况下，如果当事人继续起诉原来的行政行为，应当以最初作出该行为的主体为被告。但是，由于复议机关的行为本身已经构成了行政不作为，这又产生了另外一个诉因，当事人又可以起诉这种行政不作为，构成一个新的行政诉讼，这个诉讼的被告当然就是复议机关。因此，在复议不作为的情况下，首先应当明确当事人诉讼的对象，再据此确定被告。

▶ **例 14-14** 金某因举报单位负责人贪污问题遭到殴打，于案发当日向某区公安分局某派出所报案，但派出所久拖不理。金某向区公安分局申请复议，区公安分局以未成立复议机构为由拒绝受理，并告知金某向上级机关申请复议。下列哪些说法是正确的？

A. 金某可以向某区人民政府申请复议
B. 金某可以以某派出所为被告向法院提起行政诉讼
C. 金某可以以某区公安分局为被告向法院提起行政诉讼
D. 应当对某区公安分局相关责任人给予行政处分

分析：由于公安局属双重领导部门，如果金某以区公安分局为被申请人，复议机关是市公安局或区政府；如以派出所为被申请人，复议机关是区公安分局或区政府。也就是无论如何，向区政府申请复议都是正确的，故 A 项正确。本案又是典型的复议不作为，原机关（派出所）与复议机关（公安分局）都有可能作为被告，因此 BC 两项也对。至于 D 项，复议机关工作人员不依法履行行政复议职责的，应当给予责任人行政处分，也正确。

▶ **例 14-15** 郑某因某厂欠缴其社会养老保险费，向区社保局投诉。2004 年 9 月 22 日，该局向该厂送达《决定书》，要求其为郑某缴纳养老保险费 1 万元。同月 30 日，该局向郑某送达告知书，称其举报一事属实，并要求他缴纳养老保险费（个人缴纳部分）2,000 元。郑某不服区社保局的《决定书》向法院起诉，法院的生效判决未支持郑某的请求。2005 年 4 月 19 日，郑某不服《告知书》向市社保局申请复议，后者作出不予受理决定，郑某不服提起诉讼。下列选项正确的是什么？

A. 郑某向市社保局提出的复议申请已超过申请期限
B. 区社保局所在地的法院和市社保局所在地的法院对本案均有管辖权
C. 郑某的起诉属重复起诉
D. 如郑某对告知书不服直接向法院起诉,法院可以被诉行为系重复处理行为为由不受理郑某起诉

分析:本案中郑某的复议申请确已远远超过 60 日的申请期限,A 项正确。又因本案郑某起诉的是复议机关的不作为(不予受理复议申请),故被告是市社保局,管辖法院只能是市社保局所在地法院,故 B 项错。郑某起诉的是复议机关的不作为,与原来起诉的《决定书》不同,不是重复起诉,故 C 项也错。如果郑某直接起诉《告知书》,其内容与《决定书》也是不同的,不构成重复处理行为,D 项也错。

第三节 行政诉讼的其他参加人

行政诉讼还包括其他参加人和参与人,如第三人、代理人、代表人、证人、勘验人、鉴定人、记录人等。在这里,我们重点介绍第三人、代表人、代理人。

一、第三人

行政诉讼对第三人的分类,主要有两个标准:一是根据其在行政争议中的不同角色,划分为原告型第三人与被告型第三人。二是根据其诉讼权利的不同,划分为有上诉权的第三人和无上诉权的第三人。

（一）原告型第三人和被告型第三人

如果一个人本来与被诉的行政行为有法律上的利害关系,也就是具备原告资格,不过没有起诉;或者和案件处理结果存在利害关系,这就是原告型第三人。如果一个主体本来可以作为被告,只不过因为原告没有起诉它或因为某些特殊规则的限制而未能成为被告,但也参与到诉讼当中去,它就是被告型第三人。

《行政诉讼法》第 29 条规定:"公民、法人或者其他组织同被诉行政行为有利害关系但没有提起诉讼,或者同案件处理结果有利害关系的,可以作为第三人申请参加诉讼,或者由人民法院通知参加诉讼。"这里讲的第三人就都是原告型第三人,包括与被诉行政行为有利害关系的第三人,以及与案件处理结果有利害关系的第三人。

与被诉行政行为有利害关系的第三人是比较常见的,其判断标准实际上就和原告的判断标准一样。例如:(1) 行政处罚诉讼案件中的第三人。如果行政处罚案件中有多个共同被处罚人的,都可以作为原告起诉,如果只有部分被处罚人起诉,其他的被处罚人就可以作为原告型第三人参加诉讼;或处罚案件中有受害人的,加害人与受害人本来都有资格作为原告起诉,如果其中只有一人起诉,另外一人就可以作为第三人参加诉讼。(2) 行政确权、裁决或许可案件中的第三人。行政确权案件,是多个平等主

体就某一权利产生争议,最后由行政机关确定下来;行政裁决案件,是多个平等主体就民事问题产生争议,最后由行政机关作出裁断;行政许可案件,是多个申请人共同竞争一个许可证,最后行政机关将许可证颁给其中一人。这些案件都有一个共同点,就是多人争夺某项权利或发生一个纠纷,最后行政机关只可能将这项权利确定给某一个人,或者它对纠纷的裁断只可能对少数人有利。此时,其他没有获得权利的人或受到不利裁断的人,就有权提起行政诉讼,如果只有一些人提起诉讼,另一部分人就可以作为第三人参加诉讼。总之,只要被诉的行政行为与当事人有着法律上的利害关系,该当事人又没有起诉的,都可以作为第三人参加诉讼。

与案件处理结果有利害关系的第三人则相对少见。一般来说,这些第三人和被诉行政行为的利害关系比较间接,不能作为原告起诉,但和案件处理的结果关系却变得比较直接,也可以成为第三人。例如,在一个行政不作为案件当中,原告向环保局举报一化工厂超标排污污染其农田,环保局不予答复,原告起诉。此时,被举报的化工厂跟环保局的不作为并没有直接的利害关系,也不可能具备原告资格。但是,一旦法院最后判决责令环保局履行职责,对该化工厂进行查处,这个处理结果就必然和化工厂产生直接的利害关系。此时,化工厂就有资格作为第三人参加诉讼。再如,公安机关对某甲作出治安处罚决定,某甲不服起诉,主张公安机关处罚对象错误,违法者是某乙。在这一案件中,由于某乙此前和公安机关的处罚决定完全无关,不可能具有原告资格。但是,一旦法院认同某甲的主张而撤销其处罚,则某乙可能随之被处罚,则某乙也可以作为第三人参加诉讼。

被告型第三人通常包括这样几种情况:(1) 作出矛盾行为的其他行政机关,如果当事人对一个行政行为提起了诉讼,而此时还存在另外一个行政机关,其作出的行为正好与被诉行为矛盾,则该机关就应当作为被告型第三人参加诉讼。因为该机关作出的行为与被诉行为存在矛盾,而行政诉讼的结果又将直接判断被诉行为的合法性,这一判决也将必然涉及矛盾行为的合法性,作出矛盾行为的机关自然要参加到诉讼中来。例如,乡政府批准某人在堤坝附近建房,县水利局却认为该建筑影响防洪而责令其拆除,如果房主不服起诉县水利局,乡政府就应当作为第三人参加诉讼。(2) 在行政决定中署名的非行政主体,如上文所述,对于行政主体与非行政主体共同署名作出的行为,只能以其中的行政主体作为被告,而那些非行政主体就应被列为第三人。(3) 原告起诉时遗漏的行政主体,对此前文也已有介绍,如果原告在起诉共同行政行为时,没有将全部参与该行为的行政主体均列为被告,法院应当通知原告追加被告,原告拒绝追加的,这一部分被遗漏的"被告"就转化为第三人。

▶ **例 14-16** 村民甲带领乙、丙等人,与造纸厂协商污染赔偿问题。因对提出的赔偿方案不满,甲、乙、丙等人阻止生产,将工人李某打伤。公安局接该厂厂长举报,经调查后决定对甲拘留 15 日、乙拘留 5 日,对其他人未作处罚。甲向法院提起行政诉讼,法院受理。下列哪些人员不能成为本案的第三人?

A. 丙　　　　　B. 乙　　　　　C. 李某　　　　　D. 造纸厂厂长

分析：被诉行为是对甲的拘留决定，乙作为共同被处罚人，李某、造纸厂（不是厂长）作为受害人，都有利害关系，既可以作为原告也可以作为第三人。而没有被处罚的丙、代表造纸厂的厂长，和被诉行为没有利害关系，和案件审理结果也没有利害关系，不能充当第三人。

（二）有上诉权的第三人和无上诉权的第三人

法院判决第三人承担义务或者减损第三人权益，即对第三人造成不利影响的，第三人有权提起上诉。如果法院的判决肯定、增加了第三人的利益或者减轻了第三人的义务，或者对第三人的权利义务没有影响的，第三人就无权上诉。

▶ **例14-17**　孔某向某县政府提出书面申请，请求为其核发土地使用证，但某县政府以申请办证引起与张某发生土地权属纠纷为由立案，在组织孔某与张某多次协商未果的情况下对双方的土地权属争议作出决定，认定土地属于孔某。张某认为该土地使用权应确定由其享有，向法院提起诉讼，要求撤销县政府的处理决定。下列哪一说法是正确的？

A. 本案应由某县法院管辖
B. 本案的审理对象是县政府为孔某核发土地使用证的行为
C. 县政府的处理决定合法，应判决驳回张某的诉讼请求
D. 若孔某作为本案的第三人，对法院的一审判决不服，有权提起上诉

分析：县政府是本案被告，应当由中院而不是基层法院管辖，A项错误。本案的审理对象是县政府认定争议土地归属孔某的行为，而不是核发土地使用证的行为，B项错误。在被诉行政行为正确的情况下，应当判决驳回原告的诉讼请求（详见后文"结案制度"），C项正确。孔某作为第三人，只有一审对其作出结果不利的判决时才可以上诉，D项错误。

二、代表人

从性质上看，行政诉讼代表人本身就是原告中的一员，只不过有时候原告一方是一个非法人的集体，或者原告的人数众多，为了诉讼活动的顺利进行，必须由一个主体代表原告（们）的意志，因此产生了诉讼代表人制度。行政诉讼中的代表人包括这样几种：

第一，合伙企业的代表人，合伙企业起诉的，应当以核准登记的字号为原告，由执行合伙企业事务的合伙人作为诉讼代表人。

第二，其他组织的代表人，不具备法人资格的其他组织向法院提起诉讼的，由该组织的主要负责人作为诉讼代表人，没有主要负责人的，可以由推选的负责人作为诉讼代表人。

第三,共同诉讼的代表人,当事人一方人数众多的共同诉讼,可以由当事人推选代表人进行诉讼。在合理期限内没有推选的,法院可以指定。代表人的诉讼行为对其所代表的当事人发生效力,但代表人变更、放弃诉讼请求或者承认对方当事人的诉讼请求,应当经被代表的当事人同意。

三、代理人

行政诉讼的代理人分为法定代理人、指定代理人、委托代理人三种,行政诉讼代理人的确定与民事诉讼代理人的确定适用同一规则。具体制度如下:

(一) 法定代理人

没有诉讼行为能力的公民,由其法定代理人代为诉讼。

(二) 指定代理人

法定代理人之间互相推诿代理责任的,由法院指定其中一人代为诉讼。

(三) 委托代理人

当事人、法定代理人可以委托1至2人作为诉讼代理人。

下列人员可以被委托为诉讼代理人:(1) 律师、基层法律服务工作者;(2) 当事人的近亲属或者工作人员;(3) 当事人所在社区、单位以及有关社会团体推荐的公民。

代理诉讼的律师有权按照规定查阅、复制本案有关材料,有权向有关组织和公民调查,收集与本案有关的证据。对涉及国家秘密、商业秘密和个人隐私的材料,应当依照法律规定保密。当事人和其他诉讼代理人有权按照规定查阅、复制本案庭审材料,但涉及国家秘密、商业秘密和个人隐私的内容除外。

思 维 拓 展

【示范案例】

广东省湛江荣港汽车贸易公司诉湖南省常德市工商局行政处罚案[①]

1995年3月2日,常德市天泉贸易有限公司(下称天泉公司)与被广东省湛江荣港汽车贸易公司(下称荣港公司)签订了一份购销"三星"牌SXZ6451轻型客车11辆的购销合同。同月上旬,荣港公司根据合同约定经铁路向天泉公司发运"三星"牌旅行车5辆至湖南省石门县火车站。天泉公司收货后,未按合同规定给付货款和结算,荣港公司也未向天泉公司提供该批汽车的产品合格证、使用说明书及增值税发票。

1995年3月21日,湖南省常德市工商局查扣了天泉公司上述5辆"三星"牌旅行车中的4辆,并开具了工商冻字第11号冻结款物通知。荣港公司于次日通过天泉公

[①] 案例来源为:最高人民法院行政判决书(1999)行终字第3号。

司向常德市工商局提供了该批汽车的有关证据。同月23日,常德市工商局申请常德市进出口商品检验局对所扣汽车进行原厂属性鉴定,鉴定的结论是:"该批汽车系美国克莱斯勒公司原产。"常德市工商局以此认定被查扣的"三星"牌汽车系美国"道奇"牌原装小客车。

常德市工商局以买卖双方均不能提供该批汽车的《海关货物进口证明书》《商检证》等合法手续为由,依据国务院办公厅(1993)55号文件第2条的规定,于1995年4月27日作出(1995)工商案字第14号处罚决定,将所扣押的4辆汽车予以没收。

天泉公司不服上述处罚决定,于同年5月2日向湖南省工商局申请复议。湖南省工商局于同年7月3日作出湘工商复字(1995)第11号维持原处罚决定的复议决定。荣港公司不服常德市工商局(1995)工商案字第14号处罚决定,于同月17日向湖南省高级法院提起行政诉讼。湖南省高级法院于同月18日作出(1995)湘高法行初字第3号行政裁定:停止被诉具体行政行为的执行;查封了被常德市工商局没收的"三星"牌七座旅行车4辆。

湖南省高级法院经审理认为,荣港公司依照双方签订的购销合同,销售给天泉公司5辆"三星"牌汽车的手续完备。但因天泉公司未按合同付款,汽车所有权未发生转移,荣港公司依法可提起诉讼。该批汽车是广东三星汽车制造公司经国务院有关部门批准从美国进口"道奇"车散件组装生产的"三星"牌旅行车。广东三星汽车制造公司是生产销售"三星"牌汽车的合法厂家,销售该批汽车的手续齐全、合法有效。常德市工商局认定该批汽车系美国"道奇"牌原装车,以买卖双方均不能提供合法手续为由,依据国务院办公厅(1993)55号文件第2条的规定,作出没收天泉公司4辆汽车的处罚决定,是认定事实错误,证据不足的错误行政行为。湖南省高级法院参照国务院办公厅(1993)55号文件第2条、根据《行政诉讼法》第54条第(2)项一目的规定,经审判委员会讨论决定,于1998年11月30日作出(1995)湘高法行初第3号行政判决。判决:(1)撤销常德市工商局(1995)工商案字第14号处罚决定。(2)由常德市工商局在判决生效后15日内返还被扣押的4辆"三星"牌汽车给荣港公司;如无原物返还,按该车原价每辆33.5万元,共计价款134万元,返还给荣港公司。

常德市工商局不服一审判决,向最高法院提起上诉,认为根据《民法通则》第72条关于"按照合同或者其他合法方式取得的财产,财产所有权从财产交付时起转移"的规定,湖南省高级法院(1995)湘高法行初第3号行政判决以"天泉公司未按合同付款"为由认定"汽车所有权没有转移,荣港公司依法可提起诉讼",荣港公司具有原告资格,其结论与法相悖。据此认为荣港公司不具有原告主体资格。荣港公司在答辩和庭审中认为,其于1995年3月上旬根据合同约定,向天泉公司发运"三星"牌汽车5辆。天泉公司收货后,未按合同规定给付货款和结算,荣港公司也未向天泉公司提供该批汽车的产品合格证、使用说明书及增值税发票。该批汽车所有权未发生转移,仍归荣港公司所有,其拥有行政诉讼的原告资格。

最高人民法院经审理认为,荣港公司与天泉公司在履行购销上述"三星"牌轻型客车合同过程中,仅将车辆运至石门火车站,该批汽车的质量验收、货款结算等尚未进行,根据合同约定,该批汽车所有权尚未转移。荣港公司对常德市工商局没收该批汽车的处罚决定不服提起行政诉讼,符合行政诉讼法的规定。荣港公司具有行政诉讼主体资格。常德市工商局认为荣港公司不具备行政诉讼主体资格的上诉理由不能成立。

法律问题:荣港公司在本案中是否具备行政诉讼的原告资格?天泉公司在本案中是否具备行政诉讼的原告资格?

法理分析:我们知道,行政诉讼的原告是"行政行为的相对人以及其他与行政行为有利害关系的公民、法人或者其他组织"。这里的利害关系,首先是现实存在或者按照常态必将发生的利害关系,而不仅仅是一种或然的可能性;这种利害关系所涉及的还应当是法律上的利益而不是事实上的利益;这种利害关系还应该是直接的而不是间接的。在本案中,被诉的行政行为是常德市工商局没收几辆汽车的决定。那么,这几辆汽车的所有权人就是没收决定的直接相对人,显然具有原告资格。

按照法院查明的案件事实,荣港公司是汽车的卖方,天泉公司是买方。荣港公司根据合同约定经铁路向天泉公司发运"三星"牌旅行车5辆至买方所在地的湖南省石门县火车站。天泉公司收货后,未按合同规定给付货款和结算,荣港公司也未向天泉公司提供该批汽车的产品合格证、使用说明书及增值税发票。根据《民法通则》第72条的规定,"按照合同或者其他合法方式取得的财产,财产所有权从财产交付时起转移。"但是,货物所有权的转移首要从约定,合同双方没有约定才按照法律规定。在本案中,荣港公司与天泉公司约定汽车所有权转移的条件是完成汽车的质量验收、货款结算等事项。而事实上,上述事项在案中尚未进行,根据合同约定,该批汽车的所有权尚未转移,仍归荣港公司所有。毫无疑问,作为汽车所有权人的荣港公司对于工商局的没收决定肯定是具有原告资格的。

那么,作为汽车买方的天泉公司有没有行政诉讼的原告资格呢?在本案中,天泉公司对常德市工商局的行政处罚决定也表示不服,并向湖南省工商局申请了行政复议。湖南省工商局不但受理了这个复议申请,还审结了案件并作出了维持原处罚的行政复议决定。按照《行政诉讼法》和《行政复议法》的相关规定,行政复议申请人资格的认定标准与行政诉讼原告资格的认定标准并没有什么本质差别。如果湖南省工商局对天泉公司复议申请的受理是正确的话,天泉公司也就应该具有行政诉讼的原告资格。但是,我们认为,湖南省工商局的这一受理决定恰恰是错误的,天泉公司既没有行政复议的申请人资格,也没有行政诉讼的原告资格。对此,我们可以对照原告的认定标准来逐一分析。首先,天泉公司与没收汽车的决定存在着现实的利害关系。因为工商局的没收行为已经执行,天泉公司购买的汽车已经无法取得,其购买行为客观上已经不能实现,其利益已经受到现实的影响。从这一点看,天泉公司是符合条件的。其次,天泉公司与没收汽车的决定存在着法律上的利害关系。因为汽车被没收,影响的是财产权,财产权是一种法定权利,当然构成法律上的利害关系。从这一点看,天泉公司也是符合条件的。再次,天泉公司与没收汽车的决定存在的是间接的利害关系,这一点才是至关重要的。因为,按照买卖双方合同的约定,天泉公司还没有取得汽车的所有权。没收决定直接影响的是荣港公司的财产权,天泉公司是基于与荣港公司的买卖合同关系这一媒介才与没收决定发生联系的,这是一种间接的利害关系而不是直接的。在这一点上,天泉公司是不符合充当原告的条件的。

综上所述,天泉公司没有资格对常德市工商局的没收决定提起行政诉讼。在本案中,天泉公司寻求利益补救的正确渠道是对卖方荣港公司提起民事诉讼寻求赔偿。

【思考案例】

田家乐诉北京市朝阳区民政局为其父亲与郑××办理结婚登记案[①]

加拿大籍华人田家乐对北京市朝阳区民政局为其父亲田立与郑某某办理结婚登记行为不服,并要求行政赔偿,向朝阳区法院提起行政诉讼。田家乐诉称,其父亲患有法定的禁婚疾病,不符合法定结婚条件。被告朝阳区民政局为其父亲与郑某某办理结婚登记手续,免收了婚前健康检查证明,程序严重违法。同时,被告的结婚登记行为给原告造成经济损失。为此向法院起诉,要求依法确认被告朝阳区民政局颁发结婚证的行政行为违法,判令被告撤销结婚登记,并承担违法行政责任,限期恢复财产,并赔偿经济损失人民币11万余元。在案件审理中,朝阳区民政局辩称,原告不是行政行为相对人,不具备诉讼主体资格。被告作为婚姻登记管理部门,在对登记人的婚姻状况等有关证明进行核实后,认为登记人具备民事行为能力,并系自愿结婚,故其行为并无违法之处。另外,根据婚姻法的规定,原告不得干涉其父的婚姻,原告没有要求撤销该婚姻登记的权利。

朝阳区法院认为,根据《行政诉讼法》及原《若干解释》的规定,与具体行政行为有法律上利害关系的公民、法人或其他组织对该行为不服的,可以提起行政诉讼。本案中,原告田家乐所诉的婚姻登记管理机关为其父与郑某某办理结婚登记行为,该行为系婚姻登记管理机关与结婚登记申请人之间的行政法律关系,原告田家乐与该行政行为没有法律上的利害关系。因此,原告田家乐不具有行政诉讼原告的主体资格。综上,依据原《若干解释》第44条第1款第2项之规定,裁定如下:驳回原告田家乐的起诉。

法律问题:在本案中,起诉人田家乐主张的经济损失与其父田立、郑某某二人的婚姻登记行为存在着何种因果关系?在本案中,田家乐主张的经济损失是否属于法律上的利益?田家乐在本案中是否具备行政诉讼的原告资格?

【学术探讨】

我国的行政诉讼目前采取的是主观诉讼的模式,就是只允许当事人以自己的主观

[①] 案例来源为:程琥:《从儿子申请撤销父亲结婚登记行政诉讼案析行政诉讼原告资格制度的发展》,载《行政执法与行政审判》2003年第1辑,法律出版社2003年版。

权利受到影响而起诉。在《行政诉讼法》修订的过程中,很多人主张引入客观诉讼,就是允许以客观的法律秩序受到影响作为诉讼理由,也就是建立行政公益诉讼制度。尽管2014年修订的《行政诉讼法》并未建立这一制度,但由于中共中央《关于全面推进依法治国若干重大问题的决定》提出了这一目标,该制度在未来有望建立。对于行政公益诉讼中的原告资格有不同主张,有人认为只能赋予检察院以原告资格;有人认为除了检察院,还可以赋予具备一定条件的社会团体和社会公益组织;有人则认为,除了上述两类主体,还应当允许普通公民以维护公共利益为由提起行政诉讼。对此,你赞同上述哪一种主张?

第十五章

行政诉讼的程序

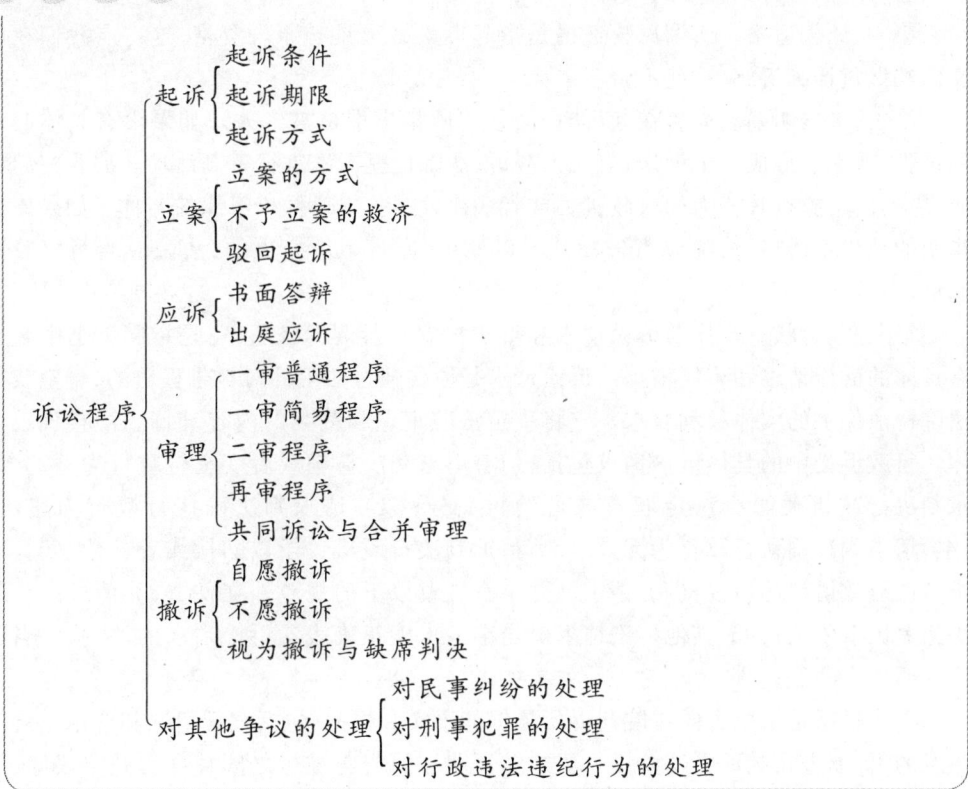

行政诉讼的程序问题很多,其重要方面包括起诉、立案、应诉、审理、撤诉等环节。从总体上看,行政诉讼的程序规则和民事诉讼是相似的,行政诉讼法甚至可以被视为民事诉讼法的特别法。在这里,我们主要应掌握行政诉讼程序中的特有规则,即行政诉讼与民事诉讼程序的不同之处。其中,最重要也比较复杂的是行政诉讼起诉时限的计算。掌握这一问题,关键是区分不同类型案件的诉讼标的,诉讼标的不同直接决定了起诉时限计算原理、计算方法不同。另外,对于行政争议和民事争议交织案件的程序选择也是一个难点,修订后的《行政诉讼法》对原来的制度设计变动也比较大,同样需要认真体会。

第一节 行政诉讼的起诉

行政诉讼的起诉环节,主要是掌握起诉条件、起诉期限的计算和起诉方式,其中起诉期限的计算是重点也是难点。

一、起诉条件

起诉应当符合如下形式条件:

第一,原告适格。所谓原告适格是指起诉人必须具有原告资格,这一点我们在前文已经做过详细讲解,在此不赘。

第二,被告明确。原告在起诉时,必须明确指出谁是被告人。如果没有具体明确的被告,就无法形成一个诉讼,就无人应诉,法院也就无法进行审判活动。原告在起诉时,应列出实施行政行为的行政机关或者法律、法规、规章授权组织的名称。如果原告指明的被告不适格,法院应当告知其予以变更,原告拒绝变更的,法院应当裁定驳回起诉。

第三,起诉状有具体的诉讼请求和事实根据。所谓诉状适格,是指起诉书中必须有具体的诉讼请求和事实根据。诉讼请求是原告通过法院针对被告提出的,希望获得法院司法保护的实体权利要求。它将决定法院审理和裁判的内容,因此必须明确、具体。行政诉讼中的具体诉讼请求包括:(1)请求判决撤销或者变更行政行为;(2)请求判决行政机关履行法定职责或者给付义务;(3)请求判决确认行政行为违法;(4)请求判决确认行政行为无效;(5)请求判决行政机关予以赔偿或者补偿;(6)请求解决行政协议的争议;(7)请求一并审查规章以下的规范性文件;(8)请求一并解决相关民事争议;(9)其他诉讼请求。当事人未能正确表达诉讼请求的,法院应当予以释明。

事实根据是指原告向法院起诉所依据的事实和根据,包括案件情况和证据。值得注意的是,原告在起诉受理阶段只要能够证明在原告与被告之间存在行政争议即可,原告提供的证据不需要达到足以证明行政行为违法的程度,这是因为对被诉行政行为合法性的举证责任是由被告承担的。

第四,属于法院受案范围和受诉法院管辖。所谓受案范围,是指法院系统受理行政案件的范围,或者说是法院系统与其他国家权力系统(如行政机关、立法机关)的权力界限,它也决定了当事人的诉权范围。起诉如果超出了法院受案范围,则起诉不能成立,法院也无权受理。所谓管辖,是指法院系统内部对行政案件受理的分工,当事人应依法向对案件有管辖权的法院起诉。但是,当原告向无管辖权的法院起诉时,并不会因此丧失诉权,只是会耽误案件进程。在这种情况下,无管辖权的法院应告知其向有管辖权的法院起诉;无管辖权的法院已经立案受理的,应将案件移送给有管辖权的法院。

二、起诉期限

行政诉讼的起诉期限,就是原告提起行政诉讼所受到的时间限制,原告只有在该期限之内提起诉讼方能被法院所受理,否则法院应裁定不予受理,已经受理的也应裁定驳回起诉。注意行政诉讼的起诉期限与民事诉讼中的诉讼时效并不相同,民事诉讼的时效存在着中断、中止的问题,而在行政诉讼的起诉期限中,并无此类问题存在,只有期限扣除和延长的问题。

行政诉讼起诉期限的计算,因当事人起诉的对象与程序不同而有所不同,分为下列四种情况。

(一)起诉行政行为作为的案件

原告直接向法院提起诉讼的,应当自知道或者应当知道作出行政行为之日起6个月内提出。法律另有规定的除外。因不动产提起诉讼的案件自行政行为作出之日起超过20年,其他案件自行政行为作出之日起超过5年提起诉讼的,法院不予受理。

这里可以分为两种情况。第一种情况,被告作出行政行为时,原告就知道了这个行为,比如被告向原告进行了直接送达。此时,行政行为作出之日和原告知道其作出之日,实际上是重合的。也就是从这个时间起,原告应当在6个月内起诉。

第二种情况,被告作出行政行为时,原告不知道这个行为,后来才知道这个行为,或者后来有证据证明他应该知道这个行为,就要以其知道或应当知道行为作出之日为准,从此时起算6个月的起诉期限。但是,最长不得超过行政行为作出之日起5年,不动产案件则是不超过20年。

例如,某村在距离该村较远的地方有一块土地,由于距离较远长期没有使用。1995年8月1日,县政府修建一条通往县城的公路占用了这块土地,但没有告知该村。直到2015年这条公路要拓宽的时候,该村才有人提起当年修路时好像占了村里一块地。2015年6月1日,村长到县政府去询问,县政府经查明告知当年确实占用了该村土地,但因时间距今过长不予补偿。村长不服,县政府说不服你就去告吧。本案的诉讼期限如何计算呢?首先,应当从村长知道行政行为作出之日,即2015年6月1日起算6个月,算至2015年12月1日;再从行政行为作出之日,即1995年8月1日起算20年(不动产案件),算至2015年8月1日;最后取两个时间段的交集,则实际可以行使诉权的时间,就是2015年6月1日至2015年8月1日,只有2个月。

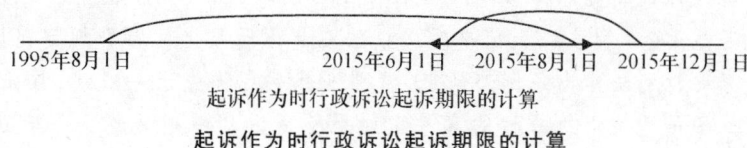

起诉作为时行政诉讼起诉期限的计算

起诉作为时行政诉讼起诉期限的计算

▶ **例 15-1** 因甲公司不能偿还到期债务,贷款银行向法院提起民事诉讼。2004 年 6 月 7 日,银行在诉讼中得知市发展和改革委员会已于 2004 年 4 月 6 日根据申请,将某小区住宅项目的建设业主由甲公司变更为乙公司。后银行认为行政机关的变更行为侵犯了其合法债权,于 2006 年 1 月 9 日向法院提起行政诉讼,请求确认市发展和改革委员会的变更行为违法。下列关于本案起诉期限的哪种说法符合法律规定?

A. 原告应当在知道被诉行政行为作出之日起 5 年内提起行政诉讼
B. 原告应当在知道被诉行政行为作出之日起 20 年内提起行政诉讼
C. 原告应当在知道被诉行政行为作出之日起 2 年内提起行政诉讼
D. 原告应当在知道被诉行政行为作出之日起 6 个月内提起行政诉讼

分析:本案较为简单,其基本判断在于明确市发改委作出变更行为时,银行并不知道该行为作出了,直至民事诉讼期间方才得知,则诉讼时限的起算点应为知道该行政行为作出之日,时间长度不超过 6 个月,因此只有 D 项是正确的。

▶ **例 15-2** 1995 年田某向原国家专利局申请 A 发明专利,次年 4 月与胡某签订"关于创办 B 厂协议书"。在田某不知情的情况下,1998 年 4 月 20 日某区工商局根据胡某的申请向胡某颁发了 B 厂企业法人营业执照,胡某为法定代表人。1999 年 5 月 11 日,某区工商局根据 B 厂的申请注销了该厂的登记。2000 年 10 月 20 日田某向某区工商局了解 B 厂情况,同年 11 月 2 日该局告知该厂登记、注销情况。2003 年 7 月 31 日国家专利行政部门授予田某 A 专利权并予以公告。2004 年 8 月 10 日,田某以某区工商局向胡某颁发企业法人营业执照行为侵犯其专利权为由向法院提起诉讼。下列哪一种说法是正确的?

A. 田某的专利权保护期自 2004 年 7 月 31 日起算
B. 田某起诉期限自 2000 年 10 月 20 日起算
C. 如果《专利法》对起诉期限有特别规定时,田某提起诉讼的起诉期限应从其规定
D. 对田某的起诉,法院不予受理

分析:在本案中,田某的专利权保护期应当回溯到申请日,A 项错误。由于田某直至 2000 年 11 月 2 日才被告知工商局对 B 厂的营业登记行为,此时田某才知道被诉行为的内容,起诉时限应当从此时起计算 6 个月。田某在 2004 年 8 月 10 日起诉,已经超过了这一期限,法院不应受理。可知 B 项错而 D 项对。但对本案分析的难点在 C 项,很多人认为根据特别法优先于一般法的原理,以及《行政诉讼法》上的明文规定,C 项的表述是正确的。这种认识是对法律规定的误解,原因在于案中工商局向胡某颁发企业法人营业执照的行为根本没有侵犯田某的专利权,田某无权根据《专利法》起诉,本案根本就不适用《专利法》,又何来适用该法在起诉时限上的特别规定呢!所以,我们不能认为只要特别法作出了例外规定,特别法就一定优先于一般法,首先还要判断这个特别法是不是适用于所分析的案件。如果不适用,"特别法优于一般法"就完全

无从谈起。

▶ **例 15-3** 甲与乙婚后购买一套房屋,产权证载明所有权人为乙。后双方协议离婚,约定房屋赠与女儿,甲可以居住房屋至女儿满 18 岁,但未办理房屋所有权转移登记。不久,乙与丙签订抵押借款协议,将房屋抵押给丙,2005 年 10 月 8 日丙取得房产局发放的房屋他项权利证书。2006 年 11 月 7 日,丙在联系不到乙的情况下,找到甲并出示抵押相关材料和证书,甲才知该房屋已被抵押,遂要求房产局解决。未获得满意答复后,甲于 2007 年 1 月 16 日向法院起诉请求注销该证书,并同时以丙为被告向法院提起民事诉讼,请求确认抵押借款协议无效。下列说法正确的是什么?

A. 甲提起行政诉讼的起诉期限应自 2005 年 10 月 8 日起计算
B. 甲的起诉已过起诉期限
C. 法院应当中止行政诉讼,待民事诉讼审结后再恢复诉讼
D. 法院应当中止民事诉讼,待行政诉讼审结后再恢复诉讼

分析:在本案中,被诉行政行为(发放房屋他项权利证书)作出时,原告甲并不知情,故应从事后知情之日(2006 年 11 月 7 日)起 6 个月内起诉,2007 年 1 月 16 日起诉并未超过此期限,故 AB 两项均错误。又因抵押借款协议是否有效,是房产局发放房屋他项权利证书的行为是否合法的前提,因此,本案中的行政诉讼应当以民事诉讼的审理结果为依据,先民事后行政,故 C 项对而 D 项错。

(二)起诉行政不作为的案件

行政不作为案件,即行政主体不履行其法定职责,造成当事人合法权益的损害,因而提起的行政诉讼。诉行政不作为案件,其起诉期限的计算与诉行政行为作为的案件有所不同,包括三种具体情况:

(1)如果法律、法规规定了行政机关履行职责的期限,则从该期限届满之日起,当事人可以起诉。

(2)如果法律、法规没有规定行政机关履行职责的期限,则行政机关在接到申请之日起 2 个月内仍不履行职责的,当事人可以起诉。

(3)当事人在紧急情况下请求行政机关履行职责,行政机关不履行的,可以立即起诉。如对于路旁发生的一起聚众斗殴事件,路过此处的巡警视而不见。虽有当事人向其呼救,巡警仍置若罔闻,则在斗殴中受到伤害的当事人可以立即起诉公安机关。

上述规则明确的是不作为案件起诉期限起点的计算,其终点应当是起点之后的 6 个月,也就是与起诉作为的案件相同。

(三)经复议后再起诉的案件

当事人对于行政争议,经行政复议之后仍然不服复议决定的,其提起行政诉讼的期限,分为以下两种情况:

(1)复议机关作出复议决定的,当事人可以在收到复议决定书之日起 15 日内起诉。

（2）复议机关逾期不作出决定的,当事人可以在复议期满之日起 15 日内起诉。

在上述两种情况中,如果另有其他法律对 15 日的起诉期限作出不同规定的,从其例外。

（四）起诉行政协议的案件

当事人对行政机关不依法履行、未按照约定履行行政协议提起诉讼的,参照民事诉讼上关于诉讼时效的规定。对行政机关单方变更、解除行政协议等行为提起诉讼的,适用行政诉讼上关于起诉期限的规定。

行政诉讼的起诉期限除按照上述规则计算之外,还包括扣除和延长的问题。

（1）扣除。原告因不可抗力或者其他不属于自身的原因（例如被限制人身自由）耽误起诉期限的,被耽误的时间不计算在起诉期限内。

（2）延长。因上述规定以外的其他特殊情况耽误起诉期限的,在障碍消除后 10 日内,可以申请延长期限,是否准许由法院决定。

三、起诉方式

（一）书面起诉

原则上,原告起诉应当向法院递交起诉状,并按照被告人数提出副本。

（二）口头起诉

原告书写起诉状确有困难的可以口头起诉,由法院记入笔录,出具注明日期的书面凭证,并告知对方当事人。

第二节　行政诉讼的立案

立案,是指法院对公民、法人或者其他组织的起诉进行审查,对符合法定条件的起诉决定立案审理,从而引起诉讼程序开始的职权行为。换句话说,公民、法人或者其他组织起诉后,法院还要审查是否符合起诉条件,决定是否立案受理,只有在法院决定立案受理后,行政诉讼程序才真正开始。法院立案产生两方面的法律效果:一方面,受诉法院既取得了对此案的审判权,也要担当起相应的责任;另一方面,起诉人和被诉人分别取得了原告和被告的诉讼地位。

"立案难"是我国行政审判实践中的一大长期难题,大量的行政争议被挡在法院大门之外。从制度上究其原因,法院在立案阶段拥有实质审查权乃是症结所在。这种实质审查权实际上意味着法院可以未审先判。有鉴于此,2014 年中共中央《关于全面推进依法治国若干重大问题的决定》提出,改革法院案件受理制度,变立案审查制为立案登记制,对法院依法应该受理的案件,做到有案必立、有诉必理,保障当事人诉权。在这一思想指导下,2014 年修订的《行政诉讼法》规定行政诉讼实行登记立案制,即法院在这一环节只对起诉是否符合起诉条件进行形式审查,不作实质审查,以降低行政诉讼受理的门槛,解决"立案难"的问题。换言之,只要原告起诉在形式上符合条件,法院就应当接收起诉状。

一、立案的方式

对当事人依法提起的诉讼,法院应当一律接收起诉状,并根据不同情况作出下列处理:

(1) 登记立案。法院在接到起诉状时,经形式审查能够判断符合起诉条件的,应当当场登记立案。

(2) 审查后决定立案。对当场不能判定是否符合起诉条件的,法院应当接收起诉状,出具注明收到日期的书面凭证,并在 7 日内决定是否立案。经审查认为符合起诉条件的,应当立案;7 日内仍不能作出判断的,也应当先予立案;经审查认为不符合起诉条件的,应当作出不予立案的裁定,裁定书应当载明不予立案的理由,原告对裁定不服的可以上诉。

(3) 补正后决定立案。当事人的起诉状内容或者材料欠缺或者有其他错误的,法院应当给予指导和释明,并一次性全面告知当事人需要补正的内容、补充的材料及期限。不得未经指导和释明即以起诉不符合条件为由不接收起诉状。当事人在指定期限内补正并符合起诉条件的,应当登记立案;当事人拒绝补正或者经补正仍不符合起诉条件的,裁定不予立案,并载明不予立案的理由。

二、不予立案的救济

(1) 法院不接收起诉状、接收起诉状后不出具书面凭证,以及不一次性告知当事人需要补正的起诉状内容的情况。这种情况下,当事人可以向上级法院投诉,上级法院应当责令改正,并对直接负责的主管人员和其他直接责任人员依法给予处分。

(2) 法院既不立案又不作出不予立案裁定的情况。这种情况下,当事人可以向上一级法院起诉。上一级法院认为符合起诉条件的,应当立案、审理,也可以指定其他下级法院立案、审理。

(3) 法院作出不予立案裁定的情况。这种情况下,当事人可以在裁定书送达之日起 10 日内向上一级法院提起上诉。

▶ **例 15-4** 某省甲市南区人民政府为改造旧城建设,成立一公司负责旧房拆除。郭某因与该公司达不成协议而拒不搬迁。南区人民政府决定对其住房强制拆迁。郭某对强制拆迁行为不服向南区人民法院提出行政诉讼,一个月未得到南区人民法院答复。下列哪一说法是正确的?

A. 郭某可以向甲市中级人民法院起诉
B. 郭某可以向甲市中级人民法院申诉
C. 郭某可以向某省高级人民法院起诉
D. 因此案不属行政诉讼受案范围,南区人民法院不予答复是正确的

分析：本案属于法院既不立案又不作出不予立案裁定的情况，当事人可以向上一级法院也就是甲市中院起诉，因此只有 A 项说法正确。

三、驳回起诉

驳回起诉，指的是法院在受理案件之后，经过审查发现当事人的起诉其实不符合起诉条件时作出的一种裁定。根据发现时间的不同，法院有可能在受理后、开始实质审理之前裁定驳回起诉，也有可能在对案件进行实质审理的过程中、或者在实质审理结束之后裁定驳回起诉。

有下列情形之一，已经立案的，法院应当裁定驳回起诉：(1) 不符合《行政诉讼法》第 49 条规定的起诉条件的（包括原告适格、被告明确、诉状适格、属于受案范围、管辖正确）；(2) 超过法定起诉期限且无正当理由的；(3) 错列被告且拒绝变更的；(4) 未按照法律规定由法定代理人、指定代理人、代表人为诉讼行为的；(5) 未按照法律、法规规定先向行政机关申请复议的；(6) 重复起诉的；(7) 撤回起诉后无正当理由再行起诉的；(8) 行政行为对其合法权益明显不产生实际影响的；(9) 诉讼标的已为生效裁判所羁束的；(10) 不符合其他法定起诉条件的。

第三节 行政诉讼的应诉

所谓应诉，就是被告在法院立案之后，针对原告的起诉进行回应的活动。这种回应体现在两个阶段，一是在收到起诉书副本之后进行书面答辩；二是在案件开庭审理时出庭回应。

一、书面答辩

法院应当在立案之日起 5 日内将起诉状副本发送被告。被告应当在收到起诉状副本之日起 15 日内向法院提交作出行政行为的证据和所依据的规范性文件，并提出答辩状。法院应当在收到答辩状之日起 5 日内将答辩状副本发送原告。

被告不提出答辩状的，不影响法院审理。

二、出庭应诉

被诉行政机关负责人原则上应当出庭应诉；不能出庭的，应当委托行政机关相应的工作人员出庭。2014 年修订的《行政诉讼法》确立行政首长出庭应诉制度，目的是解决长期以来"告官不见官"的问题。行政首长亲自出庭有助于树立其依法行政的意识，也有助于推动案件的真正解决和法院裁判的有效执行。所谓行政首长包括行政机关的正职和副职负责人，行政首长出庭应诉的，还可以另行委托一至二名诉讼代理人。

第四节　行政诉讼的审理

行政诉讼的审理程序有两个重要原则,一是原则上不适用调解,二是原则上不适用简易程序。

首先,行政诉讼原则上不适用调解。诉讼程序中的调解,就是双方当事人在法院的疏导、劝说下,相互协商、相互谅解、自愿达成协议,从而解决纠纷的活动。行政诉讼原则上不适用调解,原因之一在于法院主要审查的是被诉行政行为的合法性,一个行政行为要么合法,要么违法,不存在第三种可能。而调解的目的正是寻找合法与违法的中间状态,这在逻辑上就是不可能的。原因之二在于调解在诉讼中得以成立的前提是当事人可以自由处分自己的权利,而行政诉讼的被告是代表国家行使管理权,其对自身的行政职权没有处分权,不得放弃和作出让步。原因之三在于调解以自愿为原则,行政相对方在与公权力的对抗中极有可能失去自愿的前提,从而屈从于行政机关。基于以上原因,修订前的《行政诉讼法》只规定了一种情况可以调解,就是在被诉行政行为的合法性已经判明的前提下,对于当事人附带提出的行政赔偿请求或行政补偿请求,法院可以调解,调解的内容也仅限于双方可以自由处分的范围,如赔偿或补偿的范围、方式和数额。2014年修订后的《行政诉讼法》考虑到行政诉讼也处理一些明显不当的行政行为,可能涉及行政自由裁量的合理性问题,所以新增规定对于行政机关行使自由裁量权引起的合理性争议的案件也可以适用调解。因为,行政机关在其自由裁量权的范围内与当事人平等协商达成一致结果,并不会涉及违法放弃或滥用行政权力的问题。但无论如何,行政诉讼不宜适用调解的根本原因依然是存在的:法院对行政争议合理性的审查毕竟仅限于明显不当的程度;大量行政权的行使毕竟是不能自由裁量的,是受到法律严格羁束的;原告在公权力的压力下也仍然存在着被迫妥协的可能。因此,调解在行政诉讼中无法像民事诉讼那样被普遍适用,行政诉讼仍然以不调解为原则,以调解为例外。

其次,行政诉讼原则上不适用简易程序。行政诉讼原则上实行合议制,合议庭由3人以上单数的审判员或由审判员与陪审员共同组成。对于发回重审的案件,原审法院还应当另组合议庭进行审理。对于个别案件,可以适用简易程序进行独任审理,后文将加以详述。总之,就是行政诉讼以合议制为原则,以独任制为例外。

有关行政诉讼审理的具体制度,介绍如下:

一、一审普通程序

行政诉讼的一审程序基本与民事诉讼相同,需要分析的问题不多,主要注意如下几点:

(1)审理的方式。行政诉讼的一审应当公开开庭审理,除非涉及国家秘密、个人隐私或法律另有规定。

(2)审理的期限。一审的审限原则上是6个月,有特殊情况需要延长的报高级法院批准,高级法院审理一审案件需要延长的报最高法院批准。

二、一审简易程序

(一)简易程序的适用范围

法院适用简易程序的基本条件是认为该案件事实清楚、权利义务关系明确、争议不大。具体的适用范围包括:

(1)被诉行政行为是依法当场作出的。如适用简易程序当场作出的行政处罚,当场作出的行政许可如工商登记,当场采取的即时性行政强制措施,等等。这些案件的案情一般都很简单,争议的标的额也很小,没有必要耗费精力通过一般程序来解决纠纷。例如,当事人因违章停车被交警当场以简易程序作出150元的罚款决定,如果当事人不服起诉,法院依照普通程序进行审理,依法组成三人以上的合议庭,围绕着150元耗时6个月,不论得出一个什么样的结论,对于双方当事人和法院来讲,都浪费了大量的时间和精力。很多时候,繁琐的诉讼程序也是当事人有纠纷却不愿诉诸法院的原因,对于原告来说,在6个月内花费的时间、金钱远不是区区150元可以衡量的。

(2)案件涉及款额2000元以下的。在行政征收、行政处罚、行政给付、行政强制、行政许可、行政协议等案件中都有可能涉及款额的争议,尤其是行政征收、行政给付等案件大部分的争议都集中在金钱给付上,这就使得很大一部分的行政争议可以诉诸更简便的渠道加以解决,当事人也不会因为考虑到涉及款项较小而放弃自己的诉讼权利。

(3)政府信息公开案件。在因政府信息公开引发的诉讼中,当事人一般对信息的要求是比较急迫的,而且信息本身也在不断更新。所以,2014年修订的《行政诉讼法》认为法院在审理此类案件时,不宜采用较长的审理期限,而应当视情况采取简易的审理方式。

(4)当事人各方同意适用简易程序的其他案件。与民事诉讼中当事人可以约定适用简易程序的规定相同,行政诉讼中也允许双方合意选择适用简易程序,这条规定是出于对当事人程序选择权的尊重。如果法院认为可以适用简易程序的行政案件,在告知当事人之后双方不提出异议的,法院也可以适用简易程序,这也视为当事人合意选择了简易程序。但是,由于行政诉讼中的被告是行政机关,在行政活动中的强势地位是很难在审判程序中完全消除的,所以法院要重点审查原告的意思表示是否真实,以防止被告利用行政权迫使原告作出违背真实意愿的选择。

对于简易程序的适用,还需要注意如下三点:(1)无论是哪种适用情形,适用简易程序都应当以案件事实清楚、权利义务关系明确、争议不大为前提。(2)即使一个案件满足了简易程序的适用条件,法院也只是可以适用简易程序,而不是应当适用,法院可以基于专业判断自主决定对某些案件依然采用普通程序来审理。(3)只有普通的一审案件才有可能适用简易程序,一审发回重审的案件、二审案件、再审案件都不适用简易程序。

(二)简易程序的特殊规定

适用简易程序审理的行政案件,由审判员一人独任审理,并应当在立案之日起45日内审结。其他方面的制度,与一审普通程序相同。

(三)简易程序向普通程序的转变

法院在审理过程中发现案件不宜适用简易程序的,如发现案件不属于可以适用简易程序的类型,或者不符合事实清楚、权利义务关系明确、争议不大等适用简易程序的前提条件等,应当裁定转为普通程序。

三、二审程序

一审当事人,包括原告、被告、被判决承担义务或减损权益的第三人对法院的一审判决不服的,有权在判决书送达之日起15日内上诉;不服法院不予立案、驳回起诉、管辖异议三种一审裁定的,有权在裁定书送达之日起10日内上诉;逾期不上诉的,第一审判决或裁定发生法律效力。当事人的上诉引起二审,需注意以下几点:

(1)审理内容。二审法院对于行政诉讼的上诉案件,既审查一审判决和裁定,也审查被诉行政行为,均为全面审查,不受上诉理由的限制。

(2)审理方式。二审采用书面审理与开庭审理相结合的形式,原则上应当开庭审理,但经过阅卷、调查和询问当事人,对没有提出新的事实、证据或者理由,合议庭认为不需要开庭审理的,也可以不开庭审理,即采用书面审理。

(3)审理期限。二审审限原则上是3个月,有特殊情况需要延长的报高级法院批准,高级法院审理上诉案件需要延长的报最高法院批准。

四、再审程序

再审程序又称审判监督程序,是指法院对已经发生法律效率的判决、裁定确有错误,或者调解违反自愿原则或者调解书内容违法,依法再次审理的程序。我国的行政诉讼实行两审终审制,所以再审程序并不是每一个行政诉讼案件的必经程序,只是一种特殊程序。

(一)再审的发动方式

再审程序由以下三种方式发动:

(1)当事人申请。当事人认为已经发生法律效力的判决、裁定确有错误的,可以向上一级法院申请再审。是否再审由法院决定,但在决定前不停止原生效裁判文书的执行。当事人向上一级法院申请再审的,应当在法律文书生效后6个月内提出。但是,有下列情形之一的,自知道或者应当知道之日起6个月内提出:(1)有新的证据,足以推翻原判决、裁定的;(2)原判决、裁定认定事实的主要证据是伪造的;(3)据以作出原判决、裁定的法律文书被撤销或者变更的;(4)审判人员审理该案件时有贪污受贿、徇私舞弊、枉法裁判行为的。

（2）法院的决定,包括本院的发现与上级法院的发现。各级法院院长对本院已经生效的判决、裁定,发现其需要再审的,应当提交本院的审判委员会讨论决定是否再审;上级法院对下级法院已经生效的判决、裁定,发现其应当再审的,有权提审或指令下级法院再审。

（3）检察院的抗诉,检察院发现法院已经生效的判决、裁定违法需要再审的,有权按照审判监督程序提出抗诉。对于检察院抗诉的案件,法院应当再审。法院开庭审理抗诉案件时,应当通知检察院派员出庭。

有下列情形之一的,当事人可以向检察院申请抗诉或者检察建议:(1)法院驳回再审申请的;(2)法院逾期未对再审申请作出裁定的;(3)再审判决、裁定有明显错误的。法院基于抗诉或者检察建议作出再审判决、裁定后,当事人继续申请再审的,法院不予立案。

（二）再审的适用范围

下列案件应当再审:(1)不予立案或者驳回起诉确有错误的;(2)有新的证据,足以推翻原判决、裁定的;(3)原判决、裁定认定事实的主要证据不足、未经质证或者系伪造的;(4)原判决、裁定适用法律、法规确有错误的;(5)违反法律规定的诉讼程序,可能影响公正审判的;(6)原判决、裁定遗漏诉讼请求的;(7)据以作出原判决、裁定的法律文书被撤销或者变更的;(8)审判人员在审理该案件时有贪污受贿、徇私舞弊、枉法裁判行为的。

法院决定再审的,除了上述8种案件之外,还包括调解违反自愿原则或者调解书内容违法的情形。检察院抗诉引起再审的,除了上述8种案件之外,还包括调解书损害国家利益、社会公共利益的情形。

（三）再审的基本制度

对再审程序需注意几个问题:

（1）审理内容:再审法院应当全面审查原审判决与被诉的行政行为。

（2）审理程序:再审案件一般适用其原审程序,一审再审的原则上适用一审程序,如果再审是由上级法院提审的则适用二审程序;二审的再审适用二审程序。

（3）审理方式:再审均按原审方式进行,原审开庭审理的再审也开庭审理,原审书面审理的再审也书面审理。

（4）审理期限:再审均适用原审期限。

（5）审理组织:法院审理再审案件,应当另行组成合议庭。

（6）裁判效力:对于一审案件的再审,当事人对于其裁定、判决均可上诉,但如果再审是由上级法院提审的,则再审裁判是生效裁判;对于二审案件的再审,再审裁判为生效裁判。

（四）检察建议制度

2014 年修订的《行政诉讼法》增加了检察建议制度。地方检察院对同级法院符合抗诉条件的案件，既可以提请上级检察院向其同级法院提出抗诉，也可以只向同级法院提出检察建议，并报上级检察院备案。此外，各级检察院对行政诉讼其他环节中审判人员的违法行为，也有权向同级法院提出检察建议。

五、共同诉讼与合并审理

共同诉讼与合并审理是相互联系紧密的一对概念。对于必要共同诉讼案件，法院必须合并审理；对于普通共同诉讼案件，法院可以合并审理，也可以分别审理。

（一）必要共同诉讼

当事人一方或者双方为二人以上，因同一行政行为发生的行政案件，为必要共同诉讼。例如，行政机关的处罚决定同时处罚了若干人，这些共同被处罚人分别向同一法院提起了行政诉讼，这就是必要共同诉讼，因为这个诉讼所指向的都是同一个处罚决定。对于必要共同诉讼，只要当事人诉至同一个法院，受诉法院就应当合并审理，因为一旦分别审理，将有可能出现对于同一行政行为，在不同案件中给予不同评价的矛盾。

（二）普通共同诉讼

因同类行政行为发生的行政案件，法院认为可以合并审理并经当事人同意的，为普通共同诉讼。对于普通共同诉讼，法院既可合并审理，也可分别审理。我国行政诉讼中的普通共同诉讼主要包括这样几种：

（1）多个行政主体依据不同的法律规范，针对相同的相对人，就同一事实分别作出行政行为，相对人对此均表不服向同一法院起诉的。例如，因吴某没有申请任何证照（工商登记、税务登记等）便开业出售药材，根据这一事实，工商局与税务局均对其作出了处罚，吴某就这两个处罚向法院起诉。

（2）行政主体就同一事实对若干相对人分别作出行政行为，多个相对人表示不服分别向同一法院起诉的。例如，对于甲、乙、丙三人在火车上共同实施的盗窃行为，某铁路公安分局给予甲拘留 10 天的处罚，给予乙拘留 5 天的处罚，而对丙给予罚款，甲、乙、丙三人均向法院起诉。

（3）在行政诉讼过程中，被告对原告作出新的行政行为，原告不服又向同一法院起诉的。例如，工商局认定刘某的商店出售假冒化妆品给予处罚，刘某不服而起诉，在诉讼期间工商局认定刘某同时还销售假烟，再次作出处罚，刘某向同一法院起诉的。

注意，"经当事人同意"是 2014 年修订的《行政诉讼法》新增的形成普通共同诉讼的条件。

▶ **例 15-5** 甲公司将承建的建筑工程承包给无特种作业操作资格证书的邓某，邓某在操作时引发事故。某省建设厅作出暂扣甲公司安全生产许可证三个月的决定，市安全监督管理局对甲公司罚款三万元。甲公司对市安全监督管理局罚款不服,向法院起诉。下列哪一说法是正确的?

A. 如甲公司对某省建设厅的决定也不服,向同一法院起诉的,法院可以决定合并审理

B. 市安全监督管理局不能适用简易程序作出罚款三万元的决定

C. 某省建设厅作出暂扣安全生产许可证决定前,应为甲公司组织听证

D. 因市安全监督管理局的罚款决定违反一事不再罚要求,法院应判决撤销

分析:本案中建设厅、安监局属于根据同一事实对同一相对人分别作出不同行为,当事人起诉后可能构成普通共同诉讼,但法院需要经当事人同意后才可以决定合并审理,因此 A 项错误。使用简易程序对单位给予罚款的,数额应当在 1000 元以下,罚款三万元不能适用简易程序,B 项正确。C 项错误,因为暂扣许可证的处罚并不适应听证程序。D 项错误,因为建设厅、安监局作出的是不同种类的处罚,没有违反一事不再罚原则。

第五节 行政诉讼的撤诉

行政诉讼的撤诉制度,包括自愿撤诉、不愿撤诉和视为撤诉三个方面。

一、自愿撤诉

法院对行政案件宣告判决或者裁定前,原告申请撤诉的;或者被告改变其所作的行政行为,原告同意并申请撤诉的,是否准许由法院裁定。这就是原告自愿撤诉的情况,其主要过程可以概括为三个步骤:

第一,改——被告改变被诉的行政行为。

原告撤诉的原因多种多样,但在实践中,大多数情况都是因为被告改变了被诉的行政行为,其时间是在法院宣告判决或裁定之前,其方式包括:(1)被告自愿改变被诉行为;(2)法院经审查认为被诉行为违法或不当,建议被告改变其行为。

被诉行为的改变,包括以下几种表现形式。(1)行政作为的改变,包括:改变被诉行为所认定的主要事实和证据;改变被诉行为所适用的规范依据且对定性产生影响;撤销、部分撤销或变更被诉行为的处理结果。(2)行政不作为的改变,包括:被告根据原告的请求依法履行法定职责;履行职责已经没有现实意义时,被告采取了相应的补救、补偿等措施;(3)行政裁决行为的改变,包括:(1)直接改变裁决方案;(2)被告书面认可原告与第三人就所裁决民事争议所达成的和解。

▶ **例 15-6** 下列情况属于或可以视为行政诉讼中被告改变被诉行政行为的是?

A. 被诉公安局把拘留三日的处罚决定改为罚款 500 元

B. 被诉土地局更正被诉处罚决定中不影响决定性质和内容的文字错误

C. 被诉工商局未在法定期限答复原告的请求,在二审期间作出书面答复

D. 县政府针对甲乙两村土地使用权争议作出的处理决定被诉后,甲乙两村达成和解,县政府书面予以认可

分析:A项属于改变行政行为的结果(被诉行为是作为的情况),C项属于履行了行政职责(被诉行为是不作为的情况),D项属于书面认可民事争议当事人达成的和解方案(被诉行为是行政裁决的情况)。B项的错误在于并非实质性改变,文字错误的更正不能视为被诉行为的改变。

第二,撤——原告撤诉。即在被告改变被诉行为的情况下,原告基于真实的意思表示自愿撤回了起诉。

第三,裁——法院裁定准予撤诉。

(1)裁定的条件:法院裁定准予撤诉需要满足以下条件:被告改变被诉行为不违反法律、法规的禁止性规定,不超越或放弃职权,不损害公共利益和他人合法权益;被告已经改变或决定改变被诉行为,并书面告知法院;第三人无异议。

(2)裁定的时机:被告改变被诉行为,原告申请撤诉,有履行内容且履行完毕的,法院可以裁定准许撤诉;不能即时履行或一次性履行的,法院可以裁定准许撤诉,也可以裁定中止审理。

(3)裁定的内容:准许撤诉裁定可以载明被告改变被诉行为的主要内容及履行情况,并可以根据具体情况,在裁定理由中明确被诉行为全部或部分不再执行。

上述有关自愿撤诉的规定,既适用于一审,也适用于二审和再审。

二、不愿撤诉

在行政诉讼中,被告改变了被诉行为,原告仍不愿撤诉的,应分别按照如下几种情况处理:

第一,原告不撤诉,但也没有对改变后的行为提起诉讼。这种情况下,原告对被诉行为本身已经没有什么争议了,其继续诉讼的目的一般在于寻求赔偿。既然原告没有撤诉,法院就应继续审理,不过在最后的判决类型上应有所变通。如果经审查发现被诉行为是合法的,仍应判决驳回原告的诉讼请求;如果经审查发现被诉行为是违法的,不能判决撤销,因为被诉行为已经被撤销了,再次撤销没有意义,应当判决确认该行为违法。

第二,原告撤回了原来的起诉,却起诉了改变后的行为。此时,只要法院同意原告撤诉,原来的诉讼就不复存在,而代之以一个新的诉讼,法院应当审理改变后的行为并作出判决。

第三,原告既没有撤回原来的起诉,又起诉了改变后的行为。这等于原告先后提起了两个诉讼,法院应当对这两个诉讼都进行审理并作出判决。当然,由于原来的行

政行为已经不复存在了,法院对这个诉讼的判决也应作出相应变通,这与上述第一种情况类似。

第四,原告起诉行政机关不履行法定职责,而在其起诉后被告已经履行了职责。此时如果原告不撤诉,法院应当继续审查被告行政不作为的合法性并作出判决。这种情况下法院的判决类型也应有所变通。如果经审查发现被告的不作为本来是合法的,仍应判决驳回原告诉讼请求;如果经审查发现被告的不作为是违法的,也不能选择撤销判决,因为对于本来就没有实施的行为无所谓"撤销",法院应确认被告的不作为违法。

▶ **例 15-7** 某县食品药品监管局认定张某销售假药,作出罚款 5000 元的决定(1 号决定)。该局将决定书送达张某后发现有文字错误,遂予以撤销并作出处罚内容相同的决定(2 号决定),但决定书上加盖了该局前身某县药品监督管理局的印章。张某不服提起行政诉讼,诉讼期间该局撤销了 2 号决定书,作出罚款 3000 元的决定(3 号决定)。下列说法正确的是什么?

A. 2 号决定与 1 号决定错误性质相同,属于文字错误
B. 对同一行为给予三次处罚,既违反一事不再罚要求又构成反复无常
C. 某县食品药品监管局撤销 2 号决定书、作出 3 号决定应在一审期间内进行
D. 张某对 3 号决定不服起诉的,法院应当依法审查 3 号决定

分析: 行政文书错误盖章,关系到行政主体是否合法,绝非简单的文字错误,A 项错误。本案中的三次处罚是相互取代的关系,不是并存的,没有违反一事不再罚,因此 B 项错误。被告改变被诉行为可以在一审、二审、再审期间进行,C 项错误。原告起诉改变后新的行为,法院对新的行为应当给予审查,D 项正确。

三、视为撤诉与缺席判决

将视为撤诉与缺席判决放在一起介绍,是因为两者的适用条件存在某些相似之处。

(一)视为撤诉

对于以下情况,法院可按撤诉处理:(1)原告或上诉人经法院传票传唤,无正当理由拒不到庭;(2)原告或上诉人未经法庭许可中途退庭。

视为撤诉与自愿撤诉的法律效果是相同的,撤诉之后就不得以同一事实和理由重新起诉。如果准予撤诉的裁定确有错误,原告申请再审的,法院应当通过审判监督程序撤销原准予撤诉的裁定,重新对案件进行审理。

(二)缺席判决

行政诉讼的缺席判决只针对被告,被告无正当理由拒不到庭或者未经法庭许可中途退庭的,法院可以缺席判决。缺席判决所产生的法律效果与正常判决完全相同。

需要注意,无论是撤诉还是缺席判决,都是针对原告、被告或上诉人来讲的,与第三人无关,第三人经合法传唤无正当理由拒不到庭,或未经法庭许可中途退庭的,不影响案件的审理。

▶ **例 15-8** 甲公司不服工商局处罚决定向法院提起行政诉讼,法院受理后通知乙公司作为第三人参加诉讼。开庭审理时,乙公司法定代表人和委托代理人未到庭。下列哪些说法是正确的?
  A. 若乙公司经合法传唤无正当理由不到庭,不影响案件的审理
  B. 若甲公司经合法传唤无正当理由不到庭,法院可以按撤诉处理
  C. 若甲公司经两次合法传唤未到庭,法院应当缺席判决
  D. 若甲公司未经法庭许可中途退庭,法院可以按撤诉处理

分析:第三人经合法传唤无正当理由不到庭,不影响案件审理,A 项正确。原告经合法传唤无正当理由拒不到庭或未经法庭许可中途退庭的,按撤诉处理而不是缺席判决,因此 BD 两项对而 C 项错。

第六节 行政诉讼中对其他争议的处理

在行政诉讼程序中,法院的主要工作是处理"民告官"的行政争议,特殊情况下也可能涉及对其他纠纷的处理。这包括三种情况:

一、对民事纠纷的处理

我们知道,在民事诉讼与行政诉讼分离的制度模式下,这两种类型的诉讼所解决的是因为不同法律关系所产生的纠纷。民事诉讼解决的是民事法律关系,其核心特征有二,一是争议的内容是民事利益,二是案件当事人之间是一种平等关系。行政诉讼解决是行政法律关系,一是争议的内容是行政行为的合法性,二是案件当事人之间是一种不平等的关系。民事法律关系和行政法律关系在性质上虽然不同,但在现实生活中却通过各种方式存在着复杂的关系,其背后的根本原因是政府对经济社会生活干预深度、广度的加强。在行政国的大背景下,行政权不再停留于对社会秩序的一般维持和管理,而是深深地介入了经济与社会生活的方方面面。在这样的背景下,行政机关的管理活动不可避免地会对民事权利、民事活动产生密切的影响,从而使行政法律关系和民事法律关系以不同形态交织在一起。在这种情况下,很多争议的发生就不仅仅涉及一种法律关系,而是同时存在对民事和行政两种法律关系的争议。但是,按照原来的制度设计,行政争议和民事争议是通过不同的诉讼机制来解决的。除了在个别情况下可以通过附带诉讼的模式通过一个程序同时解决行政和民事争议,在多数情况下,相互间存在着密切关系的行政和民事法律关系都不得不进入不同的诉讼渠道来寻

求解决。这就成了矛盾的根源所在,很多此类案件出现了民事判决和行政判决之间的矛盾,甚至两种判断不断地相互否定、翻来覆去、纠缠不清,使当事人陷入"马拉松式"的诉讼进程中无法解脱。2014年修订的《行政诉讼法》试图改善这一问题,扩大了在行政诉讼中一并解决民事争议的适用范围,可能会取得一定效果。总的来说,民事和行政交织案件的处理可以分成两种情况:一是解决行政争议以解决民事争议为基础的案件;二是解决民事争议以解决行政争议为基础的案件。

（一）解决行政争议以解决民事争议为基础的案件

在行政诉讼中,法院认为行政案件的审理需以民事诉讼的裁判为依据的,可以裁定中止行政诉讼,等待民事诉讼的审理结果在恢复审理行政诉讼。

▶ **例 15-9** 张某通过房产经纪公司购买王某一套住房并办理了转让登记手续,后王某以房屋买卖合同无效为由,向法院起诉要求撤销登记行为。行政诉讼过程中,王某又以张某为被告就房屋买卖合同的效力提起民事诉讼。下列选项正确的是什么？

A. 本案行政诉讼中止,等待民事诉讼的判决结果
B. 法院可以决定民事与行政案件合并审理
C. 如法院判决房屋买卖合同无效,应当判决驳回王某的行政诉讼请求
D. 如法院判决房屋买卖合同有效,应当判决确认转让登记行为合法

分析：在本案中,张某、王某之间的房屋买卖合同是否有效是一个民事问题,行政机关的转让登记行为是否合法是一个行政问题。很明显,本案民事争议的审理结果构成了行政诉讼的审理依据,当事人又没有在行政诉讼中申请法院一并解决民事纠纷,法院就可以将行政诉讼中止,等待民事诉讼的判决结果,故 A 项正确而 B 项错误。如法院判决房屋买卖合同无效,则转让登记行为违法,法院应当判决撤销该行为,故 C 项错误。如法院判决房屋买卖合同有效,则转让登记行为合法,法院应当判决驳回原告的诉讼请求,D 项也错误。

（二）解决民事争议以解决行政争议为基础的案件

在涉及行政许可、登记、征收、征用和行政机关对民事争议所作的裁决的行政诉讼中,当事人申请一并解决相关民事争议的,法院可以一并审理。这些案件实际上有一个共同的特点,就是存在一个行政行为对于民事权利的归属作出了认定,因此,要解决关于这个民事权利的纠纷,就必须先明确行政行为的合法性,也就是要以解决行政争议作为前提。此时,法院就有可能对两种诉讼一并审理,形成行政附带民事诉讼。

对此需要注意：(1) 要形成这种行政附带民事诉讼,应当以当事人申请一并解决相关民事争议作为条件,法院不能主动决定一并审理。原则上,当事人应当在行政诉讼一审开庭前提出一并审理民事争议的请求；有正当理由的,也可以在法庭调查中提出。(2) 即使当事人提出了申请,法院也未必就一定要一并审理,而是可以自行裁量。(3) 如果法院一并审理,审理的顺序是先行政、后民事。(4) 法院对行政争议和民事

争议应当分别裁判。当事人仅对行政裁判或者民事裁判提出上诉的,未上诉的裁判在上诉期满后即发生法律效力。当事人上诉后,一审法院应当将全部案卷一并移送二审法院,由行政审判庭审理。二审法院发现未上诉的那一部分生效裁判确有错误的,应当按照审判监督程序再审,而不是在二审中一并处理该部分的争议。

有下列情形之一的,法院应当决定不准许一并审理民事争议,并告知当事人可以依法通过其他渠道主张权利:(1)法律规定应当由行政机关先行处理的;(2)违反民事诉讼法专属管辖规定或者协议管辖约定的;(3)已经申请仲裁或者提起民事诉讼的;(4)其他不宜一并审理的民事争议。当事人对不予准许的决定可以申请复议一次。

对于此类案件,我们可以通过两种具体情况示例说明。先以行政裁决引起的附带民事诉讼为例,例如,县政府对于甲乙两村之间就一块土地的争议作出了裁决,认定其归甲村所有,乙村不服提起行政诉讼,经审理法院认定该裁决违反程序,乙村遂要求法院对两村之间的土地争议一并解决,法院就可以一并处理。如此规定,是因为此时法院对行政争议的处理结果,直接就成为处理民事争议的依据而无须另行审查,因此可以对民事争议一并处理。

再以行政许可引起的附带民事诉讼为例,在行政许可程序中,许可机关可能与被许可人共同侵害公民、法人或其他组织的合法权益,此时,对违法的行政许可行为所提起的诉讼,以及对民事赔偿提起的诉讼,也可以形成行政附带民事诉讼。对此,具体包括几种情况:(1)行政机关在实施许可的过程中,与第三方恶意串通共同违法侵犯他人合法权益的,应当承担连带赔偿责任。例如,规划部门与房地产开发商恶意串通修改某地块的规划许可,减少小区绿化面积,则规划部门与开发商应当对小区业主承担连带的赔偿责任。(2)行政机关在实施许可的过程中,与第三方虽未串通,但都违法侵犯他人合法权益的,根据其行为在损害发生过程和结果中所起的作用,分别承担赔偿责任。例如,开发商违法申请修改规划许可意图减少小区绿化面积,行政机关虽未与其串通但因没有认真审查而批准了修改请求,规划部门与开发商应当对小区业主承担分别的赔偿责任。(3)行政机关在实施许可的过程中,已经依法履行了审慎合理的审查职责,但因第三方的违法行为而造成他人损害的,行政机关不承担赔偿责任。例如,开发商违法申请修改规划许可意图减少小区绿化面积,行政机关已经依法审慎审查但仍被开发商欺骗而批准了修改请求,规划部门不承担赔偿责任,开发商应当对小区业主单独承担赔偿责任。但无论如何,在以上几种情况下,当事人对行政许可行为提起行政诉讼,并请求一并解决有关民事赔偿问题的,法院都可以合并审理。

二、对刑事犯罪的处理

法院在审理行政案件时,认为其中存在犯罪行为的,应当将有关材料移送公安、检察机关处理。至于移送之后,原来的行政案件应当如何处理,则应当区分两种情况。

第一种情况,这个犯罪行为和原来的行政争议具有相关性,此时应当中止行政诉讼的审理,等待刑事诉讼程序的结果在决定是否恢复审理。例如,在一个起诉治安处罚决定的案件中,法院在审理过程中发现原告所实施的不仅仅是治安违法行为,已经构成了犯罪,就要把这个案件移送给司法机关,并中止行政诉讼。在刑事程序中,如果最终认定这个原告确实构成了犯罪,原来的治安处罚就会和后面的刑罚折抵,行政诉讼的标的也就不存在了,这时法院应当裁定终止诉讼;如果最终认定这个原告不构成犯罪,仍然是一个治安违法的问题,或者连治安违法也不构成,法院就要重新审理原来的行政诉讼,来判断原来这个治安处罚决定的合法性。第二种情况,这个犯罪行为和原来的行政争议没有实质上的关系,法院就继续审理原来的行政诉讼,和移送后的刑事诉讼程序各不相干。

▶ **例 15-10** 区工商局以涉嫌虚假宣传为由扣押了王某财产,王某不服诉至法院。在此案的审理过程中,法院发现王某涉嫌受贿犯罪需追究刑事责任。法院的下列哪种做法是正确的?

A. 终止案件审理,将有关材料移送有管辖权的司法机关处理
B. 继续审理,待案件审理终结后,将有关材料移送有管辖权的司法机关处理
C. 中止案件审理,将有关材料移送有管辖权的司法机关处理,待刑事诉讼程序终结后,恢复案件审理
D. 继续审理,将有关材料移送有管辖权的司法机关处理

分析:本案就是在行政案件的审理过程中发现了另一刑事案件的线索,两个案件在事实上虽有联系,但毕竟性质不同。由于法院并无刑事案件的侦查权,只能采取移送方式处理,而移送行为并不影响原行政案件的正常审理。因此只有 D 项正确。

三、对行政违法违纪行为的处理

法院在审理行政案件中,认为行政机关的主管人员、直接责任人员违法违纪的,也无权直接处理,应当将有关材料移送监察机关、该行政机关或者其上一级行政机关。

稍有例外的是,法院对于被告藐视法庭的违法行为有权直接作出处理,因为这个违法行为是与正在进行当中的司法活动直接相关的。具体来说,法院对被告经传票传唤无正当理由拒不到庭,或者未经法庭许可中途退庭的情况,可以将这些情况予以公告,并可以向监察机关或者被告的上一级行政机关提出给予其主要负责人或者直接责任人员处分的司法建议。

思维拓展

【示范案例】

闻达药业公司诉山东省临朐县政府国有土地使用证案[①]

2001年5月,临朐县政府对山东临朐闻达药业有限公司(简称闻达药业公司)的前身临朐县兽药厂(简称兽药厂)进行改制。经会计事务所评估和临朐县国有资产管理局(简称县国资局)确认,2002年6月,临朐县政府作出了关于兽药厂国有产权处置的批复,同意面向企业内部职工转让该厂国有产权。该批复发至县国资局、临朐县工商行政管理、临朐县规划与国土资源局(简称县规划国土局)、兽药厂等有关单位。2002年7月2日,临朐县政府委托县国资局与兽药厂部分职工签订了产权交易合同,涉案土地是包含在合同中的企业所使用国有土地的一部分。合同签订后因资金问题,一直没有办理购买手续。

2004年5月9日,兽药厂与临朐县石门建筑有限公司(简称石门建筑公司)签订协议,转让兽药厂所有的部分国有土地使用权。5月20日,石门建筑公司向兽药厂缴纳了转让金,并向县规划国土局申请承让该宗国有土地使用权。同日,县规划国土局组织双方签订了《国有土地使用权转让合同》。5月21日,临朐县规划与国土资源局颁发文件批准该宗土地转让。5月28日,临朐县政府为石门建筑公司颁发了《国有土地使用权证》。

2004年5月26日,兽药厂内部职工募股完成,成立了新的有限责任公司,并要求上缴购买国有资产的价款,县国资局于当日签署同意的意见。5月28日,就在临朐县政府为石门建筑公司颁证的同一天,持股职工向县国资局缴纳了产权交易款项。2004年8月5日,兽药厂改制为闻达药业公司。闻达药业公司成立后,便开始主张涉案国有土地的使用权。在未果的情况下,于2005年3月31日提起行政诉讼。

一审法院认为,被告临朐县政府为第三人石门建筑公司核发的《国有土地使用证》所登记的土地,原为兽药厂使用。基于改制,兽药厂的部分职工在2004年5月28日向县国资局购买了企业的国有资产,其中包括本案争议的该宗土地。被告在没有向县国资局了解该宗国有土地是否已处置的情况下,便为第三人核发《国有土地使用证》,未尽到必要的审查义务,严重违反了法定程序。据此,判决撤销涉案《国有土地使用证》。临朐县政府与石门建筑公司不服,向潍坊中院提起上诉。

二审中,当事人争议较大且合议庭认识存在分歧的问题有两个:一是企业改制期间,特别是在本案改制时间前后跨度较长的情况下,原企业尚存时的行为是否受改制的约束,即改制后的企业是否可以对与该行为有关的行政行为提起行政诉讼;二是行

[①] 案例来源为:孔祥慧:《由本案看行政诉讼适用调解的可行性》,载中国法院网。

政机关在行政登记行为中的审查义务是形式审查还是实质审查。

在二审中,合议庭经审理认为,本案事实比较清楚,但法律关系复杂,法律适用不很明确,对于裁判结果一方当事人可能难以接受,如果能用调解的方式结案则比较理想。通过向当事人分析案情、讲解法律、陈述利弊,三方一致同意由法院主持调解,并形成最后意见:闻达药业公司承认涉案《国有土地使用证》合法有效;石门建筑公司以补偿费的形式支付闻达药业公司部分款项;一审判决不再执行。根据上述意见制作的《行政附带民事调解书》,三方当事人均予以签收,已发生法律效力。

法律问题:本案能否适用调解结案?本案能否在行政诉讼中一并解决相关民事争议?

法理分析:对于调解在行政诉讼中的适用,由于其适用范围有限,主要是行政赔偿、行政补偿案件,还有一些由于裁量性行为引起的合理性争议,这些案件适用调解的理由也被普遍认可,并不存在太大的争议。但是,在司法实践中,突破法定范围滥用调解、甚至"创造性"地运用和解的方式来解决行政诉讼的现象也广泛存在,本案就是一个典型的例子。

在实践中,争议最多的是和解机制的引入和大范围推广,各级法院推广撤诉和解机制的主要理由,一般认为包括如下几个方面:

第一,有利于节约司法资源、提高司法效率。对于一个正常的行政诉讼案件,如果法院以裁判的方式结案,正常审结需要几个月的时间,如果遇到各种中止诉讼的事由则时间更长。如果当事人不服法院裁判,还会继续展开时间更加漫长的二审、再审。但如果当事人之间能够相互作出一些妥协,被告在被诉的具体行政行为或有关损失的赔偿、补偿上作出一定的让步,换取原告撤诉,无疑能够比较快速的解决纠纷。无论对于司法机关还是对于当事人(特别是原告和第三人),都能够节约大量的资金、时间和精力。

第二,有利于真正实现案结事了,彻底平息矛盾。行政诉讼的双方当事人之间是不平等的管理和被管理关系,而且这种关系在大多数情况下还是长期存在的,双方在诉讼之外还要长期打交道。如果法院通常正常的裁判解决纠纷,使作为被告的行政机关败诉,行政机关也可能在事后对原告借机进行打击报复,制造新的矛盾纠纷。而对于原告来说,打赢了行政诉讼,是"赢了一阵子、输了一辈子"。如果双方能否妥协和解,当事人尤其是被告一方将比较能够接受案件的处理结果,从而使纠纷真正平息。

第三,有利于缓解法院在行政诉讼审判中所遭受的外部压力。这种压力一般是来自于被告的,因为行政机关在行政诉讼中的败诉率往往是一项重要的绩效考核指标,甚至还会跟有关责任人的问责机制挂钩。基于这样的压力下,被告将竭尽全力避免败诉的后果,难免通过各种手段向法院施加压力,迫使其不能依法裁判;即使法院依法作出了裁判,被告往往也不愿自觉履行裁判内容,甚至千方百计抗拒对司法裁判的执行。这些压力最终都会传导到法院身上,对其造成极大的困扰。在这样的背景下,法院自然也更加倾向于采取双方妥协的和解结案方式,从而减轻自身遭受的压力。

尽管如此,行政诉讼撤诉和解机制的推行一直争议不断,反对者的理由来源于现实中已经出现的种种弊端,包括:

第一,法院盲目追求和解撤诉率,使其角色定位出现了偏差。很多地方法院片面强调和解结案率,甚至将这一点作为对下级法院和审判人员进行绩效考核的一项重要指标。对于不适合和解的案件也强行适用和解,为和解而和解。按照最高法院《人民法院工作年度报告(2009)》披露,"在2009年审结的行政诉讼案件中,通过加大协调力度,行政相对人与行政机关和解后撤诉的案件达43,280件,占一审行政案件的35.91%"。在有些法院,撤诉和解率甚至达到70%以上,乃至于个别法院追求全部和解结案。如此一来,法院的角色定位就出现了严重的偏差,本来是一个居中审查、区分是非的裁判者,现在成了居中斡旋、息事宁人的"和事佬"。有些法院为了片面追求和解结案,对于事实清楚、情节简单、是非分明的案件也一律动员双方当事人和解,当事人如果不愿和解,法院就以各种理由拖延判决,已经到了是非不分的地步。

第二,过分强调撤诉和解可能导致不利于对原告利益的保护。在被诉行政行为违法的情况下,如果法院依法作出裁判,原告的利益是能够得到保护的。但在法院片面追求和解结案率的情况下,法院将更倾向于说服被告作出一定的让步来换取原告撤诉。由于这样做对被告是有利的,被告很容易接受法院的建议作出妥协。如此一来,就出现了被告和法院的立场一致,共同向原告施压来迫使其撤诉的情况。原告在行政机关和司法机关共同的压力之下,最后往往也会接受妥协的方案而撤诉,而在妥协的方案中其合法权益可能只是部分得到了满足。也就是说,此时的和解结案是以牺牲了原告的部分合法权益为代价的。

第三,普遍推行和解结案可能导致行政诉讼制度的功能发生异化。行政诉讼的功能一是对公民、法人和其他组织提供权利救济,二是监督行政机关依法行政,而这两个功能的实现主要都是通过对被诉行政行为的合法性审查来实现的。而在普遍推行和解结案的背景下,行政诉讼很可能异化为一个原被告双方当事人利益博弈、利益谈判的一个平台。被诉的行政行为是否合法只不过是影响谈判结果的一个筹码,而能够决定最后解决方案可能还远远不止这一个因素,可能还包括案件是不是产生了足够巨大的社会影响,原告或其他当事人是否具备制造群体性事件等公共危机的危险倾向,法院的裁判是否会影响行政机关的公共形象或者影响到行政机关其他目标(如经济增长目标)的实现,等等。法院在衡量上述各种因素的过程中,被诉行政行为的合法性反而可能被放到一个比较次要的位置。行政诉讼作为一种法律程序的性质将被严重淡化,在很大程度上将变成一种利益博弈和政治衡量的过程。

当然,广泛运用调解、和解在行政诉讼中的引入有其不可否认的积极意义。但是,如何在充分发挥其作用的同时尽可能地避免上述弊端,尤其是避免其导致行政诉讼制度功能的异化,是一项十分艰巨而复杂的工作。

闻达药业公司诉山东省临朐县政府国有土地使用证一案,案情并不复杂,如果直接按照法律的规定作出裁判也并不困难。2004年5月9日,闻达药业公司的前身兽药厂与石门建筑有限公司协议转让兽药厂所有的部分国有土地使用权。5月20日，石门建筑公司向兽药厂缴纳了转让金，同时向县规划国土局申请承让该宗国有土地使用权，双方并于同日签订了《国有土地使用权转让合同》。5月21日，临朐县规划与国土资源局颁发文件批准该宗土地转让。5月28日，临朐县政府为石门建筑公司颁发了《国有土地使用证》。在临朐县政府及其有关部门完成上述行为的过程中，我们发现，兽药厂的性质和股权结构在法律上还没有发生变化，有关行政机关在批准土地转让和颁发国有土地使用证的过程中依法只负有形式审查的职责，不可能对兽药厂内部已经发生但尚未完成的产权结构变化加以了解和审查。因此，临朐县政府为石门建筑公司颁发《国有土地使用证》的行为在形式上是具备合法性的。二审法院如果作出裁判的话，应当撤销一审判决，改判为维持被诉的行政行为。

但是，这样的裁判对于原告闻达药业公司来说却是难以接受的。因为，闻达药业公司是由兽药厂通过内部职工募股改制而来的，职工缴纳股款的对价是要获得企业的全部产权，而现在作为企业财产一部分的部分国有土地使用权却被改制前的企业卖掉了，改制后的企业必将蒙受巨大的损失。从实质上看，这样的判决对闻达药业公司及其股东来说是很不公平的。正是考虑到这一点，二审法院使用了十分特别的所谓"行政附带民事调解书"方式了解了此案：一方面承认了《国有土地使用证书》的合法有效，一方面又要求石门建筑公司以补偿费的形式支付闻达药业公司部分款项；一审判决既不撤销、也不维持，但是明确其不再执行。

二审法院的上述做法是否正确呢？这里我们需要对两个问题进行分析：

第一个问题，本案能否适用行政附带民事诉讼？

本案二审法院是通过"行政附带民事调解书"的方式来结案的，那么，其调解的对象到底是行政争议还是民事争议呢？首先肯定不是行政争议，因为该调解书最后认可了被诉行政行为的合法性。但也不是民事争议，因为闻达药业公司并没有就该国有土地使用权的归属对石门建筑公司提起民事诉讼。该法院在本案中的所谓"行政附带民事调解"，实际上是以一个民事利益作为交易条件换取了原告对被诉行政行为的认可，本质上还是一个纯粹的行政诉讼，对于民事问题当事人并没有起诉，谈不上是一个诉讼附带着另一个诉讼。而且，按照案件审理时《行政诉讼法》（未修订）及其《司法解释》的规定，行政附带民事诉讼只适用于行政裁决行为和行政许可行为，也不应当适用于本案这样的行政确认行为。

第二个问题，本案能否适用调解方式？

从实定法的角度来看，本案适用调解结案当然是违法的。因为按照当时《行政诉讼法》的规定，调解只能适用于行政赔偿问题和部分行政补偿问题，本案显然不属于这样的范畴。就算现在调解的范围扩大到了裁量性行为引起的合理性争议，本案也不属于这样的案件。那么，从应然的角度来看，本案适用调解有没有其合理性呢？答案也是否定的。

本案二审法院之所以选择调解结案，实际上是出于"情理"上的考虑。我们发现，县政府在为石门建筑公司颁发国有土地使用权时只有形式审查的义务,在形式审查无误的情况下颁发权利证书的行为是合法的。但是,这一行为毕竟给闻达药业公司带来了严重是损失,而且,县政府如果进行能够进行实质性审查从而了解到兽药厂产权变动的情况,将能够避免这种后果的发生。因此,县政府的这一行为是"不够完美"的。为此,法院认为通过给予原告一定的经济利益,获取其对这一"情理"问题的谅解是最为妥当的处理方式。尽管在司法实践中,很多法院在审查被诉行政行为时都不同程度地考虑了"情理"问题,但直接以这种情形作为裁判或调解的理由显然是不正确的。那么,类似于本案这样的案件应当通过何种方式来解决较为妥当呢?我们认为,借鉴《行政诉讼法》中有关以利益平衡为理由适用确认判决的规定来解决这一问题,是一种可供考虑的方案。《行政诉讼法》第74条规定:"行政行为有下列情形之一的,人民法院判决确认违法,但不撤销行政行为:(一)行政行为依法应当撤销,但撤销会给国家利益、社会公共利益造成重大损害的;(二)行政行为程序轻微违法,但对原告权利不产生实际影响的。行政行为有下列情形之一,不需要撤销或者判决履行的,人民法院判决确认违法:(一)行政行为违法,但不具有可撤销内容的;(二)被告改变原违法行政行为,原告仍要求确认原行政行为违法的;(三)被告不履行或者拖延履行法定职责,判决履行没有意义的。"第76条规定:"人民法院判决确认违法或者无效的,可以同时判决责令被告采取补救措施;给原告造成损失的,依法判决被告承担赔偿责任。"上述规定之所以允许法院在确认被诉行政行为违法的同时责令被告采取相应的补救措施,正是出于保护国家利益、公共利益或他人合法权益的情理上的考量。同样地,这种利益衡量的方法也可以被应用到对合法行政行为作出驳回判决的情形中。如果被诉行政行为虽然合法,但单纯地驳回原告诉讼请求将给他人合法权益造成重大损失的,应当允许法院责令被告采取必要的补救措施。本案就属于这样的情况,如果法院采取这种方式来处理,就比创造一种"行政附带民事调解"的结案方式要明智得多。

【思考案例】

赵C诉鹰潭市公安局月湖分局姓名权案①

1986年,律师赵志荣给儿子取名赵C(英文字母"C"),希望儿子把英语学好。同时,"C"是英文单词"中国"的首字母,而且以"C"开头的单词最多,有人丁兴旺的意思。没想到这让自己与儿子陷入了一场持续了两年的姓名权官司。

自出生起,赵志荣的儿子就一直使用"赵C"一名。2006年8月份,正在贵州读大学的赵C到鹰潭市公安局月湖区分局江边派出所换发第二代身份证时,民警告诉他,公安部有通知,名字里面不能有"C"字,要改名。尔后,鹰潭市公安局月湖区分局户籍科也告之,"赵C"录入不了公安部户籍网序。

2007年7月6日,赵C向鹰潭市公安局提出申请,要求继续使用"赵C"一名。但

---

① 案例来源为:《二审和解:赵C将用规范汉字改名》,载《南方周末》2009年3月4日。

是,结果还是"不可以、需改名"。

赵 C 很喜欢自己的名字,认为简单、好记、不重名,同学们还给他取了一个亲昵的绰号"西西",而且用了二十多年,自己所有的档案关系都是"赵 C",要改名牵涉太多。同时,赵 C 也认为,既然公安机关在其出生时把"赵 C"的户口和第一代身份证都给办了,现在又强迫他改名,是侵犯了公民的姓名决定权。

为了捍卫自己的姓名权,2008 年 1 月,赵 C 将鹰潭市公安局月湖分局告上法庭。2008 年 6 月 6 日,鹰潭市月湖区法院对此案作出一审判决,赵 C 胜诉。

随后,鹰潭市公安局月湖区分局提出上诉。

2009 年 2 月 26 日,在江西省鹰潭市中级法院开庭的二审中,鹰潭市月湖公安分局认为,一审法院在认定事实和适用法律上存在错误。因此,请求二审法院撤销一审法院作出的判决。公安机关认为:首先,被上诉人是使用作为英文字母的"C"为名的,而作为汉语拼音字母的"C"读"雌"(谐音),而不是"西"(谐音)。此外,被上诉人和一审法院都没有提供英文字母"C"是中华人民共和国"数字符号"的国家标准。其次,现行的国家公安机关人口管理信息系统,是严格按《居民身份证法》规定设计和运行的,以赵 C 为名不符合法律规定,公安机关建立的人口信息管理系统不能对其进行有效管理,损害国家和社会公共利益。公安机关认为,一审法院错误地理解了《民法通则》第 99 条规定,没有对《民法通则》中有关公民行使民事权利的限制性规定和《居民身份证法》第 3 条、第 4 条给居民身份证申请人规定的义务予以必要的关注。

庭审中,赵 C 并未到场,赵志荣再次作为儿子赵 C 的委托代理人走上法庭。赵志荣认为,该姓名 22 年的使用实践中,至今都没有一个重名的现象发生,且便于他人书写、记忆、称呼、区别,更方便了户籍部门的管理。同时,该姓名的使用,都从未给原告本人及社会上的其他第三人带来任何不便,且在中考、高考时网上录取学校、买商业保险、办理银行存取款业务都非常方便快捷,未增加相关部门的任何成本。

对于有人担心会引起汉字与符合国家标准的数字符号结合姓名大量出现,其答案也应是否定的。中国的汉字文化毕竟是主流,数字符号仅仅是我国的法律伴随着现代科学技术文化发展而引进的一种辅助工具;绝大多数人先天固有的"从众心理",决定了取此类名字的人群只有极少数;符合国家标准的数字符号只有几十个,以数字符号为"名"使用的概率也极少。

双方激烈的法庭辩论持续了 3 个多小时。双方争论的焦点是,"C"是不是《居民身份证法》规定可以使用的符合国家标准的数字符号。

最后,在法院的反复协调下,当事双方在庭外都表示愿意妥协,双方最后达成和解。月湖区公安分局撤回了上诉,法院对"赵 C 姓名权"官司当庭作出二审裁定,裁定撤销鹰潭市月湖区法院一审判决;赵 C 将用规范汉字更改名字,鹰潭市月湖区公安分局将免费为赵 C 办理更名手续。

法律问题: 在行政诉讼的二审程序中,上诉人撤回上诉的法律后果是什么?本案二审法院既同意上诉人鹰潭市月湖区公安分局撤回了上诉,同时又作出了撤销一审判决的裁定,这种做法是否正确?本案二审法院正确的结案方式应该是什么?

【学术探讨】

在我国的行政诉讼中,长期存在着所谓的"三难"问题,包括"立案难""判决难"和"执行难"。其中,"立案难"是阻挡公民、法人或者其他组织通过行政诉讼程序寻求权利救济的第一道障碍。其主要原因有二:一是法院不敢立案,因为很多行政案件比较复杂、特殊,作为被告的行政机关级别比较高,对法院的影响力强,法院不愿意"得罪"这些行政机关,因此只能找出各种理由将很多本来应当受理的案件拒之门外。二是法院不愿立案,因为行政案件立案之后审理起来难度很大,法院最后不敢依法作出判决,即使作出判决时候也难以执行,这些案件一旦受理下来就会影响到法院的结案率、执行率,所以法院一旦评估某些案件存在这样的潜在"风险",也会设法拒绝受理。修订后的《行政诉讼法》为了解决这一问题,推出了"登记立案制",就是要求法院在立案环节只做形式审查,不做实质审查,一个案件只要符合起诉的形式条件,法院就必须立案。不少人对这一制度的推出保持乐观态度,认为对于解决"立案难"的问题会有一个比较大的推动。但也有人担心,这一制度在执行过程中会走样,法院出于现实考虑最终会把形式审查异化为变相的实质审查。你是如何看待这一问题的?

第十六章

行政诉讼的证据规则

思维导图

```
                ┌ 概述 ┬ 证据规则的特点
                │      └ 证据的种类和形式要求
                │
                │ 举证 ┬ 举证责任
                │      ├ 举证时限
                │      └ 第三人举证
                │
行政诉讼证据规则┤ 证据的调取和保全 ┬ 证据的调取
                │                  └ 证据的保全
                │
                │ 质证 ┬ 质证的对象
                │      ├ 对几类特殊证据的质证
                │      └ 对不同形式证据的质证
                │
                └ 认证 ┬ 对证据真实性的审查认定
                       ├ 对证据关联性的审查认定
                       └ 对证据合法性的审查认定
```

法院对行政争议的裁判"以事实为依据,以法律为准绳"。对于事实的认定和判别,需要借助证据规则;对于法律的运用,需要借助法律适用规则。本章讲述的是证据规则,其内容较为庞杂。但行政诉讼的证据规则与民事诉讼的证据规则有许多是相同的,这些内容在民事诉讼的学习中已经掌握了,没有必要重复,重在掌握行政诉讼证据规则与民事诉讼的不同之处。我国2014年修订的《行政诉讼法》在证据规则上吸收了原来很多司法解释的内容,原来的司法解释没有和修订后的《行政诉讼法》以及新的司法解释相抵触的部分,也继续有效。因此,整体上变化并不大。

第一节　行政诉讼证据概述

证据,就是用于证明案件事实的材料。我们先介绍行政诉讼证据规则不同于民事诉讼的基本特点,并了解行政诉讼证据的种类及其形式要求。

一、行政诉讼证据规则的特点

行政诉讼证据规则与民事诉讼的不同,归根到底是由原被告双方在行政程序阶段中的不平等地位决定的。因为在行政程序中,行政方(在诉讼中转化为被告)处于强势地位,而相对方(在诉讼中转化为原告或原告型第三人)处于弱势,那么到了诉讼程序,就必须把双方的这种地位颠倒过来,以达到权利义务在整体上的平衡。即在诉讼程序中,对原告应当增加其权利、减少其限制,以将其置于优势地位;对被告则应减少其权利、增加其限制,将其置于劣势地位。这种权利义务不均衡的配置,主要就从证据规则中体现出来。

二、行政诉讼证据的种类和形式要求

行政诉讼证据的种类包括书证、物证、视听资料、电子数据、证人证言、当事人的陈述、鉴定意见、勘验笔录、现场笔录。

书证是指以文字、符号、图形所记载或表示的思想内容来证明案件事实的证据。如财务单据、档案、图纸、专业技术资料等。

物证是指以自己的存在、形状、质量等外部特征和物质属性,证明案件事实的物品。书证和物证的区别在于物证以物质属性和外观特征来证明案件事实,而书证以物品所记载或表示的思想内容来证明。同一物体可以同时成为书证和物证。

视听资料是利用录音、录像等现代科技手段记载法律事件和法律行为的证据,具有较强的准确性和逼真性。例如用录音机对当事人谈话的录音、用摄像机拍摄的当事人的活动等。举证时,对视听资料应当提供原始载体,确有困难的可以提供复印件。提供视听资料应当注明制作方法、制作时间、制作者和证明对象等。如果提供的是录音资料,应当附上该录音内容的文字记录。

电子数据是《行政诉讼法》修订时新增的证据类型,它是指以数字化形式存储、处理、传输的数据。电子数据与视听资料类似,手段都具有现代科技的特征,区别在于电子数据的内容是数据,而视听资料的内容是声音或影像。

证人证言是指证人以口头或书面形式,就自己了解的案件事实向法院所作的陈述。证人是当事人之外的、直接或间接了解案情的单位和个人,必须具有表达能力,否则不能作证。法院对证人证言的认定,主要通过对证人的智力状况、与当事人关系、证言的前后逻辑等方面进行分析。

当事人陈述与证人证言相似,区别在于陈述的主体不同。当事人陈述往往隐瞒甚

至歪曲对自己不利的案件事实。因此,法院对于当事人陈述不能偏听偏信,必须结合其他证据综合认定。

鉴定意见是指鉴定人运用自己的专业知识,利用专门的设备和材料,对某些专门问题所作的意见。原《行政诉讼法》使用的是"鉴定结论"的概念,2014年修订的法律改为"鉴定意见"。因为鉴定机构所出具的证据在性质上并非终局性的"结论",而只是该机构的"意见",这种"意见"是可以被其他证据推翻的。可见,新法修改后的表述更为精准。

勘验笔录是指行政机关或者法院指派的勘验人员对案件的诉讼标的物和有关证据,经过现场勘验、调查所作的记录。实施现场勘验,应当有当地基层组织或当事人所在单位派人参加。

现场笔录是行政诉讼特有的证据种类,由行政机关在行政程序中当场制作而成。行政执法经常需要制作现场笔录,现场笔录通常也是行政决定的依据。行政诉讼的现场笔录,是从行政处罚、行政强制措施等行政执法案件中的检查笔录、现场笔录转化而来。现场笔录是行政诉讼独有的证据类型,其特征是:(1)必须由行政执法人员制作;(2)必须是在行政执法过程中制作;(3)必须在行政执法的现场制作;(4)必须符合法定程序。当事人拒绝在现场笔录签名或不能签名的,并不影响证据的使用,但执法人员应当注明原因。有其他人在现场的,可由其他人签名。

▶ **例 16-1** 某县公安局接到有人在薛某住所嫖娼的电话举报,遂派员前往检查。警察到达举报现场,敲门未开破门入室,只见薛某一人。薛某拒绝在检查笔录上签字,警察在笔录上注明这一情况。薛某认为检查行为违法,提起行政诉讼。下列哪些说法是正确的?

  A. 某县公安局应当对电话举报进行登记

  B. 警察对薛某住所进行检查时不得少于二人

  C. 警察对薛某住所进行检查时应出示工作证件和县级以上政府公安机关开具的检查证明文件

  D. 因薛某未在警察制作的检查笔录上签字,该笔录在行政诉讼中不具有证据效力

分析:ABC三项均符合《治安管理处罚法》上规定的立案和检查程序。D项错误,原因在于即使当事人拒绝在检查笔录上签字,只要警察注明原因,该笔录仍然具有证据效力。

第二节 行政诉讼的举证

举证问题,是行政诉讼证据规则的重点,而举证的重点是举证责任与举证时限。

一、举证责任

《行政诉讼法》规定被告对其作出的行政行为负有举证责任,应当提供作出该行为的证据和所依据的规范性文件,也就是说主要的举证责任由被告承担。这一规定是行政机关在行政程序中必须遵循"先取证、后裁决"规则的自然延伸。行政机关行使职权必须"以事实为根据",一旦其作出的行政行为被诉,由作出该行为的被告负担证明就是理所当然的。被告对所作行政行为承担举证责任,意味着被告将承担主要的诉讼风险,这种风险也可以促使被告在行政过程中注意形成和保存证据。《行政诉讼法》同时规定原告对个别问题承担举证责任,但实际上,综合司法解释和基本的证据法原理,原告应当承担的举证责任远不止《行政诉讼法》上所列举的个别事项。在此,我们主要应当掌握原告所承担的举证责任,除了这些有限的情况,其他事项的举证责任都应当由被告来承担。

原告承担举证责任的事项包括:

1. 原告起诉时的初步证明责任

原告向法院起诉时,应当提供其符合起诉条件的相应证据材料。起诉条件包括:(1)原告是适格的公民、法人或者其他组织,也就是行政行为的相对人或者利害关系人;(2)有明确的被告;(3)有具体的诉讼请求和事实根据;(4)属于法院的受案范围和受诉法院所管辖。

之所以说这只是初步证明责任,是因为这种证明只是形式上的,如果说是实质上的证明责任,就等于要求原告承担全部举证责任了。原告起诉的时候提出了一个诉讼请求,为什么提出这个请求呢,原告必须提出一些事实来,否则他的请求就没有道理、没有依据,但是这些事实是不是真的呢?未必。需不需要原告在起诉的时候就把这些事实证明清楚呢?不需要。这就是所谓的初步证明责任。这种证明,与其称为"证明",不如称为"说明"更恰当。还要注意,原告并无证明自己没有超越起诉期限的义务,如果被告认为原告的起诉超越起诉期限的,应当由被告证明。

2. 原告起诉行政不作为的申请证明责任

在起诉被告没有履行法定职责的案件中,原则上,原告应提供其在行政程序中曾经提出申请的证据。如此规定是由人们认识事物、证明事物的基本规律所决定的,法律不可能要求被告去证明原告没有向自己申请过履行职责。但是,被告应当依职权主动履行法定职责的,或原告因正当理由不能提供证据的除外。所谓原告因正当理由不能提供证据,指的是原告没有条件证明其申请事实的情况,例如因被告的申请登记制度不完善所致。例如,某一当事人向工商局申请营业执照,工商局不予办理,当事人如欲起诉,必须证明其曾向工商局提出过申请。此时,原告赖以证明其申请行为的证据主要就是工商局的申请登记册,但如果工商局并未设立此类登记制度导致原告无法举证,就免除原告的举证责任。

3. 损害证明责任

在行政赔偿、补偿的案件中,原告应当对行政行为造成的损害提供证据;但因被告的原因导致原告无法举证的,由被告承担举证责任。之所以原则上要求受害人自己证明损害,而不是由加害人证明没有损害,原因和上述申请证明责任类似。因为,从逻辑上讲,要证明自己没有给别人造成损害是十分困难的。所谓"因被告的原因导致原告无法举证的",主要是指因为被告的行为损害了受害人的证明能力,如造成受害人死亡或丧失行为能力的情况;或者因为被告的行为将有关证据损毁的情况。

4. 对新主张事实的证明责任

如果原告在诉讼程序中,提出了被告在行政程序中并未作为行政行为的依据、但与被诉行政行为密切相关的事实,也应当由自己提供证据。原告提出这种事实是完全可能的,这些事实是被告在作出行政行为时并不知晓或虽然知晓但未予考虑的,而如果被告当时就知晓或考虑了这些事实,就可能影响其行政行为作出的结果。因此,这些事实到了诉讼中就可能对行政行为的合法性产生影响,由于被告对这些事实原先并不知情,就应当由提出这个事实的原告来证明。

例如,某出租车司机因为超速行驶被交警处以罚款,不服提起了行政诉讼。在诉讼中原告说自己超速是因为车上有一个临产的孕妇,为了将孕妇尽快送到医院才超速。这个事实就是新事实;因为在行政处罚程序中,交警并不知晓这一事实,出租车司机也没有告诉交警这一事实。如果当事交警知道这一情况,就很可能不会对其加以处罚了。因此,原告在诉讼中提出这样的事实,当然应由自己来证明它的存在,而不是由被告来证明它的不存在。

5. 对部分程序性问题的证明责任

行政诉讼主要由被告证明其作出的行政行为合法,那是就实体问题而言。如果当事人主张的是关于诉讼程序的问题,这些问题虽然与被诉行政行为的合法性没有直接关系,却能影响行政诉讼的进程,那就必须和民事诉讼一样,实行"谁主张,谁举证",原告提出的主张也不例外。例如,原告提出某个法官应该回避,那就得自己举证,而不是由被告来证明这个法官不需要回避;再如,原告提出应当中止诉讼,也得自己证明出现了必须中止诉讼的事由,而不是由别人来证明不需要中止诉讼。

上述事项均属原告应当举证的事项,对此原告不能举证的,将承担相应的不利后果,如案件被驳回起诉,或者其主张的事实不被认可等。除了承担上述举证责任之外,原告还可以提供证据,用于证明被诉行为的违法或者明显不当,这是其行使举证权利的表现。当然,原告对此提供的证据不成立的,并不免除被告对被诉行为合法性的举证责任。

综合上述分析可以发现,行政诉讼中举证责任的分配原则与民事诉讼并没有本质上的区别,所遵循的都是"谁主张、谁举证"的原则。被告之所以在行政诉讼中要承担最主要的证明责任,要证明被诉行政行为的合法性,是因为这个行为就是被告自己作出的,被告作出这个行为的过程就是它的一个"主张"。只不过这个"主张"是在诉讼之前就产生的,而不是在诉讼的过程中才提出的而已。但行政诉讼从性质上看,本来就可以看作是行政程序的再一次展开,被告在行政程序中的"主张"到了诉讼阶段自然仍应承担证明责任。而诸如符合起诉条件、曾经向被告申请其履行职责、合法权益遭受被诉行政行为的损害、存在被告在行政程序中没有考虑但足以影响被诉行为合法性的事实、存在影响诉讼程序进行的事实等,说到底都是原告的"主张",所以原告才需要对其真实性承担证明责任。

▶ **例 16-2** 某药厂以本厂过期药品作为主原料,更改生产日期和批号生产出售。甲市乙县药监局以该厂违反《药品管理法》第 49 条第 1 款关于违法生产药品规定,决定没收药品并处罚款 20 万元。药厂不服向县政府申请复议,县政府依《药品管理法》第 49 条第 3 款关于生产劣药行为的规定,决定维持处罚决定。药厂起诉。关于本案的举证与审理裁判,下列说法正确的是什么?
　　A. 法院应对被诉行政行为和药厂的行为是否合法一并审理和裁判
　　B. 药厂提供的证明被诉行政行为违法的证据不成立的,不能免除被告对被诉行政行为合法性 的举证责任
　　C. 如在本案庭审过程中,药厂要求证人出庭作证的,法院不予准许
　　D. 法院对本案的裁判,应当以证据证明的案件事实为依据
　　分析: 行政诉讼审查的是被诉的行政行为,而不是审查原告的违法行为,故 A 项错。原告可以证明被诉行为违法,但即使其证据不成立也不免除被告的举证责任,B 项正确。在庭审过程中当事人要求证人出庭的,因为已经错过了举证期限,法院可以准许也可以不准许,C 项错。D 项是证据法的基本原则,当然是正确的。

▶ **例 16-3** 市城管执法局委托镇政府负责对一风景区域进行城管执法。镇政府接到举报并经现场勘验,认定刘某擅自建房并组织强制拆除。刘某父亲和嫂子称房屋系二人共建,拆除行为侵犯合法权益,向法院起诉,法院予以受理。关于此案,下列哪些说法是正确的?
　　A. 此案的被告是镇政府
　　B. 刘某父亲和嫂子应当提供证据证明房屋为二人共建或与拆除行为有利害关系
　　C. 如法院对拆除房屋进行现场勘验,应当邀请当地基层组织或当事人所在单位派人参加
　　D. 被告应当提供证据和依据证明有拆除房屋的决定权和强制执行的权力
　　分析: 本案是委托行政,被告是委托者市城管局,因此 A 项错。与被诉行为有利害关系是起诉条件之一,应当由原告证明,B 项正确。现场勘验须有当地基层组织或当事人所在单位派人参加,C 项正确。被告负有证明被诉行为合法的举证责任,D 项正确。

此外还要注意,在行政诉讼中,法院有权要求当事人提供或者补充证据。尽管

《行政诉讼法》并未明确法院对哪些证据可以要求当事人提供或者补充证据,但从体系解释的角度可以判断,法院要求当事人提供或者补充证据的前提条件,必然是这些证据属于该当事人的举证责任范围。因为《行政诉讼法》为被、原告分别确定了举证权利范围,如果法院什么都能要求,那当事人的举证责任就成了虚文。之所以规定法院可以依职权要求当事人提供或者补充其举证责任范围内的证据,主要是基于保护国家利益、公共利益和他人合法权益的考虑。在司法实践中,当事人通常会趋利避害,只提供于己有利的证据,隐瞒于己不利的证据,有的事实可能原、被告双方并无异议,但涉及国家利益、公共利益和他人合法权益。这些情况说明,法院应当对案件事实进行全面审查,努力发现被隐瞒的真相,而赋予法院依职权要求当事人提供或补充证据的权力就是一种必要的手段。

二、举证时限

举证时限要求当事人在一定时限之内提出证据,否则将承担不利后果。举证时限总的来讲有一个原则,就是对被告的要求严格于对原告和第三人的要求。对此主要掌握几点:

（一）举证时限的一般要求

被告的举证时限明显短于原告和第三人,其逾期没有举证可能承担的不利后果也远比原告和第三人严重。

原则上,被告应当在收到起诉状副本之日起15日内,提供据以作出被诉行政行为的全部证据和所依据的规范性文件。被告不提供,或者无正当理由逾期提供的,视为被诉行为没有相应的证据。此时被告将遭遇败诉的不利后果。

而对于原告和第三人而言,原则上应当在开庭审理前或法院指定的交换证据之日提供证据。原告和第三人逾期提供证据的,视为其放弃举证权利。但视为放弃举证权利并不当然导致原告或第三人败诉,因为在原告或第三人不能证明被诉行为违法时,也不免除被告证明其行为合法性的责任。如果原告和第三人不能证明被诉行为违法,而被告同时也不能证明其合法的话,由于这一部分的举证责任已经分配给了被告,法院仍应认定被诉行为是违法的。

▶ **例16-4** 田某对某市房管局向李某核发房屋所有权证的行为不服,以自己是房屋所有权人为由请求法院判决撤销某市房管局的发证行为。田某向法院提交了房屋所有权证,李某向法院提交了该房屋买卖合同,某市房管局向法院提交了李某的房屋产权登记申请、契税完税证等证据。下列哪一说法是正确的？

A. 房屋所有权证、房屋买卖合同、房屋产权登记申请、契税完税证均系书证
B. 李某可以在一审庭审结束前向法院提交房屋买卖合同
C. 田某向法院提交其房屋所有权证是承担举证责任的表现
D. 法院在收到被告提交的证据后应当出具收据,加盖法院印章和经办人员印章

分析：本例主要考察举证问题，B 项显然错误，因为原告和第三人一般应当在开庭前或庭前证据交换之日举证。C 项的错误在于，提交房屋所有权证并非原告的举证责任，田某提出此项证据是其行使举证权利的表现。而对于 D 项，注意除了正式的法律文书之外，一般无须加盖机关印章，由经办人员签章即可。只有 A 项是正确的，因为房屋所有权证、房屋买卖合同、房屋产权登记申请、契税完税证都是以期记载的内容来证明案件事实的，确实都是书证。

需要进一步把握的是，行政诉讼中的举证期限，不仅仅是提供证据的时间要求，同时也是许多其他诉讼活动的时间要求。当事人申请法院调取证据、申请保全证据、申请证人出庭、申请重新鉴定、申请重新勘验，都应当在举证期限之内提出。

▶ **例 16-5** 许某与汤某系夫妻，婚后许某精神失常。二人提出离婚，某县民政局准予离婚。许某之兄认为许某为无民事行为能力人，县民政局准予离婚行为违法，遂提起行政诉讼。县民政局向法院提交了县医院对许某作出的间歇性精神病的鉴定意见。许某之兄申请法院重新进行鉴定。下列哪些选项是正确的？
A. 原告需对县民政局准予离婚行为违法承担举证责任
B. 鉴定意见应有鉴定人的签名和鉴定部门的盖章
C. 当事人申请法院重新鉴定可以口头提出
D. 当事人申请法院重新鉴定应当在举证期限内提出

分析：在形式要求上，鉴定结论应有鉴定人签名和鉴定部门盖章，当事人申请重新鉴定的应当在举证期限之内书面提出，故 BD 两项正确而 C 项错误。A 项错误，原因在于原告没有责任证明被诉行为违法。

(二) 延期举证问题

延期举证，就是当事人在一般举证时限届满时尚未提出的证据，能否延期提出的问题。对于各方当事人而言，如果因不可抗力等正当事由不能在举证期限之内提供证据，都可以申请法院延期，经法院准许可以延期提供。但是要注意，对于原告或第三人来说，延期提交的证据可以是原来就已经掌握的证据，也可以是新发现的证据；而对于被告来说，延期提交的只能是本来就已经收集的证据，在诉讼过程中，被告及其代理人不得再自行向原告、第三人和证人收集证据。

(三) 补充举证问题

补充举证问题，就是当事人在行政程序中没有提出的事实与理由，能否在诉讼程序中再行提出并加以证明的问题。对于被告来说，它在行政诉讼中所提供的证据，原则上都应当是从行政程序证据中转化而来的，而行政程序证据又必须坚持"有证在先"的原则，即证据在先，决定在后。因此，在行政主体作出行政行为之后，包括在诉讼过程当中，被告及其诉讼代理人都不能自行向原告和证人收集证据，它们在这个阶段所收集的证据原则上不得被用于认定被诉行为的合法性。但这也有例外，那就是当原告或第三人提出其在行政程序中没有提出的理由或证据时,被告经法院准许可以补充相应的证据。为何有此例外呢？因为此时原告或第三人补充的这些证据是被告在行政程序中并不知道的,或虽然知道了也未曾予以考虑的。现在原告或第三人提出了这些事情,法院也准许了,就必须也给被告一个补充证据的机会,才能平衡。如果被告没有这种补充举证的权利,就给原告在诉讼中搞"突然袭击"创造了条件,原告很可能在行政程序中已经掌握了对自己有利的事实,就是不提出来,等着行政诉讼的时候再抛出来,搞得被告手足无措。这样做对被告很不公平,必须给被告一个补充举证的机会。

如上文所述的例子,某出租车司机因为超速行驶被交警处以罚款,不服提起了行政诉讼。在诉讼中说自己超速是因为车上有一个临产的孕妇,他为了将孕妇尽快送到医院才超速行驶的。由于原告提出的这一新事实是交警在作出处罚决定时未曾考虑的,此时应当允许被告也补充相应证据来对抗,如交警可以通过证明当时车上的孕妇实际并未处于临产状态,从而证明其处罚决定合法。

而这个问题对于原告或第三人来说,其要求要宽松一些。原则上,原告和第三人可以在诉讼程序中提出其在行政程序中没有提出的反驳理由或证据。但也存在例外,如果被告在行政程序中依照法定程序已经要求原告提供某些证据,原告对此依法应当提供而拒不提供的,原告和第三人在诉讼程序中再提供这些证据,法院一般不予采纳。

通过对比,我们可以明显地发现,对于当事人能否在诉讼程序中提出其在行政程序中没有提出的事实与理由这一问题,对被告的要求与对原告或第三人的要求恰恰是相反的。对于被告,如果一个证据是它在行政程序中没有收集的,那么它在此后再行收集、提供的证据,到诉讼中原则上就没有用了,例外的情况下才有用。而对于原告和第三人来说,对于他们在行政程序中没有提出的事实和理由,到了诉讼程序中原则上还可以提出,例外情况下才不被采纳。

三、第三人举证

在修订前的行政诉讼证据规则中,有关第三人的举证规则基本上没有独立规定,而是和原告适用相同的规定。但实际上,即使是原告型的第三人,其诉讼主张和原告也完全可能是对立的,应当有独立的举证权利,我国 2014 年修订的《行政诉讼法》补充了这一制度,规定被诉行政行为涉及第三人合法权益的,第三人可以提供证据。这一规定主要是针对原告型第三人的。

被诉行政行为涉及原告型第三人的合法权益,包括两种情况。一是这个行为损害了第三人的合法权益,这个时候第三人就想推翻这个行为,其立场实际上就类似于原告,这时,第三人当然有权提供证据来证明行政行为违法。二是这个行为符合第三人的合法权益,而原告希望推翻它,第三人希望维护它,其立场和原告是对立的,这时,第三人也有权提供证据来证明行政行为合法。

例如,张某、李某竞争一个许可证,张某获得了许可。李某不服起诉了许可实施机关县政府,张某作为第三人参加了诉讼。如果被告县政府怠于举证,张某的许可证就可能被撤销,为了维护自己的权益,张某也应有权提出证据来证明县政府的许可行为是合法的。再如,某市因旧城改造需要拆除王某等23户居民的房屋,拆迁人为某市房产开发公司。某市建设局在发布了房屋拆迁公告后,王某等23户居民以建设局为被告,以拆迁人没有足够的拆迁补偿安置资金为由向某市法院提起行政诉讼,请求撤销建设局颁发给第三人的拆迁许可证。法院依法追加某市房产开发公司为第三人参加诉讼。被告建设局既未在法定期限内举证和答辩,也未出庭,意在败诉。在庭审中,第三人某市房产开发公司提供了某市建设银行出具的符合拆迁费用预算报告的拆迁补偿安置资金的证明,以证明建设局向其颁发的拆迁许可证合法。

至于被告型第三人的诉讼地位则相当于被告,应当对被诉行政行为的合法性承担举证责任,同时享有证明原告的起诉不应被受理的权利。

第三节 证据的调取和保全

一、证据的调取

在证据获取的问题上,我国采取的是法院依职权取证与当事人举证相结合的制度。行政诉讼证据在一般情况下,应当由当事人自己提供,但有时候,当事人举证不能保证能够完全查清案件事实。由于我国的行政诉讼制度兼有监督行政、维护公益的任务,并不单纯是公民权益的救济制度,也是对行政行为的监督制度,因此,法院在其认为有必要的情况下可以依职权向双方当事人调取证据。但是,法院调取证据的权限应当受到严格限制。这是由法院在诉讼活动中所扮演的角色决定的,法院作为居中裁判的司法机关,如果动辄主动出击,通过自己的积极活动来证明案件事实的话,将严重损害其中立地位,也和司法活动所固有的消极、被动、谦抑属性格格不入。对于法院的取证活动,《行政诉讼法》将其分为依职权取证与依申请取证。

（一）依职权调取

法院有权向有关行政机关以及其他组织、公民调取证据。但是,不得为证明行政行为的合法性调取被告作出行政行为时未收集的证据。这就意味着,依职权调取证据实际上包括了三种情况:

一是为了证明行政行为的违法性而主动调取证据,其目的当然是为了保护原告或者第三人的合法权益。

二是为了证明行政行为的合法性而主动调取证据,其目的当然不是为了维护被告的利益,而是为了保护国家利益、公共利益或者第三人的利益。但是,在这种情况下,法院只能调取被告作出行政行为时已经收集了的证据。否则,法院和被告的角色就混同了。

三是为了证明行政诉讼中的某些程序性事项,包括回避、中止诉讼、终结诉讼、变更或者追加当事人等,这些事项只影响诉讼进程,与被诉行政行为合法或者违法没有直接的关系。

（二）依申请调取

这被严格地限定于依原告或第三人的申请取证,绝对不能依被告的申请举证。原因有二:一是因为被告是被诉行为的实施者,而行政程序中坚持"有证在先"的原则,被告在行政程序中就应当掌握充分证据,不能等到诉讼阶段再收集证据,更不能申请法院来帮它调取证据。二是法院在行政诉讼中扮演的不仅是一个居中裁判者的角色,还担负着行政机关监督者的角色,其任务在于审查被诉具体的合法性。如果法院依被告的申请为其调取证据,无疑是颠倒了它作为监督者的角色。因此,法院只能依原告或第三人的申请调取证据。而法院依申请调取的这些证据,应当是原告或第三人能够提供确切线索,但出于客观条件的限制而无法自行收集的。如对于由国家有关部门保存的证据材料,或是涉及国家秘密、商业秘密、个人隐私的证据材料,一般当事人无从获得,此时就可以申请法院代为调取。

▶ **例 16-6** 甲公司与乙公司开办中外合资企业丙公司,经营房地产。因急需周转资金,丙公司与某典当行签订合同,以某宗国有土地作抵押贷款。典当期满后,丙公司未按约定回赎,某典当行遂与丁公司签订协议,将土地的使用权出售给丁公司。经丁公司申请,2001年4月17日市国土局的派出机构办理土地权属变更登记。丙公司未参与变更土地登记过程。2008年3月3日甲公司查询土地抵押登记情况,得知该土地使用权已变更至丁公司名下。甲公司对变更土地登记行为不服向法院起诉。下列说法正确的是什么?

  A. 甲公司有权以自己的名义起诉
  B. 若丙公司对变更土地登记行为不服,应当自2008年3月3日起3个月内起诉
  C. 丙公司与某典当行签订的合同是否合法,是本案的审理对象
  D. 对市国土局与派出机构之间的关系性质,法院可以依法调取证据

分析:中外合资的任何一方均可以自己名义提起行政诉讼,因此A项正确。本案土地权属变更登记作出时,丙公司不知情,应从实际知道此行为内容之日起6个月内起诉;而且,案中甲公司于2008年3月3日查询得知抵押登记情况,案情并没有交代丙公司何时得知,B项属于偷梁换柱,错误。C项的错误明显,因为本案审理对象是土地权属变更登记行为,不是丙公司与某典当行签订的合同合法性问题。至于D项,查明"市国土局与派出机构之间的关系性质"关系到本案是否需要追加或变更被告,属于程序性事项,不是用于证明被诉行政行为的合法性,因此法院可以依职权调取,是正确的。

二、证据的保全

证据保全是指法院对于可能灭失或者以后难以取得的证据所采取的调查、收集、固定、保管等措施,旨在对证据加以确定和保护的行为。依据发起方式的不同,证据保

全分为依职权和依申请两种情况。证据保全一般以当事人申请为前提,另外情况下法院才会依职权主动进行保全。

所谓依申请保全,指在证据可能灭失或者以后难以取得的情况下,诉讼参加人向法院申请保全证据。诉讼参加人包括原告、被告、第三人以及他们的诉讼代理人。需要注意,被告虽然不能在行政诉讼过程中自行收集证据,也不能申请法院调取证据,但可以申请法院保全证据。为了避免证据保全给被保全人造成不利影响,当事人申请证据保全的,法院可要求其提供相应的担保。

所谓依职权保全,指在证据可能灭失或者以后难以取得的情况下,诉讼参加人没有申请,法院主动采取保全措施。

法院保全证据时,可以根据具体情况,采取查封、扣押、拍照、录音、录像、复制、鉴定、勘验、制作询问笔录等保全措施,并可以要求当事人或者其诉讼代理人到场。

第四节 行政诉讼的质证

质证是当事人在法官的主持下,围绕证据的真实性、关联性、合法性与证明力的有无、证明力的大小等问题展开的对质、辨认活动,是对行政诉讼证据加以全面审查的关键环节。

一、质证的对象

质证对象的确定分三种情况:(1)一般情况下的质证对象。原则上所有证据都应当在法庭上出示并由当事人相互质证。未经庭审质证的证据不能作为定案的依据,但当事人在庭前证据交换过程中没有争议并记录在卷的证据,经审判人员在庭审中说明后,可以直接作为定案的依据,无须再行质证。对经过庭审质证的证据,除确有必要外,一般不再进行质证。(2)二审中的质证对象。在二审程序中,法庭对当事人提供的新证据应当进行质证,当事人对一审认定的证据仍有争议的,法庭也应当进行质证。(3)再审中的质证对象。在再审程序中,法庭对当事人提供的新证据应当进行质证,因原生效裁判认定事实的证据不足而提起再审所涉及的主要证据,也应当进行质证。

二、对几类特殊证据的质证

对于以下几类证据,适用比较特殊的质证规则:

(1)缺席证据。对于被告经合法传唤无正当理由拒不到庭或未经许可中途退庭,法院决定实行缺席判决的案件,被告所提供的证据原则上不能作为定案依据,但当事人在庭前交换证据中没有争议的证据除外。

(2)涉密证据。涉及国家秘密、商业秘密和个人隐私的证据,不得在开庭时公开质证。

(3) 调取证据。对于法院依申请调取的证据,应当由申请调取证据的当事人在庭审中出示,并由当事人质证,法庭不参与质证;对于法院依职权调取的证据,无须进行质证,而是由法庭出示该证据并就调取该证据的情况进行说明,听取当事人的意见即可。

在对证据进行对质和辨认过程中,经法庭准许,当事人及其代理人可以就证据问题相互发问,也可以向证人、鉴定人或者勘验人发问。但当事人及其代理人相互发问,或者向证人、鉴定人、勘验人发问时,发问的内容应当与案件事实有关联,不得采用引诱、威胁、侮辱等语言或者方式。

三、对不同形式证据的质证

对于不同形式的证据,在质证时还应当注意以下问题:

(1) 对书证和物证,当事人应当出示原件或者原物,但出示原件或者原物确有困难的,经法庭准许可以出示复制件或者复制品;原件或者原物已不存在,当事人可以出示证明复制件、复制品与原件、原物一致的其他证据。

(2) 对视听资料,当事人原则上应向法庭出示视听资料的原始载体。视听资料应当当庭播放或者显示,并由当事人进行质证。

(3) 对证人证言,凡是知道案件事实的人,都有出庭作证的义务,必要时,原告或者第三人甚至可以要求相关行政执法人员作为证人出庭作证。不过在特殊情况下,经法院准许,当事人可以提交书面证言,例如当事人在行政程序或者庭前证据交换中对证人证言无异议的,证人因年迈体弱或者行动不便无法出庭的,证人因路途遥远、交通不便无法出庭的,证人因自然灾害等不可抗力或者其他意外事件无法出庭的,证人因其他特殊原因确实无法出庭的。

(4) 对鉴定意见,当事人可以要求鉴定人出庭接受询问。鉴定人因正当事由不能出庭的,经法庭准许,可以不出庭,由当事人对其书面鉴定意见进行质证。对于出庭接受询问的鉴定人,法庭应当核实其身份、与当事人及案件的关系,并告知鉴定人如实说明鉴定情况的法律义务和故意作虚假说明的法律责任。

此外,如果案件涉及专门性问题,当事人可以申请由专业人员出庭进行说明,法庭也可以通知专业人员出庭说明。必要时,法庭可以组织专业人员进行对质。当事人对出庭的专业人员的专业资格有异议的,由法庭决定其是否可以作为专业人员出庭。专业人员可以对鉴定人进行询问。

第五节 行政诉讼的认证

对证据的核实认定,其实就是认证的问题。认证就是法院对证据证明力进行判断的活动,是对当事人举证、质证结果的评价和认定。法官在质证环节结束后,应当对证据作出是否采信的认定,这就是认证。认证的主体是合议庭的法官,内容是对证据是否具有真实性、关联性和合法性作出确认。对于经审查核实后未采纳的证据,法官应当在裁判文书中说明理由。

一、对证据真实性的审查认定

证据的真实性是指作为证据的事实必须客观存在,不得是虚构的事实。法庭应当从以下方面审查证据的真实性:证据形成的原因;发现证据时的客观环境;证据是否为原件、原物,复制件、复制品与原件、原物是否相符;提供证据的人或者证人与当事人是否具有利害关系;影响证据真实性的其他因素。

二、对证据关联性的审查认定

证据的关联性是指证据必须与案件事实之间存在着内在联系。法庭应当遵循法官职业道德,运用逻辑推理和生活经验,进行全面、客观和公正的分析判断,确定证据材料与案件事实之间的证明关系,排除不具有关联性的证据材料,准确认定案件事实。需要注意的是,被告及其诉讼代理人在作出行政行为后或者在诉讼程序中自行收集的证据不能被作为认定被诉行政行为合法的证据。这是因为这些证据不是被诉行政行为作出时的依据,与被诉行政行为的合法性之间不存在关联性。

三、对证据合法性的审查认定

证据的合法性包括两方面的含义:一方面是证据必须符合法律对其的形式要求;另一方面是证据的收集必须符合法律要求。因此,法庭应当根据案件的具体情况,从三方面审查证据的合法性:证据是否符合法定形式;证据的取得是否符合法律、法规、司法解释和规章的要求;是否有影响证据效力的其他违法情形。以非法手段取得的证据,不得作为认定案件事实的根据,这些证据主要包括:(1)严重违反法定程序收集的证据;(2)以偷拍、偷录、窃听等手段获取侵害他人合法权益的证据;(3)以利诱、欺诈、胁迫、暴力等不正当手段获取的证据;(4)以违反法律禁止性规定或者侵犯他人合法权益的方法取得的证据;(5)被告在行政程序中非法剥夺公民、法人或其他组织依法享有的陈述、申辩或听证权利所采用的证据。

在对证据进行审核认定过程中,如果发现证明同一事实的数个证据之间存在内容上的冲突,可以按照以下情形分别认定效力等级:(1)国家机关以及其他职能部门依职权制作的公文文书优于其他书证;(2)鉴定意见、现场笔录、勘验笔录、档案材料以及经过公证或者登记的书证优于其他书证、视听资料和证人证言;(3)原件、原物优于复制件、复制品;(4)法定鉴定部门的鉴定意见优于其他鉴定部门的鉴定意见;(5)法庭主持勘验所制作的勘验笔录优于其他部门主持勘验所制作的勘验笔录;(6)原始证据优于传来证据;(7)其他证人证言优于与当事人有亲属关系或者其他密切关系的证人提供的对该当事人有利的证言;(8)出庭作证的证人证言优于未出庭作证的证人证言;(9)数个种类不同、内容一致的证据优于一个孤立的证据。

思维拓展

【示范案例】

中海雅园管委会诉海淀区房管局不履行法定职责案①

原告中海雅园物业管理委员会(简称中海雅园管委会)认为被告北京市海淀区国土资源和房屋管理局(简称海淀区房管局)不履行备案法定职责的行为违法,于2003年9月8日向北京市海淀区法院提起行政诉讼。

原告诉称:2002年2月,原告通过公开招标与北京金罗马物业管理有限公司(简称金罗马公司)订立了物业管理合同,被告对此却不予备案,致使中标公司将原告告上法庭。2002年6月15日,原告任期届满。此前,原告依照法定程序进行了改选,并于2002年6月14日以挂号信的方式向被告申请备案。被告收到申请后曾电话通知原告汇报工作,但并未在15日内以书面形式告知原告不予备案。根据有关规定,原告的备案手续合法有效,原告的身份也合法有效,一直以合法身份在民事诉讼中应诉和起诉。直到2003年8月14日,原告才从被告的证词中得知被告没有对原告备案。原告认为,被告的行为损害了原告的合法权益,应当纠正,请求确认被告不履行备案职责的行为违法。原告提交的证据有:(1)备案材料邮寄存根和投递签收清单,用以证明中海雅园管委会改选后即向海淀区房管局申请备案。(2)法院调查笔录,用以证明海淀区房管局工作人员在接受法院调查时,明确表示中海雅园管委会未备案。(3)法院交换证据笔录,用以证明海淀区房管局对中海雅园管委会与金罗马公司订立的物业管理合同未予备案,一直违法行政。

被告辩称:我局对中海雅园管委会与金罗马公司订立的物业管理合同不予备案是合法的行政行为,对中海雅园管委会换届选举不予备案也是合法的。中海雅园管委会在改选过程中,未召开业主大会,以挂号信的方式申请备案且未提交应当提交的备案申请书、管委会章程、管委会委员名单及基本情况、产权人大会或产权人代表大会决议等材料,均不符合《关于物业管理委员会委员补选、改选、换届选举及变更事项的通知》的规定,而且我局也收到了中海雅园小区业主关于管委会不为业主办实事、以公告方式进行管委会换届选举侵害广大业主权益的举报。所以,我局认为中海雅园管委会提交的改选备案申请不符合备案条件,我局工作人员已明确告知中海雅园管委会对其申请不予备案。总之,中海雅园管委会的改选不符合备案条件,我局不予备案行为合法,请求驳回中海雅园管委会的诉讼请求。被告提交的证据有:(1)中海雅园500名业主签名的举报信,用以证明业主举报中海雅园管委会改选程序不合法。(2)中海雅园管委会寄给被告的挂号信,用以证明中海雅园管委会曾以挂号信的方式申请备

---

① 案例来源为:《最高人民法院公报》2004年第5期。

案。(3)海淀区房管局委托代理人的陈述。主要内容是:我局经办人员接到中海雅园管委会寄来的挂号信后,打电话通知中海雅园管委会人员到本局谈话,在谈话中明确告知其提交的备案材料不齐备、不符合备案条件,不予备案。该陈述用以证明已将不备案的情况及原因明确通知中海雅园管委会。

在庭审质证中,原告中海雅园管委会对被告海淀区房管局的证据2无异议,但对证据1、证据3有异议,认为证据1的举报情况不属实,如管委会存在举报的问题,海淀区房管局为何不责令管委会改正?认为海淀区房管局委托代理人的当庭陈述不属实,当时经办人员的表示是:管委会的改选较规范,美中不足的是提交的管委会章程只是修改的部分章节,没有提交章程全文;经办人员还鼓励管委会克服困难,为业主服务,并没有告知对管委会不予备案。海淀区房管局对中海雅园管委会提交的证据1无异议;认为证据2没有调查人的签名,不规范;认为证据3与本案无关。

被告海淀区房管局提交了有关行政规范依据,认为根据这些行政规范的规定,物业管理委员会的成立和改选均须报行政主管机关核准,不经核准物业管理委员会的成立或改选无效。根据中海雅园管委会提交的备案材料的具体情况,该局依照职权可以决定对物业管理委员会的改选是否登记备案。对可以登记备案的,在10天之内以书面形式通知申请人,并报上级主管机关;对不予备案的,无须以书面形式通知申请人。中海雅园管委会认为,被告房管局提交的上述行政规范在北京市政府办公厅《关于转发规范和加强本市居住区物业管理的若干意见》公布后即已失效,不能再适用。

北京市海淀区法院经审理查明:2002年6月14日,原告中海雅园管委会向被告房管局寄送了《中海雅园第二届业主委员会报告》及《物业管理委员会章程》(经修改的部分条文)。在报告中,中海雅园管委会称,2002年5月8日至6月12日,中海雅园第一届管委会在小区内张贴了改选公告,成立了改选小组,并以公告形式在小区内公布业主委员会章程修改意见稿,征集业主参选第二届业主委员会的报名,公布报名参选第二届业主委员会的业主名单,公布第二届业主委员会委员及候补委员名单;因持反对意见的业主不足50%,通过了修改业主委员会章程,共选出胡密珍等9人为第二届业主委员会委员,另有2人为候补委员。同年6月,海淀区房管局收到了一封署名为"中海雅园小区广大业主"、内容为反对现管委会进行的公告选举、要求按法规规定召开业主大会选举新一届管委会的举报信。海淀区房管局收到中海雅园管委会寄送的报告后,指派工作人员与中海雅园管委会负责人进行了谈话,指出中海雅园管委会报送的材料不符合要求,但未要求中海雅园管委会予以补正,也未明示不予备案。2003年8月,海淀区房管局工作人员在接受法院调查时称:中海雅园管委会于2002年6月到期后未予备案。中海雅园管委会遂提起本诉讼。

海淀区法院认为:房管行政机关负责指导物业管理委员会的组建和日常工作的监督,有权要求物业管理委员会纠正其作出的违反法规、规章及政策的决定。原告中海雅园管委会在组建时已经在行政管理机关办理了登记手续,任期届满后进行了换届选举。被告海淀区房管局如认为中海雅园管委会采取的换届选举方式不符合法规、规章的规定,可以要求中海雅园管委会予以纠正;在收到中海雅园管委会寄送的换届选举登记备案的书面申请后,如认为其提交的备案材料不符合规定,应当要求其补正;如不予备案,亦应书面通知并说明理由。海淀区房管局在长达一年的时间内,不依照职权对中海雅园管委会提出的换届选举登记备案申请给予任何书面答复,亦未依照规定尽其指导、监督的职责,构成违法。据此,海淀区法院判决:确认被告北京市海淀区国土资源和房屋管理局对原告中海雅园物业管理委员会提出的换届选举登记备案申请不履行备案职责的行为违法。

法律问题:在行政诉讼中,行政不作为应当如何认定和证明?本案中法院对行政不作为的认定是否正确?为什么?

法理分析:行政不作为,即不履行法定职责的行为,其概念的内涵是比较复杂的,存在着三种不同的理解。而在不同的理解层面上,对不作为的证明和审理都是有所不同的。

第一种观点可以称之为程序不作为。这种观点认为,只有行政机关在程序上完全没有实施任何行为,即绝对没有任何行动才构成不作为,一旦作出行为,无论行为的内容如何,都已经是作为了。例如,按照这种标准,在行政许可案件中,只有行政机关对当事人的申请完全不予答复才构成不作为。如果作出了答复,如决定不予受理,或作出了不予许可的决定,都被认为是作为。现有的行政诉讼证据规则就是在这一层面上定义不作为的。最高人民法院《关于行政诉讼证据若干问题的规定》第4条规定:"在起诉被告不作为的案件中,原告应当提供其在行政程序中曾经提出申请的证据材料。"这里的不作为指的就是被告没有作出任何行为的程序不作为,如果被告已经作出了一定否定性的、没有满足原告给付请求的行为,那已经表明原告肯定提出过申请了,根本没有必要提供所谓"曾经提出申请的证据材料"了。对于这个意义上的不作为之诉,法院经审查认为确实构成不作为的,应当判决责令被告履行职责;认为不构成不作为的,应当判决驳回原告的诉讼请求。

第二种观点可以称之为实体不作为。即使行政机关作出了某种行为,例如在程序上受理了当事人的申请并作出了行政决定,但只要行政机关对当事人的申请给出了否定的回答,仍然构成不作为。对于这样的不作为案件,由于被告实际上已经作出了一个内容为否定的行为,原告必定曾经提出过申请,原告就无需证明其申请的事实了。对于这个意义上的不作为之诉,法院经审查认为确实构成不作为的,目前的做法是撤销其内容为否定的行为,责令其作出新的行为;认为不构成不作为的,则是维持这一行为。按照这样的判决方式,被告作出新的行为之后,如果原告不服还需要重新起诉,法院需要再次审理,实际上造成了讼累。但在我国的司法实践中,对行政不作为的认识已经开始过渡到实体不作为这个层面,并在司法解释中开始有所突破。例如,最高人民法院《关于审理政府信息公开行政案件若干问题的规定》第9条规定:"被告对依法应当公开的政府信息拒绝或者部分拒绝公开的,人民法院应当撤销或者部分撤销被诉不予公开决定,并判决被告在一定期限内公开。尚需被告调查、裁量的,判决其在一定期限内重新答复。被告提供的政府信息不符合申请人要求的内容或者法律、法规规定的适当形式的,人民法院应当判决被告按照申请人要求的内容或者法律、法规规定的适当形式提供。人民法院经审理认为被告不予公开的政府信息内容可以作区分处理的,应当判决被告限期公开可以公开的内容。被告依法应当更正而不更正与原告相关的政府信息记录的,人民法院应当判决被告在一定期限内更正。尚需被告调查、裁量的,判决其在一定期限内重新答复。被告无权更正的,判决其转送有权更正的行政机关处理。"

第三种观点可以称之为给付不作为。所谓给付不作为,就是原告对于行政机关的给付请求没有得到满足。按照这一标准,无论行政机关在程序上是否作出了行政决定,也无论这种决定的内容是肯定性的还是否定性的,只要当事人向行政机关所要求的给付没有得到满足,或没有得到完全的满足,就可以认定为不作为之诉。例如,原告与第三人均向行政机关申请一项具有排他性的行政许可。行政机关受理申请之后,向第三人颁发了许可证。在这样的案件中,被告显然已经作出了许可决定,不构成程序上的不作为;其许可决定的内容也是肯定性的,表现为许可了第三人的申请,也不构成实体上的不作为。但是,原告所要求的给付请求在被告的这一行为中还是得到满足,因此可以构成给付上的不作为。在德国等国家的行政法上,其行政诉讼中的给付之诉就是按照这一标准来认定的。在这种情况下,当事人仍然可以向法院提起不作为之诉,要求法院判令被告作出满足原告给付请求的行为。在我国的行政诉讼制度上,完全没有从这一意义上认定不作为,对于这样的案件,全部是当做作为的案件来审理、证明和判决的。原告如果要满足自己的给付请求,往往也需要多次诉讼才能实现。

本案是一个起诉行政不作为的案件,但我们通过分析可以发现,原告起诉的不作为和法院最后判决认定的不作为的含义是不同的,是两个不同层面上的不作为。

原告中海雅园管委会起诉时认为,其任期届满后依照法定程序进行了改选,并以挂号信的方式向被告申请备案。根据有关规定,其备案手续合法有效,其身份也合法有效,一直以合法身份在民事诉讼中应诉和起诉,但被告一直没有对原告备案,损害了其合法权益。简而言之,就是原告认为自己是符合备案条件的,但被告没有备案。也就是说,原告认为被告是实体上的不作为。但是,从原告提供的证据来看,却证明不了这一点。原告提供的证据有三:一是备案材料邮寄存根和投递签收清单,用以证明其曾经向被告提出过备案的申请;二是法院的调查笔录,用以证明被告没有给原告备案;三是法院交换证据笔录,用以证明被告对原告与金罗马公司订立的物业管理合同也未予备案,一直违法行政。其中,证据三与备案是无关的。而证据一、二并无法证明原告自己是符合备案条件的,只能证明其提出过备案的申请而被告没有备案。至于被告没有给原告备案的原因,既有可能是行政不作为,也有可能是原告不符合备案条件。从原告提供的证据来看,这一点还无法判断。

而从被告的答辩来看,其内容既包括程序问题也包括实体问题。被告认为原告就是不符合备案条件,所以其不予备案的行为是合法的,而且已经将这一结果告诉了原告。被告提供的证据有三：一是中海雅园500名业主签名的举报信，用以证明业主举报中海雅园管委会改选程序不合法，所以原告不符合备案条件；二是中海雅园管委会寄给被告的挂号信，用以证明原告曾申请备案。三是其委托代理人的陈述，用以证明已将不备案的情况及原因明确通知了原告。

但从法院最终的判决来看，却是确认了被告的程序不作为。法院在判决中认定了以下几点：第一，被告有指导物业管理委员会的组建和日常工作的监督职责；第二，原告向被告提交了换届选举登记备案的书面申请；第三，被告在长达一年的时间内，不依照职权对原告提出的换届选举登记备案申请给予任何书面答复，亦未依照规定尽其指导、监督的职责。据此认定被告的做法构成违法，判决确认被告不履行备案职责的行为违法。这个判决实际上是认定了被告在程序上的不作为，而对于原告到底是否符合备案条件并没有加以审查和判断。法院最后的判决也并没有责令被告履行职责，而只是确认了程序不作为的违法性，这一点是值得注意的。

原告起诉的是被告实体上的不作为，理由是被告应当为其备案而没有备案，但其提供的证据并没有证明这一点。而从被告提供和法院最后认定的证据来看，原告确实不符合备案的条件，被告不予备案的决定在实体上并没有问题，有问题的是被告没有履行程序上的职责，即没有对原告的申请作出书面答复。在这种情况下，如果法院判决被告给原告备案，显然不合适；如果判决被告履行职责作出答复，被告作出的答复也只能是不予备案，这样的结果对原告来说没有实际意义。法院很可能正是基于这样的考虑，才没有作出责令履行判决，而是使用了确认违法判决。

【思考案例】

钱某诉某市建设委员会向第三人颁发房屋所有权证案①

1989年1月，原告钱某经过规划建设部门审批同意，建造了四间一层的砖混结构住宅房一幢。1997年7月，全市统一丈量颁发房屋所有权证时，第三人钱某之兄以准建证保管不善遗失为由，向其所在乡的房产登记办公室申请对上述房屋进行房屋产权登记。同年8月，经房产登记办公室审查确认后，某市建设委员会向第三人钱某之兄颁发了房屋所有权证。原告钱某认为被告的错误颁证行为损害了自己的合法权益，向法院提起了行政诉讼，请求依法撤销被告颁发给第三人钱某之兄的房屋所有权证。

本案在审理过程中，被告某市建设局在法定的举证期限内未依法提供据以作出被诉具体行政行为的证据。第三人钱某之兄在庭审前向法院提交了证据，以证明被告的颁证行为是合法的。

法院经审理认为，房屋所有权人应凭土地使用权证书及相关产权证明文件到房屋所在地的房产管理部门申请登记，房产管理部门经审查确认后，方可颁发房屋所有权

---

① 案例来源为：沈健清、邵小秋：《也谈行政诉讼中第三人举证确凿能否作为定案依据》，载《常州法苑》2005年第2期。

证。任何个人不得虚报、瞒报房屋所有权,不得冒充登记,侵犯他人权益。《最高人民法院关于行政诉讼证据若干问题的规定》第1条第1款规定:"被告对作出的具体行政行为负有举证责任,应当在收到起诉状副本之日起十日内,提供据以作出被诉具体行政行为的全部证据和所依据的规范性文件。被告不提供或者无正当理由逾期提供证据的,视为被诉具体行政行为没有相应的证据。"本案被告就其颁发给第三人的房屋产权证是具体行政行为,未在法定的期限内举证,依法应视为其没有完成举证责任,应承担不利的法律后果。在行政诉讼中,原告及第三人有举证的权利,也承担相应的举证责任,但原告举证不能或第三人的举证并不能免除被告的举证责任。本案中,被告未举证,且第三人举证也不能证明被告颁证行为合法,故依据《最高人民法院关于行政诉讼证据若干问题的规定》第1条第1款、《行政诉讼法》第32条、第43条、第54条第2项第1目之规定,判决撤销了被告某市建设局颁发给第三人钱某之兄的房屋所有权证。

法律问题:第三人在行政诉讼中应当适用什么样的证据规则?本案法院的判决理由和判决方式是否正确?

【学术探讨】

在行政诉讼中,被告提供的绝大多数证据都是从之前行政程序中的行政证据转化而来的。换句话说,这些证据被使用了两次:第一次是在行政程序中用来支撑行政机关作出的行政行为,第二次是在行政诉讼程序中用来支撑法院作出的判决。那么,这些证据在行政程序和行政诉讼程序中的证明标准应当是相同的,还是不同的?也就是说,行政机关使用这些证据作出行政行为,以及法院使用这些证据作出判决,是不是应当适用相同的证明标准?

第十七章

行政诉讼的裁判与执行

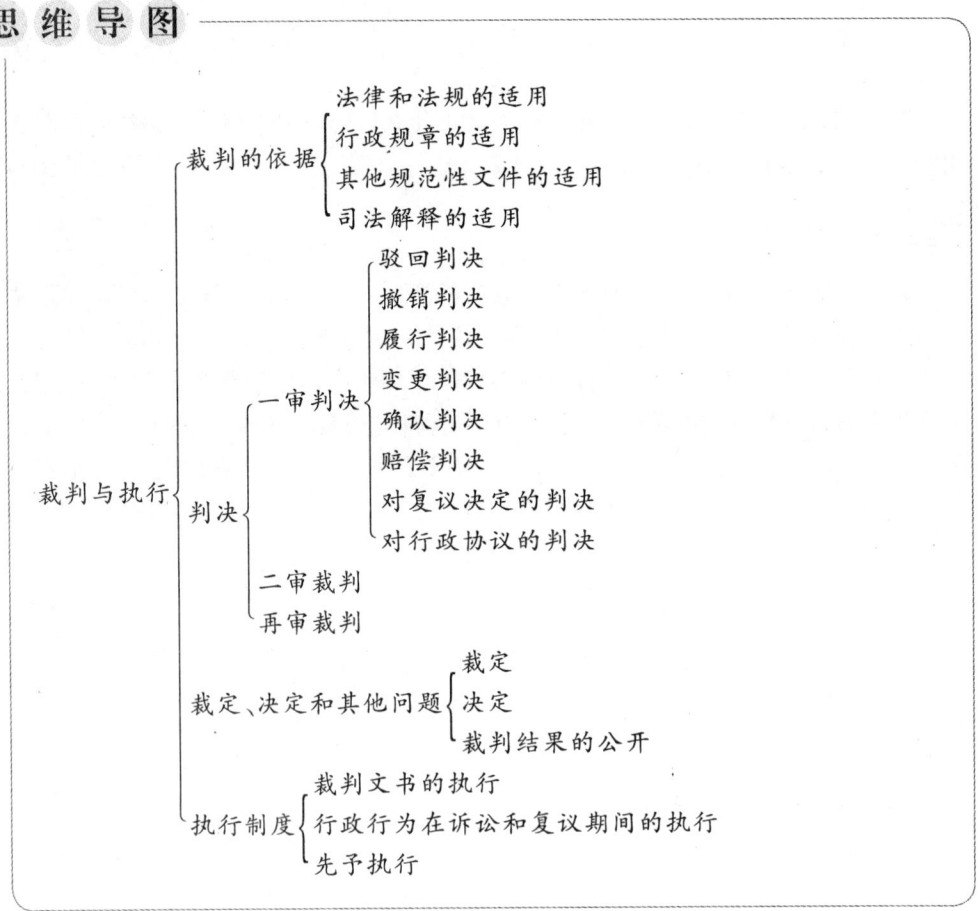

思维导图

法院将一个行政诉讼案件审理完毕之后,要通过作出裁判文书来结案。法院的裁判以法律、法规为依据,参照行政规章,并可以参考规章以下的行政规范性文件,此外还要遵守最高人民法院作出的司法解释。行政诉讼的一审判决方式是一个非常重要的制度,我国2014年修订的《行政诉讼法》对这一制度也进行了较大幅度的修改,这是本章的核心内容,也是一个难点。二审裁判、再审裁判等问题相对比较简单。法院裁判文书所确定的权利义务的实现,首先取决于当事人的自觉履行;如果当事人不履行,这些权利义务就需要通过法院或行政机关的强制执行来实现。因此,我们把与执行相关的制度也放在本章一并介绍。

第一节 行政诉讼裁判的依据

司法裁判的依据解决的就是法律适用的问题。所谓法律适用,指的是法院将法律、法规、规章等文件运用到各种行政争议当中,用以判明受争议行政行为合法性的活动,主要是解决不同等级的规范性文件在行政诉讼中的地位。

一、法律和法规的适用

法律指的是全国人大及其常委会制定的立法文件,法规包括国务院的行政法规、地方性法规、经济特区法规、自治条例与单行条例。法律与法规在行政诉讼中,是作为法院审理行政案件的依据,其中地方性法规仅适用于审理本区域内发生的行政案件,而自治条例和单行条例适用于审理民族自治地方的行政案件。在这些立法文件的效力等级上,法律的效力高于法规;在法规中,行政法规高于地方性法规;在地方性法规中,省级地方性法规高于市州的地方性法规。

法律与法规是法院审理行政案件的依据,何谓"依据"?就是法院在审判时所必须遵循的、不得拒绝适用的根据。即法院在审理行政案件时,如果法律和法规已经对与该案件有关的某个问题作出了规定,就必须适用它。

注意经济特区法规与民族自治地方的单行条例、自治条例可以根据法律的规定或根据有关授权对上位法作出某些变通规定,并在本区域内优先适用这些变通规定。

法院审理行政案件,适用的主要是行政法律规范。但在审理行政协议的案件中,还可以同时适用不违反行政法强制性规定的民事法律规范。

二、行政规章的适用

包括部门规章与地方政府规章,它们在行政诉讼中的地位,是作为法院审理行政案件的参照。"参照"的地位自然与作为"依据"的法律、法规不同,"参照"一词意味着法院对行政规章并不是无条件地适用,而是有其判断选择的余地,法院可以对行政规章的内容加以审查鉴定。经审查鉴定认为内容合法的规章,法院自然必须适用;经审查鉴定认为不合法的规章,法院有权"灵活处理",不予适用。但是,如果法院在审理行政案件的过程中,发现行政规章之间相互冲突,难以决定如何适用时,法院没有选择权,应当由最高法院送请国务院作出解释或裁决。之所以规章在行政诉讼中的地位要低于法律与法规,不得不屈居"参照"的地位,原因有二:第一,规章的制定主体,即国务院部门与地方政府本身都有可能成为行政诉讼的被告,如果将规章的地位确立为

"依据",就有可能出现用被告制定的规范来审理被告的尴尬;第二,规章本身制定的质量,总体上不如法律与法规,越权制定规章,规章中出现违法条款,以及规章间相互冲突的现象大量存在,因此,法院对行政规章不应当无条件地适用。

三、其他行政规范性文件的适用

其他行政规范性文件,即行政机关制定、发布的效力低于规章的抽象行政行为。这些文件在行政诉讼中的地位理所当然地要比规章更低,法院在审理行政案件的过程中,对这些规范性文件的合法性应当加以审查,并有权作出处理。

如前文所述,原告认为行政行为所依据的规章以上的其他行政规范性文件不合法的,在对行政行为提起诉讼时,可以一并请求法院对该规范性文件进行审查。而即使原告在诉讼时没有提出这种一并审查的请求,法院在法律适用的过程中也可以主动对此进行审查。对此,需要注意几个问题:

第一,原告请求法院一并审查这些规范性文件,应当在一审开庭前提出。有正当理由的,也可以在法庭调查中提出。

第二,虽然法院可以审查这些规范性文件,但是不能判决撤销或者改变这些规范性文件,就是"审而不判"。这是因为《宪法》已经规定了这些规范性文件的监督机制:县级以上地方各级人大常委会有权撤销本级人民政府的不适当的决定和命令,县级以上的地方各级人民政府有权改变或者撤销所属各工作部门和下级人民政府的不适当的决定。在这样的背景下,《行政诉讼法》就不宜赋予法院直接判决撤销或者改变不合法的规范性文件的权力。此外,司法权的谦抑性决定了法院不宜过多地介入行政,否则法院就容易变成行政机关的隐形领导。总之,这些规范性文件只能由《宪法》规定的有权机关加以改变或撤销,在这些有权机关改变或撤销之前,这些规范性文件仍然是继续有效的。法院经过审理之后,能做的只不过是在审判相关案件时对违法的规范性文件不予适用,并在裁判理由中予以阐明,同时向其制定机关提出处理建议,并可以抄送制定机关的同级政府或者上一级行政机关。

第三,法院判断这些规范性文件是否合法的标准主要有三。一是看其是否超出了制定机关的制规权限,这是一个比较容易掌握的形式标准。例如,根据《行政处罚法》第14条,规章以下的行政规范性文件无权创设行政处罚。如果某县政府出台一个规范性文件,对公民某项行为设定行政处罚措施,那这个文件就是违法的。另外一个比较常见的现象是行政机关的内设机构和临时机构以自己的名义制定规范性文件,这种规范性文件同样因为越权而违法。二是看这些规范性文件是否与上位法相抵触,因为这些规范性文件只能在上位法已规定的规则范围内进行细化,不能超出这一范围给行政相对人创设新的权利义务。三是看规范性文件的出台是否符合法定的程序和形式。

第四,规范性文件不合法,并不意味着据此作出的行政行为必定不合法。对此,法院还应当继续依照法律、法规,并参照规章,对被诉行政行为进行审查后作出认定,不能简单地将规范性文件的合法性与行政行为的合法性捆绑起来认定。

四、司法解释的适用

司法解释即司法机关对法律的解释,在多数情况下特指最高法院对法律的解释。法律解释的效力本来应当等同于法律,但对司法解释在我国法律渊源中的地位,理论上一直存在巨大争论,对其予以排斥,因此它并非正式的法律渊源。尽管如此,由于我国的许多法律在内容上较为粗糙,在实际运用中不具有操作性,必须借助司法解释对它的具体化才能够在审判实践中得到运用。这就使得司法解释在现实中具有十分显要的地位,法院在行政诉讼中适用司法解释作为审理依据是不可避免的。但出于立法上和理论上的限制,又不能将司法解释明确列举为行政诉讼的审理依据,因此,实践中对司法解释定位十分含糊,只规定法院审理行政案件时适用最高法院司法解释的,应当在裁判文书中援引。从实际角度来看,司法解释在行政诉讼中的作用接近于法律,事实上已成为法院审理行政案件的依据之一。

第二节 行政诉讼的判决

行政诉讼的判决包括一审判决、二审判决、再审判决。其中,一审判决最为重要,是后面二者的基础。

一、行政诉讼的一审判决

行政诉讼的一审判决,分为驳回判决、撤销判决、履行判决、变更判决、确认判决、赔偿判决六种,前五种是可以独立适用的。最后一种"赔偿判决"除了在单独提起的行政诉讼中外,不能单独适用,而是在撤销判决、履行判决、变更判决、确认判决之后附带适用。从另外一个角度来分类,也可以将驳回判决称为被告胜诉的判决,将其他四种判决称为原告胜诉的判决。此外,针对行政复议决定和双方行政行为(行政协议),还有一些特殊的判决方式。

(一)驳回判决

按照修订前的《行政诉讼法》,在被告胜诉的情况下,法院原则上应当作出维持被诉行政行为的判决,个别情况下难以适用维持判决的,才转而判决驳回原告的诉讼请求,也就是维持判决为主,以驳回判决为辅。2014年修订的《行政诉讼法》废除了维持判决,对于被告胜诉的情况,一律适用驳回判决。这一修改是非常正确的,因为,行政行为在作出之后本来就具有拘束力、确定力和执行力,只要没有通过撤销、变更、废止等方式来推翻它,这个行为就一直是有效的,没有必要再通过一个法院的判决来画蛇添足地维持它。如果法院经过审查,认为一个行政行为是正确的,只需要判决驳回原告的诉讼请求,就等于肯定了这个行为的效力。

具体而言,驳回判决适用于两种案件:(1)作为案件,即行政行为证据确凿,适用法律、法规正确,符合法定程序的情况;(2)不作为案件,即原告申请被告履行法定职责或者给付义务但理由不成立的情况。

▶ **例 17-1** 某银行以某公司未偿还贷款为由向法院起诉,法院终审判决认定其请求已过诉讼时效,予以驳回。某银行向某县政府发函,要求某县政府落实某公司的还款责任。某县政府复函:"请贵行继续依法主张债权,我们将配合做好有关工作。"尔后,某银行向法院起诉,请求某县政府履行职责。法院经审理认为,某县政府已履行相应职责,某银行的债权不能实现的原因在于其主张债权时已超过诉讼时效。下列哪一说法是错误的?

　　A. 本案应由中级法院管辖
　　B. 因法院的生效判决已对某银行与某公司的民事关系予以确认,某县政府不能重新进行确定
　　C. 法院应当判决确认某县政府的复函合法
　　D. 法院应当判决驳回某银行的诉讼请求

分析:本案被告是县政府,级别管辖就是中院,A 项正确。根据司法最终原则,一个法律关系如果已经受到生效司法判决的约束,行政机关当然不能对其作出新的决定,B 项也正确。CD 两项涉及的是本案的判决方式,由于一个案件只能有一个判决,本案属于起诉不作为而不能成立的情况,应当判决驳回原告的诉讼请求,因此 D 项正确,那么 C 项就是错误的。

▶ **例 17-2** 在行政诉讼中,针对下列哪些情形,法院应当判决驳回原告的诉讼请求?
　　A. 起诉被告不作为理由不能成立的
　　B. 受理案件后发现起诉不符合起诉条件的
　　C. 被诉行政行为合法,但因法律变化需要变更或者废止的
　　D. 被告在一审期间改变被诉具体行政行为,原告不撤诉的

分析:A 项应当判决驳回是十分明确的。B 项应当裁定驳回起诉,因为这是程序问题而不是实体问题,因此不是判决驳回原告的诉讼请求,该项错误。C 项的情况新修订的《行政诉讼法》没有再做规定,但仍应视为被诉行为合法,故适用驳回判决是正确的。D 项的情况存在两种可能性:因为原来的被诉行政行为可能合法也可能违法,因此有可能判决驳回,但也有可能判决确认违法,不确定,故 D 项错误。

(二) 撤销判决

撤销判决是判定原告胜诉的最重要的判决类型,适用于原告起诉被告作出行政行为的案件。具体而言,撤销判决又包含几种子类型:根据是否撤销被诉行为的全部内容,分为全部撤销与部分撤销;根据撤销的同时是否责令被告作出新行为,分为简单撤销与撤销并责令重做。被诉行为有下列情形之一的,法院应当判决撤销或部分撤销该行为,并可以判决被告重新作出具体行政行为:(1) 主要证据不足的;(2) 适用法律、法规错误的;(3) 违反法定程序的;(4) 超越职权的;(5) 滥用职权的;(6) 明显不

当的。

这里应当特别注意撤销并责令重做的判决。法院在判决撤销被诉行为的同时,可以同时判令被告作出新的行为,但是不能直接替代被告作出新的行政行为,否则就构成变更判决了。例如,法院审理一个行政机关不予行政许可的案件,即使认为原告请求准予许可的理由是成立的,被告也没有选择不予许可的裁量余地,也不能直接判决给原告颁发许可证,只能判决撤销不予许可的决定,责令被告重新作出决定,并在判决理由中写明意见。被告重新作出的行为应当遵循不得雷同的原则,即不得以同一的事实和理由作出与原行政行为基本相同的行政行为,至少应当在行为结果、行为主要事实、行为主要理由这三个要素中有一个与原来的行为明显不同。如果被告以同一事实和理由重新作出与原来基本相同的行为,将被视为拒绝履行法院的判决,法院应当重新判决将该行为撤销或部分撤销,并依法对被告强制执行。

▶ **例 17-3** 法院因主要证据不足判决撤销被诉具体行政行为并判令被告重新作出具体行政行为后,被告以同一事实与理由作出与原具体行政行为基本相同的具体行政行为,原告向法院提起诉讼的,法院下列哪种做法是正确的?

A. 确认被告重新作出的具体行政行为违法

B. 确认被告重新作出的具体行政行为无效

C. 判决撤销该具体行政行为,并判令被告重新作出具体行政行为

D. 判决撤销该具体行政行为并向该行政机关的上一级行政机关或者监察、人事机关提出司法建议

分析:法院作出撤销并责令重做判决之后,被告不得作出原行为的雷同行为;被告违反这一规定的,法院应重新判决撤销,并依法强制执行。对被告强制执行的措施,包括向有关行政机关作出司法建议(详见后文"执行制度"),因此只有 D 项正确。

▶ **例 17-4** 某县工商局认定王某经营加油站系无照经营,予以取缔。王某不服,向市工商局申请复议,在该局作出维持决定后向法院提起诉讼,要求撤销取缔决定。关于此案,下列哪些说法是正确的?

A. 市工商局审理王某的复议案件,应由二名以上行政复议人员参加

B. 此案的被告应为某县工商局

C. 市工商局所在地的法院对此案有管辖权

D. 如法院认定取缔决定违法予以撤销,市工商局的复议决定自然无效

分析:行政复议案件应当由二人以上合议审理(详见后文"行政复议"),A 项正确。复议维持的,应当以原机关县工商局、复议机关市工商局作为共同被告,B 项错误。经过复议的案件,原机关所在地和复议机关所在地的法院都有管辖权,C 项正确。经过复议维持的案件,法院现在应当对原行为和复议决定一并裁判,撤销原行为并不意味着复议决定自然无效(详见后文"对复议决定的判决"),D 项错误。

(三) 履行判决

履行判决也是一种原告胜诉的判决,适用于起诉被告不作为的案件。具体包括两种情形:

(1) 责令履行法定职责。法院经过审理,查明被告不履行法定职责的,应当判决被告在一定期限内履行;尚需被告调查或者裁量的,应当判决被告针对原告的请求重新作出处理。注意,在撤销并责令重做的判决中,法院并不为被告重做行为设定期限;而在责令履行职责的判决中,原则上应当为被告设定履行期限。

(2) 责令履行给付义务。法院经过审理,查明被告依法负有给付义务的,应当判决被告履行给付义务。应当说,行政机关对当事人负有的给付义务实质上也是一种法定职责,但这种职责表现得更加具体、明确而已,直接表现为一种给付义务。在这种情况下,法院判决被告履行给付义务,相对于原来只判决履行法定职责而言,有利于更加直截了当地满足原告的诉求,减少讼累。例如,原告向行政机关申请一个许可证,行政机关经审查后不予答复,原告起诉。法院经过审理认为被告应当向原告颁发该许可证,这就是一种给付义务。此时,如果法院仅仅判决被告履行法定职责,要求其作出许可决定,被告作出许可决定之后原告可能仍然会不服(比如被告作出的是不予许可的决定),原告还需要重新再起诉一遍,再要求法院来撤销这个不许可的决定。如此一来,就十分曲折,不但增加了各方当事人的负担,浪费了司法资源,还有可能导致问题的解决出现反复,原告的合法诉求最终无法得到满足。对此,如果法院直接判决责令被告履行给付义务,即责令被告向原告颁发许可证,那就一次性地解决了问题,大大提高了效率。

原告申请被告履行支付抚恤金、最低生活保障费、社会保险费等给付义务的,被告依法负有给付义务而拒绝或拖延履行义务且无正当理由的,法院在判决被告履行给付义务时,可以同时规定履行的期限。

(四) 变更判决

变更判决同样是判定原告胜诉的判决类型。行政处罚明显不当,或者其他行政行为涉及对款额的确定、认定确有错误的,法院可以判决变更。对此需要注意:

(1) 变更判决与适当性审查的关系。我们知道,法院在行政诉讼中主要审查被诉行政行为的合法性,兼顾审查适当性,即可以审查明显不当的行为。而变更判决就是一种用于处理适当性问题的判决,但并非所有不适当的行政行为都可以适用变更判决。变更判决本质上是法院替代行政机关作出一个新的行政行为,涉及司法权和行政权之间的关系。因此,只有在行政机关的自由裁量余地很小、且法院具有较强判断能力的领域,才能适用变更判决。行政处罚明显不当,在绝大多数情况下就体现为数额上的不当,如罚款的金额、拘留的期限、暂扣许可证的期限等;在部分情况下,也可能体现为种类上的不当,如对应当适用警告的违法行为进行了罚款。其他行政行为涉及对款额的确定、认定确有错误的,主要也是一个适当性问题,而且这个适当性问题也应当达到较为明显的程度才能称得上"错误",如税费征收行为、行政给付行为、土地房屋征收补偿行为等,都有可能出现这样的案件。

(2)禁止不利变更原则。法院判决变更被诉的行政行为,不得加重原告的义务或者减损原告的权益;但利害关系人同为原告且诉讼请求相反的除外。以行政处罚案件为例,如果只有被处罚人作为原告起诉,要求减轻处罚甚至免除处罚,法院经过审理之后却发现应当加重处罚,此时不得加重对原告的处罚。如果只有受害人起诉,加害人作为第三人参加诉讼的话,由于加害人并非原告,此时法院可以加重其处罚。如果加害人与受害人同时起诉,两人就都是原告,如果法院经过审理认为对加害人这个原告的处罚确实轻了,仍然可以判决加重对他的处罚。否则作为受害人的原告其诉求便没有被满足的可能,其诉权就失去了意义。

▶ **例 17-5**　2012年9月,某计划生育委员会以李某、周某二人于2010年7月违法超生第二胎,作出要求其缴纳社会抚养费12万元,逾期不缴纳每月加收千分之二滞纳金的决定。二人不服,向法院起诉。下列哪些说法是正确的?

A. 加处的滞纳金数额不得超出12万元

B. 本案为共同诉讼

C. 二人的违法行为发生在2010年7月,到2012年9月已超过《行政处罚法》规定的追究责任的期限,故决定违法

D. 法院不能作出允许少缴或免缴社会抚养费的变更判决

分析:根据《行政强制法》的规定,执行罚总额不得超过原来应当给付的金额,A项正确。本案属于一个行政行为对两人作出,属于必要共同诉讼,B项正确。本案是缴纳社会抚养费,不是行政处罚,不适用行政处罚的追究期限,C项错误。本案是涉及确定款额的行为,可以适用变更判决,D项错误。

(五)确认判决

即判决确认被诉行政行为违法或无效。确认判决也是判定原告胜诉的判决,适用于被诉行政行为虽然违法但不应被撤销或变更,或不宜责令被告履行的案件。具体包括确认违法判决和确认无效判决:

(1)被诉行政行为违法,但不具有可撤销内容的。这种情况指的是被诉行政行为已经不复存在,或已经被执行完毕并且无法恢复原状的情况。例如,被诉的是公安机关的一个拘留决定,而原告已经被拘留期满释放;又如,被诉的是工商部门销毁伪劣商品的决定,而商品已经被销毁完毕。此时,撤销被诉行为已无实际意义,法院应当转而适用确认违法判决。

(2)被告改变原违法行政行为,原告仍要求确认原行政行为违法的。这种情况和上一种情况实际上具有相同性质,因为既然原来违法的行政行为已经被被告自己改变了,这个行为也就不存在了,如果还要撤销就连对象都找不到了。但是,如果原告不愿意撤诉,就意味着对这个行为的诉讼仍然存在,法院仍然必须对这个行为作出一个评价,那就是将其确认违法。

(3) 被告不履行或者拖延履行法定职责,但判决履行没有意义的。在这种情况下,被告不履行法定职责这一事实给原告带来的损失已经形成,被告此时再履行职责已无济于事,难以挽回损失。例如,原告起诉公安机关没有履行保护其人身安全的职责,但原告已经因此而被他人殴打导致轻伤,则此后公安机关采取任何措施都不能消除原告被殴打这一事实。此时适用履行判决在道理上已无可能,法院只能转而适用确认违法判决。

▶ **例 17-6** 罗某受到朱某的人身威胁,向公安机关报案,公安机关未采取任何措施。三天后,罗某了解到朱某因涉嫌抢劫被刑事拘留。罗某以公安机关不履行法定职责为由向法院提起行政诉讼,同时提出行政赔偿请求,要求赔偿精神损失。法院经审理认为,公安机关确未履行法定职责。下列哪些说法是正确的?

  A. 因朱某已被刑事拘留,法院应当判决驳回罗某起诉
  B. 法院应当判决确认公安机关不履行职责行为违法
  C. 法院应当判决公安机关赔偿罗某的精神损失
  D. 法院应当判决驳回罗某的行政赔偿请求

  分析: 随着朱某被刑事拘留,罗某受到的人身威胁已解除,但精神损害已产生,法院应作出确认违法判决,故 A 项错而 B 项对。又因本案的精神损害不属于国家赔偿范围,故 C 项错而 D 项对。

(4) 被诉行政行为违法,但撤销该行为将给国家利益或公共利益造成重大损失的。这是一种利益权衡之下作出的判决,出于保护重大国家利益或公共利益的需要,法院不应撤销被诉的行为,而是使其继续存在下去;但与此同时,法院又必须否定被诉行为的合法性,就只能将其判决确认违法了。

▶ **例 17-7** 某县政府与甲开发公司签订《某地区改造项目协议书》,对某地区旧城改造范围、拆迁补偿费及支付方式和期限等事宜加以约定。乙公司持有经某市政府批准取得的国有土地使用证的第 15 号地块,位于某地区改造范围。甲开发公司获得改造范围内新建的房屋预售许可证,并向社会公开预售。乙公司认为某县政府以协议形式规划、管理和利用项目改造的行为违法,向法院起诉,法院受理。下列哪一说法是正确的?

  A. 某县政府与甲开发公司签订的《某地区改造项目协议书》属内部协议
  B. 某县政府应当依职权先行收回乙公司持有的第 15 号地块国有土地使用证
  C. 因乙公司不是《某地区改造项目协议书》的当事人,法院应驳回起诉
  D. 若法院经审理查明,某县政府以协议形式规划、管理和利用项目改造的行为违法,应当判决确认某县政府的行为违法,并责令采取补救措施

  分析: D 项是正确的,原因在于甲公司开发的房屋已经公开预售,撤销县政府的协议书意味着要将该地块恢复原状,势必给公共利益造成重大损失,因此不能采用撤销

判决,而应采取 D 项的做法。A 项的错误在于,《某地区改造项目协议书》是具有外部性的行政协议。B 的错误在于,县政府无权收回市政府批准的地块。C 项的错误在于,乙公司作为利害关系人具有原告资格。

▶ **例 17-8** 秦某租住江某房屋,后伪造江某的身份证和房屋所有权证,将房屋卖给不知情的吴某。房屋登记部门办理过户时未发现材料有假,便向吴某发放了房屋所有权证。江某发现房屋被卖时秦某已去向不明。江某以登记错误为由,提起行政诉讼要求撤销登记。下列哪些说法是正确的?
  A. 法院应判决房屋登记部门撤销颁发给吴某的房屋所有权证
  B. 吴某是善意第三人,房屋登记部门不应当撤销给吴某颁发的房屋所有权证
  C. 江某应当先申请行政复议,对复议决定不服的,才能向法院起诉
  D. 江某提起行政诉讼最长期限是 20 年,自房屋登记机关作出过户登记之日起计算
  分析:案情表明,房屋登记部门颁发吴某房屋所有权证的行为存在违法情节,如果被撤销吴某必然受到损害。但要注意,吴某一人的利益不是公共利益,不足以排除撤销判决的适用,故 A 项对而 B 项错。本案不属于需要复议前置的情形,C 项错误。本案是不动产案件,起诉期限最长不得超过行政行为作出之日起 20 年,D 项正确。

(5) 行政行为程序轻微违法,但对原告权利不产生实际影响的。程序合法是行政行为的合法性要件之一,但如果程序违法的程度较为轻微且对原告权利义务也无实质影响,此时撤销被诉的行政行为就违背了实质法治的精神,也会给行政机关依法履行职责造成不利影响。因此,新修订的《行政诉讼法》规定这种情况下法院不应撤销被诉的行政行为,转而采取确认违法判决。例如,在一个行政处罚案件中,行政执法人员在听取当事人的陈述申辩意见之后,应当将其记入笔录,并经当事人阅读核对后签字确认。但是,行政执法人员忘记告知当事人需要阅读核实,直接就让其签字了。当事人事后不服提起了行政诉讼,法院经审理认为该行政处罚决定在实体上是完全正确的,虽然执法人员将陈述申辩意见记入笔录后未经当事人阅读核实,但经审查其记录内容并无错误。这就是一种轻微的、瑕疵性的程序违法,且对当事人权利义务没有实际影响(因为记录内容没有错误),法院如果将该处罚决定撤销,就明显不利于行政机关依法行使职权,此时就应当判决确认违法。

(6) 行政行为明显重大违法的。例如,行为的实施主体不具有行政主体资格,或者行为没有依据等情形。这种情况不同于上述五种情况的确认违法,而是应当判决确认无效。我们知道,明显重大违法的行政行为构成无效,一般的违法行为构成可撤销,也就是说,无效行为的违法程度比可撤销的行为严重得多。如果被诉行为在性质上已经达到了明显重大违法的程度,法院自然不能选择对其否定性评价较轻的撤销判决,而应判决确认该行为无效。

▶ **例 17-9** 法院在审理某药品行政处罚案时查明,药品监督管理局在作出处罚决定前拒绝听取被处罚人甲的陈述申辩。下列关于法院判决的哪种说法是正确的?

A. 拒绝听取陈述申辩属于违反法定程序,应判决撤销行政处罚决定,并判令被告重新作出具体行政行为

B. 拒绝听取陈述申辩属于程序瑕疵,应判决驳回原告的诉讼请求

C. 拒绝听取陈述申辩属于违反法定程序,应判决确认行政处罚决定无效

D. 拒绝听取陈述申辩属于违反法定程序,应判决确认行政处罚决定不能成立

分析: 本案的正确说法是 C 项,即法院应作出确认无效判决,而非 D 项的确认不成立,更非其他选项。尽管《行政处罚法》第 41 条将行政机关及其执法人员在作出行政处罚决定之前,不依法向当事人告知处罚的事实、理由和依据,或者拒绝听取当事人陈述、申辩的行为,特别规定为不成立的行政行为。但《行政诉讼法》上所规定的判决类型,却无确认不成立的判决类型,造成立法上的矛盾。因此,法院只能以被诉行为明显重大违法而判决确认其无效。

法院判决确认违法或者无效的,可以同时判决责令被告采取补救措施;给原告造成损失的,依法判决被告承担赔偿责任。

(六) 赔偿判决

赔偿判决也是原告胜诉的一种判决类型,但它在普通行政诉讼中不单独适用,而是在法院作出了撤销判决、履行判决、变更判决或确认判决之后,所附带作出的判决。法院作出赔偿判决,必须同时符合几个条件:(1) 被诉的行政行为是违法或明显不当的;(2) 原告在起诉之后到一审庭审结束之前提出了赔偿请求;(3) 符合行政赔偿的其他构成要件。

(七) 对复议决定的判决

经过复议的案件,在复议改变的情况下,原告起诉的是复议决定,以复议机关为被告。此时,法院只需要将复议决定当做一个普通的行政行为作出判决就可以了,没有什么特殊之处。

而在复议维持的情况下,法院审理的是原行为和复议决定两个行政行为。但是,这两个行为在实体上具有一致性,实际上审的是一个;但在程序上,这两个行为是按照各自的程序分别实施的,法院还是应当分别审理。所以,对于复议维持的案件,法院应当在审查原行为合法性的同时,一并审查复议程序的合法性。原机关和复议机关对被审查的原行为的合法性共同承担举证责任,但也可以由其中一个机关实际承担举证行为。不过,复议机关应当自行对复议程序的合法性承担举证责任。

对于复议决定的判决,根据对原行为判决的不同,具体分为如下几种情况:

(1) 法院判决撤销原行为的,应当同时也判决撤销复议决定。需要责令重做的,应当责令原机关(而不是复议机关)重做。

(2) 法院判决责令原机关履行法定职责或给付义务的,应当同时判决撤销复议

决定。

（3）原行政行为合法、复议决定违反法定程序的，应当判决驳回原告针对原行为的诉讼请求，但判决确认复议决定违法。

（4）原行政行为被撤销、确认违法或者无效，给原告造成损失的，应当判决原机关承担赔偿责任；但是，因复议程序违法给原告造成损失的，判决复议机关承担赔偿责任。

▶ **例 17-10** 余某拟大修房屋，向县规划局提出申请，该局作出不予批准答复。余某向市规划局申请复议，在后者作出维持决定后，向法院起诉。县规划局向法院提交县政府批准和保存的余某房屋所在中心村规划布局图的复印件一张，余某提交了其房屋现状的录像，证明其房屋已破旧不堪。下列哪些说法是正确的？

A. 县规划局提交的该复印件，应加盖县政府的印章
B. 余某提交的录像应注明制作方法和制作时间
C. 如法院认定余某的请求不成立，可以判决驳回余某的诉讼请求
D. 如法院认定余某的请求成立，在对县规划局的行为作出裁判的同时，应对市规划局的复议决定作出裁判

分析：AB两项均符合行政诉讼证据形式要求的规定，正确。本案属于诉不作为而不成立，应当（而不是可以）判决驳回余某的诉讼请求，C项错误。经过复议维持的案件，法院应当同时对原行为和复议决定作出裁判，因此D项正确。

（八）针对行政协议的特殊判决

2014年修订的《行政诉讼法》将特许经营协议、房屋土地征收补偿协议等行政协议纳入受案范围。但是，行政协议是双方行为，法院对这种行为的判决方式和针对传统行政行为的判决方式是完全不同的，而是更加接近于对民事合同的判决方式。具体包括：

（1）针对被告行为违法的判决。被告不依法履行、未按照约定履行或者违法变更、解除行政协议的，法院可以根据原告的诉讼请求判决确认协议有效、判决被告继续履行协议，并明确继续履行的具体内容；被告无法继续履行或者继续履行已无实际意义的，判决被告采取相应的补救措施；给原告造成损失的，判决被告予以赔偿。

在上述情况下，如果原告的诉讼请求是解除协议或者确认协议无效，法院应当判决解除协议或者确认协议无效，并根据《合同法》等相关法律作出处理。

（2）针对被告行为合法的判决。被告因公共利益需要或者其他法定理由合法地单方变更、解除协议，给原告造成损失但未依法给予补偿的，法院应当判决给予补偿。

被告因上述原因合法地变更、解除行政协议，且已依法给予补偿的，法院应当判决驳回原告的诉讼请求。

二、行政诉讼的二审判决

行政诉讼的二审判决,即法院对上诉行政案件的判决,也是生效的终审判决。二审判决应当对两个问题作出结论,一是一审裁判,二是被诉的行政行为。法院对二审案件按以下规则裁判:

(一)维持原裁判

一审判决、裁定认定事实清楚,适用法律、法规正确的,二审法院应当判决或者裁定驳回上诉,维持原判决、裁定。

(二)直接改变原裁判

一审判决、裁定认定事实错误或者适用法律、法规错误的,二审法院应当依法改判、撤销或者变更。其中,依法改判是针对一审判决而言的,撤销或者变更是针对一审裁定而言的。在这种案件中,一审裁判的基本事实是具备的、主要证据也是充足的,但是一审法院在事实认定或法律适用上出现了错误,说到底就是专业判断上出现了错误,如果二审法院将其发回原审法院重审的话,就会造成不必要的时间拖延,降低诉讼效率,因此,直接改变原裁判结果即可。

二审法院需要改变一审判决的,应当同时对被诉行政行为作出判决。二审法院对被诉行为的判决,也按照一审判决的适用规则作出。

(三)发回重审或者直接改判

一审判决认定基本事实不清、证据不足的,二审法院可以发回一审法院重审,也可以查清事实后直接改判。

(四)撤销原判,发回重审

如果一审判决存在严重违反法定程序的情况,如遗漏应当参加诉讼的当事人、遗漏应当判决的诉讼请求、违法缺席判决、当事人应出庭而未出庭、审判人员应回避而未回避等,二审法院应当裁定撤销原判决,发回一审法院重审。一审法院对发回重审的案件作出判决后,当事人提起上诉的,二审法院不得再次发回重审。

总之,就是一审裁判的错误越轻微,二审法院就越倾向于直接处理;一审裁判的错误越严重,二审法院就越倾向于发回重审。

▶ **例 17-11** 县环保局以一企业逾期未完成限期治理任务为由,决定对其加收超标准排污费并处以罚款 1 万元。该企业认为决定违法诉至法院,提出赔偿请求。一审法院经审理维持县环保局的决定。该企业提出上诉。下列哪一说法是正确的?

A. 加收超标准排污费和罚款均为行政处罚

B. 一审法院开庭审理时,如该企业未经法庭许可中途退庭,法院应予训诫

C. 二审法院认为需要改变一审判决的,应同时对县环保局的决定作出判决

D. 一审法院如遗漏了该企业的赔偿请求,二审法院应裁定撤销一审判决,发回重审

分析：依上文所述可知 C 项正确。A 项的错误在于加收超标准排污费是行政征收，罚款才是行政处罚。B 项的错误在于原告未经许可中途退庭的，可以视为撤诉而不是训诫。D 项的错误在于，按照原《若干解释》，此时法院应当先行调解，调解不成的单就赔偿问题发回一审重审。

▶ **例 17-12** 某公司提起行政诉讼，要求撤销区教育局作出的《关于不同意申办花蕾幼儿园的批复》，并要求法院判令该局在 20 日内向花蕾幼儿园颁发独立的《办学许可证》。一审法院经审理后作出确认区教育局批复违法的判决，但未就颁发《办学许可证》的诉讼请求作出判决。该公司不服一审判决，提起上诉。下列说法正确的是什么？

A. 二审法院应当裁定撤销一审判决

B. 二审法院应当维持一审判决

C. 二审法院可以裁定发回一审法院重审

D. 二审法院应当裁定发回一审法院重审，一审法院应当另行组成合议庭进行审理

分析：本案一审遗漏了应当判决的上述请求，二审法院应当撤销一审判决，发回重审，一审法院应当另组合议庭重审。因此 AD 两项正确。

三、行政诉讼的再审判决

当法院对某个已经作出生效判决的案件决定再审时，首先应当裁定中止原判决的执行。在裁定中止执行并对案件重新加以审理之后，再审法院应按以下规则作出处理：

（一）裁定执行原审生效判决

再审法院经过审理，认为原生效判决正确的，应当裁定撤销此前作出的、关于中止原判决的裁定，继续执行原判决。

（二）撤销原审判决，发回重审

再审法院对于原审违反法定程序可能影响案件正确裁判的情况，应当裁定撤销原审判决，具体包括：(1) 审理本案的审判人员、书记员应当回避而未回避的；(2) 依法应当开庭审理而未经开庭即作出判决的；(3) 未经合法传唤当事人而缺席判决的；(4) 遗漏必须参加诉讼的当事人的；(5) 对与本案有关的诉讼请求未予裁判的；(6) 其他违反法定程序可能影响案件正确裁判的。

（三）撤销原审判决，发回重审或者直接改判

再审法院认为原审判决有误的其他情况，在撤销原生效裁判的同时，既可以发回原审法院重审，也可以直接改判。

（四）再审法院对原审裁定的处理

当事人对于不予受理、驳回起诉、管辖异议三种生效裁定申请再审的，再审法院应

当按照以下规则处理:(1)再审法院认为二审法院维持一审不予立案裁定错误的,应当同时撤销一审、二审裁定,指令一审法院立案。(2)再审法院认为二审法院维持一审驳回起诉裁定错误的,应当同时撤销一审、二审裁定,指令一审法院继续审理案件。(3)当事人对生效管辖异议裁定的申诉不影响受案法院的管辖和审理,如果法院已经作出了生效判决,当事人对驳回管辖异议的裁定和判决一并申诉的,法院经查发现管辖错误但生效判决正确的,不再改变管辖;如果发现管辖裁定与生效判决均错误的,应当决定再审。

第三节 行政诉讼的裁定、决定和其他问题

在行政诉讼中,法院除了针对案件的实体问题作出判决,还针对程序问题作出裁定,或针对某些特殊事项作出决定。

一、行政诉讼的裁定

裁定用于处理程序问题,主要适用于下列事项:(1)不予立案;(2)驳回起诉;(3)管辖异议;(4)终结诉讼;(5)中止诉讼;(6)移送或指定管辖;(7)诉讼期间停止行政行为的执行或驳回停止执行的申请;(8)财产保全;(9)先予执行;(10)准许或不准许撤诉;(11)补正裁判文书中的笔误;(12)中止或终结执行;(13)提审、指令再审或发回重审;(14)准许或不准许执行行政机关的行政行为;(15)其他需要裁定的事项。

当事人不服不予立案、驳回起诉、管辖异议三种一审裁定的,有权在裁定书送达之日起10日内向上一级法院提起上诉。当事人不服停止执行被诉行为、不停止执行被诉行为、先予执行被诉行为三种裁定的,可以申请法院复议一次。

二、行政诉讼的决定

决定用于处理特殊问题,主要适用于下列事项:(1)审判人员的回避;(2)排除妨碍诉讼的强制措施(包括训诫、责令具结悔过、罚款、拘留);(3)再审决定;(4)延长审限的决定;(5)减免诉讼费的决定;(6)采取强制执行措施的决定;(7)准许或不准许一并审理民事争议的决定;(8)其他需要决定的事项。

当事人对于所有决定均不得上诉,决定一经宣布或送达立即生效。但对于其中的回避、司法罚款、司法拘留、准许或不准许一并审理民事争议四种决定,当事人不服可以申请法院复议一次。

三、裁判结果的公开

(一)公开宣判

法院对公开审理和不公开审理的案件,一律应当公开宣告判决。其中,当庭宣判

的,应当在 10 日内发送判决书;定期宣判的,宣判后立即发给判决书。其中,宣告一审判决的,还必须告知当事人上诉权利、上诉期限和上诉法院。

(二) 公布文书

法院应当公开发生法律效力的判决书、裁定书供公众查阅,但涉及国家秘密、商业秘密和个人隐私的内容除外。注意,需要公开的只是生效的裁判文书,尚未生效的不予公开。

第四节 行政诉讼中的执行制度

行政诉讼中有关执行的制度,既包括行政诉讼裁判文书的执行,也包括行政行为在诉讼期间的执行。

一、行政诉讼裁判文书的执行

当事人拒绝履行法院生效的判决、裁定、调解书的,其他当事人可以申请法院强制执行,或由有权的行政机关自己执行。对此需要注意:

1. 执行根据

执行根据是法院在行政诉讼中作出的所有生效法律文书,包括行政判决书、行政裁定书、行政赔偿调解书。

2. 被执行人

被执行人是行政诉讼中的所有当事人,包括行政主体与一般公民、法人或其他组织。掌握法院的强制执行措施,必须注意区分被执行人,因为对行政机关的执行与对普通公民、法人、其他组织的执行措施是有所不同的。

3. 执行机关

被执行人是行政主体的,执行机关只能是法院。被执行人是普通公民、法人或其他组织的,执行机关可以是法院,也可以是作为被告的行政机关自己。如果被告是拥有直接强制执行权的机关,如公安、国安、税务、工商、海关等,既可自己执行,也可申请法院执行;如果被告并不具有直接强制执行权,或者是第三人要求执行的,只能申请法院执行。

由法院强制执行的案件,一般由一审法院负责执行。一审法院认为情况特殊需要由二审法院执行的,可以报请二审法院执行,二审法院可以决定自己执行,也可决定仍由一审法院执行。

4. 强制执行的措施

由有权的行政机关对公民、法人或其他组织强制执行的,采用行政强制执行的一般措施,对此本书前文"行政强制"部分已有详细介绍,此处不赘。

由法院对公民、法人或其他组织强制执行的,采用民事诉讼法中的强制执行措施,此处不赘。

由法院对行政主体强制执行的,其执行措施包括:(1)划拨,对被告应当归还的罚款或者应当给付的款额,通知银行从该行政机关的账户内划拨。(2)罚款,被告在规定期限内不履行的,从期满之日起,对该行政机关负责人按日处 50 元至 100 元的罚款。(3)公告,将行政机关拒绝履行的情况予以公告。(4)提出司法建议,向监察机关或者该行政机关的上一级行政机关提出司法建议。接受司法建议的机关,根据有关规定进行处理,并将处理情况告知法院。(5)司法拘留,被告拒不履行判决、裁定、调解书,社会影响恶劣的,法院可以对该行政机关直接负责的主管人员和其他直接责任人员予以拘留。(6)追究刑事责任,前项情形如果情节严重构成犯罪,还应当依法追究刑事责任。以上第(3)、(5)两项措施是新修订的《行政诉讼法》所增加的,意在加大对行政机关强制执行的力度。

▶ **例 17-13** 某公司向区教委申请《办学许可证》,遭拒后向法院提起诉讼,法院判决区教委在判决生效后 30 日内对该公司申请进行重新处理。判决生效后,区教委逾期拒不履行,某公司申请强制执行。关于法院可采取的执行措施,下列哪些说法是正确的?

  A. 对区教委按日处一百元的罚款
  B. 对区教委的主要负责人处以罚款
  C. 经法院院长批准,对区教委直接责任人予以司法拘留
  D. 责令由市教委对该公司的申请予以处理

分析:由上文所述直接可知 BC 两项正确。A 项根据修订前的《行政诉讼法》是正确的,但新修订的《行政诉讼法》已经取消该项措施。至于 D 项,法院无权责令被告的上级机关作出行政行为,只能向其提出司法建议,因此是错误的。

二、行政行为在复议与诉讼期间的执行

行政行为在行政诉讼与行政复议期间,以不停止执行为原则,以停止执行为例外。

在行政诉讼期间原则上不停止被诉行政行为的执行,但下列情况例外:(1)被告认为需要停止执行的;(2)原告或者利害关系人申请停止执行,法院认为该行政行为的执行会造成难以弥补的损失,并且停止执行不损害国家利益、社会公共利益的;(3)法院认为该行政行为的执行会给国家利益、社会公共利益造成重大损害的;(4)法律、法规规定停止执行的。

在行政复议期间原则上被复议的行政行为也不停止执行,但下列情况例外:(1)被申请人认为需要停止执行的;(2)行政复议机关认为需要停止执行的;(3)申请人申请停止执行,行政复议机关认为其要求合理,决定停止执行的;(4)法律规定停止执行的。

简单对比可以发现,行政行为在行政诉讼与行政复议期间都实行不停止执行的原则,其停止执行的例外情形也基本相似。

三、先予执行

先予执行指的是在法院尚未作出生效裁判或尚未对非诉执行的申请作出裁定之前,先执行有关财产的行为,包括对诉讼裁判的先予执行和对具体行政行为的先予执行。

对诉讼裁判的先予执行,其适用范围十分有限,仅适用于行政给付案件。法院对起诉行政机关没有依法支付抚恤金、最低生活保障金和工伤、医疗社会保险金的案件,权利义务关系明确、不先予执行将严重影响原告生活的,可以根据原告的申请裁定先予执行。

对具体行政行为的先予执行相对费解一些。根据非诉执行的一般原理,行政机关作出具体行政行为之后,当事人不起诉、不复议也不履行的,行政机关经催告后可以申请法院强制执行。但是,法院的强制执行必须以当事人没有起诉为前提,如果当事人已经提起了诉讼,被告在诉讼期间申请法院强制执行的,法院原则上不应执行。先予执行就是这一原则的例外,如果对被诉行为不及时执行可能给国家利益、公共利益或他人合法权益造成不可弥补的损失的,法院可以先予执行。

对先予执行的裁定,可以申请法院复议一次。

▶ **例 17-14** 陈某申请领取最低生活保障费,遭民政局拒绝。陈某诉至法院,要求判令民政局履行法定职责,同时申请法院先予执行。对此下列哪一说法是正确的?
  A. 陈某提出先予执行申请时,应提供相应担保
  B. 陈某的先予执行申请,不属于《行政诉讼法》规定的先予执行范围
  C. 如法院作出先予执行裁定,民政局不服可以申请复议
  D. 如法院作出先予执行裁定,情况特殊的可以采用口头方式

分析:原告申请对行政诉讼裁判的先予执行,不需要提供担保,A 项错误。陈某申请先予执行的是领取最低生活保障费,这是一个行政给付行为,属于先予执行的范围,B 项错误。当事人不服先予执行申请的裁定,可以申请法院复议一次,C 项正确。法院的裁定应当以书面方式作出,D 项错误。

▶ **例 17-15** 对下列哪些案件人民法院可以适用先予执行?
  A. 10 岁孤儿王某起诉要求乡人民政府颁发孤儿生活供养证的
  B. 伤残军人罗某起诉要求县民政局发放抚恤金的
  C. 张某被工商执法人员殴打致残起诉要求赔偿的
  D. 王某因公致残起诉要求某市社会保险管理局支付保险金的

分析:BD 两项属于行政给付案件,可以适用先予执行。A 项是行政确认行为,C 项是行政赔偿案件,都不适用先予执行。

这里有一个问题使学习者经常感到困惑,就是诉讼期间不停止执行与诉讼期间不

受理非诉执行申请两个原则,以及先予执行三者之间的关系。根据诉讼期间不停止执行的原则,行政诉讼期间并不停止对被诉行政行为的执行;而根据诉讼期间不受理非诉执行申请的原则,如果被告或权利人在行政诉讼期间申请法院强制执行被诉行为的,法院不予执行,而在特殊情况下又可先予执行。这三者看起来似乎存在矛盾。

实际上三者毫不冲突,因为并非所有的行政机关都有直接强制执行权。对于一个没有直接强制执行权的机关来说,就算诉讼期间不停止执行,它也没有权力来执行自己作出的行为。因此,诉讼期间不停止执行的原则,是专门针对那些有直接强制执行权的机关来讲的。而诉讼期间不受理非诉执行申请的原则,是专门针对那些没有直接强制执行权的机关来讲的,正因为它们没有这种权力,才不得不申请法院强制执行,这就是非诉执行。而法院的非诉执行又必须以当事人逾期没有起诉为前提,一旦当事人提起了诉讼,法院就不再受理行政机关强制执行的申请了。至于先予执行,仍然是针对没有直接强制执行权的机关来讲的,只不过它是出于对国家利益、公共利益或他人合法权益的考虑,而对诉讼期间不受理非诉执行申请的原则所作的一点变通而已。

思 维 拓 展

【示范案例】

美国金箭集团诉北京市对外经济贸易委员会、
北京市工商行政管理局行政诉讼案①

美国金箭集团(以下简称金箭集团)于1993年与中国长城工业总公司(以下简称长城总公司)、香港华长电子有限公司(以下简称华长公司)签订"关于北京大观园游览中心有限公司注册资本转让的合同书",长城总公司、华长公司将其拥有的北京大观园游览中心有限公司(以下简称大观园公司)60%的股权全部转让给金箭集团。1994年,金箭集团成为大观园公司的合法股东。此后的两年间,大观园公司取得了良好的经济效益。1996年4月23日,北京市对外经济贸易委员会(以下简称北京市经贸委)作出京经贸资字(1996)331号批复,"批准中国长城工业总公司收回其在该经营公司中的权益,并恢复其与香港华长电子有限公司在北京大观园游览中心有限公司的股东地位";同年5月15日,市经贸委作出京经贸资字(1996)365号批复文件,"批准北京市宣武区城市建设综合开发总公司(大观园公司另一股东,以下简称宣建总公司)与上述两家公司于1996年5月14日签订的合营公司合同、章程修改补充协议生效,并同意新的董事会的组成"。长城总公司、华长公司和宣建总公司遂持上述两份批复宣布金箭公司已非大观园公司的股东,并强行接管了大观园公司。5月28日,北

---

① 案例来源为:马怀德:《行政许可案件判决方式研究》,载《南京大学学报》2000年第3期。

京市工商行政管理局又依据上述两份批复变更了工商登记,下发了新的营业执照。至此,金箭公司丧失了其在大观园公司中拥有的一切财产,且使大观园公司的经营受到严重损害。为此,金箭公司向北京市第二中级法院以北京市对外经济贸易委员会、北京市工商行政管理局分别为被告提起了行政诉讼。

一审、二审法院以超越职权、事实不清,证据不足为由,作出撤销被告外经贸委批复的判决,以由该批复批准成立的大观园董事会不是申请变更登记的合法主体,其提交的变更大观园法定代表人的申请已不具有合法性为由,作出撤销市工商局变更登记行政行为的判决。同时法院对于金箭公司要求判令第三人长城公司、华长公司立即交出大观园经营管理权的诉讼请求,以该请求不属于本案审理范围为由表示不予支持。判决生效后,金箭公司要求被告工商局执行判决,工商局以法院判决仅有撤销原变更登记行为,而无判令被告颁发营业执照内容为由,拒不执行法院判决。因此,原告在胜诉后很长时间仍然无法进驻大观园,而第三人长城公司也以工商局未变更登记为由仍然占据大观园。

法律问题:本案应当适用何种判决方式?本案揭示了我国行政诉讼裁判方式上的什么问题?

法理分析:行政许可案件的判决方式是比较复杂的一个问题,特别是行政机关作出准予许可的决定,原告认为该许可决定违法同时要求被告对其作出准予许可的行为时,法院的判决往往很难满足原告的诉讼请求,本案就是一个典型的例子。

本案中被诉的对象是一个工商登记行为,具体的登记内容是公司的股东和法定代表人。原告起诉的要求是撤销否定自己股东和法定代表人地位的工商登记,颁发肯定自己股东和法定代表人地位的工商登记。法院的判决只撤销了原告了登记,而没有作出新的登记。那么,本案一审、二审法院作出的这一判决是否准确呢?是否能够从实质上解决本案存在的争议呢?如果不能解决,又应当以何种方式解决呢?下面,我们对各种可能适用的判决方式逐一进行讨论。

第一,撤销判决不能完全解决本案的问题。本案一审、二审法院作出的都是撤销判决,这个判决能否满足原告是诉讼请求呢?原告在本案中的诉讼请求包括两个层次:一个是撤销被告违法的工商变更登记,另一个是将企业的工商登记状况恢复到变更以前的状态。如果原告是诉求要得到满足,法院的判决就应当是既撤销违法的变更登记,又恢复原来的登记,而不仅仅是撤销违法的变更登记。而对于被告来说,法院撤销了其违法的变更登记,仅仅是否定了这个变更登记行为本身,并不意味着自动恢复到原来的登记状况。至于大观园公司的工商登记状态是不是要变更回原来的状态,原告还需要重新申请,经过行政机关重新审查之后才能做得决定。而行政机关是否同意原告的申请,最终取决于行政机关根据有关法律法规独立审查判断、裁量的结果。对于这一点,法院无权直接替代行政机关作出决定,这是司法权和行政权之间的基本界限所决定的。

从形式逻辑上看,我们可能会认为,既然被诉的具体行政行为是变更大观园公司的工商登记,现在法院经过审查查明这个变更的行为是违法的,而且撤销了这个行为,行政行为的撤销就是要达到完全消除这个行为法律效果的目的,达到与该行为没有作出时一样的状态,那么,大观园公司的工商登记必然就是恢复到变更前的状态。这种理解是不正确的,因为原工商登记本身是一个行政行为,变更这个工商登记的行为又是一个行政行为,这两个行为的违法性是相互独立的。一个行为合法性被否定,并不意味着另外一个行为的合法性就得到了肯定,也就是说,否定之否定等于重新肯定的形式逻辑在这里是不能适用的。举个例子,工商局对某个企业的工商登记存在错误,后来有利害关系人申请工商局变更这个登记,工商局虽然给予了变更,但在实施过程中违反了有关法定程序。此时,我们发现,原来的工商登记和变更后的工商登记都是错误的。即使法院撤销了变更登记的行为,也不能直接就肯定原来的工商登记是正确的。原来的工商登记是否正确,还需要工商局重新审查判断。

那么,在适用撤销判决的情况下,能否用另外一种思路来解决问题呢?就是在法院作出撤销判决之后,由原告再申请其变更到原来的工商登记状态,如果被告拒不变更的,原告再起诉期不履行责任,由法院判决责令被告履行职责。从理论上来说,这种做法是可以的,但在现实中不具有可行性。因为,在这种思路之下,原告需要提起多次诉讼才能彻底解决问题,不但浪费了巨大的时间精力,还可能因为过程的复杂化而出现更多不确定性。

那么,如果法院在撤销变更的工商登记之后,再责令被告重新作出新的行为,又能否解决本案这样的问题呢?

第二,责令重做判决不能解决本案的问题。马怀德教授在评述本案时,提出的解决思路就是在适用撤销判决的同时,附件判决一个有明确内容的责令重做判决。其理由包括:其一,现行法律允许法院附带作出责令履行的判决。按照《行政诉讼法》的规定,法院作出撤销判决的,可以要求被告重新作出行政行为,但法院作出这种判决通常并不要求被告按照法院的意图重新作出行政行为,而是要求在规定的时限内作出与原来不完全相同的行为即可。其二,在行政许可案件中,存在着被告的自由裁量空间缩减为零且没有其他非法阻却事由的情况。对于这样的许可案件而言,法院不但可以对作出责令重做判决,还能够直接要求被告重新作出一项明确包含许可内容的具体行政行为,这并不构成司法权侵越行政权,不是干预行政机关的自由裁量权。因为,行政机关发放许可,恢复被中止、变更、注销的许可,固然要审查申请人是否符合许可条件。甚至有些案件,即使申请人具备条件的,也要受许可数量规模及额度的限制。所以,能否判令行政机关重新作出许可行为取决于行政机关对该项许可的自由裁量程度。当行政机关对许可的自由裁量缩减为零又不存在非法阻却事由时,法院判令行政机关重新作出行政行为是可行的。但行政机关对许可享有自由裁量权时,法院直接判令被告按照法院的意图重新作出行政行为就有侵越行政权之嫌。其三,法院判令被告重新许可也是有条件的,即法院对变更许可行为、拒绝许可行为必须进行实质审查,必须对许可条件、程序及许可机关适用法律进行全面审查,在此基础上才能决定行政机关应否实施其许可行为(包括应否变更、拒绝许可)。另外,法院要求行政机关重新作出行政行为的判决内容必须明确,否则很容易被行政机关曲解或规避。因此,对于本案,法院除判决撤销工商局违法变更登记行政行为外,还应当判令被告在一定期限作出恢复其登记的行政行为。这样,才能真正保护原告合法权益,防止出现讼累,同时也可以在合理限度内维护行政机关行使其自由裁量权。

对于马怀德教授的上述分析,我们表示赞同。但是,在这种情况下作出的撤销附带具有明确作为内容的重做判决,实际上已经不能称之为撤销附带重做判决了,而直接是一种变更判决了。那么,假如没有《行政诉讼法》上对变更判决适用范围的限制,法院又能不能直接判决变更被告的行政许可决定呢?

第三,变更判决也不能解决本案的问题。我们认为,即使法律对变更判决的适用没有明确的范围限制,在此类行政许可案件中也不能直接判决变更。因为,行政许可是一种依申请的行政行为,行政机关是否作出许可决定,作出什么的许可决定,要对申请人的提供的申请材料进行全面审查,有的时候还包括实质审查。在本案中,法院的判决只是明确了一个争议问题,就是明确了金箭公司在大观园公司中的股东地位。对于这一点,被告在作出行政许可决定时必须予以认可,但被告在审查是否要重新变更大观园公司的工商登记时,依照法律规定所需要考虑的并不仅仅是这一点,还包括其他条件。尽管这些条件很可能都只是形式上的条件,但法院毕竟并没有对这些条件加以审查判断,实际上也没有权力对此直接进行审查判断,还需要作为被告的行政机关审查后才能作出许可决定。如果法院直接判决变更了大观园公司的工商登记,而实际上大观园公司还欠缺变更登记的某一其他条件——尽管这种条件很可能只是形式上的,即使欠缺也是比较容易补正的——那实际上也剥夺了行政机关对这些条件进行审查的权力。因此,法院对本案直接作出变更判决也并不合适。

第四,责令履行判决同样不能适用于本案。根据《行政诉讼法》的规定,法院作出责令履行判决的前提条件是存在不履行或拖延履行的情形。而本案显然并不属于这种情况,因为被告不是不履行职责或者拖延不予答复,而是作出了错误的变更决定。因此,按照现行法的规定,是不能作出责令履行判决的。

第五,本案应当采用赋予程序性义务为主的责令重做判决。我们认为,法院对本案最为适合的判决方式是在撤销工商变更登记的同时,附带作出一个以赋予程序性义务为主的责令重做判决,即判决责令工商局为大观园公司履行办理工商登记的手续,并在判决理由中明确判决的理由为股权归属事宜,以防止被告规避这一实质问题,但并不直接明确被告应当作出准予重新变更的决定。

我们发现,在行政许可案件中,原告无论是起诉其许可申请没有得到被告的答复和处理,还是起诉被告作出了不予许可的决定,抑或是被告作出了一个不符合其要求的许可决定,如本案中工商局作出了以第三人为股东的工商登记,其核心的主张都是一致的,就是要求被告对其作出一个给付性的行为,即作出一个满足其要求的准予许可的决定。既然原告的核心诉求只有一个,法院就完全应该通过一次判决彻底地解决这个问题,需要作出一个有给付内容的判决,而不仅仅是一个撤销判决。但是,我们同时还需要考虑司法权和行政权的界限,需要考虑到行政机关需要对申请人的其他许可条件和其他相关因素加以审查。因此,法院作出的这个给付内容的判决,其给付内容不应该是实体上的,即不应该直接判决被告作出一个准予许可的决定;而应该主要是程序上的,即责令被告启动作出许可决定的程序,而不是等到原告在案件审结后重新向其提出申请再来启动这个程序,至于被告完成了许可程序之后,最终作出的是何种决定,法院不应替代其直接决定。如果法院在行政诉讼中发现,被告原来的行为存在着实体上的错误,完全可以在判决理由中明确指出这一点,以避免被告以同样的理由作出与原来相同的许可决定。

2010年实施的最高人民法院《关于审理行政许可案件若干问题的规定》第11条就规定:"人民法院审理不予行政许可决定案件,认为原告请求准予许可的理由成立,且被告没有裁量余地的,可以在判决理由写明,并判决撤销不予许可决定,责令被告重新作出决定。"也就是说,对于不予许可的案件,法院实际上已经可以在判决撤销的通知,作出这种以程序性义务为主的责令重做判决了。实际上,不仅对于不予许可的案件可以适用这样的判决方式,对于本案这样的违法的许可决定也是可以适用这种判决的。需要注意的是,这种判决方式与马怀德教授所提出的附带一个具有作为内容的责令重做判决是有区别的。因为责令重做的内容如果是直接要求被告要作出一个什么样的许可决定,这已经是一种实体性的义务了,仍然有过度干预行政权之嫌。而我们认为,法院只应责令被告重新作出许可决定,并在判决理由中指出原行为的某些实体错误,但不是判决其应当作出何种许可决定,这主要还是一种程序性的义务。

【思考案例】

韩某诉东营市公安局某分局治安行政处罚案①

原告韩某诉称:2009年11月30日,被告东营市公安局某分局无视原告作为村民对土地享有的合法权益,以阻拦施工为由对其作出拘留12日的治安行政处罚决定。原告认为被告作出的行政处罚决定无事实依据、证据不足、程序不合法,侵犯了原告的人身权利。请求撤销该处罚决定。

被告辩称:2009年11月30日,我局接到河口区某街道办事处工作人员马某报警电话称:2009年11月30日,河口区某街道办事处部分村民在河口区现代农业生产发展资金渔业产业项目工地以拦车等方式阻拦施工。经查:河口区现代农业生产发展资金渔业产业项目是2009年山东省海洋与渔业厅、山东省财政厅确立的重点发展项目,河口区政府委托河口街道办事处、河口区海洋与渔业局共同组织实施。项目地点位于河口街道办事处草桥沟入海口与王集干沟交汇处南侧,项目涉及土地为国有土地。

---

① 案例来源为:山东省东营市广饶县人民法院(2010)广行初字第30号行政判决书,山东省东营市中级人民法院(2010)东行终字第13号行政判决书。

2009年11月30日,在该项目施工期间,河口区某街道办事处村民韩某等部分村民到施工工地以拦车等方式阻挠施工,致使该项目无法正常实施。综上,我局查处韩某等人聚众扰乱单位秩序案事实清楚,证据确实充分,程序合法,适用法律正确,依法应予维持。

一审法院经审理认定以下事实:河口区2009年现代农业生产发展资金渔业产业项目是经山东省海洋与渔业厅、山东省财政厅批准的项目。项目地点位于河口区某街道办事处境内,该街道办事处具体负责该项目现场施工。2009年11月30日,在该项目施工期间,河口区某街道办事处村民韩某和该村部分村民到项目施工工地以拦车等方式阻拦施工。同日,被告接到报警后,对该事实进行了调查取证。被告东营市公安局某分局于2009年11月30日,根据《治安管理处罚法》第23条第2款对韩某作出拘留12日的治安行政处罚决定,并已执行完毕。原告韩某不服该处罚决定,提起行政诉讼。一审法院经审理认为,依照《治安管理处罚法》的有关规定,东营市公安局某分局具有对违反治安管理的违法行为进行处罚的法定职权。被告东营市公安局某分局作出处罚所依据的证据能够证实原告韩某与河口区某街道办事处部分村民扰乱河口区2009年现代农业生产发展资金渔业产业项目施工秩序,致使生产不能正常进行的事实。原告韩某的违法行为依法应当受到行政处罚。被告东营市公安局某分局对原告韩某作出的行政处罚决定,认定事实清楚,程序合法。但是,被告东营市公安局某分局在没有证据证明原告韩某为聚众扰乱单位秩序违法行为的首要分子的情况下,却依据《治安管理处罚法》第23条第2款对其作出处罚,系适用了从重处罚条款,其对原告韩某作出的行政处罚决定显失公正,依法应予变更,应当依据《治安管理处罚法》第23条第1款对原告韩某作出行政处罚。根据《行政诉讼法》第54条第4项之规定,判决如下:变更被告东营市公安局河口分局于2009年11月30日作出的东河公(治)决字[2009]第580号行政处罚决定,改为给予原告韩某行政拘留七日的处罚。韩某不服,提出上诉,东营市中级法院经审理依法驳回上诉,维持一审判决。

对于该案的判决方式,合议庭在审理时形成了两种不同的意见。一种意见认为,被告东营市公安局某分局作出处罚所依据的证据能证实韩某有扰乱单位施工秩序的行为,没有证据证实韩某为聚众扰乱单位秩序的组织者。对其违法行为的处罚应按照《治安管理处罚法》第23条第1款的规定。而被告依据该条第2款规定作出行政处罚决定,为适用法律错误。对原告韩某实施行政拘留措施的决定依法应当撤销,但该处罚措施已执行完毕,撤销已无实际意义。根据原《若干解释》第57条第2款的规定,应确认被告作出的治安行政处罚决定行为违法。第二种意见认为,对该案应判决变更。被告东营市公安局某分局作出处罚所依据的证据能充分证实韩某实施了扰乱单位施工秩序的违法行为,被告依据《治安管理处罚法》第23条对其作出行政处罚,定性准确。该案中,被告没有证据证实韩某为聚众扰乱单位秩序的首要分子,而对其适用第2款作出行政处罚,显属不妥。但该条款的适用不影响行政处罚的成立,仅影响到错罚是否相称的问题,因此,不应认定为适用法律错误,而应属于处罚显失公正的情形。被告对韩某作出的处罚决定应予判决变更。法院在审理后采纳了第二种意见。

法律问题：本案中被告作出的治安处罚决定是属于适用法律错误还是处罚显失公正？本案应当适用确认违法判决还是变更判决？一审、二审法院的裁判方式是否正确？

【学术探讨】

很多大陆法系国家的行政诉讼制度都实行诉讼的类型化，原则上就是根据原告的请求将行政诉讼分成不同类型如撤销诉讼、给付诉讼、课予义务诉讼、确认诉讼等，并针对每种诉讼类型的特点适用不同的诉讼门槛、审查规则和处理方式，原告在起诉时就需要选择适当的诉讼形式。支持者认为，诉讼类型化有利于增强法院司法审查的针对性，更好地平衡司法权和行政权的关系，并提高行政诉讼的效率。但反对者认为，诉讼类型化会抬高原告的起诉门槛，给很多缺乏专业法律知识的当事人增加了障碍，我国目前这种在起诉时不区分诉讼类型、在结案阶段再区分裁判类型的做法更加有利于对公民权利的保护。对于在我国引入诉讼类型化的主张，你是否赞成？

第十八章

行政复议

思维导图

```
                   ┌ 主体标准
          受案范围 ┤ 行为标准
          │        └ 结果标准
          │        ┌ 条块管辖
          │        │ 条条管辖
          复议管辖 ┤ 自我管辖
          │        └ 复议转送
          │        ┌ 申请人及其他
          复议参加人┤
          │        └ 被申请人
          │        ┌ 申请
行政复议 ┤ 复议的程序┤ 受理
          │        └ 审理
          │                        ┌ 证据规则
          │ 证据规则与法律适用 ┤
          │                        └ 法律适用
          │        ┌ 结案的期限
          │        │ 不作出复议决定结案
          结案与执行┤ 作出复议决定结案
          │        │ 结案后的后续处理措施
          │        └ 复议决定的执行
          │                        ┌ 复议诉讼自由选择
          │                        │ 复议前置但不终局
          └ 复议和诉讼的衔接关系 ┤
                                   │ 复诉自由但复议终局
                                   └ 复议前置且终局
```

行政复议,指的是在当事人的参与下,由行政复议机关对具体行政行为(附带部分抽象行政行为)的合法性与合理性加以审查,并作出评判的活动。与行政诉讼制度相比,行政复议同样是一种解决行政争议、救济私人权利、监督行政机关的重要制度。不同之处在于,行政诉讼是一种由司法机关实施的外部监督审查机制,而行政复议是由行政系统内部(通常是行政行为实施者的上一级机关)实施的内部监督审查机制。相对于行政诉讼,行政复议具有高效率、低成本的优点,但在公正性上则不如行政诉讼,可以说两种各有优劣。我国的行政复议制度,在立法框架上与行政诉讼制度有许多类似之处,在具体内容上也有许多共同点。因此,我们在全面掌握了行政诉讼制度的基础上再来学习行政复议,就会事半功倍。

第一节 行政复议的受案范围

判断行政复议受案范围的标准,与行政诉讼是类似的,都是看三个方面:

一、主体标准

这一点与行政诉讼是相同的,必须是由具有行政职权的机关、组织及其工作人员,或者是由这些机关、组织所委托的组织和个人所实施的行为,也就是基于行政职权的行使而引发的争议,才有可能进入行政复议。

二、行为标准

这一点与行政诉讼略有不同。

一方面,行政复议既可以直接审查具体行政行为,还可以附带审查一部分抽象行政行为,这一点和我国 2014 年修订的《行政诉讼法》是一致的。对此,需掌握三点:

首先,理解好附带审查的概念,这里关键是看两点。一是"附带",这是相对于直接审查而言的。直接审查意味着可以对这个抽行政行为直接申请复议,附带审查则不行,如果直接申请的话,复议机关不予受理。但是,如果申请人先对一个具体行政行为要求审查,再提出一个作为这个具体行为依据的抽象行政行为,要求复议机关一并审查,复议机关就应当受理,这就是所谓的具体行政行为对抽象行政行为的"附带"。二者的关系是,抽象行为"依附"于具体行为,由具体行为"带领"着抽象行为进入复议。二是"审查",审查就意味着要作出结论。这和复议机关在法律适用中判断具体行政行为依据的个案效力是不同的,因为后者并不直接对这个依据的合法性作出判断,仅仅是明确了该依据在个案中是否应当被适用,即使该依据在本案中不被适用,并不意味着它在另外一个案件中同样不被适用。而附带审查则是要对这个依据的合法性作出明确的结论,这个结论是具有普遍效力的。如果其效力通过附带审查被否定,就从此失去了效力,在其他案件中也不能被当做具体行政行为的合法依据了。这一点,也是行政复议和行政诉讼在附带审查制度上的重要差别。

其次,理解附带审查的范围。按照《行政复议法》的规定,目前行政复议附带审查的范围指的是行政规章以下(不含行政规章)的其他行政规范性文件,行政规章或效力高于规章的其他抽象行政行为,不在行政复议的审查之列。之所以有这样的限制,有几个方面的原因:第一,规章以下的行政规范性文件数量最多、效力层级较低,复议机关或者复议机关转送的其他机关比较容易对其进行处理。第二,规章以下的文件制定质量较差,相互之间矛盾冲突较多,存在违法情形的可能性比较大,最需要进行合法性审查,行政复议的附带审查是对这些文件进行纠错的一个有效途径。第三,规章和规章以上的行政立法行为,已经有其他法律机制来对其加以监督审查了,例如《立法法》上规定的备案制度、上级政府的监督审查制度、本级人大及常委会的监督审查制度等。这些制度如果有效运行的话,已经能够比较好地解决好这些高位阶抽象行政行为的合法性问题,没有必要再通过行政复议来附带审查了。与此同时,如果将其纳入复议附带审查范围的话,在大多数案件中,复议机关的行政层级与这些文件制定主体的行政层级相差还比较多,需要经过多个层次的多次转送才能得到处理,其处理效率很低。此外,还需要处理好复议附带审查制度与对行政立法的其他监督审查制度之间的衔接、协调问题,比较复杂。因此,行政复议法暂时没有将规章与规章以上的抽象行为纳入审查的范围。当然,这种限制也并不是绝对的。规章及以上的抽象行为只是在复议申请阶段不能被申请人一并申请附带审查,而在复议审理阶段中,如果复议机关自己发现这些依据存在问题时,仍然可以依职权主动进行审查处理,并不受这些依据效力层级的限制。

最后,申请复议审查的时机。按照《行政复议法》第 7 条的规定:"公民、法人或者其他组织认为行政机关的具体行政行为所依据的下列规定不合法,在对具体行政行为申请行政复议时,可以一并向行政复议机关提出对该规定的审查申请。"但在实践中发现,很多复议申请人在对具体行政行为申请复议的时候,还没有注意到其某个依据存在问题,甚至还没有完全了解这个行为的依据都有哪些。一般来说,要等到被申请人作出答辩之后,申请人根据其答辩意见才能充分了解这一点。此时,申请人完全有可能才提出该具体行为的某个依据存在问题,要求复议机关附带审查。2007 年的《行政复议法实施条例》第 26 条解决了这一问题,规定:"依照《行政复议法》第 7 条的规定,申请人认为具体行政行为所依据的规定不合法的,可以在对具体行政行为申请行政复议的同时一并提出对该规定的审查申请;申请人在对具体行政行为提出行政复议申请时尚不知道该具体行政行为所依据的规定的,可以在行政复议机关作出行政复议决定前向行政复议机关提出对该规定的审查申请。"

行政复议受案行为标准的另一方面是,行政诉讼只受理当事人认为违法和明显不当的行政行为,行政复议则受理当事人认为违法和所有不当(不合理)的行政行为。即行政复议既审查行政行为的合法性,也全面审查行政行为的适当性(合理性)。原因在于法院与复议机关性质上的差别,法院与行政机关之间的关系是监督关系而非领导关系,因此只能对行政行为做合法性审查,兼及一部分可以视为违法的明显不当行为;复议机关一般是被申请人的领导机关,特殊情况下还可能是被申请人自己,当然可以对被申请人的行为做合法性与合理性上的全面审查。

三、结果标准

行政诉讼与行政复议受案的结果标准也是相同的,都要求只有在当事人认为行政行为侵害其合法权益的情况下,方能受理。

行政复议的受案范围可以总结为这样几句话:第一,具体行政行为可以直接申请复议;第二,低于行政规章的抽象行政行为不得直接、但可以附带地申请复议;第三,行政规章以上(包含行政规章)的抽象行政行为,不得直接或附带地申请复议。

第二节 行政复议的管辖(复议机关)

复议管辖又称为复议机关的确定。行政复议机关一般是复议被申请人的上级行政机关或其他直接主管机关,特殊情况下由被申请人自己充当。复议机关的确定主要有三种规则,另有一些例外情况适用稍有特殊的规则,具体包括:

一、条块管辖

在日常生活中,人们常常将行政机关之间垂直领导的关系称为"条条"关系,而将地方政府对其下属部门的领导称为"块块"关系,行政复议机关的确定规则,就以行政管理体制上的这种"条块"划分为基础。

条块管辖,是确定复议机关的一般原则,也是最常见的情况,指的是由被申请人的同级政府或上一级主管部门作为复议机关的情况。条块管辖适用于县级以上地方政府的一般工作部门作为复议被申请人的情况。具体而言,这些作为被申请人的机关包括县、市、省三级政府的一般工作部门,它们在体制上既受同级政府领导,又受其上一级主管部门领导,这两个领导机关都可以充当其复议机关。例如,对某市水利局具体行政行为不服的案件,其复议机关是市政府或者省水利厅,申请人可以选择向其中任何一个机关申请复议。

二、条条管辖

条条管辖指的是只由被申请人的上一级领导机关充当复议机关,而排除其同级政府作为复议机关的情况。条条管辖的情况相对特殊,适用于两种情况:

第一,地方各级政府作为复议被申请人的情况。此时,被申请人自己就是一级政府,它的直接领导机关自然只有一个,就是上一级政府。例如,以成都市政府作为被申请人的案件,复议机关是四川省政府。在某些地区没有地级市的建制,只有省级政府设立的派出机关(地区行政公署),在这些地区对某个县级政府具体行政行为不服的复议案件,就由该地区行政公署管辖。

第二,垂直领导部门作为被申请人的情况。主要指的是中央垂直领导,即从中央到基层均实行垂直领导的部门,具体包括海关、金融、国税、外汇管理四个部门。还有的部门实行的并非完全的垂直领导,主要是国家安全部门,它同时受到同级政府与上一级国安部门的领导,名义上还是同级政府的一个工作部门,但偏重于上一级主管部门的垂直领导,因此《行政复议法》也将其与上述四个垂直领导部门同等对待。以上述五个部门为被申请人的复议案件,只能由被申请人的上一级主管部门作为复议机关。如以某市国税局为被申请人的案件,其复议机关只是省国税局。

关于条条管辖,需要特别注意省级以下垂直领导部门的复议管辖问题。实践中,除了实行全国垂直领导的部门,还有一些部门实行或曾经实行过省级以下的垂直领导,包括工商、地税、质量技术监督、药品监督、国土资源管理等。但按照《行政复议法实施条例》的规定,不服省级以下垂直领导部门的行为,当事人仍可选择向其上一级主管部门或同级政府申请行政复议,即仍实行"条块管辖"。但如果其所在省份对此作出特别规定的,从其规定。这种特别规定(在本省范围内,地方政府不作为省级以下垂直领导部门的复议机关)在理论上可能存在,但实践中十分罕见。

▶ **例 18-1** 2008 年,某省甲市乙县工商局以某企业构成不正当竞争为由,决定予以罚款 2 万元。某企业不服,申请行政复议。有关本案复议机关,下列哪一说法是错误的?

   A. 复议机关可以为乙县政府
   B. 复议机关可以为甲市工商局
   C. 若国家工商总局对工商部门作出的行政行为申请复议的复议机关作出了规定,依此规定办理
   D. 若某省政府对工商部门作出的行政行为申请复议的复议机关作出了规定,依此规定办理

分析:在 2008 年,工商局是省级以下垂直领导的部门。但在行政复议中,原则上仍应实行"条块管辖",除非其所在省份另作规定。因此 ABD 三项的说法都是正确的。C 项说法是错误的,因为对于省级以下垂直领导部门复议机关的例外规定,只能由地方上的省级人大及其常委会或者省级政府来规定,国务院的部门无权规定本系统内的行政复议适用特殊的管辖规则。

三、自我管辖

自我管辖指的是复议被申请人自己作为复议机关的情况。这只有一种情况,就是省部级行政机关管辖自己作为被申请人的复议案件。省部级行政机关,包括国务院的组成部门、直属单位以及其他有行政主体地位的下属机构,还包括各省级政府。需要注意,对于省部级行政机关作出的具体行政行为适用自我管辖规则,并不意味着对这些行为不能直接提起诉讼。当事人对这些行为不服,既可直接提起行政诉讼,也可申请行政复议,而对于复议结果不服,仍可再提诉讼,或申请国务院作出裁决(相当于二

次复议)。有关自我管辖,注意两点:

第一,申请人对多个国务院部门共同作出的具体行政行为不服的,可以向其中任何部门提出复议申请,但由这些部门作为共同复议机关来审理。

第二,为了改善自我管辖情况下复议机关和被申请人重合可能导致的不公正,在此类自我管辖的案件中,由省部级行政机关内部原承办具体行政行为的部门或机构扮演被申请人的角色,提出书面答复,并提交作出行为的证据、依据和其他有关材料;由省部级单位内部的复议机构(法制机构)扮演复议机关的角色,实际审理案件,从而实现复议机关和被申请人在内部的相对"分离"。

四、复议转送

除了上述条块管辖、条条管辖、自我管辖三类规则,还存在着其他更为特殊的复议案件,包括:(1)地方政府派出机关作为被申请人的案件;(2)行政机关的派出机构作为被申请人的案件;(3)被授权的社会组织作为被申请人的案件;(4)多个行政机关作为共同被申请人的案件;(5)作出具体行政行为的机关被撤销的案件。这些案件的特殊之处表现在:第一,其复议机关的确定与以上三种规则并不完全相同;第二,这些案件可以由案件发生地的县级政府转送复议申请。

1. 这些案件复议机关的确定

(1)地方政府派出机关作为被申请人的案件,地方政府的派出机关主要是地区行政公署、区公所、街道办事处三种,其地位类似于一级政府,其作为被申请人的案件,由设立它的地方政府作为复议机关。

(2)行政机关的派出机构作为被申请人的案件,行政机关的派出机构常见的如派出所、税务所、工商所等,当其作为复议被申请人时,复议机关是派出它的行政机关及该机关的同级政府两家,但如果派出它的机关是垂直领导部门,则复议机关中不包括其同级政府。例如,对县公安局派出所的具体行政行为不服的,复议机关是县公安局和县政府;而对县国税局(垂直领导部门)派出的税务所的具体行政行为不服的,复议机关就只有县国税局。

▶ **例 18-2** 甲市乙区公安分局所辖派出所以李某制造噪声干扰他人正常生活为由,处以 500 元罚款。李某不服申请复议。下列哪些机关可以成为本案的复议机关?

A. 乙区公安分局　　B. 乙区政府　　C. 甲市公安局　　D. 甲市政府

分析:派出所罚款 500 元,属于行使自己的职权,应当以派出所自己作为被申请人。而公安机关并没有实行垂直领导,那么,派出所的复议机关可以包括其所在的区公安局和区公安局的同级政府(区政府),因此 AB 两项是正确的。

(3)被授权的社会组织作为被申请人的案件,复议机关是直接管理该组织的行政机关。例如,对中国人民大学的行为不服的,其复议机关是教育部。

(4)多个行政机关作为共同被申请人的情况,复议机关是这些机关的共同上一级行政机关。例如,某市甲县公安局和乙县公安局的共同上一级机关就是市公安局;而该市文化局与该市公安局的共同上一级机关就是该市政府。

(5)作出具体行政行为的机关被撤销的情况,此时首先要找到另外一个机关替代原机关作为复议被申请人,再根据后者的具体情况确定其相应的复议机关。一般来讲,一个行政机关被撤销时,应当有另外一个机关继续行使其职权,此时后者就代替前者作为被申请人。例如,某市新闻出版局被合并于文化局,则当事人对原新闻出版局的行为不服申请复议的,就以文化局为被申请人,相应地,复议机关就是该市政府或省文化厅。但有时候,一个行政机关被撤销是因为其职权已经无须行使了,不存在另外一个机关来继续行使它的职权,此时应当以撤销它的机关代替它作为复议被申请人。例如,某市曾设立一个专业市场管理局,其职权为管理该市若干大型专业贸易市场,后来因该市各大专业贸易市场相继倒闭,市政府决定将该局撤销,其职权不再行使。则对该局原来作出的具体行政行为不服的,应当以该市政府为复议被申请人,复议机关是该省政府。

2. 这些案件的复议转送问题

由于以上五类案件复议机关的确定规则不同寻常、较为复杂,一般当事人很难准确识别,这无疑提高了当事人申请行政复议的"门槛"。为了便利当事人申请行政复议,对于这些案件,申请人除了向复议机关申请之外,也可以向具体行政行为发生地的县级政府提出复议申请。接受复议申请的县级政府可能并非真正的复议机关,其扮演的是一个传递、转送的角色。县级政府对于其接受的复议申请应当作出判断,对于自己有权管辖的案件应当受理,对于自己无权管辖的案件应当在接到申请之日起7日内转送有权的复议机关,并告知申请人。

第三节 行政复议的参加人

行政复议的参加人包括申请人、被申请人、第三人、代表人、代理人等。

一、申请人及其他

行政复议申请人的确定规则,与行政诉讼原告的确定规则是相同的。与被申请具体行政行为有法律上直接利害关系的公民、法人或其他组织,都可以申请行政复议。行政诉讼原告和行政复议申请人的确定标准必然具有一致性,否则由于当事人不服复议决定原则上还可以提起行政诉讼,这两个制度就难以顺利衔接了。只不过,如果一个案件是经过行政复议之后再提起诉讼的,具有原告资格的人范围会有所扩大。因为,复议决定等于是一个新的具体行政行为,这个新的行为在原行为的基础上有可能产生新的利害关系,这些新的利害关系人如果不服复议决定,同样可以提起行政诉讼。这一点,本书前文在介绍行政诉讼原告时,已经有所分析,此处不再重复。

除了申请人外,行政复议第三人、代表人、代理人的确定,与行政诉讼基本上也是相同的。

二、被申请人

行政复议被申请人的确定规则,与行政诉讼被告的确定规则大体相似,但稍有不同。确认行政复议的被申请人,一般也是看两点:一看是否具备行政主体资格;二看申请人是否针对其提出了申请,但特殊情况下存在例外。主要掌握以下两点即可:

(一)共同行政行为案件中的被申请人

当事人对共同行政行为申请复议时,应当以实施这些行为的多个行政主体作为共同被申请人。如果申请人没有将共同行政行为的所有实施者全部列为申请人,复议机关应当直接将遗漏的行政主体追加为共同被申请人,而不是像行政诉讼那样,将这一部分行政主体列为第三人。

某些情况下,行政主体与非行政主体共同署名作出行为,当事人申请复议的,只以其中的行政主体作为被申请人,非行政主体只能作为复议的第三人。

(二)经批准行为的被申请人

下级行政机关经上级行政机关批准作出具体行政行为的,当事人申请复议,应当按照实质标准,以批准的上级机关作为被申请人。这与行政诉讼也是不同的,行政诉讼在这种情况下,是按照名义标准,以署名的行政机关作为被告的。行政诉讼和行政复议的这两种做法各有短长,采取形式标准的好处是当事人很容易判断,降低了起诉门槛,缺点是被告不是真正作出决定的主体,即使原告胜诉了,法院的判决也不容易得到履行。采取实质标准则相反,有利于真正落实最后的复议决定,但当事人不容易判断到底是谁批准了这个行为,加大了申请复议的难度。

▶ **例 18-3**   肖某提出农村宅基地用地申请,乡政府审核后报县政府审批。肖某收到批件后,不满批件所核定的面积。下列哪些说法是正确的?

A. 肖某须先申请复议,方能提起行政诉讼
B. 肖某申请行政复议,复议机关为县政府的上一级政府
C. 肖某申请行政复议,应当自签收批件之起 60 日内提出复议申请
D. 肖某提起行政诉讼,县政府是被告,乡政府为第三人

分析:本案不属于需要复议前置的情况,A 项错误。C 项符合复议申请期限的计算规则,正确。关键看 BD 两项:本案是乡政府经县政府批准的行为,复议被申请人应该是县政府,复议机关自然是其上一级政府,因此 B 项正确。由于案中没有交代批件到底由哪级政府签名盖章作出,行政诉讼的被告待定(乡政府、县政府都有可能),而且即使他们当中的某一个充当了被告,另外一个也不会再参加诉讼了,更不可能充当第三人,因此 D 项是错误的。

▶ **例 18-4**   甲县政府设立的临时机构基础设施建设指挥部,认定有 10 户居民的小区自建的围墙及附属房系违法建筑,指令乙镇政府具体负责强制拆除。10 户居民对

此决定不服起诉。下列说法正确的是什么？

A. 本案被告为乙镇政府
B. 本案应由中级法院管辖
C. 如 10 户居民在指定期限内未选定诉讼代表人的，法院可以依职权指定
D. 如 10 户居民对此决定申请复议，复议机关为甲县政府

分析：基础设施建设指挥部与镇政府是委托关系，应由委托者承担法律责任。而指挥部又是没有行政主体资格的临时机构，应以其所在机关县政府作为被告或被申请人，因此 A 项错误。相应地，管辖法院就是中院，B 项正确。复议机关为县政府的上一级政府，而不是县政府自己，D 项错误。至于 C 项对诉讼代表人的表述则是正确的。

第四节 行政复议的程序

行政复议程序分为申请、受理、审理、决定四个阶段。对于决定阶段，我们将结合行政复议的决定方式在后文叙述，这里主要介绍申请、受理、审理。

一、申请

申请环节是行政复议程序的开始，主要掌握如下几点：

（一）申请期限的长度

当事人应当在知道具体行政行为之日起 60 日内提出复议申请，但法律规定的申请期限超过 60 天的除外。即申请复议的一般期限为 60 天，如法律另有规定超过 60 天的，从其规定；如另有规定少于 60 天的，以 60 天为准。例如，原来的《治安管理处罚条例》规定对于治安处罚不服申请复议的期限是 5 天，则这一期限是无效的，以 60 天为准。

▶ **例 18-5** 《环境保护法》规定，当事人对行政处罚决定不服，可以在接到处罚通知之日起 15 日内申请复议，也可以在接到处罚通知之日起 15 日内直接向法院起诉。某县环保局依据《环境保护法》对违法排污企业作出罚款处罚决定，该企业不服。对此，下列哪一说法是正确的？

A. 如该企业申请复议，申请复议的期限应为 60 日
B. 如该企业直接起诉，提起诉讼的期限应为 3 个月
C. 如该企业逾期不缴纳罚款，县环保局可从该企业的银行账户中划拨相应款项
D. 如该企业逾期不缴纳罚款，县环保局可扣押该企业的财产并予以拍卖

分析：由上文所述可知，行政复议的申请期限应当以 60 天为准，短于 60 天的特别规定无效，A 项正确。行政诉讼的起诉时限实行特别法优于一般法的原则，由于有《环境保护法》的特别规定，本案应为 15 天而不再是 3 个月，因此 B 项错误。环保局没有直接强制执行权，不能划拨款项，也不能拍卖，因此 CD 两项错误。

▶ **例 18-6** 《反不正当竞争法》规定,当事人对监督检查部门作出的处罚决定不服的,可以自收到处罚决定之日起 15 日内向上一级主管机关申请复议;对复议决定不服的,可以自收到复议决定书之日起 15 日内向法院提起诉讼;也可以直接向法院提起诉讼。某县工商局认定某企业利用广告对商品作引人误解的虚假宣传,构成不正当竞争,处 10 万元罚款。该企业不服,申请复议。下列哪些说法是正确的?

　　A. 复议机关应当为该工商局的上一级工商局
　　B. 申请复议期间为 15 日
　　C. 如复议机关作出维持决定,该企业向法院起诉,起诉期限为 15 日
　　D. 对罚款决定;该企业可以不经复议直接向法院起诉

分析:本案适用条块管辖,复议机关应当为该工商局的上一级工商局或县政府,A 项错。行政复议申请期限应以 60 天为准,《反不正当竞争法》短于 60 天的特别规定无效,因此 B 项错。经复议后起诉的期限为 15 日,C 项正确。又因本案是一般的复议诉讼自由选择案件,D 项正确。

(二) 申请期限的起算

如果被申请的具体行政行为是作为的,其申请期限按以下规则起算:(1) 当场作出行为的,自其作出之日起计算;(2) 载明行为的法律文书直接送达的,自签收之日起计算;(3) 载明行为的法律文书邮寄送达的,自在邮件签收单上签收之日起计算;没有邮件签收单的,自在送达回执上签名之日起计算;(4) 行为通过公告形式告知受送达人的,自公告规定的期限届满之日起计算;(5) 行政机关作出行为时未告知当事人,事后补充告知的,自当事人收到补充告知之日起计算;(6) 被申请人能够证明当事人知道其行为的,自证明之日起计算。行政机关作出具体行政行为,依法应当送达法律文书而未送达的,视为当事人不知道该行为。

如果被申请的具体行政行为是不作为的,其申请期限按以下规则起算:(1) 有规定履行期限的,自履行期限届满之日起计算;(2) 没有规定履行期限的,自行政机关收到申请满 60 日起计算;(3) 当事人在紧急情况下请求行政机关履行法定职责,行政机关不履行的,立即可以申请复议。

(三) 申请复议的方式

(1) 书面申请。申请人书面申请行政复议的,可以采取当面递交、邮寄或传真等方式提出,有条件的行政复议机构可以接受以电子邮件形式提出的申请。

(2) 口头申请。申请人口头申请行政复议的,复议机构应当场制作行政复议申请笔录交申请人核对或者向申请人宣读,并由申请人签字确认。

二、受理

(一) 受理条件

行政复议申请符合下列条件的,应当受理:(1) 有明确的申请人和符合规定的被

申请人;(2)申请人与具体行政行为有利害关系;(3)有具体的行政复议请求和理由;(4)在法定申请期限内提出;(5)属于行政复议法规定的行政复议范围;(6)属于收到行政复议申请的行政复议机构的职责范围;(7)其他行政复议机关尚未受理同一行政复议申请,法院尚未受理同一主体就同一事实提起的行政诉讼。

（二）受理期限

复议机关收到行政复议申请后,应当在5日内进行审查,视情况作出如下处理:(1)对符合条件的复议申请,决定受理;(2)对不符合法定的行政复议申请,决定不予受理,并书面告知申请人;(3)对符合法律规定,但是不属于本机关受理的行政复议申请,应当告知申请人向有关行政复议机关提出;(4)行政复议申请材料不齐全或表述不清楚的,应当自收到该行政复议申请之日起5日内书面通知申请人补正,申请人无正当理由逾期不补正的,视为申请人放弃复议申请。

（三）"受""理"分离

根据上文对复议管辖的介绍,申请人对派出机关的复议、对派出机构的复议、对被授权组织的复议、对共同行为的复议、对被撤销机关的复议五种特殊情况,除了可以向法定的复议机关申请复议之外,还可以向具体行政行为发生地的县级政府提交复议申请。对属于其他复议机关管辖的申请,县级政府应当接受,并在7日内转送有关复议机关。

（四）管辖竞合

申请人就同一事项向两个或两个以上有权受理的机关申请行政复议的,由最先收到申请的机关受理;同时收到申请的,由这些机关在10日内协商确定;协商不成的,由其共同上一级机关在10日内指定受理机关。协商确定或指定受理机关所用时间不计入复议审理期限。

（五）督促受理

当事人依法提出复议申请,复议机关无正当理由不予受理的,上级行政机关认为不予受理的理由不成立的,可以先督促其受理;经督促仍不受理的,应当责令其限期受理,必要时也可以直接受理;如上级行政机关认为复议申请不符合法定受理条件的,应当告知申请人。当然,如果复议机关应当受理而不受理的,申请人也可以转而提起行政诉讼,起诉复议机关不作为。

三、审理

（一）审理机构

行政复议案件一般由复议机关中负责法制工作的机构具体审理(法制办、法制处、法制科等),行政复议机构审理行政复议案件,应当由2名以上行政复议人员参加。

（二）审理方式

行政复议原则上采取书面审查的办法,但是申请人提出要求或行政复议机构认为有必要时,可以实地调查核实证据;对重大、复杂的案件,申请人提出要求或行政复议机构认为必要时,可以采取听证的方式审理。

（三）审理过程

行政复议审理的一般过程包括:（1）送达申请书。行政复议机构应当自行政复议申请受理之日起7日内,将申请书副本或者申请笔录复印件发送被申请人。（2）提供证据和答辩。被申请人应当自收到申请书副本或者申请笔录复印件之日起10日内,提出书面答复,并提交当初作出具体行政行为的证据、依据和其他有关材料。

▶ **例 18-7** 甲市乙区政府决定征收某村集体土地100亩。该村50户村民不服,申请行政复议。下列哪一说法是错误的?

A. 申请复议的期限为30日
B. 村民应推选1至5名代表参加复议
C. 甲市政府为复议机关
D. 如要求申请人补正申请材料,应在收到复议申请之日起5日内书面通知申请人

分析:行政复议的申请期限是60日,A项错。复议代表人为1—5人,B项对。本案被复议的对象是区政府的行为,复议机关当然是市政府,C项对。行政复议申请材料不齐全或表述不清楚的,复议机关应当自收到该行政复议申请之日起5日内书面通知申请人补正,D项也对。

第五节 行政复议的证据规则与法律适用

复议机关审理行政复议案件和法院审理行政诉讼案件类似,在审理的依据上都要"以事实为根据、以法律为准绳",也就是都要讲证据规则和法律适用规则。在证据规则和法律适用规则的具体内容上,行政复议的规定和行政诉讼是类似的,但其内容要简单得多。在实践中,对于这一方面的问题,如果遇到行政复议制度上没有详细规定的情况,可以参照行政诉讼的相关规定来处理。

一、证据规则

行政复议的证据规则,只规定了举证问题,对此掌握三个方面:

（一）被申请人举证

1. 举证责任

被申请人在复议中承担主要的举证责任。行政复议机构应当自受理复议申请之日起7日内,将复议申请书副本或复议申请笔录复印件发送被申请人,被申请人应当自收到之日起10日内,提出书面答复,并提交当初作出具体行政行为的证据、依据和其他有关材料。

被申请人逾期没有举证的,视为其行为没有证据和依据,复议机关应当撤销其行为。

▶ **例 18-8** 齐某不服市政府对其作出的决定,向省政府申请行政复议,市政府在法定期限内提交了答辩,但没有提交有关证据、依据。开庭时市政府提交了作出行政行为的法律和事实依据,并说明由于市政府办公场所调整,所以延迟提交证据。下列哪一说法是正确的?

　　A. 省政府应接受市政府延期提交的证据材料
　　B. 省政府应中止案件的审理
　　C. 省政府应撤销市政府的具体行政行为
　　D. 省政府应维持市政府的具体行政行为

分析: 在行政复议中,被申请人逾期没有举证的,复议机关应当直接撤销其行政行为——即使这个行为在实质上是合法的,因此 C 项正确。

2. 举证方式

被申请人举证应当遵循"有证在先"的原则,提供其在行政程序中收集的证据。在行政复议过程中,被申请人不得自行向申请人和其他单位或个人收集证据。

（二）申请人举证

1. 举证责任

申请人对个别问题承担举证责任,包括:第一,申请证明责任,当事人认为行政机关不履行法定职责的,应当提供其曾经要求被申请人履行职责而对方未履行的证据;第二,损害证明责任,当事人复议时一并提出行政赔偿请求的,应当提供受具体行政行为侵害而造成损害的证据;第三,其他证明责任,即法律、法规规定需要申请人举证的其他情形。

2. 举证方式

申请人或第三人提供的证据,主要来源于对有关材料的查阅。申请人、第三人可以查阅被申请人提出的书面答复、作出具体行政行为的证据、依据和其他有关材料,除涉及国家秘密、商业秘密或个人隐私外,复议机关不得拒绝,并为其提供必要条件。

（三）复议机关调查取证

由于行政复议属于内部监督与审查程序,因此,复议机关可以在必要时主动出击调查取证,其范围原则上不受限制。

调查取证时,行政复议人员不得少于 2 人,并应当向当事人或有关人员出示证件。被调查单位和人员应当配合行政复议人员的工作,不得拒绝或者阻挠。行政复议人员向有关组织和人员调查取证时,可以查阅、复制、调取有关文件和资料,向有关人员进行询问。

二、法律适用

由于行政复议是一种内部监督与审查程序,因此,复议机关在审理案件时所适用的依据,在范围上比行政诉讼更宽,包括法律、法规、规章,甚至可以包括规章以下的一般行政规范性文件。

第六节 行政复议的结案与执行

行政复议的结案方式与行政诉讼一审的结案方式比较接近,但相对更灵活一些。

一、结案的期限

复议机关应当自受理申请之日起 60 日内结案;但是法律规定的行政复议期限少于 60 日的除外。情况复杂,不能在规定期限内结案的,经复议机关负责人批准可以适当延长,并告知申请人和被申请人,但延长期限最多不超过 30 日。

行政复议的申请期限和审理期限容易被混淆,原则上都是 60 天,但要注意区别:

第一,两者的含义不同。复议的申请期限,是对申请人的期限限制,指的是从当事人知道具体行政行为之日到提出复议申请之间的时段。而复议的审理期限,是对复议机关的期限限制,指的是从复议机关受理复议申请之日起到作出复议决定之间的时段。

第二,两者的例外规定不同。复议申请期限原则上是 60 天,法律可对其作出长于 60 天的例外规定。复议审理期限原则上也是 60 天,法律可对其作出短于 60 天的规定。存在这种差别,是因为申请期限限制的对象是申请人,以宽松为宜;而审理期限限制的是复议机关,以严格为宜。

第三,两者能否延长不同。申请期限不能延长,只能在发生不可抗力等正当事由时,将耽误的时间扣除。而审理期限可以延长,对于情况复杂的复议案件,经行政复议机关的负责人批准,可以延长不超过 30 日的时间。

二、不作出复议决定结案

行政复议结案的主要形式是作出复议决定,但例外情况下,可以不作出复议决定结案,包括:

(1)申请人撤回申请。申请人在行政复议决定作出之前,自愿撤回行政复议申请的,经行政复议机构同意,可以撤回,复议程序终止。申请人撤回行政复议申请之后,不得再以同一事实和理由提出行政复议申请,但能够证明撤回行政复议申请违背其真实意思表示的除外。

复议期间被申请人改变原具体行政行为的,不影响行政复议案件的审理,但申请人因此撤回复议申请的除外。

▶ **例 18-9** 2006年5月9日,县公安局以甲偷开乙的轿车为由,向其送达1000元罚款的处罚决定书。甲不服,于同月19日向市公安局申请行政复议。6月8日,复议机关同意甲撤回复议申请。6月20日,甲就该处罚决定向法院提起行政诉讼。下列说法正确的是什么?

　　A. 对甲偷开的轿车县公安局可以扣押
　　B. 如甲能够证明撤回复议申请违背其真实意思表示,可以同一事实和理由再次对该处罚决定提出复议申请
　　C. 甲逾期不缴纳1000元罚款,县公安局可以每日按罚款数额的3%加处罚款
　　D. 法院不应当受理甲的起诉

　　分析:本案中的轿车属于甲的非法所得,应当归还受害人乙,而不是将其扣押,A项错误。申请人撤回行政复议申请之后,不得再以同一事实和理由提出行政复议申请,但能够证明撤回行政复议申请违背其真实意思表示的除外,可知B项正确。对金钱给付义务可以适用执行罚,C项正确。撤回复议申请后不得再申请复议,但其诉权不受影响,仍可依法起诉,因此D项错误。

　　(2)和解结案。当事人对行政机关行使法律、法规规定的自由裁量权作出的具体行政行为不服申请行政复议,申请人与被申请人在复议决定作出前自愿达成和解的,应当向复议机构提交书面和解协议;和解内容不损害社会公共利益和他人合法权益的,复议机构应当准许。

▶ **例 18-10** 甲取得了县房产局颁发的扩大原地基和建筑面积的建房许可证,阻碍了邻居乙的正常通行,乙与甲协商未果,向市房产局提起行政复议。下列哪些说法是正确的?

　　A. 乙可以委托两名代理人参加行政复议
　　B. 市房产局应当通知甲作为第三人参加行政复议
　　C. 若复议过程中第三人甲意外死亡,行政复议即应终止
　　D. 复议过程中,乙和县房产局达成和解协议,协议内容不违法并且甲也同意该协议,则市房产局应当准予

　　分析:行政复议申请人、第三人可以委托1至2名代理人,A项正确。甲具有第三人资格,复议机关可以(而不是应当)通知其作为第三人参加复议,B项错误。第三人不参加复议,不影响案件审理,C项错误。和解协议内容合法且第三人同意的,复议机关应予准许,D项正确。

　　(3)调解结案。与行政诉讼类似,对于以下两种情况,复议机关可以按照自愿、合法的原则进行调解:第一,当事人对行政机关行使法律、法规规定的自由裁量权作出的具体行政行为不服申请行政复议的;第二,行政赔偿或行政补偿纠纷。

　　当事人经调解达成协议的,复议机关应当制作行政复议调解书,载明行政复议请

求、事实、理由和调解结果,并加盖行政复议机关印章。行政复议调解书经双方当事人签字,即具有法律效力。调解未达成协议或调解书生效前一方反悔的,复议机关应当及时作出行政复议决定。

调解结案是《行政复议法实施条例》上的规定,打破了行政争议不得调解的圭臬。之所以规定上述两类案件可以调解,主要原因在于这两种案件的处理均与具体行政行为的合法性判断无关。第一类案件,实际上是对具体行政行为合理性的判断,自然与合法性判断非此即彼的性质有所不同,具有一定的裁量空间。第二类案件,由于行政赔偿或行政补偿问题都是在被申请行为合法性已经明确的前提下展开的,也不再涉及合法性争议。

▶ **例 18-11** 对下列哪些情形,行政复议机关可以进行调解?
  A. 市政府征用某村土地,该村居民认为补偿数额过低申请复议
  B. 某企业对税务机关所确定的税率及税额不服申请复议
  C. 公安机关以张某非法种植罂粟为由对其处以拘留 10 日并处 1000 元罚款,张某申请复议
  D. 沈某对建设部门违法拆除其房屋的赔偿决定不服申请复议
  分析:A 项是行政补偿案件,C 项是行政裁量案件,D 项是行政赔偿案件,在行政复议中都是可以调解的。至于 B 项,由于税率税额是法定的,不是裁量性的行为,不可能调解结案。

三、作出复议决定结案

除了上述情形,在其他情况下复议机关必须作出复议决定。行政复议决定的类型,与行政诉讼一审判决的类型比较接近,但也有所差别。

(一)被申请人获胜的决定

被申请人在行政复议中获胜,即被申请的具体行政行为认定事实清楚,证据确凿,适用依据正确,程序合法,内容适当的,复议机关应当决定维持。而在行政诉讼中,维持判决已经被废除了。

在个别情况下,被申请人在行政复议中获胜,不适合采取维持的方式,应当决定驳回申请人的复议申请。驳回决定适用于:(1) 申请人认为行政机关不履行法定职责而申请复议,复议机关受理后发现该机关没有相应法定职责或已经履行法定职责的;(2) 复议机关受理申请后,发现该申请不符合受理条件的。

(二)申请人获胜的决定

第一种情况,申请人针对作为申请复议而获胜的,原则上通用撤销、变更、确认违法的复议决定。被申请具体行政行为有下列情形之一的,复议机关应当决定撤销、变更或确认该具体行政行为违法:(1) 主要事实不清、证据不足的;(2) 适用依据错误的;(3) 违反法定程序的;(4) 超越或者滥用职权的;(5) 具体行政行为明显不当的。

复议机关决定撤销或确认被申请行为违法的,可以同时责令被申请人在一定期限内重新作出具体行政行为,被申请人不得以同一的事实和理由作出与被申请行为相同或基本相同的具体行政行为。重做的具体行政行为,被申请人应当在法律、法规、规章规定的期限内重新作出,法律、法规、规章未规定期限的,应当在 60 日内作出。

复议机关变更被申请行为的,在申请人的复议请求范围内,不得作出对其更为不利的复议决定,如加重罚款数额或增加拘留日期等。

一般情况下,对于违法或不当的具体行政行为,撤销决定、变更决定、确认违法决定三者可以通用,但下列两种情况除外:(1)只有一般合理性问题的行为,可以撤销或变更,但不能确认违法;(2)只有程序违法的行为,可以撤销或确认违法,但不得变更。

▶ **例 18-12** 被申请行政复议的具体行政行为有下列哪些情形,复议机关可以作出变更决定?

 A. 事实清楚,证据确凿,适用依据正确,程序违法的
 B. 事实清楚,证据确凿,适用依据错误,程序合法的
 C. 事实清楚,证据确凿,适用依据正确,程序合法,但是明显不当的
 D. 事实不清,证据不足,复议机关经审理查明事实清楚,证据确凿的

分析:除了只有程序违法的行为(A 项),其他作为形态的具体行政行为错误,都可以适用变更决定,也就是 BCD 三项都可以作出变更决定。

第二种情况,申请人针对不作为申请复议而获胜的,复议机关应当作出履行决定,责令被申请人在一定期限内履行职责;不作为已经造成不可挽回的损失,履行职责失去现实意义的,复议机关应当确认不作为违法。

(三)赔偿决定

行政复议的赔偿决定包括两种类型,一是依申请作出的,二是依职权作出的,这是行政复议与行政诉讼的一个不同之处,因为行政诉讼绝不可能出现法院依职权作出赔偿判决的情形。

(1)依申请作出的赔偿决定。如果申请人在申请复议时一并提出行政赔偿请求的,对于其中符合国家赔偿要件的情况,复议机关在对具体行政行为违法决定撤销、变更或确认违法的同时,应当决定被申请人对申请人给予赔偿。

(2)依职权作出的赔偿决定。如果申请人在申请复议时虽然没有提出行政赔偿请求,但被申请的具体行政行为是直接针对财物作出的,如罚款、违法集资、没收财物、征收财物、摊派费用、查封财产、扣押财产、冻结财产等,且该行为依法应当被撤销或变更的,复议机关应当同时依职权责令被申请人给予赔偿。需要注意,只有直接以财务为对象的具体行政行为应当被撤销或变更的同时,复议机关才可以主动作出赔偿决定。如果这个行为是针对别的对象作出的,但是也造成了申请人的财产损害,还不能依职权决定予以赔偿。例如,行政机关吊销了申请人的许可证,这就很可能造成其财产损失,但这个行为的对象是一个许可证,而不是一个财物,就仍然不能依职权作出行

政赔偿决定。

▶ **例 18-13** 张某因不服税务局查封财产决定向上级机关申请复议,要求撤销查封决定,但没有提出赔偿请求。复议机关经审查认为该查封决定违法,决定予以撤销。对于查封决定造成的财产损失,复议机关正确的做法是什么?

A. 解除查封的同时决定被申请人赔偿相应的损失
B. 解除查封并告知申请人就赔偿问题另行申请复议
C. 解除查封的同时就损失问题进行调解
D. 解除查封的同时要求申请人增加关于赔偿的复议申请

分析:本案显然是直接针对财产作出的具体行政行为(查封财产),该决定又被复议机关所撤销,则复议机关应当依职权主动作出赔偿决定,答案为 A 项。同时,根据《行政复议法实施条例》的规定,对于行政赔偿案件可以适用调解,因此 C 项也是正确的。

(四)对具体行政行为依据的附带处理决定

复议机关对具体行政行为依据附带审查后的处理方式,根据其启动方式的不同,分为两种情况:一是依申请处理,二是依职权处理。

第一,依申请的处理。如果申请人在对某一具体行政行为申请复议时,一并提出对作为该具体行政行为依据的、效力在规章以下的抽象行政行为的审查申请,复议机关就有义务对该抽象行为加以审查。对于这个抽象行政行为,复议机关有权处理的,应当在 30 日内处理完毕;无权处理的,应当在 7 日内依法转送有权处理的其他行政机关,后者应当在 60 日内处理完毕。对抽象行政行为处理期间,复议机关先中止对具体行政行为的审查。

第二,依职权的处理。如果申请人在对某一具体行政行为申请行政复议时,并未对该行为的依据申请审查,但复议机关在案件的审查过程中主动发现其依据不合法的,也应加以处理。复议机关有权处理的,应当在 30 日内处理完毕;无权处理的,应当在 7 日内依法转送有权的国家机关处理。处理期间同样中止对具体行政行为的审查。

依申请的附带审查与依职权的附带审查存在着如下三个方面的区别:一是对象不同。如前所述,依申请的只能是效力层级低于规章的一般行政规范性文件,依职权的审查则范围不限,可以审查具体行政行为的各种依据。但是,对于依申请的审查,只要当事人对受案范围内的规范性文件提出申请,复议机关就必须加以审查;而对于依职权的审查,复议机关并不负有必须加以审查的义务,是可以选择的。二是复议机关无权处理这些依据时,所转送的对象不同。对于当事人申请审查的规范性文件,复议机关无权处理时,应当转送给有权处理的其他行政机关;依职权的情况下,则是转送给有权处理的其他国家机关,这个机关既可能是行政机关,也可能是其他的机关,如某一级的人大常委会。因为,依申请审查的对象是规章以下的行政规范性文件,其制定机关自己或其上级行政机关肯定是有权审查的;而依职权审查的未必是行政规范性文件,还有可能是地方性法规或人大常委会的决定,此时行政机关就无权进行审查了,而是需要转送给其他的机关。三是在转送处理的情况下,接受转送的行政机关在处理期限上有无限制不同。对于依申请的情况,有权机关应当在 60 日内处理完毕;而对于依职权的情况,有权机关的处理期限是没有规定的。《行政复议法》上没有规定这个期限,并不意味着有权机关的处理就是无限期的。而是因为对这些依据的处理一般要依据《立法法》的有关立法监督审查制度来处理,而这些制度本身已经规定了处理期限,《行政复议法》上就没有必要再规定了。

对抽象行政行为附带审查之后的处理,其处理结果的法律效力原则上和对具体行政行为的处理是相同的。如果被附带审查的抽象行政行为违法或者不当,复议机关或其他有权机关应当将其撤销、改变或确认违法。在实践中,也可能表现为要求该文件的制定机关自行修改或停止实施。无论是哪一种处理方式,处理结果都具有普遍效力而不是个案效力,也就是说,该抽象行政行为不但不能作为审查案中具体行政行为的依据,而且该文件的全部或部分内容自此便失去效力,在行政管理中不得继续作为依据使用。

▶ **例 18-14** 为严格本地生猪屠宰市场管理,某县政府以文件形式规定,本县所有猪类屠宰单位和个人,须在规定期限内到生猪管理办公室申请办理生猪屠宰证,违者予以警告或罚款。个体户张某未按文件规定申请办理生猪屠宰证,生猪管理办公室予以罚款 200 元。下列哪些说法是错误的?

A. 若张某在对罚款不服申请复议时一并对县政府文件提出审查申请,复议机关应当转送有权机关依法处理

B. 某县政府的文件属违法设定许可和处罚,有权机关应依据《行政处罚法》和《行政许可法》对相关责任人给予行政处分

C. 生猪管理办公室若以自己名义作出罚款决定,张某申请复议应以其为被申请人

D. 若张某直接向法院起诉,应以某县政府为被告

分析:我们首先应当注意本案的被告和被申请人,由于县政府对生猪管理办公室的"授权"是无效的,后者不具备行政主体资格,被告和被申请人仍应该是县政府,故 C 项错而 D 项对。县政府作为被申请人,复议机关自然是市政府,应该有权处理县政府的规范性文件,无需转送他人,故 A 项错误。又因给予公务员行政处分的依据是《公务员法》和《行政机关公务员处分条例》,不是《行政处罚法》和《行政许可法》等,所以 B 项明显错误。

四、结案后的后续处理措施

为了更加妥善地解决行政争议,《行政复议法实施条例》规定了三种结案后的后续处理措施:

（一）复议意见书

在复议期间，复议机关发现被申请人或其他下级行政机关的相关行政行为违法或需要做好善后工作的，可以制作行政复议意见书。有关机关应当自收到行政复议意见书之日起 60 日内，将纠正相关行政违法行为或做好善后工作的情况通报行政复议机构。

（二）复议建议书

在复议期间，行政复议机构发现法律、法规、规章实施中带有普遍性的问题，可以制作行政复议建议书，向有关机关提出完善制度和改进行政执法的建议。

（三）复议备案制

下级复议机关应当及时将重大行政复议决定报上级复议机关备案。

▶ **例 18-15** 关于行政复议，下列哪一说法是正确的？

A.《行政复议法》规定，被申请人应自收到复议申请书或笔录复印件之日起 10 日提出书面答复，此处的 10 日指工作日

B. 行政复议期间，被申请人不得改变被申请复议的具体行政行为

C. 行政复议期间，复议机关发现被申请人的相关行政行为违法，可以制作行政复议意见书

D. 行政复议实行对具体行政行为进行合法性审查原则

分析：行政法中常见的按照工作日计算的期限包括：行政许可实施中的各种期限、行政强制中的 10 日以下、政府信息公开中的 15 日和 20 日、行政复议中的 7 日以下，A 项属于行政复议中的 10 日，应该按自然天数计算，因此是错误的。行政复议期间，被申请人可以改变被申请复议的具体行政行为，因此 B 项错误。复议机关发现被申请人的相关行政行为违法，可以制作复议意见书，C 项正确。行政复议既进行合法性审查，也进行适当性（合理性）审查，D 项错误。

五、行政复议决定的执行

行政复议决定的执行措施，包括了三种性质完全不同的行为方式，有的是一种内部行政行为，有的是行政强制执行，还有的属于法院的非诉执行。

（1）属于内部行政行为的执行措施。复议被申请人不履行或无正当理由拖延履行复议决定的，复议机关或有关上级行政机关应当责令其限期履行，这实际上是一种内部行政行为。

▶ **例 18-16** 某县政府依田某申请作出复议决定，撤销某县公安局对田某车辆的错误登记，责令在 30 日内重新登记，但某县公安局拒绝进行重新登记。田某可以采取下列哪一项措施？

A. 申请法院强制执行

B. 对某县公安局的行为申请行政复议
C. 向法院提起行政诉讼
D. 请求某县政府责令某县公安局登记

分析：复议被申请人不履行复议决定的,不存在强制执行的问题,只能通过行政机关的内部程序解决,即由被申请人的上一级机关责令其履行,因此只有 D 项是可以选择的措施。

（2）属于行政强制执行的措施。申请人、第三人逾期不起诉又不履行行政复议决定的,或不履行属于终局裁决的复议决定时,如果作出原具体行政行为的机关或复议机关具有直接强制执行权的,在复议维持的情况下由作出原行为的机关负责执行,在复议改变的情况下由复议机关负责执行。这种执行措施,在性质上就属于行政强制执行。

（3）属于法院非诉执行的措施。申请人、第三人逾期不起诉又不履行行政复议决定的,或不履行属于终局裁决的复议决定时,如果作出原具体行政行为的机关与复议机关不具备直接强制执行权的,在复议维持的情况下由作出原行为的机关申请法院执行,在复议改变的情况下由复议机关申请法院执行。此时的执行措施,就属于法院非诉执行的范围了。

第七节　行政复议与行政诉讼的衔接关系

行政诉讼与行政复议共同构成了行政争议法的主体内容,这两套制度的衔接关系历来是考察的重点。当事人自由选择复议与诉讼,是这一关系的原则,但存在某些例外,如复议前置乃至复议终局等。行政诉讼与行政复议之间的衔接关系,可以概括为四种基本类型：

一、复议诉讼自由选择

这是当事人选择救济程序的一般模式,适用于绝大部分行政纠纷。如果一个案件同时属于行政诉讼与行政复议受案范围,当事人既可以直接选择向法院起诉,也可以选择先向复议机关申请复议,对复议决定仍不服再提起行政诉讼。对此着重理解几点：

（1）已经诉讼,不得复议。当事人已经对某一行政纠纷提起诉讼的,一旦法院受理,无论法院是否已经作出判决,当事人都不得再就同一争议申请行政复议。因为根据司法最终的原理,只可能出现复议在先诉讼在后的情况,绝不可能颠倒过来。当然,如果原告在起诉之后又撤诉了,可以当作他从来没有起诉过,如果此时尚在行政复议的申请期限之内,则当事人仍可申请复议,不受此限。

（2）已经复议,暂缓诉讼。当事人如果就同一争议同时提起行政诉讼又申请行政复议的,应由先受理的机关管辖;如果两机关同时受理的,则由当事人任选其一。如当事人已经申请行政复议的,则在复议期间不得再就同一争议向法院起诉;只有在复议决定作出之后,或复议期限届满之后,或当事人撤回复议申请之后,才能就该争议向法院起诉。

(3) 复后再诉,时间受限。如果当事人经过复议之后仍然不服,继续向法院起诉的,受到期限上的限制。这种期限原则上是 15 天,如果其他法律另有规定的,从其例外。这一期限的起算有两种方式:复议机关作出复议决定的,从当事人收到复议决定书之日起算;复议机关逾期不作出复议决定的,从复议审理期满之日起算。

(4) 一事一议,不得重复。原则上,复议机关只对同一行政争议处理一次,当事人如对复议机关的处理决定不服,可以依法提起行政诉讼,不能再就此事向原来的复议机关、或其他复议机关申请重新复议。"一事一议"存在例外,就是对于省部级行政单位的行为,在申请原机关一次复议失败之后,仍可选择向国务院申请做二次复议(法律上称为裁决)。

二、复议前置但不终局

除上述自由选择关系之外,其他情况均属复议与诉讼关系的例外。最常见的,就是复议前置但并不终局的情况(简称复议前置)。在这种关系中,当事人对特定的行政争议不服的,必须先行申请复议;对复议决定仍然不服,或复议机关拒不作出处理的,再行提起行政诉讼;当事人就此类争议直接提起行政诉讼的,法院不予受理。复议前置案件,常见的是如下几类:

1. 纳税争议案件

根据《税收征收管理法》与《海关法》的规定,当事人就纳税问题与税务机关发生争议时,应当先申请复议,对复议决定不服的再提起行政诉讼。

注意这里的"纳税争议"范围是特定的,并非泛指所有有关税收的争议,而是特指围绕纳税问题展开的争议。何谓"纳税"争议,法律上所列举的种类十分复杂,可以概括为十二个字,即"交不交、谁来交、交多少、怎么算"。此外的其他税收争议,包括当事人对税务机关的处罚决定、强制执行措施或税收保全措施不服的,既可以申请复议,也可以直接提起行政诉讼。

▶ 例 18-17 某县地税局将个体户沈某的纳税由定额缴税变更为自行申报,并在认定沈某申报税额低于过去纳税额后,要求沈某缴纳相应税款、滞纳金,并处以罚款。沈某不服,对税务机关下列哪些行为可以直接向法院提起行政诉讼?

A. 由定额缴税变更为自行申报的决定   B. 要求缴纳税款的决定
C. 要求缴纳滞纳金的决定   D. 罚款决定

分析:结合上文分析可以发现,A 项属于"怎么算"的问题,B 项属于"交不交"的问题,均属纳税争议,需要复议前置。C 项属于税收强制执行,D 项属于税收处罚,可以直接起诉。

▶ **例 18-18** 李某购买中巴车从事个体客运,但未办理税务登记,且一直未缴纳税款。某县国税局要求李某限期缴纳税款 1500 元并决定罚款 1000 元。后因李某逾期未缴纳税款和罚款,该国税局将李某的中巴车扣押,李某不服。下列哪些说法是不正确的?

　　A. 对缴纳税款和罚款决定,李某应当先申请复议,再提起诉讼
　　B. 李某对上述三行为不服申请复议,应向某县国税局的上一级国税局申请
　　C. 对扣押行为不服,李某可以直接向法院提起诉讼
　　D. 该国税局扣押李某中巴车的措施,可以交由县交通局采取

　　分析:本案中国税局要求李某缴纳税款的争议属"纳税"争议,而罚款决定、扣押行为均属一般税收争议,两者性质不同。因此,需要复议前置的仅是缴纳税款,其他纠纷仍可在复议与诉讼之间自由选择。据此,A 项错误而 C 项正确。国税局属于垂直领导部门,复议机关只能是上一级国税局,B 项正确。行政强制措施只能由法定的机关实施,不得委托其他机关,因此 D 项错误。

　　2. 禁止或限制经营者集中的行为
　　根据《反垄断法》规定,不服反垄断执法机构禁止或限制经营者集中的行为,也需要先经复议之后才能诉讼。所谓经营者集中,主要是企业间的收购、并购行为,为了防止这些行为导致垄断,行政机关采取的禁止性或限制性措施,如果当事人对其不服,就属于复议前置的范畴。

　　3. 侵犯已经取得自然资源权利的确认性行为
　　根据《行政复议法》第 30 条第 1 款的规定,当事人认为行政机关的具体行政行为侵犯其已经依法取得的自然资源所有权或使用权的,应当先申请行政复议,对复议决定不服再提起行政诉讼。对于这一规定,最高法院又专门于 2003 年作出了司法解释,指出上述条款所规定的具体行政行为,必须是确认自然资源所有权或使用权的具体行政行为;而对于涉及自然资源权利的行政处罚、行政强制措施等其他行为提起行政诉讼的,无须复议前置。综合以上规定,可以归纳出对于这类案件,同时满足两个条件时就需要复议前置:第一,侵犯既得的自然资源权利;第二,被复议的行为确认了该自然资源权利。

▶ **例 18-19** 甲省乙市人民政府决定征用乙市某村全部土地用于建设,甲省人民政府作出了批准乙市在该村征用土地的批复。其后,乙市规划建设局授予丁公司拆迁许可证,决定拆除该村一组住户的房屋。一组住户不服,欲请求救济。下列哪一种说法不正确?

　　A. 住户对甲省人民政府征用土地的批复不服,应当先申请复议再提起诉讼

B. 住户可以对乙市人民政府征用补偿决定提起诉讼

C. 住户可以对乙市规划建设局授予丁公司拆迁许可证的行为提起诉讼

D. 住户可以请求甲省人民政府撤销乙市规划建设局授予丁公司拆迁许可证的行为

分析：本案中省政府的征地批复，可能侵犯某村的集体土地，但土地征用并不属于将集体土地确认归另一主体的行为，无需复议前置，故 A 项不正确。而乙市人民政府的征用补偿决定、乙市规划建设局授予丁公司拆迁许可证的行为都属于具体行政行为，住户既可以申请复议，也可以提起诉讼，BCD 三项的说法都是正确的。

▶ **例 18-20** 甲村与乙村相邻，甲村认为乙村侵犯了本村已取得的林地所有权，遂向省林业局申请裁决。省林业局裁决该林地所有权归乙村所有，甲村不服。按照《行政复议法》和《行政诉讼法》规定，关于甲村寻求救济的下列哪种说法是正确的？

A. 只能申请行政复议

B. 既可申请行政复议，也可提起行政诉讼

C. 必须先经过行政复议，才能够提起行政诉讼

D. 只能提起行政诉讼

分析：本案中省林业局的行政裁决行为实际上已将林地所有权确认归乙村所有，侵犯了甲村既得的林地所有权，应当复议前置，因此只有 C 项正确。

▶ **例 18-21** 段某拥有两块山场的山林权证。林改期间，王某认为该山场是自家的土改山，要求段某返还。经村委会协调，段某同意把部分山场给予王某，并签订了协议。事后，段某反悔，对协议提出异议。王某请镇政府调处，镇政府依王某提交的协议书复印件，向王某发放了山林权证。段某不服，向县政府申请复议，在县政府作出维持决定后向法院起诉。下列哪些说法是正确的？

A. 对镇政府的行为，段某不能直接向法院提起行政诉讼

B. 县政府为本案第三人

C. 如当事人未能提供协议书原件，法院不能以协议书复印件单独作为定案依据

D. 如段某与王某在诉讼中达成新的协议，可视为本案被诉具体行政行为发生改变

分析：镇政府对段某、王某山林权争议进行调处后向王某发放山林权证的行政裁决行为，确定了该山场的归属，侵犯了段某既得的山林权，需要复议前置，故 A 项正确。B 项的错误在于，根据修订后的《行政诉讼法》，行政复议维持时县政府作为复议机关应充当共同被告，不是作为第三人。无法与原件、原物核对的复制件或者复制品不得单独用于定案，C 项正确。D 项的错误在于，民事争议当事人之间就民事纠纷达成新的协议，需要经过行政机关书面认可，才构成行政裁决行为的改变。

三、复诉自由但复议终局

复诉自由但复议终局关系,也是行政诉讼与行政复议关系中的特例。其含义是:当事人如对特定行政争议不服,既可以提起行政诉讼,也可以申请行政复议,而一旦申请了行政复议,复议机关的决定就具有终局的效力,对该决定当事人不得再行提起诉讼。这只有一种情况,就是省部级单位对自身行为的复议决定。

根据《行政复议法》规定,当事人不服省部级行政机关具体行政行为时,其救济途径有两种:一是直接起诉,二是向原机关申请行政复议。如果当事人选择行政复议的,对其复议决定不服仍有两种选择:一是起诉,二是申请国务院作出裁决,在这里,国务院的裁决实际上就是一种二次复议决定,是"一事一议"原则的例外。当事人如果选择国务院裁决,则该裁决具有终局效力,不得再对其提起行政诉讼。这一规定的目的,是要避免国务院成为行政诉讼被告。因此,对省部级单位就自身行为作出的复议决定而言,其法律救济方式就属于复议(二次复议)与诉讼自由选择,但复议终局的关系。

▶ **例 18-22** 国务院某部对一企业作出罚款 50 万元的处罚。该企业不服,向该部申请行政复议。下列哪一说法是正确的?

A. 在行政复议中,不应对罚款决定的适当性进行审查
B. 企业委托代理人参加行政复议的,可以口头委托
C. 如在复议过程中企业撤回复议的,即不得再以同一事实和理由提出复议申请
D. 如企业对复议决定不服向国务院申请裁决,企业对国务院的裁决不服向法院起诉的,法院不予受理

分析:行政复议既审查合法性也审查适当性,A 项错误。申请人委托代理人应当采取书面形式,口头委托是无效的,B 项错误。申请人撤回复议申请后,如果能证明并非出于其本人真实的意思表示,仍可以同一事实和理由再行申请,C 项错误。对省部级单位行为不服经复议后再申请国务院裁决的,该裁决将具有终局效力,不得在提起行政诉讼,D 项正确。

四、复议前置且终局

复议前置且终局关系,是行政复议与行政诉讼关系中最为特殊的一种。在这种关系之下,当事人对特定行政争议不服时,只能先申请复议,而一旦申请复议,复议决定又产生终局效力,不得再对其提起行政诉讼。换言之,对于此类争议,当事人只有行政复议一种选择,不得提起行政诉讼。此类案件包括两种:

1. 特定情况下确认自然资源权利的行为

综合《行政诉讼法》和《行政复议法》的规定,不服行政机关确认自然资源权利的

行为,当事人需要先申请行政复议。在一般情况下,当事人不服复议决定仍可以继续提起诉讼。但在符合《行政复议法》第30条第2款规定的特殊情况下,如果经过了行政复议,复议决定就将是终局的。该条第2款的规定是:省级政府根据国务院或者省级政府对行政区划的勘定、调整或征用土地的决定,确认自然资源所有权或使用权的行政复议决定为最终裁决。这就意味着,这种情况下的复议终局要同时满足两个条件:(1)复议决定是省级政府作出的,如果是其他机关作出的,复议决定就不会终局;(2)复议决定作出的依据是国务院或省级政府勘定、调整行政区划或征用土地的决定,如果是以其他依据作出的复议决定,也不会产生终局的效力。

▶ **例 18-23** 某市A、B相邻两村就某一土地所有权发生争执,该地历史上归B村所有,最后两村申请市政府解决。市政府作出了确定争议土地归A村的决定,B村对此可以提起行政诉讼,也可以申请行政复议。假如B村选择向省政府申请复议,省政府根据几年前其作出的有关行政区划勘定的决定,改变了市政府的裁决,将争议的土地裁决给B村。此时,A村如果继续不服,可以如何寻求救济呢?

分析: 此案就符合《行政复议法》第30条第2款规定的情形,复议决定由省政府作出,作出的依据又是省政府自己勘定行政区划的决定。此时,省政府的复议决定就已经具有终局效力,足以排除司法救济。即使A村不服复议决定,也不能再提起行政诉讼了,当然更不可能申请第二次复议了。如果说还有什么救济渠道,在我国目前的制度背景下,那就是申诉和信访了。

2. 对外国人、境外人采取的出入境强制措施

根据我国2013年实施的《出境入境管理法》的规定,外国人、境外人对公安出入境管理机构实施的继续盘问、拘留审查、限制活动范围、遣送出境措施不服的,可以申请行政复议,该行政复议决定为最终决定。

▶ **例 18-24** 当事人对下列哪些事项既可以申请行政复议也可以提起行政诉讼?

A. 行政机关对民事纠纷的调解

B. 出入境边防检查机关对外国人采取的遣送出境措施

C. 是否征收反倾销税的决定

D. 税务机关作出的处罚决定

分析: 行政调解不是行政行为,既不能提起行政诉讼,也不能申请限制复议,A项错误。对外国人采取的遣送出境措施只能复议不能诉讼,B项错误。对于反倾销行政案件原来一度规定为复议终局,但我国加入WTO组织后,最高法院已经通过司法解释废除了原来的规定,现在既可以复议也可以诉讼,C项正确。税务处罚行为不属于"纳税争议",既可以复议也可以诉讼,D项正确。

思 维 拓 展

【示范案例】

重庆市垫江县桂溪镇松林村6社28户被拆迁户与重庆市政府行政纠纷案[①]

1999年9月15日，重庆市垫江县政府（以下简称垫江县政府）以垫府发（1999）112号文件下发了《垫江县征地补偿安置办法》及其《实施细则》，该安置办法规定任何单位和个人进行建设需要使用土地的，必须依法申请使用国有土地，同时对建设用地审查报批的程序和权限、征地的实施方案、征地的拆迁和补偿安置等作了一系列的规定。垫江县桂溪镇松林村6社28户被拆迁户属于该县建设桂西大道需征用的农村土地。在征地开发中，陈远全等人认为垫江县政府按垫府发（1999）112号文件征地、补偿、安置标准过低和安置办法不妥，向重庆市政府申请复议，请求对垫江县垫府发（1999）112号文件予以纠正。重庆市政府收到复议申请书后，作出渝府复函（2001）197号《不予受理行政复议申请通知书》，通知陈远全等人其复议申请不符合《行政复议法》规定的受案范围，根据《行政复议法》第17条第1款的规定，决定不予受理。陈远全等人对重庆市政府上述不予受理行政复议申请决定书不服，向重庆市高级法院提起行政诉讼，要求撤销重庆市政府渝府复函（2001）197号文，同时判令重庆市政府受理陈远全等人的复议申请。

重庆市高级法院经审理认为：重庆市政府收到陈远全等人2001年5月16日的复议申请书以后，按照法定职责，对其复议申请和同时提交的垫府发（2001）112号关于征地补偿安置办法的文件内容进行了审查，认为其复议申请不符合《行政复议法》规定的受案范围，即垫江县政府垫府发（2001）112号关于征地、补偿、安置办法的文件属于抽象行政行为。陈远全等人未就具体行政行为申请复议，而要求复议纠正垫府发（2001）112号文件，不符合《行政复议法》第7条关于在对具体行政行为申请行政复议时，可以一并向行政复议机关提出对该规定的审查申请的规定，重庆市政府决定不予受理陈远全等人的复议申请，事实清楚，证据确凿，适用法律正确，程序基本合法，依法应予维持。根据《行政诉讼法》第54条第1项的规定，判决维持重庆市政府渝府复函（2001）197号不予受理复议申请通知书；驳回陈远全等人的其他诉讼请求。

重庆市垫江县桂溪镇松林村6社28户被拆迁户不服一审判决向最高法院提起上诉，诉称：垫江县政府垫府发（1999）112号文是针对垫江县桂西大道建设征地而发的，该文不具有反复适用性，对上诉人是具体行政行为；根据《宪法》第27条和第41条的规定，对抽象行政行为应纳入复议受案范围；上诉人在申请复议时，同时提交了"改变安置地点申请书"，对此一审法院没有审查。

[①] 案例来源为：最高人民法院（2001）行终字第19号行政判决书。

行政法与行政诉讼法

重庆市政府辩称：垫江县政府垫府发(1999)112号《关于印发〈垫江县征地补偿安置办法〉的通知》是针对垫江县全县范围内的征地、拆迁、安置补偿制定的规范性文件，不是针对特定的行政相对人；垫府发(1999)112号通知具有反复适用性，凡涉及该县的征地、拆迁、补偿安置事项，均属该文件的调整范围。从该文件的效力看，对垫江县不同的单位和个人的征地、拆迁、补偿安置均反复适用。该通知对本案上诉人不直接产生执行力；本案上诉人申请复议的事项是抽象行政行为，不属行政复议受案范围，答辩人的不予受理决定是正确合法的。一审判决认定事实清楚，证据确凿，适用法律正确。请二审法院予以维持。

最高法院审理认为：垫江县政府根据《土地管理法》以及重庆市有关土地管理和征地补偿的规定，结合垫江县的实际情况，制定发布了《垫江县征地补偿安置办法》。该办法对垫江县有关征地的审批权限和程序、征地的实施方案、拆迁补偿的办法等作了具体规定，属于行政机关制定、发布的具有普通约束力的决定。根据《行政复议法》第2条、第6条和第7条的规定，公民、法人和其他组织认为行政机关作出的具体行政行为侵害其合法权益的，可以向行政机关申请行政复议。公民、法人和其他组织不能单独对行政法规、规章或者行政机关制定、发布的具有普遍约束力的决定、命令提出行政复议申请。上诉人提出抽象行政行为应纳入行政复议范围的主张缺乏法律依据。上诉人提出其在申请复议时，同时向重庆市政府提交了《改变安置地点申请书》，一审法院未予审查的理由，因未能提供相关的证据证明，被上诉人亦否认收到该申请书，故根据《行政诉讼法》第41条规定，该诉讼理由不能成立。一审判决认定事实清楚，适用法律正确，程序合法。最高法院根据《行政诉讼法》第61条第1项的规定，判决驳回上诉，维持原判。

法律问题：在本案中，《垫江县征地补偿安置办法》属于什么性质的行政行为，是否属于行政复议的受案范围？在行政复议中，有关对抽象行政行为附带审查的制度应当如何完善？

法理分析：本案所涉及的最主要问题是行政复议对抽象行政行为的审查，对抽象行政行为的审查是行政复议制度的一大特色，也是被讨论得比较多的一个制度。

本案中被复议的行为是重庆市垫江县政府以垫府发(1999)112号文件下发的《垫江县征地补偿安置办法》及其《实施细则》，其内容是规定了任何单位和个人进行建设需要使用土地的，必须依法申请使用国有土地，同时对建设用地审查报批的程序和权限、征地的实施方案、征地的拆迁和补偿安置等。申请人陈远全等人是垫江县桂溪镇松林村6社的28户被拆迁户，其土地属于该县建设桂西大道需征用的农村土地。陈远全等人认为垫江县政府按垫府发(1999)112号文件征地、补偿、安置标准过低和安置办法不妥，遂就垫府发(1999)112号文件向重庆市政府申请行政复议。

陈远全等人认为垫府发(1999)112号文件是一个具体行政行为，理由是垫江县政府垫府发(1999)112号文就是针对垫江县桂西大道建设征地而发的，该文不具有反复适用性。而被申请人垫江县政府则认为这是一个抽象行政行为，因为垫江县政府垫府发(1999)112号文件是针对垫江县全县范围内的征地、拆迁、安置补偿制定的规范性文件,不是针对特定的行政相对人;而且垫府发(1999)112号通知具有反复适用性,凡涉及该县的征地、拆迁、补偿安置事项,均属该文件的调整范围。从该文件的效力看,对垫江县不同的单位和个人的征地、拆迁、补偿安置均反复适用;该文件对本案申请人也不直接产生执行力。因此,本案申请人申请复议的事项是抽象行政行为,不属于行政复议的受案范围。从重庆市政府的行政复议决定、重庆市高院的一审判决、最高法院的二审判决来看,其对上述行为性质的认定结论也是一致的,都认为这是抽象行政行为,不属于行政复议的受案范围。

从垫府发(1999)112号文件的内容上看,该文件针对的对象确实不是特定对象,而是垫江县范围内所有可能发生的拆迁、补偿、安置行为的对象;该文件也不仅仅适用于桂西大道建设征地这一事件,而是在此后类似的事件中还能够反复多次适用。因此,这一行为无疑符合抽象行政行为的基本特征,复议机关和两审法院的判断都是正确的。即使我们抛开具体行政行为与抽象行政行为的区别,以被申请复议的行为是否确定地影响了当事人的权利义务为标准来衡量垫府发(1999)112号文件是否属于行政复议的受案范围,也无法得出肯定的结论。因为,垫府发(1999)112号文件并不是直接针对桂西大道建设征地一事的补偿和安置方案,其内容需要通过行政机关的执行形成一个针对此事的具体方案之后才会对当事人的权利义务发生确定的影响,就是必须转化为针对某一特定征地事件的具体补偿方案才会直接影响到被拆迁人的权益,而且在其他征地事件中还可以被反复适用。总之,垫府发(1999)112号文件是一个抽象行政行为,不属于行政复议直接审查的范围。

抽象行政行为虽然不属于行政复议直接审查的范围,但可以成为行政复议中附带审查的对象。在本案中,如果陈远全等人不是对垫府发(1999)112号文件直接申请行政复议,而是对一个具体行政行为先申请复议,比如对桂西大道建设征地建设项目的安置补偿方案申请复议,同时申请复议机关附带审查这个垫府发(1999)112号文件,就可以使该文件接收复议机关的审查。

对抽象行政行为的附带审查制度,在《行政复议法》上就已经建立起来了,但在十几年来的行政复议实践中,通过这一制度来否定某个抽象行政行为效力的案件却有如凤毛麟角。可以说,这个制度自其建立以来基本上都被悬在空中,并没有发挥出立法者当时所预期的作用。究其原因,主要包括如下几个方面:

第一,行政复议作为内部监督审查机制的性质极大地限制了这一机制作用的发挥。行政复议作为一种行政系统内部自我纠错的机制,一般来说是自上而下的。对于直接审查的具体行政行为来说,复议机关一般是被申请人的上级机关,对于下级机关的行为自然能够有效处理。而对于附带审查的抽象行为来说,复议机关未必是这个行为制定机关的上级,有的时候还可能是其下级。对于这样的行为,复议机关本身自然是无权处理的,即使转送给有权机关处理,也要冒着得罪该行为制定机关的风险,这恰恰是复议机关所极力避免的。如果这个行为的制定机关正好是复议机关的上级的话,复议机关更不可能去怀疑这个行为的效力。这就决定了,在很多情况下,即使被复议的具体行政行为的依据确实是违法的,复议机关也会尽量回避这一点,以避免给自己造成不利影响。

第二,附带审查还缺乏具体、完整的可操作的制度内容。与《行政复议法》及其《实施条例》对具体行政行为审理作出了详细、完整的规定不同,对抽象行政行为的附带审查目前只有几条原则性的规定,而有关具体制度内容基本上都是空白的。例如,对于被附带审查的抽象行政行为的合法性,应当由哪一方当事人来承担举证责任?复议机关应当根据什么标准来认定这个抽象行政行为的合法性和适当性?对于抽象行政行为的审查,各方当事人应当如何发表其意见?在以书面审理为主的行政复议制度中,是否应当允许各方当事人对此进行辩论?与这个抽象行政行为的内容存在利害关系的公民、法人或其他组织是否有权作为第三人来参加复议?如果可以的话,这个第三人的具体认定标准又是什么?等等。在这一系列的具体问题没有得到明确回答之前,指望各个复议机关自己建立规则来解决这些问题是不现实的。即使某些复议机关自己建立了一些这方面的规则,那也是极不统一的,根据这些规则对抽象行政行为附带审查之后作出的处理结果也必然是充满争议的。

第三,对抽象行政行为附带审查处理的效力还没有完全解决。尽管在原则上,我们知道对抽象行为附带审查的处理结果是具有普遍效力的。但由于抽象行政行为是可以反复适用的,对这些文件的效力作出的判断将不光影响到案件所审理的具体行政行为,也必将影响到根据该文件作出的每一个具体行政行为。如果这个抽象行为在行政复议中被撤销或者改变了,其效力会不会影响到根据其作出来的其他具体行政行为呢?如果有影响,那么这些行为的各方利害关系人的权益如何保障呢?如果其中有人对复议附带审查的处理结果不服的话,是不是可以另行提起争议寻求救济呢?这些问题都需要经过深入的研究和制度构建来回答。在这些问题得到解决之前,我们确实无法指望复议机关去大胆否定一个牵涉如此之广的抽象行政行为的效力。

【思考案例】

李七香等诉江西省兴国县政府土地行政许可复议决定案①

2006年2月,李七香、肖苏向兴国县杰村乡杰村村委会提出申请,同月向兴国县杰村乡政府提出书面申请,申请在本人老屋左侧建房。杰村乡政府派出干部到实地踏看后,通知李七香、肖苏领取申请表,并按申请表中的顺序逐栏、逐级签字。村民小组长肖林发于2006年3月17日在村民小组意见栏中签字内容为"在无纠纷情况下,同意建造"。但杰村村委会以存在纠纷为由不同意在村委会意见栏中签署意见,也未召开村民会议。据此,杰村乡政府口头通知李七香、肖苏,对其宅基地申请不予审核。李

---

① 案例来源为:江西省赣州市中级人民法院(2007)赣中行终字第24号行政判决书。

七香、肖苏于2006年6月向兴国县政府申请行政复议,后者于2006年9月20日作出兴府复字(2006)5号行政复议决定书:杰村乡政府未按法定形式履行职责,决定责令被申请人在10天以内作出书面答复。复议期间,李七香、肖苏曾书面申请追加杰村村委会为行政复议第三人,兴国县政府未予采纳。李七香、肖苏收到兴国县政府的行政复议决定书后,仍不服,向兴国县法院提起行政诉讼。兴国县法院于2006年10月18日受理,并通知杰村乡政府、杰村村委会为第三人,但审理过程中通知杰村村委会退出诉讼。另查明,杰村乡政府收到兴府复字(2006)5号行政复议决定书后,于2006年9月29日作出杰政行字(2006)01号行政决定书,对李七香、肖苏的建房申请不予审核。

兴国县法院审理认为:兴国县政府的行政复议决定以兴国县杰村乡政府未按法定形式履行职责,决定责令被申请人在10天以内作出书面答复,符合法律规定,并无不当,且该决定没有涉及原告的实体利益,故争议双方关于村委会的意见是否应该认定为行政许可前置条件的争议,本案中可以不予审理。据此,依照《行政诉讼法》第54条第1款第1项之规定,判决维持兴国县政府的行政复议决定。

李七香、肖苏不服上诉,要求撤销原审法院判决和撤销兴府复字(2006)5号行政复议决定书,并责令县政府重新作出全面的行政复议决定,理由是县政府作出的兴府复字[2006]5号行政复议决定书违法;对建房申请村委会拒绝签署任何意见和乡政府口头通知不予审核违法。因为:第一,上诉人的建房申请符合条件。第二,乡政府口头通知不予审核,实质上是不受理建房申请。第三,建房申请依法无需经过村民小组同意和村委会审查,乡政府应当直接受理和进行审核,并作出同意意见报县政府批准。第四,如果执行兴国县政府[2003]58号文件的第6条以及《江西省实施〈中华人民共和国土地管理法〉办法》第40条规定,村委会就是本案行政复议的被申请人。第五,即使执行兴国县政府[2003]58号文件的第6条以及《江西省实施〈中华人民共和国土地管理法〉办法》第40条规定,杰村乡政府和杰村村委会也应当对建房申请给出同意意见。

二审法院审理认为,根据《行政诉讼法》第13条规定,对地方政府的具体行政行为不服的,向上一级政府申请行政复议。因此,被上诉人兴国县政府受理上诉人李七香、肖苏的行政复议申请是依法履行法定职责的行为。上诉人申请复议的目的,是不服杰村乡政府的口头答复,并要求其作出书面决定。兴国县政府受理上诉人的复议申请后,经审查已依法作出复议决定,即要求杰村乡政府作出书面审核意见。兴国县政府的复议决定实质上已支持了上诉人的申请,上诉人申请行政复议机关追加杰村村委会为被申请人的主张,由于村委会不是一级政府,其请求事项已超出行政复议机关的复议范围,县政府经审查不追加杰村村委会为被申请人是符合法定权限及其职能要求,因而是合法的。上诉人诉请撤销该复议决定书无事实和法律根据,其上诉理由不成立,本院不予支持。依照《行政诉讼法》第61条第1项之规定,判决驳回上诉,维持原判。

法律问题：在本案中，杰村村委会是否属于法律、法规、规章授权的组织？在本案的行政复议和行政诉讼中，杰村村委会是否应当作为第三人参加？

【学术探讨】

近年来，为了提高行政复议的公正性和有效性，我国各地方政府开始了以建立"行政复议委员会"为核心的复议体制改革。复议委员会有几种模式：一种以哈尔滨为代表，将市一级的复议权集中到了复议委员会，由复议委员会拟定复议决定内容之后，以各法定复议机关（包括市政府自己作为复议机关和案件，以及下属各部门作为复议机关的案件）的名义盖章对外作出，这实际上剥夺了市政府下属各部门的复议权。一种以上海为代表，将重大疑难案件交给复议委员会合议审理，复议委员会的审理意见对复议机关具有约束力，复议机关原则上应当根据该审理意见作出复议决定。还有一种以北京为代表，也是将重大疑难案件交给复议委员会合议审理，但复议委员会的审理意见对复议机关没有强制的约束力，仅供复议机关作出复议决定时参考。你认为上述哪一种行政复议委员会的设置模式更好，更值得在全国范围内推广？

第十九章

行政赔偿

思维导图

行政赔偿
- 构成要件
  - 主体要件
  - 行为要件
  - 结果要件
  - 因果要件
  - 法律要件
- 归责原则
  - 《国家赔偿法》修订前的归责原则
  - 《国家赔偿法》修订后的归责原则
- 赔偿的范围
  - 请求人资格的确定
  - 请求权行使的时效
- 赔偿请求人
- 赔偿义务机关
  - 共同行政侵权案件
  - 侵权机关被撤销的案件
  - 复议加重案件
  - 上下级交办案件
  - 非诉执行案件
- 赔偿程序
  - 具体行政行为侵权的赔偿程序
  - 行政事实行为侵权的赔偿程序
  - 行政追偿程序
- 赔偿的方式和计算
  - 侵害人身自由权的赔偿方式和计算
  - 侵害生命健康权的赔偿方式和计算
  - 侵害财产权的赔偿方式和计算
  - 精神损害的赔偿方式
  - 国家赔偿金的支付

国家赔偿法,是调整因国家权力的违法行使而引起的国家责任的法,分为行政赔偿与司法赔偿两部分,后者又以刑事赔偿为重点。其中,行政赔偿指的是因行政主体违法行使职权的行为造成公民、法人或其他组织合法权益损害而引起的赔偿责任。尽管我国采取行政赔偿和司法赔偿合并立法的模式,但行政赔偿是国家赔偿的典型形态,也是国家赔偿一般理论的来源。大多数行政赔偿中的理论和制度,在整个国家赔偿的语境下也是适用的。因此,我们在这一章既介绍国家赔偿中的共同问题,包括国家赔偿责任的构成要件、国家赔偿的归责原则、国家赔偿的方式和计算等,也介绍有关行政赔偿的专门制度,包括赔偿范围、赔偿请求人、赔偿义务机关和赔偿程序等。

第一节　国家赔偿的构成要件

国家赔偿构成要件,就是要求国家承担赔偿责任的全部必要条件,包括主体、行为、结果、因果、法律五项,缺一不可,其中尤以行为与因果两个要件,需要重点掌握。从总体上看,国家赔偿责任的这些构成要件是比较严格的,这就使得国家赔偿被限制在比较小的一个范围之内,和民事侵权上"有损害必有赔偿"的原则有比较大的差距。但这种情况也不是我国所独有的,在那些国家赔偿和民事赔偿分立的国家,国家赔偿的范围或多或少地总是小于民事赔偿的范围。

一、主体要件

所谓国家赔偿,必须是因国家侵权行为所引起的赔偿责任,而国家的行为必须通过一定的机关来实施。国家机关包括国家权力机关(各级人大及其常委会)、国家元首、行政机关、司法机关、军事机关,这些机关所实施的行为都有可能侵犯公民、法人或其他组织的合法权益。但并非所有国家机关实施的行为造成的侵害都能够获得国家赔偿,按照《国家赔偿法》的规定,只有行使国家行政权与司法权的机关和组织所实施的行为,才有可能引起国家赔偿。行使国家行政权的主体就是行政主体,包括行政机关与获得行政授权的机构、组织;行使国家司法权的主体包括法院、检察院以及实施刑事侦查活动的公安、国安、监狱管理等机关。

▶ **例 19-1**　2005 年 4 月 5 日,县交通局执法人员甲在整顿客运市场秩序的执法活动中,滥用职权致使乘坐在非法营运车辆上的孕妇乙重伤,检察机关对甲提起公诉。为保障自己的合法权益,乙的下列哪种做法是正确的?

　　A. 提起刑事附带民事诉讼,要求甲承担民事赔偿责任
　　B. 提起行政赔偿诉讼,要求甲所在行政机关承担国家赔偿责任
　　C. 提起刑事附带行政赔偿诉讼,要求甲所在行政机关承担国家赔偿责任
　　D. 提起刑事附带民事诉讼,要求甲及其所在的行政机关承担民事赔偿责任

分析:本案较为简单,题意已明确交代甲的行为是职务行为,则侵权主体(也即赔

偿主体)是机关而非个人,也绝非个人与机关共同赔偿(在国家赔偿中绝无此种情况)。而C项的所谓"刑事附带行政赔偿诉讼"是杜撰的。因此,依据常识可知只有B项是正确的。

二、行为要件

引起国家赔偿的行为,称为国家侵权行为。确定某一行为是否为国家侵权行为,可以通过它是否具备职权性、权力性、执行性三个特征来判断。

1. 职权性

职权性要件,意味着只有国家机关及其工作人员实施与其职权有关的行为,方能引起国家赔偿,如公务人员实施与其职权无关的行为,则属民事侵权,只能引起民事赔偿。对职权性的判断,可以通过行为实施的时间、空间、名义、目的等因素来综合考虑。

2. 权力性

权力性特征,意味着只有国家机关及其工作人员运用权力实施的行为,方能引起国家赔偿,国家通过非权力方式实现其职能的行为,即使给当事人带来了实际损失,也不能引起国家赔偿。如行政机关通过指导、劝说、宣传等方式实施的行政指导行为就不能引起赔偿责任;类似地,行政机关以民事主体身份进行的小额采购也不能引起国家赔偿。

3. 执行性

执行性特征,意味着只有国家机关及其工作人员针对具体对象与具体事项实施的行为,方能引起国家赔偿。如果是针对不特定对象实施的行为,如立法行为、抽象行政行为等,虽然给当事人造成损害,也不能引起国家赔偿。

三、结果要件

结果要件指的是国家机关及其工作人员的行为必须造成了公民、法人或其他组织合法权益上的损害。能够获得国家赔偿的权益是十分有限的,应当符合几个条件:(1)属于合法权益。(2)属于人身权或财产权。(3)属于直接损失,因国家侵权行为而引起的必然的、现实的损失,对于可得利益、预期利益损失不予赔偿。(4)原则上属于物质损害,对于精神损害一般不予赔偿,只有因人身损害伴随精神损害的才给予一定赔偿。

四、因果要件

因果要件,指的是国家侵权行为与当事人所遭受的损害之间必须具有一定程度的因果联系,国家才对此承担赔偿责任。至于国家侵权行为与损害结果之间应当具有何种程度的因果联系,则学术上存在多种学说,各家观点很不统一,争论较大。无论各种观点之间的分歧如何,但有一点是我们可以肯定的,那就是,国家侵权行为只是造成当事人损害结果的必要条件。也就是说，有了国家机关及其工作人员所实施的这种行为，未必就一定造成当事人的损害，即侵权行为不一定是损害结果的充分条件。但是，如果没有国家侵权行为，则当事人的损害结果必定不会发生，即国家侵权行为应当是损害结果的必要条件。如果没有这种行为，当事人仍然遭受了同样损害的话，那这个时候，我们就不能说行为与结果之间构成了有效的因果关系。当然，仅仅是构成必要条件这一点，还不足以认定这种因果关系，还需要进一步考虑国家侵权行为与其他条件之间的关系。具体一点讲，我们可以按照以下四种规则，来认定国家赔偿的因果要件是否存在：

第一，如果国家机关及其工作人员实施了某种侵害行为，这种侵害行为无须与其他条件结合，就可以单独引起当事人的损害。这种情况下，侵害行为与损害结果之间显然构成有效因果关系。例如，工商局干部胡某在执法过程中与某商户陈某发生争吵，胡某随手操起一根粗铁棍直接猛击陈某的头部，结果造成陈某当场死亡。在这种情况下，我们发现，胡某的行为无须结合其他任何条件，完全可以单独导致损害结果的发生，此时两者构成因果关系。又如，公安机关将当事人关进拘留所，造成当事人人身自由受到限制七天的损害结果，这也属于侵害行为能够单独导致损害结果的情况，两者当然存在因果关系。

第二，如果仅有国家机关及其工作人员实施的某种侵害行为，并不能单独造成当事人的损害，还需要与其他条件相结合方能产生这一结果。但是，此时侵权人明知这种其他条件已经存在，或者明知这种条件目前虽不存在但此后必然会出现的，这种情况下，侵害行为与损害结果之间也构成有效因果关系。例如，某公安局民警周某和刘某在审讯案件的过程中，为了戏弄已经被刑事拘留的盲人何某，就命令何某在某个一米多高的台阶前面向前直走过去，结果造成何某从台阶摔下，当场死亡。在这个案件中，仅有两位民警命令何某在台阶前向前直走的行为，尚不足以造成何某死亡的损害结果，因为如果何某是一个正常人的话必定会在台阶前闪避，即使没有闪避也会因为预先有所判断而避免摔伤。只有结合上何某是一位盲人这一条件，两名警察的行为才足以造成损害结果的出现，但是对于何某是盲人这一条件，两人自然是明知其存在的。因此，此案中两名警察的行为已经符合国家赔偿的因果要件。

第三，如果仅有国家机关及其工作人员实施的某种侵害行为，并不能单独造成当事人的损害，而需要与其他条件相结合方能产生这一结果，而且此时侵权人并不知道其他条件的存在或者并未预知这一条件必将出现。但是，在一个理性的第三人看来，这种条件的存在或者出现是完全可能的，是正常的。那么，在这种情况下，侵害行为与损害结果之间仍然构成有效因果关系。例如，某城管局执法人员李某为了驱逐一条街道上的小摊小贩，开着城管局的汽车在路上撵着一水果摊摊主高某的人力三轮车。高某见状十分惊恐，拼命踩着自己的三轮车企图逃脱李某的追赶，此时前方突然出现一辆货车，高某为了紧急避让不得不马上转向让自己的三轮车撞向路边，结果三轮车被毁，高某撞成重伤。在这个案子里，城管局执法人员李某所实施的驾车驱赶高某的行为,显然并不能单独造成高某重伤这一结果,而必须与此后出现的一系列情况相结合。而且对于货车的出现、高某的紧急避让等情况,李某也不能预料到这些情况的必然出现。但是,在一个正常的理性人看来,包括在道路上出现一辆货车的情况,以及高某在紧急情况下避让货车的情况,这些情况的发生都是完全可能的,都是正常的,是可以合理想象的,因此并不属于意外事件。因此,在此案中,李某驾车驱赶高某的行为与高某重伤的损害结果之间,仍然构成有效的国家赔偿因果关系。

第四,如果仅有国家机关及其工作人员实施的某种侵害行为,并不能单独造成当事人的损害,而需要与其他条件相结合方能产生这一结果,而且在一个理性人看来,这种其他条件的出现是完全无法预见的,其发生的概率也很小。那么在这种情况下,侵害行为与损害结果之间就不构成有效的因果关系。例如,某派出所民警赵某与钱某二人在白天对犯罪嫌疑人汪某进行了刑讯逼供,晚上用手铐将汪某一人铐在办公室的长凳上。汪某因为害怕第二天还将遭到二人拷打,就拼命弄断了长凳挣脱出来,并跳窗逃跑,但手上仍然戴着手铐。当汪某跑到河边时,由于害怕戴着手铐被人认出,就不敢从桥上过去。因当时正值枯水期河水较浅,汪某就决定涉水过河,没想到这条河中的沙石因为长期被人抽取用于建筑房屋,在水底形成许多暗流与旋涡,汪某不幸被卷入旋涡身亡。在这个案件里,两位民警对汪某实施的刑讯逼供等行为当然不足以造成汪某死亡,还需结合汪某逃跑、涉水过河、水底存在旋涡等条件,而这些条件的同时发生与存在,在一个正常的理性人看来,发生的概率确实极低,纯属偶然事件而已。因此,两位民警的行为与汪某的死亡并不存在因果关系。

▶ **例 19-2** 某区公安分局因追赃将甲厂的机器设备连同其产品、工具等物品一并扣押,经评估价值 10 万元。甲厂雇人看管扣押的设备等物品,共花费 900 元。后市公安局通过复议决定撤销区公安分局的扣押决定,区公安分局将全部扣押物品退还甲厂。甲厂将所退物品运回厂内安装,自付运输、装卸费 800 元。甲厂提出国家赔偿请求。依据国家赔偿法的规定,下列哪些损失应予赔偿?

    A. 5000 元的购买设备贷款利息

    B. 设备被扣押期间 2 万元的企业利润损失

    C. 800 元的运输、装卸费

    D. 900 元的看管费

分析:CD 两项均属直接财产损失。B 项也很简单,可得利益是间接损失,不在国家赔偿之列。要注意的是 A 项,该项不属于赔偿范围,这并不是说贷款利息不属于国家赔偿范围,而是因为案中贷款利息的发生与公安局的侵权行为之间不存在因果关系。因为,即使本案不存在公安机关的侵权行为,甲厂既然向银行贷了款,无论如何都要支付这笔利息。

五、法律要件

如果一个案件完全符合上述的主体要件、行为要件、结果要件、因果要件,但无法找到有效的法律依据的话,仍然不能引起国家赔偿。国家赔偿责任的构成,还需要以现实中存在明确的法律依据——也就是需要法律条文上的列举的赔偿范围作为条件,这就是国家赔偿责任的法律要件。法律要件的存在,进一步缩小了国家赔偿的范围。

第二节 国家赔偿的归责原则

国家赔偿的归责原则,指的是国家对公民、法人或其他组织承担赔偿责任的理由,或者说是国家给予赔偿的一种内在正当性。国家赔偿最初脱胎于民事赔偿,而我们知道,民事赔偿的最基本归责原则是过错责任。但是,国家赔偿是不可能直接适用一般的过错责任的,因为过错——无论是故意或者过失,指的都是一种主观状态——但国家或者某个国家机关实施侵权行为时的主观状态是很难被探究的。如果直接适用一般的过错责任,受害人势必很难证明这种过错的存在,因为很难有效获得赔偿。因此,立法上的基本思路是要将这种过错客观化,即通过某一个客观的、可操作的标准来判断过错是否存在。在民事赔偿中,这种客观化的过错一般指的是所谓一般第三人的注意义务,而在国家赔偿中,这种客观过错的最佳标准就是法律。因为,在一个法治国家,国家机关的行为都要受到法律严密的规范。如果国家机关违反了法律的规定,我们就可以推定其行为存在某种过错,如果这种行为还给公民、法人或其他组织的利益造成了损失,就应当承担赔偿责任,这就是违法归责原则。可以说,违法归责和过错归责在本质上是相同的,实际上是一种最彻底的客观化的过错归责。我国的国家赔偿制度从建立时起,就采取了这种违法归责原则。

一、《国家赔偿法》修订前的归责原则

1994年颁布、1995年实施的原《国家赔偿法》第2条规定:"国家机关和国家机关工作人员违法行使职权侵犯公民、法人和其他组织的合法权益造成损害的,受害人有依照本法取得国家赔偿的权利。"其第9条第1款规定:"赔偿义务机关对依法确认有本法第3条、第4条规定的情形之一的,应当给予赔偿。"第20条第1、2款规定:"赔偿义务机关对依法确认有本法第15条、第16条规定的情形之一的,应当给予赔偿。赔偿请求人要求确认有本法第15条、第16条规定情形之一的,被要求的机关不予确认的,赔偿请求人有权申诉。"通过这些规定可以发现,1994年《国家赔偿法》实行的是单一的、严格的违法归责原则。首先,所有的国家侵权行为都应当是"违法行使职权"的行为,其他归责原则没有适用的余地。其次,侵权行为的违法性还要通过一些程序来专门加以确认。在行政赔偿中,赔偿请求人可以通过普通的行政诉讼与行政复议程序将侵权的具体行政行为确认违法,也可以在赔偿义务机关的先行处理程序中将其确认

违法;对于行政事实行为,则只能在先行处理程序中来确认违法。在司法赔偿中,侵权行为要么是通过司法程序中的其他行为一并确认违法,如通过不批捕决定确认拘留决定违法,通过无罪判决确认逮捕决定违法,通过撤案决定确认拘留和逮捕违法,等等;要么是通过专门程序来确认违法,为此,法院系统、检察院系统都建立了自己的司法侵权违法确认制度。

这种单一的、严格的违法归责原则存在着十分严重的弊端,这些弊端在《国家赔偿法》实施后不久很快就显现了出来,至少包括:

第一,部分国家侵权行为根本无法按照违法归责原则来认定。这主要表现在刑事赔偿领域,在刑事诉讼中,很多错案的形成与司法机关是否存在违法行为并不一定存在必然联系,有时候仅仅是由于证据出现变化,或者在刑事诉讼的不同阶段证明标准有所差别而造成的。如果一定要与司法机关的违法行为来挂钩,势必导致很多刑事错案的受害人最后无法获得赔偿。即使按照1994年《国家赔偿法》,违法归责原则也不能覆盖全部应予赔偿的具体情形。例如,按照1994年《国家赔偿法》第15条第3项的规定:"行使侦查、检察、审判、监狱管理职权的机关及其工作人员在行使职权时有下列侵犯人身权情形之一的,受害人有取得赔偿的权利:……(3)依照审判监督程序再审改判无罪,原判刑罚已经执行的……"在这里,就没有要求原来已经被执行的有罪判决必须是违法作出的。在司法实践中,有可能存在这样的情况,按照原审时法院掌握的证据依法应当判处当事人刑罚,后来因为出现了新的证据,将当事人改判无罪。在这种情况下,原审判决并不违法,但如果因此而不予当事人赔偿,无疑是极不公正的。可见,即使是1994年《国家赔偿法》,其总则上规定的违法归责原则也无法在该法中完全适用。

第二,实践中对违法归责原则的理解和操作过于狭窄,导致很多应当赔偿的国家侵权行为无法获得赔偿。对于1994年《国家赔偿法》上的违法归责原则,行政机关和司法机关在大多数情况下都倾向于做尽可能狭义的解释,将"违法"的含义局限于违反具体的法律规范这个层面上,从而将其他情形都排除了出去。尽管学术界在努力扩大"违法"二字的内涵,认为违法行为包括作为形态的违法和不作为形态的违法,违法的形态包括违反法律规范、违反法律原则、行为明显不当、未尽合理注意等,而违法的"法"包括程序法和实体法,包括宪法、法律、法规、规章等各个层次的法律规范,等等。但是,由于立法上规定了一个严格的违法确认程序,在这个专门的程序中,上述相对宽泛的违法认定标准与这些确认程序中所具体规定的标准往往是不相符合的。在这些确认程序当中,法院、行政复议机关或其他司法机关都不可能抛开具体条文的拘束,采纳理论界提出的相对宽泛的违法认定标准来自由裁量。这就使得在实践中得到认定从而能够获得国家赔偿的侵权行为始终被局限在一个很小的范围内,成为国家赔偿法长期不能发挥应有权利救济功能的一个根本原因。

第三,违法确认程序的存在大大提高了请求人请求赔偿的门槛。按照1994年《国家赔偿法》,将侵权行为确认违法是受害人获得赔偿的一个根本前提,未经确认违法的行为当事人不得请求赔偿。这种规定,等于给赔偿程序的启动设置了一道"门槛",进一步加大了受害人寻求赔偿的难度。在行政赔偿中,如果侵权行为是一个具体行政行为的话,确认违法的问题还比较好解决。因为,对于违法的具体行政行为,我国已经建立了相对成熟、运行多年的行政诉讼与行政复议制度。而且,受害人可以通过行政诉讼和行政复议程序在将侵权行为确认违法的同时一并请求赔偿,并没有从实质上加重其程序性的负担。但是,如果侵权行为是一个行政事实行为的话,确认违法就要困难得多。因为,对于行政事实行为受害人必须通过赔偿义务机关的先行处理程序来确认违法,而要求一个行政机关承认自己的行为违法并给予赔偿无疑是极其困难的。尽管按照有关司法解释,当事人在赔偿义务机关拒绝确认违法的情况下,仍然可以向法院提起单独的行政赔偿诉讼,但这已经明显地加大了受害人求偿的难度了。这个问题在司法赔偿中更加严重,因为大量的司法侵权行为是无法在其他司法程序当中一并确认违法,而是要通过专门的确认程序来认定的。而这些行为单独确认违法的第一步,也是要求赔偿义务机关自我确认,很多时候这无异于与虎谋皮。

二、《国家赔偿法》修订后的归责原则

《国家赔偿法》在2010年进行了修订[①],修订的《国家赔偿法》在归责原则的问题上有了显著的进步,主要表现在这样几个方面:一是在总则的归责原则条款中删除了"违法"二字,在第2条规定:"国家机关和国家机关工作人员行使职权,有本法规定的侵犯公民、法人和其他组织合法权益的情形,造成损害的,受害人有依照本法取得国家赔偿的权利。"二是废除了国家赔偿的违法确认程序,降低了求偿的门槛。三是主要在司法赔偿领域引入了结果归责原则。

首先,这些修改使得对违法归责原则中的"违法"进行广义的扩大理解成为可能。尽管在《国家赔偿法》删去了归责原则条款中的"违法"二字之后,在关于赔偿范围的规定中仍有多处使用了"违法"的字样,对违法归责有"抽象否定、具体肯定"之嫌。但是,2010年修订的《国家赔偿法》废除了违法确认程序。这样一来,即使赔偿的决定机关需要以"违法"作为其作出赔偿决定的一个条件,也不会再受到确认程序中各种严苛条件的限制,而是可以比较自主地判断侵权行为是否构成违法,这就为对"违法"的扩大理解提供了一种可能。无论是在《国家赔偿法》修订前还是修订后,学术界一贯主张在违法归责原则没有被正式修改之前,对于这里"违法"二字的含义应当做尽可能宽泛的理解,而在该法修订之后,这种理解在实践中正被越来越多的人所接受。一般认为,广义的"违法"至少包括如下四个层次。一是违反法律规范,这是违法行为的典型形态;二是违反法律原则,在没有具体法律规范时,违反法律的基本原则也是违法行为;三是行为明显不当,十分明显、严重不当(不合理)的行为等同于违法行为;四是未尽合理注意,在没有其他依据可供判断的情况下,可以一般人的必要注意义务为标

---

① 《国家赔偿法》2012年第二次修正,仅涉及第19条,不涉及此内容。

准,国家机关及其工作人员未尽合理注意义务造成私人损害的视同违法。基于以上任何一种形态的违法行为损害私益时,构成国家赔偿责任。为什么这种广义的违法归责相对于狭义的、局限于违反具体法律规范的理解更具价值呢?我们可以来看一个案例:

▶ **例 19-3** 某日晚上,王某酒后在某酒店酗酒闹事,砸碎店里玻璃数块。此时某区公安分局太平派出所民警任某、赵某执勤路过酒店,任某等人欲将王某带回派出所处理,王某不从,民警欲采取强制措施将其强制带回派出所,与任某发生推搡。双方在扭推过程中,王某被推倒,头撞在水泥地上,当时失去知觉,送往医院途中死亡,后被鉴定为颅内出血死亡。此后,王某之父申请国家赔偿。

分析:在这个案件中,我们发现,民警将酗酒闹事的王某带回派出所处理完全是一个合法的行为,遭到王某抗拒之后,民警采取强制措施欲将其强制带回调查也是合法的。但是,由于双方扭打推搡导致王某失足摔死,说明民警在这一过程中没有尽到必要的注意义务,是有责任的。如果适用狭义理解的违法归责原则,民警的行为显然没有违法,王某之父不能获得国家赔偿。但这显然是不公平的。只有对违法归责原则做广义的扩大理解,将未尽合理注意义务的行为视为违法的行为,才能确定公安机关在此案中的赔偿责任。当然,本案中当事人王某自己也存在过错,但这种过错只能减轻公安机关的赔偿责任,而不能免除这种责任。

与违法行为相对应,国家的合法行为可能导致国家补偿责任,这里的"合法行为"指的是国家基于公共利益的需要,合法限制一定范围公民权利的行为。在现代社会,公民的某些权利(特别是财产性权利)是受到一定限制的,这种限制就包括在特殊情况下出于重大的、迫切的公益的需要,应国家的要求作出一定的牺牲、忍让和付出。由于付出这种牺牲的私人只占全部人的极小比例,人们称之为"特别牺牲",出于公平负担的原则,国家应当给其一定的补偿。

▶ **例 19-4** 李某租用一商店经营服装。某区公安分局公安人员驾驶警车追捕时,为躲闪其他车辆,不慎将李某服装厅的橱窗玻璃及模特衣物撞坏。事后,公安分局与李某协商赔偿不成,李某请求国家赔偿。下列哪些说法是错误的?

A. 公安分局应作为赔偿义务机关,因为李某曾与其协商赔偿

B. 公安分局不应作为赔偿义务机关,因该公安人员行为属于与行使职权无关的个人行为

C. 公安分局不应作为赔偿义务机关,因为该公安人员的行为不是违法行使职权,应按行政补偿解决

D. 公安分局应作为赔偿义务机关,因为该公安人员的行为属于与行使职权有关的行为

分析:案中的公安人员对李某服装店财产造成的损失,实质是牺牲了李某的这部

分财产权来实现追捕逃犯的公共利益,符合国家补偿责任的属性。公安机关对李某承担的应该是国家补偿责任而不是国家赔偿责任,因此只有 C 项的说法正确。

其次,《国家赔偿法》对结果归责原则的引入扩大了司法赔偿的范围,大大降低了司法赔偿中受害人求偿的门槛。一方面,修改后的《国家赔偿法》明确将结果归责适用于刑事赔偿中的错捕、错判两类情形。所谓错捕,指的是对公民采取逮捕措施后,决定撤销案件、不起诉或判决宣告无罪终止追究刑事责任的情况,总之就是逮捕后无罪的情况;所谓错判,指的是再审改判无罪,原判刑罚已经执行的情况。在这些情况下,只要出现当事人"无罪"这一结果,不管此前的刑事诉讼活动有无违法,国家均应承担赔偿责任。另一方面,对于因监所暴力而导致死亡或严重伤害引入了有条件的结果归责。这种情况与结果归责类似,但赔偿责任的构成增加了一个条件,指的是公民被限制人身自由期间(包括行政拘留、行政强制措施、刑事拘留、逮捕、自由刑等)死亡或丧失行为能力时,国家就应对其承担赔偿责任。但是,赔偿义务机关可以通过证明其行为与当事人的死亡或丧失行为能力不存在因果关系而免责。

第三节　行政赔偿的范围

行政赔偿的范围,完全是国家赔偿责任构成要件在行政侵权领域的反映,基本上不存在特殊规定。《国家赔偿法》第 3 条、第 4 条详细列举了行政赔偿的具体事项,概括起来无非就是说,只有造成人身自由权、生命权、健康权、财产权损害的情况下,才能获得国家赔偿。同时结合《国家赔偿法》第 35 条的规定,公民人身权受到损害的同时伴有精神损害的,还应当为受害人消除影响,恢复名誉,赔礼道歉,造成严重后果的还应支付相应的精神损害抚慰金。

根据侵权赔偿的一般原理,对于行政机关工作人员个人行为造成的侵权损害、当事人自己行为导致的损害、第三人行为导致的损害、不可抗力导致的损害,国家都不承担赔偿责任。

第四节　行政赔偿请求人

行政赔偿请求人是行政赔偿法律关系中的权利人一方,需要掌握如下几点:

一、请求人资格的确定

行政赔偿请求人资格,包括本来的请求人资格与经转移的请求人资格。

谁受到了国家侵权行为的侵害,谁就有资格要求国家赔偿。

当受害的公民死亡,或受害的法人和其他组织终止时,就产生了请求人资格转移的问题。

受害的公民死亡的,其继承人、其他有扶养关系的亲属以及死者生前抚养的无劳动能力人有权替代死者要求国家赔偿。注意在公民死亡时,其国家赔偿请求人资格的转移与行政诉讼原告资格的转移有所不同。在行政诉讼中,当本来具有原告资格的公民死亡时,有权替代死者提起诉讼的是其近亲属和其他具有扶养、赡养关系的亲属。

受害的法人或其他组织终止,其权利承受人替代其要求国家赔偿。但是,企业法人或其他组织被行政机关撤销、变更、兼并、注销,即从形式上消灭主体资格之后,认为其经营自主权受到侵害的,原企业法人或其他组织,或对其享有权利的法人和其他组织仍然是国家赔偿请求人,可以依法提起行政赔偿诉讼,此时请求人资格没有发生转移。

二、请求权行使的时效

国家赔偿请求人请求国家赔偿的时间有期限上的限制,这就是国家赔偿的请求时效。

第一,一般时效。一般为2年,自受害人知道或应当知道国家机关及其工作人员的行为侵犯其权利之日起计算,但被限制人身自由期间扣除。赔偿请求人在请求时效的最后6个月内,因不可抗力或其他障碍不能行使请求权的,时效中止。从中止时效的原因消除之日起恢复计算。

第二,特殊时效。受害人如果通过行政复议或行政诉讼一并提出赔偿请求的,适用行政复议、行政诉讼的有关时效。行政复议即为复议申请期限,一般是60天;行政诉讼即为起诉时限,一般是6个月。

第五节　行政赔偿义务机关

行政赔偿义务机关的确定与行政诉讼被告的确定十分接近。根据确定行政主体的一般原理,我们知道,一个独立的行政机关或一个获得行政授权的组织都具有行政主体资格,对于自己实施的行政侵权行为应当承担赔偿责任。而在行政委托关系中,接受行政委托的行政机关、行政机构、社会组织以及公民个人都不具备行政主体资格,对于它们实施的行政侵权行为,应当由委托的行政主体承担赔偿责任。注意几种特殊情况:

一、共同行政侵权的赔偿义务机关

两个以上行政主体共同行使行政职权侵权时,共同作为赔偿义务机关,承担连带责任。请求人可以向共同赔偿义务机关中的一个或几个要求支付赔偿金额的全部或一部,接到要求的赔偿义务机关应当按其要求支付,支付后再与其他赔偿义务机关分割份额。

在共同行政侵权的情况下,赔偿请求人提起行政赔偿诉讼的,共同赔偿义务机关原则上应当作为共同被告。但如果请求人仅将其中一个或数个侵权机关列为被告的,法院就必须按照其诉讼请求的性质来确定被告。如果原告的诉讼请求属于可分之诉,如要求支付赔偿金,则只将原告所列的一个或数个侵权机关作为被告即可;如果原告的诉讼请求是不可分之诉,如要求返还原物、恢复原状等,则法院应当依法追加其他侵权机关作为共同被告。

二、侵权机关被撤销时的赔偿义务机关

实施侵权行为的机关被撤销的,继续行使其职权的行政机关替代其作为赔偿义务机关;如果没有继续行使其职权的行政机关,由撤销原侵权机关的行政机关替代其作为赔偿义务机关。这与实施具体行政行为的机关被撤销时,行政诉讼被告与行政复议被申请人的确定完全一致。

三、复议加重时的赔偿义务机关

尽管《行政复议法实施条例》规定,复议机关在申请人的请求范围内,不得作出对申请人更为不利的复议决定,即复议不得加重损害。但在实践中,复议加重当事人损害的情况时有发生。在这种情况下复议机关与作出原具体行政行为的机关应当就其侵权行为造成的损害分别负责,不承担连带责任。作出原行为的机关对其造成的损害负责,复议机关就其加重的损害负责。

对于复议加重的案件,如果赔偿请求人提起行政赔偿诉讼的,其被告的确定与普通行政诉讼有所不同,并不必然以复议机关作为被告。如果请求人只起诉了作出原行为的机关,则以原机关作为被告,但原告的诉讼请求不得超过其赔偿范围;如果请求人只起诉了复议机关,则以复议机关作为被告,但原告的诉讼请求也不得超过其赔偿范围;如果请求人同时起诉了两个机关,则两个机关都作为被告,但法院应当判决两被告分别承担其各自的赔偿责任。可见这种情况下行政赔偿诉讼的被告与普通行政诉讼的被告不完全相同。如果在复议加重损害的情况下,当事人提起普通行政诉讼,被诉行为只能是复议决定,被告只能是复议机关,作出原行为的机关不作为被告。

四、上下级交办案件的赔偿义务机关

在某些情况下,上下级行政机关之间存在着所谓的"交办"任务,如地方政府向其派出机关交办任务。如果下级机关在执行交办任务时造成了行政侵权,则赔偿义务机关的确定应当按照行政委托关系处理,将"交办"定性为行政委托,由委托的交办机关作为赔偿义务机关。

当然,在这种情况下,接受交办任务的下级行政机关也有自己的独立职权,也具备行政主体资格,如果该机关是在行使自身职权时造成行政侵权,应以该机关自己作为赔偿义务机关。

五、非诉执行案件的赔偿义务机关

行政机关申请法院强制执行其具体行政行为,最终造成被执行人合法权益损害时,其赔偿义务机关的确定也值得注意。此时,首先必须辨别侵权行为的性质,如果是法院及其工作人员在执行过程中违法造成侵权的,属于民事、行政司法赔偿的范畴,应当由负责执行的法院作为赔偿义务机关。如果法院的执行行为没有错误,但是其据以执行的根据,即被执行的具体行政行为存在错误的,则以申请执行的行政机关,也就是该具体行政行为的作出者作为赔偿义务机关。

第六节 行政赔偿程序

行政赔偿的程序,指的是行政赔偿请求人依法获取赔偿,赔偿义务机关或其他法定机关办理行政赔偿案件所遵循的方式、步骤与顺序。行政赔偿程序,按照侵权行为性质的不同(具体行政行为侵权或行政事实行为侵权)而有所不同。

一、具体行政行为侵权的赔偿程序

如果侵权行为是具体行政行为,受害人请求赔偿有三种途径:

(一) 普通行政诉讼与行政复议程序

受害人如果不服具体行政行为提起普通的行政诉讼或行政复议,同时认为该行为造成了侵权,就可以一并提出行政赔偿的请求,由法院作出赔偿判决,或由复议机关作出赔偿决定。

通过普通行政诉讼与行政复议程序一并解决行政赔偿问题,是最为便捷的一种方式,其具体制度在本书前文行政诉讼法、行政复议法中已有详述,不赘。这种程序的缺点在于,它只能解决具体行政行为所导致的侵权赔偿问题,不适用于行政事实行为侵权,因为后者不属于行政诉讼或行政复议的受案范围。

(二) 赔偿义务机关先行处理程序

此即赔偿义务机关自己对赔偿事务进行处理的程序。对于一个侵权的具体行政行为,如果受害人未曾提起行政诉讼或申请行政复议,或在行政诉讼、行政复议中没有提出赔偿请求,都可以直接向赔偿义务机关提出申请,由其自己处理。

(1) 申请。受害人要求赔偿应当递交申请书,书写申请书确有困难的可以委托他人代书,也可以口头申请后由赔偿义务机关记入笔录。

(2) 受理。赔偿请求人当面递交申请书的,赔偿义务机关应当场出具加盖本行政机关专用印章并注明收讫日期的书面凭证。申请材料不齐全的,赔偿义务机关应当场或在5日内一次性告知赔偿请求人需要补正的全部内容。

(3) 审理和决定。赔偿义务机关应当自收到申请之日起2个月内作出是否赔偿的决定。赔偿义务机关作出赔偿决定,可以与赔偿请求人就赔偿方式、赔偿项目、赔偿数额进行协商。

（4）送达。赔偿义务机关决定（不予）赔偿，应制作书面决定并在10日内送达赔偿请求人。

先行处理程序，既适用于具体行政行为侵权，也适用于行政事实行为侵权的处理。

（三）单独提起的行政赔偿诉讼程序

单独提起的行政赔偿诉讼之所以称为"单独"，是因为在这种诉讼中，法院只就行政赔偿问题作出判决，而不对侵权行为的合法性作出判决，这是它与普通行政诉讼的根本区别。

受害人通过先行处理程序向赔偿义务机关请求赔偿后，如果赔偿义务机关在规定期限内没有作出决定，或者受害人对其赔偿决定不服，都可以再向法院单独提起行政赔偿诉讼。关于单独提起的行政赔偿诉讼，其基本制度与普通行政诉讼类似，但某些问题存在区别。对此需要掌握：

（1）受案范围。单独提起的行政赔偿诉讼，除了可以受理具体行政行为所造成的侵权赔偿案件之外，还可以受理因侵犯生命权、健康权、财产权的行政事实行为所引起的赔偿案件以及行政终局裁决行为中的赔偿问题。

（2）管辖法院。单独提起的行政赔偿诉讼，在级别管辖上与普通行政诉讼相同，在地域管辖上也类似，但有一点不同。就是对于行政机关基于同一事实对同一当事人，既限制其人身自由，又对其财产采取强制措施的案件，单独提起行政赔偿诉讼的，可以由被告住所地、原告住所地或不动产所在地法院（如果涉案财产是不动产的话）管辖。而在普通行政诉讼中，这种案件应当由被告所在地或原告所在地法院管辖。

（3）起诉期限。如果赔偿义务机关在先行处理程序中作出了赔偿决定，受害人不服的应当在其决定作出之日起3个月内，提起单独的行政赔偿诉讼。如果赔偿义务机关在先行处理程序中没有作出赔偿决定，受害人应当从赔偿义务机关处理期限（2个月）届满之日起3个月内，提起单独的行政赔偿诉讼。

▶ **例 19-5** 甲县人民政府在强行拆除乙厂未经批准建造的房屋时，未及时通知乙厂，也未制作物品清单，房屋内的物品被毁损。该强制拆除行为后因违反法定程序被法院判决确认违法。2002年12月，乙厂被工商部门吊销营业执照，2003年4月乙厂的企业法人登记被注销。2003年1月乙厂向法院提起行政诉讼，要求甲县人民政府赔偿建房投入和物品损失。下列哪些说法是不正确的？

  A. 乙厂具有原告资格
  B. 乙厂提起行政赔偿诉讼的时效为自该强制拆除行为被确认违法之日起两年
  C. 因乙厂被拆房屋为违法建筑，乙厂的请求不成立
  D. 因甲县人民政府的拆除行为只存在程序违法，乙厂的请求不成立

分析：乙厂的企业法人登记虽然被注销，但其诉讼原告资格和赔偿请求权并没有被消灭，因此A项正确。乙厂被拆房屋虽然为违法建筑，但行政机关的强制拆除行为

也存在程序违法情形,程序违法和实体违法一样,都需要承担赔偿责任,因此 CD 两项错误。本案的关键还在 B 项,乙厂提起行政赔偿诉讼,是单独提起的(因为此前的一个诉讼已经对强制拆除行为的违法性作出了判决),故其起诉时限是自赔偿义务机关先行处理期限届满之日起 3 个月,或赔偿义务机关作出赔偿决定之日起 3 个月,而不是强制拆除行为被确认违法之日起两年,因此 B 项错误。

(4) 审理程序。法院审理行政赔偿案件,包括一并提起的与单独提起的行政赔偿诉讼,都可以在合法、自愿的前提下就赔偿范围、赔偿方式和赔偿数额进行调解。而法院审理普通的行政诉讼案件不得适用调解。

(5) 举证责任。无论是在一并提起的还是单独提起的行政赔偿诉讼中,原告都应当对自己的主张承担举证责任,但被告有权提供不予赔偿或减少赔偿数额方面的证据。赔偿义务机关采取行政拘留或限制人身自由的强制措施期间,当事人死亡或丧失行为能力的,赔偿义务机关的行为与被限制人身自由的人的死亡或丧失行为能力是否存在因果关系,由赔偿义务机关证明。

(6) 执行问题。当事人申请法院强制执行生效的行政赔偿判决、裁定或调解协议,其申请期限公民为 1 年,法人或其他组织为 6 个月。而在普通行政诉讼中,当事人申请法院强制执行生效裁判,其申请期限公民为 1 年,法人或其他组织则为 180 天。

▶ **例 19-6**　关于行政赔偿诉讼,下列哪些说法是正确的?
　　A. 当事人在提起行政诉讼的同时一并提出行政赔偿请求,法院应分别立案
　　B. 除特殊情形外,法院单独受理的一审行政赔偿案件的审理期限为三个月
　　C. 如复议决定加重损害,赔偿请求人只对复议机关提出行政赔偿诉讼的,复议机关为被告
　　D. 提起行政诉讼时一并提出行政赔偿请求的,可以在提起诉讼后至法院一审判决前提出

分析:当事人提起行政诉讼一并要求赔偿的,法院应当按照行政诉讼和行政赔偿诉讼分别立案,可以一并审理,也可分别审理,因此 A 项正确。行政赔偿诉讼的审理期限与普通行政诉讼相同,现在一般应为 6 个月,B 项错误。复议决定加重损害时,复议机关与原机关承担按份责任,请求人如只对复议机关提出赔偿请求,只以复议机关为被告,C 项正确。一并提出的赔偿请求,应当在起诉后至一审庭审结束前提出,D 项错误。

▶ **例 19-7**　某区规划局以一公司未经批准擅自搭建地面工棚为由,限期自行拆除。该公司逾期未拆除。根据规划局的请求,区政府组织人员将违法建筑拆除,并将拆下的钢板作为建筑垃圾运走。如该公司申请国家赔偿,下列哪些说法是正确的?
　　A. 可以向区规划局提出赔偿请求
　　B. 区政府为赔偿义务机关

C. 申请国家赔偿之前应先申请确认运走钢板的行为违法
D. 应当对自己的主张提供证据

分析：本案行政侵权行为的实施虽然经过区规划局请求，但其实施机关仍然是区政府，并非区规划局实施，区政府是赔偿义务机关，当事人应该向区政府提出赔偿请求，因此 A 项错误而 B 项正确。又因国家赔偿的确认违法程序已经被废除了，C 项错误。赔偿案件的举证原则是"谁主张、谁举证"，D 项正确。

二、行政事实行为侵权的赔偿程序

行政侵权行为，除具体行政行为之外，还包括行政事实行为，但并非所有的行政事实行为都纳入了赔偿范围。根据《国家赔偿法》的规定，只有侵犯生命权、健康权、财产权的事实行为可以获得行政赔偿。对此类行为造成的损害，受害人可以通过以下途径寻求赔偿：

（一）赔偿义务机关先行处理程序

行政事实行为不属于行政诉讼或行政复议的受案范围，无法通过这些程序一并提出赔偿请求，只能直接向赔偿义务机关申请赔偿，由其先行处理。行政事实行为的先行处理程序，与具体行政行为侵权的先行处理程序是相同的。

（二）单独提起的行政赔偿诉讼程序

受害人通过先行处理程序向赔偿义务机关请求赔偿后，如果赔偿义务机关在规定期限内没有作出决定，或受害人对其赔偿决定不服，都可以向法院单独提起行政赔偿诉讼。单独提起的行政赔偿诉讼，在审理具体行政行为侵权和审理行政事实行为侵权方面，也是相同的。

需要说明的是，无论是具体行政行为还是行政事实行为，在单独提起行政赔偿诉讼之前都必须经过赔偿义务机关的先行处理。如果赔偿义务机关在先行处理程序中拒不承认其行为侵权的，应当在单独提起的行政赔偿诉讼中，由法院在判决理由中一并确认其侵权。

▶ **例 19-9** 兴汇有限公司申报进口人工草坪，某海关征收关税和代征增值税后放行。后某海关发现兴汇有限公司进口人工草坪税则归类错误导致税率差异，遂又向兴汇有限公司补征关税和代征增值税近 5 万元。兴汇有限公司以第一次征税行为违法致使其未能将税款纳入成本造成损失为由要求某海关赔偿，在遭拒绝后，兴汇有限公司遂向法院提起行政赔偿诉讼。下列说法正确的是什么？

A. 此案为涉外行政案件
B. 因兴汇有限公司提起诉讼，补征税款的决定停止执行
C. 兴汇有限公司的起诉符合单独提起行政赔偿诉讼的程序要求
D. 兴汇有限公司应当对所遭受的损失承担举证责任

分析：本案当事人不是外国公司，因此并非涉外案件，A 项错误。海关有直接行政

强制执行权,其行为被诉期间原则上不停止执行,B项错误。海关错误计算税率是典型的行政事实行为(因为此行为不包含行政主体的意思表示),侵犯的是当事人的财产权,兴汇公司要求赔偿遭拒绝后,是可以单独提起行政赔偿诉讼的,C项正确。原告提出赔偿请求时对损害事实负有举证责任,D项正确。对C项需要特别说明。按照旧《国家赔偿法》,只有行政事实行为在赔偿义务机关拒绝确认违法之后,才可以向法院单独提起行政赔偿诉讼;具体行政行为只有确认违法之后才能单独提起行政赔偿诉讼。而修订后的《国家赔偿法》废除了国家赔偿的确认违法程序,因此,无论是具体行政行为还是行政事实行为,只要经过了先行处理程序,都可以单独向法院提起行政赔偿诉讼,由法院在判决理由中一并确认行政机关侵权。

三、行政追偿程序

国家追偿,指的是国家在向赔偿请求人支付了赔偿费用之后,依法责令在国家侵权行为中具有故意或重大过失或有其他违法情形的工作人员、受委托组织和个人承担全部或部分赔偿费用的制度。国家追偿分为行政追偿与司法追偿,对行政追偿掌握以下几点:

第一,追偿前提,只有在赔偿义务机关承担了赔偿责任,向请求人支付赔偿费用之后,才可以向有关责任者追偿。

第二,追偿人,由赔偿义务机关代表国家行使追偿权,多个行政主体作为共同赔偿义务机关的,不能共同行使追偿权,应当各自向自己所属的工作人员追偿。

第三,被追偿人,被追偿人是在侵权行为中主观上具有故意或重大过失的工作人员或受委托的组织与个人,两个以上工作人员共同实施侵权行为的,应当承担连带责任。

第四,追偿额度,追偿人可以根据被追偿人的过错程度,决定追偿部分或全部赔偿费用,但追偿额度不得超过赔偿费用的总额。

第五,附带处理措施。对于具有故意或重大过失的责任人员,在进行行政追偿的同时,有关机关应当依法给予行政处分,构成犯罪的应当依法追究刑事责任。

第七节 国家赔偿的方式和计算

国家赔偿的方式指的是国家对其侵权行为承担赔偿责任的各种形式。在赔偿方式及其计算的问题上,行政赔偿和司法赔偿是完全相同的,因此我们在这里加以统一介绍。由于在大多数情况下,国家赔偿都适用金钱赔偿的方式,因此又涉及对赔偿金额的计算标准。根据当事人在国家侵权行为中所遭受损害的权利类型的不同,国家赔偿的方式也有所不同。

一、侵害人身自由权的赔偿方式和计算

侵害人身自由权的行为包括行政拘留、行政强制措施、非法拘禁、刑事拘留、逮捕、人身自由刑等。侵犯公民人身自由，应赔偿受害人的误工费，每日的误工费按照国家上年度职工日平均工资计算。注意"国家上年度职工日平均工资"的计算基准：第一，"上年度"指的是有权机关作出最终确定不变的赔偿决定当年的上一年，如果前一赔偿决定被后一决定机关所维持的，则以被维持的赔偿决定作出的时间为准，总之，哪一个赔偿决定作出后再也没有变动过，就以它作出当年的上一年为计算基准。第二，"日平均"指的是按照国家统计局公布的职工年平均工资除以全年工作日的总数所得。

▶ **例 19-10** 2001年5月李某被某县公安局刑事拘留，后某县检察院以证据不足退回该局补充侦查，2002年11月李某被取保候审。2004年，县公安局撤销案件。次年3月，李某提出国家赔偿申请。县公安局于2005年12月作出给予李某赔偿的决定书。李某以赔偿数额过低为由，于2006年先后向市公安局和市法院赔偿委员会提出复议和申请，二者均作出维持决定。对李某被限制人身自由的赔偿金，应按照下列哪个年度的国家职工日平均工资计算？

A. 2002年度　　　B. 2003年度　　　C. 2004年度　　　D. 2005年度

分析：本案中作出最终不变的赔偿决定在2005年（2006年是维持原来的决定），其上年度便是2004年，因此正确的是C项。

二、侵害生命健康权的赔偿方式和计算

侵害公民生命健康权的行为，就是造成公民死亡或伤害的国家赔偿案件，按照下列方式计算赔偿金：

第一，造成公民身体伤害的，应当支付医疗费、护理费与误工费。每日的误工费按照国家上年度职工日平均工资计算，但受到最高额的限制，最高额为国家上年度职工年平均工资的5倍。

第二，造成公民部分或全部丧失劳动能力的，应当支付医疗费护理费、残疾生活辅助具费、康复费、继续治疗费与残疾赔偿金。残疾赔偿金根据丧失劳动能力的程度，按照国家规定的伤残等级确定，最高不超过国家上年度职工年平均工资的20倍。造成全部丧失劳动能力的，对其扶养的无劳动能力的人还应当支付生活费。生活费的发放标准，参照当地最低生活保障标准执行。被扶养的人是未成年人的，其生活费给付至18周岁止；被扶养人是其他无劳动能力的人，其生活费给付至死亡时止。

第三，造成公民死亡的，应当支付死亡赔偿金与丧葬费。死亡赔偿金与丧葬费的总额为国家上年度职工年平均工资的20倍。对死者生前扶养的无劳动能力的人，也应当支付生活费，生活费的计算标准与造成公民完全丧失劳动能力的情况相同。

▶ **例 19-11** 廖某在监狱服刑,因监狱管理人员放纵被同室服刑人员殴打,致一条腿伤残。廖某经 6 个月治疗,部分丧失劳动能力,申请国家赔偿。下列属于国家赔偿范围的是什么?

  A. 医疗费
  B. 残疾生活辅助具费
  C. 残疾赔偿金
  D. 廖某扶养的无劳动能力人的生活费

  分析: 上述选项属于部分残疾赔偿内容的包括医疗费、残疾生活辅助具费、残疾赔偿金,故 ABC 三项正确。D 项属于受害人完全残疾或死亡的赔偿金,而本案是部分残疾,故错误。

  这里还有一个问题需要进一步分析,那就是国家侵权行为造成公民生命健康权损害时,其赔偿方式与数额之间是否存在吸收关系的问题。我们知道,国家侵权行为对公民生命健康权的损害,按照程度轻重不同分为造成身体伤害、导致劳动能力丧失、造成公民死亡三种情况,而这些情况是完全可能从轻到重发生转化的。

▶ **例 19-12** 某行政机关工作人员使用暴力殴打公民谢某导致其脑部重伤,谢某遂住院治疗半年后出院,花去医疗费若干。出院后不久谢某病情复发导致残疾,完全丧失劳动能力,经进一步治疗未能痊愈,又花去医疗费若干,不久谢某病情加重,不治身亡。此时,应当如何计算谢某的赔偿金呢?是否可以将造成谢某身体伤害、完全丧失劳动能力、造成死亡三部分的赔偿金直接相加呢?还是应当由死亡赔偿金吸收残疾赔偿金与身体伤害赔偿金,以损害较重的赔偿吸收损害较轻的赔偿,最后只支付对谢某死亡的赔偿金呢?

  分析: 应当说,本案的上述三种赔偿金当中,有的是可以相互吸收的,有的则不能,我们应当按照不同赔偿金的用途与性质来加以判断。首先,误工费以及残疾赔偿金、死亡赔偿金,它们所赔偿的都是公民因暂时、或部分、或永久丧失劳动能力而造成的损失,这些赔偿金是可以相互吸收的,既然案件中的谢某已经死亡,则最后支付其死亡赔偿金即可,无须再行支付误工费与残疾赔偿金。其次,医疗费是赔偿公民因身体伤害而支付的医疗费用,实际开销多少就应赔偿多少,不存在相互吸收的问题,因此对本案中谢某两度开销的医疗费,国家都应给予赔偿。最后,丧葬费是赔偿公民死亡后因安葬而需要花费的金钱,也不存在与其他费用相互吸收的问题,因此本案中对谢某的丧葬费仍然应当支付。所以,在此案中,国家应当赔偿谢某的丧葬费、全部医疗费与死亡赔偿金。

三、侵害财产权的赔偿方式和计算

  国家侵权行为造成公民、法人和其他组织财产权损害的,按照以下方式赔偿:

第一，能够返还财产的应当返还财产。其中，金钱损害如罚款、罚金、征收金钱、摊派费用等，由于金钱属于种类物，必定能够返还；其他财产能够返还的也必须返还，如因财物灭失而不能返还的，应当给付相应的赔偿金。返还金钱的，应当支付银行同期存款利息。

第二，能够恢复原状的应当恢复原状。所谓"恢复原状"，包括恢复物理原状与恢复法律原状，恢复物理原状指的是将形状、功能已经发生变化的财物修复还原，恢复法律原状指的是将被查封、扣押、冻结的财产，解除查封、扣押、冻结。如果财产的原状无法恢复的，如因财物毁损无法复原，或财物虽未毁损但恢复其原状成本较高的，应当给付相应的赔偿金。解除冻结的，应当支付银行同期存款利息。

第三，财产已经拍卖或者变卖的，给付拍卖或者变卖所得的价款；变卖的价款明显低于财产价值的，应当支付相应的赔偿金。

第四，处以行为罚的应当赔偿停业期间必要的经常性费用开支。即行政机关违法吊销许可证和执照、责令停产停业的，应当赔偿其停产停业期间必要的经常性费用开支。必要的经常性费用开支，指的是当事人被迫停止营业后，为了维持生存或为了维持企业正常存在而必须付出的费用，如水电费、租金、职工工资、应缴税费等。对于受害人因停业造成的营业损失，不予赔偿。

此外，国家侵权行为对财产权造成其他损害的，应当按照直接损失给予赔偿。所谓直接损失，指的是当事人因受国家侵权行为的影响，所不可避免的、必然遭受的损失，不包括其可得利益、期待利益的损失。

▶ **例19-13** 某县工商局以某厂擅自使用专利申请号用于产品包装广告进行宣传、销售为由，向某厂发出扣押封存该厂胶片带成品通知书。该厂不服，向法院起诉要求撤销某县工商局的扣押财物通知书，并提出下列赔偿要求：返还扣押财物、赔偿该厂不能履行合同损失100万元、该厂名誉损失和因扣押财物造成该厂停产损失100万元。后法院认定某县工商局的扣押通知书违法，该厂提出的下列何种请求事项不属于国家赔偿的范围？

A. 返还扣押财物 B. 某厂不能履行合同损失100万元
C. 某厂名誉损失 D. 某厂停产损失100万元

分析：分析本案的关键在于认定四个选项中所列损失哪些是直接损失。不难判断，符合条件的只有A项的返还财物。B项是可得利益的损失，不赔。而C项与人身损害无关，不属应当赔偿的精神利益（详见下文"精神损害的赔偿方式"）。对D项要特别注意国家赔偿上的停产停业损失，必须是因吊销许可证和执照、责令停产停业而导致的，本案却并非如此，故不赔。

▶ **例19-14** 张某租用农贸市场一门面从事经营。因赵某提出该门面属于他而引起争议，工商局扣缴张某的营业执照，致使张某停业2个月之久。张某在工商局返还营业执照后，提出赔偿请求。下列属于国家赔偿范围的是什么？

A. 门面租赁费 B. 食品过期不能出售造成的损失
C. 张某无法经营的经济损失 D. 停业期间张某依法缴纳的税费

分析：因扣缴营业执照造成损失的应当赔偿停业期间必要的经常性费用开支，即AD两项。而BC两项是间接损失，不予赔偿。

▶ **例19-15** 张某是持有合法运输矿石手续的个体户，一日经过某矿务局检查站时被认定所运货物与其所持手续不符，汽车与矿石被押。某矿务局决定没收全部矿石，罚款500元。张某缴纳罚款后，检查站迟迟未归还张某车辆，汽车遭到损坏。某矿务局的行为后被法院确认违法，张某提出国家赔偿。关于赔偿范围和方式，下列哪些说法是正确的？

A. 返还没收的矿石
B. 返还500元罚款
C. 赔偿张某汽车被扣押期间的营业收入
D. 修理被损坏的汽车

分析：AB两项的返还财产和D项的恢复原状都是最基本的财产损害赔偿方式，都是正确的。而C项的营业收入属于间接损失，不予赔偿。

四、精神损害的赔偿方式

国家机关对公民造成人身损害并致人精神损害的，应当在侵权行为影响的范围内为受害人消除影响，恢复名誉，赔礼道歉；造成严重后果的还应支付相应的精神损害抚慰金。国家侵权行为如单独造成公民精神损害，或因损害财产而一并造成公民精神损害的，均不予赔偿。

▶ **例19-16** 下列哪些国家侵权行为不适用消除影响、恢复名誉、赔礼道歉的责任方式？

A. 公安人员盘问过程中殴打刘某
B. 海关违法扣留张某5小时
C. 法院以转移被查封财产为由错误拘留陈某15日
D. 镇政府公布本镇有不良嗜好人员名单

分析：国家机关对公民造成人身损害并致人精神损害的，才可能适用消除影响，恢复名誉，赔礼道歉的责任方式，ABC三项均有人身损害，D项没有。因此D项不能适用消除影响、恢复名誉、赔礼道歉的责任方式。

▶ **例19-17** 某县人口与计划生育局认定段某非法为他人施行计划生育手术，以办"学习班"名义将段某关押5日。之后，该局以涉嫌非法进行节育手术罪将段某移交某县公安局处理，段某被刑事拘留15日。段某被释放后，请求国家赔偿。下列哪一说法是正确的？

A. 某县人口与计划生育局和某县公安局为共同赔偿义务机关

B. 对段某关押5日的每日赔偿金应按照国家上年度职工日平均工资计算

C. 对段某刑事拘留属错误拘留，应为段某消除影响和给予精神损害抚慰金

D. 就段某对某县人口与计划生育局和某县公安局提出的赔偿请求，应适用行政赔偿程序立案受理

分析：人口与计划生育局对段某的非法拘禁属行政赔偿，公安局对段某的刑事拘留属刑事赔偿，两者性质不同，应当分别适用行政赔偿程序和刑事赔偿程序，分别承担赔偿责任，故AD两项皆错误。B项关于赔偿金计算标准的表述是正确的。对于C项，段某虽因人身自由被限制导致名誉损害，但其赔偿方式不一定包括给予精神损害抚慰金（是否造成严重后果题中没有交代），故错误。

▶ **例19-18** 2006年9月7日，县法院以销售伪劣产品罪判处杨某有期徒刑8年，并处罚金45万元，没收其推土机一台。杨某不服上诉，12月6日，市中级法院维持原判交付执行。杨某仍不服，向省高级法院提出申诉。2010年9月9日，省高级法院宣告杨某无罪释放。2011年4月，杨某申请国家赔偿。关于本案的赔偿范围和标准，下列哪些说法是正确的？

A. 对杨某被羁押，每日赔偿金按国家上年度职工日平均工资计算

B. 返还45万罚金并支付银行同期存款利息

C. 如被没收推土机已被拍卖的，应给付拍卖所得的价款及相应的赔偿金

D. 本案不存在支付精神损害抚慰金的问题

分析：A项关于公民被羁押期间的误工费计算方式、B项关于返还金钱并支付存款利息的计算方式都是正确的。C项错误，原因在于给付拍卖所得无需增加赔偿金。D项错误，原因在于本案有限制人身自由导致的精神损害，存在支付精神损害抚慰金的可能性。

▶ **例19-19** 某法院以杜某逾期未履行偿债判决为由，先将其房屋查封，后裁定将房屋过户以抵债。杜某认为强制执行超过申请数额而申请国家赔偿，要求赔偿房屋过户损失30万元，查封造成屋内财产毁损和丢失5000元，误工损失2000元，以及精神损失费1万元。下列哪一事项属于国家赔偿范围？

A. 2000元　　　　B. 5000元　　　　C. 1万元　　　　D. 30万元

分析：A项的误工损失2000元并非因限制人身自由或造成身体伤害所致，不赔。B项的查封造成屋内财产毁损和丢失5000元属于直接损失，应赔。C项的精神损失费1万元并非人身伤害所伴随引起，不赔。D项的房屋过户损失30万不会全部赔偿，只应赔偿执行超过申请数额的部分。因此只有B项正确。

五、国家赔偿金的支付

赔偿请求人凭生效的判决书、复议决定书、赔偿决定书或者调解书,向赔偿义务机关申请支付赔偿金。赔偿义务机关应当自收到支付赔偿金申请之日起7日内向财政部门提出支付申请,财政部门应当自收到支付申请之日起15日内支付赔偿金。

思 维 拓 展

【示范案例】

唐慧起诉永州市劳教委行政赔偿案①

2006年10月,唐慧11岁的女儿乐乐失踪。3个月后,唐慧在湖南省永州市一间娱乐场所找到了她,发现乐乐遭到多人强奸,并被逼卖淫达3个月。唐慧认为当地个别民警存在渎职行为,请求法院判处伤害她女儿的犯罪嫌疑人死刑,并对渎职民警严肃处理。在随后的6年时间里,唐慧踏上了上访之路。2012年6月5日,湖南省高级法院对"永州11岁幼女被逼卖淫案"作出终审裁定:判处两名被告死刑,四名被告无期徒刑,一名被告有期徒刑15年。

但两个月后的2012年8月2日,永州市劳教委认为,唐慧扰乱社会秩序多次,被行政处罚后仍不悔改,继续无理取闹、闹访、缠访,严重扰乱了单位秩序和社会秩序,决定对其劳动教养1年零6个月。唐慧被劳教,引发了社会的关注,质疑声指向永州市劳教委。唐慧本人也不服永州市劳教委的劳教决定,于2012年8月7日向湖南省劳教委提出书面复议申请。8月10日,湖南省劳教委决定撤销永州市劳教委对唐慧的劳教决定。11月5日,唐慧向永州市劳教委提交《国家赔偿申请书》,要求永州市劳教委赔偿侵犯人身自由的赔偿金1463.85元,同时要求永州市劳教委向她进行书面赔礼道歉,并支付精神损害抚慰金1000元。

2013年1月5日,永州市劳教委作出"行政赔偿决定书",表示湖南省劳教委撤销劳教的理由"不是基于劳动教养决定的违法性,而是出于人文关怀",所以不予国家赔偿。1月22日,唐慧正式对永州市劳教委提起行政诉讼,请求法院支持其在《国家赔偿申请书》列举的要求。1月28日,永州市中院正式受理了唐慧对永州市劳教委的起诉。

2013年4月12日,唐慧起诉永州市劳教委案正式开庭。原告方唐慧及其代理律师出庭;被告方永州市劳教委法定代表人蒋建湘未出席庭审,而是其办公室主任罗功

---

① 案例来源为:《唐慧败诉了,她还要上诉》,载《春城晚报》2013年4月13日;温如军、池海波:《唐慧胜诉,获赔2641.15元》,载《法制晚报》2013年7月15日。

军作为委托代理人出庭。

原告律师斯伟江认为,唐慧作为"遭轮奸并被逼卖淫的一个11岁小女孩"的母亲,通过上访要求追究一些违法分子的法律责任,依法维权,天经地义。国家本身就有《信访条例》,唐慧在上访过程中,即使有拦车、发传单等行为,也完全合法。但永州市劳教委则指出,有充分的事实依据证明唐慧扰乱社会秩序多次,被行政处罚后仍不悔改,继续无理取闹、闹访、缠访,严重扰乱了单位秩序和社会秩序,据此才对唐慧实施劳教,对唐慧这一劳教决定完全是合法的。唐慧一方要求永州市劳教委拿出唐慧严重扰乱单位秩序和社会秩序的证据,遭其律师拒绝。律师认为这次庭审的焦点是唐慧到底该不该获得国家赔偿,而非对唐慧的劳教是否合理,此应算作另案,因此不会在这次庭审中拿出上述材料。

斯伟江认为,湖南省劳教委撤销永州市劳教委的对唐慧的劳教决定,适用的是《行政复议法》相关条款,通俗地讲,永州劳教委的劳教行政决定,触犯了该条款五种可撤销法定情形之一或多项,而这里面的每一项都是重大的行政违法事由。永州劳教委对唐慧的劳教决定违法,当属无疑。对此永州市劳教委回应称,湖南省劳教委经调查认为,鉴于唐慧女儿尚未成年,且身心受到严重伤害,需要特殊监护等情况,对唐慧依法进行训诫、教育更为适宜,可不予劳动教养,决定撤销永州市劳教委对唐慧的劳教决定。这一决定是基于"人道主义",湖南省劳教委在上述行政复议中,只是认为训诫教育比劳教更适宜,并没认为劳教唐慧不合法。永州市劳教委承认劳教决定不当,但并不违法。

斯伟江表示,永州市劳教委对唐慧的劳教决定不合法,即使按被告说的合法,也存在"不当"。近年国内一些地方曾有多起"不当"为由撤销的劳教决定,那些被"不当劳教"的人获得了赔偿。在这一点上,"永州市劳教委也应该学习"。对此,被告一方认为,只有违法才应承担国家赔偿责任。因此,原告的赔偿请求不属于国家赔偿范围,永州市劳教委没有义务对原告予以国家赔偿,请求法院依法驳回原告的赔偿请求。

永州市中级法院认为,永州市劳教委根据唐慧的违法事实,对唐慧决定劳教的事实清楚、证据确凿、程序合法、适用法律正确。只是在行政处理的具体方式上存在是否合理的问题。湖南省劳教委撤销永州市劳教委的劳教决定,并不是因为永州市劳教委违法行使职权,而是认为对原告依法进行训诫、教育更为适宜。此外,永州市中级法院认为,永州市劳教委作出不予赔偿的决定,事实清楚、证据充分、程序合法、处理正确,应依法予以支持。据此,判决:驳回唐慧要求永州市劳教管理委员会行政赔偿的请求,当事人如不服,可在判决书送达之日起15日内向湖南省高级法院上诉。

唐慧上诉后,湖南省高级法院于2013年7月15日作出终审判决,唐慧胜诉。法院判决永州市劳教委赔偿唐慧侵犯人身自由赔偿金1641.15元,精神损害抚慰金1000元。但对于唐慧要求书面赔礼道歉的请求法院没有支持,湖南省高级法院对此认为,是否必须以书面形式赔礼道歉,法律没有明文规定。二审庭审中,永州市劳教委法定代表人就作出劳教决定时没有考虑到"唐慧的女儿尚未成年,且身心受到严重伤害,需要特殊监护等情况"、"人文关怀不够"、"处理方式不当",向唐慧赔礼道歉,故对唐慧此项诉讼请求可视为已经履行。

法律问题:在本案中,唐慧因劳动教养收到的损失是否应当获得国家赔偿?我国国家赔偿的归责原则还存在哪些需要完善之处?

法理分析:唐慧申请国家赔偿案,是近年来备受关注的一个案件。媒体和社会舆论在讨论此事时普遍感到不解,认为既然针对唐慧的劳动教养决定已经被撤销了,为什么她在劳动教养期间受到的损失不应给予国家赔偿呢?对这个问题的分析,关系到对国家赔偿法归责原则的理解。

我们知道,经过2010年修订的《国家赔偿法》在归责原则上体现了明显的进步,扩大了"违法归责"的范围,引入了对特定事项的结果归责原则,特别是废除了违法确认程序,这些做法对于扩大赔偿范围、简化赔偿程序确实发挥了积极的作用,但仍然存在很多不甚令人满意之处,这主要体现在:

第一,在刑事赔偿中对结果归责原则的适用并不彻底。尽管在刑事赔偿中,对于逮捕和判决中的侵权行为已经适用了结果归责原则,但在拘留环节仍然适用的是违法归责原则。按照《国家赔偿法》第17条第1款的规定:"行使侦查、检察、审判职权的机关以及看守所、监狱管理机关及其工作人员在行使职权时有下列侵犯人身权情形之一的,受害人有取得赔偿的权利:(一)违反刑事诉讼法的规定对公民采取拘留措施的,或者依照刑事诉讼法规定的条件和程序对公民采取拘留措施,但是拘留时间超过刑事诉讼法规定的时限,其后决定撤销案件、不起诉或者判决宣告无罪终止追究刑事责任……"尽管这一规定对于拘留中应予赔偿的情形已经有所扩充,增加了合法拘留但超期羁押最后认定当事人无罪的情况,但无非是等于增加了违法拘留的一种情形而已,因为超期羁押已经使原来依法采取的拘留措施转变为违法行为了。实际上,拘留中的侵权行为与逮捕、判决两者在性质上并没有什么根本的差别,本来都应当一体地适用结果归责原则,对被采取了拘留措施而后又认定为无罪的人均应予以赔偿。但是,《国家赔偿法》在修订时在这一问题上经过多次反复,最终并没有将其纳入结果归责原则的适用范围当中。因此,对于那些被依法采取了拘留措施但没有被超期羁押的人,即使后来被认定为无罪,也无权要求获得国家赔偿。不得不说,这是一个明显的不足之处。

第二,仍然没有解决公物致害赔偿的归责与赔偿问题。公物致害赔偿是国家赔偿中的一个重要类型,指的是当国家机关所有的、或管理的公共设施导致他人损害时,其所有者或管理者应当承担的赔偿责任。公共致害赔偿理应属于国家赔偿的范围,而且在很多国家适用的都是无过错的结果归责原则,只有在国家机关能够证明损害是由于受害人自己的故意或者过失所导致、或者因第三人的行为所导致、或者因不可抗力所导致的情况下才能免责。在我国,将公物致害赔偿纳入国家赔偿范围的呼声一直很高。但是,现行《国家赔偿法》仍然没有解决这个问题。目前,我国的公物致害赔偿主要还是通过民事赔偿制度来解决的,这主要规定在《侵权责任法》第十一章"物件损害责任"当中。《侵权责任法》第85条规定:"建筑物、构筑物或者其他设施及其搁置物、悬挂物发生脱落、坠落造成他人损害,所有人、管理人或者使用人不能证明自己没有过错的,应当承担侵权责任。所有人、管理人或者使用人赔偿后,有其他责任人的,有权向其他责任人追偿。"其第86条规定:"建筑物、构筑物或者其他设施倒塌造成他人损害的,由建设单位与施工单位承担连带责任。建设单位、施工单位赔偿后,有其他责任人的,有权向其他责任人追偿。因其他责任人的原因,建筑物、构筑物或者其他设施倒塌造成他人损害的,由其他责任人承担侵权责任。"其第91条规定:"在公共场所或者道路上挖坑、修缮安装地下设施等,没有设置明显标志和采取安全措施造成他人损害的,施工人应当承担侵权责任。窨井等地下设施造成他人损害,管理人不能证明尽到管理职责的,应当承担侵权责任。"这些规定所确定的归责原则包括过错推定责任和结果责任两种。但我们知道,如果这里的建筑物、构筑物或者其他设施属于公共营造物,或者公共场所、道路上挖坑、修缮安装地下设施的施工人是市政管理部门的话,在性质上就是公物致害赔偿,《国家赔偿法》是应当将其纳入调整范围的。

第三,没有解决不当职权行为的归责和赔偿问题。国家机关及其工作人员的违法职权行为可能导致侵权损害,其不当的职权行为同样有造成侵权损害的可能,而这些行为还没有被《国家赔偿法》所承认。对于明显不当的行为,我们尚且可能通过扩大对"违法"内涵的理解,将其纳入国家赔偿的范围,而对于那些一般的不适当、不合理行为,则无能为力。实际上,国家机关因为不当职权行为造成公民、法人或其他组织合法权益损害的,同样应当承担赔偿责任。只不过对于这种侵权行为,应当适用一般的过错责任,即由受害人证明国家机关在作出此行为时存在故意或者过失,实际上就是证明其行为存在不当之处。

唐慧案是在《国家赔偿法》修订之后发生的一个具有较大社会影响的案件,但在讨论此案的过程中,人们更多地关注于与此案相关的信访制度的合理性、劳动教养制度的存废,以及唐慧国家赔偿请求被驳回背后的利益博弈等,较少从《国家赔偿法》本身出发分析此案。我们认为,在唐慧案中,永州市中院的判决虽然称不上违法,但起码是不够准确,值得商榷的。这个判决主要存在两个方面的问题:

第一,对于违法归责原则内涵的理解过于狭窄。唐慧是经过赔偿义务机关永州市劳教委的先行处理程序之后不服,再向永州市中院提起单独的行政赔偿诉讼的。而无论是永州市劳教委的先行处理决定,还是永州市中级法院的判决,都认为对唐慧的劳教决定并不是违法,只是不当。其中,永州市劳教委认为湖南省劳教委在行政复议中撤销劳教的理由"不是基于劳动教养决定的违法性,而是出于人文关怀",所以不予国家赔偿。永州市中级法院则认为永州市劳教委根据唐慧的违法事实,对唐慧决定劳教的事实清楚、证据确凿、程序合法、适用法律正确。只是在行政处理的具体方式上存在是否合理的问题。此前,永州市劳教委对唐慧的劳教决定,是被湖南省劳教委依据《行政复议法》第28条第1款第3项予以撤销的。该项的规定是:"具体行政行为有下列情形之一的,决定撤销、变更或者确认该具体行政行为违法;决定撤销或者确认该具体行政行为违法的,可以责令被申请人在一定期限内重新作出具体行政行为:1. 主要事实不清、证据不足的;2. 适用依据错误的;3. 违反法定程序的;4. 超越或者滥用职权的;5. 具体行政行为明显不当的。"按照上述理由,显然湖南省劳教委的复议决定是认为对唐慧的劳教决定属于"具体行政行为明显不当的。"我们知道,如果正确理解国家赔偿的违法归责原则的话,"明显不当"也是违法的具体情形之一,也应当予以赔偿。怀化市中院的这一判决,显然是对违法归责原则做了狭义解释,将其仅仅定义在违反具体法律规范上,窄化了其内涵,才作出的驳回赔偿请求的判决。

第二,没有摆脱 1994 年《国家赔偿法》关于违法确认的窠臼。无论是永州市劳教委还是永州市中级法院,在认定劳教决定违法性时,都是以期限湖南省劳教委的行政复议决定作为依据来判断的,认为复议决定认定的该行为只是不当,因此不予赔偿。这显然是受到了《国家赔偿法》修订前的违法确认程序的影响,以为侵权行为只有经过某一程序将其确认违法了才能作出赔偿决定,而自己对侵权行为违法与否没有独立判断的余地。殊不知,国家赔偿的违法确认程序已经被废除了,无论对唐慧的劳教决定此前是否被撤销、是否被确认违法,唐慧都可以申请永州市劳教委给予赔偿,对其赔偿决定不服都可以向法院起诉。而无论是永州市劳教委还是永州市中院,在作出赔偿决定时都有义务独立判断劳教决定是否违法、是否侵权、是否应当予以赔偿,而不需要受到此前湖南省劳教委复议决定的拘束。即使湖南省劳教委的复议决定认定劳教决定只是"明显不当",永州市劳教委、永州市中院也完全可以直接认定其属于应予国家赔偿的违法情形。

后来,湖南省高级法院的二审判决对一审进行了改判,判决永州市劳教委赔偿唐慧人身自由受到限制的损失和精神损失,纠正了一审判决的上述错误,我们认为二审判决是比较适当的。

【思考案例】

麻旦旦申请陕西省咸阳市公安局、泾阳县公安局国家赔偿案①

2001 年 1 月 8 日晚,陕西省咸阳市泾阳县蒋路乡派出所民警与聘用司机来到该乡一家美容美发店,将正在看电视的 19 岁少女麻旦旦带回派出所讯问,要求麻旦旦承认有卖淫行为。麻旦旦拒绝指控后,受到威胁、恫吓、猥亵、殴打,并被背铐在篮球架杆上。非法讯问 23 小时后,1 月 9 日,泾阳县公安局出具了一份《治安管理处罚裁决书》,该裁决书以"嫖娼"为由决定对麻旦旦拘留 15 天。少女麻旦旦在裁决书中被写成了"男",时间竟写成一个月后的 2 月 9 日。

为了证明清白,麻旦旦自己去医院做了检查,证明自己还是处女。2 月 9 日,咸阳市公安局有关人员将麻旦旦带到医院,医院再次证明麻旦旦是处女,咸阳市公安局遂

---

① 案例来源为:储国强:《陕西"处女嫖娼案"二审:原告获赔 9135 元场面混乱》,载新华网西安 2001 年 12 月 11 日电。

撤销了泾阳县公安局的错误裁决。对此，麻旦旦认为自己不仅在肉体上受到了折磨，更主要的是精神上受到了很大的伤害，便将泾阳县公安局和咸阳市公安局告上了法庭，要求赔偿精神损失费500万元。

　　2001年5月9日，咸阳市秦都区法院对此案作出了一审判决，除误工和医疗损失费外，受害者麻旦旦仅获得了74.66元的赔偿金。大失所望的麻旦旦及其家人随即开始上诉。2001年12月11日，二审法院陕西省咸阳市中级法院审判庭经过审理，判决泾阳县公安局支付麻旦旦违法限制人身自由两天的赔偿金74.66元，加上医疗费、交通费、住宿费以及180天的误工费共9135元整。同时，法院驳回了麻旦旦要求的500万元精神伤害赔偿和公安局在媒体上公开道歉等诉讼请求。法院审理认为，麻旦旦请求精神损害赔偿不符合《国家赔偿法》的规定，请求公安机关在媒体上公开赔礼道歉也没有事实依据。

　　法律问题：按照本案发生当时适用的1994年《国家赔偿法》，咸阳市中级法院对麻旦旦作出的赔偿决定是否合法？按照修订的《国家赔偿法》，麻旦旦还有可能获得哪些国家赔偿？对于麻旦旦案件中反映出来的国家赔偿方式和计算标准方面的问题，在修订的《国家赔偿法》中还有哪些问题没有得到解决？

【学术探讨】

　　《国家赔偿法》自1995年实施至今已二十年，被认为是我国实施效果最差的法律之一，甚至被戏称为"国家不赔偿法"。很多学者认为，造成这一结果的最重要原因是《国家赔偿法》过度强调了对国家机关及其工作人员违法侵权行为的责任追究，将对受害人的损害赔偿和对侵权者的责任追究过度紧密地捆绑了起来，导致国家机关及其工作人员为了避免被追究责任而千方百计逃避赔偿责任，最终使受害人的求偿权落空。因此，国家赔偿制度改革的重点就是淡化其责任追究功能，突出其权利救济功能。你是否赞同这一观点？如果赞同，你认为2010年修订的《国家赔偿法》是否已经解决了这一问题？

第二十章

司法赔偿

思维导图

```
           ┌ 赔偿范围 ┬ 人身损害赔偿
           │         ├ 财产损害赔偿
           │         └ 民事与行政司法赔偿
           │
           ├ 赔偿关系 ┬ 赔偿请求人
           │         ├ 赔偿义务机关的确定
           │         └ 赔偿义务机关后置原则
司法赔偿   │
           ├ 赔偿程序 ┬ 赔偿义务机关先行处理程序
           │         ├ 复议程序
           │         ├ 赔偿委员会处理程序
           │         ├ 赔偿委员会重审程序
           │         └ 司法追偿程序
           │
           └ 赔偿方式和标准的不足和完善 ┬ 精神损害赔偿问题
                                        ├ 可得利益的赔偿问题
                                        └ 惩罚性赔偿问题
```

司法赔偿指的是因司法机关违法行使职权导致公民、法人或其他组织合法权益损害所引起的赔偿责任,包括刑事赔偿(也称冤狱赔偿)、民事与行政司法赔偿,重点是刑事赔偿。严格地讲,司法赔偿制度不属于行政法学科,因为这一制度主要调整的是由于司法行为——特别是刑事司法行为而导致的国家赔偿责任,因此这一制度主要属于刑事诉讼法的范畴。但在我国,由于采取行政赔偿和司法赔偿合并立法的模式,两者被共同规定于《国家赔偿法》当中,习惯上就放在行政法学科当中来教学与研究。司法赔偿制度主要包括赔偿范围、赔偿义务机关和赔偿程序等内容。有关赔偿构成要件和归责原则的问题,我们在上一章已经做了介绍。至于赔偿请求人和赔偿方式及其计算的问题,和行政赔偿是相同的,在本章原则上就不再重复了。

第一节　司法赔偿的范围

司法赔偿的范围，主要是掌握刑事赔偿的范围，包括人身损害赔偿和财产损害赔偿，以人身损害赔偿为重点。至于民事司法、行政司法赔偿的范围，相对比较简单。

一、人身损害赔偿

刑事赔偿中的人身损害赔偿包括三类：

（一）人身自由权损害

在刑事诉讼活动中，造成公民人身自由权损害的司法行为主要是刑事强制措施与人身自由刑。刑事强制措施包括拘传、拘留、逮捕、取保候审、监视居住等，人身自由刑主要包括管制、拘役、有期徒刑、无期徒刑等。尽管刑事诉讼过程中用于限制人身自由的司法行为种类众多，但在司法机关违法实施这些行为的情况下，受害人却并不必然都能够获得国家赔偿。对于刑事赔偿中的人身自由赔偿，我国的做法是以当事人有无受到实际羁押为标准的，如果对当事人人身自由的限制不是通过实际羁押的方式来进行的，国家不承担赔偿责任。

因此，在刑事强制措施当中，国家只赔偿因拘留和逮捕给当事人带来的人身自由损害，包括：（1）违法对公民采取拘留措施的；（2）依法拘留但超期羁押，当事人后来被认定无罪的；（3）对公民采取逮捕措施，当事人后来被认定无罪的。对于违法实施拘传、取保候审、监视居住的强制措施不予赔偿。在人身自由刑中，赔偿的是已经对当事人执行刑罚而后来改判无罪的情况。我们可以发现，对于逮捕和刑罚，适用的是结果归责原则，只要一个公民受到了逮捕或者被实际执行了刑罚，最后又被认定为无罪——不管是基于何种原因认定为无罪的，都可以获得国家赔偿。而对于拘留，适用的还是违法归责原则，就是这个拘留一定要存在某种违法的情形，才会予以赔偿。可能是原来决定拘留的时候就违法了，比如说拘留的对象错了，或者拘留的程序错了；也可能是原来的拘留决定没有错，但在执行的过程中违法了，这就是超期羁押。总之，拘留一定要存在某种违法之处，否则即使这个人后来被认定为无罪的，也不能获得国家赔偿。

与此同时，根据最高法院《关于人民法院执行〈中华人民共和国国家赔偿法〉几个问题的解释》的规定，司法机关对于依法不具有刑事责任能力或依法免于追究刑事责任的人采取拘留、逮捕措施限制其人身自由的，国家不承担赔偿责任。但是上述人员如已被法院判处拘役、有期徒刑、无期徒刑和死刑并已执行的，有权就以上刑罚给其造成的损害取得赔偿。换言之，司法机关对于一个实施了事实上的犯罪行为，但没有刑事责任能力或免于追究刑事的人进行了拘留、逮捕，而后又经法院判处了人身自由刑甚至死刑，当事人只能就刑罚部分获得赔偿，对于判决前所受到的人身自由限制不能获得赔偿。之所以如此规定，是因为上述人员之所以无须承担刑事责任只是出于法律的特别豁免,但其行为仍具有不法性、具有社会危害性,司法机关为了调查这种不法行为而对行为人进行拘留、逮捕并没有错误,因此当事人不能就其所受到的拘留或逮捕要求赔偿。但由于这些人的刑事责任已经依法被豁免了,如果还对他们追究并执行刑罚,这个刑罚部分就应当予以赔偿。

▶ **例20-1** 2006年12月5日,王某因涉嫌盗窃被某县公安局刑事拘留,同月11日被县检察院批准逮捕。2008年3月4日王某被一审法院判处有期徒刑二年,王某不服提出上诉。2008年6月5日,二审法院维持原判,判决交付执行。2009年3月2日,法院经再审以王某犯罪时不满16周岁为由撤销生效判决,改判其无罪并当庭释放。王某申请国家赔偿,下列哪些说法是错误的?

A. 国家应当对王某从2008年6月5日到2009年3月2日被羁押的损失承担赔偿责任

B. 国家应当对王某从2006年12月11日到2008年3月4日被羁押的损失承担赔偿责任

C. 国家应当对王某从2006年12月5日到2008年3月4日被羁押的损失承担赔偿责任

D. 国家应当对王某从2008年3月4日到2009年3月2日被羁押的损失承担赔偿责任

分析:本案中的王某属于因为没有刑事责任能力而改判无罪的,那么,其拘留、逮捕期间的损失就不予赔偿,只赔偿自由刑部分的损失,即从2008年6月5日到2009年3月2日被羁押的损失,因此BCD三项均为错误说法,只有A项是正确的说法。

而在刑罚部分,国家赔偿法同样强调以实际羁押作为确定赔偿范围的标准,当事人无罪而被判处刑罚的,国家只赔偿其被实际羁押期间的损失。对无罪的人判处管制、有期徒刑缓刑、剥夺政治权利、驱逐出境等没有实际羁押人身的刑罚,国家不承担赔偿责任;对无罪的人判处拘役、有期徒刑、无期徒刑等实际羁押人身的刑罚,但当事人在服刑期间被减刑、假释、保外就医,即对刑罚全部或部分没有实际执行的,国家对减刑部分、假释期间、保外就医期间也不承担赔偿责任。当然,当事人如果在判决生效前就被羁押的,国家对于这一部分承担赔偿责任。换言之,如果司法机关对无罪的人先行拘留、逮捕,此后又判处了没有实际羁押人身的刑罚,或判处了羁押人身的刑罚但没有实际(完全)执行,国家只赔偿判决前的拘留、逮捕部分,而不赔偿判决后的未实际羁押人身的刑罚或没有被实际(完全)执行的刑罚。

▶ **例20-2** 李某涉嫌盗窃被公安局刑事拘留,后检察院批准将其逮捕。法院审理时发现,李某系受人教唆,且是从犯,故判处李某有期徒刑2年,缓期3年执行。后李某以自己年龄不满16周岁为由提起上诉,二审法院因此撤销原判,改判李某无罪并解除羁押。下列哪一说法是正确的?

A. 对于李某受到的羁押损失,国家不予赔偿
B. 对于一审有罪判决至二审无罪判决期间李某受到的羁押损失,国家应当给予赔偿
C. 对于一审判决前李某受到的羁押损失,国家应当给予赔偿
D. 对于检察院批准逮捕之前李某受到的羁押损失,国家应当给予赔偿

分析:本案中的李某因没有刑事责任能力而改判无罪的,因此拘留、逮捕期间的损失不予赔偿;又因其判处的是缓刑,没有被实际羁押,因此刑罚部分也不赔;所以李某不能获得国家赔偿,只有A项的说法是正确的。这里要注意一个问题,就是B项所讲的"一审有罪判决至二审无罪判决期间李某受到的羁押损失",这个损失要不要赔偿呢?从本质上看,这段时间的羁押应当被视为逮捕的延续,这段时间被羁押的损失要不要赔偿也就取决于逮捕本身要不要赔偿,如果逮捕期间的损失要赔偿,这段时间也要赔偿,反之亦然。那么,在本案中,逮捕期间的损失是不赔偿的,相应地,这段时间的损失也不赔偿。

▶ **例20-3** 2009年2月10日,王某因涉嫌诈骗被县公安局刑事拘留,2月24日,县检察院批准逮捕王某。4月10日,县法院以诈骗罪判处王某三年有期徒刑,缓期二年执行。5月10日,县公安局根据县法院变更强制措施的决定,对王某采取取保候审措施。王某上诉,6月1日,市中级法院维持原判。王某申诉,12月10日,市中级法院再审认定王某行为不构成诈骗,撤销原判。对此,下列哪一说法是正确的?

A. 因为王某被判决无罪,国家应当对王某在2009年2月10日至12月10日期间的损失承担赔偿责任
B. 因为王某被判处有期徒刑缓期执行,国家不承担赔偿责任
C. 因为王某被判决无罪,国家应当对王某在2009年6月1日至12月10日期间的损失承担赔偿责任
D. 因为王某被判决无罪,国家应当对王某在2009年2月10日至5月10日期间的损失承担赔偿责任

分析:本案中王某被判处的是缓刑,没有遭到实际羁押,因此2009年5月10日解除羁押后的损失不予赔偿,只赔偿此前的刑事强制措施,也就是2009年2月10日至5月10日期间的损失,那么就只有D项是正确的。

(二) 生命权与健康权损害

在刑事诉讼活动中,司法机关及其工作人员给公民造成生命权与健康权损害的,包括三种情况:(1)对无罪的人判处死刑并实际执行的;(2)刑讯逼供或以殴打、虐待等行为或唆使、放纵他人以殴打、虐待等行为造成公民身体伤害或者死亡的;(3)违法使用武器、警械造成公民身体伤害或死亡的。

其中,上述第(2)项在2010年《国家赔偿法》的修改中是一个比较重要的亮点,相对于原法,该规定主要发生了两点变动:一是不再局限于暴力行为,任何行为侵犯公民

健康权、生命权的,均包括在内;二是不再局限于司法机关及其工作人员的自身行为和唆使行为,放纵他人采取此类行为亦属于国家赔偿范围之内。这一条款的修改背景主要是一部分监狱、看守所存在放纵"牢头狱霸"的现象,因此,全国人大常委会一些委员在审议《国家赔偿法》修正案时提出,不管是行政机关,还是刑事、侦查、审判机关,都存在以不作为方式侵害公民权利的现象。比如,在看守所或者监狱,新进去的人员常常遭受"牢头狱霸"的殴打、体罚,而有些管教人员却视而不见。因此,修正后的《国家赔偿法》明确规定,行使侦查、检察、审判职权的机关以及看守所、监狱管理机关及其工作人员在行使职权时,无论是其自身实施的刑讯逼供或者殴打、虐待等行为,或者是唆使、放纵他人以殴打、虐待等行为造成公民身体伤害或者死亡的情况,受害人都有取得赔偿的权利。

（三）精神损害

司法机关在刑事诉讼活动中对公民造成人身损害,由此引起精神损失的,应当在侵权行为影响的范围内为受害人消除影响,恢复名誉,赔礼道歉,造成严重后果的应支付相应的精神损害抚慰金。

在刑事诉讼中因其他原因引起公民精神损害的,不予赔偿。

二、财产损害赔偿

财产损害赔偿主要包括两种情况,一是因针对财产的刑事强制措施引起的赔偿,包括违法对财产采取的查封、扣押、冻结、追缴等措施;二是因错误判处并执行财产刑而引起的赔偿,即当事人被判处罚金、没收财产等财产刑,后来经再审改判无罪,但财产刑已经执行的。

这里需要注意一点,就是对于财产刑的赔偿,只有经再审改判无罪的情况才予以赔偿。如果经过再审只是减轻了量刑,但仍然是有罪的,不予赔偿。

三、民事与行政司法赔偿

除了刑事司法活动外,对于司法机关及其工作人员在民事或行政司法活动中造成的侵权损害,国家也应当承担赔偿责任。有关民事、行政司法赔偿的问题,主要规定于最高人民法院《关于民事、行政诉讼中司法赔偿若干问题的解释》当中。国家承担的民事、行政司法赔偿责任主要包括以下几种情况:

1. 违法采取排除妨害诉讼的强制措施

法院采取的排除妨害诉讼强制措施,包括训诫、责令具结悔过、拘留、罚款,这些强制措施都有被违法实施的可能,但国家只对法院违法采取的拘留和罚款两种措施给予赔偿。

2. 违法采取保全措施

法院违法采取的保全措施,包括财产保全措施与证据保全措施,国家对此主要赔偿在保全措施实施过程中,因司法机关及其工作人员实施违法行为而给当事人造成的财产损害。

(1) 违法采取证据保全措施。证据保全是指证据可能灭失或者以后难以取得的情况下,法院根据当事人的请求或者依职权采取一定措施对证据加以固定的措施。证据保全的违法性主要表现为两种情况:一是不符合法定的条件和范围而采取保全措施;二是采取保全措施的程序违法。

(2) 违法采取财产保全措施。财产保全是指法院根据利害关系人的申请或者依职权对与本案有关的财物采取的一种强制措施。所谓违法采取保全措施,是指法院依职权采取的下列行为:依法不应当采取保全措施而采取保全措施的;依法不应当解除保全措施而采取解除保全措施的;保全案外人财产的,但案外人对案件当事人负有到期债务的情形除外;明显超过申请人申请保全数额或者保全范围的;对查封、扣押的财物不履行监管职责,严重不负责任,造成毁损、灭失的,但依法交由有关单位、个人负责保管的情形除外;变卖财产未由合法评估机构估价,或者应当拍卖而未依法拍卖,强行将财物变卖给他人的;违反法律规定的其他情形。

对于在保全过程中,因申请人的行为、司法机关工作人员的个人行为、被保全人的行为、被执行人的行为、保管人员的行为,以及不可抗力等原因造成的损害,不予赔偿。

▶ **例 20-4** 甲公司向某区法院起诉要求乙公司返还货款 15 万元,并请求依法保全乙公司价值 10 万元的汽车。在甲公司提供担保后,法院准予采取保全措施。二审法院最终维持某区法院要求乙公司返还货款 10 万元的判决。甲公司在申请强制执行时,发现诉讼期间某区法院在乙公司没有提供担保的情况下已解除保全措施,乙公司已变卖汽车、转移货款,致判决无法执行。甲公司要求某区法院赔偿损失。下列哪些说法是正确的?

A.《国家赔偿法》未明确规定法院在民事诉讼过程中违法解除保全措施应承担赔偿责任,故甲公司的请求不成立

B. 违法采取保全措施应包括依法不应当解除而解除保全措施

C. 就某区法院的措施是否属国家赔偿范围问题,受理赔偿诉讼的法院可以进行调解

D. 甲公司应当先申请确认某区法院解除保全措施的行为违法

分析:《国家赔偿法》确实没有明确规定法院在民事诉讼过程中违法解除保全措施应承担赔偿责任,但司法解释作出了补充规定。简单地说,就是不应保全而予以保全的、保全过程中违法的、应当保全却没有保全的,都应当予以赔偿。因此,A 项错 B 项对。国家赔偿的调解是在确定予以赔偿的前提下,针对赔偿事项、方式、数额来进行的,对于是否属于赔偿范围这个基本前提是不能调解的,故 C 项错误。D 项要求国家赔偿必须先经过确认违法,这一表述按照修订后的《国家赔偿法》已经是错误的。

3. 错误执行生效法律文书

错误执行生效法律文书,指的是司法机关及其工作人员对生效的判决书、裁定书、

民事制裁决定书、调解书、支付令、仲裁裁决书、具有强制执行效力的公证债权文书、行政处罚决定、行政处理决定等，执行错误的行为，对此国家承担赔偿责任。具体包括下列行为：(1) 执行尚未发生法律效力的判决、裁定、民事制裁决定等法律文书的；(2) 违反法律规定先予执行的；(3) 违法执行案外人财产且无法执行回转的；(4) 明显超过申请数额、范围执行且无法执行回转的；(5) 执行过程中，对查封、扣押的财产不履行监管职责，严重不负责任，造成财物毁损、灭失的；(6) 执行过程中，变卖财物未由合法评估机构估价，或者应当拍卖而未依法拍卖，强行将财物变卖给他人的；(7) 违反法律规定的其他情形。

这里需要特别注意，判断司法机关是否在执行问题上承担赔偿责任，是看执行行为本身是否存在错误，而不是看作为执行根据的生效法律文书是否存在错误。如果司法机关正确地执行了错误的生效法律文书，不予赔偿，但应当责令取得财产的人予以返还，拒不返还的予以强制执行；如果这个法律文书是其他机关作出的（比如是行政机关作出的行政决定），那就应该由作出这个错误法律文书的机关来赔偿，也不是由法院来赔偿。此外，对于执行过程中因司法机关工作人员的个人行为、被执行人的行为、保管人员的行为，以及不可抗力等原因造成的损害，同样不予赔偿。

4. 使用非法暴力造成死亡或伤害

对于司法机关及其工作人员在民事、行政诉讼或者执行过程中，以殴打、虐待等行为或唆使、放纵他人以殴打、虐待等行为造成公民身体伤害或者死亡的，国家应当承担赔偿责任，这与刑事诉讼活动中司法机关及其工作人员使用非法暴力致人伤亡的情况完全相同。

5. 违法使用武器警械造成死亡或伤害

对于司法机关及其工作人员在民事、行政诉讼或者执行过程中，违法使用武器、警械造成公民身体伤害、死亡的，国家也应承担赔偿责任，这与刑事诉讼活动中司法机关及其工作人员违法使用武器、警械致人伤亡的情况也是相同的。

6. 精神损害

司法机关在民事、行政诉讼或者执行过程中，对公民造成人身损害，由此引起精神损失的，应当在侵权行为影响的范围内为受害人消除影响，恢复名誉，赔礼道歉，造成严重后果的应支付相应的精神损害抚慰金。

第二节　司法赔偿的请求人与义务机关

司法赔偿的请求人，与行政赔偿的请求人适用完全相同的规定，无需重复掌握，所以这里主要介绍司法赔偿义务机关。而对于赔偿义务机关，又以刑事赔偿义务机关为主。

一、赔偿义务机关的确定

(一)错误拘留的赔偿义务机关

拘留决定错误的,作出拘留决定的机关为赔偿义务机关。拘留决定一般由刑事侦查机关作出,以公安部门最为常见,少数情况下由国家安全部门、检察机关等作出。

在某些检察院自侦案件当中,检察院并不对犯罪嫌疑人作出正式的拘留决定,而是要求公安机关对犯罪嫌疑人采取限制其人身自由的强制措施,此时应当视为检察院作出了拘留决定。如果引起赔偿的,由检察院作为赔偿义务机关。

(二)错误逮捕的赔偿义务机关

逮捕决定错误的,作出逮捕决定的机关为赔偿义务机关。作出逮捕决定的机关以检察院最为常见,当然法院也有可能成为决定机关。注意两点:(1)执行逮捕的机关不承担赔偿责任。对犯罪嫌疑人的逮捕决定一般是公安机关提请检察院作出的,一般也是由公安机关执行的,但它自己并非决定机关,对此不承担赔偿责任。(2)提起公诉的机关也不承担赔偿责任。决定逮捕的机关与提起公诉的机关一般是同一检察院,但特殊情况下可能由其他检察院提起公诉,此时批捕检察院与公诉检察院是不同的。如此类案件经法院一审判决无罪,或检察院撤回起诉并作出不起诉决定或撤案决定,即依法做无罪处理的,仍由批捕检察院作为赔偿义务机关,公诉检察院不承担赔偿责任。原因是《国家赔偿法》只规定了错误逮捕的国家赔偿责任,没有规定错误公诉的国家赔偿责任。

(三)未生效判决错误的赔偿义务机关

未生效判决错误,即法院对无罪的人一审判处刑罚,但该判决没有生效即被推翻的情况,由一审法院作为赔偿义务机关。未生效判决错误具体包括:(1)一审法院判决有罪,二审法院改判无罪的。(2)一审法院判决有罪,二审法院裁定发回重审,经一审重审后改判无罪的。(3)一审法院判决有罪,二审法院裁定发回重审,在重审期间退回检察院补充侦查,检察院最后作出不起诉决定或撤案决定的。(4)一审法院判决有罪,二审法院裁定发回重审,在重审期间检察院要求撤回起诉,法院裁定准许撤诉后,检察院最后作出不起诉决定或撤案决定的。这四种情况从外表上看各不相同,但不同的只是确认一审判决违法的方式而已,共同点都是确定了一审判决的违法性,因此它们的赔偿义务机关就是相同的,即一审法院。

(四)生效判决错误的赔偿义务机关

生效判决错误,就是对无罪的人判处刑罚,但该判解生效后经再审又改判无罪的情况,应当由作出生效判决的法院作为赔偿义务机关。

(五)民事与行政司法赔偿义务机关

对于司法机关(主要是法院)在民事与行政诉讼活动中的侵权行为,应当由实施该行为的司法机关作为赔偿义务机关。

对于委托执行的情况,被委托的法院对判决、裁定或其他生效法律文书执行造成损害时,如何确定赔偿义务机关?对此,国家赔偿法和有关司法解释没有规定,需要具体分析。如果生效法律文书存在错误,而受委托的法院严格按照法律文书的内容执行后发生损害,委托执行的法院是赔偿义务机关;如果因为受委托的法院所采取的执行措施违法造成损害的,受委托的法院是赔偿义务机关。简而言之,就是"谁违法、谁赔偿"。

(六)其他案件的赔偿义务机关

在其他情况下,司法机关工作人员在行使职权时实施侵权行为的,应当由该工作人员所在的司法机关承担赔偿责任。即侵权行为是通过司法机关工作人员实施的,如通过刑讯逼供、殴打或虐待、唆使或放纵他人殴打或虐待、违法使用武器警械等行为造成公民身体伤害或死亡的,或违法对财产采取查封、扣押、冻结、追缴的,只要这些行为与该工作人员行使职权有关,就由其所在机关承担赔偿责任。

二、赔偿义务机关后置原则

赔偿义务机关后置原则是刑事赔偿中的一项重要原则,指的是在多个刑事司法机关都实施了违法行为的情况下,应当由最后一个作出生效法律文书的机关承担全部的赔偿责任,此前的其他司法机关均免于承担赔偿责任。结合刑事诉讼活动中可能出现的各种情况,赔偿义务机关后置原则具体表现为:

第一,公安机关先作出拘留决定,而后检察院又决定逮捕,后来经一审无罪判决或检察院决定不起诉、决定撤案等方式,该逮捕决定被确认违法的,由批捕检察院承担拘留、逮捕期间的全部赔偿责任,作出错误拘留决定的公安机关不负赔偿责任。

第二,公安机关先作出拘留决定,而后检察院又决定逮捕,又经一审法院判决有罪,但后来经二审改判无罪,或一审重审之后改判无罪,或一审重审期间检察院决定不起诉或决定撤案等方式,将一审判决确认为违法的,总之是未生效的一审判决错误的情况,均由一审法院赔偿。作出错误拘留决定的公安机关、作出错误逮捕决定的检察院都不负赔偿责任。

第三,公安机关先作出拘留决定,而后检察院又决定逮捕,又经一审或二审法院判决有罪,且该判决生效,最后经再审改判无罪,从而确认原生效判决违法的,应当由作出原生效判决的法院承担全部赔偿责任,而此前作出错误拘留决定的公安机关、作出错误逮捕决定的检察院,以及一审法院(如果经过一审的话),均不承担赔偿责任。

确立刑事赔偿义务机关后置的原则,是因为在刑事诉讼的拘留、逮捕、审判的一般过程中,作出后一司法行为的机关同时负有监督和审查前一司法行为的职责。如果后一司法行为的作出是错误的,必定意味着后一机关已经认同了前一司法行为的错误,如检察院决定逮捕意味着它对公安局拘留决定的认同,法院判决当事人有罪意味着它对检察院逮捕决定与公安局的拘留决定的认同。既然后一司法行为的作出意味着对前一司法行为的认同,那么,后一司法机关对于前一司法机关的错误也就应当一并

行政法与行政诉讼法

承受。

刑事赔偿义务机关后置的原则仅仅针对限制公民人身自由的行为而言,如果不同的司法机关在刑事诉讼中分别损害了公民的人身自由与其他权利,不适用赔偿义务机关后置的原则。例如,公安局民警对被拘留的犯罪嫌疑人马某进行了刑讯逼供,而后马某又被检察院批捕,但一审法院以证据不足判决马某无罪。此时应当由检察院赔偿马某被拘留、逮捕期间的损失,而由公安局赔偿对马某刑讯逼供造成的损失,检察院并不吸收公安局对刑讯逼供所承担的国家赔偿责任。

▶ **例20-5** 甲市乙区公安分局以孙某涉嫌诈骗罪为由将其刑事拘留,并经乙区检察院批准逮捕。后因案情特殊由丙区检察院提起公诉。2006年,丙区法院判处孙某有期徒刑3年,孙某不服上诉,甲市中级法院裁定发回丙区法院重新审理。重审期间,丙区检察院经准许撤回起诉,并最终作出不起诉决定。孙某申请国家赔偿。关于赔偿义务机关,下列哪一说法是正确的?

A. 乙区公安分局、乙区检察院和丙区法院
B. 乙区公安分局、丙区检察院和丙区法院
C. 乙区检察院和丙区法院
D. 丙区法院

分析: 本案属于司法机关作出未生效一审错判的情况,赔偿义务机关是作出一审判决的丙区法院。至于作出拘留决定的乙区公安分局、作出逮捕决定的乙区检察院,它们的赔偿责任已经被一审法院吸收了。因此,只有D项是正确的说法。

▶ **例20-6** 区公安分局以涉嫌故意伤害罪为由将方某刑事拘留,区检察院批准对方某的逮捕。区法院判处方某有期徒刑3年,方某上诉。市中级法院以事实不清为由发回区法院重审。区法院重审后,判决方某无罪。判决生效后,方某请求国家赔偿。下列哪些说法是错误的?

A. 区检察院和区法院为共同赔偿义务机关
B. 区公安分局为赔偿义务机关
C. 方某应当先向区法院提出赔偿请求
D. 如果区检察院在审查起诉阶段决定撤销案件,方某请求国家赔偿的,区检察院为赔偿义务机关

分析: 本案属于未生效一审判决错误,赔偿义务机关是一审的区法院,方某应当先向区法院提出赔偿请求。如果是在检察院在审查起诉阶段就撤案的,就说明是逮捕阶段错误,应当由逮捕决定机关区检察院赔偿。因此CD两项说法正确,AB两项错误。

第三节 司法赔偿程序

司法赔偿程序与行政赔偿程序性质不同,属于非讼程序。行政赔偿有可能通过诉讼程序来解决——包括一并提起的行政赔偿诉讼和单独提起的行政赔偿诉讼;也可能通过非诉讼的程序来解决,如行政复议程序、赔偿义务机关先行处理程序等。而司法赔偿不可能通过诉讼程序来解决,即使在某一阶段,可能由法院的赔偿委员会来处理司法赔偿问题,但那也是一种非诉讼程序,而不是一种诉讼。司法赔偿程序包括包括四个环节:赔偿义务机关先行处理程序、复议程序、赔偿委员会处理程序、赔偿委员会重审程序。

一、赔偿义务机关先行处理程序

请求人单独提出司法赔偿的请求,应当由赔偿义务机关先行处理。所谓先行处理,指的就是赔偿义务机关自己对赔偿事务的处理,司法赔偿的请求时效与行政赔偿一样,原则上为2年,自请求人知道或应当知道侵权行为发生之日起计算。

赔偿义务机关先行处理的期限是自收到受害人申请之日起2个月。赔偿义务机关作出赔偿决定,应当充分听取赔偿请求人的意见,并可以与赔偿请求人就赔偿方式、赔偿项目和赔偿数额进行协商。

无论赔偿义务机关决定予以赔偿还是不予赔偿,都应当制作书面决定,并在10日内送达赔偿请求人。先行处理可能出现如下几种结果:(1)赔偿义务机关直接拒绝赔偿;(2)赔偿义务机关决定给予赔偿,但受害人对赔偿方式、赔偿项目或赔偿数额有异议;(3)赔偿义务机关未作出任何决定;(4)赔偿义务机关决定给予赔偿,受害人对赔偿满意。在上述情况下,只有最后一种是对赔偿案件的圆满处理,在其他的情况下争议仍然存在。为了解决争议,还需要进行以下程序。

二、复议程序

赔偿义务机关(之一)不是法院的,如果赔偿义务机关逾期不予赔偿,或者赔偿请求人对赔偿方案不服的,请求人可以自赔偿义务机关处理期间(2个月)届满之日起,或在赔偿义务机关作出决定之日起30日内,向其上一级机关申请复议。复议机关应当自收到申请之日起2个月内作出复议决定。

三、赔偿委员会处理程序

中级以上(含中级)法院设立赔偿委员会,该委员会由本院3名以上单数审判员组成,赔偿委员会实行少数服从多数的原则。

赔偿委员会处理的司法赔偿案件有两种来源:(1)如果赔偿义务机关(之一)是法院的,当赔偿义务机关逾期不予赔偿,或请求人对赔偿数额不服时,请求人可以在赔偿义务机关处理期限(2个月)届满之日起,或在赔偿义务机关作出决定之日起30日内,直接向该法院的上一级法院赔偿委员会申请作出赔偿决定。(2)如果赔偿义务机关(之一)不是法院的,请求人经过复议之后仍不服复议决定时,可以在收到复议决定之日起30日内,向复议机关所在地的同级法院赔偿委员会申请作出赔偿决定;复议机关逾期不作决定的,赔偿请求人可以自复议期限届满之日起30日内,申请作出赔偿决定。

赔偿委员会处理赔偿请求,采取书面审查的办法。必要时,可以向有关单位和人员调查情况、收集证据。赔偿请求人与赔偿义务机关对损害事实及因果关系有争议的,赔偿委员会可以听取赔偿请求人和赔偿义务机关的陈述和申辩,并可以进行质证。

需要注意,赔偿义务机关逾期不作出赔偿决定,或请求人不服其赔偿决定时,是需要先经复议程序才能向赔偿委员会提出申请,还是直接向赔偿委员会提出申请,关键看赔偿义务机关中是否含有法院。如果不含法院就需先经复议;如果包含法院就可以直接向赔偿委员会申请。例如,某一案件的赔偿义务机关是区检察院,当事人不服该检察院的赔偿决定,应先向市检察院申请复议,对复议决定仍不服的再申请市中级法院赔偿委员会作出决定;如果赔偿义务机关是区检察院与区法院,当事人不服两机关的赔偿决定,就可以直接向市中级法院赔偿委员会申请作出赔偿决定。

赔偿委员会应当自收到赔偿申请之日起3个月内作出决定;疑难、复杂、重大案件经本院院长批准可以延长3个月。赔偿委员会作出的赔偿决定是生效决定,必须执行。

四、赔偿委员会重审程序

赔偿委员会作出的赔偿决定存在错误的,可能由本院或上级法院赔偿委员会重新审理。

本院赔偿委员会重审,可能由两种方式引起:(1)本院院长决定;(2)上级法院指令。此时,赔偿委员会应当在2个月内重新审查并作出决定。

上级法院赔偿委员会重审,也可能由两种方式引起:(1)赔偿请求人或赔偿义务机关向上一级法院赔偿委员会提出申诉;(2)最高检察院或上级检察院发现下级法院赔偿委员会的赔偿决定违法,向同级法院赔偿委员会提出意见,后者应当在2个月内重新审查并作出决定。

▶ 例20-7 县公安局以李某涉嫌盗窃为由将其刑事拘留,并经县检察院批准逮捕。县法院判处李某有期徒刑5年。李某上诉,市中级法院改判李某无罪。李某向赔偿义务机关申请国家赔偿。下列哪一说法是正确的?

    A. 县检察院为赔偿义务机关
    B. 李某申请国家赔偿前应先申请确认刑事拘留和逮捕行为违法
    C. 李某请求国家赔偿的时效自羁押行为被确认为违法之日起计算

D. 赔偿义务机关可以与李某就赔偿方式进行协商

分析：本案属于未生效一审错判的案件，赔偿义务机关是一审的县法院，A 项错误。国家赔偿的确认违法程序已经被废除，因此 BC 两项皆错误。又因为国家赔偿的方式、项目、数额是可以协商的，D 项正确。

▶ **例 20-8** 甲市某县公安局以李某涉嫌盗窃罪为由将其刑事拘留，经县检察院批准逮捕，县法院判处李某有期徒刑 6 年，李某上诉，甲市中级法院改判无罪。李某被释放后申请国家赔偿，赔偿义务机关拒绝赔偿，李某向甲市中级法院赔偿委员会申请作出赔偿决定。下列说法正确的是什么？

　　A. 赔偿义务机关拒绝赔偿的，应书面通知李某并说明不予赔偿的理由
　　B. 李某向甲市中级法院赔偿委员会申请作出赔偿决定前，应当先向甲市检察院申请复议
　　C. 对李某申请赔偿案件，甲市中级法院赔偿委员会可指定一名审判员审理和作出决定
　　D. 如甲市中级法院赔偿委员会作出赔偿决定，赔偿义务机关认为确有错误的，可以向该省高级法院赔偿委员会提出申诉

分析：赔偿义务机关无论作出赔偿还是不予赔偿决定，都应采取书面形式，A 项正确。本案赔偿义务机关是一审法院（县法院），申请赔偿无需经过复议程序，直接申请甲市中院赔偿委员会作出决定即可，B 项错误。法院赔偿委员会由三名以上单数的审判员组成，审理赔偿案件实行合议制，C 项错误。赔偿请求人或赔偿义务机关都可以对赔偿决定提出申诉，D 项正确。

▶ **例 20-9** 某县公安局以沈某涉嫌销售伪劣商品罪为由将其刑事拘留，并经县检察院批准逮捕。后检察院决定不起诉。沈某申请国家赔偿，赔偿义务机关拒绝。下列说法正确的是什么？

　　A. 县公安局为赔偿义务机关
　　B. 赔偿义务机关拒绝赔偿，应当书面通知沈某
　　C. 国家应当给予沈某赔偿
　　D. 对拒绝赔偿，沈某可以向县检察院的上一级检察院申请复议

分析：本案属于错捕案件，赔偿义务机关是检察院，故 A 项错。赔偿义务机关无论是否赔偿都应书面通知请求人，B 项对。错捕的案件适用结果归责原则，当然应予国家赔偿，C 项对。由于赔偿义务机关不包含法院，因此不服其自己作出的赔偿决定，需要先申请上一级机关复议，D 项对。

五、司法追偿程序

司法追偿程序与行政追偿程序接近，但其范围小于行政追偿，特别是不包括过失

违法的情形,仅限于如下三种情况:(1)实施暴力伤害行为的工作人员,即在司法程序中实施刑讯逼供,或以殴打、虐待等行为或唆使、放纵他人以殴打、虐待等行为造成公民身体伤害或者死亡的。(2)违法使用武器警械造成公民身体伤害或死亡的工作人员。(3)在处理案件中有贪污受贿、徇私舞弊、枉法裁判行为的工作人员。

之所以将司法追偿限制在较小的范围,是因为司法机关工作人员的工作性质较之一般行政机关工作人员更为复杂,更易发生侵权,如果对于一般过错的工作人员也进行追偿的话,可能使其不能顺利履行职责。

第四节 赔偿方式和标准的不足和完善

尽管修订的《国家赔偿法》对于在赔偿方式和计算标准方面有所进步,但远远称不上完善和令人满意。特别是在刑事赔偿领域,赔偿标准的低下和填平受害人收拾的实际需求之间,以及和社会公众的合理预期之间,还存在比较大的差距。我们认为,国家赔偿的方式和标准至少在如下三个方面,是需要进一步解决和完善的。

一、精神损害赔偿的标准

尽管修订的《国家赔偿法》对精神损害引入了物质赔偿的方式,但这种赔偿仅仅适用于造成严重后果的情况,至于何谓造成严重后果,又应当如何给予赔偿,在法律上都没有规定。这就给了作出赔偿决定的机关以极大的自由裁量权,甚至有可能成为使这种赔偿最终落空的理由。目前,只有广东省的司法机关在这个问题上给出了一个初步的回答。2012年,广东省高级院、广东省检察院、广东省公安厅《关于在国家赔偿工作中适用精神损害抚慰金若干问题的座谈会纪要》对于国家赔偿中精神损害抚慰金,作出了如下规定:

一、精神损害抚慰金的适用范围

1.《国家赔偿法》第35条规定,有国家赔偿法第三条或者第十七条规定情形之一,致人精神损害,后果严重的,应当支付相应的精神损害抚慰金。依此,精神损害抚慰金的适用应当具有精神损害事实和后果严重两个条件。

二、精神损害"后果严重"的情形

2. 精神损害后果严重,是指发生《国家赔偿法》第3条或者第17条规定情形之一,致受损害人有下列一种或者多种后果:(1)死亡;(2)重伤或者残疾;(3)精神疾病或者严重精神障碍;(4)婚姻家庭关系破裂或者引致家庭成员严重伤害;(5)因丧失人身自由而失去重要的(就业等)机会,以及对其生产经营造成严重影响或者重大亏损等,产生重大精神损害;(6)其他重大精神损害。

受损害人完全没有犯罪行为或者犯罪事实并非受损害人所为的,可以认为是精神损害后果严重。

3. 精神损害后果特别严重的,应当适当增加抚慰金的数额。精神损害后果特别严重,是指发生《国家赔偿法》第3条或者第17条规定情形之一,致受损害人有下列一种或者多种后果:(1)非正常死亡,而国家机关及其工作人员负有重大责任;(2)因超期羁押造成重大人身损害;(3)因刑讯等造成伤残或者精神失常。

4. 精神损害"后果严重"或者"后果特别严重",由赔偿申请人负责举证。处理赔偿申请的机关根据申请人的举证情况和现有证据认定事实。必要时,处理赔偿申请的机关根据申请人的申请或者依职权调取相关证据。

三、精神损害抚慰金的适用原则

5. 侦查、检察、审判机关国家赔偿工作部门在办理精神损害抚慰金赔偿案件时应当遵循以下原则:

(1)依法原则。严格执行《国家赔偿法》关于精神损害抚慰金给付条件的规定。对符合法律规定的申请人给予精神损害赔偿,但不应当超出规定扩大适用范围。

(2)损害程度与赔偿数额相适应原则。确定精神损害抚慰金数额时应当充分考虑损害后果的严重程度,包括羁押时间的长短、损害的后果、违法的程度等因素。

(3)原则性与地区差别相结合原则。在依法确定精神损害抚慰金数额时,各地可以根据本地区经济社会发展的实际情况,在本纪要所定幅度内酌情赔偿。

四、精神损害抚慰金的协商确定

6. 对于精神损害抚慰金的申请,应当本着实事求是、公平合理的原则,妥善处理。有条件和解的,应当充分听取申请人的意见,着重于自愿协商。

7. 协商精神损害抚慰金的数额,一般不应超过本纪要第9条、第10条确定的最高数额。

8. 协商达成一致意见的,可以形成书面协议。书面协议可作为处理相关纠纷的依据,在处理决定书中予以体现。

五、精神损害抚慰金的数额

9. 确定精神损害抚慰金数额,应当以丧失人身自由的时间长短为主要依据,结合其他损害或者损失的情况综合确定:(1)二十日以下的,一千元以下;精神损害后果特别严重的,二千元以下。(2)二十日以上,二个月以下的,三千元以下;精神损害后果特别严重的,五千元以下。(3)二个月以上,三个月以下的,一万元以下;精神损害后果特别严重的,三万元以下。(4)三个月以上,一年以下的,二万元以下;精神损害后果特别严重的,五万元以下;(5)一年以上,三年以下的,五万元以下;精神损害后果特别严重的,十万元以下;(6)三年以上,五年以下的,十万元以下;精神损害后果特别严重的,十五万元以下;(7)五年以上,十年以下的,十五万元以下;精神损害后果特别严重的,二十万元以下;(8)十年以上的,二十万元以下;精神损害后果特别严重的,三十万元以下。

10. 致受损害人重伤、残疾或者死亡的,可不受受损害人丧失人身自由时间长短限制,在三十万元以下确定。

11. 本纪要第9条、10条所述数额中,"以下"包括本数,"以上"不包括本数。

12. 精神损害后果特别严重,在上述规定限额之内赔偿仍不足以抚慰受损害人精神损害、需要在限额以上确定抚慰金的,应当层报省级主管部门。

六、其他规定

13. 人身自由损害赔偿金数额的确定,不影响精神损害抚慰金的酌定。

14. 涉及精神损害抚慰金的案件的信息共享。省公安厅、省人民检察院和省高级人民法院对本系统办理的涉及精神损害抚慰金的案件的具体案例,及时提供简要情况供其他各方参考。

应该说,广东省的上述做法是值得借鉴的,在《国家赔偿法》再次修改之前,最高法院、最高检察院、公安部等机关至少应当以联合作出司法解释的方式在全国确立一个统一的标准。

二、可得利益的赔偿问题

目前,国家赔偿对于财产权的损害只赔偿直接损失,对于间接损失一概不予赔偿。这种规定是很不合理的,因为在所谓的间接损失中,很多也是当事人因国家职权行为必然发生的可得利益损失。在最低限度上,也应当将这些可得利益的损失纳入国家赔偿范围。例如,对于停产停业损失,目前只赔偿因责令停产停业或吊销许可证与执照带来的停业期间的必要经常性费用开支,对于其他情况下如货物被扣押、工作人员被限制人身自由等情况下的停产停业损失都不予赔偿,对于停产停业期间除必要经常性费用开支之外的其他营业损失也不予赔偿。原则上,对于财产权损失,应当借鉴民事侵权赔偿来确定赔偿的范围和标准。

三、惩罚性赔偿制度的建立

惩罚性赔偿,主要是针对那些侵权人存在明显故意或者重大过失,同时存在恶劣情节或严重损害后果的侵权行为,在填平受害人损失之余,额外增加赔偿数额的做法。处以惩罚性赔偿的目的是通过加大其赔偿力度,使其因侵权行为受到更大损失,从而阻止其再次实施类似侵权行为的可能性。国家赔偿法上之所以没有惩罚性赔偿制度,其理由是认为国家赔偿金最终来自纳税人,惩罚性赔偿最终惩罚的是广大纳税人。这个理由实际上并不充分,事实上对于存在故意或者重大过失的国家侵权行为,目前已经建立了向具体实施侵权行为的国家机关工作人员追偿的制度,如果建立惩罚性赔偿制度的话,完全可以将惩罚性赔偿部分增加到追偿金额当中去,通过加大追偿力度,最终由具体实施侵权行为的国家机关工作人员承担这部分赔偿责任。

思维拓展

【示范案例】

案例名称：浙江张氏叔侄冤狱申请国家赔偿案①

2003年5月19日，杭州市西湖区留下镇留泗路东穆坞村路段水沟内发现一具女尸。当地公安机关侦查认定，是当晚开车载货、受托搭载被害人的安徽省歙县张辉、张高平侄叔俩所为。杭州市检察院在当年的起诉书中称，案发当日凌晨1时许，张辉将车开至杭州汽车西站后，见无人来接被害人王某，遂起歹念，与张高平合谋在驾驶室内对王某实施强奸。张高平帮助张辉按住了王某的腿，最终王某因张辉用手掐住其脖颈，导致机械性窒息死亡。2004年4月21日，杭州市中级法院以强奸罪分别判处张辉死刑、张高平无期徒刑。据《东方早报》报道，在该案开庭之前的2004年4月12日，杭州市中级法院曾经在该市拱墅区看守所审讯了一名叫袁连芳的犯人。9天后，杭州市中级法院的判决书中列出了张辉强奸女子致其死亡的26条证据，其中第25条是：同室犯人袁连芳证言证实被告人张辉在拱墅区看守所关押期间神态自若，并告知其曾从老家搭一女子到杭州，在留泗路上强奸致死的情况，据张辉称，他不是故意杀死被害人，而是因为女孩子的呼救，他卡颈时不小心将女子掐死。

一审结束后，张辉、张高平上诉。2004年10月19日，浙江省高级法院二审分别改判张辉死刑、缓期二年执行，张高平有期徒刑15年。随后，二人被送往新疆服刑。在服刑期间，张高平一直为自己的案子申诉，他的申诉书足足可以装满一麻袋。2011年5月，张高平再次向石河子市检察院监所科申诉，称自己遭"陷害"。

2012年2月27日，浙江省高级法院对该案立案复查后，另行组成合议庭调阅案卷、查看审讯录像，调查核实有关证据。2012年7月，复查合议庭专程前往该案被害人安徽老家进行调查，8月前往新疆库尔勒监狱、石河子监狱分别提审了张辉、张高平，并于2013年1月前往新疆将张辉、张高平换押回杭州。2013年2月6日，经浙江省高级法院审判委员会讨论认为，有新的证据证明原判决确有错误，决定进行再审。

新的证据来自该案被害人身上提取的混合DNA，经过物证鉴定，该混合DNA与张辉、张高平均不符合。事实上，该案的办案人员曾经通过媒体详细描述了办案过程。张辉、张高平两人在审讯中曾多次翻供，警方不仅没有在受害人身上找到与他们相吻合的物证，而是在死者指甲中发现了与涉案两人无关的第3名男性的DNA。后来，浙江高院的再审判决书中认定，因审讯录像、和犯罪嫌疑人的有罪供述不完整，警方的取

---

① 案例来源为：朱文强：《叔侄二人被指奸杀女子 服刑十年后再审宣告无罪》，载《京华时报》2013年3月27日；张贵峰：《浙江叔侄冤案，国家赔偿多少合适》，载《新京报》2013年4月28日；赵小燕：《浙江高院向张辉、张高平各支付国家赔偿金110万》，载中国新闻网2013年5月20日。

证程序存在不规范之处,原一、二审认定的主要证据不可作为定案证据。浙江省高级法院认为,"本案中的DNA鉴定结论与本案犯罪事实并无关联"。而事实上,专案组在复查中发现,该案被害人身上提取的DNA物证,与2005年杀害浙江大学城市学院女生吴晶晶的出租车司机勾海峰相吻合。而勾海峰已经在2005年4月被浙江省高级法院执行死刑。

2013年3月20日,浙江省高级法院在浙江省乔司监狱对张辉、张高平一案依法进行了不公开开庭审理。2013年3月16日,浙江省高级法院在浙江乔司监狱向张辉、张高平宣读了再审无罪判决。宣读完判决书,浙江省高级法院一名副院长代表高院向张辉、张高平表达了歉意,并向二人发放了每人5000元的慰问金。

2013年5月2日,张辉、张高平分别以再审改判无罪为由向浙江省高级法院申请国家赔偿,两人共申请国家赔偿金266万元。其中,限制人身自由赔偿金120万元,精神损害抚慰金120万元,律师费10万元,低价转让的解放牌大卡车赔偿15万元,扣押的两部三星牌手机赔偿1万元。浙江省高级法院同日立案。此前曾有报道称,张高平叔侄向浙江省高级法院提出了"关于要求冤案赔偿、补偿、求助"的清单,合计金额为702万元。而且,张高平叔侄方面还表示"索赔提出少了,但现在也不好再更改,只希望能尽快到位"。

在案件审查期间,张辉、张高平分别要求增加限制人身自由赔偿金5万元、精神损害抚慰金5万元,并增加3万元的医疗费赔偿请求。

浙江省高级法院听取了张辉、张高平的意见,依法进行审查后认为,张辉、张高平自2003年5月23日被刑事拘留,至2013年3月26日经再审改判无罪释放,共被限制人身自由3596日。根据《国家赔偿法》第33条"侵犯公民人身自由的,每日赔偿金按照国家上年度职工日平均工资计算"之规定,决定分别支付张辉、张高平侵犯人身自由权赔偿金65.57306万元。

同时,根据《国家赔偿法》第35条的规定,综合考虑张辉、张高平被错误定罪量刑、刑罚执行和工作生活受到的影响等具体情况,决定分别支付精神损害抚慰金45万元。

至于赔偿请求人张辉、张高平提出的律师费、医疗费、车辆转卖差价损失等其他赔偿请求,依法均不属于浙江省高级法院的国家赔偿范围。

2013年5月17日,浙江省高级法院对张辉、张高平再审改判无罪作出国家赔偿决定,分别支付张辉、张高平国家赔偿金110.57306万元,共计221.14612万元人民币。

法律问题: 在本案中,浙江省高级法院对张氏叔侄作出的国家赔偿决定是否符合法定标准?张氏叔侄曾向浙江省高级法院提出的"关于要求冤案赔偿、补偿、求助"合计金额为702万元的请求是否应该得到满足?能否得到满足?

法理分析: 2013年发生的张辉、张高平叔侄二人因冤狱申请刑事赔偿一案,是《国家赔偿法》修订之后迄今受到广泛关注的案件之一。由于此案再审的结果事实清楚、法律关系明晰,浙江省高级法院作出赔偿决定的效率也很高,因此,人们关注的主要是国家赔偿的数额,即国家赔偿的方式和计算问题。

按照《国家赔偿法》的现行规定来看,浙江省高级法院对本案所作的上述赔偿决定是合法的。首先,其对被限制人身自由期间的赔偿金计算标准是正确的。其次,该决定依法给予张氏叔侄精神损害赔偿,一般来说,精神损害赔偿的金额不能超过物质性人身损害赔偿的金额,浙江省高级法院在赔偿65万余元人身损害赔偿的同时赔偿45万的精神损害赔偿,其标准是比较适当的。再次,律师费不属于国家赔偿所界定的直接损失,不予赔偿是合法的;医疗费依法应当由对张氏叔侄执行羁押的监狱管理机关赔偿,车辆转卖差价应由案件侦查机关赔偿,不属于浙江省高级法院的赔偿责任。

但在本案中,曾另有报道称张高平叔侄向浙江省高级法院提出了"关于要求冤案赔偿、补偿、求助"的清单,合计金额为702万元。除去二人已经获得的国家赔偿金约221万,其余480万的请求就属于所谓的补偿、补助了。那么,这些补偿、补助的请求是否能够获得支持呢?

应当说,这些请求都是没有现行法上的依据的。首先,浙江省高级法院在本案中没有国家补偿责任可言。所谓国家补偿责任,是由合法行为所导致的,这里的"合法行为"指的是国家基于公共利益的需要,合法限制一定范围公民权利的行为。在现代社会,公民的某些权利(特别是财产性权利)是受到一定限制的,这种限制就包括在特殊情况下出于重大的、迫切的公益的需要,应国家的要求作出一定的牺牲、忍让和付出。由于付出这种牺牲的私人只占全部人的极小比例,人们称之为"特别牺牲",出于公平负担的原则,国家应当给其一定的补偿。本案完全不存在应予国家补偿的情形。此外,有关"补助"的申请也是找不到法律依据的。

但在实践中,此类在国家赔偿义务之外的、以其他不同名义提出的给付请求却经常能够在不同程度上得到满足。在很多案件中,国家机关之所以愿意在《国家赔偿法》之外,额外给受害人支付更多的补偿、补助款项,一方面是因为仅仅严格按照《国家赔偿法》的规定给予赔偿,其赔偿数额确实过低,无法在实质上有效地填补受害人的损失;另一方面是因为这些案件往往都受到了社会舆论的广泛关注,赔偿义务机关受到了来自受害人和社会各界的强大压力,有引发公共危机的风险。应该说,国家机关增加对于受害人的给付,客观上确实对受害人有利。但是,这种给付行为是在现行法律之外进行的,是否给付、给付多少并不取决于法律的规定和受害人的实际情况,而往往取决于事件的社会关注度和受害人制造公共危机的危险程度。换言之,这种给付主要是被作为一种维护社会稳定的措施来使用的,是脱离于法律之外的现实利益博弈与平衡的结果。我们认为,国家赔偿的标准和水平确实应当得到进一步的、明显的提高才能体现公正,但这只有通过法律制度的完善来实现,才是稳定的、公平的、规范的,而不能脱离法治轨道,在个案中依靠请求人、赔偿义务机关和社会舆论的博弈来实现。

【思考案例】

佘祥林申请国家赔偿案[①]

佘祥林,又名杨玉欧,湖北省京山县雁门口镇人。1994年1月2日,佘妻张在玉因患精神病走失失踪,张的家人怀疑张在玉被丈夫杀害。同年4月28日,佘祥林因涉嫌杀人被批捕,后被原荆州地区中级法院一审被判处死刑,剥夺政治权利终身。湖北省高级法院二审认为事实不清、证据不足发回重审。后因行政区划变更,佘祥林一案移送京山县公安局,经京山县法院和荆门市中级法院审理。1998年9月22日,佘祥林被判处15年有期徒刑。在佘祥林服刑11年后,即2005年3月28日,佘妻张在玉突然从山东回到京山。4月13日,京山县法院经重新开庭审理,宣判佘祥林无罪。5月10日,佘祥林向荆门市中级法院提出国家赔偿申请,要求赔偿各项费用合计437.13万余元。

2005年8月31日上午,荆门市中级法院、京山县政府、京山县法院及京山县雁门口镇政府领导,在京山县雁门口镇政府会议室与佘祥林及其代理律师、佘祥林的兄长佘锁林进行了沟通,达成和解协议。此外,还达成由京山县雁门口镇政府一次性给予佘祥林家庭生活困难补助费20万元的补助协议。佘祥林及代理律师、佘锁林分别在调解书上签了字。和解协议签订后,佘祥林以其赔偿请求已得到解决,要求撤回赔偿申请,并向荆门市中级法院正式送交了撤回国家赔偿申请书。

2005年9月2日下午,佘祥林在其代理律师周峰、兄长佘锁林和弟弟佘梅林的陪同下,来到荆门市中级法院领取了《赔偿决定书》后,荆门市中级法院指派一名法官和财务人员到银行为佘祥林开设了专户,并立即转账将赔偿款25.69万余元(含无名女尸安葬费1100元)一次性支付给佘祥林。佘祥林在领取赔偿款以后,对荆门市中级法院耐心细致的工作作风表示满意,对办案法官一再表示感谢,并表示今后要克服各种困难,树立生活信心,开始新的生活。下午5点40分,佘祥林及亲属拿到存折后满意地离开了法院。此前,佘祥林已从湖北京山县雁门口镇政府领取了20万元生活困难补助款。

另据报道,京山县公安局对佘祥林丧失劳动力补偿16万元,赔偿佘在关押期间腿部和眼睛受伤后期治疗费赔偿6.6万元,对于佘母被关押后死亡,公安机关按60%的责任支付死亡补偿金22万元。加上上述荆门市中院赔偿的25.69万余元、雁门口镇政府发放的20万元生活困难补助款,佘祥林共获得各项赔偿、补偿、补助合计90余万元。

法律问题:佘祥林国家赔偿案和上述浙江叔侄国家赔偿案在结果上有何异同?在佘祥林案中,雁门口镇政府向其发放的20万元生活困难补助款有何法律依据?

[①] 案例来源:胡兵、严华:《佘祥林拿到46万赔偿和补偿款》,载中国法院网2005年9月3日。

【学术探讨】

在《国家赔偿法》修订的过程中,关于刑事赔偿的归责原则曾经产生过比较激烈的争论,最终的结果是拘留环节采取违法归责原则,而逮捕和刑罚两个环节采取结果归责原则。有些学者认为,拘留环节也应当采取结果归责原则,因为对无罪的公民即使合法地采取了拘留措施,客观上也侵害了其人身自由权,不予赔偿是不合理的。有些学者则认为,拘留环节和审判环节对有罪的证明标准差别是比较大的,只要有重大嫌疑就可以对公民进行拘留,而要判决有罪则需要排除合理怀疑。证明标准上的这个差别决定了对有重大犯罪嫌疑、但最终无法证明有罪的人予以合法拘留的情况将是广泛存在的,如果要把这种情况也纳入国家赔偿范围,将大大加重公安机关的责任,束缚了其在侦查犯罪过程中的手脚,不利于打击犯罪。对于这个问题,你赞同上述哪一种观点?

教师反馈及教材、课件申请表

尊敬的老师：

您好！感谢您一直以来对北大出版社图书的关爱。北京大学出版社以"教材优先、学术为本"为宗旨，主要为广大高等院校师生服务。为了更有针对性地为广大教师服务，满足教师的教学需要、提升教学质量，在您确认将本书作为教学用书后，请您填好以下表格并经系主任签字盖章后寄回，我们将免费向您提供相关的教材、思考练习题答案及教学课件。在您教学过程中，若有任何建议也都可以和我们联系。

书号/书名	
所需要的教材及教学课件	
您的姓名	
系	
院校	
您所主授课程的名称	
每学期学生人数	学时
您目前采用的教材	书名_____ 作者_____ 出版社_____
您的联系地址	
联系电话	
E-mail	
您对北大出版社及本书的建议：	系主任签字 盖章

我们的联系方式：

北京大学出版社法律事业部

地　　址：北京市海淀区成府路205号　　联系人：李铎

电　　话：010-62752027　　传　真：010-62556201

电子邮件：bjdxcbs1979@163.com

网　　址：http://www.pup.cn

北大出版社市场营销中心网站：www.pupbook.com